Donal Anthony Foley

Medjugorje verstehen

Himmlische Visionen oder fromme Illusion?

Donal Anthony Foley

Medjugorje verstehen

Himmlische Visionen oder fromme Illusion?

Übersetzt von Volker Joseph Jordan

Dominus-Verlag
Augsburg 2011

Bibliographische Information der Deutschen Nationalbibliothek
Die Deutsche Nationalbibliothek verzeichnet diese Publikation in der Deutschen Nationalbiographie; detaillierte bibliographische Angaben sind im Internet über http://dnb.ddb.de abrufbar.

Englischer Originaltitel:
Donal Anthony Foley, *Medjugorje Revisited. 30 Years of Visions or Religious Fraud?*, Nottingham: Theotokos Books, 2011, 458 p. ISBN 978-0-9550746-3-9 (= 2., überarbeitete und erweiterte Fassung von: Donal Anthony Foley, *Understanding Medjugorje: Heavenly Visions or Religious Illusion?*, Nottingham: Theotokos Books, 2006, 312 p. ISBN 978-0-9550746-0-8)

Die deutsche Ausgabe folgt der 2., überarbeiteten und erweiterten Fassung.
Aus dem Englischen übersetzt von Volker Joseph Jordan M. A.

Sämtliche Bibelstellen sind nach folgender Ausgabe zitiert:
Die Heilige Schrift des Alten und Neuen Testamentes nach den Grundtexten übersetzt und herausgegeben von Prof. Dr. Vinzenz Hamp, Prof. Dr. Meinrad Stenzel, Prof. Dr. Josef Kürzinger, München: Pattloch Verlag, 1994.

Dr. Peter C. Düren • Mittleres Pfaffengäßchen 11
86152 Augsburg • Deutschland
Tel.: 0-(049) 821 – 56 65 65 8
Fax: 0-(049) 821 – 50 81 41 9
bestellung@dominus-verlag.de
www.dominus-verlag.de
ISBN 978-3-940879-16-5

„Es tarnt sich ja selbst der Satan als ein Engel des Lichts."

2 Kor 11,14

„Oft, uns in eignes Elend zu verlocken,
Erzählen Wahrheit uns des Dunkels Schergen,
Verlocken uns durch schuldlos Spielwerk, uns
Dem tiefsten Abgrund zu verraten."

William Shakespeare,
Macbeth, Erster Aufzug, Dritte Szene

Inhaltsverzeichnis

Die **Links der Fußnoten** sind zwecks leichteren Auffindens der Seiten im Internet auf www.dominus-verlag.de unter „Medjugorje verstehen" als pdf-Datei enthalten und können dort angeklickt und so aufgerufen werden.

Danksagung

Ich möchte gerne einigen Menschen für ihre Hilfe bei der Vorbereitung und Herstellung dieses Buches sowie bei der Werbung dafür danken. Mein besonderer Dank geht an Prof. Dr. Manfred Hauke für seine Bereitschaft, das Geleitwort zu verfassen, aber auch allgemein für seine Hilfe und Ermutigung; auch an Patrick Coffin für sein freimütiges und zum Nachdenken anregendes Vorwort. Ich danke auch Marco Corvaglia für seine umfassende Hilfe und die Erlaubnis, Material von seiner ausgezeichneten Internetpräsenz „Medjugorje without a Mask" („Medjugorje ohne Maske") zusammenfassen und darauf verweisen zu dürfen, und für seine wertvolle Hilfe beim kritischen Durchlesen des Manuskripts. Ebenso geht mein Dank an Kevin Symonds für sein Engagement beim mehrmaligen Durchlesen des englischen Textes und für seine sehr nützlichen Ratschläge und Anmerkungen, und auch an Mark Waterinckx für seine erneute Erlaubnis, die Titelbilder in der englischen Ausgabe verwenden zu dürfen, und seine hilfreichen Bemerkungen im Anschluss an seine gründliche Lektüre meines Manuskripts.

Ebenso möchte ich Diane M. Korzeniewski OCDS und Richard Chonak für ihr Durchlesen des Manuskripts und für ihre weisen Anmerkungen und Vorschläge danken, außerdem Leo Madigan und Paul MacLeod, die sich die Zeit zum Durchlesen des Textes genommen haben und mir mit hilfreichen Kommentaren und Ratschlägen zur Seite standen. Gleichermaßen gebührt mein Dank Frank Rega, Laurette Elsberry und Mary Shepley für ihre Hilfe, auch Martin Blake, Dr. Pravin Thevathasan und Nick Lowry für ihre Anmerkungen und Beratung, sowie Louis Bélanger und Pfarrer Philip Pavich für ihren Rat und ihre Unterstützung.

Mein besonderer Dank geht an Mark Shea, Pater Thomas Crean OP und James Likoudis für die Bereitstellung ihrer Vorab-Empfehlungen dieses Buches, sowie an den Erstgenannten für seine gründliche Lektüre des Textes und seine hilfreichen Anmerkungen, die er dazu anbrachte. Schließlich möchte ich Mike Daley

für seine Arbeit an der Einbandgestaltung der englischen Ausgabe und für seine Geduld danken!
Die Internet-Adressen und weitere Angaben über verschiedene Netzpräsenzen und Netztagebücher, die von einigen der eben erwähnten Menschen betrieben werden und Informationen über Medjugorje und damit zusammenhängende Themen bieten, sind im Abschnitt über empfohlene Internetseiten zu Medjugorje am Ende dieses Buches einzusehen. Dort werden auch einige Netzpräsenzen zu Fatima empfohlen.

Geleitwort

In das Jahr 2011 fällt der dreißigste Jahrestag der außergewöhnlichen Ereignisse in Medjugorje, die von ihren Anhängern als Erscheinungen der Gottesmutter gefeiert werden. Die bislang letzte offizielle Stellungnahme der Kirche, die der jugoslawischen Bischöfe von 1991, ist freilich zurückhaltend und betont, dass kein übernatürlicher Ursprung festgestellt werden konnte *(„non constat de supernaturalitate")*. Seit dem vergangenen Jahr beschäftigt sich eine päpstliche Kommission unter Leitung von Kardinal Camillo Ruini mit den einschlägigen Fragen zu Medjugorje; die Ergebnisse sind dann von der Glaubenskongregation zu prüfen. Allein schon die Tatsache dieser kritischen Prüfung und die ablehnende Haltung des zuständigen Bischofs Ratko Perić von Mostar-Duvno gegenüber der Echtheit der „Erscheinungen" sind eine deutliche Einladung zur Vorsicht an die Gläubigen, die mit dem Phänomen „Medjugorje" konfrontiert werden. Die Bildung eines ausgewogenen Urteils ist hier freilich schwierig, weil in der medialen Öffentlichkeit die Darstellungen überwiegen, die sich enthusiastisch für die Echtheit der „Erscheinungen" der „Gospa" einsetzen. Gelegentlich zeigt sich hier ein Fanatismus, der kritische Stimmen verteufelt.

Angesichts dieser Situation ist es dringend erforderlich, allen interessierten Zeitgenossen eine ausgewogene Darstellung des Phänomens „Medjugorje" zu bieten. Diese Ausgewogenheit setzt eine umfassende Informiertheit voraus. Gleichzeitig braucht es einen kirchlichen Sinn, der bereit ist, übernatürliche Einwirkungen der Gottesmutter in der Geschichte anzunehmen, aber sich vor Leichtgläubigkeit hütet. Donal Foley bietet beste Voraussetzungen, über die einschlägigen Ereignisse umfassend und kritisch zu informieren. Seine universitäre Ausbildung umfasst Geisteswissenschaften und Theologie. Er ist Verfasser eines Standardwerkes über Marienerscheinungen, das die prophetische Bedeutung der echten Kundgebungen Mariens sehr ernst nimmt und für die heutigen Leser einfühlsam erschließt. Dieses Werk erschien 2002 im englischen Original *(„Marian Apparitions, the Bible, and the Modern World")* und wurde 2004 auch ins Italienische übersetzt. 2006 veröffentlichte Foley die erste Auflage des vorliegenden Werkes, das sich dem Verständnis von Medjugorje widmet und sich die Frage stellt: Handelt es sich um himmlische Visionen oder um eine religiöse Illusion? Dieses Werk erhielt ein lebhaftes Echo und erscheint nun in zweiter, erweiterter Auflage. Es vermeidet jegliche Polemik, geht aber auch den problematischen Seiten Medjugorjes genau auf den Grund. Die neue Auflage bietet einige neue Gesichtspunkte. Dazu gehört der Vergleich mit dem Montanismus des zweiten Jahrhunderts, einer sich selbst als „prophetisch" darstellenden Bewegung, die zunächst selbst hohe kirchliche Würdenträger für sich vereinnahmen konnte, aber nach einigen Jahrzehnten der Unsicherheit von der Kirche abgelehnt wurde.

Foley bietet auch für deutschsprachige Leser eine hervorragende Einführung in das Phänomen „Medjugorje". Dabei kommen zahlreiche Gesichtspunkte zur Geltung, die der breiten Öffentlichkeit wenig bekannt sind. Der Verfasser achtet genau auf die historische Begründung seines Werkes, gibt aber auch eine gut begründete theologische Bewertung. Wer sich aus gläubiger Verantwortung mit dem Thema „Medjugorje" auseinandersetzen will, findet in diesem Standardwerk eine reichhaltige Fundgrube für die eigene Meinungsbildung. Das Buch ist flüssig geschrieben und eignet sich für eine breite Leserschaft. Gleichzeitig bietet es das nötige Fachwissen für die universitäre Theologie. Es könnte auch wichtig sein, um das künftige Urteil des Heiligen Stuhles besser zu verstehen.

Prof. Dr. Manfred Hauke
Theologische Fakultät Lugano (Schweiz)

Professor Hauke ist u.a. Mitglied der „Pontificia Academia Mariana Internationalis" (PAMI) und seit 2005 Vorsitzender der „Deutschen Arbeitsgemeinschaft für Mariologie". Er ist Herausgeber der wissenschaftlichen Buchreihe „Collana di Mariologia" (seit 2002) und u.a. Mitherausgeber von „Sedes Sapientiae. Mariologisches Jahrbuch" (seit 2004).

Vorwort

Medjugorje mit seinem halben Dutzend Sehern, Zehntausenden von Botschaften, diversen Geheimnissen und Bitten, plus einem versprochenen großen Zeichen der „Gospa" – wer kann das alles überhaupt noch überblicken? Diese Lorbeeren hat sich Donal Anthony Foley verdient. Foley vereint in seinem Buch *Medjugorje verstehen*, einer stark erweiterten und überarbeiteten Aktualisierung seines früheren Werkes, die Detailgenauigkeit eines Handwerkers mit der Begabung eines Geschichtenerzählers, das Wesentliche herauszuarbeiten. Hier finden Sie eine nüchterne, ausgewogene und mit unablässiger Nachsicht geschriebene Untersuchung der populärsten nicht anerkannten Privatoffenbarung in der Kirchengeschichte.

Foley erzählt nicht einfach nur die Geschichte seit ihren Anfängen am 24. Juni 1981, sondern bettet das ganze Phänomen in einen breiten historischen und lehrmäßigen Rahmen ein, indem er es mit Fatima und anderen anerkannten Erscheinungen, beunruhigenderweise aber auch mit einigen verurteilten Erscheinungen, vergleicht. Er analysiert die Behauptungen der Seher und stellt die vernünftige, bislang aber eher unpopuläre Frage: Handelt es sich hierbei um echte Erscheinungen der seligen Jungfrau Maria oder nicht? Selbst wenn er vielleicht nicht mit allen seinen Schlussfolgerungen hundertprozentig übereinstimmen sollte, wird der unvoreingenommene Leser in den Forschungen Foleys ein erfrischendes Korrektiv zur 30-jährigen medialen Vorherrschaft von für Medjugorje werbenden Publikationen, Netzpräsenzen, Pilgerfahrten, Konferenzen, DVDs, Interviews mit den angeblichen Sehern und den neuesten Nachrichten zu ihrem Treiben sehen. Manche Leser werden schockiert sein, dass die ganze Geschichte überhaupt eine andere, dunkle Seite hat.

Zu Recht erkennt Foley die guten „Früchte von Medjugorje", wie Bekehrungen zu Christus, eine Rückkehr zu den Sakramenten und sogar Priester- und Ordensberufungen, an, die immer als Beweise für die Echtheit der Phänomene angeführt werden. Der Verfasser hat sich aber auch die Zeit genommen, *alle* Früchte zu untersuchen, einschließlich der schlechten (und einiger sehr schlechter). Er hat auch die autoritativen Antworten der Kirche auf Medjugorje von den Anfängen an zusammengestellt sowie die offiziellen Kriterien dargelegt, nach denen die katholische Kirche Privatoffenbarungen beurteilt. Für jeden Wahrheitssucher ist schon dies allein den Buchpreis wert!

Nach ihren Reaktionen auf Medjugorje lassen sich die interessierten oder betroffenen Gläubigen faktisch in vier Hauptgruppen einteilen: a) Jene, die sich hinter die Weisungen des Ortsordinarius, Seiner Exzellenz Ratko Perić, stellen (dessen negative Beurteilung derjenigen seines Vorgängers, des verstorbenen Bischofs Pavao Žanić, und derjenigen aller Kommissionen folgt, die Medjugorje bislang untersucht haben); b) jene, die nicht genug wissen, um sich ein positives oder negatives Urteil zu bilden; c) jene, die mutmaßen oder glauben, dass die Mutter Gottes regelmäßig in Medjugorje erscheine; und d) randständige Fanatiker, die den „wahren" Katholizismus mit einer unkritischen Anhänglichkeit an Medjugorje gleichsetzen. Das Buch, welches Sie jetzt in Ihren Händen halten, wird für die ersten drei Gruppen von großem Interesse und für die vierte geradezu abstoßend sein.

Vor allem zeigt Foley auf – und damit greift er in gar keiner Weise dem endgültigen Urteil der Ruini-Kommission vor, die inzwischen auf Geheiß Papst Benedikts XVI. den Sachverhalt studiert –, dass das, was in der Debatte auf dem Spiel steht, weit über Medjugorje hinausreicht und die ganze Frage nach der legitimen kirchlichen Autorität und dem ihr geschuldeten Gehorsam angeht. Wenn nur die Hälfte der Aussagen in *Medjugorje verstehen* wahr ist, dann führt das Buch nichtsdestotrotz auf anschauliche Weise vor Augen, dass jenes ausufernde, verwickelte Geschehen, das vor 30 Jahren in Bosnien-Herzegowina seinen Anfang nahm, zumindest einen höchst mühseligen Kampf um die Anerkennung der Kirche zu gewärtigen haben wird.

Patrick Coffin

Buchautor und Rundfunkmoderator, *Catholic Answers Live*

Einführung

Es ist nun fünf Jahre her, seit die erste Fassung dieses Buches in englischer Sprache erschien, und es haben sich in der Zwischenzeit einige neue Entwicklungen ergeben, darunter im März 2010 die Ankündigung der Bildung einer Internationalen Untersuchungskommission zu Medjugorje unter dem Vorsitz von Kardinal Ruini. Zudem ergaben sich auch eher betrübliche Entwicklungen, nämlich insbesondere im Juli 2009 mit der Kunde von der Laisierung von Pater Tomislav Vlašić, der in der Frühphase eng mit Medjugorje verbunden war, und seiner Entlassung aus dem Franziskanerorden.

Es mehren sich also die Anzeichen dafür, dass die Geschichte von Medjugorje ihre Klimax erreicht. Allerdings ist die Feststellung Besorgnis erregend, dass viele Medjugorje-Anhänger diese Tatsache nicht recht zu würdigen wissen; sie sind offenbar immer noch nicht bereit, sich den ernsten Problemen zu stellen, die der Glaube an die Behauptungen der Seher nach sich zieht. Außerdem mangelt es ihnen an einer klaren Einsicht in die Tatsache, dass Medjugorje im Kontrast zu Fatima in einem sehr ungünstigen Licht dasteht und im Grunde als eines der schwerwiegendsten Hindernisse für die weitgehende Umsetzung der Botschaft von Fatima in der Kirche betrachtet werden kann.

Dennoch sind die grundlegenden Fakten über Medjugorje recht schnell erzählt. Ab dem 24. Juni 1981 begannen sechs Jugendliche aus einer kleinen Ortschaft in Bosnien-Herzegowina, fünf davon im mittleren Halbwüchsigenalter und einer im Alter von zehn Jahren, zu behaupten, dass sie die selige Jungfrau Maria auf einem nahe gelegenen Berghang sähen. Vier Seher waren Mädchen, zwei waren Jungen. Die Kunde davon verbreitete sich sehr schnell, zunächst im Dorf selbst, und dann im ganzen noch kommunistischen Jugoslawien. Große Pilgermassen versammelten sich an den weiteren Tagen, und die Seher behaupteten, dass sie immer noch Unsere Liebe Frau oder die Gospa, als die sie auf Kroatisch bekannt ist, sähen. Einige der ortsansässigen Franziskanerpriester stützten diese Behauptungen, und sogar der Bi-

schof, Msgr. Žanić, stand dieser Möglichkeit anfangs offen gegenüber, wenngleich er im Laufe der Zeit immer ernstere Zweifel bekam.
Unterdessen reisten in den 1980er Jahren immer größere Pilgerscharen auch aus weiterer Entfernung an, als Medjugorje in der katholischen Kirche bekannter wurde. Der Bürgerkrieg in Jugoslawien Anfang der 90er Jahre wirkte sich nur vorübergehend nachteilig auf die Popularität des Ortes aus, und so behaupten einige der Seher seit nunmehr dreißig Jahren, dass sie täglich Besuch von der Gottesmutter empfangen würden.
Große Pilgerscharen reisen immer noch nach Medjugorje, obwohl der gegenwärtige Bischof, Msgr. Ratko Perić, sich gegen die Visionen erklärt hat, und trotz der Tatsache, dass die Bischofskonferenz des ehemaligen Jugoslawien im Jahr 1991 zu dem Ergebnis gelangt war, es könne „bis jetzt nicht bestätigt werden, dass es sich hier um übernatürliche Erscheinungen und Offenbarungen handelt". Zudem haben die Behauptungen der Seher keinerlei offizielle Unterstützung aus dem Vatikan erhalten. Das ist ein sehr kurzer Überblick über die Geschehnisse in und um Medjugorje, doch konzentriert das vorliegende Werk sich auch noch auf andere mit diesen Ereignissen zusammenhängende Aspekte.
Einer davon ist der historische Hintergrund Medjugorjes. Hier ist insbesondere die Auseinandersetzung der ortsansässigen Franziskaner mit der offiziellen kirchlichen Hierarchie und der damit einhergehende Ungehorsam zu nennen, von dem Bosnien-Herzegowina in den letzten Jahrzehnten geprägt worden ist, und der einen wichtigen Faktor für das Wachstum Medjugorjes darstellte. Dieser Ungehorsam fand seinen sichtbaren Ausdruck in den Handlungen der drei Priester, die mit den Visionen und den Sehern am engsten verbunden waren, Pater Tomislav Vlašić, Pater Jozo Zovko und Pater Slavko Barbarić.
Ein weiterer wichtiger Faktor, der zu diesem Wachstum beigetragen hat, ist die Verbindung zwischen der Charismatischen Bewegung und den Visionen. Wiederum ist es fraglich, ob Medjugorje ohne diesen Faktor eines bereits weltweit vorhandenen charismatischen Netzwerkes, das die Visionen und die Seher unterstützte,

je auch nur annähernd den gleichen Einfluss auf die Kirche hätte ausüben können, der ihm beschieden war. Ebenso war die Unterstützung durch berühmte Kleriker, wie insbesondere Abbé René Laurentin, insofern von entscheidender Bedeutung, als sie Medjugorje einen rechtgläubigen Anstrich zu geben vermochten.

Ein großer Knackpunkt ist die Tatsache, dass die meisten frühen Bücher über Medjugorje auf ziemlich späten Interviews mit den Sehern basierten und das Primärquellenmaterial – Tonbänder, die während etwa der ersten Woche der Visionen angefertigt wurden – weithin ignoriert wurde. Bei näherer Untersuchung offenbaren jene Tonbandprotokolle einige höchst aufschlussreiche Fakten über Medjugorje, so dass dieses Buch sich unter anderem mit der Bewertung der Bedeutung dieses Beweismaterials beschäftigt.

Insbesondere beweisen die Tonbandprotokolle, dass die Art und Weise, wie die „Gospa" von Medjugorje den Sehern erschien und die Anzahl der behaupteten Visionen im Widerspruch zu dem Geschehen bei früheren Erscheinungen der wahren Gottesmutter standen, die von der Kirche anerkannt worden sind.

Die Tonbandprotokolle offenbaren auch, dass mit sehr großer Wahrscheinlichkeit davon auszugehen ist, dass das, was die Seher in etwa der ersten Woche der Visionen sahen, nicht etwa die Gottesmutter war, sondern in Wirklichkeit eine teuflische Fälschung; auch andere Beweise auf teuflische Einflüsse in der Gegend werden im vorliegenden Buch erörtert.

Ausführlich werden die medizinischen und wissenschaftlichen Tests geprüft, die an den Sehern durchgeführt wurden, sowie ihre vielen Schwächen und ihre mangelnde Strenge aufgezeigt. Zudem wird der Nachweis geführt, dass, abgesehen von den Tests, die unter der Aufsicht der Jugoslawischen Bischofskonferenz geschahen, keiner von ihnen irgendeine Gültigkeit in den Augen der Kirche genießt. Dasselbe kann auch über angebliche Wunderheilungen in Medjugorje ausgesagt werden; bei vielen von ihnen ging es um Krankheiten wie Multiple Sklerose, die spontan abklingen können.

Das vorliegende Buch nimmt noch viele weitere Aspekte von Medjugorje unter die Lupe, darunter die Tatsache, dass das Phänomen Zwietracht unter den Gläubigen und sogar unter den Mitgliedern der Hierarchie gestiftet hat. Es wirft auch einen Blick auf den üppigen Lebensstil der Seher und stellt diesem die Lebens- und Verhaltensweise echter Seher aus der Vergangenheit gegenüber.

Ebenso wird die schockierende Gewalt, die während des Bürgerkrieges in den 90er Jahren in und um Medjugorje um sich griff, untersucht, sowohl die Morde in der Ortschaft selbst als auch jene, die in Konzentrationslagern in der Gegend stattfanden. In der Tat war, wie wir sehen werden, der pervertierte Nationalismus, dem manche Franziskaner in der Herzegowina huldigten, einer der wesentlichen Faktoren, die zu den Gewaltausbrüchen in der Region beitrugen.

Insgesamt haben die bisher meisten Medjugorje-Pilger um viele dieser weniger angenehmen Aspekte des dortigen Geschehens nicht gewusst; es ist jedoch zu hoffen, dass vernünftige Medjugorje-Anhänger sich all diese Beweise unvoreingenommen zu Gemüte führen und erkennen mögen, dass einer Akzeptanz Medjugorjes tatsächlich gravierende Hindernisse entgegenstehen, so dass sie jene sektenhafte Einstellung Medjugorje gegenüber, die sich leider unter einigen seiner extremeren Anhänger entwickelt zu haben scheint, gezielt vermeiden können.

1. Medjugorje: Der historische Hintergrund

Die Franziskaner, die Bogomilen und der Islam

Es ist wichtig, sich mit dem historischen Hintergrund vertraut zu machen, wenn wir die Wurzeln der mit Medjugorje verbundenen, religiösen Probleme verstehen möchten. Diese reichen bis ins 14. Jahrhundert zurück und sogar noch weiter, nämlich in die Zeit, als franziskanischen Missionaren der Auftrag erteilt wurde, bogomilische Häretiker im Raum Bosnien-Herzegowina zurück zur Kirche zu führen. Die Bogomilen waren eine dualistische, neomanichäische Sekte, die im 10. Jahrhundert in Bulgarien entstand, bevor sie sich nach Kleinasien und in den Balkanraum ausbreitete. Ihre Glaubensanschauungen waren mit jenen der Albigenser in Südfrankreich verwandt; insbesondere scheinen sie sowohl Christus *als auch* Satan als Söhne Gottes des Vaters betrachtet zu haben. Für sie war der Satan der Schöpfer der Welt, so dass wir hier eine Art Gleichwertigkeit zwischen Christus und dem Teufel im Denken der Bogomilen sehen. Dies alles ist auch nicht einfach vergangen und lange her, wenn man bedenkt, dass ein Kommentator sich genötigt sah, davon zu sprechen, dass die ortsansässigen Kroaten immer noch gewisse für die Bogomilen typische Kennzeichen aufwiesen.[1]

Diese interessante Bemerkung wird durch die Geschichte bestätigt. Die Päpste bemühten sich, mit dieser Bewegung fertig zu werden, indem sie Missionare aussandten, zunächst Dominikaner im Jahr 1240 und dann, ein Jahrhundert später (1340), Franziskaner. Doch erst Mitte des 15. Jahrhunderts begann die Kampagne zur Ausrottung der Häresie wirklich Früchte zu tragen, und jene Bogomilen-Anführer im Raum der Ortskirche, die den Widerruf verweigerten, wurden zur Auswanderung gezwungen. Trotzdem hielten sich Überbleibsel eines bogomilischen Einflusses insofern,

---

[1] Ivo Sivrić OFM, *The Hidden Side of Medjugorje*, Bd. I, hg. von L. Bélanger, übersetzt von S. Rini, Saint-François-du-Lac: Psilog Inc., 1989, S. 195, Nr. 214.

als die Ortskirche nicht eng mit dem Papsttum verbunden war, und dies sollte den Samen für die zukünftigen Probleme säen.[2]
Als die Franziskaner in der Region ankamen, waren sie, abgesehen von den Bogomilen, noch mit einer Religion voller primitiver Rituale, darunter auch Tieropfern, konfrontiert, die darauf abzielten, die mächtigen Naturgeister zu besänftigen, so z. B. Gromovnik, den „Donnergeist", von dem man glaubte, dass er auf dem Berg Sipovač, dem Hausberg von Medjugorje, wohnen würde. Es ist durchaus möglich, dass diese Rituale irgendwie Teil der bogomilischen Religion waren, und es erscheint sicher, dass Medjugorje selbst tatsächlich ein religiöses Zentrum der Bogomilen war. Es ist auch bekannt geworden, dass in jener Zeit gewisse Konflikte zwischen den Bewohnern von Medjugorje und Bijakovići – dem Dorf, aus dem die künftigen Visionäre kommen sollten –, bestanden, die leicht in Gewalttätigkeit ausarten konnten, und dass die Einwohner von Bijakovići für die christlichen Missionare empfänglicher waren.[3]
Die Franziskaner sorgten vor Ort bald für Konversionen. Eine Katastrophe trat jedoch im 15. Jahrhundert ein, als die Region von den Osmanen erobert wurde. Nachdem der Weltklerus geflohen war, blieben nur noch die Franziskaner übrig, die für die Menschen da waren, und es begannen vierhundert Jahre der Verfolgung. Die Grausamkeit der türkischen Herrschaft stieß auf bitteren Widerstand, und Gruppen von „Guerillakämpfern" wurden gebildet, die sich dieser Fremdherrschaft widersetzten. Dies wiederum führte zu grauenhaften Vergeltungsmaßnahmen, in deren Rahmen gewöhnliche Kroaten gefoltert wurden, damit sie den Aufenthaltsort der Kämpfer offenbarten. Diese Methode,

---

[2] John R. Lampe, *Yugoslavia as History: Twice there was a country*, Cambridge: Cambridge University Press, [2]2000, S. 19-20; vgl. Marko Attila Hoare, *The History of Bosnia: From the Middle Ages to the Present Day,* London: Saqi Books, 2007, S. 41-42, 58, und Michael A. Sells, *The Bridge Betrayed: Religion and Genocide in Bosnia,* Berkeley/Los Angeles: University of California Press, 1998, S. 33.
[3] Mart Bax, *Medjugorje: Religion, Politics, and Violence in Rural Bosnia,* Amsterdam: VU Uitgeverij, 1995, S. 68-70.

mittels der Menschen gezwungen wurden, einander zu verraten, zog oftmals brutale Akte der Blutrache unter den Kroaten nach sich.
Im frühen 16. Jahrhundert lud der türkische Sultan Osmok, in dem Bestreben, das durch diese Racheangriffe verursachte Blutvergießen und den daraus resultierenden Produktivitätsverlust zu verringern, einige Franziskaner in sein Reich ein. Folglich wurden den Priestern im Gegenzug „für die Wiederherstellung der Ordnung und die regelmäßige Tributleistung Wohnungen, Steuerbefreiung und ein gewisses Maß an Religionsfreiheit versprochen, die auch das Recht zu missionarischer Betätigung mit einschloss". Die alte Religion der Gegend lebte jedoch fort, und auch Klanältesten aus Medjugorje wurde es gegen eine Gebühr gestattet, ihre Rituale zu Ehren Gromovniks auf dem Berg Sipovač zu vollziehen, trotz allerbester dagegen gerichteter Anstrengungen der Franziskaner. Somit führten die beiden Religionen im Raum Medjugorje eine gespannte Koexistenz. Die Franziskaner vermochten die Region jedoch nicht dauerhaft zu befrieden, und Gewaltausbrüche traten bis zum Ende des Osmanischen Reiches regelmäßig auf.

Rom und die Kirche in Bosnien-Herzegowina

1878 wurden Bosnien und Herzegowina vom türkischen Joch befreit und habsburgerischer Herrschaft unterstellt. Drei Jahre später erließ Papst Leo XIII. eine Bulle, in der die Autorität des Weltklerus bekräftigt und eine neue Hierarchie errichtet wurde, wodurch die Franziskaner von Bosnien und Herzegowina ihre privilegierte Position verloren. Hier liegt der moderne Ursprung für die Auseinandersetzungen zwischen den Franziskanern und den Weltgeistlichen, das so genannte „Herzegowina-Problem", welches das kirchliche Leben in Bosnien-Herzegowina in den letzen Jahren bestimmt hat.
Bedauerlicherweise arbeiteten die Franziskaner nicht mit der neuen Hierarchie zusammen, und viele der gewöhnlichen Gläubigen folgten ihrem Beispiel. Somit vermochte die katholische Kirche in

Bosnien-Herzegowina nicht in der rechten Weise heranzureifen, und die Region blieb in vielerlei Hinsicht ein Missionsgebiet. Anstatt um ein ordentliches katholisches sakramentales Leben drehten sich die religiösen Rituale in der Gegend um Ahnenverehrung und verschiedene abergläubische Praktiken, die nur wenig katholischen Inhalt hatten, was einen deutlichen Rückschritt in die Vergangenheit darstellte. Die kirchlichen Behörden in Rom setzten die Franziskaner unter Druck, diese Missstände abzustellen, doch wurden sogar in den 1920er Jahren immer noch rechtgläubige katholische Gottesdienste auf Dorffriedhöfen in Verbindung mit traditionellen Klanritualen abgehalten.[4]

Nach dem Fall des Habsburgerreiches im Jahr 1918 wurde das Königreich der Serben, Kroaten und Slowenen gegründet, und im Anschluss an einen Staatsstreich von 1929 setzte der serbische König unter Einsatz von Tschetnik-Milizen politische Maßnahmen durch, welche die Angehörigen seiner Volksgruppe begünstigten. Das Königreich wurde in Jugoslawien, das „Land der Südslawen", umbenannt. Dies brachte mit sich, dass die serbische Gemeinschaft in Medjugorje Ackerland von Kroaten enteignen konnte und einzelne Serben in der Gegend sehr einflussreich wurden, was eine ohnehin schon schlimme Lage noch zusätzlich erschwerte und den Aufstieg der kroatischen Ustascha-Milizen erleichterte. Während der 30er Jahre wurden die Zusammenstöße zwischen den beiden Gruppen zunehmend gewaltsamer: „Zerstörungen serbischen Eigentums, Verstümmelungen von Einzelpersonen und Totschlag wurden bald zu alltäglichen Vorkommnissen. Die Serben reagierten in gleicher Weise, manchmal sogar mit noch größerer Gewalt, und wurden dabei von vollmotorisierten Einheiten [der Tschetniks] unterstützt."

[4] Sivrić, *The Hidden Side of Medjugorje*, Bd. I, S. 117; Bax, *Medjugorje: Religion, Politics, and Violence*, S. 10, 70, 84, 85-90; Lampe, *Yugoslavia as History*, S. 23, 67; vgl. Hoare, *The History of Bosnia*, S. 78. Im Jahr 1881 wurde eine Erzdiözese in Sarajevo geschaffen. Ihr erster Erzbischof war Josef Stadler, der sich für die Entwicklung des Schulsystems engagierte, aber auch eine Kathedrale und zahlreiche Kirchen baute.

In jener Zeit beschloss der Gemeindepfarrer von Medjugorje, im Anschluss an einen Besuch in Rom im Jahr 1933, wo er von Papst Pius XI. Rat und entsprechende Geldmittel erhielt, zum Gedächtnis des 1900. Jahrestages der Kreuzigung Christi ein riesiges Kreuz oben auf dem Berg Sipovač zu bauen. Die Mehrheit der Gemeindeglieder war davon begeistert, insbesondere weil jener Zeitraum von Dürre und Entbehrungen gekennzeichnet war, so dass man die Bauarbeiten begrüßte. Innerhalb eines Jahres wurde das Kreuz fertiggestellt und der Berg in Križevac, „Kreuzberg“, umbenannt. Damit wurde er von Gromovnik zurückgefordert.[5]
In Jugoslawien als neuem Gesamtstaat rissen die ethnischen Serben die Verwaltung praktisch monopolartig an sich, besonders in der Justiz und beim Militär, und die Kombination aus serbischem Nationalismus und der orthodoxen Kirche hatte eine Politik der institutionalisierten Diskriminierung der katholischen Kirche in Jugoslawien zur Folge. Diese fand ihren Höhepunkt in der Unfähigkeit der jugoslawischen Regierung, eine parlamentarische Ratifizierung der Vertragsbedingungen des Konkordats zu erreichen, welches sie mit dem Vatikan ausgehandelt hatte. Diese Diskriminierungspolitik war für den Aufstieg der rechtsextremen Ustascha von großer Bedeutung und verleitete viele Kroaten dazu, die nationalsozialistischen Invasoren im Jahr 1941 als Befreier willkommen zu heißen.

Der Zweite Weltkrieg und seine Folgen

Eine Kenntnis der neueren Zeitgeschichte Bosnien-Herzegowinas ist genauso wichtig, wenn wir den Hintergrund für das religiöse Phänomen Medjugorje verstehen wollen. Dies gilt ganz besonders für die Gräueltaten, die 1941, während des Zweiten Weltkrieges, in der Region geschahen, als ein faschistischer Staat von kroatischen Ustascha-Milizen im Bündnis mit den deutschen Be-

---

[5] Bax, *Medjugorje: Religion, Politics, and Violence*, S. 70-73; Leslie Benson, *Yugoslavia: A Concise History*, Basingstoke: Palgrave Macmillan, 2004, S. 43, 52-53.

satzern des Landes geschaffen worden war. Unter den Franziskanern in der Herzegowina, die mit der Ustascha zusammenarbeiteten, war ein Ordensbruder namens Pater Filopovič, der Wärter in einem Konzentrationslager in Jasenovač wurde, dem berüchtigsten derartigen Zentrum und einem Ort, der für seine Brutalität und den Einsatz der Folter bekannt war. In Medjugorje selbst pferchten die Ustascha etwa sechshundert Serben aus der westlichen Herzegowina zusammen und ermordeten sie an einem Platz in der Nähe des Weilers Šurmanci, nicht weit vom Dorf entfernt, größtenteils indem sie diese von Klippen in ein Massengrab hinunterstürzten. Die Überlebenden wurden mit Handgranaten erledigt oder in einigen Fällen lebendig begraben. Dies geschah fast genau vierzig Jahre bevor die angeblichen Visionen in Medjugorje im Juni 1981 begannen.

Die Kroaten mussten später einen teuren Preis für diese Tat bezahlen, als sie durch die Hände der Tschetniks und der Partisanen Titos Schreckliches erlitten. Es scheint, dass in der Medjugorje umgebenden Region, der Brotnjo-Hochebene, bis zu einem Viertel der Bevölkerung, oder etwa fünftausend Menschen, in dieser Phase umkamen. Neben dieser „offiziellen" Gewalt der Serben und der Kommunisten zeigten auch brutale Klanfehden ihre Wirkung, so dass gegen Ende des Krieges allein in dem Weiler Gomila, einem Ortsteil von Bijakovići, „ungefähr 20% der 400 Dorfbewohner ihr Leben in Klanfehden verloren hatten". Drei der Visionäre von Medjugorje sollten später aus Gomila kommen. Selbst danach mussten die Einheimischen unter dem neuen kommunistischen Regime zahlreiche Gräueltaten erdulden, darunter Folter, Vergewaltigung und häufig auch Morde. Viel Bitterkeit staute sich in den Ortschaften auf, und dies sorgte sogar in den 1960er und 1970er Jahren kontinuierlich für Probleme, als alte Klanfehden wieder aufflammten, nicht selten aufgrund von Grundstücksstreitigkeiten. Mörderische Blutrache plagte die Region immer noch, als „private" Gewalt herrschte. Entsprechend begannen seit den 1970er Jahren junge Kroaten, verärgert über ihre fehlenden Grundrechte, sich in Bosnien und Herzegowina in bewaffneten Neo-Ustascha-Verbänden zu organisieren. Die Serben reagierten darauf, indem sie ihre eigenen Neo-Tschetnik-Verbände gründeten.[6]

Das Franziskaner-Problem

Kehren wir zur religiösen Situation zurück, so können wir anmerken, dass der Vatikan im Jahre 1923 eine Übereinkunft zwischen dem Ortsbischof und den Franziskanern bezüglich der gemeinsamen Nutzung von Pfarreien ermöglicht hatte. Allerdings stimmte der Heilige Stuhl auf die Bitte eines seiner Nachfolger, des Bischofs Petar Cule, des Ordinarius von Mostar-Duvno, einer Ungültigerklärung dieser Übereinkunft zu. Danach hätten die Franziskaner ihre Pfarreien eigentlich der Jurisdiktion des Bischofs unterstellen sollen, weigerten sich aber, dies zu tun, indem sie behaupteten, dass die Ungültigerklärung ohne ihre Zustimmung erreicht worden sei. Als von den 1950er Jahren an mehr Diözesangeistliche geweiht wurden, gerieten die Franziskaner zwar unter zunehmenden Druck, die Verantwortung für jene Pfarreien abzugeben, um die sie sich gekümmert hatten; sie waren dazu aber immer noch nicht bereit.
Im Jahr 1975 war die Lage so ernst geworden, dass der Heilige Stuhl ein spezielles Dekret – *Romanis Pontificibus* – erließ, in dem er ihren Gehorsam in dieser Angelegenheit einforderte. Die Franziskaner aber setzten ihren Widerstand fort und wurden daraufhin zur Strafe mit verschiedenen Disziplinarmaßnahmen belegt. Daher befanden sie sich zur Zeit des Beginns der Visionen von Medjugorje im Zustand eines aktiven Ungehorsams sowohl dem

---

[6] Bax, *Medjugorje: Religion, Politics, and Violence,* S. 73-75, 91, 92, 93-94, 105-106, 122-123; Jones, *The Medjugorje Deception,* S. 2, 68; Marcus Tanner, *Croatia: A Nation Forged in War*, New Haven: Yale University Press, 1997, S. 152, 179; Lampe, *Yugoslavia as History*, S. 208-213; Benson, *Yugoslavia: A Concise History,* S. 63, 77-78; vgl. Sells, *The Bridge Betrayed*, S. 60-62, 99 und Vjekoslav Perića, *Balkan Idols: Religion and Nationalism in Yugoslav States*, New York: Oxford University Press, 2002, S. 118.

Ortsbischof als auch Rom gegenüber, und dies war eindeutig kein günstiges Omen für die Zukunft.
Um den Franziskanern Gerechtigkeit widerfahren zu lassen, muss man sagen, dass sie den Glauben in Bosnien-Herzegowina während vierhundert Jahren muslimischer Verfolgung, in denen das Land vom Hauptstrom der katholischen Welt abgeschnitten war, bewahrt hatten, und so ist es nur verständlich, dass sich unter ihnen ein Geist der Eigenständigkeit entwickelte. Die Tragödie war, dass diese Eigenständigkeit sich in Starrköpfigkeit und die Starrköpfigkeit sich in offenen Ungehorsam verwandelte.
Im September 1980, weniger als ein Jahr, bevor die angeblichen Visionen begannen, beschloss Bischof Pavao Žanić, der Nachfolger von Bischof Cule, eine neue Pfarrgemeinde in Mostar zu gründen, die aus drei Vierteln der von den Franziskanern betreuten Pfarreien bestand. Dies führte zu Protesten auf Seiten einiger Franziskaner, und diese Trotzreaktion blieb nicht auf den Klerus beschränkt: Es scheint, dass auch viele der einheimischen Gläubigen seit 1975 nicht mehr bereit waren, Weltpriester in ihren Pfarreien zu akzeptieren.[7]

Das Ende des Kommunismus

Ein weiterer entscheidender Faktor in dieser komplizierten Situation waren die Auswirkungen, welche die Politik von Papst Johannes Paul II. in Osteuropa hatte, insbesondere nach seinem Polen-Besuch 1979. Seit dem Tode Titos im Jahr 1980 begann der kroatische Nationalismus von neuem zu erwachen. Nach dem Zweiten Weltkrieg hatte Tito die verschiedenen aufsässigen jugoslawischen Staaten mit eiserner Hand regiert, doch war nun eine neue Ära angebrochen, und niemand war sich so ganz sicher, was geschehen würde, besonders seit dem Aufkommen der polnischen Bewegung Solidarność. Als im Juni 1981 bekannt wurde, dass Jugendliche in Medjugorje behaupteten, die Gottesmutter

---

[7] Jones, *The Medjugorje Deception,* S. 25-26, 54-55, 74; Sivrić, *The Hidden Side of Medjugorje*, Bd. I, S. 115-116, 117-118.

gesehen zu haben, wurde eine ohnehin schon instabile Konstellation um ein letztes kritisches Element ergänzt. Innerhalb eines Jahrzehntes erlebte man den Ausbruch eines blutigen Bürgerkrieges, in dem Jugoslawien auseinanderbrach.
Für den Papst bestand jedoch das Problem, welches im Zuge einer wachsenden Unterstützung für Medjugorje wuchs, in der Tatsache, dass er einerseits eine marianische Basisbewegung in Kroatien im Sinne der traditionellen Marienverehrung in Polen fördern wollte, um das Ende des Kommunismus zu beschleunigen; andererseits wünschte er aber auch ein Ende der Streitigkeiten mit den Franziskanern. Es war eine sehr schwierige Situation, die durch übereiltes Handeln noch viel schlimmer gemacht worden wäre, wenngleich gewisse Zeichen darauf hindeuten, dass eine baldige Lösung hätte erzielt werden können.[8]
Es ist ganz sicher, dass die große Mehrheit der Medjugorje-Pilger wenig oder gar nichts über die oben skizzierte, komplizierte Geschichte der Region wissen. Hier haben wir es nicht mit einer normalen katholischen Kultur zu tun, sondern mit einer von sonderbarer und bewegter Geschichte geprägten Kultur, einer Kombination aus häretischen Sekten, heidnischer Religion, scheinbar endloser Gewalt und einer langwierigen Auseinandersetzung zwischen der offiziellen kirchlichen Autorität und den ortsansässigen Franziskanern.

---

[8] Jones, *The Medjugorje Deception,* S. 60-62; Daria Klanac, *Medjugorje, Réponses aux objections,* Le Sarment, 2001, S. 26-27.

2. Medjugorje und die Charismatische Bewegung

Die Charismatische Bewegung und die Franziskaner

Nicht nur eine Kenntnis der Geschichte der Region ist unerlässlich, sondern auch ein Verständnis für die geistliche Atmosphäre in Teilen von Bosnien-Herzegowina in den Jahren, die den Visionen vorausgingen. Es scheint, dass die Charismatische Erneuerung insbesondere aufgrund der Bemühungen zweier Franziskanerpatres, Jozo Zovko und Tomislav Vlašić, populär wurde. Die von ihnen veranstalteten Gebetsversammlungen waren jedoch alles andere als traditionell. So kam es dort häufig vor, dass Leute mit *geschlossenen* Augen umhergingen oder – alternativ – sie geöffnet hatten, um anderen Teilnehmern in die Augen zu schauen, bevor sie einander (auf nicht-sakramentale Weise) ihre Sünden bekannten. Bei einigen Versammlungen kam auch Zungenreden vor [„Glossolalie" = ein bei charismatischen Bewegungen verbreitetes unverständliches Sprechen beim Beten, das angeblich vom Heiligen Geist eingegeben werde]. Dahinter stand der Gedanke, Hindernisse zu überwinden. Die Gruppendynamik in diesen Versammlungen war dafür sehr, um nicht zu sagen allzu sehr, effektiv. Diese Techniken wurden aus den von W. R. Coulson und Carl Rogers propagierten Sensitivitätstrainingsprogrammen entwickelt. Der Vorgang des ungeordneten Umherlaufens in einem Raum wurde tatsächlich als „Umherlaufübung" bezeichnet, während eine weitere Technik als das „Grenzendurchbrechen" bekannt war.

Diese Techniken sind seither für ihr Potenzial zur Manipulation von Menschen im Sinne einer Art „Gehirnwäsche" berüchtigt, insbesondere wenn sie in „Begegnungsgruppen" angewandt werden.[9] Allerdings möchten wir hier keineswegs nahe legen, dass solche Begegnungsgruppen unter Charismatikern häufig wären

---

[9] Jones, *The Medjugorje Deception,* S. 43-46; Sivrić, *The Hidden Side of Medjugorje,* Bd. I, S. 105; vgl. Klanac, *Medjugorje, Réponses aux objections,* S. 46.

oder gewesen wären – sie stellen vielmehr offenkundig eine Abirrung dar, die außerhalb der Hauptströmung der charismatischen Aktivitäten angesiedelt ist. Nichtsdestotrotz steht eindeutig fest, dass sie in der Frühphase der „Erscheinungen" einen ziemlich starken Einfluss auf gewisse Individuen hatten.

Der oben erwähnte Pater Jozo Zovko war im Juni 1981, als die Visionen begannen, Pfarrer in der St. Jakobskirche in Medjugorje, und laut Marijan Pehar, einem anderen einheimischen Franziskaner, hatte er ähnliche Gebetskreise bzw. Begegnungsgruppensitzungen in der Pfarrgemeinde abgehalten. Allerdings sieht es nicht danach aus, als ob einer der Seher von Medjugorje diese tatsächlich besucht hätte. Vielmehr waren sie in mancherlei Hinsicht „Außenseiter", bevor die Visionen begannen. Mary Craig, eine andere Medjugorje-Autorin, beschreibt Pater Zovko als „einen begeisterten Verfechter der Charismatischen Bewegung, [der] durch die laue Reaktion Medjugorjes auf die Veränderungen, die er im Gebetsleben der Gemeinde zu bewirken versuchte, enttäuscht und geneigt war, den geistlichen Zustand des Dorfes als ‚verkümmert und saft- und kraftlos' abzutun."[10]

Abbé René Laurentin, der weltbekannte Mariologe und Medjugorje-Autor, schrieb 1998 Folgendes über diese charismatischen Aktivitäten: „Wenn Pater Jozo Charismen besitzt, dann sind sie aus natürlichen Gaben hervorgegangen. Dies könnte erklären, warum so viele Menschen, wenn er ihnen die Hände auflegt, in jene völlige physische, psychische und spirituelle Entspannung eingehen, die wir ‚Ruhen im Geist' nennen." Trotz dieser eindeutigen charismatischen Aktivität bestritt René Laurentin, dass Pater Zovko „in die Charismatische Erneuerung involviert" war, was als eine ziemlich befremdliche Äußerung anmutet. In Bezug auf Pater Vlašić schrieb er, dass er „sehr eng in die Charismatische Erneuerung involviert" sei, aber „bewusst jegliche Überlagerung

[10] Jones, *The Medjugorje Deception,* S. 43-47; Mary Craig, *Spark from Heaven: The Mystery of the Madonna of Medjugorje,* (London: Spire, 1991), S. 56; vgl. Video Visions on Demand.

mit charismatischen Aktivitäten vermied, um sich ganz der geistlichen Erweckung der Pfarrgemeinde widmen zu können."[11]

Charismatische Probleme

Ende der 1970er und Anfang der 1980er Jahre gab es offenbar eine Art Krise in der Charismatischen Bewegung, die von der allgemeinen Tendenz „enthusiastischer" Bewegungen wie jener der Charismatiker, an Schwung zu verlieren, ausgelöst wurde. Diese „Krise des Glaubens" wurde damals in einer Reihe von Artikeln in charismatischen Publikationen wie der Zeitschrift *New Covenant* beklagt. Der Besuch bei den Konferenzen der Charismatischen Erneuerung an der University of Notre Dame war von 1979 bis 1981 merklich zurückgegangen, und die Bewegung schien in eine Phase des Niedergangs einzutreten. Es wurde etwas benötigt, was ihr einen neuen Schwung verlieh, und dieses Etwas kam aus einer völlig unerwarteten Ecke – dem Interesse der Charismatiker an Medjugorje. Diese Verknüpfung sollte auf die Kirche im Westen gewaltige Auswirkungen haben.

In der Zwischenzeit hatten zwei Priester, die Patres George Kosicki und Gerald Farrell, ein Buch mit dem Titel *The Spirit and the Bride Say „Come!"* geschrieben, welches im Frühjahr 1981 veröffentlicht wurde. In diesem Werk argumentierten sie, dass die Charismatische Bewegung im Katholizismus zu ökumenisch werde und ihre katholische Identität verliere. Aus der Lektüre von Don Stefano Gobbis Buch *An die Priester, die vielgeliebten Söhne der Muttergottes* folgerten sie, dass ein neuer Schwung durch diese Form marianischer Apokalyptik notwendig sei, eine Botschaft, die sie als „ein prophetisches Wort an die Kirche in unserer Zeit" betrachteten. Ihnen stand eine charismatische Massenbewegung vor Augen, welche die Botschaft von Fatima erfüllen würde:

---

[11] René Laurentin, *Medjugorje Testament: Hostility Abounds, Grace Superabounds,* Toronto: Ave Maria Press, 1999, S. 93, 214.

Wir glauben, dass die Verheißung Unserer Lieben Frau bezüglich des Endtriumphes ihres Unbefleckten Herzens, der Bekehrung Russlands und des darauf folgenden Weltfriedens bald erfüllt werden wird. ... Jene Gläubigen, die geistlich auf die Bedürfnisse unserer Zeit eingestellt sind, stimmen darin überein, dass nur ein souveränes Handeln Gottes unseren gegenwärtigen Nöten entsprechen kann, eine Ausgießung des Heiligen Geistes, so wie sie in Guadalupe geschah.

Für das Gebet scheinen sie an eine Mischung aus dem Rosenkranzgebet und dem Zungenreden gedacht zu haben.[12] Interessanterweise dachten in dieser Phase, ganz zu Beginn der Achtziger Jahre, sogar Charismatiker wie die Autoren des oben erwähnten Buches, an Fatima als den natürlichen Ort, von dem Katholiken prophetische marianische Lehren annehmen sollten.

Das soll jedoch nicht heißen, dass ein bewusster Manipulationsprozess dahingehend stattfinden sollte, dass die Charismatische Erneuerung einen stärker ausgeprägten marianischen Akzent annähme: Eindeutig war und ist sie eine zu sehr vielgestaltige Bewegung, als dass wenige Einzelpersonen dies hätten bewirken können. Vielmehr ist es wahrscheinlich korrekter, diesen Prozess als ein Element in einer allgemeineren Rückkehr zur Marienfrömmigkeit zu sehen, die nach dem Aufruhr in der Kirche, der infolge des Zweiten Vatikanischen Konzils (1962–1965) entstanden war, erfolgte.

Wie auch immer – Medjugorje verdankte einen Großteil seines weltweiten Bekanntheitsgrades der Charismatischen Erneuerung. Man braucht sich nur die Schriften charismatischer Autoren wie Pater Robert Faricy anzusehen, um dies richtig einzuschätzen.[13] Und selbst ein so lautstarker Verfechter Medjugorjes wie Denis Nolan war gezwungen, später einzugestehen, dass „einige versucht haben, Medjugorje in ihrem eigenen Bilde zu ‚erschaffen'.

[12] Jones, *The Medjugorje Deception,* S. 50-52.
[13] Vgl. ebd., S. 53-54.

Dieser Vorwurf ließe sich möglicherweise an die Adresse einiger engagierter Vertreter der Charismatischen Erneuerung richten."[14] Tatsache ist, dass die Franziskaner, die Medjugorje am massivsten propagierten, zweifellos stark von der Charismatischen Erneuerung beeinflusst waren und dass diese symbiotische Beziehung zwischen Medjugorje und den Charismatikern in den nachfolgenden Jahren nur noch intensiver wurde.
Abermals sei jedoch betont, dass dies nicht als eine generelle Kritik an der Charismatischen Bewegung als solcher gedacht ist. Unter den richtigen Voraussetzungen ist es nämlich durchaus möglich, dass der Heilige Geist begnadeten Einzelpersonen außerordentliche Gnaden und Charismen, wie z. B. Gnadengaben der Heilung, verleiht. Wenngleich er dies anerkennt, ermahnt der *Katechismus der Katholischen Kirche* auch, dass ein echtes Unterscheidungsvermögen vonnöten sei, und schreibt ausdrücklich: „Kein Charisma enthebt der Pflicht, die Hirten der Kirche zu ehren und ihnen zu gehorchen" (KKK 799-801). Außerdem ist zu beachten, dass der Vatikan der Charismatischen Bewegung gegenüber eine gewisse Zurückhaltung an den Tag legt. Obgleich sowohl Paul VI. als auch der sel. Johannes Paul II. ihre Unterstützung für sie zum Ausdruck brachten, wurden auch Besorgnisse über manche „Exzesse" bei charismatischen Gebetsgottesdiensten sowie über mögliche „Missbräuche" bei Heilungsgottesdiensten ausgesprochen.[15]

---

[14] Denis Nolan, *Medjugorje: A Time for Truth and a Time for Action,* Santa Barbara: Queenship Publishing, 1993, S. 24; siehe auch S. 181.

[15] Vgl. für Quellen zu den Bedenken bezüglich der Charismatischen Erneuerung:
www.catholicculture.org/docs/doc_view.cfm?recnum=2798;
www.cwnews.com/news/viewstory.cfm?recnum=16816;
www.cwnews.com/news/viewstory.cfm?recnum=16795.

Die Links der Fußnoten sind zwecks leichteren Auffindens der Seiten im Internet auf www.dominus-verlag.de unter „Medjugorje verstehen" als pdf-Datei enthalten und können dort angeklickt und so aufgerufen werden.

Als die Visionen im Juni 1981 begannen, war Medjugorje ein Dorf mit einer Bevölkerung von rund dreitausend Menschen. Es liegt in Bosnien-Herzegowina im ehemaligen Jugoslawien, etwa 40 Kilometer von der Adriaküste entfernt. Die meisten der Seher wurden jedoch im benachbarten Bijakovići geboren, das näher bei dem Podbrdo, dem Hügel, auf dem die ersten Visionen stattfanden, liegt, der nur einen Katzensprung von Medjugorje selbst entfernt ist. Zwei höhere Berge, der Crnica und der Križevac, bilden den Hintergrund, und der letztere war bis 1933 als der Sipovač bekannt. Damals wurde, wie schon erwähnt, ein riesiges Steinkreuz auf seinem Gipfel errichtet. Der Križevac ist zu einem Anziehungspunkt für Medjugorje-Pilger geworden, wohingegen der Podbrdo ein Vorhügel des Berges Crnica ist. Die Bevölkerung der westlichen Herzegowina bestand damals im Wesentlichen aus katholischen Kroaten, zudem einigen Muslimen und wenigen orthodoxen Serben.[16]
Die Seher waren die fast 17-jährige Vicka Ivanković (geb. am 3. Sept. 1964), die allesamt 16-jährigen Mirjana Dragičević (geb. am 18. März 1965), Marija Pavlović (geb. am 1. April 1965) und Ivan Dragičević (geb. am 25. Mai 1965), die 15-jährige Ivanka Ivanković (geb. am 21. Juni 1966) und der zehnjährige Jakov Čolo (geb. am 6. März 1971).[17] Somit handelte es sich um vier Mädchen und zwei Jungen, Ivan und Jakov, und obwohl zu Beginn noch einige andere dabei waren, sind diese sechs in den Mittelpunkt der weltweiten Aufmerksamkeit gerückt, die Medjugorje erregt hat.[18] Es ist wichtig zu beachten, dass es sich, von Jakov abgesehen, hier nicht mehr um *Kinder*, sondern um junge Erwachsene handelte,

---

[16] Perića, *Balkan Idols*, S. 109.

[17] Geburtsdaten entnommen aus: Élisabeth Claverie, *Les guerres de la Vierge,* Gallimard, 2003, S. 371-372. Andere Quellen geben z. T. abweichende Daten an.

[18] Vgl. Sivrić, *The Hidden Side of Medjugorje,* Bd. I, S. 32, 35, 36; vgl. Bax, *Medjugorje: Religion, Politics, and Violence,* S. 75.

junge Leute, die vielen verderblichen Einflüssen der modernen Welt, darunter dem Fernsehen, ausgesetzt waren. Dies steht in schroffem Gegensatz zu den jungen Sehern und Seherinnen bei anerkannten Marienerscheinungen der Vergangenheit, deren Durchschnittsalter etwa bei elf Jahren lag und die in der damals noch vorherrschenden, allgemein viel gesünderen moralischen Atmosphäre aufwuchsen.

Nicht überzeugende Seher der Jungfrau Maria

Tatsache ist, dass die Seher bei anerkannten Erscheinungen fast ausnahmslos sehr unschuldig in dem Sinne waren, dass die Welt keinen verderblichen Einfluss auf sie ausgeübt hatte. Die meisten von ihnen waren Kinder oder sehr einfältige Erwachsene. Nur die Kinder in Beauraing und Banneux waren den modernen Medien in Gestalt des Kinos ausgesetzt. Das Kino der 1930er Jahre lässt sich aber hinsichtlich eines verderblichen Einflusses keineswegs mit dem Fernsehen gegen Ende des 20. Jahrhunderts vergleichen. In Medjugorje waren die jungen Leute alle, trotz des Kommunismus, der modernen westlichen Kultur (auch einer Diskothek) mit ihrer ganzen Kraft zur Entwürdigung und Aushöhlung christlicher Werte ausgesetzt.
Vergleichen wir diesen Faktor mit der Situation der meisten anerkannten Seher, die in früheren Jahrhunderten lebten, oftmals in weit von den Städten abgelegenen, ländlichen Regionen; die meisten von ihnen waren sehr junge Kinder. Zwar war Juan Diego von Guadalupe in Mexiko im Jahr 1531 bereits Erwachsener, doch war er erst ein paar Jahre zuvor getauft worden, und er hatte einen kindlichen Geist. Catherine Labouré hingegen, die 1830 in der Pariser Rue du Bac Unsere Liebe Frau gesehen hatte, war eine zurückhaltende junge Nonne Anfang zwanzig. Im ebenfalls in Frankreich gelegenen La Salette waren Mélanie 1846 vierzehn und Maximin elf Jahre alt, während Bernadette im französischen Pyrenäendorf Lourdes im Jahr 1858 vierzehn Jahre alt war. Insbesondere die drei letztgenannten kamen aus äußerst armen Verhältnissen, sowohl materiell als auch kulturell. In Pontmain in

Frankreich waren die vier Hauptseher 1871 im Alter zwischen zehn und zwölf Jahren, wohingegen die Menschen, die 1871 bei der Erscheinung im irischen Knock zugegen waren, zwar in der Hauptsache Erwachsene waren, aber einen sehr einfältigen Glauben besaßen. Fatima in Portugal (1917) ragt in dieser Hinsicht insofern heraus, als Lucia als die älteste Seherin erst zehn und Francisco und Jacinta zu Beginn erst jeweils acht und sieben Jahre alt waren. In Beauraing war das älteste der fünf Kinder etwa fünfzehn, und in Banneux war Mariette Beco elf. Diese beiden Erscheinungen fanden Anfang der 1930er Jahre in Belgien statt.
In der Mehrheit dieser Fälle haben wir es also mit *sehr* einfachen und unverdorbenen Sehern zu tun, von denen einige noch nicht einmal das Pubertätsalter erreicht hatten. Somit war ihr Zeugnis an sich glaubwürdiger als dasjenige vieler moderner Visionäre, einschließlich der Seher von Medjugorje. Letztere werden als junge Menschen, die in den 80er Jahren lebten, der schwerwiegenden Verschmutzung der modernen Welt nicht entronnen sein. Dies alles macht uns deutlich, dass die Visionäre von Medjugorje als potenzielle Seher der Jungfrau Maria alles andere als ideale Kandidaten waren. Sie waren wohl offenbar größtenteils zu alt und zu weltlich und entstammten einer Mischkultur, die sowohl vom Kommunismus als auch vom Fernsehen beeinflusst war. Sie mussten auch mit den Verhältnissen fertig werden, von denen ihr Leben in einer entstellten katholischen Kultur geprägt war. In ihr stellten die Auseinandersetzungen zwischen den Franziskanern und dem Weltklerus einen signifikanten Störfaktor dar, der zwangsläufig seine Wirkung auf die jungen Leute entfalten musste.

Der verderbliche Einfluss des Kommunismus

Inwieweit der Kommunismus einen verderblichen Einfluss ausübte, bedarf einer weiteren Erläuterung. Für Bewohner der Länder des Westens ist es sehr schwer, wirklich zu verstehen, wie das Leben unter dem Kommunismus beschaffen war. Wir sind so sehr an die Freiheit gewöhnt, mehr oder weniger denken, reden und tun zu können, was wir wollen, dass schon der Versuch, ansatzweise zu begreifen, wie es war, unter einem System leben zu müssen, das im Grunde genommen einem riesigen Gefangenenlager glich, praktisch unmöglich ist. Unter dem Kommunismus lernten die Menschen, Selbstzensur zu praktizieren, um angesichts eines Parteiapparats und eines ausgedehnten Unterdrückungssystems, das in der alten Sowjetunion allgegenwärtig war, überleben zu können.

In mehr oder weniger geschlossenen Gesellschaften wie Jugoslawien unter dem Kommunismus verband sich die Atmosphäre der Unwirklichkeit mit der Schwierigkeit, abgesehen von dem, was aus den staatlich kontrollierten Medien in Erfahrung zu bringen war, zuverlässige Nachrichten über die Außenwelt zu empfangen. In Bezug auf dieses System und seine Folgen für den Einzelnen schreiben Agnes Horvath und Arpad Szakolczai, dass es „drastische, ja oft verheerende Auswirkungen auf jeden Einzelnen hatte, indem es Werte, soziale Bindungen [und] Verhaltensnormen" zerstörte. Dies geschah, weil der Kommunismus „versuchte, alle Entscheidungen, alle Bewegungen und alle Initiativen zu beeinflussen und zu überwachen; er fürchtete sich vor allem, was neu, spontan und unkontrolliert war."

Sie sprechen auch davon, dass der „nachhaltigste und gefährlichste" Einfluss des Kommunismus seine Wirkung auf die „Tiefe" der Persönlichkeit der Menschen gewesen sei, die in solchen Gesellschaften lebten, und zwar aufgrund der Art und Weise, wie er Menschen gezwungen habe, unbefriedigende Lebensentscheidungen zu treffen, um sie dann anschließend dazu zu bringen, „sich mit den Ergebnissen ihrer eigenen Entscheidungen zu identifizieren". Folglich bestand ein gewaltiger Druck zur Anpassung, zur Übereinstimmung mit dem System, zum Denken mit dem System, und zugleich ein konstantes Gefühl, unter „ihrer" Kontrolle zu stehen, des Beobachtetwerdens, und zwar in einer Weise, die keine echte Freiheit zuließ und kaum eine Chance zum Entrinnen bot.[19]

Dass dieses abnormale, ja absurde System am Ende zusammenbrechen musste, war unausweichlich, doch solange es noch bestand, konnte es bei vielen Menschen, die in ihm eingesperrt waren, enormen psychologischen und emotionalen Schaden anrichten. Das ganze Wirtschaftssystem unter dem Kommunismus war ein heilloses Durcheinander. Es war einfach nicht dafür eingerichtet oder dazu imstande, die Bedürfnisse gewöhnlicher Einzelpersonen zu befriedigen, und so waren unter ihm Knappheit und Unproduktivität weit verbreitet, die mit einem schier endlosen Schlangestehen für den Grundbedarf einhergingen. Dieser ständige Kampf um das wirtschaftliche Überleben war ein weiterer lähmender Einfluss des Kommunismus. Ergänzen wir dazu noch das fest etablierte Überwachungssystem, zu dem ein ganzes Netz an Informanten und Mitarbeitern gehörte, so haben wir eine Situation, in der Individuen nie wissen konnten, wem sie vertrauen durften oder was in den staatlichen Akten über sie niedergelegt war.[20]

Die wohl tückischste Auswirkung eines „Schnellkochtopf-Systems“ wie des Kommunismus lag jedoch in der Art und Weise, wie seine Mentalität auch die Regimegegner in Mitleidenschaft zog. Das heißt, dass die Macht des kommunistischen Systems und seiner Propaganda so groß war, dass sie nicht nur das äußere Verhalten jener beeinflusste, die darunter leben mussten, sondern auch ihr Denken, ja sogar ihre Identitäten. Menschen konnten leicht anfangen, ihre moralische Orientierung zu verlieren, weil die zerstörerischen Auswirkungen von Jahren der kommunistischen Missherrschaft sie allmählich zermürbten und sie zu einer Art „negativen Kollaboration“ mit dem System veranlassten.

---

[19] Agnes Horvath/Arpad Szakolczai, *The Dissolution of Communist Power: The Case of Hungary,* London: Routledge, 1992, S. xiii, 1, 216, 217, 220.

[20] Vgl. Katherine Verdery, *What was Socialism, and What Comes Next?,* Princeton: Princeton University Press, 1996), S. 21-27.

So etwas konnte sich auch auf den Umgang gewöhnlicher Gläubiger mit ihren Priestern und Bischöfen auswirken. Es kam durchaus vor, dass letztere von dem Regime „vereinnahmt" wurden, das heißt, in mancherlei Hinsicht mit ihm zusammenarbeiteten, so dass Menschen sogar ihr Vertrauen gegenüber den Dienern der Kirche verloren. Dies wirkte sich offenkundig ganz fatal auf die grundlegende christliche Nächstenliebe aus und schuf zweifellos nicht wenig Misstrauen und Argwohn. Dies passte den Kommunisten fraglos sehr gut ins Konzept. Und in der in Bosnien-Herzegowina gegebenen Situation mit ihren langwierigen Auseinandersetzungen zwischen den Franziskanern und dem Weltklerus musste dies zwangsläufig für ganz besondere Schwierigkeiten sorgen.
Zusammenfassend haben wir unter dem Kommunismus ein in sich verderbtes und verderbendes System, und auch im Lichte dieser Tatsache müssen die Erfahrungen der Seher von Medjugorje beurteilt und verstanden werden.

Charismatische „Prophezeiungen" über Medjugorje

Kurz vor Beginn der Visionen wurde im Mai 1981 in Rom eine wichtige charismatische Konferenz veranstaltet. Wir lesen darüber:

> Pater Tomislav Vlašić … war zu einer internationalen Versammlung der Leiter der Charismatischen Erneuerung nach Rom gekommen. Während der Konferenz bat er einige der Anführer, mit ihm für die Heilung der Kirche in Jugoslawien zu beten. Eine der Beterinnen, Schwester Briege McKenna, hatte ein geistiges Bild von Pater Vlašić vor Augen, auf dem er saß und von einer großen Menschenmenge umgeben war. Von seinem Stuhl ergossen sich Wasserströme. Ein anderer, P. Emile Tardiff [sic!] OP, sagte in einer Prophezeiung: ‚Fürchte dich nicht. Ich sende dir meine Mutter.' Ein paar Wochen später begann Unsere Liebe Frau in Medjugorje zu erscheinen.[21]

---

[21] L. Rooney/R. Faricy, *Mary Queen of Peace. Is the Mother of God Appearing in Medjugorje?,* Leominster: Fowler Wright, 1984, S. 28-29.

Pater Ivo Sivrić erwähnt in seinem wichtigen Buch *The Hidden Side of Medjugorje*, dass „Marija Pavlović vor gewissen Sehern sagte, dass … [Pater Vlašić] einen Monat zuvor wusste und … erwähnte, dass die Gospa anfangen würde, in Jugoslawien zu erscheinen. Den genauen Ort nannte er jedoch nicht.“ Diese Vorhersage sprach er wahrscheinlich bei einer Begegnung aus, die er am 29. Juni 1981, während der ersten Woche der Visionen, mit den Sehern hatte. Zu diesem Zeitpunkt war er Kaplan in Čapljina, einer Kleinstadt südlich von Medjugorje.[22] Es ist beachtenswert, dass es bei keiner einzigen der anerkannten Erscheinungen vorkam, dass jemand sie schon zuvor angekündigt oder gesagt hätte, wann sie beginnen würden.

Noch aufschlussreicher ist jedoch der Umstand, dass laut Wayne Weible, einem ex-protestantischen Konvertiten und Medjugorje-Anhänger, die Vision von Schwester Briege McKenna noch nähere Details enthielt und dass sie Pater Vlašić „in *einer zweitürmigen Kirche* auf einem Stuhl sitzen und von einer großen Menschenmenge umgeben“ sah. Wie Weible anmerkt, ist dies ein wichtiger Punkt, denn die einzige Kirche mit zwei Kirchtürmen, von der Pater Vlašić wusste, war die Pfarrkirche des hl. Jakobus in Medjugorje.[23]

Auch nach dem Beginn der Erscheinungen bestand ein kontinuierliches charismatisches Interesse an Medjugorje. Dies ist an der Tatsache abzulesen, dass dort vom 23. bis 25. August 1983 eine wichtige charismatische Veranstaltung abgehalten wurde. Wie es scheint, empfingen dabei alle Seher, ebenso wie einige mit der Pfarrei verbundene Priester und Nonnen, die „Geisttaufe“. Die Organisatoren dieser Versammlung waren Dr. Philippe Madre von der charismatischen „Gemeinschaft Löwe von Juda“ (die später in die „Gemeinschaft der Seligpreisungen“ umbenannt wurde), Pater Tardif, der zuvor erwähnte Priester, der sich in

---

[22] Sivrić, *The Hidden Side of Medjugorje*, Bd. 1, S. 105-106, Fußnote 183. Die richtige Schreibweise ist „Tardif“. Vgl. Video *Visions on Demand.*

[23] Wayne Weible, *The Final Harvest: Medjugorje at the End of the Century,* Brewster: Paraclete Press, 1999, S. 4; Hervorhebung ergänzt vom Verfasser.

Rom Pater Vlašić gegenüber in prophetischen Worten geäußert hatte, und Pater Pierre Rancourt. Offenbar lehrte Pater Tardif „die Gläubigen, zu prophezeien [und] in Zungen zu reden." Weil die Regierung sich der Veranstaltung entgegenstellte, wurden die drei Gäste jedoch von der Polizei festgenommen, verhört, durchsucht und schließlich vor die Wahl gestellt, entweder ins Gefängnis zu gehen oder das Land unverzüglich zu verlassen. Es ist kaum verwunderlich, dass sie sich für Letzteres entschieden.[24]
Abbé René Laurentin, der französische Mariologe, behauptet, dass der Einfluss der Charismatischen Erneuerung in der Frühzeit Medjugorjes nicht zum Tragen gekommen sei, doch erscheinen seine Argumente im Lichte der obigen Beweise nicht als glaubwürdig. Es ist sicherlich bemerkenswert, dass er auf „gewisse Befürchtungen" Bezug nimmt, die „insbesondere in Rom im September 1983" zum Ausdruck gebracht worden seien, dass charismatische Elemente mit den Aktivitäten der Seher vermischt würden. Er wirft die Frage auf, ob eine solche Kombination „Exzesse auslösen" könne, beruhigt seine Leser aber wie folgt: „Zweifellos müssen Vorsichtsmaßnahmen dagegen ergriffen werden, dass so etwas geschieht, wenn die Erscheinungen lange Zeit andauern, doch ist es wahrscheinlicher, dass sie bald aufhören werden."[25] An anderer Stelle teilt er uns mit, dass er dies geglaubt habe, weil zu jenem Zeitpunkt die Dauer der Visionen von rund 20 Minuten im Jahr 1983 auf etwa eine Minute im Frühjahr 1984 zurückgegangen sei. Sein anderer Grund für diese Annahme war, dass nahezu alle angeblichen Geheimnisse geoffenbart worden seien. Diese Annahme hat sich jedoch eindeutig als falsch erwiesen, und nach nunmehr 30 Jahren muss uns diese Beruhigung ziemlich inhaltsleer vorkommen.

---

[24] Vgl. Rudo Franken, *Eine Reise nach Medjugorje. Bedenken hinsichtlich der Erscheinungen.* Mit Beiträgen von Mark Waterinckx und Manfred Hauke. Zweite, stark erweiterte und aktualisierte Auflage, Augsburg: Dominus-Verlag, 2011, S. 78f. René Laurentin/Ljudevit Rupčić, übers. von F. Martin, *Is the Virgin Mary Appearing at Medjugorje?,* Gaithersburg: The Word Among Us Press, 1988, S. 20-21.
[25] Laurentin/Rupčić, *Is the Virgin Mary Appearing at Medjugorje?,* S. 97-98.

Die moderne Charismatische Bewegung mit dem Hauptmerkmal der *Glossolalie* (des Zungenredens) begann ab den 1870er Jahren im Mittleren Westen der USA, und sie erfuhr im frühen 20. Jahrhundert in Topeka (Kansas) und später in Los Angeles weitere Impulse. Dies hatte ein massives Wachstum von Pfingstgemeinden überall in den Vereinigten Staaten zur Folge, so dass sie heute Millionen von Anhängern zählen. Es fanden auch Erweckungen in europäischen Ländern statt, die von Episoden des „Weinens, Seufzens und Schüttelns“[26] gekennzeichnet waren.

Die Charismatische Bewegung beruft sich auf die Beschreibungen, die in Abschnitten aus den Paulusbriefen, wie in 1 Kor 12,8-10, enthalten sind. Jene, von denen man behauptet, dass sie diese „Geisttaufe“ empfangen hätten, sollen angeblich Zeichen wie das Zungenreden und die Auslegung der Glossolalie anderer aufweisen, Gaben der Heilung und der Prophetie und die Fähigkeit zur Unterscheidung der Geister besitzen.

Die Charismatische Bewegung, so wie sie sich innerhalb der katholischen Kirche etabliert hat, ist jedoch im Wesentlichen ein erst nach dem Zweiten Vatikanum aufgetretenes Phänomen. Der sel. Papst Johannes XXIII. hatte zu einer geistlichen Erneuerung in der Kirche aufgerufen, und eine der Folgen dieses Aufrufs war die Bildung eines Kreises aus Studenten und Lehrpersonal an der Duquesne University in Pittsburgh in den 1960er Jahren, in dem neue Formen der Spiritualität erkundet werden sollten. Einzelne Priester und Laien hatten bereits 1962 an pfingstlerischen Veranstaltungen der „Full Gospel Fellowship“ teilgenommen, doch blühte der katholische Zweig der Charismatischen Bewegung erst von 1966 bis 1967 in Duquesne richtig auf. Die Beteiligten begannen, auf charismatische Weise zu beten, erlebten die *Glossolalie*, und so nahm die Bewegung innerhalb des Katholizismus ihren

---

[26] Morton T. Kelsey, *Tongue Speaking: The History and Meaning of Charismatic Experience*, New York:, Crossroad, 1981, S. 55-58, 60-65.

Anfang. Später breitete sie sich sehr schnell auf andere Zentren, wie die University of Notre Dame in South Bend (Indiana), aus. Sie wurde auch in Ann Arbor (Michigan) aufgegriffen und entwickelte sich schließlich zu einer weltweiten Bewegung charismatischer Gruppen und Gemeinschaften.[27]

Das Besorgniserregende an der Entstehung dieser Bewegung in der katholischen Kirche ist also, dass sie keine spontane „katholische" Erfahrung war, sondern vielmehr von der protestantischen Pfingstbewegung abstammte.[28] Wie es scheint, wurde auch der „Heilungsdienst" in der Charismatischen Bewegung mit seiner Beanspruchung des „Wundersamen" stark, wenn auch entfernt, von protestantischen Quellen im 19. Jahrhundert beeinflusst, und zwar durch Gruppierungen wie die Christliche Wissenschaft Mary Baker Eddys und in jüngerer Zeit durch anglikanische und presbyterianische „Heiler"[29].

Charakteristisch für die Bewegung waren Erneuerungstage und jährliche Konferenzen wie z. B. jene, die in Notre Dame abgehalten wurden. Sie zog auch einflussreiche Förderer wie den belgischen Kardinal Suenens an, dem von Papst Paul VI. die Verantwortung für die Charismatische Erneuerung in der Kirche übertragen worden war. Gewiss ist es so, dass die Charismatische Bewegung einen sehr großen Einfluss auf die Kirche gehabt hat und viele Geistliche und Ordensleute bezeugen konnten, dass sie „ihre Berufung gerettet" habe. Ein wohlwollender Beobachter, Morton Kelsey, sah sich jedoch zu dieser allgemeinen Bemerkung über die *Glossolalie* veranlasst: „Das Zungenreden ist eine machtvolle Invasion in das Unbewusste. Es kann für das schwache Ego gefährlich sein und sollte niemals jemandem aufgezwungen werden."[30]

---

27 Vgl. Kelsey, *Tongue Speaking*, S. xii-xiii; Walter Hollenweger, *The Pentecostals*, London: SCM Press Ltd., 1972, S. 8-9.

28 Vgl. René Laurentin, *Catholic Pentecostalism*, London: Darton, Longman and Todd, 1977, S. 12-13.

29 Vgl. Laurentin, *Catholic Pentecostalism*, S. 107-110.

30 Kelsey, *Tongue Speaking*, S. xiii-xvi, 208.

In ähnlichem Sinne merkt Kelsey zu den besonderen Botschaften an, die Einzelnen über dieses Charisma „gegeben" werden, dass viele religiöse Führungspersönlichkeiten derartige Praktiken mittlerweile als polarisierend betrachten würden. Er hebt auch hervor, dass es zu einem gewissen geistlichen Hochmut führen könne, da manche Charismatiker das Gefühl hätten, sie seien besser als „gewöhnliche" Christen. Speziell macht er dazu folgende recht aufschlussreiche Bemerkung:

> Manche Leute, die in Zungen reden, meinen plötzlich, sie stünden in direkter Verbindung mit Gott und empfingen Botschaften wie: „Gott hat mir dies über dich mitgeteilt", oder „Gott möchte, dass du dies tust …", und gerade sie sind in der Regel die gleichen Menschen, die Botschaften für jeden anderen außer für sich selbst empfangen.

Kelsey äußert sich auch zur nachteiligen psychologischen Auswirkung, welche die *Glossolalie* auf manche Menschen haben könne, da sie „eine befreiende Erfahrung sein kann, die das Unbewusste so sehr befreit, dass sie das Individuum überflutet." Solch eine „Befreiung" kann ganz eindeutig für bestimmte unausgeglichene Persönlichkeiten höchst gefährlich sein,[31] so dass die Probleme, die einige charismatische Praktiken mit sich bringen können, klar auf der Hand liegen.

René Laurentin schrieb ein Buch über die Charismatische Bewegung unter dem Titel *Pentecôtisme chez les catholiques* („Die Pfingstbewegung bei den Katholiken", englische Übersetzung unter dem Titel: *Catholic Pentecostalism*), das 1974 erschien. Hierin schreibt er, dass er „sich bereits seit 1967, ihrem Entstehungsjahr, für die katholische Pfingstbewegung interessiere". Allein schon die Tatsache, dass ein solcher Titel benutzt werden konnte – mit seiner Betonung des Wortes *Pfingstbewegung* – deutet klar auf die eigentlichen Ursprünge dieser Bewegung im Katholizismus hin. Er sagt weiter, dass er mit Pater Edward O'Connor, einem der „Gründer der Bewegung", gesprochen habe, der ihm versichert habe, dass die Zukunft der Kirche aufs Engste mit dieser Bewegung ver-

---

[31] Kelsey, *Tongue Speaking*, S. 223-225, 231.

knüpft sei, eine Sichtweise, die René Laurentin sich offenbar schließlich selbst zu eigen machte. Sicher ist, dass er mehr als nur ein beiläufiges Interesse am Werk der Charismatiker zeigte, weil er darlegt, dass er während der 1970er Jahre einige ihrer Konferenzen besuchte und Informationen über die Bewegung sammelte.[32] Es ist wohl erwähnenswert, dass Pater O'Connor später ein weithin unkritisches Werk unter dem Titel *Marian Apparitions Today: Why so Many?,* schrieb.
Bei der Lektüre von René Laurentins Buch, dessen englische Fassung nur vier Jahre vor Beginn der Erscheinungen in Medjugorje veröffentlicht wurde, wird deutlich, dass er damals bereits völlig von der Charismatischen Erneuerung überzeugt war und man somit eigentlich nicht sagen kann, dass er distanziert und objektiv an die Visionen und die Seher herangegangen sei. Das Werk enthält sogar ein Kapitel mit dem Titel „Maria, Muster des Charismatikers". Vielmehr war er insofern voreingenommen, als er die Wirkungen des Heiligen Geistes hinter all ihren Aktivitäten sah, und diese Voreingenommenheit färbte eindeutig seine späteren Schriften zum Thema. Er gibt dies sogar selbst zu, wenn er von der „zwischen den Erscheinungen und der Charismatischen Erneuerung bestehenden Harmonie"[33] spricht.

Medjugorje und der Montanismus

Dass die Kirchengeschichte wichtige Lektionen zu früheren charismatischen Bewegungen bietet, wird aus dem Geschehen während der montanistischen Krise deutlich, die Mitte des 2. Jahrhunderts begann, als Montanus eine Bewegung mit apokalyptischer Grundstimmung ins Leben rief. Er behauptete, dass der Heilige Geist bald auf die Kirche ausgegossen werden solle und auch, dass das himmlische Jerusalem auf das kleine Dorf Pepuza in Phrygien in der heutigen Westtürkei herabgestiegen sei, einem

---

32 Vgl. Laurentin, *Catholic Pentecostalism,* S. 9; Laurentin/Rupčić, *Is the Virgin Mary Appearing at Medjugorje?,* S. 3.
33 Laurentin/Rupčić, *Is the Virgin Mary Appearing at Medjugorje?,* S. 21.

Ort, der vom hl. Kyrill von Jerusalem als ein „höchst unbedeutender Weiler“ geschildert wurde.

Interessanterweise ist dies dieselbe Region, die auch das Zentrum des Kults der Kybele, der Muttergottheit, war, deren ekstatische Riten von den „Galli“ vollzogen wurden, „Priestern“, die sich selbst entmannt hatten. Sie scheinen auch andere Formen der Selbstverstümmelung mit Waffen praktiziert zu haben, die den Aktivitäten der Baalspropheten, auf die Elias im Alten Testament stieß, ein wenig ähnelten. Ganz offenkundig leugneten die Anhänger des Montanus nicht, dass er ein „Priester“ eines Götzenkultes – ein Vorwurf, der vom hl. Hieronymus ausdrücklich in Bezug auf den Kybele-Kult erhoben wird – und ein Neubekehrter gewesen sei. Es wurde ebenfalls anerkannt, dass er ein „gewaltiger Organisator“ gewesen sei.

Montanus stand in enger Verbindung mit zwei Prophetinnen, Priscilla (auch Prisca) und Maximilla, die von rechtgläubigen Schriftstellern „Verrückte“ genannt wurden. Es heißt, dass Montanus, wenn er von der „Inspiration“ mitgerissen wurde, in Trance fiel und anfing, wirres Zeug, möglicherweise in Zungen, zu reden und dabei zu „prophezeien“. In der Tat bezeichneten Montanisten ihre bald bis nach Rom, Nordafrika und darüber hinaus verbreitete Bewegung selbst als „Neue Prophetie“.

Die Anhänger dieser Neuerer schrieben deren Aussprüche auf. Sie behandelten sie als „heilige“ Schriften, und eindeutig wurden sie in vielen Regionen ernst genommen. Der Kirchenhistoriker Eusebius teilt uns mit, dass in Rom eine berühmte Debatte zwischen Gaius und Proclus stattgefunden habe, ob diese als „biblisch“ betrachtet werden sollten. Eusebius zufolge war der Montanismus durch den falschen Propheten gekennzeichnet, der in einer Trance redete, die zur Verantwortungslosigkeit und Hemmungslosigkeit führte. Dieser Zustand entstand durch eine absichtliche Unterdrückung bewussten Denkens und endete in einer unkontrollierbaren Verzückung. Allgemein vertrat die alte Kirche die Auffassung, dass echte Prophetie keine derartige „Entfremdung der Sinne“ herbeiführe. Wie Msgr. Ronald Knox hervorhebt, war der Montanismus „eine gänzlich neue Form der Prophetie, … nicht eine lockere Abweichung von dem prophetischen *Charisma*, welches in der damaligen Zeit auch in der eigentlichen Christenheit noch auftrat."[34]

Dies wird anhand der Ausdrucksweise, der sich Montanus und seine Anhänger bedienten, deutlich, denn unter anderem sagte er: „Ich bin der Vater und der Sohn und der Paraklet", während Maximilla sagte: „Wort bin ich und Geist und Kraft." Sie behaupteten drei separate Haushaltungen (Ökonomien) der Heilsgeschichte, die den Personen der Trinität entsprächen, und identifizierten ihre eigene Bewegung mit dem Kommen des Parakleten, des Heiligen Geistes. Wie es scheint, betrachtete Maximilla sich selbst als die „letzte der Propheten", und folglich zog sich gewiss ein apokalyptischer Faden durch das montanistische Denken.

Die meisten Zeugnisse über die Montanisten stammen von ihren Gegnern, und wir erfahren, dass sie eine Neigung „zum Spenden der Opfergaben" hatten, während andererseits „zur Ablieferung von Gold und Silber und kostbarer Kleidung" aufgefordert wurde. Sie waren offenbar gut organisiert, und „die wandernden Prediger der neuen Prophetie wurden aus der Zentralkasse unterhalten." Bei Epiphanius, einem Bischof des 5. Jahrhunderts, lesen wir im Rahmen seiner Schilderung der späteren Entwicklungen des Montanismus von Sektenanhängern, die, in der Hoffnung, dass sie eine Vision von Christus empfingen, im Tempel in Pepuza schliefen, und auch von Prozessionen von „sieben weißgekleideten Jungfrauen, die feierlich mit Lichtern in den Händen die Kirche betreten, um zum Volke prophetische Bußworte zu sprechen"[35].

---

[34] Vgl. Ronald Knox, *Enthusiasm, A Chapter in the History of Religion*, London: Collins, 1987, S. 26-27, 29-30, 33, 34-35, 38; Hans Lietzmann, *Geschichte der Alten Kirche*, Bd. II, Berlin/New York: De Gruyter, [4]1975, S. 196-201; Christine Trevett, *Montanism: Gender, Authority and the New Prophecy*, Cambridge: Cambridge University Press, 2002, S. 2, 13, 78-79; Art. *Montanists*, in: *Catholic Encylopedia*, http://www.newadvent.org/cathen/10521a.htm.

[35] Lietzmann, *Geschichte der Alten Kirche*, Bd. II, Berlin/New York: De Gruyter, [4]1975, S. 200, 201; vgl. Knox, *Enthusiasm*, S. 33, 37, 38; Trevett, *Montanism: Gender, Authority and the New Prophecy*, S. 31, 101.

Eindeutig hatte der Montanismus einen femininen Aspekt, da Frauen unter den Sektenführern eine herausragende Rolle einnahmen. Konflikte ergaben sich mit der rechtgläubigen Kirche in Bezug auf Prophetie, Autorität, die Interpretation christlicher Schriften und die Frage nach der Bedeutung des Montanismus im Rahmen der Heilsgeschichte.

Einer späteren Prophetin des Montanismus, Quintilla, gelang es, ihre eigene Anhängerschaft um sich zu scharen, die so genannten „Quintillanisten". Sie hatte behauptet, dass Christus im Schlaf und in Gestalt einer mit einem strahlenden Gewand bekleideten Frau zu ihr gekommen sei und dass er dafür verantwortlich gewesen sei, „Weisheit in sie hineingelegt" zu haben. Man hat behauptet, dass diese „Vision" nicht häretisch gewesen sei, weil sie auf die Idee der „Weisheit" hindeute, die weibliche Eigenschaften besitze, doch ist es schwer nachzuvollziehen, wie etwas Derartiges wirklich mit rechtgläubigem katholischen Denken in Einklang gebracht werden kann.

Dieser feministische Charakterzug des Montanismus ging über Prophetinnen hinaus, da es später auch „weibliche montanistische Presbyter [„Priester"] und Bischöfe gab". Sowohl Epiphanius als auch der hl. Augustinus machten auf diese Tatsache aufmerksam.[36]

In ihrer „Hierarchie" räumten die Montanisten, dem hl. Hieronymus zufolge, den „Patriarchen von Pepuza" den ersten Platz ein und setzten die so genannten *Koinonen* an die zweite Stelle, gefolgt von den Bischöfen, den Presbytern und Diakonen. Die genaue Bedeutung dieses Begriffs *Koinonen* ist unbekannt, er könnte aber möglicherweise auf eine Gruppe hindeuten, die als Geldsammler fungierten, basierend auf Philipper 4,15, wo das Wort den Gedanken des „Gebens und Empfangens" oder, noch wörtlicher, der Teilhabe oder Gemeinschaft zum Ausdruck bringt. Wie auch immer die genaue Organisation dieser „Kirche" be-

---

[36] Vgl. Trevett, *Montanism*, S. 3, 158, 167-169, 185, 210, 221.

schaffen war, der Montanismus wurde, ebenso wie manch andere Sekte, im Laufe der Zeit allmählich immer häretischer.[37]

Vergleich zwischen Medjugorje und dem Montanismus

Die neuere Geschichte Medjugorjes weist gewisse Ähnlichkeiten zur Entwicklung des Montanismus auf. Dies können wir am franziskanischen Engagement in Medjugorje sehen, das zur Bildung einer „Parallelkirche" geführt hat, die sich im Stande der Rebellion gegen den Vatikan und die örtliche Hierarchie befindet. Dies zeigt sich auch in Bezug auf die *Koinonen* – sofern man annimmt, dass diese als eine Art Geldsammler fungierten – an der hochrangigen Bedeutung, die das Geld im Zusammenhang mit Medjugorje einnimmt. Auch haben nicht wenige „wandernde Prediger" Werbung für Medjugorje gemacht.
Abbé René Laurentin geht in seiner Begeisterung für alles Charismatische so weit, dass er die Richtigkeit der Angaben des hl. Hieronymus bezüglich der oben erwähnten Punkte anzweifelt und davon ausgeht, dass die *Koinonen* „eine mit dem Patriarchen verbundene Synode" bildeten. Ähnlich hinterfragte er, ob der hl. Epiphanius in Bezug auf die genauen Aussprüche des Montanus Recht hatte. Doch angesichts der Tatsache, dass diese Schriftsteller den fraglichen Ereignissen über 1500 Jahre näher standen, erscheint es viel wahrscheinlicher, dass sie besser informiert waren als René Laurentin. Das Grundproblem für ihn ist, dass viele der Wesenszüge des Montanismus offenkundige Parallelen zu den Aktivitäten der modernen Charismatiker aufweisen, wie sie insbesondere in Medjugorje zum Ausdruck kamen. Dadurch befindet er sich in der schwierigen Lage, den Versuch anstellen zu müssen, Positives über Montanus und seine Anhänger zu finden.[38]

---

[37] Vgl. Trevett, *Montanism*, S. 186, 210, 211-212, 214-215.

[38] Vgl. René Laurentin, *Catholic Pentecostalism*, London: Darton, Longman and Todd, 1977, S. 136-137.

Eine weitere Ähnlichkeit zwischen dem Montanismus und Medjugorje kann man in demselben Geist des Rigorismus sehen, den beide Bewegungen an den Tag legten. Prisca und Maximilla beharrten beide auf dem Zölibat, und zwar soweit, dass sie anscheinend ihre Ehemänner verließen, um sich ganz der Verkündigung der neuen Lehren widmen zu können. Wir erfahren auch, dass Montanus aufgrund seiner Neuoffenbarungen offenbar eine sehr strenge Haltung zur Wiederheirat von Witwen hatte. Ebenso fasteten Montanisten häufiger im Jahr, um sich von den gewöhnlichen Katholiken zu unterscheiden, und in Verfolgungszeiten forderten sie bewusst das Martyrium heraus. Msgr. Knox bemerkt dazu: „Um sich selbst zu rechtfertigen, musste die Neue Prophetie etwas finden, um das verbieten zu können, was die Kirche toleriert." Die übertriebene Betonung des Fastens, die so weit ging, dass manche Leute zur Erfüllung ihrer normalen Pflichten zu schwach waren, wie es in der ersten Zeit nach den Visionen von Medjugorje geschah, ist nur ein Beispiel für etwas Derartiges in Bezug auf Medjugorje selbst. Ein anderes Beispiel ist in der Vorstellung zu sehen, dass Gläubige übermäßig viel Zeit im Gebet verbringen müssten, nach dem Vorbild Ivans, der behauptete, dass er über zwei Stunden brauche, um den Rosenkranz zu beten. Diese Ähnlichkeit zwischen dem Montanismus und dem „Medjugorjismus" reicht sogar bis zu Angelegenheiten wie den Vorhersagen, die Maximilla vor ihrem Tode traf, nämlich dass darauf eine Periode der Verfolgungen und Kriege folgen werde, wohingegen in Wirklichkeit 13 Jahre des Friedens und der Ruhe folgten. Umgekehrt verkündete die „Gospa" von Medjugorje Mitte der 1980er Jahre, dass sie gekommen sei, um Jugoslawien und der Welt Frieden zu bringen, eine Vorhersage, die geäußert wurde, bevor die Region die schlimmsten Kämpfe in Europa seit dem Zweiten Weltkrieg erleben musste.[39]

[39] Knox, *Enthusiasm,* S. 37-38, 48, 49; vgl. Lietzmann, *Geschichte der Alten Kirche,* Bd. II, S. 199-200.

Noch zweckdienlicher ist es, die Haltung der höheren Ränge der Kirche in beiden Fällen miteinander zu vergleichen. Der Montanismus wurde eindeutig als eine sehr ernsthafte Bedrohung wahrgenommen. Die Ortsbischöfe versuchten, Maximilla als eine falsche Prophetin bloßzustellen, wurden aber von ihren Anhängern gewaltsam daran gehindert, so dass die Bischöfe von Kleinasien sich in einem Konzil versammelten, um die wachsende Bewegung zu verurteilen, da ihr Einfluss sich auch in weiter Ferne bemerkbar machte.[40] Vergleichen wir dies mit der Behandlung, die den nachfolgenden Bischöfen von Mostar seitens der Anhänger der Seher von Medjugorje zuteil wurde, und der Weise, wie Medjugorje heute – nach der Ankündigung der Einrichtung einer Untersuchungskommission im März 2010 durch den Vatikan – auf höchstmöglicher Ebene behandelt wird.[41]

Bezüglich des Montanismus stellte Msgr. Knox fest: „Die Sekte hätte nur eine kleine Delle an der Oberfläche der Christenheit ausgemacht, wenn nicht das abtrünnige Genie Tertullians ihrer Propaganda Energie verliehen hätte." Ebenso ist es betrüblich, erwähnen zu müssen, dass Medjugorje wohl einen wesentlich geringeren Einfluss auf die Kirche gehabt hätte, wenn nicht bedeutende Kleriker wie René Laurentin ihm ihre nachdrückliche Unterstützung hätten zuteil werden lassen.[42]

Tertullian zufolge schwankte der damals regierende Papst, Viktor I., hinsichtlich der Anerkennung der Prophetien der Montanisten, doch brachte ein gewisser Praxeas Anschuldigungen gegen die Propheten und ihr Wirken vor und wies auf die Lehre früherer Päpste hin. Diese Überlegungen hätten Viktor veranlasst, einen Rückzieher zu machen. Msgr. Knox sagt, dass dies alles möglich sei, „es liest sich [aber] sehr wie eines jener Gerüchte über den Vatikan, die zu allen Zeiten sehr zahlreich und sehr unzuverlässig waren. Es beruht auf keinem weiteren Gewährsmann." Das

[40] Vgl. Knox, *Enthusiasm,* S. 30.

[41] Vgl. Trevett, *Montanism*, S. 39-40.

[42] Knox, *Enthusiasm,* S. 25.

Zeugnis Tertullians ist insofern etwas verdächtig, als er schließlich selbst Montanist wurde.[43]

Gewiss ist es sehr aufschlussreich, diesen Vorfall mit der von manchen Medjugorje-Anhängern zum Ausdruck gebrachten Haltung zu vergleichen, die sich sehr große Mühe gaben, um eine päpstliche und sonstige Unterstützung für das „Heiligtum" und die „Botschaften" beizubringen.

Eine weitere negative Eigenschaft des Montanismus war seine Langlebigkeit. Im Jahr 250 gab es in der Stadt Thyatira im Herzen Phrygiens überhaupt keine katholischen Christen mehr, da die Montanisten an der Macht waren. „Die Gesetze Konstantins gegen den Montanismus wurden in Phrygien selbst nicht durchgesetzt, wo er noch bis Mitte des 5. Jahrhunderts zahlreiche Anhänger hatte." In Einzelfällen könnte der Montanismus sich sogar bis in die Zeit des hl. Johannes von Damaskus im 8. Jahrhundert gehalten haben.[44] Folglich dauerte es eine lange Zeit, bevor der Montanismus ausstarb. Dies ist vielleicht ein Anzeichen dafür, dass die Unterstützung für Medjugorje nicht allzu schnell verschwinden wird, ungeachtet des endgültigen Urteils der Kirche.

Hinsichtlich der Verbreitung des Medjugorjismus besteht heutzutage der Unterschied, dass seine Ausbreitungsgeschwindigkeit aufgrund moderner Reisemöglichkeiten und Kommunikationsmittel viel schneller ist.

Wie angedeutet, war die größte Beute des Montanismus der Theologe Tertullian; eine Abtrünnigkeit, die Msgr. Knox als so groß beschrieb, „als ob Newman sich der Heilsarmee angeschlossen hätte." Allerdings gelang es der Bewegung nie, abgesehen von ihrer Heimat Phrygien, sonderlich tiefe Wurzeln zu schlagen. Sie wurde von orthodoxen Schriftstellern als durch teuflische Besessenheit verursacht hingestellt, doch ist es genauso zutreffend,

[43] Knox, *Enthusiasm,* S. 31, 32-33.

[44] Knox, *Enthusiasm,* S. 34; vgl. Trevett, *Montanism*, S. 1-2, 227.

dass Hysterie oder sogar absichtlicher Betrug für manche Aspekte des Montanismus verantwortlich gewesen sein könnten.[45]

Die Geschichte des Montanismus beweist eindeutig, wie eine „charismatische“ Bewegung einen negativen Einfluss auf die Kirche haben kann, und wie das berühmte Buch von Msgr. Ronald Knox, *Enthusiasm, A Chapter in the History of Religion*, zeigt, hat es während der ganzen Kirchengeschichte immer wieder Ausbrüche eines derartigen Verhaltens gegeben. Medjugorje ist ein weiterer solcher Ausbruch, und die Langlebigkeit und der Einfluss des Montanismus sind eine deutliche Warnung aus der Geschichte dafür, dass die Bedrohung, die Medjugorje darstellt, von der Kirche ernst genommen werden muss.

Es sei nochmals bekräftigt, dass dieses Kapitel nicht als eine allgemeine Kritik an der Charismatischen Bewegung gedacht ist, da solche Aktivitäten, unter den richtigen Bedingungen, einer guten Führung und bei hinlänglichem Unterscheidungsvermögen im Leben der Kirche durchaus berechtigt sein können. Doch bedauerlicherweise hat die moderne Charismatische Bewegung gerade in diesem Bereich der Unterscheidung der Geister, und zwar insbesondere der Einschätzung Medjugorjes als Gesamtphänomen, versagt. Unmöglich kommt man an der Tatsache vorbei, dass von Anfang an eine enge Verbindung zwischen der Charismatischen Bewegung und dem Wachstum Medjugorjes bestanden hat. Diese Verbindung geht so weit, dass sie die anfänglichen charismatischen „Prophetien“ über die Visionen selbst einschließt, aber auch die anschließende Werbekampagne, die in erster Linie von René Laurentin geführt wurde. Mehr als jeder andere zeichnet er für den weltweiten Ruhm Medjugorjes verantwortlich.

---

[45] Knox, *Enthusiasm,* S. 38-39; vgl. Lietzmann, *Geschichte der Alten Kirche,* Bd. II, S. 196-197.

3. Die Medjugorje-Tonbänder und die Seher

Fragen bezüglich der Seher

Wenn wir uns die Seher als Einzelne und ebenso ihren allgemeinen Hintergrund anschauen, können wir das Umfeld, in dem die Visionen entstanden, besser verstehen. Gewiss ist es angemessen, ihr Familienleben als nicht ideal zu bezeichnen. So war z. B. der Vater von Vicka Ivanković Gastarbeiter im Ausland, während ihre Mutter an Depressionen gelitten haben könnte; außerdem war Ivanka Ivankovićs Mutter gerade gestorben. Und Pater Sivrić zufolge könnte Mirjana Dragičević, eine andere Seherin, durchaus emotionale Probleme gehabt haben.[46]

Diese allgemeine These wird in einer Befragung bestätigt, welche am 27. Februar 1983 zwischen Marinko Ivanković, einer „Vaterfigur" der Seher, und Pater Svetozar Kraljević, dem Verfasser von *The Apparitions of Our Lady at Medjugorje,* geführt wurde. Marinko, der in Bijakovići Tür an Tür sowohl mit Marija als auch Vicka wohnte, wurde von dem Priester gefragt, warum er sich ihrer angenommen habe, da er doch fast vierzig Jahre alt und ein erwachsener Mann mit eigener Familie sei. Hierauf erwiderte er:

> Die Kinder lebten manchmal unter schwierigen Verhältnissen, insbesondere Ivanka. Sie war die erste in der Gruppe, die das Licht und die Madonna sah. Ihre Mutter war tot, und ihr Vater war in Deutschland. Praktisch hat auch Jakov keinen Vater; er lebt in Bosnien, kommt aber nur selten hier zu Besuch. Zudem lebt Mirjanas Familie in Sarajevo. In der einen oder anderen Weise genossen die Kinder keinen elterlichen Rat oder den Schutz ihrer Eltern.[47]

---

[46] Vgl. Jones, *The Medjugorje Deception,* S. 83-84; Daria Klanac, *Aux Sources de Medjugorje*, Montreal: Éditions Sciences et Culture, 1998, S. 178; Sivrić, *The Hidden Side of Medjugorje*, Bd. I, S. 102. Allerdings trifft es zu, dass sowohl die Kinder von La Salette, und in geringerem Maße auch die hl. Bernadette, ebenfalls eher wenig ideale Familienhintergründe hatten, so dass dieser Faktor nicht unbedingt entscheidend ist. Gleichwohl muss er berücksichtigt werden.

[47] Svetozar Kraljević, OFM, *The Apparitions of Our Lady at Medjugorje*, hg. von M. Scanlan, Chicago: Franciscan Herald Press, 1984, S. 152; *kursiv vom Verfasser.*

Mary Craig beschrieb sie wie folgt: „Nach Temperament, sozialem Hintergrund und geistiger Fassungskraft unterschieden sie sich. Ihre Intelligenz reichte von knapp über bis weit unter dem Durchschnitt.“[48]

Dies alles deutet darauf hin, dass die Seher in größerem oder geringerem Maße emotional verletzlich und daher für das Risiko anfällig waren, dass in einer Begegnung mit dem Übernatürlichen, vom Teuflischen noch ganz zu schweigen, etwas schief gehen konnte.

Wie oben bemerkt, ist es auch so, dass die Seher offenbar nicht zu Pater Zovkos charismatischem Gebetskreis gehörten, d. h., sie waren nicht besonders „religiös“ und waren so bis zu einem gewissen Grade Außenseiter.[49] Kontrastieren wir nun die oben erwähnten Mängel mit dem schönen Bild des Familienlebens, das aus dem zweiten Band der Autobiographie *Schwester Lucia spricht über Fatima. Erinnerungen der Schwester Lucia*, hervorgeht.[50] Dieses beschreibt den Hintergrund zu den Erscheinungen und zeigt uns, wie Francisco, Jacinta und Lucia, die drei Seher von Fatima, insofern bevorrechtigt waren, als sie in einer wunderbaren katholischen Atmosphäre aufwuchsen, sowohl in ihrem Familienleben als auch in der Kultur ihres Umfeldes. Wenngleich sie wirtschaftlich gesehen recht arm waren, durften sie sich sehr reich in den Segnungen des Glaubens wissen. Insbesondere kamen sie nicht aus Familien, die in unterschiedlichem Maße „gestört“ gewesen wären.[51]

---

[48] Craig, *Spark from Heaven*, S. 119.

[49] Vgl. Jones, *The Medjugorje Deception*, S. 84-86, 350-351, 353.

[50] P. Luis Kondor CVD, *Schwester Lucia spricht über Fatima. Erinnerungen der Schwester Lucia I*, Fatima: Secretariado dos Pastorinhos, ^{9}2007. Als kostenloses pdf-Dokument verfügbar auf:
http://www.pastorinhos.com/livros/de/MemoriasI_de.pdf.

[51] Obwohl der Vater von Schwester Lucia trank, sagt sie mit Bestimmtheit, dass er kein Alkoholiker war, wie einige übertriebene Darstellungen über Fatima behaupteten, und insbesondere, dass er nie „den Frieden der Familie durcheinander gebracht, noch jemanden misshandelt [habe], weder in Worten noch in Taten“. Ihre Familie war also überhaupt keine Problemfamilie. P. Luis

Viele Standarddarstellungen über Medjugorje basieren auf Interviews, die von den Patres Tomislav Vlašić und Svetozar Kraljević etwa anderthalb Jahre nach dem Beginn der ersten Visionen im Juni 1981 geführt wurden, oder auf den von Pater Janko Bubalo mit Vicka geführten Interviews. Diese wurden später, im Jahr 1985, im Rahmen von *A Thousand Encounters with the Blessed Virgin Mary in Medjugorje* veröffentlicht. Der Titel nimmt auf Vickas angebliche tägliche Visionen seit 1981 Bezug. Offenkundig sind achtzehn oder mehr Monate ein langer Zeitraum, während dessen es schwer gefallen sein wird, genaue Erinnerungen über die ereignisreichen ersten Tage der angeblichen Besuche der Allerseligsten Jungfrau zu behalten. Folglich erscheint es legitim, die Frage zu stellen, wie vertrauenswürdig jene Interviews tatsächlich waren. Dies trifft insbesondere insofern zu, als einige Informationen in diesen späteren Befragungen nicht mit den Protokollen der ersten Interviews mit den Sehern in Einklang gebracht werden können, die von Pater Zovko und Pater Cuvalo, dem Gemeindepfarrer, vom 27. bis 30. Juni 1981 in Medjugorje auf Tonband aufgezeichnet wurden. Dies ist z. B. bei den Sehern von Fatima nicht der Fall, da die Erinnerungen von Schwester Lucia sich als sehr vertrauenswürdig erwiesen haben, noch ganz zu schweigen von der Tatsache, dass Fatima von der Kirche offiziell anerkannt wurde und Jacinta und Francisco seliggesprochen worden sind, während der Seligsprechungsprozess für Schwester Lucia bereits läuft.

Der große Wert dieser Tonbandaufnahmen liegt in ihrer Spontaneität, in der Tatsache, dass sie lebensechte Dialoge zwischen den beiden Priestern und den Sehern sind, in welchen alle wesentlichen Einzelheiten der Geschehnisse etwa der ersten Woche ans Licht treten. Sie sind eine „ungeschönte" Darstellung dessen, was wirklich stattfand, und als solche sind sie von Natur aus den be-

---

Kondor CVD, *Schwester Lucia spricht über Fatima II. Erinnerungen der Schwester Lucia II*, Fatima: Secretariado dos Pastorinhos, 2004, S. 142.

kannteren, aber viel später entstandenen Berichten über Medjugorje überlegen. Zwar sind Abschnitte der Tonbänder undeutlich, doch insgesamt sind gewiss hinlänglich klare Informationen über sie verfügbar, um die Tonbänder als erstrangiges Quellenmaterial zu Medjugorje zu behandeln. Jedenfalls ist die Qualität der Tonbänder angesichts der Umstände, unter denen sie entstanden, verständlich. Ganz eindeutig vermitteln diese zeitnahen Befragungen viel wahrscheinlicher eine korrekte Darstellung des Geschehens während jener entscheidenden ersten Tage, als alle späteren Interviews dies je vermögen. Leider sind sie jedoch von den führenden Chronisten Medjugorjes ignoriert oder heruntergespielt worden.

Dies ist ziemlich eigenartig, da, wie die Medjugorje-Kennerin Daria Klanac erzählt, viele Pro-Medjugorje-Autoren dieselben Materialien benutzt haben, insbesondere René Laurentin, Pater Janko Bubalo, Pater Svetozar Kraljević und Pater Ljudevit Rupčić.[52]

Diese Tonbänder korrespondieren mit den frühesten Aufzeichnungen über einige der wichtigsten anerkannten Marienerscheinungen wie jenen in La Salette. In diesem Falle ließ Mélanie, eine der zwei Seherinnen, nachdem sie vom Dorfbürgermeister am Tag, nachdem sie Unsere Liebe Frau gesehen hatte, befragt worden war, ihre Geschichte von ihrem Arbeitgeber, Baptiste Pra, schriftlich aufzeichnen. Er hatte zwei Nachbarn als Zeugen einberufen, und während sie diktierte, schrieb er ihre Worte auf, und die anderen prüften ihren Bericht und unterzeichneten ihn gemeinsam.

Der grundlegendste Text über die Erscheinung wurde also bereits einen Tag nach dem Ereignis zu Papier gebracht. Ähnlich musste Bernadette in Lourdes Befragungsrunden über sich ergehen lassen, und ihre Antworten wurden notiert, so dass wir wiederum sehr vollständige Aufzeichnungen über das Geschehen besitzen. Die erste Hauptbefragung wurde durch den örtlichen Polizei-

52 Klanac, *Aux Sources de Medjugorje,* S. 12.

kommissar Dominique Jacomet in Gegenwart zweier weiterer Zeugen durchgeführt und fand nur eine Woche nach der ersten Vision am 14. Februar 1858 statt.[53]

Auch in Fatima wurden die Seherkinder von Dr. Manuel Formigão, einem Seminarprofessor, sowohl nach den Erscheinungen vom September als auch vom Oktober 1917 befragt; ihre Antworten wurden in allen Einzelheiten notiert.

Ebenso wurden die fünf beteiligten Seherkinder in Beauraing einzeln nach den späteren Erscheinungen befragt. Ihre Antworten wurden von Adrien Laurent, einem Rechtsanwalt, notiert. Auch in Banneux achtete der Ortspfarrer, Pater Louis Jamin, peinlich darauf, dass die Seherin Mariette Beco ihm nach jeder Erscheinung über das Geschehen berichtete.[54]

Die Initiative von Pater Cuvalo, mit der Aufzeichnung seiner Gespräche mit den Sehern von Medjugorje zu beginnen, war also äußerst wertvoll und hat uns die besten Protokolle über das, was gleich am Anfang geschah, gegeben.

Tatsächlich sind diese in mancher Hinsicht sogar einem rein schriftlichen Zeugnis überlegen, denn beim Hören von aufgenommener Sprache kann man häufig durch die Ausdrucksweise und den Klang der Stimme vernehmbare Bedeutungsnuancen wahrnehmen.

Abbé Augustin Poulain, der bekannte geistliche Schriftsteller, sagte hierzu: „Liegt ein absolut authentischer Text vor? Sind … gewisse Ausdrücke als ungenau oder unverständlich korrigiert worden, oder sind … bestimmte andere Passagen gar unterschlagen worden?“ Er sagt weiter, dass dies vom wissenschaftlich-kritischen Standpunkt aus unzulässig sei, da es mit sich bringe, dass wir „uns selbst sehr wichtige Daten vorenthalten.“ Außerdem schreibt er: „Hat es, statt Kürzungen, im Gegenteil etwa

---

[53] Donal Anthony Foley, *Marian Apparitions, the Bible, and the Modern World,* Leominster: Gracewing, 2002, S. 138, 159.

[54] Ebd., S. 245, 250, 281, 290, 292.

Hinzufügungen zur Offenbarung gegeben? … Hierbei handelte es sich dann um echte Verfälschungen."[55]
Mit den Tonbandprotokollen kommen wir einem „absolut authentischen Text" eindeutig am nächsten. Das Beweismaterial zu den angesprochenen eventuellen Unterdrückungen von Teilen der angeblichen Offenbarung oder Hinzufügungen zu ihr in den Botschaften von Medjugorje wird in diesem Buch noch zu untersuchen sein.

Die Bedeutung der Tonbänder

Mary Craig berichtet über ein Gespräch zwischen Pater Zovko und seiner Haushälterin unmittelbar nach seiner Rückkehr nach Medjugorje, während der ersten Woche der Visionen, in dem er sie fragte, ob Pater Cuvalo mit den Sehern gesprochen habe. Sie antwortete: „Ja, und er hat die Gespräche aufgezeichnet." Craig teilt uns dann mit, dass Pater Zovko die Kassette gefunden und angehört habe und dass er „anfing, alle seine Gespräche mit den Kindern auf Tonbändern aufzuzeichnen". Hinterher erwähnt sie sogar das Interview vom 30. Juni zwischen Pater Zovko und den Sehern und sagt: „Das Tonband mit diesem Gespräch existiert noch."
Ähnlich erwähnt Pater Michael O'Carroll, ein weiterer Befürworter Medjugorjes in Bezug auf Sonntag, den 28. Juni, den fünften Tag der Visionen, dass nach der hl. Messe an jenem Vormittag „die Kinder ein ermüdendes Verhör durch den Gemeindepfarrer, Pater Jozo, über sich ergehen lassen mussten"[56].
Ebenso wusste Pater Janko Bubalo, wie wir sehen werden, sicher um diese Tonbänder und stellte Vicka bezüglich einiger Aussagen darin während seiner Gespräche mit ihr zur Rede. Doch mit Ausnahme von Daria Klanac gehen Pro-Medjugorje-Autoren

---

[55] Augustin Poulain, *Revelations and Visions*, New York: Alba House, 1998, S. 79. Kursive Hervorhebungen im Originaltext sind entfernt worden.
[56] Craig, *Spark from Heaven*, S. 57-58, 59, 75; Pater Michael O'Carroll, *Medjugorje: Facts, Documents, Theology,* Dublin: Veritas, 1986, S. 34.

nicht näher darauf ein, so dass ihre Darstellungen in erster Linie auf Erinnerungen fußen, die erst wesentlich später aufgezeichnet wurden.

Die ursprünglich auf Tonbändern aufgezeichneten Interviews stellen also, wenngleich die von den Priestern angewandte Befragungsmethode alles andere als perfekt war, unverzichtbares Quellenmaterial zu den Visionen dar. Man nahm an, dass die kommunistischen Behörden diese Tonbänder konfisziert hätten, als Pater Zovko gefangen genommen wurde. Doch erzählt Pater Sivrić, dass sein Freund, Grgo Kozina, es geschafft habe, sie zuvor zu kopieren und ihm dann Duplikate aushändigen konnte. Aus den von Gewährsmännern wie Pater Bubalo dargebotenen Informationen wird deutlich, dass andere Kopien dieser Tonbänder ebenfalls im Umlauf gewesen sein müssen. Pater Sivrić übertrug dann mühevoll ihren Inhalt und veröffentlichte sie in voller Länge in den ausführlichen Anhängen seines Buches über Medjugorje.[57]

Daria Klanac, eine kanadische Staatsbürgerin kroatischer Herkunft und Medjugorje-Anhängerin, die bis 2001 schon über sechzig Pilgerfahrten in die Stadt organisiert hatte, an denen insgesamt Tausende von Pilgern teilnahmen, hat die Protokolle der Tonbandaufzeichnungen ebenfalls in ihrem Buch *Aux Sources de Medjugorje* veröffentlicht. Sie schreibt, dass sie ihre Tonbänder ebenfalls von Grgo Kozina erhalten habe.[58]

Vor diesem Hintergrund ist es vielleicht nicht überraschend, dass sich die beiden Versionen der Protokolle – eine von einer Pro-Medjugorje-Autorin, und die andere von einem Kritiker – bei einem Vergleich im Wesentlichen als identisch erweisen.[59] Aller-

---

[57] Vgl. Sivrić, *The Hidden Side of Medjugorje*, Bd. I, S. 55-56, 59, 87.

[58] Vgl. Klanac, *Aux Sources de Medjugorje*, S. 11-12.

[59] Ein Beispiel, das zeigt, wie ähnlich sie sind, kann auf folgender Internetadresse eingesehen werden: www.theotokos.org.uk/pages/unapprov/medjugor/sivric-klanac%20french%20comparison.pdf; vgl. diese Übersetzung eines Teils des Textes von Klanac aus dem Französischen ins Englische: www.theotokos.org.uk/pages/unapprov/medjugor/klanac%20french-english.pdf.

dings ist es recht eigenartig, dass Klanac die ersten, von Pater Cuvalo vor der Rückkehr von Pater Zovko aufgezeichneten Tonbänder vollständig weglässt. Zumindest stimmen die verbliebenen Tonbandprotokolle in Bezug auf alle wesentlichen Punkte überein.

Ursachen für Unterschiede

Bei den vorhandenen Textvarianten geht es hauptsächlich um Unterschiede in der Wortreihenfolge, die aufgrund dessen auftreten konnten, dass die Protokolle in der *französischen* Ausgabe des Buches von Pater Sivrić aus der Originalsprache ins Englische und anschließend ins Französische übersetzt wurden, wohingegen Daria Klanac direkt ins Französische übersetzte. Selbstverständlich kann ja beim Übersetzen, da Wörter mehr als nur eine Bedeutung haben können, ein bestimmtes Wort in der Ursprungssprache auf mehr als nur eine Weise wiedergegeben werden. Dies wirkt sich auf Ausdrücke und sogar auf ganze Sätze aus.
Die verbleibenden Unterschiede zwischen den Protokollen lassen sich in mehrere Kategorien einordnen. Hierzu gehören kurze Abschnitte, die Pater Sivrić vermutlich nicht zufriedenstellend zu übersetzen vermochte, vielleicht wegen der schlechteren Qualität der Tonbänder, mit denen er arbeiten musste, oder weil er älter war und somit weniger gut hören konnte als Daria Klanac. Dabei muss man aber selbstverständlich stets berücksichtigen, dass das Material auf den Tonbändern bisweilen sehr konfus war, mit Unterbrechungen oder unterschiedslos vermischten Stimmen. Dies verleitete Pater Sivrić gelegentlich auch dazu, einen Sprecher für einen anderen zu halten. Genauso gesteht aber auch Klanac die mit der Abschrift der Tonbänder verbundenen Schwierigkeiten ein und gibt zu, dass sie manche Wörter und kurze Sätze nicht verstanden habe.[60] Eine andere Kategorie von Unterschieden stellen Tonbandabschnitte dar, die Klanac aufnimmt, die aber im

---

[60] Ebd., S. 68.

Text von Pater Sivrić fehlen. In einem Fall, in dem es um das vom Interview zwischen Pater Zovko und Ivan am Abend des 28. Juni erstellte Tonband geht, bietet Pater Sivrić jedoch mehr Material als Klanac.[61]

Entscheidend ist dabei, dass das „fehlende" Material für die in diesem Buch dargelegte Argumentation nicht ausschlaggebend ist. Hier stützen wir uns im Wesentlichen auf zwei der Interviews mit Jakov, dem jüngsten der Seher. Für das am Vormittag des 27. Juni 1981 durchgeführte Interview bietet Klanac ungefähr 40% mehr Material als Pater Sivrić,[62] wohingegen im Interview vom 28. Juni eine schwerwiegendere Diskrepanz besteht, da Klanac etwa 80% mehr Text bietet.[63]

In ihren Protokollen nimmt Klanac Material auf, in welchem Jakov sich über seine Erfahrungen äußerte und Informationen über die angeblichen Worte der „Gospa" lieferte. Dabei bemerkte die visionäre Gestalt an mehreren Stellen, dass die Seher ihre „Engel" seien, dass alle, einschließlich der Franziskaner, ihr so glauben sollten, als ob auch sie die Vision sehen könnten, und dass „sie" gekommen sei, weil dort viele Gläubige seien. Interessanterweise behauptete die visionäre Gestalt Jakov zufolge ausdrücklich, dass sie die Selige Jungfrau Maria sei, doch abgesehen davon ist nichts von ihren Aussagen mit dem zu vergleichen, was die wahre Allerseligste Jungfrau in Lourdes und Fatima sagte. Während dieser Interviews beschrieb Jakov auch, wie die Seher am Hang gebetet und um ein Zeichen gebeten hätten; außerdem beschrieb er auch die Reaktion seiner Mutter.

Vom Tonband mit dem Interview mit Mirjana am Vormittag des 28. Juni bietet Klanac knapp unter 50% mehr Material, doch geht

---

[61] Vgl. Pater Ivo Sivrić, *La face cachée de Medjugorje*, Bd. I, Saint-François-du-Lac: Éditions Psilog, 1988, S. 303-309, und Klanac, *Aux Sources de Medjugorje*, S. 127-131.

[62] Vgl. Klanac, *Aux Sources de Medjugorje,* S. 69-81, und Sivrić, *La face cachée de Medjugorje,* S. 247-251.

[63] Vgl. Klanac, *Aux Sources de Medjugorje*, S. 97-100, und Sivrić, *La face cachée de Medjugorje*, S. 267-268.

es wiederum im Wesentlichen darum, dass sie ihre Erlebnisse bei der Befragung durch Pater Zovko ausführlicher schilderte.[64] Auch bei den anderen Protokollen ist solches einige Male vorgekommen.

Es ist nicht ganz klar, warum dieses Material auf den Tonbändern von Pater Sivrić fehlte, doch könnte es durchaus sein, dass es im Kopierprozess nicht für erhaltenswert erachtet wurde, oder vielleicht praktische Überlegungen wie das Unterbringen der Interviews auf Tonbändern unterschiedlicher Länge eine Rolle spielten. Die Person, welche das Kopieren vornahm, Grgo Kozina, könnte auch fälschlicherweise einige der Interviews nicht in voller Länge kopiert haben. Sicher sieht es nicht danach aus, dass diese speziellen Unterschiede auf ein dunkles Motiv zurückgeführt werden können, denn das Material, um das es geht, ist wirklich ganz harmlos.

Die letzte Kategorie der Unterschiede ist offenbar leichter zu erklären, da es sich bei ihr um Unterschiede dreht, die sich für die Beteiligten als peinlich, wenn nicht gar als gefährlich erwiesen hätten, wenn sie während der frühen 80er Jahre verbreitet worden wären, als der Kommunismus noch an der Macht war. Ein Beispiel hierfür ist in dem Interview mit Mirjana vom 27. Juni zu sehen, in dem Pater Zovko sie fragte, ob sie in der Schule in Sarajevo verfolgt worden sei, weil sie zur Kirche gehe, was sie bejahte.[65] Es gibt noch weitere Beispiele im Protokoll des letzten Tonbandes, an dem fünf der Seher beteiligt waren. Ein Abschnitt, der die kommunistische Miliz erwähnt, fehlt in Pater Sivrićs Fassung, während ein anderer, der vermeldete, dass eine der jungen Frauen, die an jenem Tag bei den Sehern war, Ljubica Vasilj-Gluvic, für das örtliche kommunistische „Exekutivkomitee“ arbeitete, ebenfalls fehlt. Es fehlt auch ein Abschnitt, in dem die Mutter Vickas – sie ist wohl die „Hauptseherin“ – als depressiv bezeichnet wird und in dem auch persönliche Details über ihre Familie

---

[64] Klanac, *Aux Sources de Medjugorje,* S. 93-95.
[65] Vgl. ebd., S. 83.

wiedergegeben sind. Es werden auch Kassetten mit kroatischen Liedern erwähnt, die mit verbotenen nationalistischen Symbolen dekoriert waren. Ein Abschnitt, der sich auf den Chef der Miliz, einen gewissen Zdravko, bezieht, ist ebenfalls entfernt worden, genauso wie zwei weitere Hinweise auf das Exekutivkomitee, in denen auch der Name eines gewissen Marinko Sego auftaucht, der als dessen Vorsitzender bezeichnet wird.[66]

Allerdings muss man sich vor Augen führen, dass die Abschriften der Mehrheit der Tonbänder gemäß beiden Verfassern praktisch identisch sind, wenn man Unterschiede in der Wortreihenfolge und die oben erwähnten Gesichtspunkte berücksichtigt. Hierzu gehören auch andere weniger bedeutende Aspekte wie die kurzen, unverständlichen Abschnitte, die Pater Sivrić gewissenhaft angab. Das auf sieben der Tonbänder von Daria Klanac behandelte Material ist praktisch dasselbe wie dasjenige, auf dem die Protokolle von Pater Sivrić basieren, und insgesamt haben beide Autoren, wenn wir die drei oben genannten Tonbänder unberücksichtigt lassen, in denen es um Jakov und Mirjana geht, ungefähr 92% des Materials gemeinsam. Wenn wir jene Tonbänder mit einbeziehen, dann sind etwa 85% des Materials im Wesentlichen nahezu identisch.

Die Tonbandprotokolle sind zuverlässig

Eindeutig sind diese Tonbänder für das Verständnis Medjugorjes von erstrangiger Bedeutung, und deshalb stellt eine Studie ihres Inhalts einen der zentralen Aspekte dieses Buches dar. Tatsache ist, dass sie für die von Anhängern Medjugorjes vertretene, offizielle Position eine empfindliche Blamage darstellen. Die wichtigsten Abschnitte der Tonbänder werden in den folgenden Kapiteln ausführlich behandelt, und es ist zweifelsohne durch die göttliche Vorsehung gewirkt, dass sie die Zeit überdauerten. Kein glaubwürdiger Autor hat je die Tatsache ihrer Existenz und Wich-

---

[66] Vgl. Klanac, *Aux Sources de Medjugorje*, S. 168, 176, 178, 179, 181, 183.

tigkeit bestritten, allerdings stellte Pater Ljudevit Rupčić, ein eifriger Verfechter von Medjugorje, Versuche an, den Wahrheitsgehalt der Protokolle von Pater Sivrić in Zweifel zu ziehen. Er argumentierte, dass dies irgendwie ihren Inhalt in Frage stelle, weil die Protokolle in Pater Sivrićs *französischer* Ausgabe seines Buches aus der Ursprungssprache ins Englische und dann ins Französische übersetzt worden seien. Dies ist aber eindeutig nicht der Fall, da es nicht ausschlaggebend ist, ob diese Übersetzungen wortwörtlich waren oder nicht.[67]

Louis Bélanger, der kanadische Forscher, der mit Pater Sivrić an der Erstellung von *The Hidden Side of Medjugorje* zusammengearbeitet hatte, legt dar, dass die ursprünglichen Tonbänder in der Pfarrkirche St. Jakobus in Medjugorje verwahrt würden; Kopien würden im Diözesanarchiv in Mostar aufbewahrt, und wie wir sahen, fertigte auch Grgo Kozina Duplikate an. Bélanger schreibt auch:

> Für mich war es wichtig, dass die auf Tonband aufgezeichneten Dokumente … [von Pater Sivrić] sorgfältig übersetzt werden mussten, Tonbänder, die offenbar mit jenen identisch waren, die der Bischof von Mostar mir gegeben hatte. Auf meine Bitte hin begann Pater Sivrić ein kroatisches Protokoll anzufertigen und diktierte anschließend eine englische Übersetzung … Im Juli 1986 tauschten wir die Tonbänder aus und verifizierten, dass unsere Quellen sich ergänzten.

1987 bat Bélanger Bischof Žanić um die Bestätigung, dass die 38 Protokolle der Tonbänder und ihre französischen Übersetzungen, die er und Pater Sivrić angefertigt hatten, korrekt seien; Bischof Žanić, der Französisch verstand, tat dies.[68] Folgende Meinung gab er über Pater Sivrićs Buch ab: „Ich kann sagen, dass das Werk in jeder Hinsicht solide, professionell und ausgezeichnet ist. Die

---

67 Vgl. Pater Ljudevit Rupčić/Dr. Viktor Nuic, in: *Once Again The Truth about Medjugorje,* Zagreb: K. Kresmir, 2002, S. 61-62, 79.

68 http://en.louisbelanger.com/; siehe: „Sind unsere Primärquellen authentisch?", und: „Sind unsere Protokolle zuverlässig?"

Kassetten wurden, ebenso wie die Dokumente, getreu reproduziert."[69]

Erster Tag: Mittwoch, der 24. Juni 1981

René Laurentin behauptet, dass Pater Jozo Zovko erst kurz vor der ersten Vision in der St.-Jakobus-Kirche in Medjugorje angekommen sei, doch ist dies nicht richtig. In Wirklichkeit war Pater Zovko im Oktober 1980, neun Monate zuvor, zum Pfarrer ernannt worden, war aber zu Beginn der Visionen nicht anwesend und erfuhr erst am 27. Juni von ihnen, als er von Exerzitien zurückkehrte, die er in einem Konvent in Nordkroatien gehalten hatte. Kurz vor der ersten Vision wurde Medjugorje von einem besonders heftigen Gewitter heimgesucht, welches am Mittwoch, dem 24. Juni, in den frühen Morgenstunden wütete. Das Postamt wurde vom Blitz getroffen, fing Feuer und brannte zur Hälfte nieder. Der Blitzschlag setzte die Telefone außer Betrieb, und somit wusste Pater Zovko nicht genau über die Vorkommnisse in Medjugorje Bescheid; bei seiner Rückkehr stand er einer großen Menschenmenge draußen vor seiner Kirche gegenüber.

Stellen wir dies alles noch in den Kontext der damaligen Lage in Osteuropa und der Welt hinein: Das Attentat auf Papst Johannes Paul II. hatte erst im vorherigen Monat, am 13. Mai 1981, stattgefunden, und es erhob sich ein Konflikt zwischen der Gewerkschaft Solidarność und der kommunistischen Führung in Polen. Somit begannen die Visionen zu einem kritischen Zeitpunkt.[70]

Die erste Vision fand angeblich an jenem Spätnachmittag statt, als Ivanka Ivanković und Mirjana Dragičević bei Bijakovići die Straße entlanggingen. Ivanka behauptete, dass sie die „Gospa" sehen könne, obwohl Mirjana anscheinend noch unsicher war.

Später, nachdem sie eine Nachricht für Vicka Ivanković hinterlassen hatten, stiegen die beiden den Podbrdo hinauf, um, nach dem

---

[69] http://en.louisbelanger.com/the-hidden-side-of-medjugorje/

[70] Vgl. Jones, *The Medjugorje Deception,* S. 73-75; Laurentin/Rupčić, *Is the Virgin Mary Appearing at Medjugorje?,* S. 38; Craig, *Spark from Heaven,* S. 20-21.

Zeugnis Ivan Dragičevićs, die Schafe zu hüten, und hatten dort eine Vision. Ivan war in ihrer Nähe, nachdem er in der Nachbarschaft mit einem anderen Ivan, Ivan Ivanković, Äpfel gepflückt hatte. Dieser 20-jährige Einheimische distanzierte sich später von den Sehern, weil er ihr Verhalten missbilligte.

In seinem auf Tonband aufgenommenen Interview mit Pater Cuvalo, das am 27. Juni nachmittags stattfand, sagt Ivan Dragičević, dass er jemanden rufen gehört habe: „Das Licht erscheint dort oben." Dann riefen Vicka und Ivanka ihn auf, mit ihnen hinaufzusteigen, denn sie sagten, dass etwas „wie die Gospa" ihnen erschienen sei. Dann sagte er, dass sie hinaufgestiegen seien und ein ähnliches Erlebnis gehabt hätten. Pater Cuvalo fragte Ivan, was er, nachdem er die Mädchen erreicht und aufgeblickt habe, getan habe. Hierauf antwortete er: „Ich sah das Licht." Allerdings war er nicht besonders redegewandt und konnte kaum Worte finden, um zu beschreiben, was er gesehen hatte. Es scheint aber, als habe er eine Vision von einer „femininen", lichtumströmten Person gesehen, die einen Schleier und eine Krone trug, die „wie Silber leuchtete" und auf einer Wolke über dem felsigen Boden schwebte.[71]

Die Gottesmutter oder etwas Teuflisches?

Einer der merkwürdigsten Aspekte am Zeugnis von Ivan Dragičević bei diesem Anlass ist, dass er uns mitteilt, dass die Hände der Frau in der Vision „zitterten". Dies passt nicht zur Gottesmutter, die von Natur aus ruhig und gelassen ist. Hier stellt sich also die Frage, ob das Zittern auf ein teuflisches Einwirken hindeuten könnte. Dieser Punkt wird von Msgr. Farges, dem Verfasser der berühmten Studie mit dem Titel *Mystical Phenomena* hervorgehoben:

---

[71] Sivrić, *The Hidden Side of Medjugorje*, Bd. I, S. 220-221; http://en.louisbelanger.com/; siehe: „Medjupedia: Eine Pause – die Konstruktion der ‚Frau von Medjugorje' " 30. September 2010.

> Die Zeichen diabolischen Eingreifens sind wohlbekannt. Die Werke des Teufels haben immer zumindest einige lächerliche, ungeziemende oder anstößige Besonderheiten an sich, oder sogar etwas gegen den Glauben und die Moral. Wenn seine Laster zu offensichtlich wären, würde sein Einfluss schnell aufgedeckt; daher bleiben sie stets unter einem mehr oder weniger unanstößigen Schein verborgen, selbst unter trügerischen Wesenszügen der Tugend und Heiligkeit. Er verwandelt sich nach Belieben in einen Engel des Lichts. Gott erlaubt ihm gelegentlich, die majestätischsten Gestalten anzunehmen, wie jene Unseres Herrn, der Allerseligsten Jungfrau oder der Heiligen. Nichtsdestotrotz ist die Tarnung (denn anders würde Gott es nicht zulassen), ganz gleich, wie kühn sie ausfallen mag, doch nie vollkommen, und er verrät sich immer in einer Besonderheit, die einem aufmerksamen und weisen Beobachter nicht entgehen kann. Außerdem wird das Werk des Teufels sehr bald durch unheilvolle Auswirkungen bloßgestellt, denn ein böser Baum kann keine gute Frucht bringen.[72]

Der Theologe und Mariologe Prof. Dr. Manfred Hauke äußert sich ebenfalls hierzu: „Die Form der Erscheinung muss dem Werk Gottes, das immer vollkommen ist, entsprechen. Alle körperlichen oder sittlichen Mängel im Aussehen, in der Haltung oder den Bewegungen der Mutter Gottes sind auszuschließen.“[73] Dem von Pater Sivrić übersetzten ersten *Tagebuch* Vickas zufolge, über das er sagt, dass es eigentlich für eine ihrer Schwestern namens Ana geschrieben worden sei, kehrte sie etwa um 18:30 Uhr mit Mirjana und Ivanka zur Erscheinungsstelle zurück, und die Letztere sah dann zuerst die „Gospa“, woraufhin auch die anderen sie sahen. Tatsächlich war Vicka für drei „Tagebücher“ verantwortlich, nämlich drei Notizbücher, in denen die Zeit vom

---

[72] Msgr. Albert Farges, *Mystical Phenomena Compared With Their Human and Diabolical Counterfeits,* übersetzt von S. P. Jacques, London: Burns, Oates & Washbourne Ltd., 1926, S. 330-331. Dies Buch erhielt eine Empfehlung von Papst Benedikt XV.; vgl. Sivrić, *The Hidden Side of Medjugorje,* Bd. I, S. 224.

[73] Manfred Hauke, *Introduction to Mariology*, Kapitel 9: „The prophetic role of Mary in apparitions“, S. 6. Dieses Kapitel ist eine Übersetzung der *Introduzione alla Mariologia (Collana di Mariologia 2),* Lugano (CH): EuPress FTL, 2008, S. 303-329, als pdf-Dokument einsehbar auf:
http://catholiclight.stblogs.org/archives/2010/12/the-prophetic-r.html#comment-107076.

Beginn der Visionen bis zum 25. März 1982 abgedeckt ist, allerdings nicht chronologisch. Das dritte schrieb sie selbst, wobei ihre Schwestern für die auf von Vicka gegebenen Informationen beruhende Niederschrift der anderen verantwortlich waren.
Vicka behauptet, dass die visionäre Gestalt einen säuglingshaften Gegenstand gehalten und ihnen zugewunken habe, dass sie näher kommen sollten. Sie habe aber Angst bekommen und sei ins Dorf zurückgelaufen. Die Seher erzählten jedem, dass sie die *„Gospa"* gesehen hätten, und einige erwiderten wohl, dass sie vielleicht, weil an jenem Tag der Festtag des hl. Johannes des Täufers war, etwas Wunderbares erwarten könnten. Während der Vision hatte Mirjana offenbar um ein Zeichen gebeten, damit jeder ihnen glauben würde, und Vicka zufolge drehte sich der Stundenzeiger auf einer Armbanduhr rechts herum, was sie als ein Zeichen auffasste. Bischof Žanić brachte diese spezielle Uhr jedoch später zu einem Uhrmacher, der bestätigte, dass sie kaputt sei. Deswegen konnte das Zifferblatt rotieren und so bei der geringsten Berührung die Position der Ziffern sich verändern. Vicka berichtet: „Wir berührten sie immerfort und küssten sie, und sie lachte weiter."[74]

Die rauchenden Seher

Wie es scheint, hegte Pater Cuvalo den Verdacht, dass der Podbrdo ein Ort sei, den einige junge Leute zum Rauchen besuchten. In diese Richtung zielten sicher manche der Fragen ab, die er Vicka, Ivanka und Marija während der ersten Befragung stellte, die er auf Tonband aufzeichnete. Er fragte sie in Bezug auf die Menschen, die während der ersten Vision bei ihnen waren, ob sie geraucht hätten.[75] Dies verneinten sie, doch wäre es eine eigenartige Frage gewesen, wenn er keinen Verdacht gehegt hätte. René Laurentin und René Lejeune zufolge *hatten* die Mädchen sicher geraucht. Sie beschreiben Mirjanas Verlegenheit über

---

[74] Sivrić, *The Hidden Side of Medjugorje*, Bd. I, S. 243-244, 286.
[75] Vgl. ebd., S. 205-206.

Ivankas Worte, dass sie die „Gospa“ gesehen hatten, weil „sie insgeheim geraucht hatten“[76].

René Laurentin äußerte sich über diesen Sachverhalt noch klarer, indem er schrieb: „Die ersten beiden Seherinnen, Ivanka und Mirjana, verschwiegen einige Zeit die Tatsache, dass sie nicht nur an jenem Tag einige Kassetten hören wollten, sondern tatsächlich planten, dorthin zu gehen und einigen Tabak zu rauchen, den sie den ganzen Tag über mit ihren Familien gedreht hatten.“ Dann sagt er, dass „persönliche Details“ wie diese privat bleiben sollten,[77] doch ist dies lächerlich, denn der Beginn der Visionen ist ein derart entscheidender Moment, dass wir das Recht haben, so viel wie möglich darüber zu erfahren.

Die Beweislage deutet also darauf hin, dass die beiden Seherinnen tatsächlich rauchten, als sie auf dem Podbrdo ankamen. Mit anderen Worten: Direkt vor ihrer angeblichen Begegnung mit der Allerseligsten Jungfrau, der Mutter Gottes, der Königin des Himmels, hatten die beiden Seher geraucht. Dies stellt das Anfangsstadium der Ereignisse von Medjugorje gewiss in ein neues Licht und lässt die Annahme, dass es sich hierbei um eine echte, übernatürliche Heimsuchung gehandelt habe, als sehr schwierig erscheinen.

Wayne Weible nennt uns sogar noch mehr von diesen „persönlichen Details“ und teilt uns mit, dass am ersten Abend „Ivanka und Mirjana, nach Erfüllung ihrer abendlichen häuslichen Pflichten, sich an einen abgelegenen Ort davongeschlichen hatten, um dort Rockmusik zu hören und Zigaretten zu rauchen, die sie von ihren Vätern geklaut hatten.“

Die Seherinnen hatten also leider nicht nur geraucht und Rockmusik gehört, sondern die von ihnen gerauchten Zigaretten sogar gestohlen. Es wäre interessant zu erfahren, was für Musik sie genau gehört hatten, angesichts dessen, dass einige Formen von

---

[76] René Laurentin/René Lejeune, *Messages and Teachings of Mary at Medjugorje: Chronological Corpus of the Messages,* Milford: The Riehle Foundation, 1988, S. ix, 20.

[77] Laurentin, *Medjugorje Testament*, S. 81.

Rockmusik eindeutig böse, um nicht zu sagen teuflische Wirkungen haben. Weible argumentiert: „Millionen, die später auf Pilgerfahrt nach Medjugorje reisen würden, sollte dieser lässliche Akt der Experimentierfreudigkeit als ein Beispiel dafür dienen, dass Gott gewöhnliche Leute für außergewöhnliche Missionen auserwählt."[78]

Alternativ und noch zutreffender könnte man argumentieren, dass diese weiteren Details es sogar noch unwahrscheinlicher machen, dass die Seher tatsächlich die Selige Jungfrau sahen. Und es besteht hier eine eigenartige Parallele zu den Ereignissen in Garabandal in Spanien in den 1960er Jahren. Dort hatten die vier beteiligten jungen Seher unmittelbar vor der ersten Vision (angeblich von einem Engel), die sie am 18. Juni 1961 hatten, Äpfel gestohlen.[79] Ebenso wie Medjugorje, hat Garabandal nie eine offizielle kirchliche Anerkennung erhalten.

Als Mirjana am 28. Juni von Pater Zovko befragt wurde, beschrieb sie, was im örtlichen Krankenhaus in Čitluk geschehen war, wo ihr von einem der Ärzte eine Zigarette angeboten wurde, und sie diese ablehnte: „Ich rauche nicht." Er antwortete: „Rauchst du diese Sorte nicht?" Hiermit nahm er zweifelsohne auf die für ihn denkbare Möglichkeit Bezug, dass sie Drogen geraucht haben könnte. Hierauf erwiderte sie noch eindrücklicher: „Gar keine Zigaretten!"[80] Hier hatte sie eindeutig nicht die Wahrheit gesagt, was ihre Glaubwürdigkeit allgemein sicherlich in Frage stellt.

Tatsächlich machten in den ersten paar Tagen, Mary Craig zufolge, Gerüchte die Runde, dass zumindest einige der Mädchen Drogen rauchten. Sie berichtet, dass Pater Cuvalo zu Pater Zovko bei dessen Rückkehr gesagt habe: „Eines der Mädchen, Mirjana Dragičević, kommt aus einem Gymnasium in Sarajevo, und

---

78 Weible, *The Final Harvest,* S. 11.

79 F. Sanchez-Ventura y Pascual, *The Apparitions of Garabandal,* übersetzt von A. de Bertodano, Detroit: San Miguel Publishing Co., 1976, S. 32-34.

80 Sivrić, *The Hidden Side of Medjugorje,* Bd. I, S. 271; vgl. Klanac, *Aux Sources de Medjugorje,* S. 96.

man sagt, dass sie Drogen mitgebracht habe, vielleicht in Zigaretten. Sie hat angefangen, den Kindern Drogen weiterzugeben, und jetzt behaupten sie, Visionen zu sehen." Nach dem Einschreiten der zunehmend besorgten Behörden am Samstag, dem 27. Juni nachmittags, waren die Seher zu medizinischen Untersuchungen in die nahe gelegene Kleinstadt Čitluk gebracht worden. Pater Cuvalo verlieh jedoch seinem Missfallen darüber Ausdruck, dass keine Blut- oder Urintests nach Drogen durchgeführt worden waren: „Sehen Sie, wir haben gehört, dass das Mädchen aus Sarajevo Drogen mitgebracht habe. Und außerdem behauptet man, dass eines der Kinder ein Epileptiker und Hysteriker sei."
Am 27. Juni 1981 sagte Mirjana jedoch im Zusammenhang mit ihrem angeblichen Drogenkonsum zu Pater Zovko, dass sie gerne „einen Arzt aufsuchen möchte, damit er bestätigen kann, dass ich keine Drogen nehme." Da sie aber über ihr Rauchen nicht die Wahrheit sagte, ist der Wahrheitsgehalt dieser Äußerung schwer einzuschätzen.[81]
Dies alles deutet darauf hin, dass die Darstellungen über die Visionen des ersten Tages unklar waren. Außerdem sind diese Berichte, wie wir sehen werden, inhaltlich völlig anders als diejenigen, die zu den Fällen authentischer Marienerscheinungen vorliegen.

Die „Gospa" und das Licht

Die Grunddaten zum tatsächlichen Aussehen der „Gospa" erfahren wir auf den Tonbändern. Die Seher beschrieben sie als zwischen 19 und 20 Jahren alt, mit einem weißen Schleier und einem grauen Gewand bekleidet. Ihr Schleier bedeckte ihr schwarzes Haar, ihre Augen waren blau, und ihr Haupt war mit Sternen gekrönt. Angeblich schwebte sie über dem Boden. Besonders bemerkenswert ist die Tatsache, dass die Seher sie allmählich aus einem „Licht" hervortreten sahen – wie wichtig dieser Punkt ist,

---

[81] Craig, *Spark from Heaven*, S. 58, 60.

wird sich im weiteren Verlauf noch zeigen – und dass die visionäre Gestalt geneigt war, zu erscheinen und zu verschwinden.[82] Diese Erwähnung eines „grauen“ Kleides, das von der visionären Gestalt getragen worden sei, stellt ein ziemliches Problem dar, denn Grau ist keine Farbe, die üblicherweise mit der Allerseligsten Jungfrau in Verbindung gebracht wird.

Jakovs Bemerkungen deuten sicher darauf hin, dass er wirklich etwas sah. Dies wird aus seinem auf Tonband aufgezeichneten Interview mit Pater Zovko deutlich, das am Nachmittag des 27. Juni stattfand. Er antwortete auf die Frage des Priesters nach dem Aussehen der „Gospa“, als sie sich offenbarte, wie folgt: „Es leuchtete dreimal auf, als ich sie sah. Dreimal leuchtete es auf, und plötzlich erschien die Gospa dort oben.“[83] Einmal mehr ist also das „Licht“ ein Thema, doch die Andeutungen, dass die Seher die visionäre Gestalt berühren und küssen konnten und dass sie lachte, sind recht eigenartig und zeigen, dass diese nicht die Selige Jungfrau war. Insbesondere der letzte Punkt, dass die visionäre Gestalt lachte, ist ziemlich anstößig und stimmt überhaupt nicht mit dem Verhalten Unserer Lieben Frau während ihrer anerkannten Erscheinungen überein. Zwar lächelte sie dabei gelegentlich, doch besteht offensichtlich ein großer Unterschied zwischen diesem Lächeln und direktem Gelächter.

Weiteres problematisches Beweismaterial

Mirjanas Zeugnis, das uns in einem von Pater Zovko auf Tonband aufgezeichneten Interview vom Nachmittag des 27. Juni vorliegt, stützt im Wesentlichen die Aussagen der anderen Seher. Ihre Reaktion auf die Vision folgte jedoch nicht dem traditionellen Muster. Sie beschreibt, wie sie sich über die Schau der

---

82 Vgl. Sivrić, *The Hidden Side of Medjugorje*, Bd. I, S. 60.
83 Ebd., S. 254.

„Gospa" begeistert habe, wie dieses Erlebnis für sie „wunderbar" gewesen sei und dass sie sich nicht gefürchtet habe.[84]
Msgr. Farges schreibt jedoch Folgendes über den Unterschied zwischen göttlichen und teuflischen Visionen:

> Die göttliche Vision bewirkt zunächst ein Gefühl der Furcht und des Erstaunens in der Seele, die sich ihrer Unwürdigkeit bewusst ist, sie endet aber, indem sie inneren Frieden und himmlische Freude bringt. Die teuflische Vision dagegen beginnt, indem sie Freude, ein Gefühl der Sicherheit und Annehmlichkeit bewirkt, und endet in Besorgnis, Traurigkeit, Furcht und Ekel. Die erste entwickelt die Tugenden, insbesondere die Demut, in der Seele des Sehers, der danach trachten wird, über solche großen Gnadenerweise Stille und Geheimhaltung zu wahren. Die zweite hingegen entwickelt Gefühle der Eitelkeit, der Prahlerei und den Wunsch, mit den Visionen zu protzen. Auch die öffentlichen Wirkungen sollten beachtet werden. Göttliche Visionen bewirken niemals Skandale, Unordnung oder Probleme in der Kirche, während die anderen unweigerlich diese Übel hervorrufen.[85]

Hinsichtlich der Erfahrungen Mirjanas wird im Lichte der obigen Ausführungen von Msgr. Farges deutlich, dass das von ihr Beschriebene nicht die Wesenszüge des Göttlichen aufweist. Idealerweise hätte Pater Zovko sie fragen sollen, wie sie sich später gefühlt hätte, doch das versäumte er, und somit kann man mit Sicherheit lediglich sagen, dass ihre anfängliche Reaktion dem oben von Msgr. Farges dargestellten Negativmuster folgte.
Bezüglich seiner zweiten These zu der Weise, wie die Vision endet, nämlich in „Besorgnis, Traurigkeit, Furcht und Ekel", ist das folgende Zeugnis von Marija, das am 27. Juni auf Tonband aufgezeichnet wurde, sehr interessant. Sie erzählte Pater Cuvalo, dass sie nach ihrer Heimkehr am zweiten Abend ihren Eltern wiederholt erklären musste, was geschehen war. Dann bereiteten sie das Abendessen für sie zu und stellten es vor ihr auf den Tisch; sie aber reagierte wie folgt: „Ich war verängstigt, ich konnte nicht

[84] Sivrić, *The Hidden Side of Medjugorje*, Bd. I, S. 260, 263; vgl. Klanac, *Aux Sources de Medjugorje*, S. 83-84.
[85] Farges, *Mystical Phenomena*, S. 336-337.

essen, meine Hände waren völlig weiß: als ich sie zum ersten Mal sah, waren meine Hände kalt wie Eis."[86]
Aus dem von Pater Cuvalo am 27. Juni 1981 auf Tonband aufgezeichneten Interview geht hervor, dass die Seher die „Gospa" am ersten Abend etwas in den Armen halten sahen. Ivanka bezeugte: „Wir sahen so etwas wie ein Baby ... dann verdeckte sie es ..." Sie standen anscheinend während dieser ersten Vision nicht nahe genug dabei, um mehr zu sehen, und es sieht nicht so aus, als habe die visionäre Gestalt bei dieser Gelegenheit etwas gesagt, wenngleich sie nickte, als Vicka sie fragte, ob sie am nächsten Tag wiederkommen würde.[87]
Man kann sich schwerlich vorstellen, warum die visionäre Gestalt das Jesuskind verdecken wollte, wenn sie wirklich die Gottesmutter gewesen wäre. Dies ist also kein gutes Zeichen.

Zweiter Tag: Donnerstag, der 25. Juni 1981

Ivan Dragičević war bei dieser Gelegenheit abwesend, da er beschlossen hatte, den Abend mit dem Pflücken von Tabak zu verbringen. Nach dem von Pater Cuvalo am 27. Juni auf Tonband aufgezeichneten Interview sagte Vicka, dass auch andere Leute etwas auf dem Hügel sehen konnten, und sie berichtet, dass eine Frau sie auffordert habe, hinaufzugehen, da sie eingeladen worden seien. Es ist auch offenkundig, dass die Seher Anweisungen von Zuschauern erhielten und dass sie, als sie den Podbrdo erreichten, „sie entdeckten" und dass „das Licht" sie alle umleuchtete.[88]
Die Aussage, dass andere Leute „etwas" gesehen hätten, ist hochinteressant, und sie kann gewiss sehr gut erklären, warum die Geschichten der Seher von Anfang an von manchen Dorfbewohnern ernst genommen wurden. Allerdings sieht es so aus, als sei die allgemeine Stimmungslage gegen Ende der ersten Woche

---

[86] Sivrić, *The Hidden Side of Medjugorje,* Bd. I, S. 214.
[87] Ebd., S. 209-210.
[88] Sivrić, *The Hidden Side of Medjugorje*, Bd. I, S. 206, 207, 213, 224, 228, 244.

weniger unterstützend ausgefallen. Gewiss erscheint Vickas Zeugnis hier überzeugend, da es, zumal sie sich nur ein paar Tage nach dem Ereignis äußerte, für Pater Cuvalo sehr leicht gewesen wäre, ihre Aussage bezüglich anderer Zeugen zu überprüfen. Es ist kaum anzunehmen, dass er nicht schon mit Einheimischen gesprochen haben wird und folglich Vicka sofort widersprochen hätte, wenn er der Ansicht gewesen wäre, dass sie nicht die Wahrheit sage. Auch Ivanka stellte ähnliche Behauptungen auf, dass andere Menschen „das Licht" auf dem Podbrdo gesehen hätten, darunter ihre Schwester und einige andere Frauen.

Wir haben auch dieses Zeugnis von Marinko Ivanković, der behauptete, dass er etwa drei Wochen nach den Visionen, eines Abends gegen 23 Uhr, mit einer Gruppe von Menschen, darunter auch den Sehern, auf dem Podbrdo gewesen sei. Er blickte hinauf und konnte ein sehr helles Licht, das zu ihnen kam, sehen. Marinko war der Einheimische, der, wie oben angemerkt, ursprünglich als der inoffizielle „Beschützer" der Seher agierte.

Im Großen und Ganzen wirken die Informationen über ihren Kontakt mit der „Gospa", welche die Seher in den auf Tonbändern aufgezeichneten Interviews verlauten lassen, nicht sonderlich Vertrauen erweckend. Sie sprechen davon, dass sie ihr sehr nahe gekommen seien und sie sogar berührt hätten, obgleich Vicka die ganz außergewöhnliche Bemerkung macht: „Wenn man sie berührt … prallen die Finger ab, als wären sie aus Stahl." Abermals sagte die „Gospa" an diesem Tag, dem zweiten, nichts.[89]

Bei der Bewertung dieser Visionen der ersten paar Tage fällt dem unparteiischen Beobachter sicher erstens das Fehlen von Faktoren auf, die normalerweise bei Erscheinungen festzustellen sind, die hernach von der Kirche anerkannt wurden, und zweitens das Vorhandensein anderer Faktoren, die ernste Zweifel hinsichtlich ihrer Authentizität wecken. Ob es nun die Tatsache ist, dass die

[89] Sivrić, *The Hidden Side of Medjugorje,* Bd. I, S. 208, 301, 320; Kraljević, *The Apparitions of Our Lady at Medjugorje,* S. 154.

Hände der visionären Gestalt zitterten, oder dass sie in einem Augenblick lachte, obwohl sie im Allgemeinen nichts sagte – dies alles ist sehr merkwürdig. Nichts von alledem ist im Einklang mit der stillen, gelassenen Gegenwart der Seligen Jungfrau, die beruhigende Worte zu jenen redete, die mit ihrer Gegenwart begnadet wurden und die man bei ihren neueren anerkannten Erscheinungen findet. Umgekehrt ist es aber wohl so, dass manche Leute wirklich eigenartige Lichter sahen, so dass wir es offenbar nicht mit Halluzinationen zu tun haben. Es sah danach aus, dass dort oben auf dem Podbrdo etwas passierte, doch der genaue Charakter dieses „Etwas" musste erst noch bestimmt werden. Die anfänglichen Zeichen waren jedoch kaum ermutigend.

4. Echte und falsche Lichtvisionen

Dritter Tag: Freitag, der 26. Juni 1981

Laut dem ersten von Pater Cuvalo auf Tonband aufgezeichneten Interview vom 27. Juni bezeugt Marija, dass sie die „Gospa" am dritten Abend gesehen habe, doch gewinnen wir aus ihren Worten den Eindruck, dass die Vision erst allmählich erschienen sei: „Zuerst sah ich eine kleine Wolke unten, danach sie [die Gospa], ihren Körper und ihren Kopf."[90] Dann bezeugte Ivanka, dass sie die „Gospa" gefragt habe, warum sie dorthin gekommen sei, worauf diese erwiderte: „Weil dort viele Gläubige waren, so dass wir beisammen sein müssen." Ivanka befragte sie auch über ihre vor kurzem verstorbene Mutter und erfuhr, dass sie bei der „Gospa" sei und dass sie ihrer Großmutter gehorchen solle. Mirjana befragte sie über ihren Großvater und wurde offenbar in ähnlicher Weise beruhigt. Sie fragten auch, ob sie wiederkommen werde, worauf die Antwort kam: „Morgen an demselben Ort", obgleich sie ihre Bitte um ein Zeichen nicht erwiderte.

Die „Gospa" wird mit Weihwasser besprengt

Vicka berichtet, dass sie, unter der Annahme, der Teufel würde durch solche Sakramentalien vertrieben, gesegnetes Salz und Weihwasser mitgenommen habe, um zu prüfen, ob es sich bei der visionären Gestalt wirklich um die „Gospa" handelte. Nachdem sie die Dreifaltigkeit angerufen hatte, besprengte sie die visionäre Gestalt und sagte dabei: „Wenn du die Gospa bist, so bleibe bei uns. Wenn nicht, dann hau ab!" Auf dem Tonband besteht in der Reihenfolge der Ereignisse eine gewisse Verwirrung, doch laut dem Interview Jakovs mit Pater Zovko am Nachmittag des 27. Juni fiel die Besprengung der „Gospa" mit dem Augenblick zu-

---

[90] Sivrić, *The Hidden Side of Medjugorje*, Bd. I, S. 211. Die eckigen Klammern mit kursiv gesetzten Formulierungen sind in den ursprünglichen, von Pater Sivrić wiedergegebenen Texten enthalten.

sammen, als, Ivanka zufolge, sie selbst, Marija und Mirjana das Bewusstsein verloren, zumindest bis zu einem gewissen Grade.[91]
Nach dem Gespräch von Pater Bubalo mit Vicka im Dezember 1983 bestand dieses „Weihwasser“ aus gesegnetem Salz und gewöhnlichem Wasser und war von ihrer Mutter hergestellt worden, die lediglich die beiden Zutaten miteinander vermischte.[92] Dieser Umstand lässt es gewiss als fraglich erscheinen, ob es sich wirklich um Weihwasser handelte, wenngleich das gesegnete Salz von allein eine Reaktion erzeugt haben sollte.
Ivan Dragičević war bei diesem Anlass ebenfalls zugegen und sagt in seinem Interview mit Pater Cuvalo, dass auch er nochmals die „Gospa“ gesehen und gehört habe, womit er im Wesentlichen das bestätigte, was die Mädchen dem Priester in ihrem Gespräch mit ihm mitgeteilt hatten. Als Pater Cuvalo ihn bedrängte, bestand er darauf, dass er nicht lüge. Er sagte, dass er dieses Mal die „Gospa“ nicht sofort gesehen habe, sondern dass vielmehr Vicka sie zuerst sah; er hörte sie nichts sagen. Auf die Frage hin, wie seine Familie auf die Kunde von diesen Visionen reagiert habe, bemerkte er, dass sie gesagt hätten, dass sie an die Echtheit der Visionen glaubten, weil so viele andere Leute etwas gesehen hätten.[93]

Vierter Tag: Samstag, der 27. Juni 1981

Pater Cuvalo befragte Marija am Abend des 28. Juni im Pfarrhaus bei der Pfarrkirche St. Jakobus. Er erwähnte zuerst, dass er am Vorabend unter der Volksmenge gewesen sei, die sich versammelt hatte, gesehen habe, wie Marija emporblickte und sie rufen gehört habe: „Da ist sie!“ Sie bestätigte dies, und dann fragte er sie, was sie genau gesehen habe. Sie antwortete: „Das Licht“. Aus

---

91 Sivrić, *The Hidden Side of Medjugorje*, Bd. I, S. 59, 211-213, 255-256; vgl. Klanac, *Aux Sources de Medjugorje*, S. 70-71.
92 Vgl. Pater Janko Bubalo, *A Thousand Encounters with the Blessed Virgin Mary in Medjugorje*, Chicago: Friends of Medjugorje, 1996, S. 17.
93 Vgl. Sivrić, *The Hidden Side of Medjugorje*, Bd. I, S. 216, 225-227, 228.

der anschließenden Konversation wird nicht deutlich, ob Marija wirklich sagte: „Da ist *sie*", oder „da ist *es*", doch aufgrund ihrer späteren Antworten scheint es so, als habe sie anfänglich nur ein Licht und keine Gestalt gesehen, denn im weiteren Gesprächsverlauf sagt sie, dass die ersten Dinge, die sie gesehen habe, das „Licht und die Sterne" gewesen seien. Dann fragte Pater Cuvalo sie, was für ein Licht sie gesehen habe und wo es sich befunden habe, auf der Erde oder im Himmel. Marija sagte, dass es im Himmel gewesen sei und dass sie „die Gospa, ihren Körper" gesehen habe und dass sie habe sehen wollen, wie nahe zum Boden sie herabkommen würde.

Dann erkundigte sich Pater Cuvalo, wie genau die anderen Seher zu Marija positioniert waren und brachte sie zu der Bestätigung, dass sie tatsächlich das Licht zuerst gesehen habe, bevor sie irgendeine Gestalt sah. Es ist erwähnenswert, dass sie keinen Rosenkranz an der Hand der „Gospa" sah und insbesondere, dass die visionäre Gestalt keinen Versuch unternahm, ein Gespräch zu beginnen.[94] Marija zufolge verschwand die visionäre Gestalt und erschien wieder, stieg auf und ab, während Vicka „laut vernehmbar ihre Fragen stellte"[95].

Das auf Tonband aufgezeichnete Gespräch Mirjanas mit Pater Zovko gibt uns noch mehr Informationen über die genaue Weise des Verschwindens der „Gospa". Sie sagte zu ihm: „Sie geht langsam. Sie verschwindet langsam. Sie steigt dann und wann auf, und der Himmel erhellt sich. … Sie geht geradeaus und verschwindet, ganz allmählich. Immer mehr Nebel steigt auf. … Nebel erscheint um sie her, und sie steigt in den Himmel empor."[96]

Zu diesem Zeitpunkt, am vierten Tag, war Pater Zovko eindeutig darüber beunruhigt, dass die „Gospa" nichts von besonderer Bedeutung zu den Sehern gesagt habe, und er befragte Mirjana

---

[94] Vgl. ebd., S. 231-234, 237, 238.

[95] Ebd., S. 239-240.

[96] Sivrić, *The Hidden Side of Medjugorje,* Bd. I, S. 263; vgl. Klanac, *Aux Sources de Medjugorje,* S. 86-87.

eindringlich darüber und über das, was von ihnen allen erwartet werde.[97]

Fünfter und sechster Tag der Visionen

Am fünften Tag, dem 28. Juni, war es offenbar so, dass das anfängliche Lichtphänomen, das sicherlich von einigen Leuten auf dem Hang gesehen wurde, nicht mehr auftrat.[98] Mirjana sprach aber immer noch über das „Licht", das die Seher sehen konnten, wenn die „Gospa" ihnen erschien, denn in einem Gespräch an jenem gleichen Abend bezeugte sie: „Zuerst entdeckte ich das Licht. Dann haute ich die anderen an: ‚Seht ihr das Licht?' Sie erwiderten, dass sie es sähen. Dann sah ich, wie sie allmählich herabstieg, und es immer heller wird, während sie niedriger herabkommt und alle kleinen Sterne um sie her leuchten. Es ist so schön." Kurz darauf machte Mirjana nähere Ausführungen dazu: „Sobald ich sie entdecke, wird es immer heller. Wenn sie weiter herabsteigt, dann wird es vollkommen klar, so dass ich sie sehe."[99] Mirjana war, zumindest nach den Tonbandprotokollen, die wir haben, die erste, die erwähnte, dass die Seher die „Gospa" am fünften Abend baten, in der Kirche zu erscheinen, „so dass jeder sie sehen kann". Es kann aber durchaus sein, dass jemand anders sie aufforderte, diese Frage zu stellen. Pater Zovko verlieh in dieser Befragung ein wenig später seinen Besorgnissen Ausdruck, indem er sie fragte, warum es keine Botschaft gegeben habe und warum die „Gospa" nicht in der Kirche erscheine. Offenbar konnte Mirjana auf keine der beiden Fragen irgendetwas antworten.[100]

---

[97] Vgl. Sivrić, *The Hidden Side of Medjugorje,* Bd. I, S. 263–64; Klanac, *Aux Sources de Medjugorje,* S. 87.

[98] Vgl. Sivrić, *The Hidden Side of Medjugorje*, Bd. I, S. 278, 284.

[99] Sivrić, *The Hidden Side of Medjugorje*, Bd. I, S. 281-282; vgl. Klanac, *Aux Sources de Medjugorje*, S. 117, 118.

[100] Vgl. Sivrić, *The Hidden Side of Medjugorje*, Bd. I, S. 284, 286; Klanac, *Aux Sources de Medjugorje*, S. 121.

Abgesehen von den Protokollen von Pater Sivrić und denjenigen von Daria Klanac, die beide ihre Kopien von den Tonbändern von Grgo Kozina erhielten, nahm der letztere die Seher auch auf Tonband auf, während sie am 29. Juni auf dem Podbrdo waren. Pater Janko Bubalo hatte eine Kopie dieses Tonbandes und spielte es während eines seiner Gespräche mit ihr für Vicka ab:

Pater Janko: „Würdest du dir, wenn du nicht zu müde bist, eine Liveaufnahme anhören, die bei einer der Erscheinungen entstand? Um Dir zu helfen, dich besser daran zu erinnern, wie es war."
Vicka: „Warum nicht, natürlich! Woher haben Sie das Tonband bekommen?"
Pater Janko: „Das ist im Moment nicht wichtig, aber lass uns einmal zuhören. Das Tonband ist nicht das beste. Du weißt, wie schwierig es war, inmitten all der Leute etwas aufzunehmen, aber nichtsdestotrotz … hören wir es uns einmal an."
„Der Wind bläst … die Dornbüsche wiegen sich … da sind sie, die Sechs. … Sie stehen … Sie beten das Ave Maria …" [Kommentar von Grgo Kozina: In den folgenden Sätzen ist aufgezeichnet, was Vicka sagte, darunter auch ihre Wiederholungen der Worte der „Gospa" in Kursivschrift.]
„Meine Dame, was wünschen Sie von uns?"
„Meine Dame, was wünschen Sie von unseren Priestern?"
„Sie sagte, dass sie fest im Glauben stehen sollten."
„Meine Dame, warum erscheinen Sie nicht in der Kirche, so dass alle Sie sehen können?"
„Glückselig, die nicht sehen und doch glauben."
„Meine Dame, werden Sie wieder zu uns kommen?"
„Das werde ich, an demselben Ort."
„Meine Dame, hätten Sie lieber, dass wir singen oder dass wir beten?"
„Sie sagte, beides."
„Meine Dame, was wünschen Sie sich von den hier versammelten Leuten?"
„Sie antwortete nicht."
„Die Jungfrau erscheint wieder, und die Seher rufen mit einer Stimme: ‚Hier ist sie!' …" [Kommentar von Grgo Kozina.]
„Meine Dame, was wünschen Sie sich von den Leuten hier?" [Vicka, dreimal.]
„Sie sagte, dass sie die Antwort gegeben habe, dass die Leute hier, die sie nicht sähen, ebenso wie wir sechs, die sie sähen, glauben sollten." [Vicka]

„Meine Dame, werden Sie uns irgendein Zeichen hier auf der Erde hinterlassen, so dass wir die Leute überzeugen können, dass wir nicht … lügen, dass wir Sie nicht ausnutzen? [Vicka, aber offenbar ohne Antwort.]
„Die Jungfrau verschwindet … Wird sie wiederkommen? Kaum Platz zum Durchkommen … die Straße ist voll … Autos stehen in einer Schlange, die bis zum Laden in Beljina reicht … Alles ist voll …“ [Kommentar von Grgo Kozina.][101]

Der Inhalt dieses Tonbandes gibt uns gleichsam einen verbalen Schnappschuss dessen, was sich wirklich während jener Vision auf dem Podbrdo ereignete und liefert wertvolle Zusatzinformationen, welche die Protokolle von Pater Sivrić und Daria Klanac ergänzen.[102]

Pater Zovko ist skeptisch … und besorgt

Das Interview Pater Zovkos mit Ivanka, das an demselben Abend stattfand, setzte ebenfalls den Akzent, dass aus den Visionen keine eindeutige Botschaft hervorging, und bringt seine Beunruhigung darüber zum Ausdruck: „Warum erschien sie euch, wenn sie keine Botschaft überbrachte? … Auf mich wirkt das wie Gekasper. Sie kam vergeblich, und sie hat nichts zu sagen.“ Auch in seinem Gespräch mit Ivan wird deutlich, dass Pater Zovko über dieses Fehlen einer Botschaft besorgt war, so dass er ihn diesbezüglich eindringlich befragte. Zu diesem Zeitpunkt war Pater Zovko über die Größe der Volksmengen besorgt, die sich am Hang versammelten, und auch über das Fehlen eines Zeichens, das bewies, dass die Seher die Wahrheit sagten.[103]
Pater Sivrić beschrieb die Atmosphäre in jener Zeit als explosiv, da mit jedem Tag die Volksmengen, die sich auf dem Podbrdo

---

101 Bubalo, *Thousand Encounters,* S. 29-30; vgl. http://www.marcocorvaglia.com/medjugorje-en/at-ecstasy-school.html

102 Vgl. Giorgio Gagliardi/Marco Margnelli, *Le apparizioni della Madonna*, Mailand: Riza Scienze, 1987, S. 29-31.

103 Sivrić, *The Hidden Side of Medjugorje*, Bd. I, S. 287-288, 294-295, 312; vgl. Klanac, *Aux Sources de Medjugorje*, S. 102, 122, 130-131.

drängten, immer größer wurden. Dies führte schließlich dazu, dass die kommunistischen Behörden alle Zufahrtsstraßen sperrten.[104]

Nachdem er mit Mirjana die Möglichkeit in Erwägung gezogen hatte, dass sie Satan sehen könne, eine Vorstellung, die sie ablehnte, fragte Pater Zovko sie weiter, was sie in ihrer Vision außer der „Gospa" noch gesehen habe. Sie antwortete:

> „Wenn ich sie anschaue, kommen mir die Bilder von der Geburt Jesu in den Sinn, als der Engel zu ihr kam und ihr mit seinem „Gegrüßet seist Du, Maria" ankündigte, dass sie den Herrn empfangen und seine Mutter werden würde. Das alles bewegt mich und kommt mir in den Sinn. Dann sah ich, wie arm sie war … Das alles sehe ich wie in einem Film vor meinen Augen. … Ich schaue sie an, und das alles kommt mir in den Sinn."

Diese Erwähnung von Bildern, die sich in ihrem Kopf abspielten, klingt sicher viel eher nach einer Halluzination als nach einer echten, göttlichen Erscheinung. Und gewiss deutet die Tatsache, dass Pater Zovko Mirjana während dieses Interviews fragen konnte, ob sie nicht befürchte, dass der Satan sich verstellen und sagen könnte, dass er die Allerseligste Jungfrau Maria sei, klar darauf hin, in welche Richtung seine Gedanken in diesem Stadium der Visionen gingen.[105]

Die Verlegung vom Podbrdo in die Kirche

Als Pater Zovko Ivanka befragte, an demselben Abend, dem 28. Juni, war er offenkundig bestrebt, dafür zu sorgen, dass die Visionen von jenem Zeitpunkt an in der Pfarrkirche stattfinden sollten. Er erkundigte sich, ob sie die „Gospa" danach gefragt hätten; sie konnte sich jedoch nicht erinnern.[106]

---

104 Vgl. Sivrić, *The Hidden Side of Medjugorje*, Bd. I, S. 57.

105 Klanac, *Aux Sources de Medjugorje*, S. 123, 125-126; vgl. Sivrić, *The Hidden Side of Medjugorje*, Bd. I, S. 288-289, 291-292.

106 Vgl. Sivrić, *The Hidden Side of Medjugorje*, Bd. I, S. 304.

Der einzige Kommentar, den man zu dieser Idee abgeben kann, ist, dass in keiner der authentischen Erscheinungen der Allerseligsten Jungfrau angedeutet wurde, dass ihr Ort in irgendeiner Weise von menschlichen Überlegungen oder Wünschen abhängig wäre.

Einer der wohl merkwürdigsten Aspekte am ganzen Medjugorje-Phänomen ist, dass die „Gospa" während dieser entscheidenden Frühphase nicht um den Bau einer Kapelle auf dem Podbrdo bat, obgleich sie dies bei ihren wichtigsten anerkannten Erscheinungen gewöhnlich getan hatte. Sicherlich war dies in Guadalupe der Fall, und auch in Lourdes, während die Erscheinungsstätte in der Rue du Bac selbst eine Kirche war, so dass hier keine Notwendigkeit dafür bestand. Sie bat nicht um eine Kapelle in La Salette, doch war dies wahrscheinlich darauf zurückzuführen, dass die Erscheinungsstätte auf einem Berggipfel lag. Trotzdem wurde aufgrund der Begeisterung der Einheimischen schließlich an der Stelle eine Kirche erbaut. Auch in Fatima bat sie um eine Kapelle, und dasselbe galt für Banneux und Beauraing in Belgien.

In Medjugorje aber, das, wie wir sehen werden, Mirjana zufolge die „letzte Erscheinung auf Erden" und folglich offenbar mindestens so wichtig, wenn nicht gar noch wichtiger als Fatima sein soll, erging keine Bitte um den Bau einer Kapelle auf dem Podbrdo.

Tatsächlich fragte Vicka die „Gospa" sogar ausdrücklich, was sie wollte, dass „gleich hier an diesem Ort", d. h. auf dem Podbrdo geschehen sollte. Sie musste jedoch während ihrer Befragung am 30. Juni bekennen, dass die visionäre Gestalt es „nicht wusste", worauf Pater Zovko erwiderte: „Was für eine Gospa ist das denn, wenn sie dies nicht weiß? Dann ist sie geringer als ein Kind!"[107]

Am Montag, dem 29. Juni, dem Fest der hl. Apostel Petrus und Paulus, gab Pater Zovko eine Stellungnahme über die Visionen ab, die nach der Messe verlesen wurde. Hierin stellte er, wie Mary

[107] Sivrić, *The Hidden Side of Medjugorje,* Vol. I, S. 342; Klanac, *Aux Sources de Medjugorje,* S. 155.

Craig berichtete, fest, dass er mit den Kindern gesprochen und die Gespräche aufgezeichnet habe, aber nachdem „ich mir die Kassetten nochmals angehört habe, muss ich darauf bestehen, dass hier keine öffentliche Offenbarung vorliegt. Sollte etwas geoffenbart worden sein, so ist es rein privater Natur und dient allein zum Nutzen der Kinder. Ob dies sich ändern wird, weiß ich nicht. Bislang hat Unsere Liebe Frau nichts gesagt, was für jemand anderen bestimmt gewesen wäre."

Am sechsten Tag der Visionen gestand Pater Zovko also offen ein, dass den Sehern keine substantielle, für die Öffentlichkeit bestimmte Botschaft übermittelt worden sei.

Am selben Abend wurden, Mary Craig zufolge, die Einwohner von Bijakovići zu einer Dringlichkeitssitzung des Ortsverbandes der Sozialistischen Allianz vorgeladen und erhielten von den örtlichen kommunistischen Führern ausdrückliche Anweisungen, dass die Versammlungen auf dem Podbrdo mit allen erforderlichen Mitteln zu verhindern seien. Man schärfte ihnen auch ein: „Wenn ihr diese Dinge tun müsst, dann tut sie bitte in der Kirche." Dieselbe Botschaft wurde am nächsten Tag Pater Zovko mitgeteilt, als er und Pater Cuvalo beide von den kommunistischen Behörden zu einer weiteren Versammlung im Regionalzentrum Čitluk vorgeladen und von der Notwendigkeit in Kenntnis gesetzt wurden, dass die Volksmengen in die Kirche verlagert werden müssten, wo man die Lage eher kontrollieren könne. Dies erklärt, warum Pater Zovko auf den Tonbändern so sehr darauf beharrte, dass die Seher sich in der Kirche versammeln und nicht mehr auf den Podbrdo gehen sollten.[108]

Das Licht und der Nebel

Abbé René Laurentin äußert sich wie folgt über das mit der „Gospa" im Zusammenhang stehende „Licht" und seinen Einfluss auf die Seher: „Die Gospa … zog sie durch ihr liebliches

[108] Craig, *Spark from Heaven*, S. 65, 68, 72-73.

Aussehen und ihr heilsames Licht an. Ebenso wie in Lourdes, ging dieses Licht ihr voraus. Sie kam in diesem Licht, welches sie wie eine innere Sonne erleuchtete."[109]

Allerdings bestehen wesentliche Unterschiede zwischen dem „Licht", das die „Gospa" umgab, und dem Licht, welches der Gottesmutter in Lourdes vorausging. Einer der frühen Chronisten der dortigen Erscheinungen war J. B. Estrade, und er berichtete wie folgt über Bernadettes Erinnerungen zu diesem Licht: Sie teilte ihm mit, dass „aus dem Inneren der Grotte eine goldfarbene Wolke herauskam, und bald darauf kam eine junge und schöne, ja außerordentlich schöne Dame ... und stellte sich an den Eingang der Öffnung über dem Rosenbusch."[110] In diesem Falle bekommen wir den Eindruck, dass die visionäre Gestalt nicht mit dem Licht verschmolz, welches ihr vorausging, so wie es in Medjugorje geschehen zu sein scheint. Für Bernadette war die Erscheinung der Dame vielmehr klar von der goldfarbenen Wolke unterschieden, und sie war kein Teil von ihr. Dies ist ein äußerst wichtiger Punkt, wie aus einigen weiteren Beispielen deutlich werden wird.

In der Rue du Bac hörte Catherine Labouré anfänglich ein Geräusch wie das Geknister eines Seidenkleides, bevor sie die Selige Jungfrau von den Altarstufen der Konventskapelle hinabsteigen und sich auf den Sessel setzen sah. Daraufhin warf Catherine sich zu Marias Füßen, legte ihre Hände auf ihren Schoß und blickte ihr in die Augen; später beschrieb sie diesen Augenblick als den schönsten ihres Lebens.[111] Auch hier kann keine Rede davon sein, dass Maria allmählich erschienen wäre. Vielmehr war sie von dem ersten Augenblick an, als Catherine sich ihrer bewusst war, voll-

---

[109] Laurentin/Lejeune, *Messages and Teachings of Mary at Medjugorje*, S. 60.

[110] Zitiert aus Frances Parkinson Keyes, *„Bernadette and the beautiful Lady"*, in: J. Delaney (Hrsg.), *A Woman Clothed with the Sun*, New York: Doubleday, 1961, S. 122.

[111] René Laurentin, *The Life of Catherine Labouré*, übersetzt von P. Inwood, London: Collins, 1983, S. 73-76.

ständig ausgeformt, und zwar so sehr, dass sie das Geräusch ihres Kleides hörte und sie sogar körperlich berühren konnte.

Dasselbe trifft auf die von den Kindern in La Salette gesehene Erscheinung zu. Mélanie war die erste, die eine blendende Lichtkugel auf dem Berggipfel sah, und rief nach Maximin. Beide Kinder verdeckten ihre Augen vor dem grellen Licht der Kugel, als sie größer wurde und sich zu öffnen begann und eine sitzende Frau mit ihrem Kopf in ihren Händen zum Vorschein kam. Dann stand sie auf und sprach zu ihnen: „Tretet näher, meine Kinder, fürchtet euch nicht! Ich bin hier, um euch etwas Großes kundzutun."[112] Somit war die Gottesmutter, obgleich die Kinder sie aus der Lichtkugel hervorkommen sahen, kein Teil jenes Lichtes, sondern deutlich davon unterschieden.

Ähnlich war die Situation in Fatima, wo wir lesen, dass die drei kleinen Kinder, während sie am 13. Mai 1917 mit ihren Herden an der Cova da Iria waren, plötzlich etwas wahrnahmen, was wie ein heller Blitz aussah. Sie schauten nach oben und meinten, dass ein Gewitter kommen würde, doch zu ihrem Erstaunen war der Himmel klar und es wehte kein Wind. Sie waren gerade übereingekommen, im Falle, dass es sich um einen Sturm handelte, nach Hause zu gehen, als ein weiterer Blitz kam und sie zu ihrer Rechten blickten. Dort sahen sie, nach den Worten Lucias, „eine in Weiß gekleidete Dame, heller als die Sonne, die ein klareres und intensiveres Licht ausstrahlte als ein mit sprudelndem Wasser gefülltes Kristallglas, das vom strahlenden Sonnenlicht erleuchtet ist"[113].

Auch hier ist es so, dass die Kinder die Erscheinung unmittelbar und deutlich sahen. Wir können also erkennen, dass die Weise, wie Maria von den Sehern bei ihren anerkannten Erscheinungen gesehen wurde, einem klaren Muster folgt. Obwohl eine Aura

---

112 Pater Jean Jaouen, *A Grace called La Salette,* übersetzt von N. Théroux, Attleboro: La Salette Publications, 1991, S. 40-42, 49-50; vgl. John Beevers, *The Sun Her Mantle,* Dublin: Browne and Nolan Ltd., 1954, S. 26-28.

113 John de Marchi IMC, *Fatima from the beginning,* übersetzt von I. M. Kingsbury, Fatima: Missões Consolata, 1983, S. 50-51.

von Licht sie gewöhnlich begleitete, war dieses von ihrer Person unterschieden. Es konnte keine Rede davon sein, dass sie allmählich auf undeutliche Weise aus diesem Licht zum Vorschein kam, wie in Medjugorje, sondern die Erscheinung war vielmehr von Anfang an vollständig ausgeformt und erkennbar.

Der Engel Portugals

Übrigens ist dies auch bei der Erscheinung des Schutzengels Portugals der Fall, der von den Hirtenkindern von Fatima bei drei Anlässen im Jahr 1916 gesehen wurde. In ihrer *Zweiten Erinnerung* schreibt Lucia, dass sie zuvor, im Jahr 1915, zusammen mit einigen anderen jungen Gefährten, ein geheimnisvolles Wesen gesehen habe, welches sie wie folgt beschrieb: „Kaum hatten wir angefangen [den Rosenkranz zu beten], als wir vor unseren Augen wie in der Luft schwebend eine Gestalt sahen, als wäre es eine Statue aus Schnee, die die Sonnenstrahlen ein wenig durchsichtig machte." Alles deutet darauf hin, dass sie wegen ihres Glanzes ihre Merkmale nicht erkennen konnte. Als sie dann im Frühling des nächsten Jahres mit Francisco und Jacinta die Schafe hütete, begannen sie, im Anschluss an ihr Mittagessen und das Rosenkranzgebet, ein Spiel zu spielen. Sie wurden aber durch einen starken Wind unterbrochen, der die Bäume schüttelte. Sie fährt fort:

> Wir sahen dann jene Gestalt, von der ich schon erzählte, über den Olivenhain auf uns zukommen. Jacinta und Francisco hatten sie noch nie gesehen, noch hatte ich ihnen von ihr erzählt. Wie sie sich uns näherte, konnten wir ihr Aussehen erkennen. Ein Jüngling von 14 bis 15 Jahren, noch weißer als der Schnee, die Sonne machte ihn durchsichtig, als wäre er aus Kristall, und er war von großer Schönheit.[114]

---

[114] Kondor, *Schwester Lucia spricht über Fatima I*, S. 80, 82-83. Vgl. die ähnlichen Darstellungen in der *Vierten Erinnerung* in diesem Band, S. 151-153. Einige Sekundärdarstellungen dieses Ereignisses könnten den Eindruck erwecken, dass der Engel erst allmählich sein endgültiges Aussehen vor den Kindern

Auch hier ist es nicht der Fall, dass die Gestalt allmählich aus einem Licht hervorgekommen wäre; vielmehr war es so, als bestünde sie selbst aus Licht, und die schiere Intensität dieses Lichtes machte es schwierig, ihr Aussehen genau zu erkennen.
Msgr. Farges stellt einige hochinteressante Beobachtungen über den Prozess des allmählichen Erscheinens einer Vision an. Er spricht speziell über Halluzinationen, doch wird aus seinen Bemerkungen deutlich, dass solche Phänomene in bestimmten Fällen vom Teufel hervorgerufen worden sein können. Er beschreibt die Weise, wie gewisse Visionen erst „allmählich sichtbar werden, mit zunehmender Klarheit", die aber als ein „vages Licht" beginnt. Als Beispiel nennt er den Blick in die Kristallkugel in der Wahrsagerei: „Der Visionär, der in die geheimnisvolle Kristallkugel blickt, sieht anfänglich überhaupt nichts, dann sieht er darin vage Wolken und kann dann in diesen Wolken Persönlichkeiten wahrnehmen; schließlich sind diese klar umrissen, bewegen sich und sprechen oft auch."[115] Obgleich diese Analyse für Personen mit Halluzinationen zutrifft, stellt sie auch eine klassische Beschreibung der Aktivitäten der Wahrsager dar, deren Kräfte historisch gesehen zweifellos mit dem Wirken des Teufels in Verbindung gebracht werden können.

Einige Beispiele für verdächtige Visionen

Sicher ist der Aspekt, dass Maria allmählich aus einer Wolke oder einem Nebel hervorkommen würde oder irgendwie nicht klar zu erkennen wäre oder mit ungewöhnlichen Formen von Licht verbunden wäre, bei falschen oder verdächtigen Visionen vorhanden. Folgendes geschah beispielsweise während einigen falschen Visionen, die auf Lourdes folgten. Der erste große Chronist der

---

angenommen habe, was das oben dargelegte Argument hinfällig machen würde. Allerdings sind die Erinnerungen von Schwester Lucia die Primärquelle für die Geschichte der Erscheinungen von Fatima, und somit ist ihr Bericht hier nicht mit den Geschehnissen in Medjugorje vergleichbar.
[115] Farges, *Mystical Phenomena,* S. 358-359.

Erscheinungen, Pater Cros, befragte im Jahr 1878 einige dieser falschen Seher als Erwachsene, darunter einen Laurent Lacaze, der sagte, er erinnere sich, dass er „mit anderen Kindern zur Grotte ging [und] dass ich eine *Art Schatten* sah, aber ich habe keine Ahnung, ob *er* irgendwelche Konturen hatte oder ob er ein Mann oder eine Frau war." Ein anderer, Jean-Pierre Pomiès, ging auf mehr Einzelheiten ein:

> Ich ging häufig zur Grotte, weil all jene Geschichten über das, was sich dort zutrug, mich anzogen. Während dieser Besuche hatte ich zweimal eine Vision. Beim ersten Mal sah ich ein *strahlendes Licht* in der Felsenhöhle und in dessen Mitte *einen ziemlich dicken Schatten.* Das Licht war weder rot noch weiß und stand etwa einen Meter über dem Boden. Ein Gesicht konnte ich nicht klar erkennen. Dieser Zustand dauerte etwa eine Viertelstunde an.[116]

Dieses Thema des „Lichts" war während der ersten angeblichen Erscheinung vor Ida Peerdeman, der Seherin von Amsterdam, sehr präsent. Diese wird mit der „Frau aller Völker" in Verbindung gebracht und behauptete, dass sie am 25. März 1945 Maria erstmals gesehen habe. Ihr Erlebnis beschrieb sie wie folgt:

> „Ich schaute und sah dort plötzlich ein Licht kommen. Ich dachte: Wo kommt das Licht her, und was für ein seltsames Licht ist das? Ich stand auf und musste darauf zugehen. Ich sah in einer Ecke des Zimmers das Licht näher kommen. Die Wand verschwand vor meinen Augen, und alles, was dort stand, war nicht mehr da. Es war ein Meer von Licht und eine leere Tiefe. Es war kein Sonnenlicht und auch kein elektrisches Licht. Was für eine Art Licht es war, konnte ich mir nicht erklären. Aber es war eine leere Tiefe. Und aus dieser Tiefe sah ich plötzlich eine Gestalt hervortreten, eine lebendige Gestalt, eine weibliche Figur, anders kann ich es nicht erklären."[117]

Die Idee, dass die Erscheinung, welche Peerdeman sah, aus einem sehr hellen Licht hervorkam, ist ein Thema, das auch in ihren späteren Erfahrungen wiederkehrt. Ein Beispiel dafür ist der

---

[116] Léon Cristiani, *Evidence of Satan in the Modern World,* Rockford: TAN, 1974, S. 58-60; Hervorhebung ergänzt.

[117] Deutsche Übersetzung der Ausführungen Peerdemans zitiert nach: http://www.de-vrouwe.info/de/die-erste-erscheinung.

Beginn der 27. Botschaft, wo sie sagt: „Ich sehe ein helles Licht, und dann erblicke ich die Frau." Die 28. Botschaft ist in dieser Hinsicht sogar noch expliziter: „Ich sehe ein helles Licht und höre dann: ‚Da bin ich wieder.' Durch das helle Licht hindurch sehe ich die Frau dastehen." Dasselbe Muster tritt auch in der 29. Botschaft vom 28. März 1951 zum Vorschein, die wie folgt beginnt: „Ich sehe ein helles Licht und höre dann: ‚Da bin ich wieder, die Frau aller Völker.' Dann sehe ich die Frau deutlich vor mir stehen."

Dies alles wirkt verdächtig, und unsere Sichtweise wird eindeutig durch die beiden folgenden Beispiele bestätigt, die ein allmähliches Erscheinen der visionären Gestalt belegen. Das erste stammt aus der 31. Botschaft vom 15. April 1951: „Ich sehe wieder das große, helle Licht. *Sehr langsam* kommt die Frau aus diesem Licht hervor." In der 32. Botschaft vom 29. April 1951 heißt es dann: „Ich sehe ein helles Licht. *Langsam* tritt die Frau daraus hervor."[118]

Ein weiteres Beispiel kommt aus den Erlebnissen von Mary Ann Van Hoof, der Seherin von Necedah (Wisconsin) in den Verei-

---

[118] Deutsche Übersetzungen der niederländischsprachigen Botschaften zitiert nach: http://www.de-vrouwe.info/de/1945-1959/117-botschaft-1951. Siehe für Informationen über die Probleme, welche die Annahme der Amsterdamer Visionen als authentische Marienerscheinungen mit sich brächte: www.theotokos.org.uk/pages/unapprov/amsterda/amsterda.html. Sowohl der damalige Ordinarius, Bischof Huibers, als auch Papst Johannes XXIII. lehnten die angeblichen Ereignisse in Amsterdam deutlich ab, und am 27. Juni 1974 erschien im *Osservatore Romano* eine dementsprechende Notifikation der Glaubenskongregation. Am 31. Mai 2002 erließ der derzeitige Diözesanbischof, Msgr. Jozef Marianus Punt, jedoch ein Dekret zu diesen angeblichen Erscheinungen, in dem er zu der Feststellung kam, *„dass in den Erscheinungen von Amsterdam ein übernatürlicher Ursprung vorliegt"* (http://www.de-vrouwe.info/de/anerkennung-der-erscheinungen; http://www.de-vrouwe.info/de/kirchlicher-standpunkt), in dem er die früheren Verurteilungen jedoch nicht erwähnte. Kurzum, der Status der Amsterdam Visionen ist zweifelhaft, und einige der Botschaften sind schlichtweg grotesk. Für Beispiele dafür siehe: www.theotokos.org.uk/pages/unapprov/amsterda/amsterdam-problems.htm.

nigten Staaten. Sie beschrieb, wie die Allerseligste Jungfrau am 28. Mai 1950 aus einem „blauen Nebel" in ihrem Hinterhof auftauchte. Ein anderes Mal beschrieb sie, wie sie um die Mittagszeit auf den Hof gegangen sei, an den „heiligen Fleck", wo sie „Unsere Liebe Frau nicht sah, nur eine Art Dunstschleier." Allerdings verspürte sie ihre „himmlische Gegenwart"[119].

Ein jüngeres Beispiel kommt aus Falmouth in Kentucky, wo eine Frau namens Sandy während der 1990er Jahre Visionen und Heimsuchungen behauptete, die nicht anerkannt wurden. Sie beschrieb eines dieser Ereignisse wie folgt: „Ich hörte ein Geräusch. Dieses habe ich schon einmal gehört. Es ist wie ein musikalischer, ankündigender Klang aus dem Weltall. Dann blickte ich auf und sah einen Glanz, … und sie [Maria] begann, durch diesen Glanz zu erscheinen."[120]

Diese Idee von Visionen Mariens, die allmählich aus einer Wolke oder einem Nebel oder einer ungewöhnlichen Form von Licht oder in unklarer Gestalt erscheinen, weckt also gewisse Zweifel in Bezug auf ihre Echtheit. Derartige Details finden wir bei den anerkannten Marienerscheinungen nicht, sie sind aber eines der Hauptkennzeichen falscher oder verdächtiger Visionen. Somit ist die Tatsache, dass die „Gospa" den Sehern in Medjugorje genau in dieser Weise erschien, kein gutes Zeichen und weist auf den höchst fragwürdigen Ursprung dieser Visionen hin.

---

119 Marlene Maloney, *Necedah Revisited: Anatomy of a Phony Apparition*, in: Fidelity Magazine, Februar 1989, S. 22; Kevin Orlin Johnson, *Apparitions: Mystic Phenomena and What They Mean*, Dallas: Pangaeus Press, 1995, S. 333.

120 Mark Garvey, *Searching for Mary*, New York: Plume, 1998, S. 42.

5. Die Visionen dauern an

Sahen die Visionäre wirklich etwas?

Die Tonbandprotokolle vermitteln gewiss den starken Eindruck, dass die Visionäre während jener ersten entscheidenden Tage auf dem Podbrdo tatsächlich etwas sahen und dass sie in diesem Punkt die Wahrheit sagten. So bestand beispielsweise Ivanka in ihrer Antwort auf die Frage von Pater Zovko, wie sie über die Tatsache denke, dass Menschen ihr nicht glaubten, darauf, dass sie die „Gospa" gesehen habe, ob andere Leute ihr nun glaubten oder nicht, und dass sie ein Zeichen hinterlassen würde.

Es ist kaum vorstellbar, dass sie nach nur fünf Tagen nach dem Beginn der Visionen eine derart beharrliche Aussage treffen würde, wenn sie nicht tatsächlich etwas gesehen hätte.

Dies war sicherlich auch das Empfinden, welches Bischof Žanić in seiner Pressemitteilung vom 6. August 1981 zum Ausdruck brachte. Darin sagte er über die Ereignisse bis zu diesem Zeitpunkt: *„Alles deutet darauf hin, dass die Kinder nicht lügen.* Die schwierigste Frage bleibt jedoch bestehen: Machten die Kinder subjektive, übernatürliche Erfahrungen?"

Der erste Teil der obigen Stellungnahme wurde von den Anhängern der Visionen häufig zitiert – wobei sie allerdings vielfach die anschließende Einschränkung geflissentlich ignorierten –, doch muss man bedenken, dass dies bloß sein erster Eindruck war, den er nach einigen Wochen der Visionen gewonnen hatte, als die Aufregung über die ganze Angelegenheit noch deutlich spürbar war. Gewiss war der Bischof zu diesem Zeitpunkt für die Möglichkeit offen, dass die Visionen echt sein könnten und gelangte erst allmählich zu der Einsicht, sie als falsch betrachten zu müssen. Offenbar wurde Bischof Žanić auch vom Heiligen Stuhl geraten, „langsam vorzugehen und kein voreiliges offizielles Urteil zu treffen", und wenn wir auch die kritische politische Lage sowohl im Land als auch allgemein in Bezug auf den Kommunismus in Osteuropa bedenken, können wir sehen, dass er von allen Seiten unter Druck stand.[121]

Die schwierige Situation von Bischof Žanić

Pater Robert Faricy, der Bischof Žanić im Herbst 1983 besuchte, gestand ein, dass die Lage durch den „starken Widerstand der kommunistischen Regierung" erheblich verkompliziert worden sei. Dieser Widerstand beinhaltete, dass Bischof Žanić „eng überwacht" wurde, und gewiss hätte die Regierung, Pater Faricy zufolge, wenn der Bischof die Visionen damals anerkannt hätte, „schwere repressive Maßnahmen" gegen ihn und vermutlich auch gegen die Ortskirche ergriffen. Dass es sich hierbei nicht um leere Drohungen handelte, geht aus der Tatsache hervor, dass im Herbst 1981, im Anschluss an Pater Zovkos Inhaftierung, zwei weitere Franziskaner für die Veröffentlichung von das Medjugorje-Phänomen günstig beurteilenden Artikeln zu Gefängnisstrafen von je acht und fünfeinhalb Jahren verurteilt wurden. Damals versicherte Bischof Žanić Pater Faricy, dass er eine „Untersuchungskommission" zur Einschätzung der Visionen eingerichtet habe, doch machte der Generalvikar auch deutlich, dass keine Eile geboten sei. Pater Faricy akzeptierte dies, indem er sagte, dass er „angesichts des Widerstandes der Regierung, anderer örtlicher Verwaltungsbehörden und der Polizei" die Notwendigkeit großer Behutsamkeit einsehen könne.
Allerdings ist zu beachten, dass Pater Sivrić, vielleicht im Nachhinein, wenngleich er den großen Druck, unter dem Bischof Žanić stand, anerkannte, Kritik an ihm übte, weil er keinen versöhnlicheren Ton gegenüber den Anhängern der angeblichen Visionen angenommen und nicht schon viel eher eine Untersuchungskommission eingerichtet habe.[122]

---

121 Sivrić, *The Hidden Side of Medjugorje,* Bd. I, S. 127, kursiv vom Verfasser, S. 128-131, 297; vgl. Klanac, *Aux Sources de Medjugorje,* S. 104.

122 Rooney/Faricy, *Mary Queen of Peace,* S. 73-74; Craig, *Spark from Heaven,* S. 108. Pater Sivrić bringt auch seine Meinung zum Ausdruck, dass Bischof Žanić

Pater Faricy besuchte Msgr. Žanić im Mai 1986 nochmals, stellte sich diesmal aber kritischer zu dessen Rolle, obwohl er früher die Zwänge, die den Bischof behinderten, eingestanden hatte. Pater Faricy erwähnt das von der Glaubenskongregation unter ihrem damaligen Präfekten, Kardinal Šeper, im Februar 1978 herausgegebene Dokument, das den Bischöfen Richtlinien zum Umgang mit Berichten von angeblichen Erscheinungen gab. Im Jahr 1986 war dieses Dokument immer noch geheim, d. h. es sollte nicht der breiten Öffentlichkeit verfügbar gemacht werden, wurde aber seither in inoffiziellen Übersetzungen verbreitet. Da die Anweisungen in dem Dokument allgemeine Leitlinien waren, kann man fairerweise sagen, dass Bischof Žanić wahrscheinlich tat, soviel er unter den gegebenen Umständen tun konnte, um sie auszuführen.[123]

Gesicherte Tatsache ist, dass Bischof Žanić am 11. Januar 1982 eine aus vier Mitgliedern bestehende Untersuchungskommission einrichtete, dass er die Ereignisse in Medjugorje sorgfältig studierte und dabei auch den Vatikan über die Entwicklungen unterrichtete. Dies führte dazu, dass am 2. Juni 1982 bei der Glaubenskongregation ein Bericht eingereicht wurde. Die Untersuchungskommission wurde 1984 auf fünfzehn Personen erweitert; sie bestand seither aus Geistlichen unterschiedlicher Diözesen und theologischer Fakultäten im Land sowie aus einigen Ärzten. Am 30. Oktober 1984 veröffentlichte Bischof Žanić sein Dokument „Position“, und im April 1986 sandte er seine definitiven negativen Schlussfolgerungen zu Medjugorje an Kardinal Ratzinger,

---

anfangs in Bezug auf Medjugorje nicht standhaft genug gewesen sei und seine Reaktion daraufhin insofern etwas übertrieben gwesen sei, als er seine Position gegen Medjugorje und die Franziskaner zu sehr emotional vertreten habe“, obwohl er hätte „gelassener bleiben“ sollen. Vgl. Sivrić, *The Hidden Side of Medjugorje*, Bd. I, S. 131.

[123] Vgl. Lucy Rooney/Robert Faricy, *Medjugorje Journal: Mary Speaks to the World*, Great Wakering: McCrimmons, 1987, S. 93-96. Das Dokument der Glaubenskongregation von 1978 steht in englischer Übersetzung unter folgender Internetadresse zur Verfügung:
www.theotokos.org.uk/pages/appdisce/cdftexte.html.

den heutigen Papst Benedikt XVI.[124] Mitte der 80er Jahre hatte Bischof Žanić also einen ganz klaren Standpunkt zu den Visionen bezogen: Er hatte definitiv entschieden, dass sie nicht echt seien.

Kritik an Bischof Žanić

Bischof Žanić wurde später von Pater Ljudevit Rupčić, einem kroatischen Franziskaner, dafür kritisiert, dass er sich nicht hinlänglich persönlich in die Ereignisse in Medjugorje vertieft habe. Er argumentierte: „Nichts kann die Verifizierung vor Ort und persönliche Kenntnisnahme ersetzen. Der Bischof hat aber bewusst einen sicheren Abstand von den Fakten gewahrt."[125]
Tatsächlich entsprach gerade dies bei den wichtigsten anerkannten Erscheinungen des 19. und frühen 20. Jahrhunderts der Vorgehensweise jener Bischöfe, die mit der Untersuchung solcher Geschehnisse betraut waren. Sie verfuhren fast ausnahmslos nach einer solchen Methode, weil sie es nur so vermeiden konnten, in ihren Entscheidungen übermäßig beeinflusst zu werden.
René Laurentin meint, dass der relevante Teil des Dokuments der Glaubenskongregation von 1978, in dem es heißt, dass „die zuständige kirchliche Autorität die strenge Verpflichtung hat, sich ohne Verzögerung zu informieren und eine sorgfältige Untersuchung durchzuführen", impliziere, dass der betroffene Bischof nicht Abstand nehmen solle, „wie viele es taten", sondern „schnell die Fakten ermitteln"[126] solle. Dies ist soweit richtig, heißt aber sicherlich nicht, dass ein Bischof solche Berichte persönlich untersuchen solle. Es ist gewiss ausreichend, wenn er die Untersuchung beaufsichtigt; das Wort „Bischof" kommt ja von dem griechischen Wort *episkopos*, das wörtlich „Aufseher" bedeutet.

---

124 Vgl. Joachim Bouflet, *Medjugorje, ou la fabrication du surnaturel*, Paris: Éditions Salvator, 1998, S. 204-205, 223-224.
125 Ljudevit Rupčić, *The Truth about Medjugorje*, Ljubuski-Humac, 1990, S. 13.
126 Laurentin, *Medjugorje Testament*, S. 87.

Pater Rupčić kritisierte, zusammen mit Pater Viktor Nuic, auch Ratko Perić, der in der ersten Augusthälfte 1981, während er noch in Rom wohnte, Medjugorje besuchte, über ein Jahrzehnt vor seiner Ernennung zum Nachfolger von Bischof Žanić. Sie beschreiben, wie Bischof Perić einige junge Mädchen befragte, die bei einigen spätabendlichen Visionen am Berghang zugegen gewesen waren. Während dessen hörte er, wie „ein ungenannter Seher mit erhobener Stimme rief: ‚Schaltet eure Batterien [Taschenlampen] aus, Unsere Liebe Frau wird nicht erscheinen, wenn ihr nicht alle Lichter ausschaltet!' " Etwas Ähnliches geschah am nächsten Abend, als jemand rief: „Drückt eure Zigaretten aus! Wenn ihr eure Zigaretten nicht ausdrückt, wird Unsere Liebe Frau nicht erscheinen."

Bischof Perić reagierte hierauf, indem er zu seinem Begleiter sagte: „Wir können jetzt gehen. Hier ist nichts authentisch! Unsere Liebe Frau ist nicht so empfindlich wie wir, dass sie sich von einer Zigarette stören ließe!" Wenngleich sein Begleiter für die Möglichkeit offener war, dass etwas Echtes vor sich gehen könnte, hatte Bischof Perić mit dieser Schlussfolgerung sicher Recht.[127] Und offensichtlich unterscheidet sich diese Situation, dass Außenstehende an der Stätte einer angeblichen Vision rauchen, ganz wesentlich von dem Fall von Ivanka und Mirjana, die vor der allerersten Vision, während der sie die Gottesmutter zu sehen behaupteten, rauchten.

Wie wir später sehen werden, ist diese Vorstellung, dass die Seher oder ihre Anhänger besondere Visionen irgendwie „moderieren" könnten, völlig unhaltbar. Wenn Unsere Liebe Frau wirklich irgendwo erscheint, dann ist eine solche Erscheinung *nicht* von dem augenblicklichen Verhalten bestimmter Individuen in der Volksmenge abhängig, auch nicht von im Grunde banalen Punkten wie der Frage, ob die Leute ihre Taschenlampen ausgeschaltet hatten

[127] Rupčić/Nuic, *Once Again The Truth about Medjugorje,* S. 229-232.

oder nicht. Wir können ganz sicher sein, dass, als sie am 13. Oktober 1917 in Fatima vor einer geschätzten Volksmenge von 70.000 Menschen erschien, eine größere Anzahl von ihnen offen skeptisch waren, diese Vorstellung verspotteten und sich zweifelsohne alles andere als ehrfürchtig betrugen – und dennoch hinderte dies sie nicht an ihrem Erscheinen!

Druck auf den Sehern

Wenn wir nun zu den auf Tonband aufgezeichneten Interviews zurückkehren, so geht aus dem am 30. Juni 1981 mit Ivanka geführten Gespräch hervor, dass Pater Zovko über die Entwicklungen im Hinblick auf die Visionen beunruhigt war. Er fragte sie, was sie planten und was man den Leuten sagen solle. Hierauf antwortete Ivanka, dass sie den Leuten davon abraten würde, auf den Podbrdo hinaufzugehen.

Es zeigte sich auch, dass Ivanka und die anderen Seher unter Druck standen, darunter auch Druck von ihrem Freund Marinko, denn später sagt sie auf dem Tonband, dass er ihnen zu sagen aufgetragen habe, dass es keine Visionen mehr geben werde. Bis zu diesem Zeitpunkt hatte Marinko den Sehern Fragen vorgeschlagen, die sie der visionären Gestalt stellen sollten. Ferner sagte Ivanka, dass sie die „Gospa" fragen würde, ob sie es ihnen erlaube, den Leuten anzukündigen, dass die Visionen bald enden würden.

Bisweilen wird der widersprüchliche Charakter der Aussagen der Seher aber auch aus den weiteren Fragen deutlich, die sie, von Marinko angeregt, der „Gospa" stellten. Die erste davon, die Ivanka stellte, betraf ihre Fähigkeit, die neue Situation zu ertragen, worauf die „Gospa" offenbar erwiderte: „Das werdet ihr können, meine lieben Engel!" Bei der zweiten, wesentlich wichtigeren, ging es darum, „wie lange sie bei uns bleiben würde".

Ivanka teilte Pater Zovko mit, dass sie geantwortet habe: „Solange ihr wollt, solange ihr es wünscht!"[128]
Wiederum ist es mit echten Manifestationen des Übernatürlichen völlig unvereinbar, dass die Erscheinungen Unserer Lieben Frau in irgendeiner Weise von menschlichem Wollen oder Wünschen abhängig wären.
Einerseits suchten die Seher also offenbar einen Ausweg aus ihrer prekären Lage als Personen von öffentlichem Interesse, während sie andererseits die Behauptung aufstellten, dass die „Gospa" bereit sei, ihnen praktisch auf unbestimmte Zeit zu erscheinen. Es könnte sein, dass Ivanka und vielleicht noch weitere Seher an diesem siebten Tag, dem 30. Juni, die Fähigkeit zu verlieren begannen, die Realität des von ihnen behaupteten Geschehens zu unterscheiden. Dies ist vielleicht gar nicht so sehr überraschend, wenn man den ganzen Druck bedenkt, dem sie von Seiten ihrer Familien, der Einheimischen, der Franziskaner und der kommunistischen Behörden ausgesetzt waren.

Ivanka und die „ungläubigen Judasse"

Im weiteren Verlauf des Tonbandes ist von einem Vorfall die Rede, bei dem die während der Vision anwesende Ärztin fragte, ob sie die unsichtbare „Gospa" berühren könne. Ivanka berichtete, wie die visionäre Gestalt offenbar geantwortet habe: „Es gibt immer ungläubige Judasse. Lasst sie nahe kommen!" Pater Zovko hakte bei dieser Bemerkung sofort ein: „Aber Judas war nicht ohne Glauben", worauf Ivanka antwortete: „Nicht ohne Glauben! Aber er war ein Verräter!" Vicka gebrauchte auch das Wort „Judasse", als sie Pater Janko Bubalo von diesem Vorfall erzählte. Pater Zovko war über diesen Ausdruck verwundert, da er nicht

[128] Klanac, *Aux Sources de Medjugorje*, S. 133, 135; vgl. Sivrić, *The Hidden Side of Medjugorje*, Bd. I, S. 316-319.

verstehen konnte, warum die „Gospa" Judas erwähnt hatte; er hatte ja, ebenso wie die anderen Apostel, durchaus Glauben.[129]
Angesichts dieser Beweislage sind wir verpflichtet, zu fragen, warum René Laurentin in seiner angeblich autoritativen Chronologie der Botschaften die Antwort der „Gospa" wie folgt abänderte: *„Es hat immer zweifelnde Thomasse gegeben. Lasst sie kommen."*[130]
Warum könnte er wohl in diesem Falle die Formulierung einer Botschaft verändert haben, um sie in einem besseren Licht darzustellen? Welche Erklärung auch immer es dafür geben mag, so scheint doch zweifelsfrei festzustehen, dass die Selige Jungfrau nie einen solchen Ausdruck gebraucht haben kann. Das Wort „Judasse" findet sich übrigens auch auf der Tonbandaufzeichnung, die Grgo Kozina auf dem Podbrdo anfertigte, was das Protokoll von Pater Sivrić eindeutig bestätigt.[131]

Pater Zovko übernimmt die Kontrolle

Wie es scheint, gelangte Pater Zovko nun zu der Entscheidung, den Visionen ein Ende zu setzen oder sie zumindest unter Kontrolle zu bringen, indem er darauf abzielte, die Seher zu der Aussage zu veranlassen, die „Gospa" habe angekündigt, dass sie nicht mehr kommen würde und dass die Leute folglich zu Hause bleiben sollten. Er brachte auch den Vorwurf vor, dass Marinko nicht nur die der „Gospa" zu stellenden Fragen, sondern auch ihre Antworten formuliert habe, eine Anschuldigung, die Ivanka deutlich zurückwies.[132]
Dann fragte Pater Zovko, warum die „Gospa" nicht in der Kirche erscheine, bevor er Ivanka zu erklären bat, was tatsächlich

---

129 Klanac, *Aux Sources de Medjugorje,* S. 135; vgl. Sivrić, *The Hidden Side of Medjugorje,* Bd. I, S. 319; Bubalo, *Thousand Encounters,* S. 37.
130 Laurentin/Lejeune, *Messages and Teachings of Mary at Medjugorje,* S. 36; vgl. Jones, *The Medjugorje Deception,* S. 78-79, 152.
131 Vgl. Gagliardi/Margnelli, *Le apparizioni della Madonna*, S. 29-31.
132 Vgl. Sivrić, *The Hidden Side of Medjugorje*, Bd. I, S. 321; Klanac, *Aux Sources de* Medjugorje, S. 137.

geschehe. Ihre Antwort war insofern aufschlussreich, als sie darauf hinzudeuten scheint, dass sie aufrichtig glaubte, dass sie *etwas* sehe: „Ich glaube daran, ich sehe sie. Was kann ich machen? Wenn die Leute sie sähen und ich nicht, dann würde ich es auch nicht glauben."

Es braucht kaum betont zu werden, dass die an die Gottesmutter gerichtete Bitte, zu tun, was wir wollen, und zwar in der hier von Pater Zovko angedeuteten Weise, völlig undenkbar ist.[133] Ferner fragte Pater Zovko nach dem Zeichen, das die „Gospa" hinterlassen würde, worauf Ivanka zögerlich erwiderte, dass die Leute „über Wasser sprechen", vermutlich in der Hoffnung, dass irgendeine wundertätige Quelle sich auftun würde. Die natürlichste Interpretation hierfür ist, dass ein Zusammenhang mit Lourdes hergestellt wurde, und dies ist ein Punkt, den wir weiter unten ausführlicher erörtern werden.

Pater Zovkos Verdachtsmomente manifestieren sich genauso in der folgenden Frage: „Kannst du nicht sehen, dass der satan [sic!] dort gegenwärtig ist und nicht die Gospa?" Dies sagte er wegen des vielen Fluchens, das unter den Einheimischen immer noch zu hören war, bevor er beharrlich auf sein Anliegen zurückkam, dass die Visionen enden müssten: „Hör zu, Ivica [Ivanka], wirst du mir gehorchen? Geh hin und sag es den Leuten!"[134]

Nachdem er abermals die Rolle Marinkos bei der Formulierung der Fragen, die der „Gospa" gestellt wurden, diskutiert hatte, begann Pater Zovko anschließend, Ivanka gegenüber darauf zu bestehen, dass sie es sein solle, die das, was die Seher den Leuten sagen würden, abfassen sollte. Damit war sie allerdings nicht glücklich, so dass sie meinte, sie wolle die „Gospa" fragen. Nun beharrte er nachdrücklich darauf, dass die Leute in die Kirche kommen und dort beten sollten, und sie stimmte dem zu, aber nur, wenn die „Gospa" dies auch wolle. Er machte jedoch trotz

---

[133] Sivrić, *The Hidden Side of Medjugorje*, Bd. I, S. 323, 324; vgl. Klanac, *Aux Sources de Medjugorje*, S. 139, 140.

[134] Sivrić, *The Hidden Side of Medjugorje*, Bd. I, S. 324-325; vgl. Klanac, *Aux Sources de Medjugorje*, S. 140, 141.

ihrer Einwände weiter und forderte sie auf, in die Kirche zu kommen und vor der Gemeinde den Rosenkranz zu beten.[135]

Mirjana und „zwei oder drei weitere Tage"

Pater Zovko zeichnete auch sein Gespräch mit Mirjana an demselben Vormittag, dem 30. Juni, auf, und sie berichtete ihm, dass einige andere Franziskaner gesagt hätten, dass die Seher nun in die Kirche kommen und dort ihre Visionen haben sollten, anstatt auf den Podbrdo zu gehen. Sie sagte auch: „Heute möchte ich sie auch fragen, wie viele Tage sie bei uns bleiben wird. Möge sie uns genau sagen, wie viele Tage sie bei uns bleiben kann, denn der heutige Abend ist bereits der siebente Abend!"

Pater Zovko brachte seine Verzweiflung über die ganze Angelegenheit zum Ausdruck und fragte sie, wie sie „aus dieser Sache herauskommen" wolle. Sie antwortete: „Was kann ich denn machen, wenn ich sie sehe und die anderen sie nicht sehen?" Dann kam er auf die wichtige Frage zurück, um wie viel länger die Visionen noch andauern würden: „Was denkst Du darüber? An wie vielen weiteren Tagen wirst du sie noch sehen?" Mirjana erwiderte: „Etwas sagt mir, dass ich sie noch an zwei oder drei weiteren Tagen sehen werde."[136]

Mirjana erzählte ihm auch: Wenn „Vida [Vicka] schläft, sagt sie in ihrem Schlaf immer wieder: ‚Hinterlasse uns ein Zeichen!' " Diese Information kam von ihrer Cousine, die im selben Zimmer schlief, und ist ein weiterer Hinweis darauf, dass Vicka wirklich etwas sah.

Wie in seinem Interview mit Ivanka, konzentrierte sich Pater Zovko ganz auf die Frage, wie die ganze Angelegenheit geklärt werden könne: „Oh, was sollen wir mit den Leuten machen? Das ist mein Problem. Gib mir eine Lösung!" Mirjana antwortete ihm,

---

135 Vgl. Sivrić, *The Hidden Side of Medjugorje*, Bd. I, S. 326-328; Klanac, *Aux Sources de* Medjugorje, S. 141.

136 Klanac, *Aux Sources de* Medjugorje, S. 147; vgl. Sivrić, *The Hidden Side of Medjugorje*, Bd. I, S. 329-331.

dass sie die „Gospa“ fragen müsse, doch brachte er seine Besorgnis zum Ausdruck, dass sie nicht die Gospa sähen, weil das Betragen der Zuschauer, insbesondere das Fluchen, einfach nicht dazu passte. Ferner wies er auf die schweren Strafen hin, die Gott in der Bibel oder in der Urkirche jene treffen ließ, die „falsche Botschaften“ propagierten, und sagte, dass er „schreckliche Angst“ habe.

Offenbar könnte Pater Zovko hier zu der Schlussfolgerung gekommen sein, dass die Seher Halluzinationen hatten oder etwas Nicht-Übernatürliches sahen, denn danach sagte er: „Wenn diese Botschaften nur in deinem Kopf, aber nicht für die Menschen bestimmt sind, dann liegt da das Problem. Hör mal, du magst zwar [Visionen] haben, aber sie richtet keine Botschaft an das Volk. Du hättest es nicht herumerzählen sollen.“[137]

Wie im Falle Ivankas, versuchte er auch Mirjana zu überreden, die Visionen vom Podbrdo in die Pfarrkirche zu verlegen: „Du lädst diesen Abend die Leute ein, in die Kirche zu kommen, einverstanden?“ Sie war jedoch immer noch zurückhaltend, und so versuchte er sie davon zu überzeugen, die „Gospa“ zu bitten, in der Kirche zu erscheinen; sie blieb aber unschlüssig. Die Seherin wies darauf hin, dass die Leute schon ab dem frühen Nachmittag auf den Podbrdo hinaufgehen würden, wie sollte sie sie also davon überzeugen, in die Kirche zu kommen? Pater Zovko aber beharrte weiter auf seinem Standpunkt und kam mit ihr dahingehend überein, dass die kommunistische Miliz die Seher mit geringerer Wahrscheinlichkeit behelligen würden, wenn sie in der Kirche wären, als auf dem Berghang. Schließlich willigte sie ein, zu tun, worum er gebeten hatte, um 18 Uhr auf den Hügel zu steigen und die Leute aufzufordern, in die Kirche zu gehen. Dann aber brachte sie die Frage auf, was Marinko von alledem denken könnte, und so endete dieser spezielle Dialog mit unsicheren Worten.[138]

---

137 Sivrić, *The Hidden Side of Medjugorje*, Bd. I, S. 332-333; vgl. Klanac, *Aux Sources de Medjugorje*, S. 148, 149.

138 Sivrić, *The Hidden Side of Medjugorje*, Bd. I, S. 336-339.

Pater Zovko zeichnete in ähnlicher Weise auch ein Interview mit Vicka an demselben Vormittag des 30. Juni auf, und sie sagte zu ihm, dass sie der „Gospa“ einige Fragen stellen, sie um ein Zeichen bitten und sich bei ihr erkundigen würden, an wie vielen weiteren Tagen sie ihnen erscheinen werde. Dann machte er ihr deutlich, dass die „Gospa“ am Vorabend keine einzige der Fragen beantwortet habe und sagte: „Tja, das bedeutet, dass du sie nicht gesehen hast, meine Vicka!“

Die Seherin hatte die „Gospa“ gefragt, was nach ihrem Willen an jenem Ort geschehen solle, doch sie hatte keine Antwort gegeben. Darauf sagte Pater Zovko: „Wer ist diese Gospa, die das nicht weiß? Dann ist sie geringer als ein Kind!“

Als nächstes fragte er sie, was sie den Leuten an jenem Abend sagen würde, worauf sie antwortete: „Ich werde die Leute auffordern, überhaupt nicht zu kommen.“ Wie bei den anderen Sehern versuchte er dann, sie zu überreden, die Leute in die Kirche einzuladen, aber auch sie war unsicher. Dann stellte Pater Zovko eine direkte Frage: „Wann werden die Erscheinungen enden?“ Vicka antwortete, sie meine, dass sie enden würden, nachdem die „Gospa“ ein Zeichen gegeben habe.

Es fand auch ein interessanter Austausch in Bezug auf Pater Tomislav Vlašić statt. Pater Zovko äußerte sich darüber, wie populär die Seher geworden seien, und Vicka erwiderte, dass ein Franziskaner aus Čapljina sie gebeten habe, dorthin zu gehen. Es stellte sich heraus, dass dieser Franziskaner Pater Vlašić war[139], und dies deutet gewiss darauf hin, dass er während der ersten Woche ein reges Interesse an den Visionen und den Sehern zeigte und dass er Medjugorje bereits besucht hatte. Nach seinem eigenen, in Pater Kraljevićs Buch wiedergegebenen Zeugnis traf Pater Vlašić am „Peterstag“, vermutlich am 29. Juni, dem Festtag der heiligen

139 Vgl. Klanac, *Aux Sources de Medjugorje*, S. 155, 156, 158; Sivrić, *The Hidden Side of Medjugorje*, Bd. I, S. 341-344.

Apostel Petrus und Paulus, fünf der Seher im Haus von Marinko Ivanković.[140]

Dies war möglicherweise die Gelegenheit, bei der, wie oben bereits angedeutet, Pater Vlašić den Sehern erzählte, dass er einen Monat zuvor bereits angekündigt habe, dass die „Gospa" in Jugoslawien zu erscheinen beginnen werde. Dies würde sicherlich erklären, warum er so sehr darauf bedacht war, ihnen zu begegnen, sobald die Kunde von den Visionen ihn erreicht hatte.[141]

Das Beweismaterial aus den Tonbändern stellt also weiterhin ein eigenartiges Paradoxon dar: Es ist zwar offenkundig, dass die Seher wirklich etwas sahen, doch würde man die Grenzen der Glaubwürdigkeit überstrapazieren, wollte man glauben, dass sie dabei wirklich die Gottesmutter sahen.

---

[140] Vgl. Kraljević, *The Apparitions of Our Lady at Medjugorje,* S. 115.
[141] Vgl. Sivrić, *The Hidden Side of Medjugorje*, Bd. I, S. 105-106.

6. Drei weitere Tage der Visionen

Pater Zovko befragt fünf der Seher

Eine der wichtigsten Befragungen fand nach ihrer Vision an jenem Tag am 30. Juni abends um etwa 18:30 Uhr statt. Hieran nahmen Pater Zovko und fünf der sechs Seher sowie zwei andere junge Frauen, Mica Ivanković und Ljubica Vasilj-Gluvic, teil, die etwa nach der Hälfte des Gesprächs hereingebeten wurden. Ivan Dragičević war bei dieser Vision nicht anwesend und war auch am Nachmittag nicht bei den anderen gewesen.

Mica war eine Sozialarbeiterin und damals praktizierende Katholikin, während Ljubica für das Exekutivkomitee von Bosnien-Herzegowina in Sarajevo arbeitete und Mitglied der Kommunistischen Partei war. Das muss aber nicht zwangsläufig verdächtig gewesen sein, da viele Menschen es als notwendig empfunden haben, Parteimitglieder zu sein, um ihre Anstellungen zu behalten. Pater Sivrić merkt dazu an: „Später wurden vielerorts alle möglichen verächtlichen Gerüchte über diese beiden feinen Leute verbreitet“, doch waren diese, wie er behauptet, ohne Grundlage.

Die jungen Frauen hatten sie über einen Umweg mit mehreren Unterwegshalten an einen Ort namens Cerno bei Medjugorje gefahren, wo ihre Visionen an jenem Tag stattfanden. Es ist die Theorie aufgekommen, dass die Seher irgendwie, im Rahmen einer kommunistischen Verschwörung, um sie unglaubwürdig zu machen, von den Frauen „entführt“ worden seien. Die Seher kannten sie aber und willigten in die gemeinsame Fahrt ein; Mica war sogar eine nahe Nachbarin einiger von ihnen.

Wie Pater Sivrić darlegt, sagte Mica, dass die Behörden in Čitluk „nicht daran dachten, die Seher an jenem Tag aus Medjugorje zu entfernen, auch nicht, dass sie, Mica und Ljubica, von einem Beamten mit der Ausführung dieses Auftrages betraut worden wären“. Wenn überhaupt, dann zeigt das auf Tonband aufgezeichnete Material lediglich, dass Mica einige Kritik einstecken musste, als sie die Kinder bei einer mit ihrer Arbeit im Zusammenhang stehenden Versammlung verteidigte.

Allerdings erscheint es möglich, dass Mica beschloss, die Seher „inoffiziell" zu überreden, an jenem Tag an einen anderen Ort als auf den Podbrdo zu gehen, indem sie ihnen sagte, dass sie sich einer Art „Untersuchung" unterziehen müssten, die vermutlich nicht ihre Entführung beinhaltet hätte. Hiermit wird auf ein Verhör durch die Polizei – die *Milicija* – Bezug genommen. Mirjana sagte bei der Befragung, bevor die beiden jungen Frauen von Pater Zovko hereingebeten wurden, Folgendes darüber:
„Wir waren gerade beim Essen, und Mica sagte, dass eine Art Untersuchung stattfinden würde, so dass es besser wäre, wenn wir uns verlagerten, … um zu sehen, ob … die Gospa auch an einem anderen Ort erscheinen würde." Ein wenig später bestätigt Vicka das von Mirjana Gesagte.
Im weiteren Verlauf der Befragung legte Mica dar, dass sie, während sie in Vickas Haus gewesen sei, Vicka und Mirjana mitgeteilt habe, dass sie von Zlata, Vickas Mutter, gehört habe, dass sie, die Seher, beschlossen hätten, an jenem Tag nicht auf den Podbrdo zu gehen. Hierauf fragte sie Mica, was sie mit ihnen tun würden, worauf Mirjana erwiderte: „Wir werden uns in meinem Zimmer einschließen!" Mica wies darauf hin, dass dies angesichts der Stimmung der nach Medjugorje kommenden Menschen, die erwarten würden, sie an jenem Abend auf dem Podbrdo zu sehen, unmöglich sei. Pater Sivrić zufolge fuhr sie dann fort: „Dann sagten sie [die Seher] zu mir: ‚Das fiel uns gerade so ein. Meinst du, dass es uns möglich wäre, irgendwo anders hinzugehen?' Ich erwiderte: ‚Das ist kein Problem. Lasst uns gehen!' Dann benachrichtigten sie Marija und Jakov." Laut Daria Klanac war es jedoch Micas Idee, der die Seher dann zustimmten.[142]

[142] Sivrić, *The Hidden Side of Medjugorje*, Bd. I, S. 347, 349, 365; Klanac, *Aux Sources de Medjugorje*, S. 160, 162, 178.

So oder so gingen die Seher aus freiem Entschluss mit, so dass von der Anwendung von Zwang oder ihrer „gewaltsamen Entführung“ nicht die Rede sein kann.

Und hinsichtlich der „Untersuchung“ und der Frage, was diese beinhalten könnte, war Mirjana sicher besorgt, dass sie von den Behörden fortgebracht würden: „Wir meinten, sie brächten uns entweder heute oder morgen in die Irrenanstalt oder ins Krankenhaus. Das denken die Leute ganz gewiss.“ Dann bestätigte Mica Pater Zovko gegenüber, dass sie während einer Versammlung, der sie im Rahmen ihrer Arbeit beiwohnte, erfahren habe, dass die Seher ins Krankenhaus gebracht würden. Sie sagte auch, dass ihr später aufgetragen worden sei, sowohl mit den Sehern als auch mit ihren Eltern zu sprechen, bestritt aber, dass jemand vorgeschlagen hätte, dass sie die Seher an einen anderen Ort bringen solle.[143]

Micas Bericht zufolge waren, als sie am Nachmittag aufbrechen wollten, viele Leute und auch ein Polizeiwagen in der Nähe, der offenbar draußen vor dem Haus eines der Seher stand. Es gelang ihnen aber, ohne größere Probleme abzufahren.

Sie bekannte, dass sie besorgt gewesen sei, dass Leute denken könnten, sie habe die Seher fortgebracht, doch in Wirklichkeit scheint es so, dass ihre Motive eine Mischung aus dem Versuch war, ihnen zu helfen, vor der Untersuchung zu entkommen, und dem Wunsch, „ganz real zu sehen, wie die Kinder sich an dem anderen Ort verhalten würden.“ Sie war an vorhergehenden Abenden auf dem Podbrdo gewesen, stand aber zu weit von den Sehern entfernt, um erkennen zu können, was vor sich ging.[144] Daher scheint es so, als hätte eine Kombination aus Beschützerverhalten und Neugier sie motiviert.

Auf jeden Fall war das Ergebnis, dass die Seher an jenem Abend nicht auf den Podbrdo gingen. Aus anderen Hinweisen im Proto-

---

143 Sivrić, *The Hidden Side of Medjugorje*, Bd. I, S. 358, 364, 365; Klanac, *Aux Sources de Medjugorje*, S. 170, 176-177.

144 Sivrić, *The Hidden Side of Medjugorje,* Bd. I, S. 366, 369; Klanac, *Aux Sources de Medjugorje,* S. 179, 182.

koll geht allerdings hervor, dass eine Volksmenge sich in ihrer Abwesenheit am Berghang versammelte.
Vicka sagte, dass sie besorgt gewesen sei, dass die Menschenmenge zornig darüber sein könnte, dass sie nicht auf dem Podbrdo aufgetreten seien. Mirjana hingegen meinte: „Die Leute glauben, dass sie uns irgendwo hingebracht hätten, dass die Miliz [Milicija] uns irgendwo hingebracht hätte. Wir sollten die Menschen beruhigen. Die Leute könnten sonst gewalttätig werden."[145]
Vicka spricht auch von einer „Kommission" und drei Autos, dem Bürgermeister und der Milicija, doch sieht es nicht danach aus, als hätten die Seher tatsächlich mit den Polizeibeamten gesprochen. Pater Sivrić verstand die Kommission als eine Gruppe von Kreisbeamten aus Čitluk.
Dann sagte Vicka zu Pater Zovko: „Sie [die Kommission] teilte uns für den Fall mit, dass wir in die Kirche gehen wollten: ‚Ihr solltet die Leute nicht gängeln, damit sie euch folgen', sondern dass wir allein bleiben sollten." Pater Zovko fragte, wann sie das gesagt hätten, doch Vicka antwortete nicht direkt auf diese Frage, sondern fuhr einfach fort, indem sie sagte: „Die Kommission teilte uns das mit, und jeder sagt dasselbe: ‚Die Leute verlassen ihre Arbeitsplätze, und niemand arbeitet mehr; sie kommen einfach auf den Berghang.' "[146]
Wann genau ihnen dies mitgeteilt wurde, ist ungewiss, und auch die Frage, wie genau die Kommission, die „Untersuchung" und die Milicija allesamt in dieses allgemeine Bild passen, wird aus dem Protokoll nicht deutlich. Allerdings müssen wir bedenken, dass die Lage zu diesem Zeitpunkt noch sehr veränderlich, ja sogar etwas chaotisch war, da die Behörden selbst um den richtigen Umgang mit dem Geschehen rangen. Es baute sich Druck für alle Beteiligten auf: die Seher, Pater Zovko und seine Hilfspriester und die kommunistischen Behörden, die zunehmend

---

[145] Sivrić, *The Hidden Side of Medjugorje,* Bd. I, S. 357-358; Klanac, *Aux Sources de Medjugorje,* S. 170.
[146] Sivrić, *The Hidden Side of Medjugorje,* Bd. I, S. 350, 352; Klanac, *Aux Sources de Medjugorje,* S. 163, 165.

besorgt über die Volksmengen waren, die sich auf dem Podbrdo drängten. Und gewiss ist eines der Themen in diesem Protokoll die Besorgnis von Pater Zovko und sein Beharren darauf, dass die Seher für ihre Visionen der „Gospa“ von jenem Zeitpunkt an in die Kirche umziehen und die Leute so vom Berghang wegbringen sollten.

Drei weitere Tage der Visionen

Pater Zovko fragte Mirjana auch, ob sie etwas zur „Gospa“ gesagt habe. Sie antwortete, dass sie sie gefragt habe, „wie viele Tage sie noch bei uns bleiben werde. Wie viele Tage genau sie noch bei uns bleiben werde. Sie sagte: ‚Drei Tage‘. … das heißt bis Freitag.“

Pater Zovko äußerte sich nicht speziell über diese Antwort der „Gospa“, und Mirjana fuhr fort: „Dann fragten wir sie, ob sie ärgerlich wäre, wenn sie uns in die Kirche anstatt auf den Hügel gehen sehe. Allerdings schien sie unentschlossen, als wir ihr diese Frage stellten, als ob sie diese nicht mochte. Nichtsdestotrotz sagte sie, dass sie nicht ärgerlich wäre.“

An dieser Stelle muss betont werden, dass die Vorstellung, dass die Allerseligste Jungfrau so zögerlich und unsicher gehandelt haben könnte, lächerlich ist.

Eine der anderen Seherinnen sagte dann, dass die visionäre Gestalt wieder zur selben Zeit wie üblich erscheinen würde, bevor Mirjana erzählte, dass die „Gospa“ sich nach Ivan erkundigt habe: „Wo ist der andere Junge?“ Dies ist ziemlich merkwürdig, denn als sie von Pater Bubalo gefragt wurde, ob die „Gospa“ ihre Namen kenne, antwortete Vicka: „Ach! Und ob sie unsere Namen kennt! Warum hat sie uns wohl am allerersten Tag bei unseren Namen gerufen!“

Dieses Ereignis ist sicher nicht mit dem Prinzip in Einklang zu bringen, dass Maria die universale geistliche Mutter ist, die sich persönlich um alle Menschen sorgt und kümmert, wozu auch gehört, dass sie ihre Namen kennt und gebraucht und nicht etwa unpersönliche Bezeichnungen wie „der andere Junge“. Pater

Zovko kam später auf diesen Punkt zurück, indem er darauf hinwies, dass, wenn sie die *„Gospa"* wirklich gesehen hätten, sie seinen Aufenthaltsort und seinen Namen hätte kennen müssen.[147] Unterdessen wurde ihm bewusst, dass die Visionen jetzt am Abend in der Kirche stattfinden würden und dass die „Gospa" dem zugestimmt hatte. Doch wie Mirjana abermals betonte, wäre dies nur noch bis Freitag der Fall, „das heißt am Mittwoch, Donnerstag und Freitag".

Daran schloss sich eine hitzige Debatte an, in der sie diskutierten, wie man die Leute am besten über diese neuen Entwicklungen informieren könne, und es ist klar, dass obgleich einige der Seher immer noch über die vorgeschlagene Verlegung vom Berghang in die Kirche unglücklich waren, sie dennoch die Bereitschaft zeigten, dies zu akzeptieren.[148]

Pater Zovko befragte auch Mica Ivanković und Ljubica Vasilj-Gluvic über die Entwicklungen an jenem Nachmittag. Beide bezeugten, dass sie die Seher beobachtet hätten, während sie ihre Visionen hatten, die der „Gospa" gestellten Fragen gehört und ihre Antworten zur Kenntnis genommen hätten. Auf die Frage, wie viele weitere Male die „Gospa" erscheinen würde, sagte Mica Ivanković, sie habe die Seher gemeinsam antworten gehört: „Dreimal", womit sie die Antwort der visionären Gestalt wiederholten.

Dieser Punkt wurde auf dem Tonband später erneut aufgegriffen, als Mica und eine der Seherinnen wiederum berichteten, dass „drei weitere Male" von der „Gospa" ausdrücklich erwähnt worden seien und dass alles am Freitag enden würde.[149]

---

147 Klanac, *Aux Sources de Medjugorje*, S. 159-160; vgl. Sivrić, *The Hidden Side of Medjugorje*, Bd. I, S. 63-64, 345-347, 359-360, 363, 373-374; Bubalo, *Thousand Encounters,* S. 58.

148 Klanac, *Aux Sources de Medjugorje*, S. 160, 170; vgl. Sivrić, *The Hidden Side of Medjugorje*, Bd. I, S. 347-359.

149 Vgl. Sivrić, *The Hidden Side of Medjugorje*, Bd. I, S. 360-361, 364, 371; Craig, *Spark from Heaven*, S. 74; Klanac, *Aux Sources de Medjugorje*, S. 174, 184.

Folglich haben wir unabhängige Bestätigungen dafür, dass es zu diesem Zeitpunkt, am 30. Juni 1981, angeblich nur mehr drei weitere Tage der Visionen geben sollte.
Tatsächlich brachte Pater Bubalo dies in seinen Gesprächen mit Vicka zur Sprache, als er, nachdem er gesagt hatte, dass er die während der ersten Woche aufgenommenen Kassetten nochmals abgespielt habe, ihr diesen Punkt vorlegte. Ihre Antwort klang ziemlich unsicher: „Das weiß ich wirklich nicht. Ich erinnere mich nicht." Anschließend erklärte sie alles wie folgt: „Jemand sagte, dass sie uns nur so in Frieden lassen würden. Frater Jozo hat uns richtig erschöpft. Hier, da. Er fragte dies, dann das. Und dann wieder. Am Ende rauchte uns der Kopf!"[150]
Aus den weiteren Erklärungen, die sie zu diesem Punkt abgab, wird deutlich, dass sie bemüht war, diese eindeutige Diskrepanz in ein positives Licht zu rücken. Das auf Tonband aufgenommene Beweismaterial stützt eine solche Erklärung jedoch nicht, und Vickas Darstellung ist hier sehr unbefriedigend. Und wie sieht ihre Erklärung für die Entstehung der Idee aus, dass es nur noch drei weitere Visionen geben werde? „Jemand sagte, dass sie uns nur so in Ruhe lassen würden." Mit anderen Worten, „jemand" log angeblich, um eine Befragung zu vermeiden. Was sagt uns dies über die schludrige Einstellung der Seher der Wahrheit gegenüber? Die Wahrheit ist jedoch, dass nicht bloß „jemand" das sagte, sondern dass es ganz deutlich von Mirjana gesagt und als solches von Vicka selbst akzeptiert wurde. Und wie wir sehen werden, wird Vicka von Randall Sullivan, einem Pro-Medjugorje-Autor, so zitiert, als habe sie nach der Vision am letzten der „drei weiteren Tage", dem 3. Juli, gesagt: „Heute Abend gab die Madonna Botschaften für uns und nicht für die Welt ... Heute Abend erschien sie zum letzten Mal."
Es ist auch bedeutsam, dass während Mica von den anderen Ereignissen des Nachmittags erzählte, wozu auch eine Auseinandersetzung mit der Polizei gehörte, Jakov, der jüngste der Seher, sich

---

150 Bubalo, *Thousand Encounters,* S. 41-42.

in das Gespräch einschaltete und behauptete, dass einer der Polizisten eine Pistole gezogen und angedroht habe, sie zu töten. Allerdings wurde er sehr schnell für sein Erfinden dieses Vorfalls zurechtgewiesen.[151] So etwas ist vielleicht darauf zurückzuführen, dass Jakov gewalttätige Filme oder Fernsehsendungen gesehen hatte und ist ein weiterer Hinweis dafür, dass seine „kulturelle Bildung", und vermutlich auch die der anderen Seher, sich radikal von derjenigen der authentischen marianischen Seher der Vergangenheit unterschied.

Insgesamt stellt es sich so dar, dass am Ende der ersten Woche die Erwartung unter den Sehern eindeutig dahin ging, dass die Visionen nur noch weitere drei Tage andauern sollten.

Die Kritik von Pater Rupčić an Pater Sivrić

Die Patres Ljudevit Rupčić und Viktor Nuic erheben jedoch Einwände gegen den Ansatz von Pater Sivrić. Sie behaupten, dass es, weil Pater Zovko am Vormittag des 30. Juni 1981 die drei Seher Ivanka, Mirjana und Vicka getrennt befragt und ihnen unterschiedliche Fragen zur Länge der Fortdauer der Visionen gestellt und unterschiedliche Antworten erhalten habe, unzulässig sei, nur Mirjanas Antwort auszuwählen. Diese lautete, wie der Leser sich erinnern wird: „Etwas sagt mir, dass sie noch zwei oder drei weitere Tage andauern werde." Ivanka zufolge hatte die „Gospa" gesagt: „Solange ihr wollt, solange ihr es wünscht!", während Vicka meinte, dass ein Zeichen gegeben würde, bevor die Visionen endeten.

Allerdings darf man nicht vergessen, dass Pater Zovko keine methodische Gesprächsreihe mit den Sehern führte, in der genau dieselben Fragen jedem einzelnen von ihnen gestellt worden wären. Außerdem konzentrierten sie sich naturgemäß auf das, was sie betraf und woran sie sich erinnern konnten sowie auf die Grundstimmung der Fragen. Ihr Zeugnis zu anderen Punkten

---

[151] Vgl. Sivrić, *The Hidden Side of Medjugorje,* Bd. I, S. 366; Klanac, *Aux Sources de Medjugorje,* S. 179.

stimmt nicht genau überein; warum sollten wir also erwarten, dass dies hier der Fall wäre?[152]

Die Patres Rupčić und Nuic erörtern anschließend die Aufnahme des Treffens zwischen Pater Zovko und fünf der Seher am Abend des 30. Juni, unmittelbar nach ihrem Erlebnis in Cerno, welches gerade oben behandelt worden ist. Hierbei sagte Mirjana, wie wir sagen, dass sie die „Gospa" gefragt habe, „wie viele Tage sie noch bei uns bleiben würde. Wie viele Tage genau sie noch bei uns bleiben werde. Sie sagte: ‚Drei Tage'. … das heißt bis Freitag."

Ebenso sahen wir auch, wie Mica Ivanković, eine der jungen Frauen, welche die Seher nach Cerno gefahren hatte, auf die Frage, wie viele weitere Male die „Gospa" ihnen erscheinen würde, antwortete, sie habe sie gemeinsam von „drei Malen" sprechen hören.

Drei Tage oder drei Male?

Bezüglich dieser Äußerungen bringen die Patres Rupčić und Nuic jedoch das ziemlich weit hergeholte Argument vor, dass, weil Mirjana das Wort „Tage" und Mica das andere Wort „Male" für die noch verbleibenden Besuche der „Gospa" gebrauche, dies irgendwie die Tatsache hinfällig mache, dass alles Beweismaterial tatsächlich darauf hindeutet, dass es angeblich nur mehr drei weitere Heimsuchungen geben sollte. Sie beschuldigen Pater Sivrić der „Manipulation", doch wird gewiss kein vernünftiger Mensch eine große Bedeutung in die Tatsache hineinlesen, dass diese unterschiedlichen Worte gebraucht wurden. Was Pater Sivrić tat, bestand in der getreuen Niederschrift der Worte auf den Tonbändern. Angesichts dessen, dass die Visionen täglich stattgefunden hatten, ist es – ganz gleich, ob es nun hieß, dass sie weitere drei Tage oder weitere drei Male andauern würden – sicher eine

152 Vgl. Rupčić/Nuic, *Once Again The Truth about Medjugorje,* S. 79-80. Einige der Fußnoten auf diesen beiden Seiten sind falsch nummeriert.

unvernünftige Haarspalterei (und ein Zeichen von Verzweiflung), wenn man behauptet, dass hier ein echtes Problem vorläge.[153] Trotz der obigen Argumentation gestehen die Patres Rupčić und Nuic jedoch ein, dass eine Diskrepanz zwischen der Aussage Ivankas, dass die „Gospa“ bei den Sehern bleiben würde, so lange sie es wünschten, und der Aussage Mirjanas, dass sie nur für drei weitere Tage bei ihnen bleiben würde, besteht.[154] Sie versuchen dies zu erklären, indem sie diesen Unterschied auf den Druck zurückführen, welchem die Seher von Seiten der kommunistischen Behörden ausgesetzt waren, doch scheinen sie sich damit an einen Strohhalm zu klammern. Vielmehr sieht es danach aus, dass die visionäre Gestalt diese widersprüchlichen Aussagen vorbrachte, was wiederum darauf hindeutet, dass wir es nicht mit einem echt übernatürlichen Ereignis zu tun haben. Die wahre Gottesmutter würde sich nämlich nicht derart verwirrend äußern.

Einige unhaltbare Argumente

Im Anschluss führen die Patres Rupčić und Nuic ein sogar noch heikleres Argument an, nämlich dass die „drei Tage“ nicht chronologisch, sondern *theologisch* verstanden werden sollten. Sie äußern den Gedanken, dass der „dritte Tag“ im biblischen Sprachgebrauch einen Augenblick des Heils bezeichne, wie bei der Auferstehung Christi, die am dritten Tag stattfand. Sie schreiben: „Wenn der Ausdruck ‚drei Tage‘ in der biblischen Offenbarung so aufgefasst wird, warum kann er dann in Mirjanas prophetischer Äußerung nicht in demselben Sinne verstanden werden?“ Daria Klanac vertritt einen ähnlichen Standpunkt, wenn sie argumentiert, dass die drei Tage als symbolische Ausdrücke gedeutet werden könnten.[155]

---

153 Ebd., S. 80-81.

154 Vgl. ebd., S. 82.

155 Rupčić/Nuic, *Once Again The Truth about Medjugorje,* S. 85-87; Klanac, *Aux Sources de Medjugorje,* S. 36.

Alle drei akzeptieren also, dass Mirjana wirklich sagte, dass die Visionen nur mehr drei weitere Tage andauern würden, doch dürfte klar geworden sein, dass die Äußerungen Mirjanas nichts „Prophetisches“ oder Theologisches an sich haben, sondern dass sie vielmehr genau das Ende der drei Tage angab, indem sie „bis Freitag“ sagte.

René Laurentin versucht in einer Fußnote in seinem eigenen Werk *Medjugorje Testament* zu Bischof Perićs Buch *Prijestolje Mudrosti (Der Sitz der Weisheit)* zu argumentieren, dass die drei Tage noch in einem anderen Sinne verstanden werden könnten:

> Ich habe hier die Widersprüche oder Lügen bemerkt, in denen die Seher sich gefangen hatten. Vicka sagte am 30. Juni 1981, dass die Erscheinungen in drei Tagen enden würden. In diesen turbulenten Zeiten und unter der Drohung der Polizei meinte sie aber das Ende der Erscheinungen auf dem Hügel, ein perspektivischer Irrtum, so wie er sogar in der Bibel vorkommen kann.[156]

Daria Klanac vertritt offenbar ebenfalls die Sichtweise, dass die drei Tage in diesem Sinne verstanden werden könnten.[157]

Doch in beiden Fällen lässt die einfache Lektüre des Textes eine solche Interpretation nicht zu. Es wurde nicht gefragt, wie viele weitere Tage die „Gospa“ bei ihnen auf dem Hügel bleiben würde, bevor sie in die Kirche käme, sondern ganz einfach, wie viele weitere Tage sie bei ihnen bleiben werde, worauf die Antwort „bis Freitag“ lautete.

Leider veranschaulichen derartige Argumente lediglich, wie weit einige Verfechter Medjugorjes in dem Bemühen gehen, zu rechtfertigen, was nicht zu rechtfertigen ist. Sie zeigen auch, dass im Denken von Klanac in dieser Frage eine Unklarheit vorliegt. Sie scheint zu sagen, dass sie symbolisch gemeint sein könnten, dass sie aber auch sehr real seien, was die Verlegung vom Podbrdo in die Kirche betreffe. Es ist schwer einzusehen, wie diese beiden

---

156 Laurentin, *Medjugorje Testament*, S. 228. Allerdings ist anzumerken, dass es keine Irrtümer in der Bibel geben kann, nur in unseren Interpretationen von ihr.

157 Vgl. Klanac, *Aux Sources de Medjugorje*, S. 37.

Interpretationen stimmen können, und es ist eigenartig, dass Daria Klanac dies nicht selbst einsieht, da ihre eigene Abschrift des Interviews am 30. Juni dies deutlich macht:

> Pater Zovko: „Na schön! Dies interessiert mich. Drei weitere Male. Wann werden diese Visionen also enden?"
> Mica: „Sie sagten: ‚Sofort.' Später sagten sie: ‚Sie enden am Freitag.' "
> Pater Zovko: „Aber wo werden sie am Freitag enden?"
> Jakov: „In der Kirche."
> Mirjana: „Wenn die Gospa es uns nicht sagt, dann wünscht sie vielleicht für den letzten Tag, dass sie auf dem Hügel stattfinden mögen!"[158]

Persönliche Kritik an Pater Sivrić

Es ist hier auch erforderlich, die persönliche Kritik von Pater Rupčić an Pater Sivrić zu bewerten. Pater Rupčić behauptete, der Umstand, dass einige Verwandte von Pater Sivrić in Medjugorje gegen die Visionen gewesen seien, habe seine eigene Objektivität beeinträchtigt.[159] Dies ist jedoch ein nicht abgesichertes Argument. Wie wir sahen, war Pater Sivrić seit den frühen 1940er Jahren weit weg von Medjugorje und er war sogar in die Vereinigten Staaten ausgewandert, wo er viele Jahre lang dozierte. Seine Verbindungen mit seinen Verwandten waren also, gelinde gesagt, nicht eng, und seine Kritik an Medjugorje gereichte ihm nicht etwa zum Vorteil, sondern war eine Ursache für Feindseligkeit, die ihm einige seiner franziskanischen Mitbrüder, darunter Pater Rupčić, entgegenbrachten. Und in Bezug auf seine Quellen im Dorf schrieb er:

---

[158] Ebd., S. 184; der französische Originaltext lautet wie folgt: P. JOZO: Soit! Ceci m'intéresse. Encore trois fois. Donc, quand finissent-elles ces visions? MICA: Ils ont dit: „Tout de suite." Plus tard, ils ont dit: „Ça finit vendredi." P. JOZO: Mais où est-ce que cela va finir vendredi? JAKOV: A l'église. MIRJANA: Si Gospa ne nous le dit pas, peut-être que pour le dernier jour, elle désire que ce soit sur la colline!

[159] Vgl. Pater Ljudevit Rupčić, The Great Falsification: The Hidden Face of Medjugorje by Ivo Sivrić, S. 3, zitiert in: Nolan, *Medjugorje: A Time for Truth,* S. 200.

> Etliche Bürger Medjugorjes haben Spontaneität und eine Offenheit für meine Arbeit bewiesen, indem sie mir alles mitteilten, was auf die Visionen Bezug haben könnte. Von Anfang an waren einige unter ihnen gegen die Echtheit der Erscheinungen und betrachteten sie als eine „zwielichtige" Sache, die der Madonna unwürdig sei. Von anderen kamen Zeugnisse von Widersprüchen und sogar von echten Lügen. Diese Informanten haben Angst, offen darüber zu sprechen, weil sie befürchten, buchstäblich aus dem Dorf verbannt zu werden.

Das war die Atmosphäre, in der er arbeiten musste, und er schreibt sogar, dass er sich in seinem Buch verpflichtet sah, die Identitäten seiner Helfer zu verbergen, was gewiss ein Zeichen für die Feindseligkeit ist, die ihm von Seiten vieler in Medjugorje widerfuhr.[160]

Pater Sivrić gab offen zu, dass Mica Ivanković seine Cousine zweiten Grades sei; sie war aber auch mit Ivanka verwandt, die über sie sagte: „Sie ist unsere Cousine."[161] In einem kleinen Ort wie Medjugorje sind viele Leute miteinander verwandt, und so sollten wir nichts Unheilvolles in die Tatsache hineinlesen, dass Pater Sivrić im Ort Verwandte hatte. Man könnte das Argument auch auf den Kopf stellen und sagen, dass auch die Seher von Medjugorje Verwandte in der Gegend hatten, so dass dies ein Vorteil für sie war.

Denis Nolan behauptet, dass Pater Sivrićs Neffe ein kommunistischer Parteifunktionär gewesen sei, der nach Medjugorje geschickt worden sei, um „der ganzen Angelegenheit ein Ende zu setzen."[162] Allerdings nennt er weder den Namen dieser Person, noch führt er irgendwelche Beweise für diese Behauptung an. In jedem Falle ist der Inhalt der Tonbänder ausschlaggebend; und da wir darauf vertrauen dürfen, dass sie von Pater Sivrić genau abge-

---

160 Sivrić, *The Hidden Side of Medjugorje,* Bd. I, S. 37.

161 Sivrić, *The Hidden Side of Medjugorje,* Bd. I, S. 64, 360. Daria Klanac, *Aux Sources de Medjugorje,* S. 172, schreibt diese Aussage Mirjana zu; ausschlaggebend ist aber, dass diese junge Dame, wie es den Anschein hat, auch mit mindestens einem der Seher verwandt war.

162 Nolan, *Medjugorje: A Time for Truth,* S. 200.

schrieben wurden, sind Argumente bezüglich seiner Verwandten letztlich völlig irrelevant.

Andererseits wird, wenn wir Pater Rupčićs eigene Haltung zu Medjugorje untersuchen, deutlich, dass er kein unbeteiligter und neutraler Beobachter war. Seine Schriften offenbaren einen Fanatismus für Medjugorje, der nicht einmal die Möglichkeit akzeptieren will, dass die Visionen nicht echt sein könnten. Er machte es sich schon sehr früh zu seinem Herzensanliegen, Medjugorje zu propagieren und war Pater Michael O'Carroll zufolge der Erste, der „Substanzielles über Medjugorje schrieb". Pater O'Carroll war sogar bereit, Kritik an Bischof Žanić aus der Feder von Pater Rupčić, die über dreißig Seiten einnahm, in sein eigenes Buch über Medjugorje aufzunehmen.[163] Pater Rupčić war auch der Verfasser eines ausfallenden Buches mit dem Titel *The Truth about Medjugorje,* das sich wiederum sehr kritisch über Bischof Žanić äußerte. Er verfolgte diese Strategie auch in weiteren Büchern, in denen er alle attackierte, die Medjugorje in Zweifel zogen, darunter Pater Sivrić. Wir dürfen auch nicht vergessen, dass Pater Rupčić ein Franziskaner war und folglich mit den Franziskanern in der Herzegowina verbunden war, die seit vielen Jahren sowohl mit den Ortsbischöfen als auch mit Rom im Konflikt standen.

Wer wird wohl eher voreingenommen gewesen sein? Pater Sivrić, der sich unter persönlichen Opfern gegen Medjugorje stellte, oder Pater Rupčić, der eine zwanghafte Bindung an die Visionen und die Seher bewies, und zwar so weit, dass er bereit war, Medjugorje mit weit hergeholten Argumenten wie den oben erörterten zu verteidigen?

Pater Rupčić und die Medjugorje-Tonbänder

Pater Rupčić behauptet, dass die Tonbänder unvollständig und unzuverlässig seien. Allerdings gab Pater Sivrić, wie aus den Anhängen zu seinem Buch zu ersehen ist, akribisch an, wenn Ab-

[163] Vgl. O'Carroll, *Medjugorje: Facts, Documents, Theology,* S. 103-135.

schnitte des Tonbandes unverständlich waren oder wenn Unterbrechungen in der Aufnahme vorkamen.
Folgende Behauptungen stellte Pater Rupčić auf:

> Es ist wichtig, hier festzustellen, dass nicht alle, darunter auch die relevantesten Fakten und Umstände, die mit den Ereignissen in Medjugorje zusammenhängen, auf Tonband aufgezeichnet sind. Außerdem wählt der Verfasser die Tonbandaufnahmen im Einklang mit dem Ziel aus, das er sich gesetzt hat. Abgesehen davon sind die von Sivrić verwendeten Tonbandaufnahmen nicht die ursprünglichen Tonbänder. Die ursprünglichen Tonbänder waren völlig klar verständlich und vollständig. Die Polizei konfiszierte jene Tonbänder zu der Zeit, als sie den Pfarrer, Pater Jozo Zovko, in Haft nahm. Der Bischof bemühte sich, die Tonbänder für die Verwendung in seiner Untersuchungskommission zurückzubekommen, kam aber nicht an sie heran. Die von Sivrić benutzten Tonbänder sind Kopien von Kopien, die Einzelne für ihren Privatgebrauch anfertigten. Beim Kopieren der Tonbänder wurden häufig einzelne Teile der Gespräche gelöscht; somit sind die gesplissenen Gespräche über einen Zeitraum von mehreren Tagen verteilt. Beweise dafür sehen wir in der Abschrift der Tonbänder, die der Verfasser in seinem Buch verwendete. Sivrić merkt häufig an, dass das Tonband geschnitten worden sei und schreibt, dass die Tonbandaufnahmen in mindestens 148 Fällen nicht enträtselbar seien.[164]

Wenn wir diese Behauptungen aber analysieren, so wird deutlich, dass sie nicht stichhaltig sind. Erstens: Wenn die Originaltonbänder von der Polizei beschlagnahmt wurden, wie konnte Pater Rupčić eigentlich gewusst haben, was auf ihnen war, um sie mit den Kopien zu vergleichen? Wie weiß er, dass der Inhalt der Kopien uns nicht die zuverlässige Wahrheit über den Inhalt der Originaltonbänder vermittelt? Offensichtlich konnte er nichts darüber wissen, so dass seine Kritik an Pater Sivrić hier kaum von Gewicht ist. Es könnten durchaus andere wichtige Informationen in den „fehlenden“ Abschnitten enthalten sein – falls es überhaupt wesentliche fehlende Abschnitte gibt –, doch das ist im Grunde nicht relevant, da das, was auf den Tonbändern *ist*, uns mehr als genügend Informationen darüber gibt, was während der

---

164 Rupčić, *The Great Falsification,* S. 4, zitiert in: Nolan, *Medjugorje: A Time for Truth,* S. 201-202.

Interviews geschah. Und sollte es irgendwelches fehlendes Material geben, das irgendwann ans Licht kommt, so ist es nicht unwahrscheinlich, dass es für die Position der Seher sogar noch schädlicher wäre als das, was die vorhandenen Tonbänder bereits geoffenbart haben.
Wie wir sahen, erklärte Pater Rupčić auch: „Beim Kopieren der Tonbänder wurden häufig einzelne Teile der Gespräche gelöscht; somit sind die gesplissenen Gespräche über einen Zeitraum von mehreren Tagen verteilt." Selbst wenn dies der Fall gewesen wäre (und abermals, wie konnte er, da die Originaltonbänder ja nicht verfügbar waren, sichere Kenntnis darüber haben?), selbst dann haben wir immer noch in den Protokollen Textabschnitte, die lang genug sind, damit wir zuversichtlich sein können, dass wir einen guten Eindruck nicht nur von dem Gesagten, sondern auch von dem Kontext bekommen, in dem es gesagt wurde. Wir haben es hier nicht mit sehr kurzen Gesprächsfetzen zu tun, die möglicherweise in dieser Weise missverstanden werden könnten, sondern mit zumeist ausführlichen Dialogen ohne wesentliche Unterbrechungen.
Und wie wir in Kürze sehen werden, sagte dies Pater Bubalo, der franziskanische Mitbruder von Pater Rupčić, als er Vicka in Bezug auf einige ihrer Erinnerungen zur Rede stellte: „Kürzlich habe ich einige der Kassetten, darunter die mit dem Gespräch mit Frater Jozo, noch mal abgespielt." Er sagte bewusst nicht: „Kürzlich habe ich einige der Kassetten noch mal abgespielt, und sie sind so zusammenhanglos und unverständlich, dass sie nutzlos sind", oder etwas dergleichen. Aus dem Kontext geht offensichtlich hervor, dass er die Qualität der Tonbänder für sehr zufriedenstellend hielt. Wenn die Tonbänder also für Pater Bubalo gut genug waren, dann sollten sie auch für Pater Rupčić und andere Kritiker gut genug gewesen sein.
Außerdem steht eine Audiodatei einer der Kassetten im Internet zur Verfügung, nämlich das Interview zwischen Pater Zovko und

Jakov am Vormittag des 27. Juni 1981.[165] Die Qualität dieser Datei ist erstaunlich gut, und sofern die anderen Tonbänder eine ähnliche Qualität haben, können wir sogar noch zuversichtlicher sein, dass die Tonbandprotokolle von Pater Sivrić und Daria Klanac glaubwürdig sind.

Insgesamt ist dies wirklich ausschlaggebend: Gibt das Material, das wir haben, uns genügend Informationen über die ersten Tage der Visionen, so dass wir zu einem ausgewogenen Urteil über das, was geschah, gelangen können? Und die Antwort darauf ist positiv, weil das Durchlesen der Tonbandprotokolle in Pater Sivrićs Buch, die mit 176 Seiten fast die Hälfte des Textes einnehmen, zeigt, dass mehr als genug Material verfügbar ist, um diese Position zu rechtfertigen.

Pater Rupčić sagt auch: „Solche Tonbänder, ‚Dokumente' für den Verfasser, sind bestenfalls Zeugnisse aus siebter Hand, die, nach bewährten Prinzipien, nicht als beweiskräftig anerkannt werden können."[166] Es ist schlichtweg grotesk, die Tonbandprotokolle als „Zeugnisse aus siebter Hand" zu bezeichnen. Jeder kann nämlich einsehen, dass sie das primäre Beweismaterial für die Vorkommnisse während der ersten Tage in Medjugorje sind.

Pater Rupčić führt auch Pater Zovko an, der nach der Lektüre der Protokolle von Pater Sivrić gesagt habe: „Das geht nicht auf mich zurück."[167] Damit sagt er, dass Pater Sivrić sich die Protokolle ausgedacht habe. Was ist aber mit Daria Klanac: Hat auch sie sich ihre Version der Tonbänder ausgedacht? Und die Person, die sie effektiv dessen beschuldigte, Pater Zovko, wurde dreimal mit bischöflichen Strafen belegt und erhielt 1985 von Bischof Žanić das Verbot, in Medjugorje die Messe zu zelebrieren oder zu predigen. Wer sagt also eher die Wahrheit?

---

165 „Le père Jozo Zovko interroge Jakov Čolo au matin du 27 juin 1981";
Link auf: www.comprendre-medjugorje.info/fr/sources.html.

166 Nolan, *Medjugorje: A Time for Truth,* S.S. 202.

167 Ebd., S. 202.

Pater Rupčić bringt eine weitere Kritik an Pater Sivrić bezüglich jener Teile der Tonbänder vor, die undeutlich sind: „Da alle Teilnehmer an diesen auf Tonband aufgezeichneten Gesprächen noch am Leben sind, ist es völlig unbegreiflich, dass der Verfasser nicht versucht, diese fehlenden Teile auszufüllen oder zu klären. Die Gesprächsteilnehmer hätten ihm zur Zeit seines Aufenthalts in Medjugorje allesamt zur Verfügung gestanden."[168]

Allerdings wäre es gewiss zu viel verlangt, wollte man von den Sehern erwarten, sich später genau an das zu erinnern, was sie während der Aufnahmen gesagt hatten. Welche Garantie hätten wir dafür, dass ihre Erinnerungen nach einem derart langen Zeitraum etwas zur Klärung des Inhalts der Tonbänder beitragen können? Und das sagen wir unter der Annahme, dass die Erinnerungen glaubwürdig sind, wobei Beweise dafür vorliegen, dass einige ihrer späteren Darstellungen den Inhalten der Tonbänder widersprechen, wie im Falle der Diskrepanz zwischen dem Grund, den die Seher am 30. Juni für ihre Mitfahrt mit den beiden Sozialarbeiterinnen angaben, und den späteren Darstellungen dieses Ereignisses, die verbreitet wurden. Vicka sagte zu Pater Bubalo Folgendes über diesen Ausflug: „Zwei Mädchen kamen gegen zwei Uhr nachmittags wegen uns. Und sie boten uns an, uns ein bisschen in ihrem Auto mitzunehmen. Da wir keinen Verdacht schöpften, machten wir uns fertig und fuhren." Auf dem Tonband vom 30. Juni hingegen, als sie von Pater Zovko gefragt wurde, ob jemand anders ihnen geraten habe, „einen anderen Hügel" zu versuchen, sagt Vicka ausdrücklich: „Wir wählten den Ort und den Rest, und wir brauchten niemanden, der uns riet, was wir tun sollten", während Jakov ergänzt: „Wir markierten die Stelle."

[168] Rupčić, *The Great Falsification,* S. 4, zitiert in: Nolan, *Medjugorje: A Time for Truth,* S. 202.

Pater Bubalo stellte Vicka bezüglich dieser Diskrepanz zur Rede: „Es ist mir unangenehm, aber ich muss darauf zu sprechen kommen. Neulich hörte ich mir einige der Kassetten, darunter jene mit dem Gespräch mit Bruder Jozo, noch mal an. Und ich stieß dabei auf eine deiner Behauptungen, die mit dem, was du mir gerade erzählt hast, nicht übereinstimmt. ... Du erzähltest mir hier, und dabei bist du immer geblieben, dass die Mädchen euch zu jenem Ausflug verleitet hätten."[169] Vicka versuchte zwar, eine plausible Erklärung für dies alles zu liefern, doch bleibt die Tatsache bestehen, dass ihre spätere Darstellung nicht mit dem Inhalt der Tonbänder übereinstimmt.
Denis Nolan schreibt über diesen Vorfall Folgendes: „Als die Stunde der Erscheinung nahte, weigerten sich die Sozialarbeiter, die Seher ins Dorf zurückzubringen. Die Seher zwangen sie, das fahrende Auto anzuhalten, indem sie drohten, herauszuspringen, und erlebten die Erscheinung dann am Straßenrand."[170]
Es ist unklar, woher diese Geschichte tatsächlich stammt, doch vielleicht entstand sie aus dem Wunsch, die tatsächliche Entführung der Seherkinder von Fatima durch den Bürgermeister von Ourem am 13. August 1917 nachzuahmen.
Ganz gleich, wie sie entstanden sein mag, hat sie gewiss einen genauso engen Realitätsbezug wie Jakovs Behauptung, dass einer der Polizisten eine Pistole gezückt und gedroht habe, sie zu töten. Tatsächlich stellt diese Geschichte Vicka in dieselbe Kategorie wie Jakov – sie ist eine junge Fantastin, auf die man sich nicht verlassen kann.

---

169 Bubalo, *Thousand Encounters,* S. 37, 41; Sivrić, *The Hidden Side of Medjugorje*, Bd. I, S. 359-360; vgl. Klanac, *Aux Sources de Medjugorje*, S. 171-172.

170 Nolan, *Medjugorje: A Time for Truth*, S. 200; Daniel Klimek behauptet, dass die Seher von den Frauen „geködert" und „gegen ihren Willen" festgehalten worden seien, doch ist dies, wie die Tonbandprotokolle zeigen, pure Fantasie. Vgl. http://ministryvalues.com/index.php?option=com_content&task=view&id=1366&Itemid=125.

Ein weiteres Beispiel für etwas Derartiges betrifft das „Jubiläum" der Visionen. Dieses wird am 25. jedes Monats begangen, obgleich die erste Vision tatsächlich am 24. Juni 1981 stattfand. Der 25. ist jedoch für Medjugorje-Anhänger als der Tag wichtig geworden, an dem die Monatsbotschaft von Marija Pavlović der Welt mitgeteilt wird. Pater Bubalo befragte Vicka auch zu diesem Punkt und bekam zu hören, dass „die Jungfrau selbst" dies 1982 „entschieden hat". Er verfolgte die Angelegenheit weiter, indem er sie fragte, warum sie dies gesagt habe, und erhielt zur Antwort, dass die „Gospa" zu den Sehern gesagt habe: „Warum, meine Engel, ist es euch nicht klar, dass wir uns an jenem Tag zum ersten Mal begegnet sind?"
Das Problem bei dieser Antwort ist nur, dass sie den Fakten widerspricht, so wie sie auf einem der von Pater Sivrić mitgeschriebenen Tonbänder ans Licht treten, denn *nicht* alle Seher waren am zweiten Tag anwesend: Ivan Dragičević fehlte. Dies geht aus seinem Gespräch mit Pater Cuvalo am Nachmittag des 27. Juni 1981 hervor. Hierin sagt Ivan, nachdem er die Ereignisse des ersten Tages beschrieben hat: „Am ersten Abend war ich bei ihnen, am zweiten war ich es nicht." Und später wurde er gefragt: „Bist du am nächsten Tag [auf den Hügel] gegangen?", worauf er erwiderte: „Nein, das bin ich nicht." Und schließlich antwortete Ivan, gegen Ende des Gesprächs, als Pater Cuvalo ihn erneut fragte, was am zweiten Tag geschehen sei und ob er auf den Podbrdo gegangen sei: „Am zweiten Abend bin ich nicht hingegangen. Ich arbeitete auf dem Feld, ich pflückte Tabakblätter."[171]

---

[171] Bubalo, *Thousand Encounters,* S. 125; Sivrić, *The Hidden Side of Medjugorje*, Bd. I, S. 222, 224, 228; Marco Corvaglia nennt weitere Beispiele auf: http://www.marcocorvaglia.com/medjugorje-en/25-june-1981-what-a-mess.html. Aus irgendeinem Grunde hat Daria Klanac ihre eigene Fassung dieses Tonbandes nicht veröffentlicht. Daniel Klimek sagt über diesen Vorfall: „Es stimmt, dass Ivan an jenem Tag auf den Feldern arbeitete. Später beschloss er aber, zur Erscheinungsstätte zurückzugehen und erlebte tatsächlich seine Erscheinung genauso wie die anderen Seher mit." Wie wir sahen, ist es jedoch unmöglich, diese Erklärung mit dem Beweismaterial der relevanten Tonbandprotokolle in Einklang zu bringen. Vgl.

Die von der visionären Gestalt für den Tageswechsel gegebene Erklärung, dass sie alle sich „an jenem Tag zum ersten Mal begegnet sind“, ist also nicht haltbar, und einmal mehr ist Vickas Erinnerung an die Ereignisse fehlerhaft.
Pater Rupčić sagt auch: „Die wahren Quellen sind auch heute noch die lebenden Menschen, die Teilnehmer an jenen Ereignissen: zuallererst die Seher, ihre Familien und die Patres und Mitarbeiter. Nichtsdestotrotz stützt sich der Verfasser auf ein paar auf Tonband aufgezeichnete Gespräche mit einigen der direkten Augenzeugen.“[172]
Diese Bemerkung verrät ein fundamentales Missverständnis dessen, was verlässliche Beweise im Gegensatz zu den unzuverlässigen Varianten sind. Es muss offensichtlich sein, dass Tonbandaufnahmen, die innerhalb weniger Tage nach den Ereignissen angefertigt wurden, selbst wenn man gewisse Abschnitte einräumt, die unklar sind, eine weitaus hochrangigere Beweisquelle darstellen als Erinnerungen, die Monate oder gar Jahre später gesammelt wurden.

Die schweigende „Gospa“

Die Konversation der „Gospa“ – oder vielmehr deren Mangel in den ersten Tagen – ist ein äußerst wichtiger Punkt. Während dieser Tage gab es offenbar keine Botschaft für die Menschheit, ein Punkt, der Pater Zovko beunruhigte. Als er am Abend des 28. Juni mit Mirjana sprach, bekam er eine negative Antwort auf die Frage: „Und sagt sie nichts?“ Dann fuhr er fort: „Sie sagt nie zuerst etwas, wenn man ihr nicht eine Frage stellt?“ Hierauf erwiderte Mirjana: „Nichts. Zuallererst fragen wir sie etwas.“ Dies

---

http://ministryvalues.com/index.php?option=com_content&task=view&id=1366&Itemid=125.

172 Rupčić, *The Great Falsification,* S. 4, zitiert in: Nolan, *Medjugorje: A Time for Truth,* S. 201.

veranlasste Pater Zovko zu der Aussage: „Also gibt es keine Botschaft. Gut, Mirjana!"[173]

Genauso war Pater Zovko in seinem Gespräch mit Ivanka am 30. Juni immer noch über das Fehlen jeder Botschaft seitens der „Gospa" besorgt und insbesondere über das Fehlen eines speziellen Gebets für die Seher. Er befragte Ivanka zu diesem Punkt, doch ihre Antwort war negativ. Er reagierte, indem er sagte, dass es bei früheren Erscheinungen, wie in Fatima, eine Botschaft gegeben habe, den Rosenkranz zu beten. Ivankas scharfe Erwiderung war höchst aufschlussreich: „Nichts dergleichen! Sie antwortet auf alles, was wir sie fragen, aber nichts weiter." Man kann die Frustration in Pater Zovkos Antwort spüren: „Aber wie kommt es, dass sie nichts Neues zu euch sagt, sondern immer das gleiche antwortet?" Ivanka antwortete schwach: „Woher soll ich das wissen?"[174]

Dass die „Gospa" nicht die Initiative ergriff, steht natürlich überhaupt nicht im Einklang mit authentischen Marienerscheinungen, bei denen die Gottesmutter immer genau wusste, was sie tat. Später, in den Botschaften, die seit mehr als einem Vierteljahrhundert gekommen sind, fand die „Gospa" ihre Stimme und produzierte einen wahren Wortschwall. Viele ihrer Worte sind jedoch mit dem, was wir über die Äußerungen der Gottesmutter bei ihren anerkannten Erscheinungen wissen, völlig unvereinbar.

Während seines langen Interviews am 30. Juni kommentierte Pater Zovko auch die Bitte der „Gospa", dass die Seher „die Leute versöhnen" mögen und fragte, ob dies sich auf jeden oder nur auf die Mitglieder der örtlichen Pfarrgemeinde beziehe. Sie antworteten, dass es sich auf die Nachbarn beziehe. Zu diesem

---

[173] Klanac, *Aux Sources de Medjugorje,* S. 126; vgl. Sivrić, *The Hidden Side of Medjugorje,* Bd. I, S. 60, 292.

[174] Klanac, *Aux Sources de Medjugorje,* S. 136-137; vgl. Sivrić, *The Hidden Side of Medjugorje,* Bd. I, S. 320.

Punkt stellte Pater Sivrić fest, dass im Ort definitiv die Notwendigkeit der Versöhnung bestand.[175]

Pater Zovko verschreibt sich den Visionen

Pater Zovkos allgemeine Eindrücke von den ersten Tagen der Visionen und von den Sehern, so wie sie von Mary Craig aufgezeichnet wurden, sind bemerkenswert. Er beklagte sich darüber, dass ihre Antworten „schrecklich vage" seien und dass er sie „unkundig und seicht" fand, was so weit ging, dass er „furchtbare Angst" davor habe, dass die ganze Sache „bloß ein Witz mit ihnen" gewesen sei. Seine Schlussgedanken waren besonders beunruhigend:

> Wie können diese Kinder überhaupt die Gottesmutter gesehen haben? Es ist undenkbar, dass jemand sie gesehen haben könnte und durch diese Erfahrung nicht radikal verändert worden wäre. Es gab auch Konflikte unter ihnen. Sie stritten viel und waren sich untereinander über das, was geschehen war, nicht einig. Vicka und Mirjana schienen sich um die Führungsposition zu rangeln.[176]

Doch im weiteren Verlauf der Zeit wurde deutlich, dass der Pfarrer seinen Standpunkt radikal geändert hatte. Pater Svetozar Kraljević sprach am 11. August 1983 mit Pater Zovko, und während dieses Gespräches berichtete er später von „dem ersten Zeichen von Gott, welches ihn zum Glauben an die Erscheinungen brachte." Er sprach offenbar von den Ereignissen, die am 1. Juli 1981 stattfanden, als die Behörden nach den Sehern suchten, während er in der Kirche war. Er behauptete, dass er, trotz der Tatsache, dass das Gebäude leer war, eine „Stimme" gehört habe, die sagte: „Komm heraus und schütze die Kinder."[177]
Somit machte Pater Zovko, zwei Jahre nach Beginn der Visionen, seine eigene Einsprechung geltend, obwohl er bis zum 30. Juni

---

[175] Sivrić, *The Hidden Side of Medjugorje,* Bd. I, S. 62, 378; vgl. Klanac, *Aux Sources de Medjugorje,* S. 190.
[176] Craig, *Spark from Heaven*, S. 71.
[177] Kraljević, *The Apparitions of Our Lady at Medjugorje,* S. 41-42.

1981 den Sehern äußerst kritisch gegenübergestanden hatte. War dies der Grund, weshalb er seine Meinung über die Visionen änderte?

E. Michael Jones zufolge war Donnerstag, der 2. Juli 1981, der Tag, an dem die Seher behaupteten, dass ihnen die Jungfrau am Nachmittag in der Pfarrkirche in Gegenwart von Pater Zovko und einer großen Menschenmenge erschienen sei, „der entscheidende Wendepunkt in der Geschichte der so genannten Erscheinungen." Der Priester hatte eine Erweckungspredigt gehalten, welche die Emotionen der Anwesenden bis zum Siedepunkt aufpeitschte. Von diesem Zeitpunkt an, als die Visionen hinfort in der Kirche stattfinden sollten, nahm die Gemeinde als Ganze sich ihrer an und akzeptierte sie für sich selbst und vor den Augen der Welt als echt.[178]

Von diesem Zeitpunkt an wurde Pater Zovko zu einer der treibenden Kräfte hinter den Visionen, und es war seine voreilige Akzeptanz ihrer Echtheit (zumindest, wenn man als Maßstab nimmt, wie er seine Gemeindemitglieder informierte), die sich als ein entscheidender Beschleuniger für die Bildung des Medjugorje-Mythos erweisen sollte. Wir werden vielleicht nie den letztlich ausschlaggebenden Grund erfahren, warum er, anstatt eine Haltung des „Abwartens und Weitersehens" anzunehmen, plötzlich seine Meinung über die Visionen änderte und ein voreiliges Urteil traf. Es war sicherlich ein eigenartiger Kurswechsel. Vielleicht war seine Darstellung, dass er etwas in der Kirche gehört habe, echt? Doch welcher Grund auch immer hinter ihr stand, es war eine Entscheidung mit weit reichenden Konsequenzen.

Die letzte Vision

Bedauerlicherweise gibt es kein Tonband über die Ereignisse am Freitag, dem 3. Juli, dem Tag, von welchem die Seher angekündigt hatten, dass sie ihre letzte Begegnung mit der „Gospa" erle-

[178] Jones, *The Medjugorje Deception,* S. 88-89.

ben würden. Doch Pater Sivrić konnte einen der Zeugen befragen, die im Pfarrhaus der St.-Jakobus-Kirche anwesend waren, Pater Tadija Pavlović, der als Pfarrer einer benachbarten Kirchengemeinde bei den Beichten in Medjugorje aushalf. Er hörte, wie die Seher ganz eindeutig feststellten, dass dies tatsächlich die letzte Vision gewesen sei. Zu den weiteren Zeugen bei diesem Treffen gehörten die ortsansässigen Priester, die Patres Umberto Loncar und Stojan Zrno, sowie Mijo Gabric, ein Reporter der Zeitung Glas Koncila, und Ivo Magzan. Am nächsten Tag, Samstag, dem 4. Juli, war Pater Pavlović jedoch überrascht, von seinen eigenen Gemeindegliedern zu hören, dass die „Gospa" offenbar noch einmal erschienen sei, und das gleiche wurde ihm am nächsten Tag, Sonntag, dem 5. Juli, nochmals berichtet.

Pater Sivrić bemerkt, dass er sich danach geweigert habe, nach Medjugorje zurückzukehren, um Messen zu lesen oder Beichten zu hören. Pater Pavlović war ebenfalls etwas entrüstet, als er – am 25. Juli für einen Besuch bei seiner Mutter nach Medjugorje zurückgekehrt – bei der Festtagsmesse in der St.-Jakobus-Kirche anwesend war und über die mangelnde Ehrfurcht, welche die Seher der hl. Eucharistie erwiesen und die Weise, wie sie sprachen und in der Kirche umhergingen, erschrocken war.[179]

Den Patres Rupčić und Nuic zufolge streitet Pater Zovko „kategorisch ab, dass die Seher nach der Erscheinung gesagt hätten, Unsere Liebe Frau habe ihnen mitgeteilt, dass dies ihre letzte Erscheinung gewesen sei". Sie sagen weiter, dass Pater Umberto in seinem Tagebuch aufgezeichnet habe, dass die Seher „nichts über die Vision sagten, sondern sofort die Kirche verließen". Dann erfahren wir jedoch, dass Jakov und Vicka über Lautsprecher zur draußen versammelten Menschenmenge sprachen und dass, obgleich Jakov nichts über eine letzte Vision sagte, Vicka unter anderem bemerkte: „Heute Abend erschien sie zum letzten Mal …"

---

179 Vgl. Sivrić, *The Hidden Side of Medjugorje*, Bd. I, S. 67-68.

Die ziemlich unglaubliche Reaktion der Patres Rupčić und Nuic besteht in folgender These: „Vicka sagte das und nicht Unsere Liebe Frau. Zumindest sagt Vicka nicht, dass Unsere Liebe Frau ihnen dies mitgeteilt habe!“[180]

Tatsache ist, dass Pater Rupčić in einer anderen, früheren Darstellung sich selbst widersprach, als er in einer seiner Polemiken gegen Bischof Žanić sagte: „Er hatte auch nicht recht mit seiner Behauptung, dass einige Priester während der *letzten Erscheinung* am 3. Juli anwesend gewesen seien, weil Pater Jozo in Wirklichkeit der einzige bei jener Erscheinung gegenwärtige Priester war.“[181]

Beachten wir hier, was Pater Rupčić eigentlich ausplaudert, indem er versehentlich eingesteht, dass dies die „letzte Erscheinung“ sein sollte. Angesichts dessen und der Diskrepanz in der Zahl der anwesenden Priester darf man hinter die Genauigkeit der Erinnerungen von Pater Rupčić gewiss berechtigte Fragezeichen setzen.

Obgleich die Visionen nicht am 3. Juli endeten, verhält es sich eindeutig so, dass die Erwartung, dass sie nicht auf unbestimmte Zeit fortdauern würden, sich während der ersten Jahre noch hielt. Als Beispiel dafür haben wir das Zeugnis von Pater John Bertolucci, der von Pater Vlašić befragt wurde. Obwohl kein Datum angegeben ist, muss dieses Interview irgendwann zwischen 1981 und 1983 stattgefunden haben. Nachdem er einige Vorbehalte bezüglich dessen, was genau in geistlicher Hinsicht stattfand, während die Seher ihre Visionen erlebten, geäußert hatte, sagte er weiter: „Die Kinder selbst … sagen, dass die Erscheinungen enden werden.“

René Laurentin traf im Januar 1984 die gleiche Aussage. Er äußert sich zu der Tatsache, dass eine der Seherinnen (Mirjana) kei-

---

180 Rupčić/Nuic, *Once Again The Truth about Medjugorje,* S. 84.

181 Pater Rupčić, zitiert in: O'Carroll, *Medjugorje: Facts, Documents, Theology,* S. 110, kursiv vom Verfasser.

ne Visionen mehr hatte und dass dies „ein Vorbote ihres bevorstehenden Endes“[182] sei.

Medjugorje und Lourdes

Die Tatsache, dass die Seher bezeugten, dass die Visionen nach „drei weiteren Tagen“ enden sollten – mit anderen Worten, weniger als zwei Wochen nach ihrem Anfang am 24. Juni 1981 –, hat einige Verfechter Medjugorjes in große Verlegenheit gebracht. Sie haben diese Tatsache heruntergespielt und versucht, sich mit den Zehntausenden weiterer Visionen, die anschließend angeblich stattfanden, herauszureden. Ein Beispiel dafür findet sich in dem Interview zwischen Pater Zovko und Pater Svetozar Kraljević, das am 11. August 1983 stattfand. In diesem Gespräch behauptete Pater Zovko, dass er den Sehern ein Buch über Lourdes gegeben habe und dass sie aufgrund der Zahl der Erscheinungen, die Bernadette erlebte (neunzehn), auch selbst damit gerechnet hätten, dass sie noch drei weitere Visionen erleben würden. Sie hatten nämlich behauptet, bis zu jenem Zeitpunkt sechzehn Visionen erlebt zu haben.
Wie es nach dem auf Tonband aufgezeichneten Gespräch vom 27. Juni 1981 den Anschein hat, hatte zumindest Mirjana ein Buch über Lourdes gelesen, vielleicht sogar vor der ersten Vision. Pater Zovko fragte sie, ob sie aktuell irgendein Buch lese, und sie antwortete: „Ich habe eines gelesen. Es ist über Lourdes. Am Tag danach, als sie mir erzählten, … was mit dem kleinen Mädchen geschah.“
Dies bezieht sich eindeutig auf die heilige Bernadette, und Pater Zovko fragte anschließend: „Wann war das [die Lektüre des Buches], in diesem Jahr?“, worauf Mirjana antwortete: „Direkt nachdem ich hier herunter kam. Sie sprachen darüber.“ Diese Antwort könnte als Hinweis darauf interpretiert werden, dass Mirjana das Buch vor dem 24. Juni 1981 gelesen hat. Nach dem Protokoll

---

182 Kraljević, *The Apparitions of Our Lady at Medjugorje,* S. 191-192; Laurentin/Rupčić, *Is the Virgin Mary Appearing at Medjugorje?,* S. 1, 3.

von Daria Klanac hingegen behauptete Mirjana, das Buch erst nach der ersten Vision gelesen zu haben.

Auf jeden Fall ist der obige Gedanke, dass es insgesamt nur neunzehn Visionen geben würde, als Erklärung für die Behauptung von den „drei weiteren Tagen" im Gesamtzusammenhang dessen, was sowohl an diesem Tag als auch am 30. Juni gesagt wurde, völlig inakzeptabel. Die Zahl neunzehn wurde vielmehr schlichtweg nicht erwähnt, denn die Seher waren sich, wie wir sehen werden, nur der *achtzehn* Haupterscheinungen in Lourdes bewusst.

Abgesehen davon kannte zumindest ein anderer Seher, Jakov, die Grundzüge der Geschichte von Lourdes, wie aus dem Tonband des Gesprächs, das Pater Zovko ebenfalls am 27. Juni mit ihm führte, hervorgeht.[183]

Das erste auf Tonband aufgezeichnete Gespräch mit nur drei Sehern, nämlich Ivanka, Vicka und Marija, wurde von Pater Zrinko Cuvalo, dem Pfarrvikar in Medjugorje, am Vormittag des 27. Juni geführt. In diesem Interview, das vier Tage nach dem Beginn der Visionen stattfand, fragte sie Pater Cuvalo, warum sie nach der anfänglichen Vision am 24. Juni, dem Fest der Geburt des hl. Johannes des Täufers, auf den Podbrdo zurückgekehrt seien. Hierzu legte Ivanka dar, dass man ihnen wiederholt erzählt habe, wie die Gottesmutter in Lourdes achtzehn Mal erschienen sei.[184]

Dies ist ein interessantes Eingeständnis und zeigt, dass die Seher bereits unter einem äußeren Druck standen, weiterhin auf den Podbrdo zu gehen. Es zeigt auch, dass die Geschichte von Lourdes in dem Dorf bekannt war, und zwar so gut, dass zumindest einige Dorfbewohner wussten, dass es achtzehn Haupterscheinungen an der Grotte gegeben habe. Dies wüsste der Durchschnittskatholik sicherlich nicht. Wir sollten aber auch berücksichtigen, dass eine Diskrepanz zwischen den von Ivanka

---

[183] Vgl. Sivrić, *The Hidden Side of Medjugorje*, Bd. I, S. 68, 176-177, 257, 260; Klanac, *Aux Sources de Medjugorje*, S. 74-75, 82-83; Kraljević, *The Apparitions of Our Lady at Medjugorje*, S. 39.

[184] Vgl. Sivrić, *The Hidden Side of Medjugorje*, Bd. I, S. 206.

erwähnten achtzehn Erscheinungen und der Zahl neunzehn, die Pater Zovko als Erklärung für das Problem der „drei weiteren Tage" anführte, besteht. Die letzte Erscheinung vor Bernadette fand einige Zeit später statt, am 16. Juli, und wird nicht als Bestandteil der Hauptsequenz der Erscheinungen von Lourdes angesehen.

Entscheidend ist aber in Bezug auf Pater Zovkos Behauptung, dass die Seher, wenn überhaupt, von „*zwei* weiteren Tagen" hätten sprechen müssen, da sie sich der Zahl achtzehn und nicht der Zahl neunzehn bewusst waren. Die ganze Idee, dass die „drei weiteren Tage" irgendwie mit dem Wissen der jungen Leute um Lourdes zusammenhingen, ist also unhaltbar und bricht bei näherer Untersuchung vollständig zusammen.[185]

Die Erklärung, die René Laurentin für dies alles gibt, ist äußerst dürftig: „An jenem Tag [dem 30. Juni] meinte Mirjana, sie habe verstanden, dass die Gospa an drei weiteren Tagen wiederkommen werde, bis Freitag. Das war aber nur ihre Interpretation."[186] Es ist nicht klar, worauf er diese Aussage gründete, aber sie kann schlechterdings nicht mit den Tonbandprotokollen in Einklang gebracht werden.

Und wir können tatsächlich sogar noch weiter gehen und sagen, dass René Laurentin sich in seiner Chronologie sogar des Auslassens von wichtigem Material schuldig macht, insbesondere zu diesem Punkt der „drei weiteren Tage", wie Louis Bélanger belegt. Er zeigt, wie es, wenn man René Laurentins Darstellungen vom 29. und 30. Juni 1981 mit den von Pater Sivrić und Daria Klanac angefertigten Tonbandprotokollen vergleicht, ganz klar

---

[185] Die Situation ist etwas kompliziert, weil es, René Laurentin zufolge, insgesamt eigentlich nur achtzehn und nicht neunzehn Erscheinungen in Lourdes gab. Hier geht es uns aber um die populäre Wahrnehmung, und ausschlaggebend ist die Zahl der Erscheinungen, von der die Dorfbewohner, die Seher und Pater Zovko jeweils *glaubten*, dass sie stattgefunden hätten. Siehe René Laurentin, *Bernadette of Lourdes,* London: Darton, Longman & Todd, 1998, S. 31-90; Ders., *Lourdes: récit authentique des apparitions*, Paris: P. Lethielleux, 1987, S. 250.

[186] Laurentin/Lejeune, *Messages und Teachings of Mary at Medjugorje*, S. 153.

ist, dass René Laurentin eine große Menge Material ausgelassen hat, das für Medjugorje schädigend ist.[187]

Die Seher und Lourdes

Von alledem abgesehen, gibt es Berührungspunkte zwischen den Berichten der Seher und den Erscheinungen in Lourdes, die sicherlich darauf hindeuten, dass sie um das dortige Geschehen wussten. Pater Sivrić war der Ansicht, dass das, was in Medjugorje geschah, durchaus bis zu einem gewissen Grade ein „Kopieren" der Geschehnisse in Lourdes gewesen sein könnte. So macht er beispielsweise, wie bereits erwähnt, auf die Tatsache aufmerksam, dass Vicka am dritten Tag „gesegnetes Salz und Weihwasser" mitnahm und die „Gospa" damit besprengte. Wir wissen, dass auch Bernadette Weihwasser auf die Erscheinung, die sie sah, sprengte. Die besondere Bedeutung dessen liegt, wie wir sahen, darin, dass Vicka bei dieser Gelegenheit sagte: „Wenn du die Gospa bist, so bleibe bei uns. Wenn nicht, dann hau ab!", während Bernadette ihre schöne Dame bat, „zu bleiben, wenn sie von Gott kam, und zu gehen, wenn nicht."[188]

Ähnlich sagte Ivanka, als sie mit Pater Zovko über ein „Zeichen" sprach, dass es das allerbeste Zeichen wäre, wenn die „Gospa" jedem erschiene, oder andernfalls „ ‚Wasser' hervorquellen lasse", was der Erscheinung der wundertätigen Quelle in Lourdes entspricht.[189]

Pater Sivrić zieht auch die Möglichkeit in Betracht, dass Medjugorje eine „fromme Initiative" seitens der Seher gewesen sein könne, die ihnen aber schnell außer Kontrolle geraten sei. Nach

---

187 Vgl. http://en.louisbelanger.com/2010/10/20/medjugorje-the-grand-concealment-2-three-more-days-duplicity-rene-laurentin/

188 Sivrić, *The Hidden Side of Medjugorje*, Bd. I, S. 177; Laurentin, *Bernadette of Lourdes*, S. 40.

189 Sivrić, *The Hidden Side of Medjugorje*, Bd. I, S. 178, 324-325.

diesem Ansatz hätten, wie er schreibt, die „Ereignisse in Lourdes als Beschleuniger für ihre eigenen Visionen gedient“[190].

Doch wenngleich die Kenntnis, welche die Seher von Lourdes hatten, zweifelsohne zu ihrer Wahrnehmung dessen, was auf dem Podbrdo stattfand, beitrug, ist kaum einzusehen, wie die Visionen nur eine „fromme Initiative“ gewesen sein könnten. Die Beweislage auf den Tonbändern deutet sicher darauf hin, dass sie „etwas“ sahen und dass hier nicht bloß von einer kunstvollen Phantasie die Rede sein kann, die aus der Hand geglitten sei.

Das Beweismaterial legt also nahe, dass die Seher um das Geschehen in Lourdes wussten, und dies veranschaulicht gewiss einen wichtigen Punkt, der noch nicht hinlänglich erfasst worden ist. Weil Berichte über die anerkannten Marienerscheinungen seit Jahrzehnten frei zugänglich sind, ist es durchaus möglich, dass Menschen sich von diesen Darstellungen beeinflussen lassen. Das soll nicht heißen, dass die Seher bewusst von Anbeginn an die ganzen Erscheinungen künstlich fabrizierten, denn das Beweismaterial auf den Tonbänden deutet klar darauf hin, dass sie während der ersten Woche etwas sahen. Vielmehr lastete, als sie den Podbrdo verließen und in die Kirche gingen, ein enormer Druck auf ihnen, ihren Kurs beizubehalten, dass sie tatsächlich die Gottesmutter sähen.

Die Tragödie bei dieser ganzen Angelegenheit ist, dass die Seher genauso sehr die Opfer der Ereignisse in Medjugorje waren, wie ihre Urheber. Wie wir sahen, trugen mehrere Faktoren am und um den Hügel Podbrdo dazu bei, sie zu der Annahme zu verlei-

---

190 Sivrić, *The Hidden Side of Medjugorje*, Bd. I, S. 178-183. Damit zusammenhängend meinte Pater Sivrić, dass die Seher von dem Zeitpunkt an, als sie ihre Visionen im Januar 1982 in die Kirche verlegten, unhörbar gewesen seien, während sie zuvor laut gesprochen hätten. Hierin könnte er sich jedoch geirrt haben, und so haben sich nicht alle seine Theorien über das dortige Geschehen zwangsläufig als richtig erwiesen. Wir müssen also zwischen dem, was auf den Tonbändern ist und von Pater Sivrić abgeschrieben wurde, und seinen eigenen Theorien bezüglich der Ursache der Visionen von Medjugorje unterscheiden, bei denen Irrtum möglich ist. Vgl. Sivrić, *The Hidden Side of Medjugorje*, Bd. I, S. 178-179.

ten, sie hätten Visionen der Gottesmutter, und somit wäre es zu stark vereinfachend, wenn man sagen wollte, dass Medjugorje nach einem zuvor festgelegten Plan fabriziert worden sei. Vielmehr entstanden die Phänomene planlos, und es trugen mehrere Elemente dazu bei, wovon Darstellungen über die Ereignisse in Lourdes ein Faktor waren. Doch letztlich kann der anfängliche Erfolg wahrscheinlich in erster Linie Pater Zovko zugeschrieben werden, der, nachdem er während der ersten Tage der Visionen klar seinen Unglauben an die Visionen zum Ausdruck gebracht hatte, zu einer Meinungsänderung veranlasst wurde und ein glühender Verfechter Medjugorjes wurde.

7. Medjugorje: Gott oder der Teufel?

Medjugorje: Ein teuflischer Ursprung?

Im Lichte der oben angeführten Beweise ist es legitim, zu fragen, ob die ursprünglichen Visionen der ersten Woche nicht in Wirklichkeit diabolischer Herkunft waren, wie es Pater Zovko selbst mehr als einmal vermutet hatte. Wenn wir das ganze Phänomen aus der Perspektive des Teufels betrachten, treten einige sehr interessante Punkte hervor. Er verfügt in diesem Bereich über sehr viel Erfahrung. Er weiß alles über die menschliche Schwachheit, Torheit und Sündhaftigkeit und weiß, wie er diese voll ausbeuten kann. Und wir müssen stets die Warnung des hl. Apostels Paulus bedenken, dass der Satan sich als ein „Engel des Lichts" verstellen kann (2 Kor 11,14).

Diese Diskussion muss jedoch in einen Zusammenhang hineingestellt werden, damit ersichtlich wird, ob es vor den angeblichen Visionen irgendwelche Anzeichen für teuflisches Wirken in Medjugorje gab. Wie bereits erwähnt, wurde das Dorf in den frühen Morgenstunden am 24. Juni 1981, dem ersten Tag der Visionen, von einem schrecklichen Gewitter getroffen. Wir sahen auch, wie Medjugorje in der Vergangenheit ein Zentrum der bogomilischen Religion war und dass primitive Rituale, die darauf abzielten, die lokalen Naturgeister, darunter Gromovnik, den „Donnergeist", zu beschwichtigen, Bestandteil dieser Religion waren. Man glaubte, dass er den Berg Križevac bewohnte, der über Jahrhunderte als Grmljavinac oder „Donnerberg" bekannt war. Nach der Ankunft der Franziskaner in der Region lebten Überreste dieser alten Religion fort, und Rituale zu Ehren Gromovniks wurden fortgesetzt. Und sogar bis ins 20. Jahrhundert hinein waren Klanrituale, darunter die Ahnenverehrung, immer noch charakteristisch für das Leben am Ort, da ein rein katholischer Gottesdienst sich mit Mühe durchsetzen musste.

Auch in der jüngeren Vergangenheit hatte es für die Bewohner von Medjugorje den Anschein, dass Gromovnik immer noch über beträchtliche Macht verfügte, eine Macht, die insbesondere in den verheerenden Stürmen zum Ausdruck kam, welche die Region fast jeden Sommer plagten und bei denen mitunter große Hagelkörner binnen Sekunden Getreidefelder zerstörten. Kurzum, die Dorfbewohner glaubten immer noch an Gromovnik und fürchteten ihn. Das alles änderte sich jedoch nach der Errichtung eines großen Kreuzes auf dem Berggipfel im Jahr 1933, als sein Name in Križevac, oder „Kreuzberg" geändert wurde. Die Dorfbewohner behaupteten, dass die grausamen, heftig vernichtenden Stürme von diesem Zeitpunkt an praktisch aufgehört hätten und dass Hagel ein viel geringeres Problem dargestellt hätte.[191]

Ein solches Szenario ist an und für sich nicht unwahrscheinlich: unter den richtigen Bedingungen kann der Teufel eine beträchtliche Macht über die Natur ausüben, doch wenn in einer speziellen Region eine offensichtlichere Christusfrömmigkeit ihren Ausdruck findet, dann kann man natürlich erwarten, dass seine Macht schwindet. Der hl. Paulus warnte die Korinther, den Götzendienst zu meiden, der in seiner Zeit vorherrschend war, und ihnen insbesondere keine Opfer darzubringen, womit man in Wirklichkeit den Dämonen opferte (1 Kor 10,14-20). Und was waren die dem Gromovnik in der Vergangenheit dargebrachten Opfer anderes als Opfer für die Dämonen?

Das große Gewitter von Medjugorje

Dies bringt uns zu dem Gewitter zurück, von dem Medjugorje über Nacht, direkt vor dem Anfang der Visionen, getroffen wurde. Manche ältere Dorfbewohner sagten, dass sie sich seit der Errichtung des Kreuzes auf dem Križevac über ein halbes Jahrhundert zuvor an nichts Vergleichbares mehr erinnern könnten. Wiederholte Blitzschläge leuchteten zum Beiklang ohrenbetäubenden Donners über dem ganzen Himmel auf, und weil Brände von Blitzeinschlägen verursacht wurden, brannte eine in eine Diskothek umgewandelte Halle nieder, und das Postamt wurde

[191] Randall Sullivan, *The Miracle Detective: An Investigation of Holy Visions,* London: Little Brown, 2004, S. 70-71; Craig, *Spark from Heaven*, S. 19-20.

stark beschädigt. Ein entsetzter Bewohner verglich das Geschehen mit dem „Gerichtstag"[192].

Wir müssen fragen, warum dieses massiv zerstörerische Gewitter kurz vor dem Anfang der Visionen geschah. Worauf kann ein derartiges Gewitter hindeuten, da die schädigende Kraft der Gewitter nachgelassen hatte, nachdem das Kreuz errichtet wurde? Man kann kaum der Schlussfolgerung ausweichen, dass es ein Zeichen für eine Art teuflischer Manifestation in dem Sinne war, dass Gromovnik in die Region zurückgekehrt und noch mehr Ärger zu verursachen bestrebt war. Und was ist „Gromovnik", wenn nicht ein anderer Name für das Dämonische, wenn nicht für den Teufel selbst?

Wir sollten auch an das schreckliche Gewitter denken, das Fatima am Vorabend des 13. Oktober 1917 heimsuchte, dem Tag, an dem das gewaltige Sonnenwunder stattfand. Dieses war drei Monate im Voraus angekündigt worden und zog Zehntausende Menschen trotz des schrecklichen Wetters in die Cova da Iria. Können wir in diesem Gewitter nicht einen Versuch des Teufels sehen, an jenem Tag so viele Menschen wie möglich vom Aufenthalt in der Cova abzuhalten?

Und wie steht es mit der Tatsache, dass das „offizielle" Jubiläumsdatum für die erste Vision von Medjugorje heute in Medjugorje-Kreisen der 25. Juni und nicht der 24. Juni ist, an dem die erste Vision in Wirklichkeit stattfand? Wie wir sahen, beschloss, Vicka zufolge, die „Gospa" diese Datumsänderung, aber wir müssen nach dem Warum fragen. Könnte es insofern ein weiteres Zeichen für das Teuflische sein, als wollte der Teufel nicht, dass die Anfänge von Medjugorje zu eng mit dem 24. Juni, dem Fest der Geburt des hl. Johannes des Täufers, in Verbindung gebracht werden?

Ein weiterer bemerkenswerter Punkt ist, dass 1977, vier Jahre vor dem Beginn der Visionen von Medjugorje, der Vorgänger von

---

192 Sullivan, *The Miracle Detective,* S. 71-72; Craig, *Spark from Heaven*, S. 20-21.

Bischof Žanić, Bischof Cule, ein Unserer Lieben Frau als „Königin des Friedens" geweihtes Marienheiligtum errichtete.
Dies geschah in dem rund 40 km von Medjugorje entfernten Hrasno in der Nachbardiözese Trebinje e Mrkanin, einer Diözese, die von den Bischöfen von Mostar-Duvno verwaltet wird. Bischof Cule erbat durch diesen Akt von der Gottesmutter ausdrücklich, dass sie die Spaltungen in der Region heilen möge, die im Wesentlichen durch den Ungehorsam der Franziskaner verursacht waren.[193] Warum hätte Unsere Liebe Frau denn so nahe zu diesem echten Heiligtum erscheinen und in Medjugorje einen Rivalen dafür schaffen wollen? Das ergibt keinen Sinn, außer wiederum als ein Zeichen des Teuflischen. Wer anders als der Teufel hätte so etwas auslösen wollen?
Sollte dies der Fall sein, dass der Teufel – oder eine teuflische visionäre Gestalt – tatsächlich während der ersten Woche in Medjugorje erschien, so kann man davon ausgehen, dass sein Hauptanliegen anfänglich darin bestanden haben wird, die Seher nicht durch voreiliges Handeln zu verscheuchen. Daher musste er notwendigerweise eine nicht bedrohende Haltung ihnen gegenüber annehmen. Der Teufel weiß nicht genau um die Zukunft, denn dies wird ihm durch den freien Willen des Menschen und die Macht der Gnade Gottes zu sehr erschwert, und daher muss jeder derartige Fall einzeln für sich behandelt werden.
Dem obigen Szenario entsprechend, sagte die visionäre Gestalt am ersten Tag also nichts, sondern ließ die Seher sich lediglich an ihre neue Erfahrung gewöhnen. Ebenso sagte die Vision am zweiten Tag nichts, ließ die Seher aber ihre Gestalt berühren. Pater Cuvalo befragte sie zu diesem Punkt und erkundigte sich, ob die visionäre Gestalt, während sie dies getan hätten, irgendetwas gesagt habe. Marija erwiderte: „Überhaupt nichts, sie schaute weiter zu … Sie erzählte uns, sie lachte, was sonst …"[194]

---

193 www.stichtingvaak.nl/main_bestanden/Ave2Juni01.PDF. Mark Waterinckx, *„Hrasno Het Echte Heiligdom Van De Kraljica Mira"*, S. 15.
194 Sivrić, *The Hidden Side of Medjugorje*, Bd. I, S. 208, 209-210.

War die Vision tatsächlich teuflischen Ursprungs, so würde dies erklären, warum der Satan sich zuallererst bei ihnen einschmeichelte, indem er ihnen gestattete, die visionäre Gestalt zu berühren, die er angenommen hatte, und auch indem er lachte, was sie noch mehr beruhigte.

Garabandal und Medjugorje

Dies entspricht den Ereignissen in Garabandal, einem spanischen Dorf, wo in den frühen 1960er Jahren vier junge Mädchen behaupteten, Visionen der Gottesmutter zu haben, obgleich nicht einer der aufeinander folgenden Bischöfe von Santander diese Visionen als authentisch anerkannt hat. Am Sonntag, dem 2. Juli 1961, behaupteten sie, dass sie ihnen als Unsere Liebe Frau vom Berg Karmel erschienen sei und dass sie lange Zeit mit ihr gesprochen hätten. Eine von ihnen, Conchita, schrieb später in ihrem Tagebuch, dass sie ihnen banale Einzelheiten über die Heuernte im Dorf mitgeteilt hätten und dass „Marias" Reaktion gewesen sei, dass sie über die ihr erzählten Dinge gelacht habe.[195]
Es ist kaum zu glauben, dass die wahre Gottesmutter ein solches triviales Geplauder mit den Mädchen angefangen hätte. Handelte es sich dabei aber um eine teuflische Methode, mittels derer die Kinder noch stärker zu nicht-übernatürlichen Visionen hingezogen werden sollten, wie es auch während der ersten Woche in Medjugorje der Fall war, so ergibt sie auf jeden Fall Sinn. Wir müssen uns nur daran erinnern, wie die Schlange Eva verführte, um einzusehen, dass wir in solchen Situationen gerade dieses Verhalten vom Teufel erwarten können.
Am 3. August 1961 machten die Seher von Garabandal den ersten ihrer „ekstatischen Spaziergänge", bei denen sie entweder vor- oder rückwärts gingen, anscheinend ohne zu schauen, wo sie hingingen. Diese Spaziergänge führten sie oft mit ungeheurer

---

195 Vgl. Sanchez-Ventura y Pascual, *The Apparitions of Garabandal*, S. 46-49; Pater Joseph Pelletier, *Our Lady Comes to Garabandal*, Worcester: Assumption Publications, 1971, S. 35-36.

Geschwindigkeit durch, zum Erstaunen der Zuschauer, die kaum folgen konnten.[196] Hier bestehen interessante Parallelen zu einigen Berichten der Seher von Medjugorje aus der ersten Woche, darunter denjenigen auf den Tonbändern, die von Pater Sivrić abgeschrieben wurden. So sprach Marija davon, dass sie Leuten den Hügel hinab gefolgt sei, sich nach einer der Visionen an einen anderen Ort begeben und sich so gefühlt habe, „als ob jemand mich gepackt hätte und mich fortwährend zog. … Irgendetwas zog mich ständig an."

In Pater Sivrićs Übersetzung ihres ersten *Tagebuches* stellt Vicka eine ähnliche Behauptung auf, indem sie davon spricht, wie sie am zweiten Tag, dem 25. Juni 1981, mit den anderen Sehern, die anwesend waren, auf den Hügel hinaufgelaufen sei, weil die „Gospa" sie gerufen habe: „Wir hatten das Gefühl, als ob eine Kraft uns dort hinaufgezogen hätte." Hierzu erzählte Mirjana noch, dass sie schnell den Hügel hinaufgestiegen seien, „aber … nicht müde wurden", trotz der Tatsache, dass der Weg hinauf lang war.[197] Auch Vicka hatte etwas über die Ereignisse jenes Tages zu berichten:

> Die Madonna rief uns zu, wir sollten auf den Hügel steigen, und so gingen wir. Wenn man vom Fuße des Hügels dort hinaufschaut, sieht er zwar nahe aus, ist es aber nicht. Wir liefen schnell den Hügel hinauf. Das war nicht mit dem Gehen auf dem Boden zu vergleichen. Wir suchten auch nicht nach dem Weg. Wir liefen einfach zu ihr hin. In fünf Minuten waren wir auf dem Hügel – als ob uns etwas durch die Luft gezogen hätte. Ich hatte Angst. Ich lief zwar barfuss, wurde aber nicht von den Dornen gekratzt. Als wir noch etwa zwei Meter von der Madonna entfernt waren, fühlten wir uns so, als würden wir auf unsere Knie geworfen. Jakov wurde auf Knien in einen Dornenbusch geworfen, und ich dachte, er würde sich dabei verletzen. Er kam aber ohne einen Kratzer wieder heraus.

Das Interessante ist, dass diese Erlebnisse nicht bloß die subjektiven Empfindungen der Seher waren, sondern auch von Zuschau-

---

[196] Vgl. Sanchez-Ventura y Pascual, *The Apparitions of Garabandal*, S. 67-72; Pelletier, *Our Lady Comes to Garabandal*, S. 67.

[197] Sivrić, *The Hidden Side of Medjugorje,* Bd. I, S. 212-213, 244, 261.

ern beobachtet wurden, wie Pater Kraljević andeutet: „Die Leute, welche die Kinder auf den Hügel hinauf laufen sahen, bezeugen die Wahrhaftigkeit der Worte Vickas. Sie waren über die Geschwindigkeit, mit der die Kinder liefen, erstaunt und konnten ihnen bis zum Gipfel des Hügels nicht folgen.“[198]
Bei keiner anerkannten Erscheinung der Gottesmutter finden wir etwas, was mit diesem „ekstatischen“ Laufen vergleichbar wäre. Allerdings beunruhigt es, diese eindeutige Parallele mit den Aktivitäten der Seher von Garabandal wahrnehmen zu müssen.

Es gibt keine Botschaft

Wie wir sahen, fragte Ivanka die visionäre Gestalt am dritten Tag, warum sie dorthin gekommen sei und bekam zu hören: „Weil dort viele Gläubige waren, so dass wir beisammen sein müssen.“ Sie erkundigte sich auch nach ihrer unlängst verstorbenen Mutter und erfuhr, dass sie bei der „Gospa“ sei. Auch Mirjana wurde in Bezug auf ihren Großvater beruhigt. Die Seher fragten anschließend, ob sie wiederkommen werde, worauf die Antwort kam: „Morgen an demselben Ort“, obgleich ihre Bitte um ein Zeichen ignoriert wurde.[199]
Auch hier können wir sehen, wie dieses „Geplauder“ dem Anbiederungsprozess bei den Sehern dienlich war, wenngleich die „Botschaft“ selbst – „dass wir beisammen sein müssen“ – absolut trivial und unnötig ist.
Wie Louis Bélanger betont, ist auch die Tatsache allein, dass Ivankas Mutter erst kürzlich im jungen Alter von 39 Jahren gestorben war, ein wichtiger Faktor, der bei der Bewertung des wirklichen Geschehens berücksichtigt werden muss. Natürlich wird sie immer noch um ihre Mutter getrauert haben, so dass man erwarten konnte, dass sie ihre Erlebnisse an jenem Tag im Lichte ihres schmerzlichen Verlusts interpretieren würde.[200] Sie

---

[198] Kraljević, *The Apparitions of Our Lady at Medjugorje,* S. 12.
[199] Sivrić, *The Hidden Side of Medjugorje*, Bd. I, S. 211-212.
[200] http://en.louisbelanger.com/.

könnte den Wunsch gehabt haben, ihre Mutter zu sehen, und wie im weiteren Verlauf deutlich werden wird, ist der Wunsch, etwas „Übernatürliches" zu sehen, gefährlich, weil er dem Teufel eine Gelegenheit gibt, einen solchen Wunsch zu erfüllen. Ivankas labiler emotionaler Zustand zum Zeitpunkt der ersten Erscheinung, kurz nach dem Tode ihrer Mutter, und ihr möglicher *Wunsch* nach einer Form des Kontakts mit ihrer Mutter können uns also dabei helfen, ihre damalige Gemütsverfassung besser zu verstehen.

Im Lichte dessen, was während echter Erscheinungen geschah, ist es erstaunlich festzustellen, dass die visionäre Gestalt bis dahin keinen ernsthaften Versuch anstellte, ins Gespräch zu kommen oder eine inhaltsreiche Botschaft zu übermitteln. Am vierten Tag verhielt es sich diesbezüglich genauso. Vielmehr erlaubte die visionäre Gestalt den Sehern, selbst die Initiative zu ergreifen und sich an ihre Gegenwart zu gewöhnen. In der Tat war Pater Zovko in dieser Phase über das Fehlen einer klaren Botschaft von Seiten der visionären Gestalt etwas aufgebracht, und er stellte Mirjana deswegen zur Rede.[201]

Seine Verblüffung dauerte nach den Ereignissen des fünften Tages noch weiter an, als er keine direkte Antwort zu diesem Punkt des Fehlens einer spezifischen Botschaft bekommen konnte, weder von Mirjana, noch von Ivanka, noch von Ivan. Schließlich gestand Pater Zovko am sechsten Tag öffentlich ein, dass keine offizielle Botschaft vermittelt wurde und dass „Unsere Liebe Frau nichts gesagt hat, was für jemand anderen gedacht wäre".[202]

Diese praktische Nichtmitteilung der „Gospa" an die Seher während der entscheidenden ersten Woche der Visionen steht in sehr markantem Gegensatz zur Entwicklungsgeschichte der anerkannten Erscheinungen der Gottesmutter. In den meisten derartigen Fällen reichte ihr eine Woche gut aus, um alles zu sagen, was sie sagen wollte, doch in Medjugorje gab die „Gospa" während die-

---

[201] Sivrić, *The Hidden Side of Medjugorje*, Bd. I, S. 238, 263.

[202] Ebd., S. 286, 294-295; Craig, *Spark from Heaven*, S. 65.

ser Zeitspanne nichts weiter von sich, was von Bedeutung gewesen wäre.

Dies heißt jedoch nicht, dass alles an Medjugorje zwangsläufig teuflisch inspiriert wäre. Wie wir sahen, entstand das Medjugorje-Phänomen teilweise aufgrund der Schwachheit der gefallenen menschlichen Natur, insbesondere bei den Sehern und ihren direkten Gefährten. Diese Elemente erleichtern das Werk des Teufels, doch da dieses Werk unsichtbar ist, lässt es sich schwer identifizieren. Der Satan erreicht seine Ziele durch eine Art falsche Gnade im Herzen und Sinn, durch welche Menschen zum Glauben an falsche Visionen verführt werden, fast ohne sich des Geschehens richtig bewusst zu werden. Die große Mehrheit der Medjugorje-Pilger ist nämlich in gutem Glauben dorthin gegangen.

Das Muster der anerkannten Erscheinungen

Ob es das Reden der Gottesmutter zu Juan Diego in Guadalupe im Jahr 1531 war, bei dem sie ihm eine Reihe von Botschaften mitteilte, oder in der Rue du Bac, wo Maria ausführlich über die Mission sprach, die sie Catherine Labouré anvertraute, oder in Fatima, wo die Botschaft eine ausdrückliche Bitte an den Papst enthielt, immer zeigte sich bei den anerkannten Erscheinungen in der Vergangenheit ein konsequentes Muster: die selige Jungfrau hat etwas Eindeutiges zu sagen, was von lebenswichtiger, übernatürlicher Bedeutung für das Heil der Menschheit ist, und sie verschwendet beim Übermitteln ihrer Botschaft keine Zeit.

Dies trifft auch auf ihre Erscheinungen in Lourdes, La Salette, Beauraing und Banneux zu. Immer führt sie das Gespräch und ist sie es, die wesentliche Elemente einführt. Dies bedeutet jedoch nicht, dass sie gedankenlos unwesentliche Fragen ignorierte; vielmehr zeigt sie, als eine wahre Mutter, dass sie die Mentalität ihrer Kinder versteht, und da, wo ihre Fragen beantwortet werden können, tut sie es. Ihre Absicht besteht aber ganz eindeutig darin, eine spezifische geistliche Botschaft in einem verhältnismäßig kurzen Zeitraum zu übermitteln. In den meisten Fällen tat sie dies mit sehr wenigen Worten, und dieser Aspekt scheint mit ihrer Zurückhaltung in den Evangelien übereinzustimmen, wo sie ebenfalls sehr wenig sagte. Außerdem geht es in ihren Worten um ihre Mission als die geistliche Mutter der Menschheit und nicht um Gemeinplätze oder um Dinge, die nicht mit dem Heil zusammenhängen: Sie sagt nichts Ungebührliches oder dem Glauben Widersprechendes.[203]

Tatsächlich kann man sagen, dass, wenn alle berichteten Worte Mariens im Zeitraum der über vierhundert Jahre zwischen Guadalupe und Banneux zusammengefügt würden, sie nicht mehr als ein Dokument von zehn oder elf Seiten Länge ergäben. Wie viele Menschen sind sich bewusst, wie wenig sie bei ihren anerkannten Erscheinungen eigentlich sagte? In Knock und Pontmain sagte sie überhaupt nichts, obwohl während der letztgenannten Erscheinung ein paar Worte auf einem Banner zu ihren Füßen zu lesen waren. Die folgenden Worte in Banneux zum Beispiel waren so wenige, dass sie leicht auf die Rückseite einer Postkarte geschrieben werden könnten:

> „Diese Quelle ist mir vorbehalten. Guten Abend."
> „Lege deine Hände in das Wasser."
> „Ich bin die Jungfrau der Armen."
> „Diese Quelle ist allen Nationen vorbehalten, um die Kranken zu heilen."
> „Ich werde für dich beten. Auf Wiedersehen."
> „Ich komme, das Leid zu lindern."
> „Glaubt an mich – und ich werde an euch glauben! Betet viel! Auf Wiedersehen."
> „Mein liebes Kind, bete viel! Auf Wiedersehen."
> „Ich bin die Mutter des Heilands, die Mutter Gottes. Betet viel! Lebe wohl!"[204]

---

[203] Siehe die relevanten Kapitel bei Donal Foley, *Marian Apparitions, the Bible, and the Modern World*, Leominster: Gracewing, 2002, für weitere Einzelheiten zu diesem Punkt. Die tatsächlichen und in der Regel sehr kurzen Worte, die Maria bei einigen ihrer anerkannten Erscheinungen sagte, können auch hier eingesehen werden: www.theotokos.org.uk/pages/*approved/approved.html.*

[204] *Robert M. Maloy, „The Virgin of the Poor"*, in: *A Woman clothed with the Sun*, New York: Doubleday, 1961, S. 247-262; vgl. L. Wuillaume, *Banneux: A message for*

Wir können dasselbe Prinzip auch veranschaulichen, indem wir uns den folgenden Dialog mit Lucia ansehen, der während der ersten Erscheinung in Fatima stattfand, und der damit begann, dass Maria lächelte und die Kinder beruhigte:

> – „Habt keine Angst! Ich tue euch nichts Böses!
> – Woher kommen Sie – fragte ich sie.
> – Ich bin vom Himmel!
> – Und was wollen Sie von mir?
> – Ich kam, euch zu bitten, dass ihr in den folgenden sechs Monaten jeweils am Dreizehnten zur selben Stunde hierher kommt. Dann werde ich euch sagen, wer ich bin und was ich will. Ich werde danach noch ein siebtes Mal hierher zurückkehren.
> – Komme ich auch in den Himmel?
> – Jawohl!
> – Und Jacinta?
> – Auch!
> – Und Francisco?
> – Auch, aber er muss noch viele Rosenkränze beten."
> Dann fragte Lucia nach zwei Mädchen, die kurz zuvor gestorben waren und erfuhr, dass eine im Himmel sei und die andere „bis zum Ende der Welt im Fegfeuer" sein würde.
> – „Wollt ihr euch Gott darbieten, um alle Leiden zu ertragen, die Er euch schicken wird, zur Sühne für alle Sünden, durch die Er beleidigt wird und als Bitte um die Bekehrung der Sünder?
> – Ja, wir wollen es!
> – Ihr werdet also viel leiden müssen, aber die Gnade Gottes wird eure Stärke sein!"

Lucia erzählte, dass die Dame in diesem Moment ihre Hände geöffnet habe.

> Sie „übermittelte uns ein so starkes Licht, wie ein Widerschein, der von ihren Händen ausging; es drang uns in die Brust und bis in die tiefste Tiefe der Seele und ließ uns uns selbst in Gott schauen, der dieses Licht war, viel klarer, als wir uns im besten Spiegel sehen können. Durch eine

---

our time, Banneux Shrine, 1995, S. 3-34; Gottfried Hierzenberger/Otto Nedomansky, *Erscheinungen und Botschaften der Gottesmutter Maria.* Überarbeitete und aktualisierte Ausgabe, Augsburg: Weltbild Verlag, 2008, S. 293-294.

innere Anregung, die uns ebenfalls mitgeteilt wurde, fielen wir nun auf die Knie und wiederholten ganz innerlich: O Heiligste Dreifaltigkeit, ich bete Dich an; Mein Gott, mein Gott, ich liebe Dich im Heiligsten Sakrament.
Nach einigen Augenblicken fügte Unsere Liebe Frau hinzu:
Betet täglich den Rosenkranz, um den Frieden der Welt und das Ende des Krieges zu erlangen!"[205]

Wir können hier sehen, dass Unsere Liebe Frau anfänglich den Kindern versicherte, dass sie tatsächlich vom Himmel komme und dass auch sie dorthin kommen würden, bevor sie die Fragen beantwortete, die Lucia ganz natürlich in den Sinn kamen. Dann ging sie direkt zum wichtigen geistlichen Inhalt ihrer Botschaft über. Sie bat sie nämlich, sich Gott darzubieten, Leiden als Sühne für die Sünde anzunehmen und den Rosenkranz zu beten. Der Gegensatz zum Fehlen jeder substantiellen geistlichen Botschaft von Gott bei den Visionen von Medjugorje während der ersten paar Tage könnte kaum größer sein.
Zusammenfassend können wir feststellen, dass das in Form der zur Zeit der Visionen auf Tonband aufgezeichneten Gespräche vorliegende Primärbeweismaterial eindeutig belegt, dass die Visionen der ersten Woche in Medjugorje uns vor große Probleme stellen. Sie weisen keinerlei Ähnlichkeit mit der Entwicklung der anerkannten Marienerscheinungen während eines ähnlichen oder gar kürzeren Zeitraums, der mitunter, wie bei La Salette, aus nicht mehr als einer einzigen Erscheinung bestand, auf.

Die visionäre Gestalt geht nur ungern in die Kirche

Was das Argument, dass es sich bei der visionären Gestalt nicht um die Gottesmutter handelte, eindeutig belegt, ist das folgende, sehr wichtige Eingeständnis, das Mirjana, wie wir bereits feststellten, während der Befragung der Seher durch Pater Zovko am 30. Juni abgab: „Dann fragten wir sie, ob sie ärgerlich wäre, wenn sie uns in die Kirche anstatt auf den Hügel gehen sehe. Allerdings

[205] Kondor, *Schwester Lucia spricht über Fatima I,* S. 186-187.

schien sie unentschlossen, als wir ihr diese Frage stellten, als ob sie diese nicht mochte. Nichtsdestotrotz sagte sie, dass sie nicht ärgerlich wäre."[206]

Die ganze Vorstellung, dass die selige Jungfrau sich rein subjektiven menschlichen Launen beuge, wo sie erscheinen solle, ist völlig undenkbar und weckt schon an sich sehr ernste Zweifel bezüglich des Charakters der Visionen von Medjugorje. Doch selbst wenn wir einmal annehmen, dass es Maria gewesen sei, wie kann man dann erklären, dass sie „unentschlossen" war und es zunächst so aussah, „als ob sie diese [Frage] nicht mochte", als die Seher sie fragten, ob sie in Zukunft in die Kirche gehen anstatt auf den Hügel zurückkehren könne? Der Gedanke, dass Maria nicht erfreut gewesen wäre, dass sie in die Kirche gehen wollten, wo ihr göttlicher Sohn im Tabernakel wahrhaft gegenwärtig ist, mutet, offen gestanden, ganz unglaublich an. Wenn die visionäre Gestalt in Wirklichkeit aber nicht Maria, sondern irgendwie teuflischen Ursprungs war, dann ist ihr Widerwille, vor dem Allerheiligsten in der Kirche zu erscheinen, leicht verständlich.

Zur Untersuchung dieser Frage nach einem teuflischen Betrug kamen am Dienstag, dem 30. Juni, während Pater Zovko einige der Seher einzeln befragte, zwei andere Franziskaner, die Patres Pervan und Dugandžić, zu ihm ins Büro. Pater Zovko weigerte sich, ihnen die Teilnahme an den Gesprächen zu erlauben, doch als er später auftauchte, merkte er, wie Pater Pervan verkündete, dass die Kinder vom Teufel besessen seien. Er schlug einen Exorzismus vor, doch Pater Zovko lehnte dies, Mary Craig zufolge, „als für alle Beteiligten zu erschreckend ab, zumal es sie wahrscheinlich nicht näher zur Wahrheit bringen würde"[207]. Es ist sicherlich bedeutsam, dass Pater Pervan an Besessenheit als eine Erklärung für die Aktivitäten der Seher dachte, und dies deutet darauf hin, dass er zu diesem Zeitpunkt empfand, dass die ganze Angelegenheit etwas sehr Ungutes an sich hatte.

---

206 Klanac, *Aux Sources de Medjugorje*, S. 160; Sivrić, *The Hidden Side of Medjugorje*, Bd. I, S. 63-64, 345-347.

207 Craig, *Spark from Heaven*, S. 70.

Sobald die Seher vom Podbrdo in die Kirche übergangen waren, etablierte sich ein Muster, das bis 1985 praktisch unverändert blieb. Jeden Abend versammelten sie sich, nachdem sie in der Kirche den Rosenkranz gebetet hatten, in einem Raum gegenüber der Sakristei, der als „die Erscheinungskapelle" bekannt wurde. Hier hing ein Kruzifix über einem beweglichen Altar an der Wand, und eine Statue Unserer Lieben Frau von Lourdes stand an einer Seite. Diese Erwähnung der Statue ist schon an sich ein interessanter Punkt, da er einen weiteren Beweis dafür liefert, dass die Erscheinungen in Lourdes ein anerkannter Bestandteil des Gemeindelebens waren. Während der Visionen blickten sie auf einen Fixpunkt an der Südwand dieses Raumes, nachdem sie als Gruppe auf ihre Knie gefallen waren. Innerhalb eines Monats war es, dem ersten *Tagebuch* Vickas zufolge, zur Routine geworden, dass die „Gospa" den Sehern um 18:30 Uhr erschien, sie mit den Worten „Gelobt sei Jesus" begrüßte und sie dann ins Gespräch einbezog. Die Themen konzentrierten sich in dieser Phase offenbar auf die Notwendigkeit der Bekehrung und der Buße, und es scheint, dass sie bei ihrem Abschied üblicherweise sagte: „Geht hin in Gottes Frieden!" Genau einen Monat nach dem Beginn der Visionen, am 24. Juli 1981, beschrieb Vicka die Ankunft der visionären Gestalt immer noch mit ähnlichen Worten wie ganz am Anfang, nämlich als ein langsam herabkommendes Licht.[208]

Das versprochene „Zeichen"

Vom zweiten Tag an, dem 25. Juni 1981, war es den Sehern ein sehr großes Anliegen, dass die „Gospa" ein „Zeichen" geben sollte, um deutlich zu machen, dass sie die Wahrheit sagten, und so die verständlichen Erwartungen der Volksmenge zufrieden

---

[208] Sivrić, *The Hidden Side of Medjugorje*, Bd. I, S. 70-71, 245.

stellen sollte.[209] Gewiss sieht es danach aus, dass die Seher mit dem „sehr baldigen" Erscheinen dieses Zeichens rechneten. Sowohl sie als auch die Franziskaner waren damals der Ansicht, dass dieses Zeichen während des Jahres 1981 gegeben würde. Pater Sivrić zufolge hatte Pater Zovko in einer Predigt angekündigt, dass ein Zeichen etwa um die Zeit des Festes der Aufnahme der Mutter Gottes in den Himmel, d. h. um den 15. August 1981, gegeben würde.[210]

Pater Laurentin berichtet, dass Vicka in ihrem ersten *Tagebuch*, nämlich im Eintrag für den 27. August 1981, notierte, dass die visionäre Gestalt, als sie sie nach dem Zeichen gefragt hatte, geantwortet habe: „Sehr bald, ich verspreche es dir." Dieses Thema wurde am 29. August wiederholt, als sie auf Ivankas Frage nach dem Zeichen zur Antwort bekamen: „Habt noch ein bisschen Geduld", wobei ähnliche Antworten am 30. August und am 3. September kamen.

Als sie von Pater Bubalo nach dem Zeichen befragt wurde, bestätigte Vicka, dass das Zeichen, der „Gospa" zufolge, auf dem Podbrdo gegeben würde, dass es sofort und nicht allmählich erscheinen würde und dass jeder es würde sehen können. Außerdem sagte Vicka, dass es dauerhaft und unzerstörbar sein würde und dass sie genau wüsste, wie es beschaffen sein und wann es erscheinen würde.[211] Das Problem hierbei ist, dass, wenn ein dauerhaftes, aber offensichtlich wundersames Zeichen auf dem Podbrdo gegeben werden soll, dies sehr leicht die Notwendigkeit des Glaubens wegnehmen würde – anders als es der Fall ist bei Reliquien wie dem Turiner Grabtuch oder der mexikanischen

---

209 Vgl. ebd., S. 73.

210 Vgl. ebd., S. 74; Bubalo, *Thousand Encounters,* S. 157.

211 Laurentin/Lejeune, *Messages and Teachings of Mary at Medjugorje*, S. 159-162; Bubalo, *Thousand Encounters,* S. 158; das Wort „spontan" wird in dem Text von Bubalo gebraucht, doch geht aus dem Zusammenhang hervor, dass damit eigentlich „sofortig" gemeint ist;
vgl. auch http://www.cbismo.com/index.php?mod=vijest&vijest=487 für Informationen über das angebliche Zeichen.

Tilma von Guadalupe mit dem wunderbaren Bild Unserer Lieben Frau darauf.

Die Patres Rupčić und Nuic bestreiten, dass die „Gospa“ den Sehern ausdrücklich ein „Zeichen“ versprochen habe, doch unterliegt es keinem Zweifel, dass sie nach dem Zeugnis der letzteren sicherlich erwarteten, dass etwas geschehen würde. Wie wir sahen, hatte Ivanka, als sie von Pater Zovko bezüglich eines Zeichens befragt wurde, geantwortet: „Sie wird es sicherlich geben“, während Vicka behauptete, dass sie meinte, die Visionen würden enden, nachdem die „Gospa“ ein Zeichen gegeben habe. Dieser Punkt wird in dem von Pater Sivrić übersetzten ersten *Tagebuch* Vickas noch deutlicher, wo sie im Eintrag für den 27. August 1981 schreibt, dass die „Gospa“ auf ihre weiteren Fragen nach einem Zeichen geantwortet habe: „Es wird bald geschehen, denn ich habe es euch versprochen.“

Abermals bemühen sich die Patres Rupčić und Nuic um eine „theologische“ Erklärung, diesmal für den Gebrauch des Wortes „bald“. Sie argumentieren, dass, weil in der Bibel „Tausende von Jahren einen Tag bedeuten können“, „Vickas Äußerung nicht verdächtiger erscheinen sollte als die Aussagen der biblischen Propheten.“[212] Bei einem solchen Ansatz besteht natürlich die Gefahr, dass wir den einfachen Sinn eines Wortes nach unserem Belieben solange verdrehen, bis er uns passt.

Medjugorje-Anhänger könnten außerdem noch argumentieren, dass dieser Gebrauch des Wortes „bald“ durch die visionäre Gestalt der Weise entspreche, wie Unsere Liebe Frau in Fatima Lucia mitteilte, dass sie, anders als Jacinta und Francisco, die *bald* von ihr in den Himmel geholt würden, „noch einige Zeit“ auf Erden bleiben müsse, wohingegen Lucia tatsächlich ein Alter von 97 Jahren erreichte. Allerdings wäre es für sie eindeutig herzzerreißend gewesen, dies als junges Kind zu erfahren, und wir können in den Worten „noch einige Zeit“ die mütterliche Sorge Ma-

212 Rupčić/Nuic, *Once Again The Truth about Medjugorje,* S. 89-92; Sivrić, *The Hidden Side of Medjugorje,* Bd. I, S. 248.

riens sehen, ihr unnötige Qualen zu ersparen. Und tatsächlich sagte sie, als sie kundtat, dass sie Jacinta und Francisco „bald" in den Himmel holen würde, nichts anderes als die Wahrheit, da sie beide bald darauf starben – hier wurde „bald" in einem sehr buchstäblichen Sinne gebraucht.[213] Zum anderen gebrauchte Unsere Liebe Frau, als sie von dem Wunder sprach, das in Fatima kommen sollte, kein vages Wort wie „bald", sondern gab den genauen Monat (Oktober) und sogar den genauen Tag (den Dreizehnten) an.

Das „große Wunder" von Garabandal

Auf jeden Fall wurde etwas, was dem für Medjugorje Angekündigten ähnelte, ein zukünftiges „großes Wunder", auch in Garabandal prophezeit, und dieses sollte in einer solchen Weise geschehen, dass es von allen in der Umgebung von Garabandal an einem besonderen Tag gesehen würde, mit einem Vorlauf von acht Tagen. Laut dem Buch von Sanchez-Ventura y Pascual, *The Apparitions of Garabandal,* erstmals 1966 in englischer Übersetzung veröffentlicht, wurde auch vorhergesagt, dass

> der Papst und Pater Pio es von dem Ort, an dem sie sich befinden, sehen werden; dass die Kranken, die zugegen sind, geheilt werden, dass Sünder bekehrt werden, dass das Wunder etwa fünfzehn Minuten andauern wird; dass der Bischof zuvor sein Verbot aufheben wird, so dass Priester dort sein dürfen und dass ein dauerhaftes Zeichen als Beweis für das Wunder gegeben werden wird …

Einer der Seherinnen zufolge sollte das Wunder „so groß und spektakulär sein, wie die Welt es nötig hat", und sie behauptete auch, das entsprechende Datum zu kennen.[214]

Natürlich gab es kein großes Wunder in Garabandal, und die Chance, dass es dort in der Zukunft eines geben wird, ist eher gering. Pater Pio starb 1968, und dieses Geschwätz von einem Zeichen scheint nichts Geringeres als eine List gewesen zu sein, um

---

213 Kondor, *Schwester Lucia spricht über Fatima I,* S. 188.

214 Sanchez-Ventura y Pascual, *The Apparitions of Garabandal*, S. 134-135, 138.

ein gewisses Interesse an Garabandal aufrechtzuerhalten, indem man versuchte, die Kirche zu zwingen, nicht zu einer endgültigen Entscheidung über die angeblichen Visionen zu gelangen, bis sie durch dieses erwartete Wunder „bewiesen" worden seien. Man hat Versuche angestellt, die unangenehme Tatsache des Todes von Pater Pio zu umgehen, indem man behauptete, er habe zuvor eine private Vision des Wunders gehabt, doch widerspricht dies dem klaren Sinn der obigen „Prophetie"[215].
In der Tat war das einzige echte marianische „große Zeichen" der jüngsten Vergangenheit dasjenige, worauf Unsere Liebe Frau im Juli 1917 Bezug nahm, als sie im Rahmen des Fatima-Geheimnisses eigenartige Erhellungen am Nachthimmel vorhersagte, die in vielen Teilen der Welt zu sehen wären, was sich im Jahre 1938 zutrug. „Wenn ihr eine Nacht erhellt sehen werdet durch ein unbekanntes Licht, dann wisset, dass dies das *große Zeichen* ist, das Gott euch gibt, dass er nun die Welt für ihre Missetaten durch Krieg, Hungersnot, Verfolgung der Kirche und des Heiligen Vaters strafen wird." Selbstverständlich war auch das Sonnenwunder selbst in Fatima ein äußerst wichtiges Zeichen, das gegeben wurde, damit alle glaubten.

Garabandal nicht so populär wie Medjugorje

Garabandal war in seiner Zeit sehr populär und verfügt bis heute über eine beträchtliche Anhängerschaft, doch gelang es ihm nie, auch nur annähernd die von Medjugorje erlangte Unterstützung zu finden. Dafür gibt es wahrscheinlich einige Gründe, darunter die Tatsache, dass die Kirche sich damals trotz der im Zuge des Zweiten Vatikanischen Konzils aufkommenden Probleme immer noch in einem im Wesentlichen gesunden Zustand befand. Allerdings weist gewiss vieles darauf hin, dass Garabandal und andere behauptete Erscheinungen, darunter auch jene von Ida Peerdeman in Amsterdam in den 1940er und 1950er Jahren, viele Ka-

---

[215] Vgl. Pelletier, *Our Lady Comes to Garabandal*, S. 114-115.

tholiken auf die Möglichkeit einer langwierigen Reihe von Visionen vorbereiteten. Zudem bereiteten solche angeblichen Visionen, deren Anhängerschaft sich oft gegen die Wünsche des Ortsbischofs stellte, auch den Weg für jene Konfrontation mit dem Episkopat, die sich in Medjugorje entwickelte.
Was aber bei Garabandal fehlte, war ein weltweites Unterstützungsnetzwerk von der Art, wie die Charismatische Bewegung es bot, und, was ebenfalls ganz entscheidend war, eine Gruppe von Priestern und Ordensleuten wie die Franziskaner von Bosnien-Herzegowina, die bereit waren, sich hinter Medjugorje zu stellen. Außerdem waren die frühen 1980er Jahre einer der Tiefpunkte im Geschick der Kirche in jüngster Vergangenheit. Papst Johannes Paul II. war erst seit kurzem an der Macht, und es dauerte einige Zeit, bis seine Politik und Persönlichkeit einen nachhaltigen Einfluss auf die Kirche ausüben sollten. All diese Faktoren kamen zusammen und boten eine geeignete Atmosphäre, in der Medjugorje gedeihen konnte.
Mit der Zeit muss es jedoch für jeden unparteiischen Beobachter offenkundig sein, dass Garabandal und Medjugorje viel mehr miteinander gemeinsam haben, als sie beide mit einer der anerkannten Marienerscheinungen gemeinsam haben, und dass vernünftige Katholiken stattdessen die letzteren unterstützen sollten.

Pater Zovko wird festgenommen und eingesperrt

Am 11. Juli 1981 hielt Pater Zovko eine feurige Predigt mit der vierzigjährigen Wüstenwanderung der Kinder Israel als Thema. Die Behörden bewerteten diese Predigt so, als enthalte sie versteckte politische und nationalistische Anspielungen im Zusammenhang mit den Jahren der kommunistischen Herrschaft in Jugoslawien. *Novosti* (Die Nachrichten), eine Tageszeitung, warf ihm vor, er wolle die nationalistische Ustascha-Bewegung „am Ort des Verbrechens" wiederbeleben. René Laurentin bringt dies mit der Ermordung einiger einheimischer Marxisten und den von den Partisanen Titos ausgeübten Gräueltaten in Verbindung, erwähnt aber nicht das brutale Massaker der Serben in Šurmanci, das mit Sicherheit das Verbrechen ist, auf das die Zeitung Bezug nahm.[216] Unterdessen hatte Bischof Žanić Medjugorje am 25. Juli besucht, und es scheint, dass er in diesem sehr frühen Stadium für die Möglichkeit offen war, dass die Seher die Wahrheit sagen könnten. Er war sich auch der Feindseligkeit der Regierung bewusst, und am 6. August erließ er eine Presseverlautbarung zur Verteidigung der Priester und der Seher, die in kommunistischen Zeitungen angegriffen wurden. In der Tat wurde der Podbrdo anschließend, am 12. August, von den Zivilbehörden gesperrt.

Wir können die Wirkung, die das Medjugorje-Phänomen lokal entfaltete, abschätzen, wenn wir bedenken, dass Pater Zovko am Fest Mariä Himmelfahrt vor einer großen Volksmenge von 25.000 Menschen verkündete, dass am 17. August 1981 ein Zeichen von der „Gospa" gegeben würde. Indes kam ein weiteres Indiz dafür, wie fieberhaft die Entwicklungen während der ersten Tage verlaufen waren, von den unterschiedlich terminierten Ankündigungen von Marinko, dass eine große Kirche plötzlich auf dem Podbrdo erscheinen oder dass ein Hügel aus der Umgebung einfach verschwinden werde. Diese Äußerungen wurden Pater Sivrić von seinen verschiedenen Informanten im Dorf zugetragen.

Es gab ein Zeichen am 17. August, aber es war nicht ganz dasjenige, welches Pater Zovko erwartet hatte. Vielmehr war es das Kommen der Polizei, die ihn wegen seiner früheren „politischen" Predigt gefangen nahm, welche ein abgekürztes Gerichtsverfahren für den Priester nach sich zog. Sein Platz wurde von Pater Tomislav Vlašić eingenommen, der, als ihr geistlicher Begleiter bis September 1984, erheblichen Einfluss über die Seher ausüben sollte; später folgte ihm Pater Slavko Barbarić in dieser Rolle nach. 1988 rief Pater Vlašić eine gemischte religiöse Gemeinschaft in Italien ins Leben, der junge Leute, darunter auch die Seherin Marija Pavlović und eine deutsche Frau namens Agnes

---

216 Laurentin/Rupčić, *Is the Virgin Mary Appearing at Medjugorje?*, S. 70.

Heupel, die in Medjugorje angeblich von einer teilweisen Lähmung geheilt worden war, angehörten.[217]
Pater Zovko wurde am 21. Oktober 1981 in Mostar der Prozess gemacht und am nächsten Tag zu einer Gefängnisstrafe verurteilt, die er bis zu seiner Freilassung im Februar 1983 aussitzen musste.[218] Dieses scharfe Vorgehen der Behörden veranschaulicht einen weiteren der Faktoren, welche die Unterstützung für Medjugorje in der frühen Zeit förderten, nämlich der Widerstand der Kommunisten, der viele Menschen zu der Schlussfolgerung brachte, dass die behaupteten Visionen echt sein müssten. Sie hatten so lange Zeit unter einem kommunistischen Regime gelitten, das von Lügen aufrechterhalten wurde, dass es beinahe natürlich erschien, das Gegenteil dessen, was sie sagten, zu glauben, ungeachtet dessen, ob es nun wahr war oder nicht.[219]

---

[217] Vgl. Jones, *The Medjugorje Deception*, S. 91-93; Sivrić, *The Hidden Side of Medjugorje*, Bd. I, S. 33, 74.
[218] Vgl. Perića, *Balkan Idols*, S. 111-112; Jones, *The Medjugorje Deception*, S. 95, 107; Sivrić, *The Hidden Side of Medjugorje*, Bd. I, S. 58-59.
[219] Vgl. Jones, *The Medjugorje Deception,* S. 70.

8. Probleme mit den Botschaften von Medjugorje

Einige unglaubliche Botschaften

Zu diesem frühen Zeitpunkt in der Existenz des Medjugorje-Phänomens waren einige der Seher geneigt, recht extreme Aussagen zu treffen. So berichtet Pater Sivrić, dass Vicka im späten August oder frühen September 1981 vor einem gewissen Jure Ivanković und einem Priester angekündigt habe, dass „Deutschland und die Vereinigten Staaten zerstört werden, … dass der Papst in die Türkei verbannt werden [und] … dass Bišće, die Ebene südlich von Mostar, knietief mit Blut bedeckt sein wird". Pater Sivrić stellt fest, dass diese angebliche Prophetie nicht Vicka zur Urheberin hatte, denn er konnte sich erinnern, wie in seiner Kindheit ähnliche Prophetien wiederholt wurden. Dies veranschaulicht die Wirkung der Populärkultur auf sie und ihre Schwierigkeiten mit dem Unterscheiden zwischen Fantasie und Realität. Die Tatsache, dass sie überhaupt so etwas sagte, ist aber ganz klar beunruhigend.

Ebenso schreibt Pater Sivrić, dass Vicka am 4. September 1981 in ihrem ersten *Tagebuch* einen Eintrag über den berüchtigten Vorfall vom „blutigen Taschentuch" hatte, bei dem es um eine Begegnung zwischen einem „Fahrer" und einem blutüberströmten Mann – der Seherin zufolge Christus – ging, der anordnete, dass ein in Blut getränktes Taschentuch in einen Fluss geworfen werden solle. Dieser Fahrer begegnete dann Maria, die ihn um das Taschentuch bat, obgleich er es offenbar nur ungern aushändigen wollte. Dann sagte die Gottesmutter angeblich: „Wenn du es mir nicht gegeben hättest, dann wäre dies das Ende der Welt gewesen." Vicka stellte dazu kategorisch fest: „Die Gospa sagte, dass dies die Wahrheit sei."

Als Vicka aber 1983 mit Pater Bubalo sprach, brachte sie eine andere Version dieser Geschichte vor: „Es überrascht mich, dass Leute mich immer noch mit diesem Taschentuch in Verbindung bringen, obwohl das eigentlich gar nicht meine Sache ist." Sie bemühte sich um eine noch klarere Distanzierung von dieser selt-

samen Geschichte, doch ist dies alles nicht überzeugend. Allerdings leugnet sie nicht, dass die „Gospa“ die Geschichte *bestätigt* hätte, als sie sagte, dass sie sie später danach gefragt habe.
Wie Marco Corvaglia, ein italienischer Medjugorje-Forscher, betont, ist diese Begebenheit aber in Wirklichkeit eine Wiederverarbeitung einer alten Legende, die seit Jahrhunderten in Europa verbreitet war. So schrieb z. B. der italienische Schriftsteller Giovanni Sercambi in seinen *Croniche* („Chroniken“) aus dem 15. Jahrhundert eine sehr ähnliche Erzählung nicht über ein Taschentuch, sondern über einige Brotlaibe nieder. Dies stellt wiederum einen Beweis für die Wirkung der Populärkultur, nicht etwa des Übernatürlichen, auf Vicka dar.
Es ist recht überraschend, dass René Laurentin diese Begebenheit nicht in seinen *Chronologischen Korpus der Botschaften*[220] aufnahm und dies wie folgt zu rechtfertigen versuchte: „Ich werde nicht auf diese Geschichte zurückkommen, die schlecht bezeugt ist. Ich hatte Pater Bubalo vorgeschlagen, dieses verwirrende und unbedeutende Ereignis aus seinem Buch herauszunehmen.“[221]

Die Kultur und Folklore von Medjugorje

Wichtig ist es, die Visionen und die Seher in den Kontext der Lokalkultur zu stellen, in die sie hineingehören. Pater Sivrić spricht von einer ganz spezifischen Kultur und Folklore in der Region, die ausgesprochen leichtgläubig Berichte von wunderbaren Ereignissen aufnimmt und der Möglichkeit von Visionen somit sehr offen gegenübersteht. Ferner spricht er in jener Kultur von einer „Tendenz zu dramatisieren“. Es ist auch beachtenswert, dass die

---

[220] Vgl. Jones, *The Medjugorje Deception,* S. 94; *Corpus Chronologique Des Messages,* Paris: OEIL, 1988; Sivrić, *The Hidden Side of Medjugorje*, Bd. I, S. 10-12, 95, 250; Bubalo, *Thousand Encounters,* S. 90-92;
vgl. http://www.marcocorvaglia.com/medjugorje-en/medjugorje-like-a-fairy-tale-1.html; G. Sercambi, Le Croniche, Bd. II, Rom: Giusti, 1892, S. 291-293.
[221] René Laurentin, *Eight Years*, Milford: The Riehle Foundation, 1989, S. 38, zitiert in: Nolan, *Medjugorje: A Time for Truth*, S. 328.

Dörfer der Region ihre eigenen „Propheten" und „Prophetinnen" hatten, an deren Vorhersagen man sich erinnerte und die in der Dorfgemeinschaft mündlich überliefert wurden. Im Sommer 1986 hatte Pater Sivrić von einer lokalen Prophetin gehört, die offenbar häufig gesagt hatte: „Wehe den Einwohnern von Medjugorje, wenn sie schlechte Priester haben!" Als die Berichte über die Visionen verbreitet wurden, stießen sie also vor Ort auf ein bereitwilliges Publikum, das sie gerne aufnahm und anderen weitergab. Diese Haltung beeinflusste auch Menschen, die behaupteten, selbst ebenfalls Visionen zu haben.[222]

Die Frage angeblicher Heilungen in Medjugorje wird in einem späteren Kapitel behandelt werden, doch muss zur Beurteilung dieser Behauptungen wohl auch ein kultureller Faktor herangezogen werden. Paolo Apolito, ein italienischer Forscher, bemerkt zu diesem Punkt, dass die Visionen in Medjugorje mit Elementen der regionalen Volksmedizin vermischt worden seien: „In Medjugorje … wurde eine ganze zuvor bestehende Tradition der Volksmedizin wiederbelebt, die mit Breiumschlägen aus Pflanzen und Blumen, vermischt mit Erde, arbeitete und durch die Phänomene der Erscheinungen neu zur Geltung kam." Dann führt er Fälle an, bei denen Pilger sich für die Linderung und Heilung von Krankheiten offenbar genauso sehr auf Infusionen von Muttererde und Gras vom Podbrdo wie auf Gebete zur „*Gospa*" verließen.[223]

Fragwürdiger Inhalt der Botschaften

Sicher kann man argumentieren, dass der Inhalt der Botschaften von Medjugorje viel zu wünschen übrig lässt. Manche Medjugorje-Anhänger haben behauptet, dass sie eine Bindekraft und Spiritualität hätten, die nur vom Himmel kommen könnten, doch

---

[222] Sivrić, *The Hidden Side of Medjugorje,* Bd. I, S. 92-95.

[223] Paolo Apolito, *Apparitions of the Madonna at Oliveto Citra: Local Visions and Cosmic Drama*, übersetzt von W. Christian, Pennsylvania: Pennsylvania State University Press, 1998, S. 63-64.

bleibt es ein Geheimnis, wie jemand, der sie sich etwas genauer angesehen hat, ernsthaft bei diesem Argument bleiben kann. Tatsächlich ist an sich nichts Unwahrscheinliches an der These, dass die Botschaften mehrheitlich keinen übernatürlichen Ursprung haben können. Hinsichtlich des ihnen eigenen Charakters ist es sicher zutreffend, dass sie die Eigenschaft der Gleichheit und Eintönigkeit aufweisen, was schon an sich höchst verdächtig ist, noch ganz zu schweigen von der fragwürdigen Theologie, die einige von ihnen beinhalten.

Zu diesem Punkt sagt Pater Augustin Poulain: „Man kann der Offenbarung auch misstrauen, wenn sie, obgleich vom geistlichen Standpunkt aus gut, in einer Binsenwahrheit besteht, die in allen aszetischen Schriften vorkommt. Gott würde keine derart großen Mittel für ein solch kleines Ergebnis einsetzen."[224]

Die folgende Botschaft vom 1. März 1984 enthält Schmeichelei, die Vorstellung nämlich, dass die Pfarrei „auf besondere Weise auserwählt" sei, ein Ansatz, der den echten Botschaften Unserer Lieben Frau völlig fremd ist:

> Liebe Kinder! *Ich habe diese Pfarrei auf besondere Weise auserwählt und möchte sie führen.* Ich behüte sie in Liebe und wünsche, dass ihr alle mein werdet. Ich danke euch, dass ihr heute Abend meinem Ruf gefolgt seid. Ich wünsche, dass ihr immer, in immer größerer Anzahl, hier mit mir und meinem Sohn seid. Ich werde jeden Donnerstag eine besondere Botschaft für euch geben.

Dieser Gedanke wird in der folgenden Botschaft vom 15. November 1984 wiederholt:

> Liebe Kinder! *Ihr seid ein erwähltes Volk, und Gott hat euch große Gnaden gegeben.* Ihr seid euch nicht jeder Botschaft, die ich euch gebe, bewusst. Jetzt möchte ich nur sagen: Betet, betet, betet! Ich weiß nichts anderes zu sagen, weil ich euch liebe und weil ich wünsche, dass ihr im Gebet meine und Gottes Liebe erkennt. – Danke, dass Ihr meinem Ruf gefolgt seid![225]

---

[224] Poulain, *Revelations and Visions,* S. 84.

[225] O'Carroll, *Medjugorje: Facts, Documents, Theology*, S. 159, 165. Deutscher Text der Botschaften zitiert nach:

Der Gedanke, dass die Gottesmutter ständig Menschen für ihre Folgsamkeit auf ihren Ruf hin dankt, ist selbstverständlich völlig unhaltbar. Er legt nahe, dass Menschen ihr einen Gefallen tun würden, und als solcher ist er ohne Präzedenzfall bei sämtlichen anerkannten Erscheinungen.

Die folgende Botschaft vom 21. Februar 1985 scheint eine recht bockige „Gospa" zu enthüllen, die weggehen und in der Ecke schmollen will, wenn ihre Forderungen nicht erfüllt werden: „Liebe Kinder! Tag für Tag habe ich euch zur Erneuerung und zum Gebet in der Pfarrei aufgefordert, aber ihr begreift es nicht. Heute fordere ich euch zum letzten Mal auf. Jetzt ist die Fastenzeit, und ihr könnt als Pfarrei in der Fastenzeit meiner Einladung aus Liebe nachgehen. *Wenn ihr das nicht tut, werde ich euch keine Botschaften mehr geben.* Gott erlaubt mir das. – Danke, dass ihr meinem Ruf gefolgt seid!"[226]

Theologisch suspekte Botschaften

Bischof Perić hat jüngst die Aufmerksamkeit auf einige „Botschaften" von Medjugorje gelenkt, die problematisch sind. Als Beispiel erwähnt er diese vom 16. September 1981, die sich in der *Chronik* der Visionen von Medjugorje findet. Sie wurde von Pater Tomislav Vlašić zwischen dem 11. September 1981 und dem 31. August 1984 bearbeitet. Er berichtete, dass die visionäre Gestalt „ihnen auch sagte, dass sie nicht für sich selbst beten müssten, weil sie sie in einer besseren Weise belohnt habe. Sie mögen für andere beten." Bischof Perić betont dazu, dass „keine Privatoffenbarung auf Erden die Notwendigkeit des Gebets zu Gott zu ersetzen vermag".

In einem Chronik-Eintrag vom 21. Juli 1982 stellte Pater Vlašić den Sehern im Anschluss an eine angebliche Vision Fragen über das Fegfeuer und die Hölle. Bezüglich der Hölle antworteten sie unter anderem: „Gott lässt zu, dass seine Kinder in der Hölle

---

http://www.gebetsaktion.at/botschaften/donerstags.html.

[226] Ebd., S. 168.

leiden, weil sie schwere Sünden begangen haben, die er nicht vergeben kann." Diese Antwort ist verdächtig, weil es nicht die Frage ist, ob Gott schwere Sünden vergeben kann, sondern ob vor Eintritt des Todes der Wille oder die Bereitschaft des Sünders, um Vergebung zu bitten, vorhanden ist. Bischof Perić schrieb dazu: „Der Glaube lehrt, dass es keine Sünde gibt, die Gott nicht vergeben kann, wenn der Mensch bereut."

Die Seher sagten auch: „In der Hölle leidet jeder in der gleichen Weise." Auch diese Antwort ist suspekt, weil es unwahrscheinlich ist, dass dies der Fall ist. Im Buch der Offenbarung lesen wir, dass jeder Mensch nach seinen Werken gerichtet werden wird, so dass alle vermutlich auch nach dem Schweregrad ihrer Sünden gerichtet werden (Offb 20,12-13). Folglich werden manche Menschen in der Hölle mehr leiden als andere.

Eine weitere suspekte Botschaft aus der *Chronik* datiert vom 6. Mai 1982: „Heute Abend stellten die jungen Leute eine theologische Frage und erhielten eine Antwort. Sie fragten: ‚Sind die Menschen im Himmel nur mit der Seele, oder mit der Seele und dem Leib gegenwärtig?' Sie sind mit der Seele und dem Leib gegenwärtig; das war ihre Antwort."

Diese Antwort ergibt keinen Sinn, denn abgesehen von Jesus und Maria sind die Erlösten im Himmel nur als vernunftbegabte Seelen gegenwärtig, ohne ihre Leiber, die sie erst bei der Auferstehung des Leibes zurückerhalten werden.[227]

Am 1. Oktober 1981 wurde eine besonders umstrittene Antwort auf eine Frage aufgezeichnet: „Sind alle Religionen gut? Sind alle Religionen identisch?" Die Antwort war: „Vor Gott sind alle Religionen identisch. Gott regiert sie wie ein König in seinem Königreich …"

Bischof Perić betont jedoch, dass, wenn alle Religionen gleich wären, unsere Verpflichtung zum Glauben an Christus keinen

---

[227] Bischof Ratko Perić, *The deviations of Medjugorje*, 25. Januar 2010, online lesbar über: http://catholiclight.stblogs.org/archives/2010/03/the-deviations-of-medjugorje.html. Es ist auch möglich, dass der hl. Joseph mit Leib und Seele im Himmel ist.

Sinn ergäbe. René Laurentin versuchte diese Äußerung zu rechtfertigen, indem er auf die ethnischen und religiösen Differenzen in Jugoslawien einging und Vicka wie folgt zitierte: „Die Gottesmutter sagte mir, dass ‚alle Religionen vor Gott gleich sind.' Dann fuhr Vicka fort: ‚Das heißt, dass alle Menschen vor Gott gleich sind …' "

Dies ist jedoch offenkundig keine zufriedenstellende Erklärung. Wie kann in diesem Punkt eine Gleichwertigkeit zwischen Religionen und Einzelpersonen bestehen? René Laurentin spricht in seinem erweiterten Kommentar zu dieser beunruhigenden Antwort an einigen Stellen eher beschwichtigend von „Zweideutigkeiten".[228]

Vickas drittes *Tagebuch* enthält ebenfalls einen fragwürdigen Eintrag vom 28. Februar 1982, in dem die visionäre Gestalt Pater Vlašić für seine Arbeit in der Seelenführung der Seher lobte. Hierzu schreibt Vicka: „Ich und Jakov waren da. Die Gospa kam um 6 für 3 Minuten, sie blickte uns freundlich an. Dann sprach die Gospa über Tomislav; zunächst schaute sie ihn an und sagte danach: ‚Ihr habt Tomislav sehr viel zu verdanken, weil er euch so gut führt.' "[229]

Für jeden, der mit den anerkannten Erscheinungen Unserer Lieben Frau vertraut ist, ist die Vorstellung, dass sie jemanden in dieser Weise loben würde, eindeutig unhaltbar. Und dies ist insbesondere hier der Fall, da Pater Vlašić, wie wir sehen werden, im Jahr 2009 aufgrund von „für die kirchliche Gemeinschaft sowohl im Bereich der Lehre als auch der Disziplin schädlichem Verhalten" laisiert wurde, wie der Generalminister des Franziskanerordens, Pater José Rodriguez Carballo, sagte.

---

228 Ebd.; vgl. Laurentin/Lejeune, *Messages and Teachings of Mary at Medjugorje*, S. 344-349.

229 http://catholiclight.stblogs.org/archives/2009/10/context-of-the.html; Vicka Ivanković, Das dritte Tagebuch, *handschriftliches Manuskript, Kopie in der Diözesankurie in Mostar.*

Einige weitere Botschaften sind ebenfalls theologisch verdächtig oder zumindest missverständlich. So lautet zum Beispiel die vom 24. Juli 1982 datierende Botschaft wie folgt: „Der aus der Erde genommene Leib verwest nach dem Tode. *Er wird nie wieder lebendig*. Der Mensch empfängt einen verklärten Leib."[230]
Obwohl es stimmt, dass unsere Leiber bei der Auferstehung verklärt werden, trifft es eindeutig nicht zu, dass sie nie wieder lebendig werden, da dies bedeuten würde, dass dieselben Leiber, die wir auf Erden haben, nicht an der Auferstehung des Leibes teilnähmen. Dass dies nicht der Fall ist, geht aus der Heiligen Schrift hervor (vgl. Röm 8,11; Phil 3,21) und wurde auch beim Vierten Laterankonzil wie folgt definiert: „Sie werden alle mit ihren eigenen Leibern auferstehen, die sie jetzt tragen."[231]
Ähnlich zieht eine vom 31. August 1982 datierende Botschaft die Mittlerrolle Mariens in Zweifel: *„Ich teile nicht alle Gnaden aus.* Ich empfange von Gott das, was ich durch das Gebet erlange. Gott hat sein volles Vertrauen in mich gesetzt."[232]
Dieser erste Satz widerspricht eindeutig der Lehre der Kirche über Unsere Liebe Frau, dass sie tatsächlich die Mediatrix (Mittlerin) aller Gnaden ist.[233] Im Gegensatz dazu hatte der hl. Ludwig Maria Grignion von Montfort, der große marianische Heilige, Folgendes hierüber zu sagen: „Gott hat Maria zur Schatzmeisterin, zur Verwalterin und Ausspenderin aller seiner Gnaden erwählt, so dass alle seine Gnaden und Gaben durch ihre Hände gehen."[234] Dieser Teil der Botschaft steht auch im Widerspruch

---

[230] Laurentin/Lejeune, *Messages and Teachings of Mary at Medjugorje,* S. 189; Hervorhebung ergänzt.
[231] Vgl. Ludwig Ott, *Grundriss der katholischen Dogmatik*, Bonn: nova & vetera, [11]2005, S. 661-663. Zitat: DH 801.
[232] Laurentin/Lejeune, *Messages and Teachings of Mary at Medjugorje,* S. 191; Hervorhebung ergänzt.
[233] Vgl. Ott, *Grundriss der katholischen Dogmatik,* S. 308-313.
[234] Ludwig Maria Grignion von Montfort, *Das Goldene Buch. Die Wahre Andacht zu Maria, das Geheimnis Mariä und die Liebe zum Kreuz,* Feldkirch 1987, S. 224.

zur Erfahrung der hl. Catherine Labouré in der Rue du Bac während der Erscheinung am 27. November 1830, bei der sie Maria auf einem Globus mit Ringen an ihren Fingern, von denen Lichtstrahlen ausgingen, sah, von denen ihr ausdrücklich bestätigt wurde, dass sie Gnaden darstellten.

Schon allein diese „Botschaft“ sollte Medjugorje jedes Recht nehmen, ernsthaft als ein übernatürliches Geschehen angesehen zu werden!

In vielen Botschaften ist auch ein ungesundes, übermäßiges Beschäftigtsein mit dem Teufel zu konstatieren, ein Beschäftigtsein, das bei den anerkannten Marienerscheinungen fehlt. Satan wird in über sechzig der Botschaften erwähnt, die zwischen 1984 und 2004 aufgelistet sind.[235] Dies scheint jedoch eher ein Hinweis auf die bereits erwähnte dualistische Tendenz in der kroatischen Volksreligion als ein Beweis für wahrhaft übernatürliche Botschaften zu sein.

Besonders erwähnenswert ist, dass die Weisheitsliteratur in der Bibel einige Stellen enthält, die sich kritisch zu langatmigem Wortschwall äußern, einer Eigenschaft, von denen die Botschaften der „Gospa“ gekennzeichnet sind. So heißt es in Sprüche 17,27: „Wer mit seinen Worten spart, kennt Einsicht.“ Prediger 5,1-2 ist noch expliziter: „Überstürze dich nicht mit dem Munde, und dein Herz beeile sich nicht, Worte auszusprechen vor Gott! … deshalb seien deiner Worte wenige.“ Die Worte Mariens sowohl in den Evangelien als auch bei ihren anerkannten Erscheinungen waren in der Regel wenige, aber treffend.

Manchmal konnten die Begegnungen mit der „Gospa“ auch auf das Niveau einer Farce sinken. Frau Patricia Waters, eine ehemalige Anhängerin von Medjugorje, beschreibt, wie sie bei einer dieser Begegnungen in den frühen 80er Jahren zugegen war, bei der Jakov die „Gospa“ über ein Fußballspiel befragte und sich erkundigte, wie seine Lieblingsmannschaft gespielt habe. Dies veranlasste die anderen Seher, in Gelächter auszubrechen. Wayne

---

[235] Siehe www.medjugorje.org/olmpage.htm für eine Liste dieser Botschaften.

Weible bestätigt, dass dieser seltsame Vorfall tatsächlich stattfand.[236]

Pater Jordan Aumann OP gibt in seiner *Spiritual Theology* folgenden allgemeinen Kommentar zu den obigen Punkten ab: „Offenbarungen zu rein kuriosen oder nutzlosen Angelegenheiten sollten als nicht göttlichen Ursprungs abgelehnt werden. Dasselbe gilt für jene, die ausführlich, langatmig und mit einem Überfluss an Beweisführungen und Gründen angefüllt sind. Göttliche Offenbarungen sind in der Regel kurz, klar und präzise.“[237]

Themen der Botschaften

Bereits in einem sehr frühen Stadium kann man ein Überwiegen franziskanischer Themen in den Botschaften wahrnehmen. So treten zum Beispiel Gebetsübungen wie die sieben Paternoster, Ave Maria und Gloria, eine alte franziskanische Andacht, besonders hervor, ebenso das Fasten bei Wasser und Brot.[238] Ein wichtiger Teil der weltweiten Botschaft, die im Namen Medjugorjes propagiert wurde, ist die des Gebets, der Bekehrung und des Fastens. Zweifelsohne war diese Betonung solcher traditioneller katholischer Praktiken in den frühen Tagen eine große Hilfe, die viele davon überzeugte, dass Medjugorje wohl echt sein könne. Doch wie wir sahen, waren diese Elemente insofern verdächtig, als sie in den Botschaften etwa der ersten Woche fehlten. Die Botschaft der ersten Woche bestand ja gerade darin, dass es keine Botschaft gab!

Was speziell das Fasten betrifft, so zeigt René Laurentin ganz klar, dass es nicht infolge einer Bitte der „Gospa“ so stark betont wurde. Er schreibt, dass es „als eine Initiative des Gemeindepfarrers begann. Es gab noch keine Botschaft von der Jungfrau. Wie

---

236 Video *Cover Up: The Hidden Agenda*, 1 Stunde 20 Minuten, Network 5 International, 1998; Weible, *The Final Harvest*, S. 24.

237 Jordan Aumann OP, *Spiritual Theology*, London: Sheed and Ward, 1995, S. 430.

238 Bouflet, *Medjugorje, ou la fabrication du surnaturel*, S. 136.

kam er auf diese Idee? Vielleicht war es eine Inspiration, doch vor allem gründete er sich auf eine alte Tradition in Bosnien-Herzegowina."

Offenbar hatte Pater Zovko nach seinem Erlebnis am 2. Juli, als er behauptet hatte, eine Stimme gehört zu haben, die ihn aufgefordert habe, „die Kinder zu schützen", im Anschluss an die Predigt seine Gemeindemitglieder wie folgt gefordert: „Seid ihr bereit, zu beten und (drei Tage lang) zu fasten?" Sie antworteten mit einem klaren Ja.

Und sogar schon vorher, am 28. Juni, während seines Gesprächs mit Mirjana merkte er, während er sich darüber beklagte, dass die „Gospa" ihnen keinerlei zusammenhängende Botschaft über das Gebet oder Handlungsanweisungen gebe, auch an: „Hat sie euch nicht zum Fasten aufgefordert?" Dies impliziert, dass sie gerade dies hätte tun müssen, wenn sie wirklich die *Gospa* wäre. Hieraus liegt also ein weiteres Indiz dafür vor, dass das Fasten eine der maßgebenden religiösen Praktiken in der Gegend war und eindeutig nicht auf die Initiative der „Gospa" zurückging.[239]

Die Dauer der anerkannten Erscheinungen

Es besteht auch das Problem des schieren Umfangs der Botschaften sowie der Länge des Zeitraums, in dem die Visionen angeblich andauern. Die meisten anerkannten Erscheinungen haben in einer verhältnismäßig kurzen Zeitspanne begonnen und wieder geendet. Wie wir sahen, passen sämtliche Worte der anerkannten Erscheinungen der Neuzeit auf nicht mehr als höchstens ein Dutzend Textseiten. Warum sollte Maria, nachdem sie in der Vergangenheit so sehr mit Worten gespart hat, dass man fast von Wortkargheit sprechen könnte, nun plötzlich so mitteilsam und redselig werden? Das ergibt einfach keinen Sinn.

In Guadalupe erschien Maria Juan Diego nur viermal, während Catherine Labouré in der Rue du Bac nur dreier Haupterschei-

---

[239] René Laurentin/Henri Joyeux, *Scientific and Medical Studies on the Apparitions of Medjugorje*, Dublin: Veritas Publications, 1987, S. 77-78, 84.

nungen gewürdigt wurde. In La Salette erschien Maria zwei Kindern nur einmal, während sie in Lourdes Bernadette weniger als zwanzig Male erschien. Sowohl in Pontmain als auch in Knock gab es nur eine einzige Erscheinung, während Maria in Fatima an sechs Tagen erschien. Die Anzahl der Erscheinungen in Beauraing lag bei etwas über dreißig und in Banneux bei acht. Somit lag die Durchschnittszahl der Erscheinungen bei den wichtigsten anerkannten Erscheinungen der Gottesmutter lediglich bei etwas über acht, und ihre längste Dauer betrug, im Falle von Fatima, weniger als sechs Monate. Obwohl Maria auch in späteren Jahren Schwester Lucia noch mehrmals erschien, ist es klar, dass diese Erscheinungen von einem anderen Rang waren und somit nicht zur ursprünglichen Serie der Erscheinungen gehörten, obwohl sie mit ihnen zusammenhängen und wichtige Entwicklungen der Botschaft von Fatima darstellen. Somit ist die Norm für die wichtigsten anerkannten Erscheinungen eine für jeden einzelnen Ort unterschiedliche, zumeist einstellige Zahl der Erscheinungen und eine Dauer von Wochen oder vielleicht Monaten, nicht aber Jahren.

Einige Medjugorje-Anhänger haben jedoch behauptet, dass die Marienerscheinungen in Notre-Dame du Laus in Südostfrankreich, bei denen die Gottesmutter der siebzehnjährigen Benoîte Rencurel zwischen 1664 und 1718 erschienen war, belegten, dass die lange Dauer der Visionen von Medjugorje keine absolute Ausnahme darstellten. Diese Serie von Erscheinungen wurde endgültig im Mai 2008 durch Bischof Jean-Michel di Falco Leandri, den Bischof der Diözese Gap und Embrun, nach dreijähriger Untersuchung durch eine Kommission aus Historikern, Psychologen und Theologen anerkannt. Benoîte sah vier Monate lang tägliche Erscheinungen der Gottesmutter, erlebte aber von jener Zeit an bis 1718 nur mehr periodische Erscheinungen. Es besteht also ein klarer Unterschied zwischen diesen Erscheinun-

gen und Medjugorje, wo einige der Seher seit inzwischen dreißig Jahren tägliche Visionen für sich behaupten.[240]
Und dieser Punkt wird durch die Anerkennung der Erscheinungen Unserer Lieben Frau vor Adele Brice in Champion (Wisconsin) im Jahr 1859 durch Bischof David Ricken am 8. Dezember 2010 nur bestätigt. Es handelte sich dabei um die ersten derartigen Erscheinungen in den Vereinigten Staaten, die kirchliche Anerkennung durch ein Dekret fanden. Die Gottesmutter erschien der 28-jährigen Adele Brice, einer belgischen Einwanderin, nur drei Male, und sie ließ schließlich die Erscheinungskapelle Unserer Lieben Frau von der Guten Hoffnung errichten. Wie bei anerkannten Erscheinungen üblich, übermittelte Maria nur kurze Botschaften an Adele, die sich auf ihre Rolle als „die Königin des Himmels, die für die Bekehrung der Sünder betet", konzentrierten, und bat sie, das gleiche zu tun.[241]

Die Visionen von Medjugorje und falsche Propheten

Es wird aber behauptet, dass die Gottesmutter mindestens einigen der Seher seit nunmehr dreißig Jahren täglich erscheine, d. h. insgesamt Zehntausende Male. In der Praxis bedeutet dies, wenn diese Ereignisse echt sind, dass Maria aus irgendeinem Grunde ihren früheren Ansatz aufgegeben hätte, nur relativ wenige Male und über einen kurzen Zeitraum hin zu erscheinen und stattdessen praktisch „auf Anforderung" erschienen wäre. Wie oben ausgeführt, war die Durchschnittszahl der Visionen bei echten Marienerscheinungen einstellig. Wenn Medjugorje aber authentisch

---

240 www.zenit.org/article-17813?l=french.

241 Vgl. http://www.shrineofourladyofgoodhelp.com/index.html; http://www.catholic.org/hf/faith/story.php?id=39511; obgleich Adele älter war als bei den Sehern anerkannter Erscheinungen üblich, ist dies angesichts ihrer Mission verständlich. Sie wurde von Unserer Lieben Frau gebeten: „Sammle die Kinder in diesem wilden Land und lehre sie das, was sie zum Heil wissen müssen." Hierzu gehörte offensichtlich, dass sie herumreisen musste, wofür ein Kind nicht geeignet ist. Später wurde sie Nonne und gründete eine Ordensgemeinschaft.

ist, dann ist dieser Durchschnitt um den Faktor Tausend in die Höhe getrieben worden! Und für all diese Aktivität scheint kein Ende in Sicht zu sein.
Ist dies wahrscheinlich? Würde Gott auf derart dramatische Weise die Methode, wie er seit Jahrhunderten an die Menschheit herantritt, ändern? Ist es nicht vielmehr, ebenso wie bei den großen Scharen der falschen Propheten im Alten Testament, die mit den echten, von Gott gesandten Propheten konkurrierten, ein Beweis dafür, dass diese Botschaften nicht übernatürlich sind?
Dies zeigt sich beispielsweise an der Tatsache, dass Elija den falschen Propheten Baals in seinem Kampf gegen das von dem gottlosen König von Israel, Achab, und seiner Frau Isebel geförderte Heidentum entgegentreten musste. Es ist bedeutsam, dass es vierhundert Propheten Baals gegen den einsamen Elijas gab (1 Kön 18). Ähnlich musste sich der Prophet Michajehu gegen weitere vierhundert falsche Propheten zur Wehr setzen, die den Sieg für Achab und Josaphat, den König von Juda, vorhergesagt hatten, wenn sie Ramot in Gilead angriffen. Michajehu aber sagte, ihm sei geoffenbart worden, dass ein Lügengeist in den Mund der falschen Propheten gelegt worden sei, damit Achab seinem Tode zugeführt werden sollte, wie es anschließend auch geschah (1 Kön 22,5-38).
Später beklagte sich der Prophet Jeremia über die falschen Propheten, mit denen er sich auseinandersetzen musste (Jer 14,13-15), und ähnliche Verurteilungen sind im Buch Ezechiel gegen männliche wie weibliche falsche Propheten zu finden (Ez 13,2-16). Somit haben falsche Prophetien oder falsche Botschaften, die verkündet werden, nichts Neues an sich. Außerdem ist, wie der Prophet Jesaja deutlich machte (Jes 59,1), Gottes Hand nicht zu kurz, d. h. er braucht nicht zu kämpfen oder zu schreien, um seine Botschaft zu übermitteln, denn er ist allmächtig. Dieser Punkt wird auch in einer anderen Stelle aus dem Propheten Jesaja nachdrücklich betont:

> Denn wie Regen und Schnee vom Himmel kommen und nicht mehr dorthin zurückkehren, ohne dass sie die Erde tränken, sie sprießen und keimen lassen und Saat geben dem Sämann und dem Essenden Brot, so

> steht es auch mit meinem Wort, das von meinem Munde ausgeht. Es kehrt nicht erfolglos zu mir zurück, ohne dass es vollbracht, was ich wollte, und durchgeführt, wozu ich es sandte (Jes 55,10-11).

Gottes „Wort" in Form der anerkannten Marienerscheinungen war außerordentlich fruchtbar und mit einem Minimum an Worten und Visionen verbunden. Maria erscheint einmal für ein paar Stunden in Pontmain und Knock – und wahrscheinlich für nicht mehr als eine halbe Stunde in La Salette –, und es schießen dort drei große Wallfahrtsstätten aus dem Boden. Sie erscheint angeblich Tausende Male in Medjugorje, und das Ergebnis während der vergangenen dreißig Jahre war eine Geschichte der Verwirrung, des Ungehorsams und der Unordnung in der Kirche.

Warum so viele Botschaften?

Warum gibt es also all diese Botschaften, wenn sie uns nichts Neues vermitteln? Der einfachste Grund wäre wohl, dass diese angeblichen Visionen, wenn sie nicht von Gott kommen, schnell in Vergessenheit geraten wären, hätte es nicht dieses Element der Wiederholung gegeben.

Vicka sprach in einem ihrer Gespräche mit Pater Bubalo über diesen Punkt. Er fragte sie, warum ihrer Meinung nach die „Gospa" den Sehern über einen so langen Zeitraum hin erscheine, und sie antwortete, die Jungfrau habe gesagt, dass „dies ihre letzte Erscheinung auf Erden" sei und dass sie „das, was sie erreichen will, auch nicht so schnell verwirklichen" könne. Dann bat Pater Bubalo sie, zu erläutern, was sie damit meinte, worauf Vicka erwiderte: „Warum? Denken Sie darüber nach: Wie sähe dies alles aus, wenn die Jungfrau nur zehn oder zwanzig Male erschienen und dann wieder verschwunden wäre? In dem ganzen Rummel wäre es mittlerweile vergessen worden. Wer würde dann glauben, dass sie hier war?"[242]

242 Bubalo, *Thousand Encounters,* S. 186-187.

Tatsächlich müssen wir fragen, ob Menschen immer noch nach Medjugorje reisten, wenn die Visionen sehr rasch beendet gewesen wären. Wie wir sahen, hätte dies – nach dem eindeutigen, auf Tonband aufgezeichneten Zeugnis –, eigentlich geschehen sollen, doch stattdessen fahren Leute, entgegen dem negativen Urteil der aufeinander folgenden Ortsbischöfe, immer noch in großen Scharen dorthin, und zwar in erster Linie, weil behauptet wird, dass Maria mehreren der Seher weiter täglich erscheine. Ohne diese täglichen Visionen wäre das ganze Phänomen zweifelsohne ausgetrocknet und mittlerweile schon lange vergessen. Im Gegensatz dazu wird es heute so energisch wie immer propagiert, ungeachtet der Probleme, die dies für anerkannte Wallfahrtsorte mit sich bringt, die kirchlich gebilligte Botschaften verbreiten.
Abgesehen von alledem ist auch noch der ziemlich rätselhafte Aspekt zu berücksichtigen, was die Botschaften *nicht* ausgesagt haben. Angesichts der Lage der Kirche und der Welt und der Tatsache, dass diese angeblichen Botschaften seit mittlerweile dreißig Jahren propagiert werden, müsste man erwarten, dass sie etwas relevanter wären, als es aktuell der Fall ist. Die Suche in einer Konkordanz der Medjugorje-Botschaften von 1984 bis 2009 zeigt, dass Worte wie Abtreibung, Empfängnisverhütung, Pornographie und Homosexualität fehlen. Dasselbe gilt für Ehebruch, Ehescheidung und Unzucht. Ebenso wenig werden Drogen, Mord, Lügen, Lust und Unreinheit erwähnt, auch nicht Stehlen, Diebstahl, Götzendienst, Zorn, Verzweiflung oder Gier. Eine Ausnahme stellt „Hochmut" dar, doch wird dieses Wort auf die Sünde Satans und nicht auf eine menschliche Sünde bezogen.[243]
Umgekehrt finden wir wiederholt Bezugnahmen auf Dinge wie „Konsumdenken", „Nachlässigkeit" und „Neugier" inmitten von Hunderten Botschaften mit Gemeinplätzen. Gewiss würde das große Verbrechen der legalisierten Abtreibung allein wiederholte Erwähnungen verdienen, wenn diese Botschaften wirklich von

[243] Vgl. http://www.frankrega.com/somethingmissing.htm; die Konkordanz findet sich auf: http://www.medjugorje.org/framconc.htm.

der Gottesmutter kämen. Diese Situation ist umso merkwürdiger, als die Seher auf verschiedene „Züchtigungen" hingewiesen haben, die erfolgen würden, wenn die Menschheit nicht Buße für ihre Sünden täte. Dies geht aus dem 1983 von Pater Vlašić nach Rom gesandten Brief hervor, in welchem er die Behauptungen Mirjanas bezüglich ihrer „Geheimnisse" zusammenfasste und schrieb: „Das neunte und zehnte Geheimnis sind ernst. Sie betreffen Züchtigungen für die Sünden der Welt."[244]

Probleme mit den Franziskanern

Wenden wir uns nun der Reaktion des Heiligen Stuhles auf Medjugorje zu. Diese war anfangs von äußerster Vorsicht und von Misstrauen geprägt, wie aus den folgenden Bemerkungen von Kardinal Šeper, dem damaligen Präfekten der Glaubenskongregation hervorgeht, die er im Jahr 1981 machte. Er wurde um seinen Kommentar zu Medjugorje gebeten, und angesichts dessen, dass er Kroate war und die religiöse Lage im Lande gut kannte, sind seine Bemerkungen doppelt bedeutsam:

> Wenn die Franziskaner den Dekreten des Heiligen Stuhles gehorchen, dann werde ich dieses Phänomen näher betrachten, vorher nicht. Für mich ist das Zeichen des Gehorsams das Zeichen eines echten katholischen Glaubens. Sein Fehlen in Medjugorje auf Seiten der Franziskaner, der maßgeblichen Förderer und Verteidiger der Seher, macht die ganze Angelegenheit suspekt.[245]

In der Tat ist, wie Joachim Bouflet betont, Gehorsam eines der Hauptkriterien zur richtigen Beurteilung von Privatoffenbarungen – das heißt, der Gehorsam gegenüber den legitimen Hirten der Kirche und insbesondere gegenüber dem Ortsbischof der Diözese, in der die angeblichen Offenbarungen stattgefunden haben. Dieser Gehorsam ist mit Demut verknüpft, und ohne diese beiden zentralen Tugenden kann von einer authentischen Privatoffenbarung keine Rede sein. Der inzwischen heiliggespro-

---

244 Laurentin/Rupcic, *Is the Virgin Mary Appearing at Medjugorje?*, S. 143.
245 Jones, *The Medjugorje Deception,* S. 65.

chene Pater Pio ist ein gutes Beispiel für einen musterhaften Ordensmann, der sich ohne Murren den disziplinarischen Maßnahmen, die gegen ihn ergriffen wurden, unterwarf, selbst wenn man sagen könnte, dass er ungerecht behandelt wurde.[246]
Gehorsam war auch der zentrale Punkt, um den es in der Auseinandersetzung zwischen Bischof Žanić und den Patres Ivica Vego und Ivan Prusina ging. Die zu diesem Thema folgenden Abschnitte sind eine Zusammenfassung des relevanten Materials auf der Netzpräsenz von Marco Corvaglia, „Medjugorje Without a Mask" („Medjugorje ohne Maske"). Diese Kontroverse entstand, weil die beiden Franziskaner, die Kapläne in Mostar waren, sich weigerten, den Beschluss des Bischofs zu akzeptieren, dass die Größe der dort bestehenden franziskanischen Pfarrei verringert werden sollte; der verbleibende Rest sollte dem Weltklerus anvertraut werden. Die Patres Vego und Prusina waren dagegen, obwohl ein solcher Akt im Lichte des päpstlichen Dekrets *Romanis Pontificibus* gültig war. Die Franziskaner hatten keine andere Wahl, als diesen Beschluss zu akzeptieren, da sie unter dem Kirchenrecht, im Einklang mit ihrem Gehorsamsgelübde, verpflichtet waren, das zu akzeptieren, was der Bischof wollte, unabhängig davon, ob sie meinten, dass sie damit schlecht behandelt würden. Dieser Vorfall ereignete sich 1980, im Jahr vor dem Beginn der angeblichen Visionen.[247]

„Der Papst kann sagen, was er will …"

Um genau zu verstehen, wie die beiden Franziskaner ganz von Medjugorje in Anspruch genommen wurden, müssen wir einige der angeblichen Botschaften der „Gospa" mit Bezug auf sie ana-

---

246 Vgl. Bouflet, *Medjugorje, ou la fabrication du surnaturel,* S. 201-202.

247 „The Gospa and Instigation to Insubordination" auf: www.marcocorvaglia.com/medjugorje-en/the-gospa-demonizes-the-bishop.html; vgl. die Kanones 201, 601, und www.cbismo.com/index.php?mod=vijest&vijest=648, wo das Dekret *Romanis Pontificibus* eingesehen werden kann; vgl. insbesondere Punkt 6.

lysieren. Pater Vego ging im Dezember 1981 nach Medjugorje, begegnete den Sehern und befragte durch sie die „Gospa“ über seine Position und diejenige von Pater Prusina. Das Ergebnis war, dass Botschaften auftauchten, in denen die aufsässigen Franziskaner verteidigt und in ihrer Oppositionshaltung gegen den Bischof bestärkt wurden. Diese Botschaften sind in Vickas *Rokovnik* (Notizbuch) zu finden. Hierin schreibt sie im Eintrag für den 19. Dezember 1981, dass sie die „Gospa“ über das „Herzegowina-Problem“ befragt habe und dass die „Gospa“ gesagt habe, dass die schuldigere Partei Bischof Žanić sei. Speziell in Bezug auf Pater Vego sagte „sie“, dass er nicht schuldig sei und in Mostar bleiben solle.[248]

Eine weitere Botschaft wurde am 3. Januar 1982 gegeben, und Vicka zufolge sagte die „Gospa“: „Ivica ist nicht schuldig. Er möge den Glauben bewahren, selbst wenn die Franziskaner ihn hinauswerfen. ... Er ist nicht schuldig. Der Bischof achtet nicht genug darauf, dass Ordnung herrscht. Es ist seine Schuld. Aber er wird nicht immer Bischof bleiben. Ich werde ihm im Reich Gottes Gerechtigkeit zeigen.“[249]

Dann, weniger als zwei Wochen später, am 14. Januar 1982, suchten Vicka, Marija und Jakov den Bischof auf, der inzwischen durch ein Mitglied des franziskanischen Provinzialrats erfahren hatte, dass die Patres Vego und Prusina gesagt hatten, dass sie Mostar nicht verlassen würden und dabei die obigen unterstützenden Botschaften zitierten. Bischof Žanić fragte Vicka, ob die „Gospa“ irgendetwas über die Patres Vego und Prusina gesagt habe, und sie antworteten gemeinsam: „Das tat sie nicht, wir kennen sie nicht.“ Bischof Žanić zeichnete dieses Gespräch auf

---

248 www.marcocorvaglia.com/medjugorje-en/the-gospa-demonizes-the-bishop.html.

249 Laurentin/Lejeune, *Messages and Teachings of Mary at Medjugorje*, S. 329. Andere Versionen dieser Botschaft, die im Wesentlichen identisch sind, werden hier ebenfalls wiedergegeben. Vgl. www.marcocorvaglia.com/medjugorje-en/the-gospa-demonizes-the-bishop.html und Sivrić, *The Hidden Side of Medjugorje*, Vol. I, S. 120.

Tonband auf und wiederholte diese Fragen mehrmals, bekam aber immer die gleiche Antwort. Weitere unterstützende Botschaften der „Gospa" an die beiden Franziskaner ergingen am 15. und 26. April 1982.[250]

1983 erfuhr Bischof Žanić durch Pater Radogost Grafenauer, einen slowenischen Jesuiten, der mit den Sehern zusammengetroffen war, von der Existenz der literarischen Produktion Vickas und den Botschaften der „Gospa" über diesen selbst. Pater Grafenauer hatte die relevanten Passagen kopiert und sie Bischof Žanić einsehen lassen und zeichnete auch ein Gespräch, das er mit Vicka führte, auf. Auch eine Kopie des Protokolls wurde Bischof Žanić ausgehändigt, und wir können uns hier einen Teil des Dialogs ansehen:

> Pater Grafenauer: „Du sagtest zum Bischof, dass er schuldig sei und dass jene beiden [die Patres Vego und Prusina] unschuldig seien und ihre priesterlichen Funktionen weiterhin ausüben könnten?"
> Vicka: „Ja, das habe ich."
> Pater Grafenauer: „Können sie Beichten hören? Hat Unsere Liebe Frau dies erwähnt?"
> Vicka: „Ja."
> Pater Grafenauer: „Wenn Unsere Liebe Frau dies sagte und der Papst sagt, dass sie es nicht können …"
> Vicka: „Der Papst kann sagen, was er will, ich sage so, wie es ist."[251]

Die Entscheidung der Apostolischen Signatur

Wegen ihrer Haltung wurden die beiden Franziskaner wiederholt von der Generalkurie der Franziskanischen Minderbrüder in Rom ermahnt und anschließend *a divinis* suspendiert, bevor sie von der römischen Kongregation für die Ordensleute in den Laienstand

---

250 www.marcocorvaglia.com/medjugorje-en/the-gospa-demonizes-the-bishop.html; vgl. Pavao Žanić, *The Truth about Medjugorje,* März 1990, Absatz 7.

251 www.marcocorvaglia.com/medjugorje-en/the-gospa-demonizes-the-bishop.html; vgl. Pavao Žanić, *The Truth about Medjugorje,* March 1990, Abschnitt 12. Die letzte Antwort bezüglich des Papstes erscheint im ursprünglichen Protokoll wie folgt: *Nek Pope govori, kako ja kazem onak jest.*

versetzt wurden. Schließlich wurden sie von der Franziskanischen Generalkurie in Rom aus dem Orden entlassen. Bischof Žanić berichtete aber, dass sie im Bereich der neu gegründeten Pfarrei weiter als Priester fungierten und dabei auch für Medjugorje warben.[252]

Die beiden Franziskaner legten am 18. Februar bei der Kongregation für die Ordensleute im Vatikan Berufung ein, doch war ihre Beschwerde nicht erfolgreich. Unterdessen gab Pater Vego, nachdem er mit einer Nonne aus Mostar ein Kind gezeugt hatte, das Ordensleben auf und überließ es damit Pater Prusina, die Angelegenheit weiter zu verfolgen.[253]

Doch am 27. März 1993 erkannte die Apostolische Signatur, die nach dem Papst höchste richterliche Autorität in der katholischen Kirche, an, dass bei der Entlassung der beiden Franziskaner aus dem Orden und ihrer Versetzung in den Laienstand Fehler begangen wurden. Dies lag daran, dass die Angeklagten nicht ausreichend Gelegenheit hatten, sich zu verteidigen, und auch an Verfahrensfehlern der damaligen Kongregation für Ordensleute (der heutigen Kongregation für die Institute geweihten Lebens). Die gegen sie ergangenen Urteile wurden also aufgehoben. Hinsichtlich der Rolle von Bischof Žanić in seiner Aktion gegen Pater Prusina mit dem Antrag auf dessen Versetzung in den Laienstand, so wie sie am 7. Januar 1993 vorgelegt wurde, ist jedoch anzumerken, dass die Apostolische Signatur nicht die Gültigkeit seines Antrags in Zweifel zog, sondern lediglich die Verfahrensmethoden der Kongregation für Ordensleute in Bezug auf das Entlassungsdekret aus dem Franziskanerorden. Wo Bischof Ža-

---

252 www.marcocorvaglia.com/medjugorje-en/the-gospa-demonizes-the-bishop.html.

253 www.marcocorvaglia.com/medjugorje-en/the-gospa-demonizes-the-bishop.html; vgl. R. Laurentin, *Dernières Nouvelles de Medjugorje*, Nr. 13, Paris: OEIL, 1994, S. 49.

nić erwähnt wird, wird sein Urteil in diesem Falle so gewertet, dass es in seinen Kompetenzbereich fiel.[254]

Dieser Fall ist zu einer Art *Cause célèbre* für Medjugorje-Anhänger geworden, die zu glauben scheinen, dass er zeige, dass Bischof Žanić geirrt habe. Tatsächlich werden hierüber viele Falschinformationen im Internet verbreitet. In Wirklichkeit jedoch hatte Bischof Žanić nicht geirrt, so dass im Oktober 1997 Don Ante Lubużić, der Kanzler der Diözese Mostar, eine Verlautbarung herausgab, in welcher er René Laurentin beschuldigte, „Falschinformationen" über diesen Fall zu verbreiten, während er zugleich seine These bestritt, dass die beiden Franziskaner „rehabilitiert" worden seien. Er machte deutlich, dass dies „in Bezug auf die von ihnen begangenen Vergehen" nicht der Fall sei, räumte aber ein, dass der Kongregation für die Institute geweihten Lebens ein „Unterlassungsfehler" unterlaufen sei. Er sagte auch, dass das gegen Pater Prusina von Bischof Žanić erlassene „Interdikt" „seine volle Gültigkeit [behält] und er keine kanonische Jurisdiktion in der Diözese Mostar-Duvno hat". Zugleich betonte er, dass Pater Vego „im Jahr 1988 den Orden und den Priesterstand verlassen" habe.[255]

Probleme mit Pater Vlašić und Pater Barbarić

Im Sommer 1984 war Pater Tomislav Vlašić für eine Kampagne für die Feier des Geburtstages der seligen Jungfrau Maria am 5. August anstatt am 8. September, dem Tag, an dem die Kirche dieses Fest begeht, verantwortlich. Ursache für diese Behauptung war eine angebliche innere Eingebung, die Jelena Vasilj, einem zwölfjährigen Mädchen aus Medjugorje, zuteil wurde. Pater Vlašić bemühte sich, Bischof Žanić zur Einwilligung in diese Idee zu

---

254 www.marcocorvaglia.com/medjugorje-en/the-gospa-demonizes-the-bishop.html.

255 http://medjugorjedocuments.blogspot.com/2008/04/fr-rene-laurentin-disinformations-by.html; dieses Dekret wurde im offiziellen Bulletin *Vrhbosna*, 2/1996, S. 142 publiziert.

bewegen, aber der Bischof lehnte ab. Natürlich ist es schwer einzusehen, wie man von ihm erwarten könnte, das Datum eines von der Weltkirche gefeierten liturgischen Festes zu ändern. Dies verhinderte jedoch nicht, dass die Kunde von dieser neuen Feier weite Verbreitung fand und infolgedessen viele Menschen am 5. August nach Medjugorje kamen, an dem die Kirche tatsächlich das Fest der Einweihung der Kirche Maria Schnee begeht.

Dies ist ein gutes Beispiel für das Unheil, das von Individuen angerichtet werden kann, die versuchen, Menschen davon zu überzeugen, dass ihre eigenen Ideen von größerer Wichtigkeit seien als der Standpunkt der Kirche. Sie sind auch weitere Indizien für den franziskanischen Einfluss auf die Seher, da die obige Vorstellung, dass der 5. August der Geburtstag der Gottesmutter sei, offenbar auf eine franziskanische Tradition zurückgeht.[256]

Frau Patricia Waters war ihren eigenen Angaben zufolge im April 1984 in der Sakristei mit etwa fünfzig anderen Menschen zugegen, die auf das Kommen der Seher warteten, als Pater Slavko Barbarić hereinkam und sprach: „Wenn einige von euch nicht diesen Raum verlassen, wird die Erscheinung nicht stattfinden.“ An diesem Punkt begann sie, Verdacht gegenüber der ganzen Medjugorje-Sache zu schöpfen. Wie war es möglich, dass Pater Barbarić über die Bedingungen für das Erscheinen Unserer Lieben Frau entscheiden konnte? Sie erklärte sich das Verhalten der Seher in diesen Zeiten damit, dass sie durchaus irgendwie hypnotisiert worden sein konnten.[257]

---

256 Bouflet, *Medjugorje, ou la fabrication du surnaturel*, S. 136; Sivrić, *The Hidden Side of Medjugorje,* Bd. I, S. 131; siehe auch:
http://catholiclight.stblogs.org/archives/2009/10/medjugorje-cont.html; *„Die Anhänger nicht ins Leere fallen lassen“. Das Phänomen Medjugorje und die Unterscheidung der Geister: Ein Gespräch mit dem Dogmatiker Manfred Hauke,* in: Die Tagespost, 2. Februar 2010, S. 6-7,
http://www.medjugorje.ws/de/articles/medjugorje-phenomenon-dicernment-spirits-manfred-hauke/;
Interview von Hauke abgedruckt in: Franken, *Eine Reise nach Medjugorje,* S. 204-230.

257 Video Cover Up.

Im August 1984 schlug das Provinzialat der Franziskaner in einem Brief an Bischof Žanić vor, dass Pater Barbarić nach Medjugorje umziehen und als Pfarrer eingesetzt werden sollte, und diese Bitte wurde vom Bischof bewilligt. Doch weniger als fünf Monate danach, am 3. Januar 1985, schrieb Bischof Žanić dem Provinzialat einen Brief mit dem Anliegen, dass Pater Barbarić von Medjugorje an einen anderen Posten versetzt werden möge. Dies geschah, weil er entgegen seinen Wünschen die Visionen propagierte, obwohl er deshalb zuvor mehrmals mündlich und schriftlich verwarnt worden war.

Einen Monat später, am 3. Februar 1985, gab es angeblich eine Vision, und Pater Barbarić schrieb in der *Chronik der Erscheinungen*:

> Die Vision kam plötzlich. An diesem Abend kürzer als an manchen Tagen, für nur 2 Minuten. Marija, Ivan und Jakov waren anwesend. Die Botschaft war für Bruder Slavko, wie in der gestrigen Vision versprochen. Sie wurde von Ivan mitgeteilt. Sie lautete folgendermaßen: „Ich hätte gern, dass Slavko hier bleibt und sich um alle Einzelheiten und die Protokolle kümmert, so dass wir am Ende ein zusammenhängendes Bild von allem haben. Ich bete in dieser Zeit besonders für Slavko und für all jene, die in der Pfarrei arbeiten".[258]

Der Bischof bat also wegen dessen beharrlichen Ungehorsams um die Versetzung von Pater Barbarić aus Medjugorje; die visionäre Gestalt dagegen, angeblich die Gottesmutter, wollte, dass er blieb. Die Vorstellung, dass Unsere Liebe Frau sich ausdrücklich den Wünschen des Ortsbischofs widersetzt, ist eindeutig Fantasie und in Wirklichkeit ein weiteres Anzeichen für die Falschheit dieser Behauptungen.

Außerdem hieß es im offiziellen Rundbrief der Metropolitan-Erzdiözese Sarajevo, *Vrhbosna*, im Frühjahr 2000:

---

[258] http://catholiclight.stblogs.org/archives/2009/10/context-of-the.html; Slavko Barbarić, *Chronik der Erscheinungen, Bd. III,* S. 247 (Manuskript); vgl. http://www.marcocorvaglia.com/medjugorje-en/the-case-of-father-slavko.html; Laurentin/Lejeune, *Messages and Teachings of Mary at Medjugorje*, S. 253.

„Im Anschluss an eine Reihe offizieller Briefe zwischen der Bischöflichen Kurie, dem Franziskanerprovinzial und Pater Slavko Barbarić bezüglich der Versetzung des Ordenspriesters aus Medjugorje, wo er jahrelang illegal, ohne Genehmigung der Diözesankurie seelsorgerlich tätig war, gibt der Ordinarius der Diözese hiermit bekannt, dass Pater Slavko Barbarić die Beichtjurisdiktion (die Berechtigung, Beichten zu hören) in den Territorien aller Diözesen der Herzegowina entzogen worden ist.“[259]

Gefährliche Manipulation und weitere Probleme

Es gibt auch Hinweise für eine Tendenz bei einigen der Franziskaner, andere junge Leute zu Visionen zu verlocken. Louis Bélanger berichtete René Laurentin über einen Vorfall im Januar 1985, als Pater Slavko Barbarić ihm ein Video zeigte, in welchem Pater Ivica Vego mit einigen Jugendlichen aus einem Dorf bei Medjugorje beisammen war. Er ermunterte sie offenbar, die „Gospa“ zu „sehen“, fragte sie beharrlich, ob sie sie sehen könnten und gab ihnen Schreibmaterialien, damit sie alle Botschaften aufschreiben könnten, die sie empfingen. Bélanger bemerkt dazu: „Dies stand in der reinsten Tradition des Okkulten. Wir wissen, dass Menschen, die automatisches Schreiben bei jungen Leuten herbeiführen können, ihnen mehr oder minder dauerhaften Schaden in ihrer Identitätsbildung zufügen können.“
Es sieht nicht danach aus, dass Pater Barbarić, selbst Psychotherapeut, oder Pater Vego um dieser Gefahr willen besorgt waren.[260]
Dieser Vorfall erinnert an ein Experiment, das von dem Schriftsteller Carlos Staehlin bei sechs Jugendlichen im Alter zwischen fünfzehn und achtzehn Jahren durchgeführt wurde (Karl Rahner berichtet darüber). Sie wurden aufgefordert, sich vorzustellen, dass eine Schlacht zwischen mittelalterlichen Kriegern über einem

---

259 http://www.marcocorvaglia.com/medjugorje-en/the-case-of-father-slavko.html (n.1/2000, S. 65).
260 E. Michael Jones, *Medjugorje: The Untold Story*, South Bend: Fidelity Press, 1993, S. 64-65; vgl. Perića, *Balkan Idols*, S. 111.

Baum geführt würde; zwei sahen oder hörten offenbar nichts, zwei sahen die Schlacht, und die letzten zwei sahen und hörten sie, wobei ihre Berichte anscheinend übereinstimmten.[261] Staehlins Experiment war zweifellos gefährlich. Er ermutigte die Jugendlichen bewusst zu einem möglicherweise psychologisch gefährlichen Phantasieren, ganz zu schweigen vom Heraufbeschwören eines möglichen teuflischen Eingriffs. Vergleiche zu Experimenten mit Ouija-Brettern (Hexenbrettern) und allen damit verbundenen Gefahren kommen einem dabei in den Sinn.

Ivans Drohbrief

Zuvor hatte Bischof Žanić, wie Pater Sivrić berichtet, einen ausgesprochenen Drohbrief von Ivan Dragičević, datiert vom 21. Juni 1983, erhalten. Hierin behauptete er, eine Botschaft von der „Gospa" empfangen zu haben, in welcher sie die „sofortige Bekehrung [des Bischofs] zu [sic!] den Geschehnissen in der Pfarrei Medjugorje" forderte, „bevor es zu spät ist", und ihn warnte, „keine Meinungsverschiedenheiten unter den Klerikern zu verursachen oder anzustiften" und die „negative Seite" der Visionen nicht zu betonen. Dies sollte eine „letzte Warnung" sein, dass er „sich bekehren und sich ändern" solle, da ansonsten das „Urteil" der „Gospa" und ihres Sohnes „ihn treffen" würde.
Muss eigens betont werden, dass die Annahme, dass die selige Jungfrau Maria jemals eine solche Botschaft übermittelt haben könnte, völlig jenseits der Grenzen der Glaubwürdigkeit liegt? Wenngleich bestätigt werden konnte, dass dieser Brief mit der Handschrift von Ivan Dragičević geschrieben wurde, ist es überhaupt nicht wahrscheinlich, dass er ihn selbst abgefasst hat.[262]
Medjugorje-Anhänger fragen, warum Bischof Žanić seine Meinung zu den Visionen änderte, nachdem er sie anfänglich unterstützte. Sie vermuten, dass er dabei Hintergedanken hatte. Gewiss

---

261 Vgl. Karl Rahner SJ, *Visions and Prophecies,* London: Burns & Oates, 1963, S. 31-39, Fußnote 37, S. 51, Fußnote 47.
262 Ebd., S. 130-131.

konnte aber kein Bischof Medjugorje nach einer derartigen Botschaft noch ernst nehmen. Welchen anderen Grund braucht ein vernünftiger Mensch noch, um die „Erscheinungen" zu verwerfen?
Schlussendlich haben die in diesem Kapitel untersuchten Beweise viele der schwerwiegenden Probleme ans Licht gebracht, die mit Medjugorje verbunden sind. Dazu zählen sowohl der Inhalt als auch die Dauer der Botschaften, da sie sich nach den anfänglichen Visionen der ersten Woche, in denen effektiv keine substanziellen Botschaften von der „Gospa" übermittelt wurden, weiterentwickelten. Es ist auch ganz klar geworden, dass die Glaubwürdigkeit der Seher und der Franziskaner, die am meisten mit ihnen beschäftigt waren, mit einigen ernsthaften Fragezeichen zu versehen sind. Zumeist sind diese negativen Punkte in den Werbekampagnen für Medjugorje jedoch nicht zur Sprache gekommen. Stattdessen ist es als in religiösem Sinne völlig akzeptabel hingestellt worden, und diesen Eindruck haben auch die meisten Medjugorje-Pilger bekommen.

9. Medjugorje: Botschaften und Geheimnisse

Der Ursprung der Botschaften

Wie wir sahen, hatte sich Bischof Žanić Mitte 1982 klar dahingehend geäußert, dass die Visionen und die mit ihnen verbundenen Botschaften nicht echt seien, und das war die Schlussfolgerung, die er von diesem Zeitpunkt an standhaft verfocht; diese Position wird auch von seinem Nachfolger, Bischof Perić, vertreten. Wenn dies der Fall ist, dass die Botschaften nicht echt sind, und alle Beweise deuten darauf hin, dann müssen wir fragen, wie sie entstanden.

Mart Bax, ein Professor für politische Anthropologie an der Freien Universität Amsterdam, legt dar, was seinem Kenntnisstand zufolge tatsächlich vor sich ging. Bax recherchierte von 1983 an mehr als ein Jahrzehnt lang in Medjugorje, verbrachte dort jedes Jahr mehrere Wochen, auch während des Krieges in den frühen 90er Jahren. Er ist zwar kein Katholik, veröffentlichte aber die Ergebnisse seiner Forschungsarbeiten in *Medjugorje: Religion, Politics, and Violence in Rural Bosnia,* einem spannend geschriebenen Buch, das eine einzigartige nichtreligiöse Perspektive zur lokalen Gesellschaft in der Region bietet.[263]

Bax, der sich auf Informationen stützt, die er von einem nahen Verwandten eines der Seher erhielt, sagt, dass sie Ende 1982 begonnen hätten, in regelmäßigen Abständen auf den Podbrdo zurückzugehen, anstatt ihre Visionen nur in der Kirche zu haben, und große Pilgerscharen mit ihnen zogen. Dies verursachte Spannungen zwischen den Sehern und den Franziskanern, die im Frühjahr 1983 in einer offenen Konfrontation ausbrachen. Ursache dieser Auseinandersetzung war eine neue Botschaft der „Gospa", die eines Tages auf dem Schwarzen Brett der Kirche auftauchte und die Menschen dringlich aufforderte: „Wendet euch ganz Gott und seinen Sakramenten zu. Ich möchte, dass

---

[263] Vgl. Bax, *Medjugorje: Religion, Politics, and Violence,* S. xv, 36-37.

immer mehr von euch immer hierher kommen und bei mir und meinem Sohn im Haus Gottes sind."
Bax zufolge waren die Seher, als sie diese Worte lasen, „völlig bestürzt. Einer von ihnen wurde sogar wütend, doch sein älterer Bruder – einer meiner wichtigen Informanten – überredete ihn, gelassen und ruhig zu bleiben." Diese „Botschaft" war eine deutliche Infragestellung der religiösen Stellung der Seher innerhalb der Gemeinde, da sie sich auf die ausschließliche Rolle des Klerus in der Verwaltung der Sakramente bezog. Als Antwort darauf gaben die Seher während der nächsten paar Wochen alle Botschaften der „Gospa" direkt von zu Hause heraus und gingen an den Abenden auf den Podbrdo anstatt in die Pfarrkirche, wo „ihre Plätze leer blieben". Dieses Gerangel zwischen den Sehern und den Franziskanern blieb zweifellos von der Mehrheit der Pilger unbemerkt, und nach einer Weile kehrte man wieder zum Normalzustand zurück, so dass die Seher bei der Abendmesse wieder auf ihren Plätzen saßen, wobei sie sich allerdings bei ihren Kirchbesuchen abwechselten.[264]
Pfarrer Rudo Franken erwähnt, dass Bischof Žanić im März 1985 einen Brief an Pater Tomislav Pervan geschrieben habe, den damaligen Pfarrer von Medjugorje, in dem er eine Liste mit Forderungen aufstellte. Sie enthält u.a. folgende Punkte: „Es ist zu verhindern, dass die Seher weiterhin noch in der Öffentlichkeit erscheinen. Den Erscheinungen in der Pfarrkirche muss ein Ende gesetzt werden. … Es darf auf keinen Fall eine Lokalität sein, die an die Kirche angrenzt." Diese Forderungen wurden insofern teilweise erfüllt, als die Visionen nicht mehr in der „Erscheinungskapelle", die nahe der Sakristei lag, stattfanden, sondern stattdessen im Pfarrhaus. Dies geschah auf Anraten des Erzbischofs Franić von Split. Doch muss man sich, wie Pfarrer Franken weiter darlegt, fragen, zu was für einer eigenartigen Figur die Gottesmutter damit gemacht wird, als ob sie nicht selbst ent-

264 Ebd., S. 34-35.

scheiden könnte, wo sie erscheint![265] Wie kann dies überhaupt im Einklang mit dem Auftreten Unserer Lieben Frau bei ihren anerkannten Erscheinungen sein? Deutet es nicht abermals darauf hin, dass Medjugorje nicht von übernatürlichem Ursprung sein kann?

Der Charakter der Botschaften von Medjugorje

Trotz der Tatsache, dass die von Medjugorje ausgehenden Botschaften nunmehr seit dreißig Jahren ergangen sind, was in Wirklichkeit eines der Hauptargumente *gegen* ihre Echtheit darstellt, ist es paradoxerweise gerade dieser Faktor, der viele Medjugorje-Anhänger sehr stark beeindruckt hat. Man argumentiert, dass „diese Kinder" diese Leistung gar nicht dauerhaft hätten erbringen können, wenn die ganze Sache nicht echt gewesen wäre. Hierbei ignoriert man jedoch die Tatsache, dass wir es überwiegend nicht mit Kindern, sondern mit jungen Erwachsenen zu tun haben, die heute – dreißig Jahre später – ganz erwachsen sind.

Bislang deutet also alles Beweismaterial, das wir betrachtet haben, massiv darauf hin, dass Medjugorje nicht authentisch übernatürlich ist, sondern dass die ganze Angelegenheit den Sehern aufgebürdet wurde. Nach wenigen Tagen drängten sich ja bereits Tausende von Menschen auf dem Berghang, weil die Bewegung schnell eine Eigendynamik entwickelte. Nach etwa einer Woche standen sie an einem Scheideweg. Aus den Äußerungen von den „drei weiteren Tagen" auf den Tonbandaufnahmen geht klar hervor, dass sie ein baldiges Ende der Visionen erwarteten. Doch dann hatte sich eine Erwartungshaltung aufgebaut, und es scheint, als seien alle Hauptbeteiligten angesichts der schnell wachsenden Volksmassen und einer feindseligen Regierung großteils von den Ereignissen mitgerissen worden.

---

265 Franken, *Eine Reise nach Medjugorje,* S. 53f.

Es ist möglich, dass die Seher, nachdem sie in die Kirche gekommen waren und nichts geschah, sich angesichts einer großen, erwartungsvollen Volksmenge vor ihnen sich verpflichtet fühlten (oder unter Druck gesetzt wurden), vorzutäuschen, dass sie noch einmal etwas gesehen hätten. Alternativ konnten die Beteiligten sehr schnell einsehen, dass, wenn sie nicht weiterhin so täten, als ob sie Visionen hätten, die ganze Sache im Sande verlaufen wäre oder aber, was noch schwerwiegender gewesen wäre, dass einige Dorfbewohner sich gegen sie gestellt hätten. Die Erwartungen der Ortsbevölkerung waren ja geweckt worden, und sie hätte es nicht gut aufgenommen, wenn sie hereingelegt worden wäre. In der impulsiven und brutalen Kultur jener Gegend wäre jede Reaktion gegen sie zweifellos gewaltsam ausgefallen.

Wie wir sahen, deuten die bislang dargelegten Beweise klar darauf hin, dass nach etwa der ersten Woche der Druck auf den Sehern lag, ihren Anspruch aufrechtzuerhalten, dass die Gottesmutter ihnen wirklich weiterhin erscheine. Sobald sie sich dieser Lage ergeben hatten und weiter Botschaften herausgaben, konnte es kein Zurück ohne große Gefahren mehr geben. Und natürlich wäre es mit der Zeit und mit der wachsenden Pilgerschar immer schwieriger geworden, einzugestehen, dass die ganze Sache nicht echt war, insbesondere, als die Kommune sich als Ganze im Grunde den Visionen verschrieben hatte. Im Laufe der Jahre, als sich Hotels, Pizzerien, Restaurants und Devotionalienläden in Medjugorje niedergelassen hatten, hatte die Lokalbevölkerung ein genauso eigennütziges Interesse an der Fortsetzung der Visionen wie die Seher selbst. Die Visionen hatten der Gegend einen nie dagewesenen Wohlstand beschert. Wie Michael Davies zu Recht betont, wären die Seher oder die Franziskaner, wenn sie zugege-

ben hätten, dass das ganze Phänomen nicht echt war, wahrscheinlich gelyncht worden.[266]
Wayne Weible beschreibt die Situation im Juni 1986, fünf Jahre nach dem Beginn der Visionen:

> Weitab von der Pfarrkirche St. Jakobus übersäten neue Gebäude die Landschaft. Die Kommerzialisierung wucherte mit rasantem Tempo, und Taxis streunten wie Bienenschwärme über heruntergekommenen Brücken und unbefestigten Straßen herum, die nie für einen derartigen Verkehr ausgelegt waren. Die Wege waren voller Pilger, und viele Dorfbewohner bauten Hauserweiterungen, um noch mehr Pilger unterbringen zu können. Für viele Dorfbewohner waren die Veränderungen unangenehme Ärgernisse, die nur durch die guten Früchte der Erscheinungen wettgemacht wurden.[267]

Zweifelsohne waren aber andere Dorfbewohner mit diesem neuen Zustrom von Wohlstand in ihre Kommune durchaus sehr zufrieden.
Die Gesamtlage könnte sogar insofern noch komplizierter gewesen sein, als die Seher und ihre unmittelbaren Anhänger sich irgendwie davon überzeugt haben könnten, dass, wenngleich die späteren Visionen und Botschaften nicht echt waren, das ganze Unternehmen um der „guten Früchte" willen, die daraus hervorgingen, dennoch gerechtfertigt war.

Erzbischof Franić mischt sich ein

Der Erzbischof von Split, Frane Franić, besuchte Medjugorje frühzeitig, und nachdem er die Seher während einer Ekstase gesehen und sie befragt hatte, wurde er „als privater Christ … von ihrer Echtheit" überzeugt. Wie es scheint, ließ er sich auch von den riesigen Volksmengen in Medjugorje mitreißen. Und trotz der Tatsache, dass er keine direkte Jurisdiktion in der Diözese

---

266 Vgl. Michael Davies, *Medjugorje After Fifteen Years: The Message and the Meaning*, St. Paul: The Remnant Press, 1998, S. 62-63.
267 Weible, *The Final Harvest*, S. 116.

Mostar-Duvno besaß, unterstellte er in seinen öffentlichen Bemerkungen offenbar eine solche Autorität.
Außerdem ging er während eines Besuches in Medjugorje im Dezember 1984 wohl so weit, die „Gospa" über die Seherin Marija Pavlović in Bezug auf einige seiner eigenen Angelegenheiten zu konsultieren. Pater Sivrić bemerkt dazu: „Es ist sowohl ärgerlich als auch bedauerlich anzusehen, dass er die Jungfrau Maria wie eine Wahrsagerin behandelt."[268] Somit ist deutlich, dass Erzbischof Franić ein früher, enthusiastischer und unkritischer Anhänger von Medjugorje war, und es scheint, dass er unter seinen Mitbrüdern im geistlichen Amt eine ähnliche Rolle spielte, wie René Laurentin sie unter anderen Theologen einnahm. Vor seinem Besuch in Medjugorje im Dezember 1984 war er in Rom gewesen und hatte „die ganze Angelegenheit mit Johannes Paul II. erörtert". Er schreibt auch: „Viele rufen mich aus Italien und Frankreich an, und verschiedene Journalisten kommen mich besuchen."[269]

Weitere negative Beweise

Bischof Žanić gab am 25. Juli 1987 eine Erklärung zu Medjugorje heraus, in der er, nachdem er ausführlich auf seine Arbeit und die der verschiedenen Kommissionen eingegangen war, folgende nachdenklich stimmende Frage stellte:

> Es wurde behauptet, dass Unsere Liebe Frau begonnen habe, am Hang des Podbrdo auf dem Berg Crnica zu erscheinen. Als die Polizei die Leute davon abhielt, dorthin zu gehen, erschien sie in den Häusern der Leute, an Zäunen, auf Äckern, in Weinbergen und auf Tabakfeldern. Sie erschien in der Kirche, auf dem Altar, in der Sakristei, auf der Chorempore, auf dem Dach, im Glockenturm, auf den Straßen, auf der Straße nach Cerno, in einem Auto, in einem Bus, in Schulen, an mehreren Orten in Mostar und Sarajevo, in Klöstern in Zagreb, in Varaždin, in der Schweiz, in Italien, dann wieder auf dem Podbrdo, auf dem Križevac, in der Pfarrei, im Pfarrhaus und so weiter. Damit ist nicht einmal

268 Sivrić, *The Hidden Side of Medjugorje*, Bd. I, S. 136-137.
269 O'Carroll, *Medjugorje: Facts, Documents, Theology,* S. 142-143, 144-145.

die Hälfte der Orte aufgezählt, wo angeblich Erscheinungen stattgefunden haben, so dass ein nüchterner Mensch, der Maria verehrt, sich fragen muss: „Heilige Mutter Gottes, was machen sie aus dir?“[270]

Unterdessen hatte Mirjana Dragičević am 25. Dezember 1982 bekannt gegeben, dass sie keine täglichen Visionen mehr empfangen und die „Gospa“ von nun an nur mehr einmal im Jahr, an ihrem Geburtstag, sehen würde. Sie behauptete auch, das letzte der zehn Geheimnisse empfangen zu haben, welche ihr angeblich von Maria kundgetan worden seien. Wie wir sehen werden, sagte Mirjana auch, dass es auf Erden keine weiteren Visionen von Jesus oder Maria mehr geben werde. Es wurden auch Geheimnisse behauptet, die auf einem wunderbaren Blatt Papier aus einem unbeschreiblichen Material geoffenbart worden seien. Später tauchte ein anderer Bericht auf, demzufolge das Geheimnis nun in einem speziellen Code stehe, der erst geoffenbart würde, wenn das Papier einem speziellen Priester, Pater Petar Ljubičić gegeben würde, dem die Gnade verliehen sei, es zu verstehen. Im Dezember 1982 hieß es, dass das erste der Geheimnisse bald geoffenbart werden würde.[271]

Nach seiner Entlassung aus dem Gefängnis im Februar 1983 wurde Pater Zovko in eine andere Pfarrei geschickt und betraute Pater Vlašić mit der Aufsicht über die Seher. Im Dezember desselben Jahres schrieb letzterer einen Brief an den Papst, in dem er die Ereignisse in seiner Pfarrgemeinde skizzierte. In diesem Brief behauptete er, dass die Visionen in Medjugorje die „letzten Erscheinungen der Gottesmutter auf Erden“ seien und dass dies der Grund sei, „weshalb sie so lange andauern und so häufig geschehen“. Die Seher wiederholten auch ihre Behauptungen, dass sie

270 Davies, *Medjugorje After Fifteen Years,* S. 24-25.

271 Vgl. Jones, *The Medjugorje Deception,* S. 105-106, 107; Sivrić, *The Hidden Side of Medjugorje*, Bd. I, S. 102.

zahlreiche Geheimnisse empfangen hätten, und sprachen von dem „sichtbaren“ Zeichen, das in Medjugorje gegeben würde.[272]

Zusammenfassende Analyse

In diesem Stadium unserer Arbeit ist es wahrscheinlich gut, einige der bereits erörterten Hauptpunkte in Bezug auf die Visionen zusammenzufassen, so dass dem Leser die großen Schwierigkeiten klar vor Augen geführt werden, die einer Akzeptanz Medjugorjes als echtem Erscheinungsort entgegenstehen.

Zunächst sind die Probleme bezüglich des schwierigen Familienhintergrundes einiger der Seher zu nennen. Wir haben auch die unstimmigen Phänomene, von denen die Erscheinungen der „Gospa“ begleitet waren, wie das Licht, welches ihr vorausging, und die Weise, wie die visionäre Gestalt aus diesem Licht hervortrat, behandelt. Diese stehen in scharfem Kontrast zu der Art und Weise, wie Unserer Liebe Frau bei ihren anerkannten Erscheinungen in Lourdes, der Rue du Bac und Fatima erschien und deutet stark auf eine nicht-göttliche Quelle hin. Dann gibt es noch die undenkbaren Dinge, die von der visionären Gestalt gesagt oder getan wurden. So sahen die Seher beispielsweise, wie sie so etwas wie ein Baby hielt, welches dann verdeckt wurde, oder wie die Hände der visionären Gestalt zitterten. Es wurde ihnen erlaubt, die lachende visionäre Gestalt zu berühren und zu küssen. Genauso ist der Inhalt des Briefes Ivans mit der Drohung der Seher, dass Bischof Žanić „sich bekehren und verändern“ solle oder ansonsten die Konsequenzen tragen müsse, zu verstehen. All diese Dinge ziehen die übernatürliche Authentizität der angeblichen Visionen sehr deutlich in Zweifel.

Ebenso auch die Tatsache, dass die „Gospa“ nie sprach, bevor einer der Seher Fragen stellte, und dass es während der ersten Woche keinerlei substanzielle Botschaft gab, so dass Pater Zovko

[272] Jones, *The Medjugorje Deception,* S. 107-108; vgl. Sivrić, *The Hidden Side of Medjugorje*, Bd. I, S. 129; Laurentin/Rupčić, *Is the Virgin Mary Appearing at Medjugorje?*, S. 142-144.

gezwungen war, zu fragen, warum sie überhaupt erschienen sei, wenn dies alles so sei, und anschließend bemerkte, dass die ganze Sache auf ihn wie ein Gekasper wirke: Dies alles steht überhaupt nicht mit dem im Einklang, was während der authentischen Marienerscheinungen geschah. Außerdem haben wir die von Pater Zovko vorgetragene Besorgnis, dass die Seher wegen des vielen Fluchens, das an dem Ort auch während des angeblichen Erscheinens der visionären Gestalt immer noch vorkam, möglicherweise Satan gesehen haben könnten.
Es besteht auch das Problem, dass die „Gospa" gebeten wurde, zu tun, was die Seher oder Pater Zovko wollten, nämlich speziell in der Pfarrkirche zu erscheinen. Oder die Idee, dass Maria den Sehern weiter erscheinen würde, solange sie wollten. Seit wann konnten authentische Visionen der Allerseligsten Jungfrau je derart „arrangiert" werden? Dann haben wir Pater Zovkos negative Schlussfolgerung am Ende der ersten Woche, dass die Botschaft der „Gospa" nur für die Seher gedacht sei, an die sich hernach seine Kehrtwende anschloss, sie zu unterstützen, vielleicht aufgrund der Vorstellung, dass er eine eigene Eingebung gehört habe.
Es sind auch gravierende Vorbehalte bezüglich des Verhaltens derer anzumelden, die sich am stärksten für die Verbreitung der Botschaften von Medjugorje engagierten, zum Beispiel die Tatsache, dass René Laurentin die Botschaft über die „ungläubigen Judasse" abänderte. Wie glaubwürdig sind die Botschaften angesichts der vielen Hinweise, die andeuten, dass sie keinen himmlischen Ursprung haben, eigentlich überhaupt? Und dann ist natürlich das Eingeständnis, dass es angeblich nur mehr „drei weitere Tage" der Visionen geben werde, dass am Freitag, dem 3. Juli 1981 die letzte Erscheinung der „Gospa" stattgefunden haben solle, absolut fatal für jede Vorstellung, dass irgendwelche späteren Botschaften echt sein könnten.
Neben den obigen allgemeinen Überlegungen sahen wir in diesem Kapitel also, wie das Beweismaterial nahe legt, dass Medjugorje sich nach der ersten Woche als ein „frommer Betrug" entwickelte, der aufgrund der guten Früchte, welche die Pilger erleb-

ten, gerechtfertigt werden könne. Wir sahen aber auch, dass Medjugorje seither enorm gewachsen ist und gleichsam ein Eigenleben angenommen hat, und zwar sehr zum Schaden echter Marienheiligtümer.

10. Fatima und seine Auswirkungen

Die Erscheinungen von Fatima vom Mai bis August 1917

Nachdem wir uns nun ausführlich den Ereignissen der ersten Woche in Medjugorje und ihren Nachwirkungen gewidmet haben, können wir diese leichter den Grundzügen der Ereignisse in Fatima gegenüberstellen. Fatima sollte als die wichtigste Marienerscheinung betrachtet werden, in erster Linie wegen seiner einzigartigen Anerkennung durch die Päpste und seines inhaltlichen Bezuges auf sie seit ihren Anfängen. Diese fand ihren Höhenpunkt in den außergewöhnlichen Entwicklungen im Pontifikat des sel. Johannes Pauls II., so wie sie in einem späteren Kapitel erörtert werden.

Die Erscheinungen von Fatima ereigneten sich im Zuge der Entfaltung der Russischen Revolution während des Ersten Weltkrieges. Ab 1916, als der Krieg sich schon in die Länge gezogen hatte, befand sich Russland in einer Krise, und diese gab den kommunistischen Revolutionären unter Lenin ihre Chance: Gerade als die Gottesmutter zwischen Mai und Oktober 1917 in Fatima erschien, bereiteten sie ihre Machtergreifung vor, die im November 1917 erfolgte. Während des Krieges rief Papst Benedikt XV. wiederholt zum Frieden auf, und schließlich appellierte er im Mai 1917 direkt an Maria, für den Frieden in der Welt zu intervenieren. Ihre Reaktion bestand in ihrer ersten Erscheinung in Fatima rund eine Woche später.[273]

Portugal litt in dieser Periode schwer unter einem antiklerikalen, republikanischen Regime, das die Kirche offen verfolgte. In dieser Zeit war Fatima nur ein kleines, rund 110 Kilometer nördlich von Lissabon gelegenes Dorf. Die drei Kinder, denen die Gottesmutter erschien, waren die zehnjährige Lucia dos Santos, ihr Cousin Francisco und ihre Cousine Jacinta Marto, Bruder und

---

273 Vgl. Donal Anthony Foley, *Marian Apparitions, the Bible, and the Modern World*, Leominster: Gracewing, 2002, S. 224-226.

Schwester, im Alter von acht und sieben Jahren. Wie bereits erwähnt, hatten die drei Kinder im Frühjahr 1916 ihre erste gemeinsame Begegnung mit einem Wesen, das sich später als der „Engel Portugals“ identifizieren sollte. Dieser Engel erschien ihnen noch zwei weitere Male mit einer Botschaft, in der die Notwendigkeit des Gebets und der Sühne betont wurden. Diese Besuche bereiteten die Kinder auf ihre Begegnungen mit Maria vom Mai bis Oktober des darauf folgenden Jahres vor.[274]

Die erste davon fand am 13. Mai 1917 statt, als die drei Kinder die Gottesmutter in der Cova da Iria bei Fatima sahen. Sie lächelte und versicherte ihnen, dass sie keine Angst haben sollten, bevor sie sagte, dass sie aus dem Himmel sei. Lucia fragte sie dann, was sie wollte: „Ich kam euch zu bitten, dass ihr in den folgenden sechs Monaten, jeweils am Dreizehnten zur selben Stunde hierher kommt. Dann werde ich euch sagen, wer ich bin und was ich will. Ich werde danach noch ein siebtes Mal hierher zurückkehren.“ Die Gottesmutter schloss mit einer Bitte: „Betet täglich den Rosenkranz, um den Frieden der Welt und um das Ende des Krieges zu erlangen.“ Daraufhin begann sie sich zu erheben und gen Osten aufzusteigen, bis sie verschwand.

Bei der nächsten Erscheinung am 13. Juni bat die Gottesmutter Lucia wiederum, alle Tage den Rosenkranz zu beten. Lucia ersuchte sie nun, sie in den Himmel mitzunehmen, musste aber hören, dass, obgleich Jacinta und Francisco bald in den Himmel kämen, ihre Aufgabe darin bestehe, die Andacht zum Unbefleckten Herzen Mariens in der ganzen Welt zu verbreiten.[275]

Die Höllenvision

Am 13. Juli bat Maria Lucia erneut, „weiterhin jeden Tag den Rosenkranz zu Ehren Unserer Lieben Frau vom Rosenkranz“ zu beten, „um den Frieden für die Welt und das Ende des Krieges

[274] Vgl. ebd., S. 231-233.

[275] Vgl. ebd., S. 234-238. Die nachfolgenden Texte aus den Botschaften von Fatima sind zitiert nach Kondor, *Schwester Lucia spricht über Fatima I*, S. 185 ff.

zu erlangen." Lucia fragte sie, wer sie sei und bat sie, ein Wunder zu tun, damit alle glaubten: „Kommt weiterhin jeden Monat hierher. Im Oktober werde ich euch sagen, wer ich bin und was ich wünsche, und ich werde ein Wunder tun, damit alle glauben." Hiernach öffnete Maria ihre Hände, und Lichtstrahlen, die aus ihnen hervorgingen, schienen die Erde zu durchdringen, so dass die Kinder eine erschreckende Höllenvision sahen; dies war der erste Teil des „Geheimnisses" von Fatima, und es wurde erst viel später geoffenbart. Danach schilderte sie den zweiten Teil des Geheimnisses wie folgt:

> Ihr habt die Hölle gesehen, wohin die Seelen der armen Sünder kommen. Um sie zu retten, will Gott die Andacht zu meinem Unbefleckten Herzen in der Welt begründen. Wenn man tut, was ich euch sage, werden viele gerettet werden, und es wird Friede sein. Der Krieg geht seinem Ende entgegen; wenn man aber nicht aufhört, Gott zu beleidigen, wird unter dem Pontifikat von Pius XI. ein anderer, schlimmerer Krieg beginnen. Wenn ihr eine Nacht erhellt sehen werdet durch ein unbekanntes Licht, dann wisset, dass dies das große Zeichen ist, das Gott euch gibt, dass er nun die Welt für ihre Missetaten durch Krieg, Hungersnot, Verfolgung der Kirche und des Heiligen Vaters strafen wird.
> Um das zu verhüten, werde ich kommen, um die Weihe Russlands an mein Unbeflecktes Herz und die Sühnekommunion an den ersten Samstagen zu fordern. Wenn man auf meine Wünsche hört, wird Russland sich bekehren, und es wird Friede sein; wenn nicht, dann wird es seine Irrlehren über die Welt verbreiten, wird Kriege und Verfolgungen der Kirche heraufbeschwören; die Guten werden gemartert werden und der Heilige Vater wird viel zu leiden haben; verschiedene Nationen werden vernichtet werden; am Ende aber wird mein Unbeflecktes Herz triumphieren. Der Heilige Vater wird mir Russland weihen, das sich bekehren wird, und eine Zeit des Friedens wird der Welt geschenkt werden.

Die ersten zwei Teile des Geheimnisses wurden erst 1942 öffentlich bekannt, und der dritte Teil wurde vor einigen Jahren, im Juni 2000, veröffentlicht.

Die Kinder wurden am Morgen des 13. August vom Bürgermeister von Vila Nova de Ourem entführt und über das Geheimnis befragt; doch trotz seiner Drohungen und Geldversprechen weigerten sie sich, es zu enthüllen. Am Nachmittag wurden sie in das örtliche Gefängnis gebracht und mit dem Tode bedroht, beschlossen aber, lieber zu sterben als das Geheimnis zu offenbaren. Der Bürgermeister gestand seine Niederlage ein, und sie wurden freigelassen. Am 13. August waren Lucia, Francisco und Jacinta an einem Ort namens Valinhos bei Fatima, wo sie wiederum die Gottesmutter sahen, die zu Lucia sprach: „Ich will, dass ihr am Dreizehnten zur Cova da Ira kommt und dass ihr weiterhin jeden Tag den Rosenkranz betet." Maria wiederholte auch ihr Versprechen, ein Wunder zu wirken, damit alle glaubten, und bat erneut um viel Gebet und Opfer für Sünder.[276]

Die Erscheinungen im September und Oktober 1917

Am 13. September sprach die Gottesmutter abermals zu Lucia. Sie bat sie, weiterhin den Rosenkranz zu beten, um das Ende des Krieges zu erlangen, und versprach erneut, im Oktober ein Wunder zu wirken, damit alle glaubten. Diese Ankündigung eines öffentlichen Wunders löste natürlich in ganz Portugal heiße Spekulationen aus.

Am 13. Oktober erschien ihnen Maria zum letzten Mal, und Lucia fragte sie, was sie wünschte: „Ich möchte dir sagen, dass hier eine Kapelle zu meiner Ehre gebaut werden soll; ich bin Unsere Liebe Frau vom Rosenkranz; man soll weiterhin täglich den Rosenkranz beten. Der Krieg geht zu Ende, und die Soldaten werden in Kürze nach Hause zurückkehren." Sie berichtete auch, dass Maria sehr traurig wurde und sagte: „Man soll den Herrgott nicht mehr beleidigen, der schon so sehr beleidigt worden ist." Dann erhob sie sich in die Luft und öffnete ihre Hände zur Sonne hin, wobei sie noch mehr erstrahlte. Sie verschwand und wurde von verschiedenen Visionen der Heiligen Familie ersetzt, die nur von den Kindern gesehen wurden. Zur gleichen Zeit sah die Volksmenge von rund 70.000 Menschen ein wahres Wunder. Die schwarzen Wolken traten auseinander, und man konnte die Sonne als eine riesige Silberscheibe sehen, in die man ganz leicht di-

---

[276] Vgl. Foley, *Marian Apparitions, the Bible, and the Modern World,* S. 238-243.

rekt hineinblicken konnte. Dann begann sie sich zu drehen und unterschiedlich gefärbte Lichtstrahlen auszusenden, bevor sie auf den Boden herabzustürzen schien, so dass viele der Anwesenden dachten, dass das Ende der Welt gekommen sei. Andere Menschen beobachteten das Sonnenwunder auf Abstand, wodurch die Möglichkeit einer Art kollektiven Halluzination ausgeschlossen war.[277]

Francisco und Jacinta waren unter den Opfern der Grippeepidemie, die bei Kriegsende im Herbst 1918 über Europa hinwegfegte. Francisco empfing seine Erstkommunion und starb am nächsten Tag, dem 4. April 1919. Jacinta musste viele Leiden erdulden, da verschiedene Versuche zur Behandlung eines schmerzhaften Brustabszesses, das sich nach einer Lungenentzündung entwickelt hatte, angestellt wurden. Schließlich verstarb sie am 20. Februar des darauf folgenden Jahres 1920.[278]

Schwester Lucia erlebt spätere Erscheinungen

Lucia besuchte zunächst die Schule und wurde später Ordensschwester. Am 10. Dezember 1925 sah sie, während sie im Konvent Pontevedra (Spanien) war, eine weitere Erscheinung, diesmal der Gottesmuter mit dem Jesuskind. Maria bat Schwester Lucia, der Kirche mitzuteilen, dass sie all jenen Gläubigen mit allen Gnaden beistehen werde, die für das Heil ihrer Seelen notwendig sind, „die fünf Monate lang jeweils am ersten Samstag beichten, die heilige Kommunion empfangen, einen Rosenkranz beten und mir während 15 Minuten durch Betrachtung der 15 Rosenkranzgeheimnisse Gesellschaft leisten in der Absicht, mir dadurch Sühne zu leisten".

Am 13. Juni 1929 sah Schwester Lucia während des Gebets in der Konventkapelle in Tuy, wohin sie gewechselt war, eine andere Erscheinung, dieses Mal eine Vision des Geheimnisses der Heili-

---

277 Kondor, *Schwester Lucia spricht über Fatima I,* S. 194; vgl. Foley, *Marian Apparitions, the Bible, and the Modern World,* S. 243-250.

278 Vgl. ebd., S. 250-251.

gen Dreifaltigkeit. Sie hörte auch die Gottesmutter zu ihr reden, die darum bat, dass der Papst, in Vereinigung mit allen Bischöfen der Welt, die Weihe Russlands an ihr Unbeflecktes Herz vollziehen möge, von der sie während der Erscheinung im Juli 1917 gesprochen hatte:

> Es ist der Augenblick gekommen, in dem Gott den Heiligen Vater auffordert, in Vereinigung mit allen Bischöfen der Welt die Weihe Russlands an mein Unbeflecktes Herz zu vollziehen. Er verspricht, es durch dieses Mittel zu retten. So viele Seelen werden von der Gerechtigkeit Gottes wegen der Sünden verdammt, die gegen mich begangen werden, so dass ich um Sühne bitte: Opfere dich in dieser Meinung auf und bete.[279]

Die Kirche hatte unterdessen während der Jahre seit 1917 zu den Erscheinungen geschwiegen, und erst im Mai 1922 gab Bischof Correia da Silva einen Hirtenbrief zum Thema heraus, in dem er andeutete, dass er eine Untersuchungskommission einrichten würde. 1930 erließ er einen weiteren Hirtenbrief zu den Erscheinungen, der, nach einer Darstellung der Ereignisse in Fatima, die folgende kurze, aber sehr bedeutsame Stellungnahme enthielt:
Gemäß den dargelegten Erwägungen und anderen, die wir der Kürze halber übergehen, unter demütiger Anrufung des göttlichen Heiligen Geistes, im Vertrauen auf den Schutz der Allerseligsten Jungfrau, endlich nach Anhörung der hochwürdigen Konsultoren dieser Unserer Diözese erachten wir für gut a) die Visionen der Kinder in der Mulde der Iria (Pfarrei Fatima in dieser Diözese) an den Dreizehnten vom Mai bis Oktober 1917 als glaubwürdig zu erklären; b) den Kult Unserer Lieben Frau von Fatima offiziell zu gestatten.[280]

---

[279] Kondor, *Schwester Lucia spricht über Fatima I,* S. 210, 206. Vgl. Foley, *Marian Apparitions, the Bible, and the Modern World,* S. 251, 270-272.

[280] Vgl. ebd., S. 251-252. Deutsche Übersetzung des bischöflichen Hirtenschreibens zitiert nach: Johannes Maria Höcht, *Fatima und Pius XII. Maria Schützerin des Abendlandes. Der Kampf um Russland und die Abwendung des dritten Weltkrieges*, Wiesbaden: Credo-Verlag, 1957, S. 83, Fußnote 1.

Im September 1935 wurden die sterblichen Überreste Jacintas nach Fatima überführt, und bei der Öffnung des Sarges wurde ihr Gesicht unverwest vorgefunden. Dies veranlasste den Bischof, Schwester Lucia zu bitten, sie möge aufschreiben, was sie über Jacinta wüsste, und so kam sie zur Abfassung ihrer *Ersten Erinnerung*, unter Gehorsam, in der sie die grundlegenden Tatsachen über Fatima beschrieb und diese Weihnachten 1935 abgeschlossen hatte.

Dies steht, nebenbei bemerkt, in deutlichem Kontrast zu den Taten der Seher von Medjugorje und ihren Anhängern, die ganz aus eigener Initiative Berichte über ihre Visionen verbreitet und sich selbst weltweit bekannt gemacht haben, ohne jeden Bezug auf den Ortsbischof.

Nach dem Ausbruch des Spanischen Bürgerkrieges, der offenbar eine Erfüllung der Prophetie war, dass Russland seine Irrlehren verbreiten würde, schrieb Schwester Lucias Beichtvater, Pater Gonçalves, ihr einen Brief mit der Frage, was zu tun wäre. Sie antwortete im Mai 1936 und betonte erneut, dass es notwendig sei, dass der Heilige Vater die Weihe Russlands vollziehe, bevor sie beschrieb, wie sie Jesus im Gebet gefragt habe, warum er Russland nicht ohne sie bekehren würde. Sie erhielt die folgende Antwort als eine innere Einsprechung: „Weil ich will, dass Meine ganze Kirche diese Weihe als einen Triumph des Unbefleckten Herzens Mariens anerkenne, um dann seine Verehrung auszubreiten und neben die Andacht zu Meinem Göttlichen Herzen die Verehrung dieses Unbefleckten Herzens zu stellen."

Hierauf erwiderte Schwester Lucia: „Aber lieber Gott, der Heilige Vater wird mir nicht glauben, wenn Ihr selbst ihn nicht durch eine besondere Erleuchtung dazu bewegt." Dann hörte sie die folgende Antwort: „Der Heilige Vater! Bete viel für den Heiligen Vater. Später wird er die Weihe vornehmen. Das Unbefleckte Herz Mariens wird Russland dennoch retten. Es ist Ihm anvertraut." Nachdem er ein Kollegium konsultiert hatte, schrieb Pater Gonçalves an Bischof Correia da Silva mit der dringenden Bitte,

Rom in Bezug auf die Weihe Russlands zu kontaktieren, und der Bischof tat dies im Frühjahr 1937.[281]

Die portugiesischen Bischöfe weihen ihr Land

Im Jahre 1931 hatten die portugiesischen Bischöfe kollektiv Portugal dem Unbefleckten Herzen Mariens geweiht, und 1936 legten sie an der Erscheinungsstätte mit der Zukunftsaussicht, dass das Land aufgrund des im benachbarten Spanien tobenden Bürgerkrieges vom Kommunismus heimgesucht werden könnte, ein Gelübde ab, eine Nationalwallfahrt nach Fatima zu organisieren, wenn Portugal vor diesem Unheil verschont bliebe. Ihr Land wurde in der Tat vor dem Kommunismus bewahrt, und infolgedessen konnten sie im Mai 1938 zurückkehren, um ihr Gelübde zu erfüllen und die frühere Weihe zu erneuern, bei der eine halbe Million gewöhnliche Portugiesen sich ihnen anschlossen. Nach geistlichen Exerzitien unter Pater Pinto, dem Seelenführer von Alexandrina da Costa, einer 2004 seliggesprochenen portugiesischen Mystikerin, richteten die portugiesischen Bischöfe auch eine Petition an den Papst, in der sie ihn baten, dass er die ganze Welt dem Unbefleckten Herzen Mariens weihen möge, so dass sie vor der Katastrophe gerettet werden könne, ebenso wie Portugal von der Gefahr des Kommunismus befreit worden war.
Am 25. Januar 1938 erfüllte ein merkwürdiges Licht den Himmel in Nord- ebenso wie in Südeuropa (was höchst ungewöhnlich war). Es wurde als eine besonders brillante Entfaltung des Polarlichts beschrieben, doch erkannte Schwester Lucia, dass es sich dabei um das „unbekannte Licht" handelte, welches die Gottesmutter während ihrer Erscheinung im Juli vorausgesagt hatte. Offenbar unterrichtete Schwester Lucia den Bischof über die Bedeutung dieses Zeichens und nahm in ihrer Dritten Erinnerung abermals darauf Bezug.[282]

---

[281] Vgl. Foley, *Marian Apparitions, the Bible, and the Modern World,* S. S. 304-305.
[282] Vgl. ebd., S. 305-307.

Im Dezember 1940 schrieb Schwester Lucia unter Gehorsam auch Pius XII., dem neuen Papst. Sie teilte ihm jenen Teil des Geheimnisses mit, der die Weihe Russlands und die Sühnekommunionen betrifft. Hierin bat sie den Papst auch, die Andacht der ersten Samstage seines Segens zu würdigen, sie auf die ganze Welt auszudehnen und erklärte, dass Jesus ihr kundgetan habe, die „Tage der Drangsal zu verkürzen", welche die Menschheit damals erlitt. Dies geschehe aber nur, wenn Seine Heiligkeit sich würdige, „die Welt mit besonderer Erwähnung Russlands dem Unbefleckten Herzen Mariens zu weihen und anordnet, dass zusammen und gleichzeitig mit Eurer Heiligkeit alle Bischöfe der Welt dasselbe tun."

Die Zeit war damals für eine besondere Weihe Russlands noch nicht reif, doch war Gott bereit, eine allgemeine Weihe der Welt mit Erwähnung Russlands als Mittel zur Abkürzung des Krieges anzunehmen. In diesem Brief an den Papst machte Schwester Lucia auch folgende Äußerung mit einer Bezugnahme auf die Weihe Portugals an das Unbefleckte Herz Mariens, die 1931 vollzogen und 1938, als die Lage in Europa sich verschlechterte, erneuert wurde:

> Heiligster Vater, wenn ich in der Vereinigung meiner Seele mit Gott nicht getäuscht worden bin, verheißt Unser Herr unserem Land in diesem Krieg einen besonderen Schutz aufgrund der durch die portugiesischen Prälaten vollzogenen Weihe der Nation an das Unbefleckte Herz Mariens, als Beweis der Gnaden, die den übrigen Nationen gewährt worden wären, wenn auch sie sich Ihm geweiht hätten.

Die Tatsache, dass Portugal sich aus dem Zweiten Weltkrieg heraushalten konnte, im Gegensatz zu seiner Beteiligung am Ersten Weltkrieg, war für den Papst und die Bischöfe der Welt zweifellos ein Zeichen für die Macht dieser Weihe und trug wohl zu der Entscheidung Pius' XII. bei, im Jahre 1942 die Weihe der Welt vorzunehmen. 1940 sah es so aus, als würden Hitlers Streitkräfte bald ganz Europa überrennen, einschließlich Portugals, so dass dies auf Seiten Schwester Lucias keine leere Ankündigung war.

Die Gefahr eines Kriegseintritts Spaniens und der Druck, unter dem Portugal stand, den Alliierten die Nutzung seines Staatsterritoriums zu erlauben, brachte mit sich, dass während des ganzen Jahres 1941 die Gefahr, dass das Land in den Krieg gezwungen würde, sicher sehr real war.
Am 31. Oktober 1942 richtete sich Papst Pius XII. in einer Rundfunkbotschaft an das portugiesische Volk. Er wies darauf hin, dass sein Vorgänger, Papst Pius XI., das wunderbare Eingreifen der Gottesmutter in Portugal anerkannt habe und dass dies die Verwandlung des Landes nach sich gezogen habe. Er lud die Portugiesen ein, auf den mütterlichen Schutz Mariens zu vertrauen und um ein Ende des Krieges zu beten, bevor er mit der Formel der Weihe der ganzen Welt, darunter auch Russlands (obwohl dieses nicht ausdrücklich namentlich erwähnt wurde), anhob. Somit weihte Papst Pius XII. in diesem Akt die ganze Welt dem Unbefleckten Herzen Mariens und erinnerte dabei zugleich an die Weihe der Welt an das Heiligste Herz Jesu, die Papst Leo XIII. 1899 vollzogen hatte.
Dies war nicht die vollständige Weihe, um welche die Gottesmutter in Fatima gebeten hatte, aber sie genügte so weit, dass Gott eingriff und das Strafgericht des Krieges abkürzte. Dies geht aus einem Brief hervor, den Schwester Lucia im Mai 1943 an Pater Gonçalves schrieb. Darin stellte sie fest, dass die wahre Buße, die Gott verlange, darin bestehe, dass jeder seine religiösen und bürgerlichen Pflichten erfülle. Weiter schrieb sie: „Er verspricht, dass der Krieg aufgrund der Handlung, die Seine Heiligkeit zu vollziehen wagte, bald enden wird. Da sie aber unvollständig war, ist die Bekehrung Russlands auf später verschoben worden."
Es sieht sicher danach aus, dass Winston Churchill, der britische Premierminister der Kriegszeit, meinte, dass der Wendepunkt des Krieges ein paar Tage nach dem Datum der Weihe gekommen sei, wobei er sich auf die zweite Schlacht von El Alamein in

Nordafrika zwischen dem 23. Oktober und dem 4. November 1942 mit dem Sieg über Rommels Afrikakorps bezog.[283]

Portugal vor und nach Fatima

Medjugorje-Anhänger stellen häufig die Behauptung auf, dass die dortigen Visionen die Fortsetzung oder Erfüllung Fatimas darstellten. Wenn wir aber die Ereignisse, die seit 1981 in und um Medjugorje stattfanden, mit dem vergleichen, was in Fatima und Portugal von 1917 an geschah, dann ist der Kontrast zwischen den beiden sehr markant. Für diesen Vergleich müssen wir zeitlich noch einmal etwas zurückgehen.

Während des 19. Jahrhunderts fand eine ansteigende Welle des Antiklerikalismus in Portugal ihren Höhepunkt in der Ermordung des Königs und seines Sohnes am 1. Februar 1908 und der Ausrufung einer Republik am 5. Oktober 1910. Diese Revolution leitete eine Phase der gewaltsamen Verfolgung der Kirche ein, in der am 20. April 1911 das Gesetz zur Trennung von Kirche und Staat beschlossen wurde. Als der hl. Papst Pius X. die Inkraftsetzung dieses Gesetzes anprangerte, wurden die meisten der Bischöfe verbannt und viele Priester verhaftet, darunter der künftige Bischof von Leiria-Fatima, Bischof Correia da Silva. Der Urheber dieses Gesetzes, Alfonso Costa, prahlte öffentlich damit, dass „dank diesem Gesetz zur Trennung von Kirche und Staat in zwei Generationen der Katholizismus in Portugal vollständig ausgerottet sein wird“. So grausam war die Kampagne gegen die Kirche und so groß die Macht der antiklerikalen Bewegung, dass nichts die Feinde der Kirche an der Umsetzung ihres Zieles zu hindern schien.

Was geschah also nach 1917, dass die Bischöfe von Portugal anlässlich des 25jährigen Jubiläums der Erscheinungen im Mai 1942 die folgende Erklärung abzugehen veranlasste? „Wenn jemand seine Augen vor 25 Jahren verschlossen hätte und sie heute wie-

---

283 Vgl. ebd., S. 312-315.

der öffnete, würde er Portugal nicht mehr wiedererkennen, so tiefgründig und gewaltig ist die Verwandlung, die durch den Faktor der bescheidenen und unsichtbaren Erscheinung der Heiligen Jungfrau in Fatima ausgelöst wurde." Bei demselben Anlass sagte der Patriarch von Lissabon, Manuel Gonçalves Kardinal Cerejeira, dass es nur ein Wort gebe, das beschreiben könne, was in den vergangenen 25 Jahren vor sich gegangen sei: „Wunder".

Ein verwandeltes Land

Diese erstaunliche Verwandlung, die friedlich und von innen her erfolgte, wurde durch zwei Hauptfaktoren bewirkt. Die unmittelbare Ursache war die unermüdliche Reaktion des armen und einfachen Volkes von Portugal, das zu Zehntausenden aus allen Teilen des Landes auf Wallfahrten nach Fatima strömte, den Rosenkranz betete, Lieder sang und Buße tat. Die Menschen frohlockten darüber, dass Unsere Liebe Frau aus dem Himmel mit ihrer Botschaft des Trostes und Heiles zu ihnen, inmitten ihrer Leiden, herabgekommen war. Im Oktober 1922 wurde die erste Ausgabe der Pilgerzeitschrift des Heiligtums von Fatima, *Voz da Fatima*, herausgebracht, um ihre Botschaft und die Wunder der Gnade und Bekehrung, die dort stattfanden, bekannt zu machen. Die Erstauflage betrug dreitausend Exemplare. In nur drei Jahren war diese Zahl auf 50.000 angestiegen, und 1937 hatte sie eine Verbreitung von 380.000 Exemplaren erreicht. Neben den Wallfahrten gab es auch Wunderheilungen. Diese wurden in einem Buch des ersten Fatima-Historikers, Kanonikus Formigão, gesammelt, der 24 Fälle zwischen 1917 und 1922 zählte. Voz da Fatima beschrieb über 800 Heilungen, die in den zwanzig Jahren von 1922 bis 1942 stattfanden.

Die gewaltigen Menschenmengen, die zur Wallfahrt kamen (300.000 bis Mai 1931) und die bemerkenswerten Bekehrungen, die stattfanden, gewannen ihrerseits jene Priester, die dem Phänomen gleichgültig oder gar feindselig gegenübergestanden hatten, und zogen eine Explosion der Berufungen nach sich. Als Bischof da Silva im Jahr 1920 zum Bischof der Diözese Leiria ernannt wurde, war das Priesterseminar geschlossen; 1933 hatte es 75 Seminaristen. In der Diözese Portalegre gab es 1917 achtzehn Seminaristen; bis 1933 war ihre Zahl auf 201 angestiegen, und es ergab sich auch eine stetige und markante Zunahme der Anzahl der Priester, die bis in die 1960er Jahre weiter stieg.

Der zweite Faktor in der wunderbaren Verwandlung des Landes war die Bereitwilligkeit, mit der die portugiesischen Bischöfe die Botschaft Unserer Lieben Frau aufnahmen, und insbesondere, wie bereits erwähnt, ihr Akt der Weihe Portugals an das Unbefleckte Herz Mariens im Jahr 1931. Diese rettete das Land vor der kommunistischen Revolution, die Spanien ins Elend stürzte. Später, im Jahr 1938, wurde die Weihe als Danksagung für die Bewahrung Portugals vor jenem tragischen Bürgerkrieg feierlich erneuert.

Zur Zeit des 25jährigen Jubiläums der Erscheinungen im Jahr 1942 war es offenkundig geworden, dass Portugal während der vorausgegangenen elf Jahre auf wunderbare Weise im Frieden und in der Freiheit vor der schrecklichen Verfolgung, welche die Kirche in dieser Periode in Spanien erdulden musste, bewahrt worden war. Zudem war es vor der Verwicklung in den Zweiten Weltkrieg bewahrt geblieben. Die Verwandlung war so außergewöhnlich, dass Kardinal Cerejeira 1942 zu einem französischen Journalisten sagte: „Heute könnte man im ganzen Land kaum mehr eine Handvoll Feinde der Religion finden.“[284]

Insgesamt wurde dies alles durch die große Treue des Volkes in der Erfüllung der Wünsche Unserer Lieben Frau bewirkt, insbesondere des täglichen Rosenkranzgebets in dem in ihrer Botschaft vom 13. Mai 1917 genannten Anliegen, „den Frieden der Welt und um das Ende des Krieges zu erlangen“. Dies geschah in Eintracht mit den Bischöfen, die ihre förmliche Akzeptanz der Botschaft der Gottesmutter bekundeten, indem sie ihr Land

---

[284] Frère Michel de la Sainte Trinité, *Fatima Revealed … and Discarded*, übersetzt von T. Tindal-Robertson, Devon: Augustine Publishing, 1988, Kapitel 2-5, Zitate von S. 11, 45, 48; Francis Johnston, *Fatima: The Great Sign*, Devon: Augustine Publishing, 1980, S. 23, 38, 85.

1931, 1938 und 1940 ihrem Unbefleckten Herzen weihten. Zusammenfassend können wir sagen, dass die Erscheinungen der Gottesmutter in Fatima und ihre Botschaft des Gebets, der Buße, der Sühne und des Rosenkranzes nichts Geringeres als die Auferstehung der Kirche in Portugal bewirkten.

Weitere Weihen

Portugal war nicht das einzige Land, das von einer Marienweihe profitieren konnte. Das Eingreifen Mariens, mittels dessen die Befreiung Polens vom Kommunismus in den 1980er Jahren möglich wurde, kann auf die Weihe des Landes an das Unbefleckte Herz Mariens zurückgeführt werden, die am 8. September 1946 geschah. Sie erfolgte im Marienwallfahrtsort Jasna Góra in Gegenwart von 700.000 Polen und unter Verwendung derselben Worte, die Pius XII. in seiner Weihe der Welt an das Unbefleckte Herz Mariens im Jahre 1942 gebraucht hatte. Polen war somit das erste Land, welches mit dem Vollzug dieser Weihe dem Beispiel Portugals folgte.

Im Jahr 1952 hatte Papst Pius XII., als ein weiteres Zeichen der Bedeutung, die er Fatima beimaß, am 7. Juli, dem Fest der heiligen Kyrillos und Methodios, speziell Russland dem Unbefleckten Herzen Mariens geweiht. Dieser Akt erfolgte jedoch nicht in Vereinigung mit allen Bischöfen der Welt, so dass er nicht als die volle, von Maria erbetene, kollegiale Weihe in Betracht kam.

Papst Paul VI. brachte die 1942 von Pius XII. vollzogene Weihe in Erinnerung und nahm auch während des Zweiten Vatikanischen Konzils anerkennend auf Fatima Bezug, beschloss aber, die von der Gottesmutter erbetene kollegiale Weihe nicht vorzunehmen, auch wenn die Bischöfe der Welt zugegen waren. Allerdings erklärte er Maria am 21. November 1964, zum Abschluss der dritten Konzilssitzung, zur „Mutter der Kirche“. 1967 reiste er zum 13. Mai, dem 50jährigen Jubiläum der ersten Erscheinung, nach Fatima und stellte Schwester Lucia den versammelten Menschenmengen vor, womit er dem Erscheinungsort abermals päpstliche Anerkennung verlieh. Zu diesem Zeitpunkt war noch kein regierender Papst je in Lourdes gewesen, geschweige denn an der Stätte irgendeiner anderen Marienerscheinung der Moderne, so dass dies ein sehr bedeutsamer Schritt war.[285]

Praktisch alles in der obigen Darstellung zeigt, dass es sehr scharfe, ja unversöhnliche Differenzen zwischen den Ereignissen in Fatima und den Ereignissen in Medjugorje gibt. Die Kinder von Fatima waren unschuldig, die Erscheinungen, die sie erlebten, waren gering an der Zahl, die Botschaft selbst war in sich schlüssig und verständlich und hat sich für die Kirche als von lebenswichtiger Bedeutung erwiesen, wobei die ganze Reihe der Ereignisse durch das Sonnenwunder übernatürlich bestätigt wurde. Medjugorje hinhegen hat sich in allen diesen Bereichen als defizitär erwiesen. Ebenso gibt es, wie wir sehen werden, keinen Vergleich zwischen den Ereignissen in Portugal nach Fatima und den Geschehnissen auf dem Balkan nach Medjugorje. Die Erscheinungen in Fatima führten eine tiefgründige Veränderung in Portugal herbei, während Jugoslawien zehn Jahre nach den ersten Visionen in Medjugorje in einen grausamen Krieg versank.

Alle oben erwähnten Punkte zeigen den gewaltigen Einfluss, den Fatima nicht nur auf Portugal, sondern auf die Weltgeschichte hatte. In den nächsten Kapiteln soll dieser Einfluss Medjugorje und seinen Nachwirkungen gegenübergestellt werden. Hierdurch wird deutlich werden, dass es völlig realitätsfremd ist, Medjugorje als eine Art Fortsetzung Fatimas zu betrachten.

[285] Vgl. Foley, *Marian Apparitions, the Bible, and the Modern World,* S. 347, 360.

11. Die Propagandaoffensive für Medjugorje

Eine Flut von Büchern über Medjugorje

Seit 1984 wurde Medjugorje in der weiteren katholischen Welt bekannt, hauptsächlich durch das Erscheinen von dafür werbenden Publikationen, von denen einige von bekannten Theologen verfasst wurden. Unter ihnen war Abbé René Laurentin, wie bereits bemerkt, mit Sicherheit der prominenteste, und man kann seine Rolle in der weltweiten Werbekampagne für Medjugorje kaum als wichtig genug einschätzen. Es ist keine Übertreibung, wenn man sagt, dass der Ort ohne seine Unterstützung keine derart führende Rolle in der Kirche hätte einnehmen können. Er schreibt, dass er der Erste gewesen sei, der Medjugorje bereits am 23. Februar 1982 in einem Artikel im *Figaro* in Frankreich bekannt gemacht habe. Er war auch für die Übersetzung und Ergänzung eines Buches über die angeblichen Visionen von Pater Ljudevit Rupčić verantwortlich, das schließlich 1984 auch in englischer Sprache unter dem Titel *Is the Virgin Mary Appearing at Medjugorje?* erschien. E. Michael Jones nannte es „das Buch, welches das ganze Medjugorje-Phänomen in Gang brachte", und seine Popularität lässt sich auf dem Titel der Ausgabe von 1988 (der sechsten Auflage) ablesen, wo es heißt: „90.000 Exemplare in den USA verkauft!"[286]

Um die entscheidende Rolle René Laurentins in der Werbung für Medjugorje zu verstehen, muss man sich den guten Ruf vergegenwärtigen, den er sich zuvor als Mariologe erworben hatte. Er hatte zahlreiche, sehr einflussreiche marianische Bücher geschrieben und war insbesondere als Lourdes-Experte hochangesehen, da er das sechsbändige Standardwerk zum Thema geschrieben hatte. Er hatte auch Studien über die Erscheinungen in der Rue du Bac und in Pontmain verfasst und war zudem als Konzilsperi-

---

[286] Vgl. Jones, *The Medjugorje Deception,* S. 53-54; Klanac, *Aux Sources de Medjugorje,* S. 9.

tus und Experte beim Zweiten Vatikanum tätig.[287] Als er sich mit seinem Gewicht hinter Medjugorje stellte, musste eine solche Unterstützung zwangsläufig von großer Bedeutung sein.

Der entscheidende Punkt ist jedoch, dass ein großer Unterschied zwischen den historisch-theologischen Erforschungen vergangener Erscheinungen, die er früher unternommen hatte, und einer „aktiven" Studie eines so komplexen, andauernden Phänomens wie Medjugorje besteht. Die unbestrittenen Fähigkeiten, die er bei der Untersuchung der erstgenannten besaß, waren nicht die einzigen, die erforderlich waren, um eine fortdauernde Reihe angeblicher Visionen zu beurteilen und richtig zu erklären. In Bezug auf Medjugorje hat es, wie wir später sehen werden, wohl den Anschein, als sei René Laurentin in das ganze Phänomen hineingezogen worden. Es sieht so aus, als habe er sich persönlich zu sehr dafür engagiert, so dass er jene zwingend notwendige Distanz verlor, die unabdingbar ist, wenn man zu einem sachlich gut begründeten Urteil gelangen will, das sowohl unparteiisch als auch objektiv ist.

Ein weiteres sehr frühes und einflussreiches Buch war *The Apparitions of Our Lady at Medjugorje* von Pater Svetozar Kraljević. Dieses wurde ebenfalls 1984 von Franciscan Herald Press veröffentlicht. Es besteht aus einem Überblick über die Visionen sowie aus verschiedenen Zeugnissen und Interviews. Ein ähnlich wichtiger Förderer war Pater Robert Faricy SJ, Professor für Spiritualität an der Päpstlichen Universität Gregoriana in Rom, der, zusammen mit Schwester Lucy Rooney, *Mary Queen of Peace: Is the Mother of God Appearing in Medjugorje?*, verfasste. Auch dieses Buch wurde 1984 von Alba House veröffentlicht. Das Buch des führenden Mariologen Pater Michael O'Carroll CSSp, *Medjugorje: Facts, Documents, Theology,* erschien 1986, ebenso wie Mark Miravalles Werk *The Message of Medjugorje: The Marian Message to the Modern World,* während Mary Craigs Buch *Spark from Heaven: The Mystery of the Madonna of Medjugorje,* erst 1988 erschien. Ebenso wie die anderen

[287] Vgl. O'Carroll, *Medjugorje: Facts, Documents, Theology,* S. 50-51.

oben erwähnten Werke präsentierte der letztgenannte Band Medjugorje in einem überwiegend günstigen Licht.
Somit waren schon vor dem Ende der 80er Jahre eine ganze Reihe von Publikationen unter Katholiken weit verbreitet, in denen für Medjugorje geworben wurde, und sie zeigten eine deutliche Wirkung. Damals waren die einzigen wichtigen Titel, die in englischer Sprache als Kritiken am Medjugorje-Phänomen erschienen, E. Michael Jones, *Medjugorje: the Untold Story*, South Bend: Fidelity Press, 1988, und Pater Ivo Sivrić, *The Hidden Side of Medjugorje*, Québec: Psilog, 1989. Ihr Einfluss war angesichts der wahren Flut an Büchern und Medienwerbung für Medjugorje jedoch begrenzt.

Kritik an den Kritikern Medjugorjes

Ein Kritiker des Werkes von E. Michael Jones, Daniel Klimek, argumentiert, dass sein Buch „großteils durch einen früheren Anhänger von Jones … diskreditiert" worden sei, nämlich Pater Robert Fox. Die Tatsache aber, dass Pater Fox seine Unterstützung für das erste Buch von Jones über Medjugorje zurückzog, bedeutet nicht zwangsläufig, dass die Fakten im Buch falsch sind. Um das festzustellen, müssten wir über genaue Details verfügen, welche Äußerungen Pater Fox dabei traf, doch werden diese von Klimek nicht angegeben. Er benennt lediglich einige allgemeine Gründe, die von Pater Fox angeführt werden, darunter „die Integrität der Methodik und [seiner] journalistischen Verantwortung". Das sind schwere Vorwürfe, die Pater Fox aber nicht belegte (zumindest bietet Klimek keine Beweise dafür), so dass es schwierig ist, ihren Wahrheitsgehalt zu beurteilen.
Auf jeden Fall ist das Buch nicht deshalb diskreditiert, weil eine Person, Pater Fox, seine Unterstützung dafür zurückzog. Es müssten schon präzise, durch klare Beweise untermauerte Gründe vorliegen, damit ein solcher Vorwurf erhoben werden kann. In der Tat sind, wie es scheint, die Anschuldigungen, die Jones gegen Pater Vlašić vorbrachte, unter anderem des sexuellen Fehlverhaltens, worauf Pater Fox vermutlich Bezug nahm, wie wir

sehen werden, in der 2008 gegen Pater Vlašić erlassenen Suspendierungserklärung der Glaubenskongregation belegt worden. Worum es sich bei den sexuellen Verfehlungen genau handelte, wurde jedoch nicht bekannt gegeben. Der kanonische Status von Pater Vlašić wurde publik gemacht, weil seine Taten dazu geführt hatten, dass er der Glaubenskongregation im Zusammenhang mit Medjugorje unter anderem wegen Anschuldigungen *„contra sextum"*, d. h. in Verbindung mit dem Sechsten Gebot und somit in Bezug auf sexuelle Delikte, gemeldet wurde.

Die speziellen sexuellen Anschuldigungen, die Jones behandelt, werden in diesem Buch nicht erörtert, so dass wir uns in diesem Falle nicht auf ihn als Quelle gestützt haben. Jedenfalls vermochten die Kritiker von Jones nicht zu beweisen, dass irgendwelche wesentlichen Fakten, über die er berichtet und die in diesem Buch zitiert werden, unrichtig sind.[288]

Das Buch von Pater Sivrić war der Kritik von Randall Sullivan ausgesetzt, dem Verfasser eines späteren Buches, das Medjugorje verteidigte und 2004 unter dem Titel *The Miracle Detective* veröffentlicht wurde. Hierin behauptete Sullivan: „Das Buch war ein erstaunlich schluderiges Kompendium von Gerüchten, Tratsch und direkten Unwahrheiten mit dem Schlussurteil, dass die Erscheinungen mit einer Kombination aus Phantasie und Erfindungen hervorgebracht worden und eindeutig eine ‚Kopie von Lourdes' seien."

Wie wir sahen, bietet das Buch von Pater Sivrić jedoch die Primärquellen für das, was während der Frühzeit der Visionen wirklich geschah, und es sieht danach aus, dass Sullivan sich hier auf die Meinungen seiner Kontaktpersonen in Medjugorje verließ. Er bietet keine Belege für die „direkten Unwahrheiten", die er erwähnt, oder irgendwelche stichhaltigen Beweise, die seine Behauptungen stützen. Und dies alles trotz der Tatsache, dass er offensichtlich um die Existenz der Tonbänder wusste und folg-

---

288 Vgl. http://ministryvalues.com/index.php?option=com_content&task=view&id=1366&Itemid=125.

lich ihre Bedeutung erkannt haben sollte. Es ist nicht klar, ob er für seine eigene Version über das Geschehene Material von den Tonbandprotokollen oder aus späteren Interviews mit den Sehern verwertete, denn obwohl er einige der Punkte erwähnt, die im Buch von Pater Sivrić zu finden sind, gebraucht er unterschiedliche Formulierungen und es bestehen auch Diskrepanzen hinsichtlich der Datierung; außerdem gibt er keinerlei Belege für seine Quellen an.

Klar ist jedoch, dass Sullivan eindeutig feststellt, dass die Visionen eigentlich am 3. Juli enden sollten, und er zitiert sogar Vicka, die bei dieser Gelegenheit Folgendes gesagt haben soll: „Heute Abend übermittelte die Madonna Botschaften für uns, nicht für die Welt, … *Sie erschien heute Abend zum letzten Mal.*" Trotzdem akzeptiert er eigenartigerweise die späteren Berichte der Seher über weitere Visionen.[289]

Was Randall Sullivans Sachkenntnis betrifft, so besteht das Problem, dass er kein Katholik war und tatsächlich eine ziemliche Unwissenheit in Bezug auf den katholischen Glauben und grundlegende katholische Terminologie an den Tag legt. So spricht er beispielsweise von Priestern, die Beichten „(ab)nehmen" [take] statt Beichten „hören" und scheint auch nicht zu wissen, dass Brüder und Mönche etwas ganz Unterschiedliches sind. Selbst gibt er zu: „Das meiste von dem, was ich über die katholische Kirche wusste …, hatte ich durch meine Liebschaften mit Frauen, die vom Glauben abgefallen waren, erfahren." Dabei handelt es sich wohl eher nicht um die zuverlässigste Quelle der Katechese, so dass Sullivans Sachkenntnis zweifelhaft ist. Selbst wenn wir einräumen, dass er im Zuge seiner Forschungen eine Menge über die Kirche gelernt haben mag, bleibt doch die Tatsache bestehen, dass er einen Großteil seiner weiteren „Katechese" im Umfeld des „medjugorjischen" Emotionalismus und nicht in einer nüchterneren Umgebung erfuhr.

---

289 Sullivan, *The Miracle Detective*, S. 83-107, Zitat S. 107, *Hervorhebung ergänzt*, S. 210.

Abgesehen davon ist klar, dass der „Apparat" von Medjugorje, sobald er bemerkt hatte, dass Sullivan ein Reporter des Musikmagazins *Rolling Stone* war, mit offenen Armen willkommen geheißen und ihm ein privilegierter Zugang zu den Sehern und ihren franziskanischen Kameraden eingeräumt wurde, so weit, dass er vorübergehend sogar bei Mirjana wohnen durfte. Seine erste Begegnung mit ihr beschreibt er wie folgt:

> In dem Augenblick, als ich Mirjana begegnete, wusste ich, dass sie weder eine Lügnerin noch eine Wahnsinnige war, zumindest nicht eine von der Art, die ich kannte. Die Augen der jungen Frau waren blau wie Alpenseen, leuchtend vor Klarheit, enervierend in ihrer Ruhe. Ihr Blick war durchdringend, aber nicht eindringend. Sie erstaunte mich als ein zwar sehr selbstbewusster, aber ganz bescheidener Mensch.

Dieses Zitat beweist klar, dass Randall Sullivan einfach nicht die geeignete Person für die Untersuchung angeblicher Visionen war. Sein Ansatz basiert auf Gefühlen. Intuitiv spürt er, dass Mirjana aufrichtig ist, daher muss sie aufrichtig sein. *Ich fühle, darum bin ich.* Soviel zu einem peinlich genauen Verfahren der Unterscheidung der Geister.

Sullivan hatte auch keine Schwierigkeiten, die meisten anderen Seher, darunter Vicka, kennenzulernen. Ewas über eine Woche nach seiner Ankunft wurde er Pater Slavko Barbarić vorgestellt, der damals der Seelenführer der Seher war. Im Verlauf des Buchtextes wird deutlich, dass Pater Barbarić und die Seher Sullivan erfolgreich von der Echtheit Medjugorjes überzeugen konnten. Der Franziskanerpriester arrangierte für ihn sogar eine Begegnung mit einem berühmten Empfänger einer „Wunderheilung" in Medjugorje, und von diesem Zeitpunkt an gehörte er mit noch größerer Überzeugung dem Medjugorje-Lager an.

Kurzum, Randall Sullivan geht sehr ausführlich auf die Visionen ein, stellt aber fast alles in einem fast ausschließlich unkritischen

Licht dar.[290] Das soll nicht heißen, dass man keine nützlichen Informationen in dem Buch finden könnte, doch sind seine Schlussfolgerungen mit großer Vorsicht zu genießen.

Als er die Situation bezüglich der Wirkung aller wohlgesinnten Bücher zusammenfasste, stellte Paolo Apolito ohne Zögern fest:

> Bei Medjugorje haben wir es mit einer der wirkungsvollsten Werbekampagnen zu tun, die je für ein religiöses Phänomen geführt worden ist, wie es von Anbeginn an und aus dem Inneren der kirchlichen Welt erkannt wurde, als *La Civiltà Cattolica* diplomatisch bemerkte, man könne den „Eindruck" gewinnen, dass eine „sehr gut organisierte Werbekampagne auf Basisebene durchgeführt wird".

Er spricht weiter von einer „wahren Flut von Büchern, Artikeln, Videokassetten, Filmausschnitten, Rundfunk- und Fernsehsendungen, … [die] zunächst in die europäischen Länder strömte, die traditionell am offensten für diese Phänomene sind, wie Italien, Frankreich, Deutschland, Spanien und Irland, und dann in den Rest der Welt." Er weist besonders auf Italien und die Medjugorje-Zeitschrift *Eco di Maria* hin, die 2005 eine Auflage von 800.000 Exemplaren hatte und in 15 verschiedenen Sprachen erschien.[291]

Falsche Methodik

Das Hauptproblem an den oben erwähnten, Medjugorje wohlgesinnten Publikationen ist, dass sie alle auf Zeugnissen der Seher basieren, die erst einige Zeit nach den Visionen aufgezeichnet wurden, nicht auf den Tonbandprotokollen ihrer Gespräche, die während der ersten Woche mit den Geistlichen der Pfarrei geführt wurden, wie sie in den Büchern von Pater Sivrić und Daria Klanac wiedergegeben sind. So stammen z. B. die von Pater Kraljević geführten Interviews aus dem Frühjahr 1983, sind also min-

---

[290] Sullivan, *The Miracle Detective*, S. 22, 119, 122, 125, 137, 160, 210 und *passim*.

[291] Paolo Apolito, *The Internet and the Madonna: Religious Visionary Experience on the Web*, übersetzt von A. Shugaar, Chicago: The University of Chicago Press, 2005, S. 36-37.

destens rund 18 Monate nach den ersten Visionen entstanden. Wie wir zuvor sahen, ist es wesentlich wahrscheinlicher, dass die Tonbandprotokolle genau sind, im Unterschied zu allem, was wesentlich später dokumentiert wurde. Doch gerade das ist das Problem: die ganze Medjugorje-Bewegung ist überwiegend auf diesen späteren Zeugnissen aufgebaut worden, die nicht die ganze Wahrheit über das Geschehen in der entscheidenden ersten Woche offenbaren. Außerdem war das allgemeine Niveau bei der Zusammenstellung der in Medjugorje entstandenen Botschaften eher weniger perfekt, wie René Laurentin zugibt: „Es fielen dort sehr viele Worte, und sie sind nicht methodisch aufgezeichnet worden. Das erste Register der Pfarrei, in dem die Ereignisse aufgezeichnet worden waren, ist [von den Behörden] konfisziert worden. Viele Worte wurden wiederholt, ohne dass jemand versucht hätte, sie niederzuschreiben.“[292]

Mark Miravalles Buch *The Message of Medjugorje* ist, nach seinen eigenen Worten, eine „theologische Analyse des Inhalts der Botschaften“, die in Medjugorje gegeben wurden, doch behauptet er, „kein explizites Urteil bezüglich des übernatürlichen Charakters zu fällen.“ Vielmehr versucht er festzustellen, ob der wesentliche Inhalt der Botschaften von Medjugorje im Einklang ist mit den Evangelien und den Schriften der Apostolischen Väter sowie mit den Dokumenten des Zweiten Vatikanums und den postkonziliaren Äußerungen des Lehramtes und mit dem, was bei anerkannten Erscheinungen stattgefunden hat.[293]

Problematisch bei diesem Ansatz ist, dass er den Ochsen hinter den Pflug spannt: Bevor wir den Inhalt der Botschaften in der obigen Weise untersuchen können, sollten wir zunächst feststellen, ob die Botschaften selbst glaubwürdig sind. Und wenn man sich die von Miravalle verwendeten Quellen ansieht, so ist dies bei seinem Buch nicht der Fall. Tatsächlich kann jeder Laie mit theologischem Wissen Botschaften erstellen, die den obigen Kri-

---

292 Laurentin/Rupčić, *Is the Virgin Mary Appearing at Medjugorje?*, S. 77.

293 Mark Miravalle, *The Message of Medjugorje: The Marian Message to the Modern World*, Lanham: University Press of America, 1986, S. xv, xvi.

terien entsprechen. Er stützt sich fast ausschließlich auf *Is the Virgin Mary Appearing at Medjugorje?*, das von René Laurentin und Pater Rupčić verfasst wurde, und das Werk von Pater Kraljević, *The Apparitions of Our Lady at Medjugorje.* Wie wir sahen, basieren die in diesen Büchern zu findenden Informationen aber auf recht späten Interviews und nicht auf den Tonbandprotokollen. Dasselbe gilt für Miravalles Bemühungen, Medjugorje als eine Fortsetzung von Lourdes und Fatima zu sehen – wenn wir nicht von vornherein richtige Botschaften haben, ist es unmöglich, dies zu tun.

Denis Nolan und Medjugorje

Denis Nolans Buch *Medjugorje: A Time for Truth and a Time for Action* wurde 1993 veröffentlicht, in einer Zeit, als die frühen Praktiken, die mit Medjugorje in Verbindung gebracht werden, das Gebet, das Fasten usw., sicher die richtige Saite bei vielen Katholiken angeschlagen hatten. Aber auch die Schwachstellen in dem von Medjugorje-Enthusiasten wie Nolan gewählten Ansatz traten immer mehr hervor. Dies wird offensichtlich, wenn wir uns die Struktur des Buches ansehen. Nach einem einleitenden Kapitel und einigen Zeugnissen des sel. Papstes Johannes Paul II. und der sel. Mutter Teresa ist der Rest des langen ersten Abschnitts des Buches ganz mit Zeugnissen verschiedener Kardinäle, Bischöfe und Theologen pro Medjugorje ausgefüllt. Damit kommen wir bis zur Seite 105. Weitere Abschnitte beschäftigen sich mit säkularen Quellen und Medjugorje; sie enthalten Versuche, die Authentizität der Visionen zu verteidigen, Antworten auf Kritik an Medjugorje von verschiedenen katholischen Autoren, und schließlich Abschnitte, in denen einige der Botschaften ausführlich zitiert werden und noch weitere Antworten auf Kritiken in einer langen Reihe von Anhängen.[294] Insgesamt musste Nolan eine ziemlich defensive Stellung einnehmen, ein Zeichen dafür,

[294] Nolan, *Medjugorje: A Time for Truth,* S. xi–xiv.

dass nicht jeder so begeistert von Medjugorje war, wie er es gerne gesehen hätte.
Was die langen einleitenden Abschnitte aus religiösen und säkularen Quellen betrifft, die sich für Medjugorje aussprechen, so ist zu betonen, dass, ganz gleich wie viele Kirchenführer ihre Billigung der Visionen bezeugt haben oder wie hochrangig sie sind, dies *per se* dem Argument nichts hinzufügt (das gilt sogar für den Papst). Ihre Äußerungen sind lediglich ihre Privatmeinungen und haben keinen offiziellen Stellenwert. Dies gilt offensichtlich umso mehr im Falle der Auffassungen säkularer Publikationen und Printmedien zu Medjugorje. Das Aufhäufen von Zeugnissen dieser Art ist sinnlos, was den Vorgang des *Beurteilens* der Authentizität einer angeblichen Vision betrifft. Es sieht beeindruckend aus und zweifellos beeinflusst es mache Leute auch, aber nur, weil sie die geistlichen Prinzipien, die angewandt werden müssten, nicht verstehen.
Das Einleitungszitat zum Abschnitt, in dem er versucht, die Authentizität der Visionen zu verteidigen, ist hinsichtlich der Einstellung Denis Nolans zu Medjugorje höchst aufschlussreich:

> Seien wir ehrlich. Auf den ersten Blick scheinen die Erscheinungen von Medjugorje ohne jeden Zweifel ‚echt' zu sein. Als die Fernsehkameras in die Erscheinungskapelle spähten und die Seher im Gespräch mit der Gospa näher heranzoomten, wussten wir in unserer Magengrube, dass hier etwas Außergewöhnliches stattfand.[295]

Das fasst die Einstellung von überzeugten Medjugorje-Anhängern wie Nolan sehr gut zusammen: Seine Annahme der Visionen basierte nicht auf einer objektiven Beurteilung der Fakten, sondern war ganz buchstäblich eine rein gefühlsmäßige Reaktion. Nolans Anschauungen zum Thema sind durch diese stark gefühlsbedingte Reaktion gefärbt, so dass er alles an Medjugorje in einem positiven Licht sieht. Berechtigte Kritik gegen Medjugorje wird als „betrügerischer Zweifel und boshafte Attacke"[296] verun-

---

[295] Nolan, *Medjugorje: A Time for Truth,* S. 123.
[296] Nolan, *Medjugorje: A Time for Truth,* S. 123.

glimpft. Der Gedanke, dass jemand ernsthafte, objektive Kritik an dem Phänomen anmelden könnte, wird als unmöglich und absurd abgetan.
Die Punkte, welche Denis Nolan als Belege für Medjugorje anführt, werden an anderer Stelle in diesem Buch behandelt, so dass wir seine Position hier nicht näher zu analysieren brauchen. Es wäre nur zu sagen, dass die Ereignisse ihn überholt haben und dass viele Argumente, welche die Visionen in der Frühzeit zu unterstützen schienen, im Nachhinein als fehlerhaft erwiesen worden sind.[297]

Die Argumente von René Laurentin für Medjugorje

In Bezug auf René Laurentin und seine Beteiligung an Medjugorje schreibt Pater Michael O'Carroll in seinem Buch Folgendes: „Aufgrund seiner einzigartigen Qualifikation und seiner ganzen Beteiligung ist er ein Teil des Geschehens." Weiter sagt er: „Er engagierte – *‚verstrickte' ist ein besseres Wort* – sich immer mehr in die nachfolgende Entwicklung. Er war binnen kurzem völlig von

[297] Nolan, *Medjugorje: A Time for Truth*, S. 221, 223. Ein Beispiel hierfür können wir darin sehen, dass Nolan Professor Janet Smith als Unterstützerin für Medjugorje anführt; er zitiert einen Artikel von ihr, der im April 1989, vor über 20 Jahren, geschrieben wurde. Das war während der Periode, in der eine gewaltige Menge an Propagandamaterial über Medjugorje im Umlauf war und in der es nur sehr wenig kritische Schriften gab. Smith wiederholte größtenteils die positiven Informationen über Medjugorje, die damals verfügbar waren, und war nach einem Besuch dort offenbar positiv beeindruckt. Sie erwähnt „Sonnenwunder" und Rosenkränze, die ihre Farbe wechselten, als Beweise, und auch die großen Menschenmengen, die dorthin pilgerten. Manche Dinge, auf die sie hinwies, haben sich im Nachhinein als falsch erwiesen, und allgemein ist ihre Position zu Medjugorje als ganze von den Ereignissen überholt worden, darunter auch Behauptungen über die Armut der Seher; der Vorfall vom „blutigen Taschentuch"; die Glaubwürdigkeit von René Laurentin und der Ruf der Patres Zovko und Vlašić. Vgl. S. 224-235.

der Authentizität überzeugt und empfand es als seine Pflicht, Kritik zu widerlegen und die Seher zu verteidigen.“[298]

Hier stoßen wir zum Kern der Schwierigkeiten mit René Laurentin in Bezug auf Medjugorje vor, nämlich dass er sich darin *verstricken* ließ. Das heißt, dass er, anstatt eine angemessene Zurückhaltung zu üben, wie sie sich für einen Theologen geziemt, der angebliche mystische Phänomene untersucht (und wie die Kirche selbst sie immer einnimmt, wenn sie offiziell solche Phänomene untersucht), sich zu eng in die Vorgänge verwickeln ließ und Medjugorje schließlich unkritisch akzeptierte.

Wenn wir einige der Argumente René Laurentins für Medjugorje näher betrachten, so können wir sehen, dass sie in hohem Maße subjektiv sind. Eine seiner Hauptthesen ist, dass, obgleich Beauraing und Banneux in Belgien in den 1930er Jahren als die letzten von der Kirche anerkannten Marienerscheinungen zu betrachten sind, viele weitere der mehr als zweihundert Visionen, die seither angeblich stattgefunden haben, seiner Meinung nach wirklich authentisch waren. Er fragt, ob wir in Betracht ziehen sollten, dass sie alle illusorisch gewesen seien, und fährt dann fort: „Ist es nicht vielmehr so, dass sie in einer kulturellen und kirchlichen Umgebung stattgefunden haben, in der sie nie hätten anerkannt werden können?“ Er behauptet auch: „Ein echtes Urteilsvermögen, so wie es Bischof Laurence in Lourdes in einer für seine Zeit beispielhaften Weise bewies, scheint nicht mehr vorhanden zu sein.“[299] In einem späteren Werk trifft er ähnliche Aussagen:

> Wird die Kirche die Erscheinungen in Medjugorje anerkennen? Die Voraussetzungen, die in der heutigen Theologie gängig sind (in der Exegese, aber auch in der allgemeinen Wissenschaftskultur), sind jeder Anerkennung von Erscheinungen geradezu entgegengesetzt. Wenn keine der Erscheinungen, die in den vergangenen 50 Jahren geschah, offi-

298 O’Carroll, *Medjugorje: Facts, Documents, Theology,* S. 50, 53; Hervorhebung in beiden Fällen ergänzt.

299 Laurentin/Rupčić, *Is the Virgin Mary Appearing at Medjugorje?*, S. 7.

zielle Anerkennung erhielt, dann hat Medjugorje nur sehr geringe Chancen, als Ausnahme um die geltende Regel herumzukommen.[300]

Es ist schwer einzusehen, wie diese Äußerungen zu rechtfertigen sind, da sie implizieren, dass die verschiedenen bischöflichen Kommissionen, welche jene angeblichen Visionen untersucht und sich entweder geweigert haben, sie anzuerkennen oder ein negatives Urteil aussprachen, im Irrtum waren. Wenn wir glauben, dass der Heilige Geist die Kirche leitet – und darin sind die Bischöfe eingeschlossen, die sich mit Visionen und Sehern beschäftigen müssen –, dann sollten kirchentreue Katholiken unter der Annahme, dass sie ihre Aufgabe richtig erfüllt und den Beistand des Heiligen Geistes angerufen haben, ihren Entscheidungen das ihnen gebührende Gewicht beimessen.

Der wahre Grund, weshalb René Laurentin offenbar so sehr daran liegt, viele der Visionen anzuerkennen, die seit den 1930er Jahren angeblich stattgefunden haben, ist der Umstand, dass sie seine eigene Position zu Medjugorje stützen und nicht etwa, dass sie einen wesentlichen Eigenwert hätten. Was er als eine „überkritische Mentalität" beschreibt, ist bloß das normale Funktionieren der Hierarchie der Kirche auf diesem Feld, die stets mit großer Vorsicht und Umsicht handelt, weil ständig die Gefahr besteht, dass falsche Seher die Einheit und den Frieden der Kirche zerstören.

Dies geht aus dem Werk von Forschern wie Bernard Billet hervor, der 210 angebliche Visionen beschreibt, die zwischen 1928 und 1971 stattfanden. Obgleich in den meisten dieser Fälle von der zuständigen kirchlichen Autorität keine Entscheidung getroffen worden ist, wurde in Bezug auf fast dreißig dieser angeblichen Visionen ein negatives Urteil ausgesprochen. Einem anderen Forscher zufolge, Yves Chiron, gilt Ähnliches für den Zeitraum zwischen 1971 und 1981, als Medjugorje begann, außer dass von beinahe dreißig angeblichen Visionen über neun ein negatives

300 Laurentin/Lejeune, *Messages and Teachings of Mary at Medjugorje*, S. 14-15.

Urteil gefällt wurde.[301] Dies ist ein viel höherer Prozentsatz, als es im früheren Zeitraum der Fall gewesen war. Mit anderen Worten, ging der Trend vor Medjugorje, wenn überhaupt, in Richtung der größeren Wahrscheinlichkeit einer Verurteilung durch die Ortsbischöfe, wenn sie sich mit solchen Phänomenen befassten. Eine neuere, von Paolo Apolito durchgeführte Studie behauptet, dass es in den Vereinigten Staaten zwischen 1945 und 1979, in einer Periode von fast 35 Jahren, nur 21 Berichte über Visionen gegeben habe. In den 20 Jahren nach 1980 wurden hingegen über 150 solcher Berichte bekannt.[302]

Die Verlängerung der Visionen

Ein weiteres von René Laurentin vorgebrachtes Hauptargument besteht in seinen Versuchen, die sehr große Anzahl der Visionen zu rechtfertigen. So sagt er zum Beispiel: „Die Verlängerung der Erscheinungen scheinbar bis zum Übermaß ist durch die geistliche Unterweisung gerechtfertigt, welche die Jugendlichen und die Ortsbewohner dadurch in einem um so größeren Maße empfangen. Sie ist ein wesentlicher Aspekt von Medjugorje."[303]
Auf den ersten Blick erscheint dies durchaus plausibel, doch bei näherer Untersuchung erweist es sich als ein ziemlich fadenscheiniges Argument. Wenn die Seher von Medjugorje einer solch ausgiebigen „geistlichen Unterweisung" bedurften, die sich bereits damals auf drei Jahre täglicher Visionen erstreckte, wie erklärt man dann die Tatsache, dass die Analphabetin Bernadette von Lourdes mit weniger als zwanzig Erscheinungen begnadet wurde oder dass die Kinder von Fatima Unsere Liebe Frau nur ein halbes Dutzend Mal in der Cova da Iria und in Valinhos sahen? Halten wir fest, dass dieser vermeintliche Mangel an Er-

---

301 Vgl. Bernard Billet u.a., *Vraies et Fausses Apparitions dans L'Eglise,* Paris: P. Lethielleux, 1971, S. 8-19; Chiron, *Enquête sur les Apparitions de la Vierge,* S. 462.
302 Vgl. Apolito, *The Internet and the Madonna,* S. 23.
303 Laurentin/Rupčić, *Is the Virgin Mary Appearing at Medjugorje?*, S. 3, 106.

scheinungen für die Heiligung von Bernadette oder von Jacinta und Francisco kein Hindernis darstellte.
In der Tat läuft das Argument, dass tägliche Erscheinungen für die „geistliche Unterweisung" notwendig seien, darauf hinaus, dass es der visionären Gestalt in Medjugorje an Kraft gemangelt hätte, so dass sie die Erscheinungen über einen Zeitraum von Jahren hin verlängern musste, um das zustande zu bringen, was die Gottesmutter in Lourdes und Fatima leicht in wenigen Monaten erreichen konnte. Kurzum, wie kann die Ausweitung einer solchen „geistlichen Unterweisung", die inzwischen tägliche Visionen seit nunmehr dreißig Jahren umfasst, bloß gerechtfertigt werden?

Vergleich der Seher mit den Heiligen

Man hat behauptet, dass diese täglichen Visionen für die Seher von Medjugorje dem Muster folgen würden, das wir im Leben einiger Heiliger finden, und dass dieses Argument für sie spreche. Sicher stimmt es, dass wir von solchen Ereignissen im Leben moderner Heiliger und heiligmäßiger Menschen wie Gemma Galgani, Pater Pio und Alexandrina da Costa lesen können, die häufig mit Erscheinungen oder Visionen Jesu oder Mariens begnadet worden sind. Allerdings mussten sie gewöhnlich für dieses Vorrecht einen Preis bezahlen, und dieser Preis bestand in Leiden, ja oftmals sogar extremen Leiden. Wie wir sehen werden, steht dies in markantem Gegensatz zum aufwändigen Lebensstil einiger Seher von Medjugorje mit ihren großen Häusern, teuren Autos und häufigen Auslandsreisen.
Ein weiteres Kennzeichen der oben erwähnten, heiligmäßigen Personen und vieler anderer mit ihnen war, abgesehen von der Tatsache, dass sie litten, ihre äußerste Demut, die sie vor jeder Eigenwerbung oder Selbstdarstellung zurückschrecken ließ. Wiederum steht dies, wie wir sehen werden, in sehr scharfem Gegensatz zu den Sehern von Medjugorje, die sich an der weltweiten Propagandakampagne sehr aktiv beteiligt haben. Insbesondere finden wir, dass die Heiligen nur sehr zögerlich offenbarten, dass

sie Empfänger von göttlichen Gnadenerweisungen wie Visionen oder Erscheinungen waren.
Dieser Punkt wird von Pater Augustin Poulain bestätigt. Obgleich er nicht direkt auf angebliche Missionare im modernen Sinne einging, sondern auf so genannte Offenbarungen, die heiligmäßigen Menschen und Heiligen zuteil wurden, kann sein Ansatz dennoch im weiteren Sinne auch auf sie angewandt werden. Er schreibt:

> Unter jenen Tugenden, die eine Offenbarung mit sich bringen müsste, ist eine, die am hellsten erstrahlen sollte und bezüglich derer man unbedingt Nachforschungen anstellen muss, nämlich die Demut. Sie ist unserer Natur am meisten entgegengesetzt, und der Satan hat den größten Schrecken vor ihr. … Hochmut dagegen ist das Kennzeichen teuflischer Täuschung oder Hochstapelei. Er manifestiert sich durch … *einen Geist der Unabhängigkeit Oberen und Seelenführern gegenüber*, … durch die Weigerung, sich der notwendigen Prüfung zu unterziehen, und durch Zorn. Es ist ein Zeichen des Hochmuts und somit der Täuschung, *wenn wir das Verlangen haben, die Gnaden zu enthüllen, von denen wir glauben, dass wir sie empfangen hätten.* Demut führt zu ihrer Verbergung, außer in den eher seltenen Fällen echter Nützlichkeit.

Er sagt auch, dass wir im Falle einer echten Offenbarung wirklichen geistlichen Fortschritt für den betreffenden Seher erwarten sollten. Er spricht von „einem großen Fortschritt in der Heiligung“ als einem positiven Zeichen, dass aber umgekehrt, „wenn der Seher der Vision auf einem gewöhnlichen Niveau der Tugend geblieben ist, seine Visionen misstrauisch betrachtet werden müssen“.
Er weist auch darauf hin, dass böse Neigungen unter Sehern „sich noch nicht ganz am Anfang zeigen mögen“, bevor er weiter sagt: „Was der Teufel nicht tun kann, ist die Seele auf echte und beständige Weise zu wahren Tugenden hinneigen. Aber er kann durch eine List vortäuschen, sie eine Zeitlang dazu zu ermuntern. … Solange das Ende böse ist, macht ihm der Weg, der dahin führt, kaum etwas aus.“[304]

---

304 Poulain, *Revelations and Visions*, S. 70-71, 72-73.

Das Problem für die Annahme der Behauptungen der Seher von Medjugorje ist also, dass ihre Aktivitäten weder dem einen noch dem anderen gerecht werden. Einerseits ist es klar, dass sie eindeutig nicht in dieselbe Kategorie hineingehören wie die oben erwähnten, heiligmäßigen Personen, denen Visionen oder Erscheinungen zuteil wurden, während ihre Lebensführung und ihre Erfahrungen nicht dem Muster der Seher echter Marienerscheinungen, wie den Kindern von Fatima, folgen. Es fehlt ihnen die Heiligkeit der ersteren und die Unschuld und Jugend der letzteren.

Pater Faricy merkte 1986 bezüglich der Möglichkeit, dass die Glaubenskongregation eine neue internationale Kommission zur Beurteilung der Visionen ins Leben rufen könnte, an: „Es ist ziemlich unwahrscheinlich, dass Kardinal Ratzinger eine neue Kommission einberufen wird, solange die täglichen Erscheinungen noch andauern."[305]

Das war vor über zwanzig Jahren, und man behauptet bis heute, dass die Visionen in der einen oder anderen Form weiter andauern würden. Allerdings hat es Visionen gegeben, die vom Ortsordinarius als falsch verurteilt wurden, auch während sie angeblich noch andauerten, darunter jene in Palmar de Troya (Spanien) 1968 und in Bayside in den Vereinigten Staaten im Jahr 1970. Auch der Heilige Stuhl hat es in der Vergangenheit für nötig befunden, einzuschreiten, so im Juli 1951 im Falle der falschen Visionen in Heroldsbach (Unterfranken), obgleich diese angeblich noch bis Oktober 1952 andauerten.[306] Es gibt also offenbar keinen eigentlichen Grund, weshalb die Visionen in Medjugorje von der Kirche nicht verurteilt werden könnten, auch während sie angeblich noch andauern. Und genauso besteht keine Chance, dass sie anerkannt werden, solange sie noch andauern, für den Fall, dass es zukünftige Ärgernisse geben sollte – das heißt, Skan-

---

305 Rooney/Faricy, *Medjugorje Journal*, S. 92.

306 Bouflet, *Faussaires de Dieu*, Paris: Presses de la Renaissance, 2000, S. 89, *Acta Apostolicae Sedis* (1951), S. 561; Bouflet, *Medjugorje, ou la fabrication du surnaturel*, S. 208-209.

dale, die noch ungeheuerlicher sind als einige der Dinge, die bezüglich Medjugorje bereits geschehen sind.

Der wortreiche und sich wiederholende Charakter der Botschaften

René Laurentin sagt auch, dass der wortreiche Charakter der Botschaften gerechtfertigt sei, weil sie in einem Land ergangen seien, welches damals unter kommunistischer Herrschaft stand: „Rede, die häufiger und längere Zeit erfolgt, kann für die Kirche des Schweigens durchaus angemessen sein." In Wirklichkeit benötigt Gott jedoch, wenn eine Erscheinung wahrhaft göttlichen Ursprungs ist, unabhängig davon, ob sie in einer freien oder einer totalitären Gesellschaft erfolgt, nur wenige Worte und einen kurzen Zeitraum, um seine Botschaft zu übermitteln.[307]
René Laurentin schreibt im Zusammenhang mit der Zeit des Alten Testaments, während der, wie er eingesteht, Perioden vorkamen, in denen es nur wenig oder keine Prophetien in Israel gab, auch: „Vielleicht können der Ernst der Zeit, in der wir leben und die Trägheit der Welt trotz der Stimmen aus dem Himmel ansatzweise diese große Anzahl der Erscheinungen in Medjugorje erklären."[308] Diese Argumente rechtfertigen jedoch nicht *per se* die übergroße Zahl der Visionen, von denen behauptet wird, dass sie in Medjugorje stattfänden, und implizieren eher, dass Gott nicht mehr auf dem Laufenden wäre und die moderne „Werbementalität" annehmen müsse, die auf dem unaufhörlichen Wiederholen einer Botschaft basiert.
René Laurentin sagt weiter: „Wir leben in einer sich wiederholenden Welt. Jeden Tag gibt es Fernsehsendungen. Was nicht wiederholt wird, wird übertönt. Dies macht die langwierige Wiederholung der Botschaft ziemlich nützlich."[309] Das ist ein rein materialistisches, utilitaristisches Argument, das gar nicht auf die angebliche göttliche Wahrheit ihrer Herkunft Bezug nimmt und nur

307 Laurentin/Rupčić, *Is the Virgin Mary Appearing at Medjugorje?*, S. 83, 106.
308 Ebd., S. 83.
309 Ebd., S. 105.

weitere Verdachtsmomente hinsichtlich des tatsächlichen Ursprungs der Visionen liefert.

In Bezug auf den Teufel behauptet René Laurentin: „Satan scheint ausgeschlossen zu sein, weil diese Erscheinungen zu Christus, zum Gebet, zur Bekehrung, zur Beichte und zur Eucharistie hinführen. Wenn der Satan auf diese Weise gegen sich selbst wirkte, müssten wir sagen, dass er sich bekehrt hat!“[310]

Allerdings ist der Teufel, wie Pater William Most bewiesen hat, durchaus bereit, im Kontext einer Reihe von falschen Visionen ein gewisses Wachstum in der religiösen Praxis zu fördern:

> Die Gefahren einer teuflischen Einmischung … sind sehr ernst. Es sind viele Fälle aktenkundig geworden, in denen der Teufel als Unser Herr getarnt erschien und sogar echte Prophetien von sich gab und Menschen zur Tugend auffordert. Der Teufel ist bereit, wirklich Gutes zu dulden, solange er die Hoffnung hat, auf lange Sicht ein größeres Unheil aus der Sache hervorzurufen. Eine Vision von göttlicher Herkunft von einer zu unterscheiden, die teuflisch ist, ist äußerst schwierig. Selbst erfahrene Theologen können sich diesbezüglich irren. Eine große Menge angeblicher Visionen sind wahrscheinlich teuflischer Herkunft.[311]

Medjugorje und die postkonziliare Zeit

Ein weiteres seiner Argumente trägt René Laurentin so vor:

> Die Erscheinungen in Medjugorje vermitteln nicht den Eindruck, dass sie ein Rückschritt seien. Obgleich sie einiges mit den Erscheinungen des 19. Jahrhunderts gemeinsam haben und mit ihnen im Einklang sind, weisen sie nicht die kulturellen Besonderheiten der letzteren auf. Sie passen in das pastorale Leben der postkonziliaren Kirche hinein. Die Jungfrau ermuntert zur Offenheit und zum Ökumenismus.[312]

In Wirklichkeit ist es jedoch so, dass die Visionen von Medjugorje im Kern wenig oder nichts mit den anerkannten Mariener-

---

310 Ebd., S. 130.

311 Pater William G. Most, *Mary in Our Life,* Cork: The Mercier Press, 1955, S. 219.

312 Laurentin/Rupčić, *Is the Virgin Mary Appearing at Medjugorje?*, S. 120.

scheinungen des 19. oder 20. Jahrhunderts gemeinsam haben – abgesehen von einer oberflächlichen Ähnlichkeit im Sinne von Aufforderungen zum Rosenkranzgebet und so weiter. Auch erklärt René Laurentin nicht genau, was er mit „kulturellen Besonderheiten" meint. Bei näherer Analyse ist es, wenn man das Alter der Seher, die Zahl der Erscheinungen, ihre Dauer und ihre Aufnahme durch die Kirche berücksichtigt, unzweifelhaft so, dass Medjugorje und die anerkannten Marienerscheinungen um Welten auseinanderliegen.

Die Trennlinie zwischen „Ökumenismus" und Indifferentismus in den aufgezeichneten Bemerkungen der „Gospa" scheint äußerst dünn zu sein, wie man anhand dieses Interviews von 1983 zwischen Pater Vlašić und Mirjana ersehen kann, in dem sie die folgende Aussage traf: „Die Madonna betont immer, dass es nur einen Gott gibt und dass die Menschen eine unnatürliche Trennung erzwungen haben. Man kann nicht wahrhaft glauben, ein wahrer Christ sein, wenn man nicht auch andere Religionen respektiert." Hierauf erwiderte Pater Vlašić: „Welche Rolle kommt dann Jesus Christus zu, wenn die moslemische Religion eine gute Religion ist?" Mirjanas wenig überzeugende Antwort lautete: „Das diskutieren wir nicht. Sie erklärte und beklagte lediglich den Mangel an religiöser Einheit …"[313] Indifferentismus ist der Grundsatz, dass alle Religionen oder die unterschiedlichen christlichen Denominationen mehr oder weniger gleich gut und wahr seien oder dass es nichts ausmache, welcher Religion man folge.

René Laurentin spricht auch davon, wie ein „muslimischer Derwisch aus Blade (bei Mostar), erfahren in den mystischen Wegen des Sufismus, sehr positiv reagierte, als er bei den Erscheinungen zugegen sein durfte …" Dass ein Verfechter einer fragwürdigen Form des Mystizismus auf diese Weise reagierte, ist allerdings ein echtes Warnsignal bezüglich der Seher und ihrer Erfahrungen und nicht etwas Positives, was für sie spräche.

---

313 Kraljević, *The Apparitions of Our Lady at Medjugorje,* S. 124.

Ebenso ist die Tatsache, dass Pfingstler wie David DuPlessis Medjugorje besucht und den Erscheinungen ihre Unterstützung gegeben haben, nicht etwa, wie René Laurentin zu glauben scheint, ein positiver Faktor, sondern vielmehr, angesichts des subjektiven Charakters der Pfingstbewegung und ihrer Betonung des Emotionalen, für jeden normalen Katholiken ein Anlass zu ernster Besorgnis. Tatsächlich traf René Laurentin, als er über das Lob sprach, mit dem DuPlessis Medjugorje überhäufte, die folgende, recht erstaunliche Feststellung: „Dies ist ein gutes Anzeichen dafür, dass die Erscheinungen von Medjugorje keinerlei historische Besonderheiten des Katholizismus aufweisen und somit eine ökumenische Dimension von besserer Qualität haben.“[314] Es ist unklar, was genau René Laurentin damit meinte, doch ließe sich daraus ableiten, dass es den Visionen von Medjugorje so sehr an den übernatürlichen Normen für anerkannte Erscheinungen mangelt, dass sie sogar einem Pfingstler gefallen können.

Insgesamt hat dieses Kapitel gezeigt, dass einer der Hauptgründe für den Erfolg Medjugorjes die gewaltige Werbekampagne war, die dafür geführt wurde, in erster Linie von solchen Theologen wie René Laurentin, dessen Bücher zum Thema sich weltweit zu Zehntausenden verkauft haben. Ähnlich haben sich auch einige weitere prominente Autoren für Medjugorje eingesetzt, wobei nur verhältnismäßig wenige kritische Werke erschienen sind, von denen keines eine große Leserschaft zu erreichen vermochte. Wie wir sahen, sind die wirklich ausschlaggebenden Zeugnisse in den Tonbandprotokollen der Interviews enthalten, die während etwa der ersten Woche mit den Sehern geführt wurden. Mit sehr wenigen Ausnahmen ist dieses Beweismaterial jedoch nicht in den populären Werken über Medjugorje abgedruckt worden, so dass es bis auf den heutigen Tag fast völlig unbekannt bleibt.

Wir haben uns auch die Argumente von René Laurentin für Medjugorje angesehen, die unter anderem darauf hinauslaufen, dass

[314] Laurentin/Rupčić, *Is the Virgin Mary Appearing at Medjugorje?*, S. 136-137.

einige bischöfliche Urteile über angebliche Visionen, die während des 20. Jahrhunderts getroffen wurden, falsch waren. Ebenso fehlt es seinen Argumenten für eine große Menge sich wiederholender Visionen im Lichte dessen, was an Orten wie Lourdes und Fatima geschah, sicher an jeder Glaubwürdigkeit; die Realität ist, dass die Botschaften von Medjugorje mehr mit den Methoden der modernen Reklame gemeinsam haben als mit allem, was möglicherweise vom Himmel kommen könnte. Es ist auch ganz klar, dass René Laurentin persönlich in Medjugorje „verstrickt" worden ist und somit scheinbar die Fähigkeit eingebüßt hat, die Visionen unparteiisch und objektiv zu beurteilen.

12. Medjugorje und die Theologen

Theologen äußern ihre Meinung zu Medjugorje

René Laurentin betont nachdrücklich die Zahl der einflussreichen Autoren, die ihre Unterstützung für Medjugorje gezeigt haben, in dem Glauben, dass Unterscheidungsvermögen notwendigerweise mit der Anzahl und dem Ruf der zitierten Theologen zusammenhinge. Er zitiert die in einem Artikel von 1983 geäußerte Meinung von Pater Robert Faricy in dem Sinne, dass „Medjugorje nicht nur eine nationale, sondern eine internationale Pilgerstätte sein sollte". Schon zuvor, bereits im Dezember 1983, nur sechs Monate nach dem Beginn der Visionen, hatte Pater Faricy Medjugorje besucht und mit Erzbischof Franić gesprochen. Pater Faricy berichtet auch, dass er bei seinem ersten Besuch Pater Vlašić getroffen habe und sie einander durch die Charismatische Bewegung bereits recht gut gekannt hätten. Dies sind sicherlich Anzeichen für Verbindungen zwischen Medjugorje und einigen bedeutenden Charismatikern in einem recht frühen Stadium. Es ist auch bemerkenswert, dass Erzbischof Franić im Anschluss an seinen eigenen Besuch in Medjugorje im selben Monat einen positiven Artikel schrieb, in welchem er die Hoffnung zum Ausdruck brachte, dass „internationale Experten wie … [Pater] Faricy dem für die Untersuchung der Echtheit der Ereignisse von Medjugorje verantwortlichen Komitee angehören werden".
Ein gewichtigerer Zeuge ist Prof. Dr. Hans Urs von Balthasar, der in den frühen 1980er Jahren in Rom über Medjugorje sprach. Zweifelsohne war die öffentliche Unterstützung Medjugorjes durch René Laurentin ein Faktor, der den berühmten Schweizer Theologen mit davon überzeugte, einen solchen Standpunkt einzunehmen. Und wie Pater Michael O'Carroll es formulierte, „erregte die Einmischung dieses Giganten unter den zeitgenössischen Theologen großes Staunen". Im Dezember 1984 schrieb von Balthasar einen sehr kritischen Brief an Bischof Žanić als Antwort auf die Warnungen des letzteren gegen Medjugorje, die weite Verbreitung gefunden hatten. Zum Inhalt dieses Briefes

gehören Zeilen, in denen er den Bischof beschuldigte, er würde „anerkannte Personen, die unschuldig sind, anschwärzen, die eigentlich Ihren Respekt und Schutz verdienen“, und bringe zudem „Anschuldigungen vor, die Hunderte Male widerlegt wurden.“

Wie der Leser aufgrund der in den vorausgehenden Kapiteln dargebotenen Beweise ersehen kann, geht aus diesem Brief hervor, dass von Balthasar sich dessen, was während der ersten Woche in Medjugorje geschehen war, eigentlich nicht bewusst war. Vielmehr scheint er durch die Sichtweisen von Medjugorje-Anhängern übermäßig beeinflusst worden zu sein. Genauso energisch drückte er sich in einem im November 1985 gegebenen Interview aus, in dem er sagte: „Die Theologie Medjugorjes klingt wahr. Ich bin von ihrer Wahrheit überzeugt. Und alles an Medjugorje ist authentisch im katholischen Sinne. Was dort geschieht, ist so offenkundig, so überzeugend.“

Leider deutet dieses Zitat darauf hin, dass sogar eine so einflussreiche Persönlichkeit wie von Balthasar nicht gegen den Geist des Subjektivismus immun war, der eine echte Unterscheidung der Geister in Bezug auf Medjugorje so sehr erschwert hat.[315] In der Tat gibt es keine Anzeichen dafür, dass er selbst eine ausführliche Studie über Medjugorje geschrieben hätte; vielmehr verließ er sich auf das Zeugnis von Autoren wie René Laurentin.

Außerdem sind die Anschauungen von Balthasars in diesem Bereich angesichts seiner langen Verbindung mit der angeblichen Mystikerin Adrienne von Speyr anfechtbar. Er behauptete, dass ihre Werke nicht als „Privatoffenbarungen“ oder als ein „peripherer Auswuchs der Theologie“ abgetan werden könnten. Vielmehr sah er ihre Ideen als eine Form der „kirchlichen Mystik“ an, die zu einer „Vertiefung“ der Theologie beitrügen. Bezüglich der Schwierigkeiten, die einer Akzeptanz der Echtheit ihrer Erfahrungen entgegenstehen, weist Anne Barbeau Gardiner auf eine

---

[315] Laurentin/Rupčić, *Is the Virgin Mary Appearing at Medjugorje?*, S. 135-136, 145; O'Carroll, *Medjugorje: Facts, Documents, Theology*, S. 54-56, 201; Rooney/Faricy, *Mary Queen of Peace*, S. 12.

Untersuchung eines ihrer Bücher hin, die aufzeigt, dass „ihre Offenbarungen in Kernpunkten im Konflikt mit der katholischen Lehre stehen". Von Balthasar könnte also durch seine Beziehung mit von Speyr übermäßig beeinflusst worden sein und infolgedessen Behauptungen angeblicher mystischer Erfahrungen, darunter auch Medjugorje, zu positiv gegenübergestanden haben.[316] Insgesamt ist dies vielleicht ein sehr gutes Beispiel für das moderne, übertriebene Vertrauen auf den „Expertenkult" zur Bildung des Urteilsvermögens.

Der Schweizer Theologe war 1983 auch der Empfänger eines Briefes von Pater Vlašić, in dem es hieß: „Die Kinder haben sich entschieden, ins Kloster einzutreten, warten aber noch auf den richtigen Moment, den sie allein kennen."[317] Dies sieht ganz nach einer „Medjugorje-Prophetie" aus, die sich nicht erfüllt hat, und tatsächlich ist keiner der Seher Priester, Mönch oder Nonne geworden, obgleich dies die Informationen über Medjugorje waren, die Persönlichkeiten wie von Balthasar in der Frühzeit erhielten. Tatsächlich sieht es danach aus, dass Prof. von Balthasar einige Zeit danach seinen Glauben an die Echtheit der andauernden „Erscheinungen" in Medjugorje zurücknahm. Bedauerlicherweise verhielt er sich in seinem Widerruf weniger öffentlich als in seiner anfänglichen Kritik. Um das Jahr 1987 erzählte er offenbar einer von ihm betreuten Exerzitiengruppe, dass er zwar einst an Medjugorje geglaubt habe, dies aber nicht mehr der Fall sei. Auf jeden Fall war das Ergebnis, dass er sich seither nicht wieder positiv über Medjugorje äußerte.[318]

---

[316] Anne Barbeau Gardiner, *The Dubious Adrienne von Speyr,* in: New Oxford Review, September 2002,
URL: http://www.newoxfordreview.org/article.jsp?did=0902-gardiner.

[317] Msgr. Ratko Perić, *Ogledalo Pravde* [Spiegel der Gerechtigkeit], Mostar 2001, S. 55, zitiert in: *„Medjugorje: Secrets, Messages, Vocations, Prayers, Confessions, Commissions",* einem Vortrag, der in Maynooth (Irland, County Dublin), am 17. Februar 2004 gehalten wurde.

[318] Diese Information stammt aus einer persönlichen Mitteilung von Pater Peter Joseph, der damals aus glaubwürdiger Quelle darüber informiert worden war, an den Verfasser.

Schließlich, nachdem er sich ausführlich zu allen Punkten geäußert hatte, die er als günstig für Medjugorje wertete, war René Laurentin jedoch gezwungen, das wichtigste Hindernis einzugestehen, mit dem die Anhänger konfrontiert sind, einen Stolperstein, der in den Jahren seither, trotz der Ernennung eines neuen Bischofs, nicht verschwunden ist: „Der schwerwiegendste Einwand … [ist] der Widerstand des Bischofs gegen diese Erscheinungen."[319] Dieser bevorstehende Widerstand führte zu einer unangenehmen Propagandaoffensive gegen Bischof Žanić, die wir unten behandeln möchten.

Kritik an Bischof Žanić

Diese gegen Bischof Žanić gerichtete Kritik- und Oppositionskampagne entwickelte sich recht früh und hatte sich zu der Zeit, als René Laurentin die folgenden Bemerkungen über die erweiterte bischöfliche Kommission von 1984 machte, bereits gut etabliert: „Die für die Kommission ausgewählten Mitglieder gehörten zu den am kritischsten eingestellten der verfügbaren Experten, und sie waren größtenteils gegen die Authentizität der Erscheinungen."[320]

Allerdings war die Kommission von Bischof Žanić, wie Pater Sivrić feststellt, gewiss „offen und unabhängig", da ihre Mitglieder aus einer ganzen Bandbreite von Diözesen, Kirchenprovinzen und theologischen Fakultäten kamen. Er merkt auch an, dass diese Personen, die überwiegend Theologieprofessoren waren, sogar von außen stehenden Autoritäten empfohlen worden waren, so dass die Unterstellung, sie seien von Bischof Žanić handverlesen worden, falsch ist.[321]

Kritik am Bischof wird auch in einem Interview mit Pater Svetozar Kraljević geäußert, das im Rahmen einer Sendung des Nachrichtenmagazins *Fifth Estate* der CBC im September 1985 ausge-

319 Laurentin/Rupčić, *Is the Virgin Mary Appearing at Medjugorje?*, S. 113.
320 Ebd., S. 2.
321 Sivrić, *The Hidden Side of Medjugorje*, Bd. I, S. 53, 141.

strahlt wurde. Im Video dieses Interviews sagt der Reporter zu Pater Kraljević: „Der Bischof von Mostar äußert sich … unmissverständlich. Er sagt, dass die Jungfrau Maria nicht in Medjugorje erscheine." Dann sehen wir, wie Pater Kraljević, als er dies hörte, innehielt, bevor er mit den Achseln zuckte und eine Geste mit seinen Händen machte, als ob er damit ausdrücken wollte, dass der Standpunkt des Bischofs unwesentlich sei. Schließlich sagte er: „Das ist die Meinung einer Person, die das Recht hat, so etwas zu sagen. Wenn man aber mit dem … spricht …" An diesem Punkt wirft der Interviewer ein und sagt nachdrücklich: „Dies ist nicht bloß eine Person, das ist der Bischof, über den Sie sprechen", worauf Pater Kraljević erwidert: „Seine Urteile sind, was möchte ich sagen, nicht professionell, und seine Urteile rühren von seinem inneren Unglauben her, dass die Kinder die Allerseligste Jungfrau Maria nicht sehen würden."[322]

Dieses aufschlussreiche Interview offenbart die geringschätzige Haltung, die etliche Franziskaner in der Herzegowina damals Bischof Žanić gegenüber hegten und die ihm seither bedauerlicherweise auch viele Medjugorje-Anhänger entgegengebracht haben.

René Laurentin beschrieb den Bischof auch mit den folgenden Worten, wobei er es zugleich fertig brachte, sich bei der jugoslawischen Regierung einzuschmeicheln: „Während der Bischof zu dessen Widersacher Nummer eins wurde, erkannte die Regierung die friedliche Ordnung und die Loyalität dieses rein religiösen Phänomens an, das vom offiziellen Tourismus hoch geschätzt wurde."[323]

René Laurentin kritisierte offen die negative Einstellung des Bischofs zu Medjugorje und hielt dessen Urteil für „einen Irrtum, … es sei denn, dass er neue Argumente vorlegt … Sogar die Nachfolger der Apostel sind nicht immun gegen alle Gefahren der menschlichen Schwachheit". Wie wir sahen, sind „neue Ar-

---

322 http://te-deum.blogspot.com/2010/10/st-francis-of-assisi-and-bishop-of.html.

323 Vgl. http://www.marcocorvaglia.com/medjugorje-en/medjugorje-the-communists-and-the-bishop.html.

gumente" – in Form der Protokolle der Medjugorje-Tonbänder – aber publiziert worden, und die Tonbänder selbst waren damals bereits verfügbar, wie das Material aus den Gesprächen von Pater Bubalo mit Vicka deutlich macht. Außerdem ist es unbesonnen, sich in solchen Fällen gegen das Urteil des Ortsbischofs zu stellen, vorausgesetzt, dass er ordnungsgemäß vorgegangen ist, was bei Bischof Žanić aber der Fall war.

René Laurentin sagte weiter: „Gehorsam gegenüber der zuständigen Autorität … macht nicht zwangsläufig eine *innere Überzeugung* zunichte, auch hebt er nicht die Verantwortung auf, diskret eine historische Revision vorzubereiten." Mit anderen Worten: René Laurentin sah seine eigenen, subjektiven Empfindungen über Medjugorje als über den Urteilen des Bischofs stehend an. Er verglich die Handlungen von Bischof Žanić sogar mit jenen von Msgr. Cauchon, dem Bischof, der für die Konstituierung des Tribunals verantwortlich war, das Jeanne d'Arc zum Tode durch den Scheiterhaufen verurteilt hatte![324]

Pater Michael O'Carroll über Medjugorje

Ein weiteres Beispiel für diese Art von Kritik kam von Pater Michael O'Carroll, der folgende Aussage über die Rolle von Bischof Žanić traf:

> Es geht nicht darum, einem Bischof die Zuständigkeit für das Problem der Beurteilung der Echtheit einer Erscheinung Unserer Lieben Frau abzusprechen. In Wirklichkeit hat der Bischof ein Problem: Wie soll er in einem Falle wie Medjugorje die Bedeutung der weltweiten Meinung angemessen berücksichtigen? Es ist klar, … dass der Bischof von Mostar sich entschlossen hat, diesen Faktor in seinem Urteil über die berichteten Visionen zu ignorieren.

Berechtigt die „weltweite Meinung" Katholiken dazu, die Tatsache außer Acht zu lassen, dass es zuallererst dem Ortsbischof obliegt, zu Entscheidungen über angebliche Visionen in seiner

---

324 Laurentin/Lejeune, *Messages and Teachings of Mary at Medjugorje,* S. 11, Hervorhebung vom Verfasser.

Diözese zu gelangen? Man könnte fragen, warum Pater O'Carroll, wenn er die Entscheidungsgewalt der zuständigen Autorität in diesem Falle anerkannte, eigentlich nicht bereit war, seine Entscheidung zu akzeptieren.
Pater O'Carroll erwähnt dann den großen Anklang, den Medjugorje in der weiten katholischen Welt gefunden hätte, zudem die „aufgeklärte, unparteiische theologische Meinung" und die verschiedenen wissenschaftlichen Studien, die an den Sehern durchgeführt wurden, bevor er zu folgender Schlussfolgerung kommt: „Welchen Wert würde man, angesichts dieser Tatsachen, die jetzt durch des Bischofs eigene Vorgehensweise bekannt geworden sind, überhaupt einem Urteil beimessen, das er zu veröffentlichen beschließt?"[325] Er akzeptiert also, dass der Bischof die Kompetenz besitzt, sich über die Authentizität zu äußern, bezweifelt aber, ob sein Urteil irgendeinen Wert hätte. Hier scheint eine Situation vorzuliegen, in der Theologen und Intellektuelle meinen, sie besäßen eine Form höherer Erkenntnis, mit der sie sich in diesen Dingen über bischöfliche Urteile hinwegsetzen könnten.[326]
Lassen wir die Frage beiseite, wie aufgeklärt und unparteiisch die von Pater O'Carroll erwähnte theologische Meinung wirklich war, und auch, wie viele Erkenntnisse wir von wissenschaftlichen Experimenten über spirituelle Manifestationen erwarten können. Pater O'Carrolls Hauptzankapfel ist, dass Bischof Žanić nicht bereit gewesen sei, beim Fällen einer Entscheidung über Medjugorje die „weltweite Meinung" zu berücksichtigen. Doch wenn wir uns die Aktivitäten jener bischöflichen Kommissionen vor Augen führen, die früher zur Untersuchung von Berichten über Marienerscheinungen eingerichtet wurden, die fast ausnahmslos

---

325 O'Carroll, *Medjugorje: Facts, Documents, Theology,* S. 195.

326 In mancherlei Hinsicht ist dies ein unrühmliches Beispiel für das „Parallelmagisterium [parallele Lehramt] der Theologen", welches die Instruktion *Donum Veritatis. Über die kirchliche Berufung des Theologen* der Glaubenskongregation in Bezug auf abweichende Theologen moniert. Vgl. http://www.vatican.va/roman_curia/congregations/cfaith/documents/rc_con_cfaith_doc_19900524_theologian-vocation_en.html.

aus verfügbaren Theologen aus der Nähe bestanden, dann scheint kein vernünftiger Grund vorzuliegen, warum der Bischof die Meinungen Außenstehender hätte berücksichtigen sollen. Und dann sehen wir noch ganz von praktischen Fragen ab, wie der Notwendigkeit, die Regionalsprache verstehen zu können, um Medjugorje aus erster Hand einschätzen zu können.
Selbst René Laurentin konnte sich nicht dazu durchringen, die Auffassungen solcher Persönlichkeiten wie Erzbischof Franić zu diesem Punkt zu unterstützen: „Diese Meinung teile ich nicht, weil die Experten und einheimischen Bischöfe den Vorteil haben, dass sie die Landessprache sprechen und für das Verständnis und die Kenntnis der Fakten besser aufgestellt sind."

Eine falsche Analogie

Pater O'Carroll bemüht sich auch, eine historische Analogie zwischen Kardinal Newmans Aufsatz *On Consulting the Faithful in Matters of Doctrine*, der 1859 erschien, und den jüngeren Aktivitäten der Laien zur Unterstützung von Medjugorje herzustellen. Jener Aufsatz hatte nachgewiesen, dass es während der arianischen Krise des 4. Jahrhunderts die Laien und nicht die Bischöfe waren, welche die Kirche retteten. Dann äußert er sich zu der Tatsache, dass Papst Pius XII. die Bischöfe der Welt konsultierte, bevor er 1950 das Dogma von der leiblichen Aufnahme Mariens in den Himmel feierlich verkündete. Er wies sie darauf hin, dass sie auch die Frömmigkeit der Laien in diesem Bereich berücksichtigen sollten: „Auch hier lag eine Anerkennung der Rolle der Laien im dogmatischen Bereich vor." Außerdem stellt er die Frage: „Hat diese Wahrheit … eine Relevanz für die Geschehnisse, die sich im Laufe der letzten fünf Jahre in Medjugorje zutrugen?"[327]
Hiermit scheint Pater O'Carroll zu sagen, dass die arianische Krise als ein Modell für die Weise gesehen werden könne, wie Medjugorje sich entwickelte. D.h. ebenso, wie rechtgläubige Laien

---

[327] O'Carroll, *Medjugorje: Facts, Documents, Theology,* S. 191-195; vgl. Laurentin/Lejeune, *Messages and Teachings of Mary at Medjugorje,* S. 15.

sich im 4. Jahrhundert gegen irrende Bischöfe stellten, würde auch der „irrende" Bischof Žanić durch die Pilgermassen widerlegt, die ihre „Rechtgläubigkeit" unter Beweis stellten, indem sie nach Medjugorje kämen. Bedauerlicherweise ist dies eine falsche Analogie, da Bischof Žanić in der oben erörterten Weise auf die Ereignisse reagierte und damit rechtgläubig handelte. Vielmehr sind es die Theologen und Pilger, die nach Medjugorje geströmt sind, trotz aller damit zusammenhängenden Probleme, die von der oben beschriebenen, komplizierten Ereignisreihe verführt worden sind und sich infolgedessen im Irrtum befinden. Außerdem leugneten die Arianer ein Dogma der Kirche. Niemand, der nicht an eine Erscheinung glaubt, ganz gleich, ob sie erwiesen oder zweifelhaft ist, kann je allein aus diesem Grund als Häretiker bezeichnet werden, da Privatoffenbarungen, selbst wenn sie kirchlich anerkannt sind, nicht zum Glaubensgut gehören.

Bischof Žanić, ein Kollaborateur der Kommunisten?

Pater Ljudevit Rupčić warf Bischof Žanić vor, seine Meinung über Medjugorje unter kommunistischem Druck geändert zu haben. Dabei gründete er sich auf das Zeugnis von Pater Zovko,[328] und dieser Vorwurf wurde in dem Film mit dem Titel *Gospa,* einer Hollywood-Produktion mit Martin Sheen in der Rolle von Pater Zovko und Morgan Fairchild als einer franziskanischen Nonne, wiederholt. In dem Film wurde Bischof Žanić als ein Kollaborateur der Kommunisten dargestellt. Es handelte sich dabei also um eine Schädigung seines guten Rufes, und der Generalvikar der Diözese Mostar gab am 17. Juni 1995 eine offizielle Widerlegung heraus. Seine Stellungnahme bestritt diesen Vorwurf kategorisch, und zwar mit folgendem Wortlaut:

> Die Kanzlei der Diözese Mostar verurteilt leidenschaftlich alle Szenen und Worte als unwahr, die Bezug auf das kirchliche Verhalten von Msgr. Pavao Žanić, dem früheren Diözesanbischof (im Film unter dem Namen Petar Subić), zu den Ereignissen von Medjugorje nehmen. …

---

[328] Vgl. Rupčić, *The Truth about Medjugorje*, S. 69-75.

Nicht einmal ein Schatten von Feigheit oder Nachlässigkeit vor den kommunistischen Behörden fiel jemals auf den Bischof, geschweige denn, dass es seinerseits irgendeine Form der Kollaboration mit ihnen gegeben hätte. … Vielmehr verhielt sich der Bischof stets tapfer und würdevoll.[329]

Entweder glaubt man also der Kanzlei der Diözese Mostar, die bestreitet, dass Bischof Žanić ein Kollaborateur der Kommunisten war, oder Pater Rupčić, dem fanatischen franziskanischen Medjugorje-Anhänger, und Pater Zovko, dem dreimal mit Kirchenstrafen belegten Franziskanerpater. Genau genommen wurde es Pater Rupčić, zusammen mit den Patres Zovko und Vlašić, im Jahr 1985 von Bischof Žanić untersagt, in Medjugorje die hl. Messe zu feiern oder zu predigen.[330]

Abschließend können wir festhalten, dass ein Großteil der Kampagne für Medjugorje von einem übergroßen Vertrauen auf die Meinungen bekannter Theologen geprägt war. Die Wirklichkeit ist aber, dass diese entweder nicht im vollen Besitz der Fakten oder aber nicht sonderlich objektiv waren. Vielmehr färbte bei einigen der letzteren Vertreter eine zuvor bestehende charismatische Gesinnung ihre Anschauungen. Sogar die scheinbar objektive wissenschaftliche Analyse der Seher ist nicht so entscheidend, wie sie ausgegeben wurde, da das Wirken des Teufels oder ein Mangel an Wahrhaftigkeit nicht mit wissenschaftlichen Methoden entdeckt werden kann, wie wir im nächsten Kapitel sehen werden.

Zum anderen Teil der Kampagne für Medjugorje gehörten Attacken gegen die Person von Bischof Žanić, denen es großteils gelang, seine Glaubwürdigkeit bei vielen Katholiken zu zersetzen. Hätten die Befürworter einer echten Marienerscheinung zu sol-

---

329 Msgr. Ratko Perić, *Criteria for Discerning Apparitions: Regarding the Events of Medjugorje,* Mostar 1995, S. 17.

330 Siehe *„A Letter From Monsignor Žanić to Pater Tomislav Pervan", 25. März 1985,* in: Michael Davies, *Medjugorje after Twenty-One Years – 1981-2002. The Definitive History*, S. 35, im Internet verfügbar unter: http://www.mdaviesonmedj.com/

chen Methoden gegriffen? Bei früheren anerkannten Erscheinungen war dies sicher nicht der Fall. Offenbart dieser intensive Propagandaangriff nicht vielmehr ein Fehlen der Gewissheit über göttliche Inspiration der Visionen und eine Entschlossenheit bei manchen Medjugorje-Anhängern, ihre subjektiven Anschauungen der ganzen katholischen Welt aufzunötigen, ohne die Autorität der Kirche bei der Entscheidung solcher Fragen zu beachten?

13. Medizinische und wissenschaftliche Untersuchungen

Medizinische und psychologische Untersuchungen der Seher

Aus den Tonbandprotokollen erfahren wir, dass am 27. Juni 1981, drei Tage nach dem Beginn der Visionen, die Seher zu einem Polizeiverhör und einer medizinischen Untersuchung nach Čitluk gebracht wurden. Sie wurden von einem Psychiater untersucht, doch verlief dies anscheinend ergebnislos, und das Material auf dem Tonband deutet darauf hin, dass zumindest einige der Seher sich alles andere als kooperativ zeigten. Zwei Tage später, am 29. Juni, wurden sie erneut zu einer medizinischen Untersuchung gebracht, zunächst nach Čitluk und dann nach Mostar. Hier gingen sie zu Frau Dr. Dzudza, eine Psychiaterin, die, Ivanka zufolge, ihnen offenbar mit der Einsperrung in einer psychiatrischen Krankenhausstation drohte, falls sie weiter auf den Podbrdo gingen; sie konnte aber keinen definitiven Grund finden, sie festzuhalten. Sie wurden auch von verschiedenen Ärzten untersucht, darunter Dr. Ludvik Stopar, der als „Psychiater und Parapsychologe“ bezeichnet wird. Parapsychologie ist das Studium behaupteter psychischer Phänomene wie Nahtod- und Außerkörperlichen Erfahrungen. Er kam zu dem Ergebnis, dass sie nicht an einer Geisteskrankheit litten, und dies scheint auch die Ansicht jener Ärzte gewesen zu sein, die sie in den ersten Jahren untersuchten. Angesichts der bereits vorgelegten Belege, insbesondere jener, die auf einen teuflischen Ursprung der Visionen hindeuten, und auch der Wahrscheinlichkeit, dass spätere Visionen und Botschaften fabriziert wurden, ist dies jedoch vielleicht auch so zu erwarten.

Und in jedem Falle ist es, wie Pater Laurent Volken in seinem Buch *Die Offenbarungen in der Kirche*, einem wichtigen Werk zum Thema, sagt, entscheidend, sich bewusst zu machen, dass „die Untersuchung der psychischen Struktur für sich allein niemals ein Urteil zugunsten des göttlichen Ursprungs einer Offenbarung begründen kann. Im Grunde kann nur eine übernatürliche Instanz über Tatsachen urteilen, die der Übernatur angehören."

Die erste, von Bischof Žanić eingerichtete Kommission leistete ebenfalls Grundlagenarbeit in diesem Bereich, da ein Priester als deren Mitglied, Pater Nicolas Bulat, während einer ihrer Visionen einen altmodischen Test auf Vicka angewandt hatte. Er piekste sie mit einer Nadel in die Schulter, entnahm ihr Blut, allerdings ist umstritten, inwieweit sie darauf reagiert hat.[331] Tatsache ist wohl, dass diese erste Kommission keine ausgiebige medizinische Untersuchung der Seher durchführte, weil sie im Laufe der Zeit allmählich zu der Schlussfolgerung gekommen war, dass ihre Ekstasen nicht echt seien. Somit sahen sie solche Untersuchungen nicht als eine Notwendigkeit an.

Die medizinischen Experimente von Dr. Henri Joyeux

Dr. Henri Joyeux, ein französischer Krebsspezialist, brachte ein Expertenteam zusammen, das die Seher an drei Terminen im Jahr 1984 untersuchte, nämlich vom 9. bis 10. Juni, 6. bis 7. Oktober und 28. bis 29. Dezember. Nach zahlreichen Tests kamen sie zu dem Ergebnis, dass sie nicht an individuellen oder kollektiven Halluzinationen oder Hysterie litten. Sie kamen auch zu dem Schluss, dass die Seher nicht zu Neurosen, Phobien, Depressionen oder Katalepsie (Starrsucht), einem durch fehlende Reaktionen auf äußere Reize und Muskelstarre gekennzeichneten Zustand, neigten. Ebenso bestritten sie, dass die Ekstasen der Seher „pathologischen" Charakter hätten.

Allerdings ist es unklar, wie sie zu derart endgültigen Schlussfolgerungen kommen konnten, da unter den fünf Mitgliedern des Ärztekreises nur einer, Dr. Jean Cadhilhac, ein Neurophysiologe

---

331 Sivrić, *The Hidden Side of Medjugorje*, Bd. I, S. 91, 270-271, 315; Laurentin/Rupčić, *Is the Virgin Mary Appearing at Medjugorje?*, S. 27, 125, 134; Laurenz Volken, *Die Offenbarungen in der Kirche,* Innsbruck/Wien/München: Tyrolia-Verlag, 1965, S. 160-161; Craig, *Spark from Heaven*, S. 174; Laurentin/Joyeux, *Scientific and Medical Studies*, S. 12.

(d. h. ein Spezialist für die Diagnose von Funktionsproblemen des Nervensystems) Qualifikationen besaß, die in direktem Zusammenhang zu einigen dieser Ergebnisse stehen. Die anderen Mitglieder des Kreises waren auf Ophthalmologie (Augenheilkunde), Otorhinolaryngologie (Hals-Nasen-Ohren-Heilkunde), und Kardiologie (Herzheilkunde) spezialisiert. Die Ergebnisse, zu denen sie gelangten, hätten wohl eher Spezialisten in den Bereichen der Psychiatrie und Psychologie erfordert.[332]
Abgesehen davon ist auch die Objektivität von Dr. Joyeux fraglich, da er, wie Marco Corvaglia hervorhebt, Verbindungen mit der Charismatischen Erneuerung hatte und Dr. René Lejeune, einem Leiter jener Bewegung in Frankreich, nahe stand. Wie wir sahen, war Dr. Lejeune der Mitautor von Abbé Laurentin beim *Chronological Corpus of the Messages*, und außerdem schrieb Dr. Joyeux auch das Vorwort zu einem von Lejeunes Büchern.[333]
Hiermit möchten wir nicht seine Grundkompetenz in Zweifel ziehen, sondern lediglich auf seine Verbindungen mit der Charismatischen Erneuerung hinweisen, die seine Einstellung zu den Sehern und ihren Behauptungen gefärbt haben könnten. Gewiss können er und sein Ärztekreis für eine mangelnde Strenge in ihrem Umgang mit ihnen kritisiert werden.
Im Zusammenhang mit dem medizinischen und psychologischen Status der Seher schrieb Bischof Žanić im Januar 1985 einen Brief an René Laurentin, in dem er hervorhob: „Nicht die Halluzinationen sind es, die ich betonen möchte. Das war die Interpretation eines meiner Ärzte. Ich glaube jetzt, dass es etwas Schlim-

---

332 Laurentin/Joyeux, *Scientific and Medical Studies*, S. 46-47, 48-49, 53-55.

333 Man könnte auch sagen, dass einige Behandlungsansätze von Joyeux außerhalb der Hauptströmung der Medizin angesiedelt sind: Im Jahr 2002 wurde er in einem Zeitungsartikel für sein Verfechten einiger Außenseiterideen, nämlich der Instinktotherapie und des Crudivorismo, d. h. von Ernährungsmethoden, bei denen die angeblichen Vorzüge einer Rohkosternährung im Mittelpunkt stehen. Es wird behauptet, dass eine solche Ernährung alle möglichen Krankheiten heilen könne, doch existieren keine aus wissenschaftlichen Studien ermittelten, harten Fakten, die diese Auffassung stützen könnten. Vgl. http://www.marcocorvaglia.com/medjugorje-en/medjugorje-scientists.html.

meres war: Simulation.“ In seiner Antwort behauptete René Laurentin: „Unsere Tests … schlossen die Möglichkeit der Simulation aus.“ Allerdings enthält der Text, den er zusammen mit Dr. Henri Joyeux verfasste, *Scientific and Medical Studies on the Apparitions of Medjugorje*, keinen klaren Anhaltspunkt dafür, dass Tests in Bezug auf eine Simulation, d. h. Lügendetektor-Tests, von dem Ärzteteam unter Dr. Joyeux überhaupt durchgeführt wurden. Jedenfalls gibt es, wie wir sehen werden, keine Garantie für die Genauigkeit solcher Tests.

Tatsächlich war sich der französische Arzt der Möglichkeit bewusst, dass die Seher gelogen haben könnten, wie folgende Feststellung aus seiner Bewertung deutlich macht: „Vielleicht haben wir es mit einem kollektiven Betrug zu tun? Würde ein Lügendetektor nicht am Ende einen solchen Betrug aufdecken? Als es sich diesen … Fragen stellte, war unser Ärztekreis sich einiger Hindernisse bewusst, die genau definiert werden müssen.“ Dann stellt er die linguistischen und logistischen Schwierigkeiten, mit denen sie bei der Ausführung ihrer Tests konfrontiert waren, fest: Die Ärztegruppe musste sich auf Übersetzer verlassen und hatte Schwierigkeiten beim Hin- und Rücktransport ihrer wissenschaftlichen Ausrüstung von Frankreich nach Jugoslawien.[334]

René Laurentin legt besonderen Nachdruck auf die Tatsache, dass die Seher während ihrer angeblichen Ekstasen kein Kneifen, keine Berührungen oder andere Reizungen spürten. Doch die durchgeführten Tests – der Gehirntätigkeit, der Herz-, Augen-, Ohren- und Kehlkopffunktion – konnten eindeutig nicht die Möglichkeit ausschließen, dass die Seher in selbst herbeigeführte Trancezustände eintreten konnten. Allein die Tatsache, dass die Tests offenbar Faktoren wie Halluzinationen oder Geisteskrankheiten ausschließen konnten, schließt die Möglichkeit des Betru-

---

[334] Laurentin u.a., *Medjugorje Today*, Steubenville: Franciscan University Press, 1990, S. 53; das unten im Text erwähnte Interview von 1985 in *Paris Match* enthält das Wort „Polygraphie“ in einer Äußerung über die durchgeführten Experimente in Klammern, gibt aber keine näheren Details an. Vgl. das Zitat bei Nolan, *Medjugorje: A Time for Truth*, S. 136.

ges noch lange nicht aus. René Laurentin weist auf das Enzephalogramm hin, welches das Team von Dr. Joyeux bei Ivan am 10. Juni 1984 erstellte, und behauptet, dass dieses Epilepsie und „pathologische“ Halluzination ausschließe. Die entscheidende Tatsache ist jedoch, dass es nicht die Möglichkeit ausschließt, dass Ivan nicht unbedingt die Wahrheit sagte, dass er sich eigentlich in einer Art echter „Ekstase“ befand.[335]

Interessanterweise war noch ein weiterer Test geplant worden, der die Behauptung der Seher verifizieren sollte, dass sie die visionäre Gestalt „berühren“ konnten. Hierbei wären sie von der Seite fotografiert und die Position ihrer Hände wäre notiert worden. Am selben Tag, dem 10. Juni, behauptete Jakov aber, dass er vergessen habe, die „Gospa“ darüber zu befragen, und später, im Oktober, sagten Ivanka und Marija, dass die visionäre Gestalt diesem Test nicht zustimmen würde.[336]

Ein am 7. Oktober 1984 bei Marija und Ivanka durchgeführter Test veranschaulicht die Grundschwäche in dem von den Untersuchern gewählten Ansatz. Während einer Vision an diesem Tag stellte Dr. Jacques Philippot einen so genannten „Schirm“ vor ihre Augen, und es heißt, dass keiner von ihnen „den Schirm bemerkte, der zwischen sie und die Erscheinung gestellt wurde, und er die Wahrnehmung der Erscheinung nicht beeinträchtigte.“[337] Fotos von diesen Ereignissen im Buch zeigen, dass dieser Schirm in Wirklichkeit ein kleines Stück Pappe war, welches ihre periphere Sicht nicht beeinträchtigt haben wird. Wesentlich ist jedoch, dass die Forscher, anstatt eine kritische Einstellung den Behauptungen der Seher gegenüber anzunehmen, annahmen, dass sie wirklich etwas Übernatürliches sähen. Somit wählten sie keine wirklich wissenschaftliche Herangehensweise an ihre Aufgabe. Eine viel striktere und kritisch hinterfragende Haltung wäre erforderlich gewesen. Wie konnten sie wissen, dass die Seher tat-

335 Laurentin/Joyeux, *Scientific and Medical Studies*, S. 13, 20-27, 47.

336 Ebd., S. 25.

337 Ebd., S. 24.

sächlich etwas sahen? Der einzige Beweis, den sie hatten, war, dass die Seher selbst dies zu ihnen sagten.

Dr. Margnellis andere Bewusstseinszustände

Ein italienischer Arzt, Dr. Marco Margnelli, stellte in einem 1988, nach seinen Untersuchungen, gegebenen Interview fest, dass die Seher „in einen anderen Bewusstseinszustand übergehen – einen Zustand, den man, obgleich nicht in dieser Tiefe, auch durch Meditationstechniken wie Autogenes Training erreichen kann." Er sagte weiter, dass er nicht glaube, dass sie lügen würden, denn „ansonsten würden sie auf sensorische und schmerzhafte Tests reagieren"[338].

Es ist nicht klar, wie die letztgenannten Punkte die Möglichkeit der Lüge ausschließen, da es durchaus möglich ist, sich eine Person in einer solchen Trance vorzustellen, in der man weitgehend schmerzunempfindlich wird. Wie wir sehen werden, waren die Tests in diesen Bereichen in mancherlei wichtiger Hinsicht unzureichend. Interessanterweise kann er aber die Ekstasen der Seher als einen Zustand beschreiben, der einem selbst herbeigeführten Zustand eines alternativen Bewusstseins ähnelt, mit dem Unterschied der jeweiligen Tiefe oder Intensität. Wenn man in eine selbst herbeigeführte Trance eintreten kann, dann könnte dieser Prozess gewiss mit einiger Übung verfeinert werden, so dass ein viel tieferer Zustand einer geistigen und körperlichen Versunkenheit hervorgerufen wird. Dieser Faktor kann sehr gut erklären, warum einige der Seher während ihrer Ekstasen angeblich für laute Geräusche oder sehr helle Lichter unempfindlich waren.

Doch selbst hier ist Spielraum für Zweifel bezüglich des von Dr. François Rouquerol durchgeführten Tests am Gehör Ivans gegeben. Er reagierte auf ein 70 Dezibel lautes Geräusch, bevor er in seine „Ekstase" eintrat, reagierte aber anscheinend während seiner Ekstase nicht auf eines mit 90 Dezibel (das lautem Verkehrs-

[338] Zitiert in Nolan, *Medjugorje: A Time for Truth*, S. 141.

lärm entspricht) und berichtete den Untersuchern, dass er nichts gehört habe. Das Problem bei diesem Test ist jedoch, dass es keine objektive und unabhängige Möglichkeit gab, wie der Arzt dies überprüfen konnte; er verließ sich gänzlich auf das Zeugnis Ivans. Und obgleich dieser Test nur bei Ivan durchgeführt wurde, lesen wir im Buch von Laurentin/Joyeux ein paar Seiten später, dass „die Seher einen Geräuschpegel von 90 Dezibel nicht hören". Somit wurde das unwissenschaftliche Testergebnis bei Ivan unsachgemäß auf alle Seher angewandt, was ein falsches Bild der Situation vermittelt. Diese Vorgehensweise zeigt wiederum einen Mangel an wissenschaftlicher Strenge auf Seiten der Untersucher und eine Neigung, den Behauptungen der Seher, die Gottesmutter zu sehen, viel zu viel Glauben zu schenken.[339]

Die Behauptung wiederum, dass bei den Sehern sehr helle Lichter in ihren Augen leuchten konnten, ohne dass ihre Pupillen die Größe verringert hätten, so wie es normalerweise der Fall ist, ist eher fragwürdig. Dr. Maria Magatti behauptete, dass während eines Tests, der, wie sie selbst zugab, „unzureichend und zu schnell war", ein 1000 Watt starker Filmprojektor während ihrer Ekstasen sein Licht in die Augen der Seher geworfen habe, „ohne eine Veränderung im Durchmesser der Pupillen bewirkt zu haben". Normalerweise führt etwas Derartiges dazu, dass die Pupille sich zusammenzieht. Dieser Entdeckung widersprachen die Ergebnisse späterer Tests. Dr. Jacques Philippot, ein Augenarzt, führte vom 6. bis 7. Oktober 1984 Tests an den Sehern durch und fand dabei Folgendes heraus: „Die Pupille reagiert während der Ekstase weiterhin auf Licht." Und dies war auch bei späteren Tests der Fall, die von Dr. Frigerio und seinen Mitarbeitern sowie Dr. Mario Cigada durchgeführt wurden.[340]

---

339 Siehe Laurentin/Joyeux, *Scientific and Medical Studies*, S. 13, 23, 24, 26, 27, 33. Vgl. http://www.marcocorvaglia.com/medjugorje-en/medjugorje-science-demonstrates-nothing-part-2.html.

340 Laurentin/Joyeux, *Scientific and Medical Studies*, S. 13, 23; das Werk von Dr. Frigerio und Dr. Cigada wird zitiert in: Marco Corvaglia, *Medjugorje. È tutto falso*, Anteprima Edizioni, 2007, S. 193, 208, 237.

Dies alles ist selbstverständlich völlig losgelöst von der Möglichkeit einer teuflischen Verwicklung in diese „Ekstasen“ zu betrachten, die genauso gut ihre behaupteten Eigenschaften erklären könnte.

Kehren wir nun zu den Behauptungen von Dr. Margnelli zurück. Er argumentiert also, dass Menschen durch Meditationstechniken in einen anderen Bewusstseinszustand eintreten könnten, schränkt dies aber durch die Aussage ein, dass sie dies seiner Ansicht nach nicht in dem gleichen Maße könnten, wie es bei den Ekstasen der Seher von Medjugorje der Fall gewesen sei. Allerdings ist es sicher legitim, zu fragen, ob Dr. Margnelli mit Recht so sicher war, dass dies nicht geschehen könnte. Er wird als Neurophysiologe beschrieben, d. h. als ein Spezialist für die Funktion des Nervensystems. Gewöhnlich behandelt er vermutlich Menschen mit verschiedenartigen abnormalen Störungen, so dass der Versuch einer Analyse, was genau hinter den Visionen von Medjugorje steht, etwas ist, was eigentlich über seinen Erfahrungsbereich hinausgeht. Für die Beurteilung der Frage, ob die Visionen übernatürlich oder lediglich außergewöhnlich oder diabolisch oder gar bloß gefälscht sind, ist dies ganz sicher der Fall.

Folglich ist seine Schlussfolgerung, dass die „anderen Bewusstseinszustände“, die von den Sehern angenommen worden seien, nicht auf Meditationstechniken zurückzuführen sein könnten, nicht gerechtfertigt. Hatte er jemand anderen untersucht, der für den (damaligen) Zeitraum von sieben Jahren Visionen zu sehen behauptete? Diese Zeit war sicher für die Seher lang genug, um Techniken einzuüben, die sie befähigten, in tiefere, tranceähnliche Zustände einzutreten. Wie viele andere Menschen in einem ähnlichen Zustand hatte er erforscht, und bei wie vielen von ihnen konnte er bestimmen, welche Ekstasen echt und welche falsch waren? Die Realität ist, dass wissenschaftliche Methoden für sich genommen keine Aussage über den genauen Charakter solcher angeblicher Visionen liefern können. Letztlich können sie nur durch den Prozess der Unterscheidung der Geister beurteilt werden.

Dr. Margnelli bemerkte auch, dass er kein Elektroenzephalogramm der Seher erstellt habe, da dies bereits von den französischen Untersuchern vorgenommen worden sei; er habe sich stattdessen auf „mehrere andere Kontrollen und Untersuchungen“[341] verlassen.

Die EEG-Ergebnisse der Seher

Die Elektroenzephalografie (EEG) misst elektronische Aktivität im Gehirn mit Elektroden, die auf die Kopfoberfläche aufgelegt werden; in der Neurologie wird sie in erster Linie für die Diagnose der Epilepsie eingesetzt. Die vom französischen Ärztekreis erstellten EEGs zeigen uns, welche Ergebnisse sie erhielten. Bei Ivan war es so, dass er während eines Tests, der etwa dreißig Minuten dauerte und die Zeit vor, während und nach seiner Vision abdeckte, nicht schlief oder träumte, sondern im Zustand der „Alpha-Wellen“ blieb, welche als ein „Rhythmus der Wachsamkeit und Empfänglichkeit, der Rhythmus eines kontemplativen Menschen im stillen Gebet“ beschrieben werden. Das Testergebnis wurde in dem Sinne bewertet, dass es die Möglichkeit einer pathologischen Halluzination ausschließe.
Die bei Marija und Ivanka durchgeführten Tests ergaben offenbar keine Anzeichen für eine „Hirnstörung“ oder für „pathologische Symptome“. René Laurentin schreibt:

> Die vor, während und nach der Erscheinung aufgezeichneten Graphen wiesen nur minimale Unterschiede auf. Vor der Erscheinung finden wir, insbesondere im Falle Marijas, präsente Beta-Wellen, die Wellen der Aufmerksamkeit und Reflektion, und auch die Alpha-Wellen, die den Zustand der Wachsamkeit anzeigen. Die letzteren sind fortschreitend ab dem Beginn der Ekstase vorherrschend.[342]

---

341 Zitiert in: Nolan, *Medjugorje: A Time for Truth*, S. 141. Siehe für Hintergrundinformationen zu Dr. Margnellis Einstellungen und Erfahrungen: http://www.marcocorvaglia.com/medjugorje-en/medjugorje-scientists.html.
342 Laurentin/Joyeux, *Scientific and Medical Studies,* S. 20, 23-24, Hervorhebung vom Verfasser.

Es ist jedoch kaum zu begreifen, wie aufgrund dieser Ergebnisse behauptet werden kann, es gebe Beweise dafür, dass die getesteten Seher in einer „tiefen Ekstase“ gewesen seien. Ivans Hirnwellen werden als vergleichbar mit denen eines stillen Beters bezeichnet, während im Falle von Marija und Ivanka die Graphen nur minimale Unterschiede in ihrer Gehirnaktivität vor, während und nach dem Test aufweisen, wobei sich im weiteren Verlauf der Vision Marijas ein der Wachsamkeit ähnlicher Zustand entwickelt habe.

Der italienische Neurophysiologe Dr. Francesco D'Alpa steht diesen beiden Tests skeptisch gegenüber. Im Falle Ivans liegt dies an der „mit 62 Sekunden kurzen Dauer der Ekstase; diese Zeit ist ganz unzureichend, um irgendwelche möglichen Veränderungen beim Basisgraphen bewerten zu können.“ In Bezug auf Marija sagt er:

> Was das bei Marija erstellte EEG betrifft … wäre die neue Erkenntnis die Beobachtung, dass die Alpha-Welle ‚fortschreitend vom Beginn der Ekstase an vorherrscht.‘ Man darf berechtigtermaßen nach der Zuverlässigkeit dieser Information fragen, die auf einer subjektiven Bewertung eines Enzephalogramms von sehr schlechter Qualität basiert.

Er sagt weiter: „Die ‚Ekstase‘ Marijas dauerte nur 102 $\pm$ 2 Sekunden; während dieses Zeitraums ist es sehr schwierig, den prozentualen Anteil der verschiedenen Wellensequenzen … einzuschätzen.“

Insgesamt weist Dr. D'Alpa auf Mängel in der Planung, Durchführung und Bewertung dieser Tests hin und charakterisiert sie als von „methodologischen Mängeln“ und „Willkürlichkeit der Bewertung“ gekennzeichnet. Diese Kritik brachte er auch an vielen anderen Teilbereichen der Tätigkeit dieser Gruppe an. Er folgerte, dass ein Bericht wie der von Dr. Joyeux erstellte niemals von einer seriösen medizinischen Fachzeitschrift akzeptiert werden könnte.[343]

---

343 Vgl. Francesco D'Alpa, *La Scienza e Medjugorje, I. Il Caso Joyeux*, Laiko.it, 2010, S. 17-18, und passim. Dieses E-Buch steht als pdf-Dokument unter der

René Laurentin beschreibt eine der vom wissenschaftlichen Team auf Video aufgezeichneten Visionen wie folgt:

> Um sich für die Erscheinung vorzubereiten, beteten die Seher stehend mehrere Vaterunser, Ave Maria und Ehre sei dem Vater, bis ‚die Gospa' erscheint. Während der ersten Monate beteten sie jedes Gebet gewöhnlich zwei- oder dreimal, bevor die Erscheinung stattfand. Seit Ende 1983 beginnt die Ekstase, bevor sie das erste Vaterunser beendet haben.[344]

Aus kritischem Blickwinkel fällt daran zuallererst auf, dass zu dieser Zeit die Ekstasen der Seher in einem bestimmten Augenblick eintraten, von dem sie wussten, dass er kommen würde, nämlich bevor sie das erste *Vaterunser* beendet hatten. Es ist nicht so, als ob diese Visionen völlig unerwartet geschehen würden. In Wirklichkeit ist es so, dass es seit Ende 1983 die Seher selbst waren, die effektiv bestimmten, wann ihre Visionen begannen, und sie nicht auf das Erscheinen der „Gospa" warteten. Dieser Punkt allein wirft alle möglichen Probleme auf und ist ein sehr deutliches Anzeichen dafür, dass nichts Übernatürliches vor sich ging. René Laurentin fährt fort:

> Plötzlich wird ihr Blick, der bereits auf den Erscheinungsort fixiert ist, intensiver. Es sind kaum mehr Bewegungen der Augenlider festzustel-

---

Adresse http://www.marcocorvaglia.com/medjugorje-en/useful-resources-medjugorje.html im Internet zur Verfügung.

344 Laurentin/Joyeux, *Scientific and Medical Studies*, S. 6-7. Die allgemeine Argumentation gegen eine Übernatürlichkeit wurde für diesen Abschnitt übernommen von: http://skepticfiles.org/think/lucifer1.htm. Die Verwendung dieses Materials wurde von Daniel Klimek kritisiert, doch ist diese Netzpräsenz atheistisch und nicht satanisch. Somit kann die Verwendung des Materials aufgrund dessen gerechtfertigt werden, dass der Verfasser sein logisches Denkvermögen gebrauchte, um die angeblichen Visionen richtig zu bewerten und dabei sogar einige wertvolle kritische Argumente anbrachte, die anderswo nicht zu finden sind. Kurzum, sollten wir in erster Linie auf die Inhalte der Aussagen achten und nicht übermäßig kritisch beäugen, wer sie vorbrachte. Vgl. http://ministryvalues.com/index.php?option=com_content&task=view&id=1366&Itemid=125.

len. … Sie knien sehr natürlich nieder, alle im selben Augenblick. Die Bewegung erfolgt nicht völlig synchron, eine Tatsache, die ihren unterschiedlichen Reaktionszeiten oder den Unterschieden in ihren Reflexen zugeschrieben werden kann. Wir haben aber nie bemerkt, dass ein Signal gegeben worden wäre.[345]

Selbstverständlich hätte keine Notwendigkeit für ein offenkundiges Signal bestanden, denn schon der bloße Akt des Hinkniens, der, wie er zugibt, nicht ganz zeitgleich, während des Vaterunsers erfolgte, konnte an sich als ein Wink fungieren. Mit anderen Worten, einer der Seher könnte begonnen haben, niederzuknien, und die anderen folgten ihm sehr bald. Wir sollten bedenken, dass es sich um gesunde junge Leute handelte, die solche Erlebnisse seit Mitte 1981 hatten.

Videobeweise zeigen, dass dieser Akt des Hinkniens der Seher auch bei anderen Anlässen nicht zeitgleich erfolgte. Beispielsweise zeigt Filmmaterial in einem Video eindeutig, wie Ivanka schneller als Vicka hinkniet,[346] während ein anderes Video wiederum Ivanka zeigt, die diesmal aber hinter Jakov stand, so dass sie außerhalb seines Gesichtsfeldes war. Wiederum erfolgt ihr Hinknien merklich schneller als seines.[347]

An dieser Stelle ist auch eine Bemerkung über die „Reaktionszeit" angebracht. Zu diesem Thema ist schon sehr viel Forschungsarbeit geleistet worden, und „die anerkannten Zahlen für einfache Reaktionszeiten betragen bei Personen im Studentenalter ca. 190

---

345 Laurentin/Joyeux, *Scientific and Medical Studies*, S. 7. Eine andere Beobachterin, Dr. Lucia Capello (S. 14-15), behauptete, einige der von ihr miterlebten Visionen mit „völliger Gleichzeitigkeit" endeten, doch ist diese Angabe schwer mit dem Zeugnis von René Laurentin und noch allgemeiner mit dem verfügbaren Videomaterial in Einklang zu bringen.

346 Video *All I Need Is a Miracle*, Bounty Hill Media Productions, 1991; vgl. http://www.marcocorvaglia.com/medjugorje-en/medjugorje-science-demonstrates-nothing-part-1.html;
www.youtube.com/watch?v=G4x5RZsW2s0;
www.youtube.com/watch?v=QvfPNwkg1O8.

347 Video *Marian Apparitions of the 20th Century,* Marian Communications Ltd., 1991, S.O. Box 8, Lima, Pennsylvania 19037.

ms (0,19 Sekunden) bei Lichtreizen und etwa 160 ms bei Klangreizen". Erwartungsgemäß kann die Reaktionszeit durch Übung verringert werden, und eine Warnung im Vorfeld führt ebenfalls zu einer schnelleren Reaktionszeit.[348] Dies bedeutet, dass die Reaktionszeit eines gesunden jungen Menschen auf einen visuellen Reiz gewiss etwa bei nur 2/10 einer Sekunde liegen und bei Klangreizen sogar noch schneller sein kann. Da solch kurze Reaktionszeiten möglich sind, ist es klar, dass die Behauptungen scheinbarer Gleichzeitigkeit für die Seher in ihrer Reaktion auf angeblich übernatürliche Reize sehr schwierig, wenn nicht gar unmöglich zu verifizieren sind.

Genauso wenig ist es wirklich möglich, zu argumentieren, dass wir, wenn die Visionen falsch wären, einen „Kaskadeneffekt" erwarten könnten, so dass die Seher beim Niederknien einer dem anderen in ihrer jeweiligen Reaktionszeit rasch folgen würden, denn dieser Prozess wäre naturgemäß länger als die Reaktionszeit einer einzelnen Person. Dies ist so, weil sie in der Regel sehr nahe beieinander standen und entweder die Luftbewegungen der Personen in ihrem Umfeld hören oder durch ihr peripheres Sehen Bewegungen erkennen und sehr schnell darauf reagieren konnten. Es läge also keine falsche Vision vor, wenn erst eine zeitraubende „Kaskade" von Bewegungen erfolgte, sondern vielmehr würde dann ein Seher niederknien und die anderen ihm sehr schnell folgen, wobei dies alles in der Regel innerhalb der ungefähren Dauer der Reaktionszeit einer Person abliefe. Allerdings zeigt der Videobeweis, wie bereits erwähnt, dass zumindest bei einigen Anlässen ein merklicher Zeitabstand zwischen den Bewegungen der einzelnen Seher lag.

Dann kommentiert René Laurentin, was als nächstes geschah: „Man kann sehen, wie ihre Lippen sich bewegen, kann aber keine Stimmen hören … Plötzlich werden all ihre Stimmen hörbar, und sie sagen auf Kroatisch: ‚der du bist im Himmel'; ‚geheiligt werde

[348] Siehe *„A Literature Review on Reaction Time"*, von Robert J. Kosinski, URL: http://biae.clemson.edu/bpc/bp/Lab/110/reaction.htm.

dein Name‘ usw. Die Eröffnungsworte: ‚Vater unser‘ werden nicht ausgesprochen.“[349]

Einmal mehr hat dies nichts notwendigerweise Übernatürliches an sich, und die Frage, ob eine Gruppe ein Gebet mit dem ersten Wort zu sprechen beginnt oder, wie in diesem Fall, mit dem dritten Wort, schließt an sich keine natürliche Erklärung aus. Nur einer der Seher hätte mit dem dritten Wort beginnen müssen, und dann wären, wie bei ihrem Hinknien, die anderen ihm rasch gefolgt. Und tatsächlich gibt es gerade dafür einen Videobeweis, bei dem man, in einem vom 9. Dezember 1983 datierenden Video hören kann, wie Vicka das Wort *koji* („*der*“) sagt und dann das Gebet von den Worten *jesi na nebesima* („*bist im Himmel*“) an fortführt. Ähnlich kann man auf einem anderen Video vom 31. Dezember 1984 einen der Seher klar dasselbe Wort *koji* sagen hören, bevor die anderen gemeinsam das restliche Gebet fortsetzen, aber erst, nachdem sie jenes Wort gehört hatten.[350]

Aus diesen Beobachtungen der Seher in „Ekstase“ geht sicher hervor, dass die wissenschaftlichen Experimente, die auf die Prüfung dieser Behauptungen abzielten, alles andere als streng wissenschaftlich waren. Bilder im Buch und Videobeweise zeigen, wie die Seher mit verschiedenen Apparaten verkabelt sind, doch gibt es kein Anzeichen dafür, dass ihnen die Augen verbunden oder sie mit Kopfhörern versehen worden wären, um visuelle oder akustische Reize auszuschließen. Ebenso hätte man, wenn die Experimente mit echter wissenschaftlicher Strenge durchgeführt worden wären, gewiss eine wesentlich genauere Analyse erzielt, wenn sie in mit Trennwänden versehenen Bereichen untersucht worden wären, um Reize durch Luftbewegungen auszuschließen, die von der neben ihnen rasch niederknienden Person verursacht wurden.

---

349 Laurentin/Joyeux, *Scientific and Medical Studies*, S. 7.

350 http://www.marcocorvaglia.com/medjugorje-en/medjugorje-science-demonstrates-nothing-part-1.html;
www.youtube.com/watch?v=uhrmenouNj4
und http://www.youtube.com/watch?v=EMTo8mZRE9o.

Ivankas Stimme und ihre Kehlkopffunktion wurden von Dr. François Rouquerol am 28. Dezember 1984 getestet. Hiermit wollte man herausfinden, warum die Stimmen der Seher unhörbar wurden, sobald die eigentliche Ekstase begonnen hatte. Zu diesem Zeitpunkt fand, nach den von Instrumenten aufgezeichneten Messungen, keine Kehlkopfbewegung mehr statt, nur noch die Lippen wurden bewegt. Dieser Vorgang wird als „Artikulation ohne Phonation" beschrieben. Das Problem hierbei ist, dass man nicht bestimmen kann, ob mit diesen Lippenbewegungen ohne Geräusche tatsächlich echte Sprache geäußert wurde. René Laurentin gesteht ein, dass sie niemanden finden konnten, der das Lippenlesen beherrschte, um diesen Punkt zu bestimmen. Und man kann genauso leicht argumentieren, dass die Seher lediglich ihre Lippen bewegten, ohne dabei irgendwelche Geräusche zu machen. Das ist etwas, was jeder tun kann.

Diese Frage hätte vielleicht am Freitag, dem 8. März 1985, entschieden werden können, als Dr. Luigi Frigerio, begleitet von zwei Kollegen, versuchte, Vicka während einer Vision zu testen, indem er ein Kehlkopfmikrofon an ihrem Kehlkopf befestigte. Dieses Gerät kann sehr leise Geräusche wiedergeben, die vom Kehlkopf eines Patienten erzeugt werden. Diese Vision dauerte aber nur 22 Sekunden, lag damit weit unter der üblichen Länge, und somit war nicht genügend Zeit, um Vickas Kehlkopffunktion während der Ekstase zu prüfen. Ihre Erklärung dafür war, dass die „Gospa" sich den Apparat angesehen und gesagt habe: „Er ist nicht nötig."[351]

Diesem Vorfall können wir einen anderen gegenüberstellen, an dem Ivan beteiligt war. Er wurde 1996 während einer angeblichen Ekstase bei einer Medjugorje-Feier in Aylesford in Kent (England) aufgezeichnet. Im Film hat es auf den ersten Blick den Anschein, als ob Ivans Lippen sich bewegten, ohne dass Worte hör-

[351] Laurentin/Joyeux, *Scientific and Medical Studies*, S. 26, 28, 70-71, 75-76.

bar wären. Erhöht man aber die Lautstärke, kann man deutlich hören, dass er spricht. Zumindest bei dieser Gelegenheit konnte also von „Artikulation ohne Phonation“ nicht die Rede sein. Besonders erschreckend bei diesem Auftritt ist jedoch Ivans Gesichtsausdruck: Er wirkt völlig gleichgültig und wenig begeistert, und es fehlt ihm an sichtbarer Freude oder Innigkeit, geschweige denn Verzückung.[352]

Dr. Frigerio blieb bei der Behauptung, dass die Erfahrungen der Seher nur außergewöhnlich oder übernatürlich sein könnten und stellte weiterhin fest, dass, wenn die Erfahrungen außergewöhnlich wären, die Seher nicht frei wären; da diese aber offenbar frei seien, müssten die Erfahrungen übernatürlich sein.[353] Diese Idee läuft jedem katholischen Grundprinzip der menschlichen Willensfreiheit zuwider, d. h. dass kein äußeres geistliches Wesen absolut kontrollieren kann, wie wir handeln – außer vielleicht in Fällen von teuflischer Besessenheit, obgleich sie uns beeinflussen oder versuchen können. Selbst wenn jemand also eine außergewöhnliche Erfahrung macht, behält er immer noch seine wesensmäßige Fähigkeit, zu handeln und freie Entscheidungen zu treffen.

Mehrfachgespräche

Einer der eigenartigsten Aspekte an der ganzen Geschichte von Medjugorje ist die Weise, wie, nach den Worten von René Laurentin, die „Jungfrau einem eine Botschaft geben kann, ohne dass die anderen dies hören, und sie *unabhängig voneinander mehrere Gespräche* zugleich mit ihr führen können.“ Dr. Joyeux machte eine ähnliche Beobachtung und sagte: „Jeder von ihnen erschien *gleichzeitig und nacheinander,* um Informationen von einer Person einzu-

---

352 Video Visions on Demand.

353 Übersetztes Interview in *Il Tempo*, zitiert in Nolan, *Medjugorje: A Time for Truth*, S. 144.

holen und mit ihr zu sprechen, die wir als Ärzte nie gesehen haben."[354]

Mit anderen Worten: Es wird behauptet, dass die „Gospa" mit mehr als einem Seher zugleich sprechen konnte. Dies ist sicherlich im Lichte dessen, was bei den anerkannten Marienerscheinungen stattfand, eine interessante Behauptung. Weder in Fatima noch in Beauraing geschah dies. Unter den anerkannten Erscheinungen stimmte letztere in Bezug auf die Anzahl der Seher und ihr Alter am ehesten mit Medjugorje überein, nicht aber in Bezug auf die Dauer, da die Erscheinungen in Beauraing nur zwischen November 1932 und Januar 1933, also ein paar Monate, andauerten. In La Salette sprach Unsere Liebe Frau einzeln mit den beiden Kindern, aber nur, um ihnen separate Geheimnisse mitzuteilen, welche das andere Kind nicht hören konnte. In Beauraing sprach sie zu verschiedenen Zeiten während der Erscheinungen mit dem einen oder anderen Kind, doch als sie den drei Jüngsten während der letzten Erscheinung persönliche Geheimnisse mitteilte, erfolgte dies separat an jeden von ihnen und nicht gleichzeitig.[355]

Im Lichte alles dessen ist es überhaupt nicht wahrscheinlich, dass die Seher tatsächlich in dieser Weise mit einer echt übernatürlichen Besucherin sprachen.

René Laurentin stellt ausdrücklich fest, dass die Seher mit der „Gospa" das *Vaterunser* beteten,[356] und diese Tatsache stellt für sich genommen ein akutes Problem dar. Würde die sündlose, selige Jungfrau Maria wiederholt dieses Gebet rezitieren, in dem es in einem Satz heißt: *Und vergib uns unsere Schuld* [Sünden]? Dies scheint theologisch nicht möglich zu sein.[357]

---

354 Laurentin/Joyeux, *Scientific and Medical Studies*, S. 29, 36, 52; *Hervorhebung ergänzt*.

355 Sharkey/Debergh, *Our Lady of Beauraing*, Indiana: Abbey Press, 1973, S. 132-136.

356 Laurentin/Joyeux, *Scientific and Medical Studies*, S. 9.

357 Laurentin, *Bernadette of Lourdes*, S. 34.

René Laurentin kommentiert auch die Tatsache, dass Dr. Ludvik Stopar Marija hypnotisierte und dass sie unter Hypnose dieselbe Darstellung von ihren Erfahrungen lieferte wie in ihrem Normalzustand, außer, dass sie auch die angeblichen Geheimnisse offenbarte, die sie empfangen habe.[358] Dies wird als Beweis dafür gewertet, dass die Geheimnisse echt übernatürlichen Ursprungs seien, doch ist das selbstverständlich nicht unbedingt der Fall. Die Geheimnisse mögen keine echten übernatürlichen Offenbarungen gewesen sein, und dennoch könnte der Seher sehr wohl niemandem außerhalb ihres speziellen Kreises von ihrem Inhalt erzählt haben.

Dr. Joyeux gab im Sommer 1985 *Paris Match* ein Interview, während dessen er, als er von den verschiedenen Experimenten, die an den Sehern durchgeführt wurden, ganz klar eingestand: „Keines von ihnen hat einen wissenschaftlichen Beweis dafür erbracht, dass die Jungfrau den Sehern erscheint, und dies ist unmöglich zu erreichen." Sogar René Laurentin war gezwungen, zuzugeben: „das Objekt [sic!], welches den jungen Leuten erscheint, … wird immer außerhalb des Bereiches wissenschaftlicher Experimente bleiben. In dieser Hinsicht werden wir immer auf Hypothesen beschränkt bleiben."[359]

Interessanterweise berichtet Louis Bélanger, dass seine eigenen Forschungen in Kanada ergeben hätten, dass es – unter Einsatz von Freiwilligen in Tests, die unter Laborbedingungen durchgeführt würden –, durchaus möglich sei, die Bewusstseinszustände zu wiederholen, die während der obigen medizinischen Tests an den Sehern aufgetreten seien, und dass sie somit nichts zwangsläufig Übernatürliches an sich hätten. Speziell zeichnete die Arbeitsgruppe Bélangers die folgenden Daten bei einer heranwachsenden Versuchsperson auf: Nichtblinzeln der Augen; Beschleunigung des Herzrhythmus und ein Muster kontinuierlicher Alpha-Wellen bei offenen Augen. All diese Phänomene traten in einem

---

358 Laurentin/Joyeux, *Scientific and Medical Studies*, S. 114.

359 Laurentin/Rupčić, *Is the Virgin Mary Appearing at Medjugorje?,* S. 128; O'Carroll, *Medjugorje: Facts, Documents, Theology,* S. 66.

normalen Bewusstseinszustand auf, da die Versuchsperson sich ihrer Umgebung bewusst war und auf Anweisungen reagieren konnte.[360]

Weitere Experimente in den Jahren 1985, 1986 und 1988

Im September 1985 leitete Dr. Luigi Frigerio eine Arbeitsgruppe aus der *Associazione Regina della Pace* („Vereinigung Königin des Friedens"), die weitere Tests an den Sehern durchführte. Dabei ist zu berücksichtigen, dass diese Vereinigung Medjugorje gegenüber ausdrücklich positiv eingestellt war und dass Dr. Frigerio so etwas wie ein Medjugorje-Anhänger ist, so dass seine Objektivität berechtigtermaßen in Zweifel gezogen werden kann.
Einer dieser Tests war der algometrische Test, und dieser wurde von Professor Maurizio Santini durchgeführt, der für die Untersuchung der Schmerzempfindlichkeit der Seher verantwortlich war. Bei diesem Test wurde ein Algometer mit einer Metallplatte verwendet, die erhitzt und auf die Haut der Versuchsperson gelegt werden konnte. Drei der Seher, Jakov, Ivan und Marija, wurden während der „Ekstase" getestet, wobei Professor Santini die Reaktionszeiten für die Schmerzgrenze erhöhte, um Hautschäden zu verhindern. Das Gerät wurde an verschiedenen Körperteilen der Seher angelegt, darunter den Fingern, dem Handgelenk und der Stirn, und es wurde beispielsweise behauptet, dass Ivans Reaktionszeit während der „Ekstase" beim Test auf der Stirn um einen Faktor von 700% gestiegen sei, von 0,4 Sekunden außerhalb der Ekstase auf 2,8 Sekunden während seiner Ekstase. Mit anderen Worten, es wurde behauptet, dass die Schmerzschwelle der Seher während der Ekstase stark angestiegen sei und dass dies ein Zeichen dafür sei, dass diese Ekstasen „übernatürlich" seien. Allerdings sollte berücksichtigt werden, dass 2,8 Sekunden nicht sehr lang sind und dass Experiment speziell so eingerichtet war,

---

[360] Video *All I Need Is a Miracle*, plus persönlich von Louis Bélanger erhaltene Information.

dass die Gefahr von Hautschäden vermieden wurde und die Metallplatte folglich nicht übermäßig heiß sein konnte.
Wie Marco Corvaglia hervorhebt, ist diesen Tests ein ausgeprägt subjektives Element eigen, da es durchaus möglich gewesen wäre, dass die drei Seher, während sie nicht in „Ekstase" waren, so bald wie möglich auf den Schmerz reagierten, und umgekehrt während ihrer angeblichen Ekstasen dem Schmerz so lange wie möglich widerstanden hätten, wobei zu bedenken ist, dass wir hier nicht über extreme Schmerzempfindungen oder eine überlange Zeitdauer sprechen. Er bemerkt auch, dass der Unterschied in der Reaktionszeit für Jakov lediglich bei 0,6 Sekunden lag, was kaum außergewöhnlich ist, während bei Marija, da sie sich damals von einer Art Schlaganfall und der daraus resultierenden Hypoästhesie (einer verminderten Sensibilität für Berührung, Temperatur und Schmerz) erholen musste, ihre Testergebnisse eindeutig unzuverlässig sind.[361]
Im darauf folgenden Jahr, am 14. Januar 1986 gab eine selbsternannte „französisch-italienische naturwissenschaftlich-theologische Kommission", die aus „siebzehn namhaften Naturwissenschaftlern, Ärzten, Psychiatern und Theologen" bestand, nach weiteren Tests an den Sehern eine aus 12 Punkten bestehende Schlussfolgerung heraus, in der unter anderem die folgenden vier Thesen aufgestellt wurden:

> 1. Auf der Grundlage der psychologischen Tests ist es möglich, für jeden der Seher mit Sicherheit Betrug und Täuschung auszuschließen. 2. Auf der Grundlage der medizinischen Untersuchungen, Tests, klinischen Beobachtungen etc. ist es möglich, für jeden der Seher pathologische Halluzinationen auszuschließen. 3. Auf der Grundlage der Ergebnisse früherer Forschungen ist es möglich, für jeden der Seher ein rein natürliche Interpretation dieser Manifestationen auszuschließen. 4. Auf der Grundlage der Informationen und Beobachtungen, die dokumentiert werden können, ist es möglich, für jeden der Seher auszuschließen,

---

361 Siehe http://www.marcocorvaglia.com/medjugorje-en/medjugorje-science-demonstrates-nothing-part-2.html; http://nuke.associazionereginadellapace.org/.

> dass diese Manifestationen unnatürlicher Art waren, d. h. unter dämonischen Einfluss zustande kamen.[362]

Wir sind damit einverstanden, dass die Wissenschaftler bezüglich des zweiten Punktes kompetent waren, nämlich bezüglich „pathologischer Halluzinationen"; allerdings ist es offensichtlich, dass sie ihre Kompetenz mit Feststellungen wie dem Ausschluss von Betrug und Täuschung oder dämonischen Einfluss weit überschritten. Solche naturwissenschaftlichen Untersuchungen können ihrem Wesen nach letzteren nicht kategorisch ausschließen, und Betrug und Täuschung stellen immer eine Möglichkeit dar, die berücksichtigt werden muss.

Abgesehen von der Tatsache, dass die Seher von Medjugorje, laut einem 1989 publizierten Interview mit Dr. Philippe Loron, während ihres trancehaften Zustandes irgendwie von der realen Welt „losgelöst" waren, bestand eine sehr enge Synchronisation zwischen den Augenbewegungen der Seher, während sie ihre angeblichen Visionen „sahen". Sie spielten sich ab dem Beginn und beim Ende der Ekstase innerhalb einer fünftel Sekunde ab.[363]

Oberflächlich betrachtet, sieht dies wie ein starker Beweis für die Echtheit der Erfahrungen der Seher aus. Wir müssen aber das oben über die Reaktionszeit Gesagte bedenken; sie liegt bei visuellen Reizen bei etwa 0,19 Sekunden. Daraus wird deutlich, dass diese Zahl von einem Fünftel einer Sekunde für die Augenbewegung (0,2 Sekunden) genau dem entspricht, was wir bei einer normalen Reaktionszeit erwarten würden.

Die Medjugorje-Kommission von 1987

Im Januar 1987 wurde die Bildung einer neuen Kommission, die Medjugorje studieren sollte, von Kardinal Franjo Kuharic und Bischof Žanić gemeinsam angekündigt. Sie setzte sich aus Theologen und medizinischen Experten zusammen, die zwischen Ap-

---

362 See: http://www.medjugorje.org/science3.htm.

363 Interview im Medjugorje Messenger, zitiert in Nolan, *Medjugorje: A Time for Truth,* S. 139-140.

ril 1987 und September 1990 dreiundzwanzig mal in Zagreb zusammentrafen. Im Anschluss an ihre Arbeit gab die Jugoslawische Bischofskonferenz im April 1991 die Erklärung von Zadar heraus. Diese stellte fest: „Auf der Basis dieser Untersuchungen kann bis jetzt nicht bestätigt werden, dass es sich hier um übernatürliche Erscheinungen und Offenbarungen handelt." Dies war also im Kern ein Urteil des *non constat de supernaturalitate*, d. h., dass die Übernatürlichkeit der angeblichen Visionen nicht bewiesen werden konnte. Neunzehn von zwanzig Bischöfen in der Kommission stimmten für die Erklärung, bei nur einer Stimmenthaltung.[364]

Die Kommission hatte einen medizinischen Unterausschuss aus sechs Spezialisten eingerichtet, der den psychologischen Status der Seher untersuchen sollte; seine Arbeit bestand in der Sichtung der verfügbaren medizinischen Dokumentation und in der Untersuchung der sechs Seher im Lichte der *Normae S. Congregationis*. Dies ist das Dokument der Glaubenskongregation von 1978, welches sich mit der Vorgehensweise bei der Beurteilung angeblicher Erscheinungen und Privatoffenbarungen beschäftigt. In einem späteren Kapitel werden wir dieses Dokument ausführlicher betrachten. Dem Unterausschuss gehörten drei Neuropsychiater, ein Psychiater und ein Psychologe an. Er kam zu dem Ergebnis, dass die Seher „psychisch ausgeglichen" seien und dass sie keinerlei Anzeichen für Geisteskrankheit oder „psycho-pathologische Neigungen" aufwiesen. Die Ärzte kamen auch zu dem Schluss, dass keine Hinweise auf Massenhysterie oder Psychose oder andere Phänomene dieser Art vorlägen.[365]

Die Ergebnisse der verschiedenen medizinischen Untersuchungen, die vor der Veröffentlichung der negativen Entscheidung der früheren diözesanen Untersuchungskommission im Jahr 1986 durchgeführt worden waren, waren von jenem Gremium nicht als

---

364 Corvaglia, *Medjugorje. È tutto falso*, S. 171–172.

365 Klanac, *Medjugorje, Réponses aux objections,* S. 150–51.

gültig betrachtet worden,[366] und trotz der Tatsache, dass der oben erwähnte medizinische Unterausschuss, wie wir gesehen haben, den Sehern effektiv eine gute mentale Gesundheit bescheinigte, kam die Kommission selbst zu einem bestenfalls „neutralen“ Ergebnis. Sie sah also eindeutig keine der Tausenden angeblicher Visionen, die bis 1991 behauptet wurden, als bewiesen an. Letztlich läuft es für den Betrachter also darauf hinaus, entweder zu glauben, dass die Seher zwischen 1981 und 1991 wirklich Tausende von Malen die Gottesmutter sahen, dass sie vom Teufel betrogen wurden oder dass sie nicht die Wahrheit sagten. Dies scheinen die einander entgegengesetzten Alternativen zu sein.

Weitere Tests in Italien im Jahr 1998

Weitere medizinische Tests wurden auf Betreiben von Pater Ivan Landeka, dem damaligen Pfarrer von Medjugorje, an drei der Seher (Marija, Ivan und Vicka), vom 22. bis 23. April 1998 in einem christlichen Begegnungshaus in Capiago Intimiano bei Como in Italien vorgenommen. Die Tests wurden von einer von Dr. Giorgio Gagliardi und Prof. Dr. Dr. Pater Andreas Resch geleiteten Arbeitsgruppe durchgeführt, und ihre Ergebnisse wurden im Jahr 2000 in Buchform publiziert. René Laurentin schreibt jedoch dazu:

> Vicka war nur zu einigen allgemeinen Tests da, weil Unsere Liebe Frau sie am 20. April gebeten hatte, zu akzeptieren, dass ihr die täglichen Erscheinungen bis zum 4. Juni nicht mehr zuteil würden. Vicka, die Unserer Lieben Frau keine Bitte ausschlagen konnte, nahm dies an. Es war für sie schwierig, aber dennoch blieb sie in völliger Freude.[367]

Mit anderen Worten, Vicka unterzog sich in diesem Zeitraum keinen speziellen Tests zur Bestimmung ihres Zustandes während ihrer angeblichen Ekstasen.

---

366 http://www.marcocorvaglia.com/medjugorje-en/medjugorje-science-demonstrates-nothing-part-2.html.

367 http://www.marcocorvaglia.com/medjugorje-en/medjugorje-science-demonstrates-nothing-part-1.html; Laurentin, *Medjugorje Testament*, S. 59.

Aufgrund von Vickas Einstellung konnte die Forschergruppe nur Ivan und Marija studieren, und am 22. April schlug Dr. Gagliardi vor, dass sie während ihrer Ekstasen getrennt und in unterschiedlichen Räumen untersucht werden sollten; doch als die Zeit der erwarteten Vision um 18:30 Uhr herannahte, wurde diese Idee dadurch vereitelt, dass Ivan darauf beharrte, bei Marija bleiben zu dürfen.

Wie Marco Corvaglia hervorhebt, muss diese Weigerung im Zusammenhang damit verstanden werden, dass Ivan das halbe Jahr in den Vereinigten Staaten verbrachte, wo er tägliche Visionen behauptete, und Marija ihre eigenen angeblichen Visionen in ihrem Haus in Monza in Italien erlebte. Folglich gab es keinen guten Grund für sie, die absolut einsichtige Bitte von Dr. Gagliardi auszuschlagen und damit Verdächtigungen auszulösen, warum sie so sehr darauf beharrten, beisammen bleiben zu können. In diesem Falle erfolgten die von den Sehern erlebten „Ekstasen" simultan; sie kamen während der Rezitation des *Vaterunsers* zustande.

Am nächsten Tag bat Dr. Gagliardi jedoch abermals darum, dass die Seher separat getestet würden, so dass sie einander nicht sehen oder hören könnten und auch keine Uhr im Blickfeld hätten. Diesmal stimmten die Seher zu, und das Ergebnis war eine Zeitdifferenz von fast 5 Minuten zwischen dem Beginn der Ekstasen von Ivan und Marija, obwohl sie eigentlich synchronisiert sein sollten.[368]

Marija unterzog sich am selben Tag ebenfalls Tests mit dem Ziel, herauszufinden, ob ihr physiologischer Zustand während einer Ekstase verändert wurde, was auf einen veränderten Bewusstseinszustand hindeuten könnte. Bei einem bestimmten Test sollte der Augenfacharzt Mario Cigada den Lichtreflex der Pupille und den Blinzelreflex Marijas messen und auswerten. Bei dem ersten

---

368 http://www.marcocorvaglia.com/medjugorje-en/medjugorje-science-demonstrates-nothing-part-1.html; vgl. Andreas Resch/Giorgio Gagliardi, *I Veggenti di Medjugorje. Ricerca Psicofisiologica*, Innsbruck: Resch Verlag, 2000, S. 19, 45, 47, 96.

der beiden ging es darum, herauszufinden, ob ihre Pupillen sich zusammenzogen, wenn ein Lichtstrahl von einer kleinen Taschenlampe auf sie gerichtet wurde, und beim zweiten wurde beurteilt, ob Marija blinzelte oder nicht, wenn die Hornhaut ihres Auges mit einem Stück Baumwolle berührt wurde. Im Video dieses Experiments ist deutlich sichtbar, dass Marija während ihrer angeblichen Ekstase nicht nur ihre normale Blinzelfrequenz beibehielt, sondern auch die Lichtreflexe der Pupille und die Blinzelreflexe von jemandem zeigte, der keinerlei Anzeichen für einen veränderten Bewusstseinszustand aufwies.[369]
Hervorzuheben ist, dass Dr. Giorgio Gagliardi gegenüber der Interpretation des Phänomens Medjugorje eine sehr vorsichtige Haltung eingenommen hat. Von 1985 bis 2002 war er als Stellvertretender Direktor des Zentrums für das Studium und die Erforschung der Psychophysiologie der Bewusstseinszustände in Mailand tätig, und somit ist er einer der wenigen an der Erforschung der Seher von Medjugorje beteiligten Fachleute, die tatsächlich über eigene Erfahrungen in den relevanten Disziplinen verfügte.[370]

Weitere Forschungen an Mirjana, Vicka und Ivanka

Weitere Forschungen wurden vom 23. bis 24. Juli 1998 in Medjugorje durchgeführt, diesmal an Mirjana, Vicka und Ivanka. Auch eine so genannte „psychodiagnostische“ Untersuchung bei Jakov fand damals statt, und am 11. Dezember 1998 wurde eine psycho-physiologische Untersuchung bei Marija in Italien durchgeführt. An dieser Arbeit war eine Arbeitsgruppe von Wissenschaft-

---

369 http://www.marcocorvaglia.com/medjugorje-en/medjugorje-science-demonstrates-nothing-part-2.html; www.youtube.com/watch?v=BL93mg7Q_7o; Resch/Gagliardi, *I Veggenti di Medjugorje*, S. 163.
370 Vgl. http://www.marcocorvaglia.com/medjugorje-en/received-from-dr-giorgio-gagliardi-scientific-coordinator-of-the-third-research-committee-on-medjugorje-1.html.

lern beteiligt, die eine ganze Bandbreite von Tests durchführten und zu dem Ergebnis kamen, dass die „Ergebnisse der durchgeführten Untersuchung beweisen, dass die ekstatische Phänomenologie mit derjenigen von 1985 verglichen werden kann, aber eine etwas geringere Intensität aufwies." Sie sagten weiter, dass sie nicht glaubten, dass es sich bei den Visionen um Zustände „hypnotischer Trance" handelte, scheinen sich aber auch nicht speziell auf die Möglichkeit konzentriert zu haben, dass die Seher in selbst herbeigeführte Trancezustände eingetreten sein könnten. Die von der Forschergruppe herausgegebene Erklärung erwähnt den „Valsecchi-Test zur Detektion von Wahrheit und Lüge", so dass sie diesmal eindeutig hierzu getestet wurden. Allerdings gibt es keinen Konsens darüber, dass solche Tests genau oder wissenschaftlich sind. Sie sind subjektiv und von Veränderungen in emotionalen Reaktionen abhängig; es ist durchaus möglich, dass jemand, der die Wahrheit sagt, fälschlicherweise des Lügens beschuldigt wird, und umgekehrt, dass ein bewusster Lügner eine Detektion vermeidet. Aus den eben genannten Gründen sind Lügendetektoren als Beweismittel bei Gerichten in den Vereinigten Staaten und in einer ganzen Reihe weiterer Länder, darunter auch in Deutschland, unzulässig.[371]

In jüngerer Zeit wurden offenbar noch Tests an Ivan und Marija am 25. Juni 2005 (dem „Jubiläumstag" von Medjugorje) von Dr. Philippe Loron durchgeführt. Allerdings ist nie ein Bericht über diese Tests veröffentlicht worden, und die einzige über sie verfügbare Dokumentation besteht aus Äußerungen von Dr. Loron gegenüber der kroatischen Tageszeitung *Slobodna Dalmacija* vom 27. Juni 2005. Er äußerte sich nicht über die Zusammensetzung der Untersuchungsgruppe und beschrieb nicht genau, welche Tests durchgeführt wurden, noch lieferte er quantitative und so-

---

[371] Laurentin, *Medjugorje Testament*, S. 220-224; siehe auch die Information in: http://antipolygraph.org/ und „Polygraph", in: Microsoft ® Encarta ® Encyclopedia 2004.

mit genaue und nachprüfbare Ergebnisse. Daher sind diese aus jedem Blickwinkel mangelhaft.[372]
Marco Corvaglia hebt auch hervor, dass keines der Ergebnisse einer dieser medizinischen Arbeitsgruppen je in einer anerkannten, referierten wissenschaftlichen Zeitschrift veröffentlicht wurde. Erst wenn dies geschehen und die Ergebnisberichte als solche anerkannt würden, könnten diese Studien wirklich als „wissenschaftlich" betrachtet werden.

Die unkooperativen Seher

An dieser Stelle ist es angebracht, einige der obigen Feststellungen zusammenzufassen und weitere Informationen einzubeziehen, um zu zeigen, wie die Seher manchmal sehr unkooperativ waren und den Forschern unnötige Probleme bereiteten, oder die Tests vollständig mieden, indem sie einfach aus verschiedenen Gründen von ihnen fernblieben. Hier möchten wir die relevanten Informationen auf der Netzpräsenz von Marco Corvaglia zusammenfassen.[373]
Während des ersten Besuches von Professor Joyeux in Medjugorje im Jahr 1984 weigerten sich am 9. Juni drei der Seher (Jakov, Ivanka und Marija), sich den Tests zu unterziehen, obwohl die Ärzte die lange Reise aus Frankreich eigens zu diesem Zweck unternommen hatten. Doch anstatt dies kritisch zu bewerten, merkte Abbé Laurentin lediglich an, dass die „Weigerung von jener Solidarität gekennzeichnet war, die unter der Gruppe so bemerkenswert ist." Die Ärzte erwiderten den Sehern gegenüber, dass ihre Weigerung den Anschein erweckte, dass sie „Angst vor dem Ergebnis" hätten. Jakov wiederum willigte ein, die „Gospa" um ihre Erlaubnis zu bitten, die ihm während der Vision an jenem Abend erteilt wurde.

---

372 http://www.marcocorvaglia.com/medjugorje-en/medjugorje-science-demonstrates-nothing-part-1.html.
373 http://www.marcocorvaglia.com/medjugorje-en/fleeing-Seher.html.

Gewiss hätten die Wissenschaftler jedoch spätestens bis jetzt erkennen müssen, dass sie manipuliert wurden. Sie hätten ihre Sachen packen und abreisen müssen, anstatt die Farce mitzumachen, das angeblich von einem der Seher Gehörte zu akzeptieren. Der ganze Sinn und Zweck einer solchen wissenschaftlichen Bewertung ist ja, dass sie die Behauptungen der Seher *kritisch* prüfen, nicht etwa Teil einer angeblichen Antwort der „Gospa" werden sollten. Das war der fatale Fehler in ihrer Herangehensweise: Sie wurden effektiv ein Teil des Experiments.

Am nächsten Tag willigten einige der Seher ein, sich testen zu lassen, doch das bedeutete, dass nur ein Tag tatsächlichen Testens möglich war. Es gab auch noch weitere Probleme während der Sitzungen im Oktober und Dezember und sogar auch während der späteren Testreihen.

Jakov war bei den Sitzungen vom 6. und 7. Oktober nicht anwesend, weil er, wie er sagte, krank gewesen sei, und auch Vicka war am 7. Oktober abwesend, wiederum aufgrund von angeblicher Krankheit. Vicka war bei den Tests am 28. Dezember wieder abwesend, und am nächsten Tag erschienen sowohl Jakov als auch Ivanka zu ihren geplanten Tests nicht.[374]

Gehen wir nun zu den Tests von Dr. Frigerio im März 1985 über. Wie wir sahen, gelang es Vicka, einem bestimmten Test auszuweichen, indem sie behauptete, dass die „Gospa" sich den Apparat angesehen und gesagt habe: „Er ist nicht nötig." Dr. Frigerio kehrte im September des nächsten Jahres nach Medjugorje zurück, doch wiederum behauptete Vicka, dass der „Gospa" zufolge ein solcher Test unnötig sei.[375]

Dr. Giorgio Valli, ein Neurologe aus Mailand, reiste im Januar 1987 nach Medjugorje, um vergleichende Studien an den Sehern während ihrer angeblichen Ekstasen durchzuführen. Außer Marija lehnten sie alle das allerdings ab. René Laurentin kommentiert

---

[374] Laurentin/Joyeux, *Scientific and Medical Studies*, S. 19, 21, 23, 50; vgl. http://www.marcocorvaglia.com/medjugorje-en/fleeing-Seher.html für weitere Beispiele dieses Fliehens vor Untersuchungen.

[375] http://www.marcocorvaglia.com/medjugorje-en/fleeing-Seher.html.

dies wie folgt: „Da es notwendig war, zwei Seher für diese synchrone Studie zu haben, gab Professor Valli, der unter großen Kosten eine umfangreiche Ausrüstung mitgebracht hatte, sein Vorhaben auf."

Ein paar Monate später gab es noch mehr Probleme: „Professor Joyeux, der mit seiner Arbeitsgruppe am 4./5. April zurückkam, stieß auf ähnliche Schwierigkeiten. Er wartete einen ganzen Nachmittag in Vickas Haus, ... [in der Hoffnung], sie während ihrer Erscheinung beobachten und filmen zu können; sie hatte die Erscheinung aber ganz privat." Dies brachte René Laurentin zu der weiteren Anmerkung: „Wir bewundern die Geduld, das geistliche Verständnis und die Seelengröße, mit der mehrere Ärzte das Nein der Seher akzeptiert haben."[376]

Man könnte auch sagen, dass „Leichtgläubigkeit" oder „Naivität" für die Beschreibung ihrer Haltung passendere Worte sind. Dr. Joyeux bewies jedoch bewundernswerte Ausdauer und kehrte im Januar 1988 in der Absicht zurück, vergleichende Studien im Labor durchzuführen und nicht mehr eine weniger zuverlässige tragbare Ausrüstung zu benützen. Dies hätte mit sich gebracht, dass die Seher nach Frankreich hätten reisen müssen. Jakov weigerte sich jedoch, daran teilzunehmen, und obwohl Flugscheine für die anderen gebucht worden waren, kündigte Vicka am Tag vor der Reise an, dass die „Gospa" um eine Pause in ihren Visionen gebeten habe und dass sie ihr einige Zeitlang nicht erscheinen würde, während Marija behauptete, an der Grippe zu leiden. Einmal mehr war es also unmöglich, eine vergleichende Studie durchzuführen, und es musste alles abgeblasen werden.[377]

René Laurentin fasste zusammen, warum es unmöglich geworden war, die Seher davon zu überzeugen, neue Tests durchführen zu

---

376 http://www.marcocorvaglia.com/medjugorje-en/fleeing-Seher.html; René Laurentin, *Latest News of Medjugorje*, Nr. 6, Milford: The Rihele Foundation, 1987, S. 6, 7.

377 René Laurentin, *Dernières Nouvelles de Medjugorje*, Nr. 8, Paris: OEIL, 1989, S. 26, zitiert in: http://www.marcocorvaglia.com/medjugorje-en/fleeing-Seher.html.

lassen und führte dabei die Unwilligkeit einiger, daran teilzunehmen, die Gegnerschaft anderer oder ihre Behauptung, zu beschäftigt zu sein, oder die von ihm so beschriebene „Gleichgültigkeit gewisser anderer" an. Gleichwohl bemühte er sich, dies alles zu bagatellisieren, indem er sagte: „Natürlich sind für die Jungfrau diese wissenschaftlichen Studien geringwertige Dinge."[378]

Die Tests in den 90er Jahren

Zwei Jahre später, im Jahr 1992, war René Laurentin zu dem Eingeständnis gezwungen, dass, wenngleich Dr. Joyeux „seine Anstrengungen vermehrt hatte, mindesten 2 oder 3 Seher zusammenzubringen (da es ja um vergleichende Studien gehen sollte)", waren alle derartigen Bemühungen fehlgeschlagen.[379]
Vier Jahre danach, im Jahr 1996, hatte die Lage sich noch nicht verbessert, was René Laurentin zu der Bemerkung veranlasste, dass Professor Joyeux immer noch mit Gleichgültigkeit, Desinteresse und sogar Opposition auf Seiten der Seher zu kämpfen habe, die an den Tests offenbar uninteressiert waren. Er fährt fort:

> Für sie stellt sich die Situation folgendermaßen dar: Unsere Liebe Frau sagte zu ihnen, als sie sie nach der Zweckmäßigkeit dieser Tests befragten: „Sie sind nicht notwendig." … Der Professor gab aber nicht auf. Er kam am 15. Mai 1995 nach Medjugorje zurück. Aber er hatte eine nutzlose Reise unternommen. Vicka zufolge, ist alles von Unserer Lieben Frau abhängig: „Sie ist diejenige, die entscheidet."[380]

---

378 René Laurentin, *Dernières Nouvelles de Medjugorje*, Nr. 9, Paris: OEIL, 1990), S. 19, 28, zitiert in: http://www.marcocorvaglia.com/medjugorje-en/fleeing-Seher.html.

379 René Laurentin, *Dernières Nouvelles de Medjugorje*, Nr. 11, Paris: OEIL, 1992, S. 56, zitiert in: http://www.marcocorvaglia.com/medjugorje-en/fleeing-Seher.html.

380 René Laurentin, *Dernières Nouvelles de Medjugorje*, Nr. 15, Paris: OEIL, 1996, S. 38, zitiert in: http://www.marcocorvaglia.com/medjugorje-en/fleeing-Seher.html.

Die Situation hatte sich zu der Zeit, als die Tests von 1998 durchgeführt wurden, kaum verbessert: am 22. und 23. April jenes Jahres willigten sowohl Marija als auch Ivan ein, sich testen zu lassen, doch die bei Ivan erzielten Ergebnisse waren wegen seines angespannten Zustandes, der eintrat, sobald er an die Geräte angeschlossen war, größtenteils unbrauchbar. Und Jakov weigerte sich, getestet zu werden.[381] Überdies konnten an Vicka, wie wir sahen, obgleich sie anwesend war, nur allgemeine Tests durchgeführt werden, da sie behauptete, dass sie in jener Zeit keine Visionen hätte, weil die „Gospa" sie zwischen dem 20. April und dem 4. Juni um dieses Opfer gebeten habe.

Wie Marco Corvaglia bemerkt, lag die letzte „Pause" in den Visionen für Vicka über zehn Jahre zurück, und auch jene Pause war mit medizinischen Tests zusammengefallen, damals den von Dr. Joyeux geplanten.[382]

Drei Monate später reisten Dr. Gagliardi und Prof. Pater Dr. Dr. Resch nach Medjugorje, kamen am 23. Juli an und waren zuversichtlich, dass sie, nachdem Vickas „Pause" nun vorbei war, Tests an Jakov und ihr durchführen könnten; wie zuvor, erwies die Reise sich jedoch als weitgehend fruchtlos. Obwohl Mirjana und Ivanka sagten, dass sie bereit seien, an einigen Tests teilzunehmen, war es, da sie keine täglichen Visionen mehr hatten, eindeutig unmöglich sie im Zustand der Ekstase zu studieren. Jakov hingegen war wiederum, abgesehen von einer einfachen psychodiagnostischen Untersuchung, nicht bereit, sich testen zu lassen.

Bei Vicka aber erlebten sie eine Überraschung: Sie behauptete nun, dass sie eine weitere „Pause" in den Visionen haben werde, die auf 5 Tage angelegt sei, und dass diese am 20. Juli begonnen habe. Prof. Dr. Dr. Pater Resch beklagte sich darüber, dass etwas Derartiges jedes Mal geschehen sei, seit sie gekommen seien. Hierauf erwiderte Vicka: „Was Ihren Besuch betrifft, so bat mich Bruder Slavko, ob ich vom 20. Juli bis St. Jakobus [dem Fest des

---

381 Vgl. Resch/Gagliardi, *I Veggenti di Medjugorje*, S. 18, zitiert in: http://www.marcocorvaglia.com/medjugorje-en/fleeing-Seher.html.

382 http://www.marcocorvaglia.com/medjugorje-en/fleeing-Seher.html.

hl. Apostels Jakobus am 25. Juli] zu Hause bleiben könne, aber ich wusste nicht, ob Sie kommen würden.“[383]

Mit anderen Worten, Vickas „Pause“ begann just an jenem Tag, an dem Pater Barbarić sie darüber informiert hatte, dass die Ankunft der wissenschaftlichen Arbeitsgruppe unmittelbar bevorstehen würde. Dies sieht gewiss nach einer sehr angenehmen „Pause“ aus und lässt den Verdacht aufkommen, dass Vicka es vermeiden wollte, sich ausgiebigen Tests zu unterziehen.

Pater Resch versuchte dann, für den September etwas Neues zu vereinbaren, und Vicka willigte ein, am 7. oder 8. September nach Italien zu reisen, doch laut Marco Corvaglia gibt es keinerlei Berichte über irgendwelche Tests, die an jenen Tagen durchgeführt worden wären. Er befragte Pater Resch dazu und erfuhr, dass damals keine Tests stattfanden und dass er stattdessen Vicka in Medjugorje getroffen habe, dass aber während ihrer Begegnung keine Ekstase aufgetreten sei und somit keine Gelegenheit bestanden habe, Tests durchzuführen.[384]

In einigen Büchern über Medjugorje wird der Eindruck vermittelt, dass die Seher bereitwillig bei allem kooperiert hätten, was im Zusammenhang mit den verschiedenartigen Tests von ihnen erwartet worden sei. Wie die obige Litanei aus Ausflüchten und Ausreden aber deutlich macht, war dies ganz bestimmt nicht der Fall. Abgesehen von den sehr frühen Tests, die sich auf die geistige Gesundheit der Seher konzentriert hatten und an denen die meisten von ihnen, wenn nicht alle, teilgenommen hatten, sind die verschiedenen späteren Tests allesamt aus dem einen oder anderen Grunde unbefriedigend. Insbesondere wurden Mirjana, Ivanka und in geringerem Maße auch Jakov, von denen keiner mehr tägliche Visionen behauptet, nur wenigen oder keinen wissenschaftlichen Tests mehr unterzogen, während es von den anderen dreien Vicka gelungen ist, einem guten Teil der Tests aus-

---

383 Resch/Gagliardi, *I Veggenti di Medjugorje*, S. 171, 205, 207, zitiert in: http://www.marcocorvaglia.com/medjugorje-en/fleeing-Seher.html.

384 http://www.marcocorvaglia.com/medjugorje-en/fleeing-Seher.html; Resch/Gagliardi, *I Veggenti di Medjugorje*, S. 207.

zuweichen, in erster Linie, indem sie behauptete, dass die „Gospa“ um „Pausen“ in ihren Visionen gebeten habe. Es war für sie recht angenehm, dass diese Pausen zufällig mit den Zeiten zusammenfielen, in denen die Tests durchgeführt wurden.
Bei alledem war der Chefapologet für die unkooperative und hinderliche Haltung der Seher René Laurentin, und insgesamt lautet die einzig vernünftige Schlussfolgerung, zu der man gelangen kann, dass den übertriebenen Behauptungen, die über diese Tests geäußert wurden, kein Glauben geschenkt werden sollte.
Somit können wir in Bezug auf all jene verschiedenartigen Tests, denen die Seher von Medjugorje unterzogen wurden, sagen, dass keiner von ihnen kategorisch beweist, dass ihre Erfahrungen übernatürlich sind, denn dies lässt sich ohnehin in keinem Falle naturwissenschaftlich verifizieren. Ebenso wenig vermochten sie festzustellen, ob die Seher logen oder nicht. Der andere entscheidende Punkt an diesen Tests ist, dass, da keiner von ihnen – abgesehen von jenen, die vom oben erwähnten medizinischen Unterausschuss der Jugoslawischen Bischofskonferenz durchgeführt wurden – von der zuständigen geistlichen Autorität in Auftrag gegeben wurde, sie streng genommen auch keine Relevanz für die korrekte Beurteilung dessen, was in Medjugorje geschehen ist, haben. Nur die Kirche besitzt die göttliche Autorität und Kompetenz in Bezug auf solche Urteile.
Wie wir sahen, liegen also klare Belege vor, die nahe legen, dass die Visionen in Medjugorje in ihrem Anfangsstadium teuflisch inspiriert waren. Mit der Zeit lassen sich dort jedoch deutlich weniger Aktivitäten dieser Art feststellen. Die späteren Ekstasen in Medjugorje scheinen ein stärkeres menschliches Element gehabt zu haben, und die Schlussfolgerung, dass sie überwiegend aus selbst herbeigeführten „Trancezuständen“ bestanden, ist sehr wahrscheinlich. Dabei setzt man natürlich voraus, dass der Gebrauch von Worten wie „Ekstase“ oder „Trance“ gerechtfertigt werden kann, wobei die EEG-Tests in Wirklichkeit darauf hinzudeuten scheinen, dass nichts besonders Außergewöhnliches während der angeblichen Erfahrungen der Seher geschah. Umgekehrt, wenn Einzelpersonen Visionen zu sehen behaupten, dann

eröffnet dies, wie im Falle solcher Menschen, die nach Zeichen und Wundern verlangen, schon in sich die Möglichkeit, wenn nicht gar die Sicherheit eines teuflischen Eingreifens. Folglich könnten auch späteren Aktivitäten der Seher von Medjugorje während ihrer Trancen durchaus unbewusst teuflischen Einflüssen unterlegen haben.

14. Medjugorje als Kultreligion

Die Seher als Kultpersonen

Mart Bax, an den der Leser sich erinnern wird, verbrachte mehr als ein Jahrzehnt mit der Erforschung Medjugorjes. Dazu gehörte, dass er dort jedes Jahr mehrere Wochen zubrachte. Er beschreibt, wie die Seher, als die Pilgerzahl während der 1980er Jahre anstieg, einen „Dienst" stetig zunehmenden Ausmaßes wahrnehmen mussten:[385]

> Fast jeden Tag beteten die Seher, heilten Menschen durch die Berührung mit ihren Händen und gaben besondere Botschaften von der *Gospa* an Personen weiter, die darum gebeten hatten. Sie mussten auch viel Zeit dem „Segnen" von Kreuzen, Rosenkränzen, Wasser aus dem Brunnen bei der Kirche und Erde und Steinen vom Erscheinungshügel widmen. Mittels dieser Gegenstände wollte eine stetig wachsende Pilgerschar an den „himmlischen Kräften" teilhaben, von denen sie sich einbildeten, dass sie durch die Seher auf die Erde herabfließen würden.

Wenn wir uns ansehen, was Bax in seiner Darstellung weiter zu sagen hat, dann wird deutlich, dass er unter dem von ihm in Anführungszeichen gesetzen Wort „Segnen" nicht die Segnung eines religiösen Gegenstandes mit dem Kreuzzeichen versteht, wie dies ein Priester vollzieht. Tatsächlich bringt er klar zum Ausdruck, dass Gegenstände, die von Pilgern zu einem Treffen mit einem der Seher mitgebracht und auf einen Tisch gelegt wurden, „während der Erscheinung der Jungfrau Maria gesegnet werden sollten". Folglich wurde die Behauptung aufgestellt, dass die „Gospa" irgendwie, auf unsichtbare Weise, diese Gegenstände „segnen" würde.

Woher die Vorstellung, dass die Seher religiöse Gegenstände „segnen" könnten, für Bax kommt, geht aus seinem nächsten Satz hervor: „Andere halten ähnliche Gegenstände in ihren Händen und warten darauf, dass [die Seherin] ihre ‚Runde' macht und die ‚Kraft' auf die Statue, die Flasche oder den Stein überträgt."

---

385 Bax, *Medjugorje: Religion, Politics, and Violence,* S. 31.

Er schreibt nicht, ob dies bedeutet, dass ein Seher den Gegenstand berührt oder ihn bloß mittels seiner Gegenwart „segnet", nämlich durch eine Art nicht fühlbare „Kraftübertragung". Auf jeden Fall ist ein von einem Priester gespendeter Segen hier nicht gemeint.[386]

Das Alltagsleben der Seher

Bax beschrieb diese Begegnung in einem Bericht über einen typischen Tag im Leben eines der Seher in den 1980er Jahren, nachdem die Pilgerfahrten nach Medjugorje wesentlich zugenommen hatten. Es scheint, als würde er die Aktivitäten Vickas beschreiben, doch hätten auch die anderen Seher damals vermutlich ein ähnliches Tagesprogramm gehabt. Der Tag begann um 8 Uhr am Morgen, wo eine Pilgergruppe in das Haus der Seherin eingeladen würde, wo sie, in einen großen Raum eingetreten, ihre religiösen Andachtsgegenstände ablegten. Dann kam die Seherin herein und begrüßte die Pilger, bevor sie beschrieb, wie die Visionen ihr Leben verändert hätten, während die im Zimmer verstreuten Mitglieder einer örtlichen Gebetsgruppe ihre Worte simultan übersetzten.

Dann wurden die Kranken und Menschen mit besonderen Bedürfnissen eingeladen, nach vorne zu kommen und mit der Seherin zu beten; sie kniete dann hin und begann die „Gospa" zu sehen, während sie auf die weiße Wand vor ihr blickte. Nach etwa fünf Minuten war klar, dass die Vision vorbei war, und die Seherin legte „ihre Hände einem der vorne stehenden Gläubigen auf, um die ‚besondere Gnade' der Gottesmutter zu vermitteln". Bevor sie wieder ging, legte sie ihre Hände Reihe für Reihe den Anwesenden auf, „segnete ihre Gegenstände und sang", verließ den Raum und erhielt dabei Geld von manchen Pilgern.

Wiederum scheint es so, dass Bax mit der Verwendung des Ausdrucks „segnete ihre Gegenstände" die oben erwähnte Form der

[386] Ebd., S. 32.

„Segnung“ meinte, nämlich eine „Kraftübertragung“. Wie wir aber sehen werden, erfüllt der Tatbestand, dass sie „von manchen Pilgern Geld empfing“, eines der Negativkriterien, die in den *Normae S. Congregationis*, den Richtlinien der Glaubenskongregation zur Beurteilung von Erscheinungen und Privatoffenbarungen, genannt werden, nämlich ein „offensichtliches Bedachtsein auf Geld“.

Inzwischen war es fast 10 Uhr, und die nächste Pilgergruppe geduldete sich, bis sie an die Reihe kam; der gleiche Vorgang wiederholte sich bis etwa um die Mittagszeit. Am Spätnachmittag fand eine weitere Versammlung an der Erscheinungsstelle, dem Podbrdo, statt, und ihr wohnten gewöhnlich große Pilgerscharen bei. Am Abend mussten die Seher, wenn sie nicht mit dem Kirchgang an der Reihe waren, eine umfangreiche Briefkorrespondenz bewältigen.[387]

Bezüglich solcher Aktivitäten wie diesen „Segnungen“ scheint es so gewesen zu sein, dass im Gefolge der Visionen von Medjugorje einige merkwürdige und sogar abergläubische Praktiken populär wurden. Die Seher wurden zu einer Art „Volksärzten“ oder „Volkspriestern“ dieser neuen Form der Religion, zu deren himmlischen Kräften man durch die Berührung mit ihnen oder durch ihre Handauflegung Zugang bekam. Die Folge war, nach den Worten von Bax, die Erzeugung eines „hybriden“ Kultus, „einer Mischung aus ‚magischen‘ und Elementen von christlichen Ritualen“[388].

E. Michael Jones beschreibt sein eigenes Erlebnis einer Begegnung mit Ivan Dragičević in Medjugorje im Mai 1988. Der Seher war am Mittag mit einer internationalen Pilgergruppe zusammen, stand am Straßenrand in Bijakovići, rund 90 Meter von seinem Haus entfernt. Er sprach mit ihnen, die Übersetzung wurde von zwei Reiseleitern übernommen. Jones beschreibt ihn als „ein biss-

---

387 Ebd., S. 32-33. Videomaterial, auf dem gezeigt wird, wie Vicka Pilgern die Hände auflegt, kann hier eingesehen werden: www.youtube.com/watch?v=kwvHzE_aeck.

388 Bax, *Medjugorje: Religion, Politics, and Violence,* S. 39.

chen schwitzend und ein bisschen gelangweilt" aussehend. Auf die Frage, ob er die Gottesmutter unlängst gesehen habe oder nicht, antwortete einer der Reiseleiter: „Jeden Tag um zwanzig vor Sieben sieht er Unsere Liebe Frau … auf der Chorempore." Die Konversation kam dann auf das Gebet zu sprechen, und Ivan erzählte vor der Menge, dass Unsere Liebe Frau wolle, dass man zehn Minuten für das Beten des Vaterunsers benötige, und er informierte sie außerdem darüber, dass er persönlich „zwei bis zweieinhalb Stunden" benötige, um einen vollständigen Rosenkranz zu beten. Die Pilger waren darüber entsprechend beeindruckt, doch wie Jones bemerkt, wäre es schwer vorstellbar, dass jemand wie Schwester Lucia von Fatima in ähnlicher Weise gehandelt und an der Straßenseite über sich selbst gesprochen hätte.[389] Und tatsächlich geht aus ihren Erinnerungen offensichtlich hervor, dass die Seherkinder von Fatima alles taten, was sie konnten, um ein Ausposaunen der Details ihrer Erfahrungen vor Neugierigen und Schaulustigen zu vermeiden.

Teuflischer Einfluss in Medjugorje?

Eine andere Frage, die gestellt werden muss, lautet: Waren in Medjugorje selbst möglicherweise teuflische Einflüsse am Werk, d. h., gibt es Hinweise für eine „böse Atmosphäre" in der Gegend? Mart Bax verweist auf derartige Belege, insbesondere in der Weise, wie sie von den Frauen von Medjugorje erlebt wurden. Er beschreibt eine Frau aus seinem Bekanntenkreis, die in regelmäßigen Abständen Stimmen hörte und „das Gefühl hat, dass sie langsam aber sicher von der schwarzen Macht … verschlungen wird." Sie behauptete, dass eine ganze Reihe von Frauen im Dorf das gleiche Gefühl hätten, und die Nachforschungen, die Bax selbst anstellte, offenbarten ihm eine Situation, in der viele der einheimischen Frauen es so empfanden, als würden sie zunehmend von „Dämonen und bösen Geistern" terrorisiert.

---

[389] Jones, *Medjugorje: The Untold Story,* S. 1-3.

Diese Gefühle müssen im Kontext des ziemlich primitiven geistlichen Umfeldes verstanden werden, in welchem die Bewohner von Medjugorje, und insbesondere Bijakovići, lebten. Ihnen war seit Generationen beigebracht worden, geistlicherweise an ein „Mittelfeld“ zu denken, ein Reich zwischen dem Guten und dem Bösen. Gewöhnlich befindet sich dieses Mittelfeld in einem „relativen Gleichgewicht“, doch „in aufreibenden Zeiten, während Kriegen oder Fehden, wird es tief gestört.“ Das Erscheinen der „Gospa“ in den frühen 80er Jahren wurde als eine positive Störung dieses Gleichgewichts betrachtet, und einige einheimische Frauen glaubten offenbar, dass dies eine positive geistliche Wirkung auf ihr Leben gehabt habe.[390]

Doch dann, einige Zeit später, ging manches wieder schief, insbesondere nachdem ein junger Knabe ertrunken aufgefunden wurde. Hinter diesem Unfall sah man eine religiöse Dimension, und die Einheimischen begannen sich zu fragen, ob vielleicht die „Gospa am Ende nicht stark genug war, um die bösen Mächte des Mittelfeldes zu besiegen“. Diese Besorgnis wuchs insbesondere, als das Dorf schnell expandierte, um den Pilgerzustrom aufnehmen zu können und andere Unfälle geschahen, so dass „mehr und mehr Frauen in der Pfarrei“ allmählich so dachten, trotz gegenteiliger Beratung durch die Franziskaner. Bis Mai 1989 waren über dreihundert Berichte von „kränkelnden“ Frauen ans Licht gekommen, und es waren „ungefähr genauso viele Bitten um einen Exorzismus“ geäußert worden. Ein derart außergewöhnliches Verlangen nach Exorzismus ist sicher in jeder Hinsicht äußerst bedeutsam in einer Pfarrei mit der Größe von Medjugorje. Hätte dieses aufkommen können, wenn die Gottesmutter wirklich täglich in der Nachbarschaft erschienen wäre?

---

390 Bax, *Medjugorje: Religion, Politics, and Violence*, S. 53-55.

Die Priester jedoch führten dies alles auf Hysterie zurück, ebenso wie die Männer in der Pfarrei, und sie verweigerten solche Bitten um Exorzismus. Allerdings muss man bedenken, dass, obgleich diese Frauen wohl nicht physisch vom Teufel besessen waren und damit eindeutig eines Exorzismus bedurft hätten, es durchaus möglich ist, dass sie an einer Form teuflischer Umsessenheit (Obsession) litten. Pater Adolphe Tanquerey, der berühmte geistliche Schriftsteller, legt dar, dass Obsession sowohl innerlich als auch äußerlich sein kann, in dem Sinne, dass der Teufel auf die Emotionen, die Einbildungskraft und das Gedächtnis sowie auf die äußeren Sinne einwirken kann. Ein deutliches Zeichen für eine wahre Obsession im Gegensatz zu normalen Anfechtungen ist es, wenn diese „plötzlich, heftig und beharrlich" auftreten und „sich dabei nicht natürlich begründen" lassen. Die von diesen geplagten Frauen erwähnten Symptome stimmen mit dieser Beschreibung offenkundig überein.

Jedenfalls veranlasste sie ihr Zustand, sich an einige der *Kalajdzije*, oder „weisen alten Frauen" in der Gegend zu wenden, zu deren Rezepten „am Körper getragene Amulette und Talismane" zählten, Gegenstände, die dazu dienen sollten, die Mächte des Teufels abzuwehren. Selbst das banalste Unglück konnte diesen bösen Wesen zugeschrieben werden. Die Dorffrauen behaupteten, dass sie die Gegenwart eines echten Teufels in einer bestimmten Situation an allgemeinen Gefühlen der Müdigkeit und anderen Symptomen erkennen könnten, die entweder auf einen kleinen Dämon oder auf einen mächtigeren „heftigen Teufel"[391] zurückzuführen seien.

Bax legt eine soziologische Erklärung für diese Symptome vor, die er einer Kombination aus einem niedrigeren gesellschaftlichen

---

[391] Bax, *Medjugorje: Religion, Politics, and Violence*, S. 55-57; Adolphe Tanquerey, *Grundriss der aszetischen und mystischen Theologie.* Ins Deutsche übertragen von P. Johannes Sternaux SJ, Tournai: Desclée & Cie, 1935, S. 1056-1059, Zitat S. 1058.

Status für viele Frauen und den durch die Betreuung all der Pilger bewirkten Belastungen erklärt. Er weist auch auf die sozialen Spannungen hin, die durch „die fast endemischen Konflikte und Fehden zwischen und in Klangruppen ausgelöst wurden, die sehr leicht in gewaltsamer Blutrache endeten." Der letztgenannte Faktor zeigt die völlig unterschiedliche Rolle auf, die in dieser Gesellschaft von Männern gespielt wird; in ihr wurde die Lösung männlicher Spannungen durch Gewaltakte gefördert. Zweifellos liegt in alledem ein Körnchen Wahrheit, doch könnte auch die verbreitete weibliche Erfahrung einer vermehrten Einflussnahme des Bösen auch auf einen möglichen teuflischen Zusammenhang mit dem Ursprung der Visionen in Medjugorje hindeuten.[392]

Rivalitäten zwischen den Dörfern und eigenartige religiöse Zeremonien

Die Dorfbewohner von Medjugorje und Bijakovići unterlagen auch weltlicheren Lastern. Weil der Wallfahrtshandel sich auf Bijakovići konzentrierte, da die Seher dort lebten und es am Fuße des Podbrdo lag, war es nur natürlich, dass die Einheimischen viel Geld aus der Heimsuchung der „Gospa" machten. Dies löste in Medjugorje selbst Verstimmung und Eifersucht aus, wenngleich es nur ein paar Kilometer entfernt auf der anderen Seite des Tales lag und die Stätte der Pfarrkirche war.[393] Die schlechte Atmosphäre zwischen den beiden Ortschaften war sogar für eine wohlwollende Autorin wie Mary Craig offenkundig, die folgende Bemerkung machte: „Die beiden Dörfer … haben einander seit Jahrhunderten über den Talboden finster angeblickt; bis vor kurzem war die Beziehung zwischen ihnen nie gut. Die Kroaten sind ein Balkanvolk, so ungestüm und unfügsam wie ihr Land. Persönliche Fehden und Blutrache liegen ihnen tief im Blut."[394]
Berichte über „Wunderzeichen" auf dem Križevac, der direkt auf dem Gebiet von Medjugorje lag und somit einen geeigneten Riva-

392 Bax, *Medjugorje: Religion, Politics, and Violence,* S. 60-61.
393 Ebd., S. 75-76.
394 Craig, *Spark from Heaven*, S. 20.

len für den Podbrdo darstellte, waren bald in Medjugorje selbst weit verbreitet; die Einwohner von Bijakovići standen dem jedoch eher skeptisch gegenüber. Auf jeden Fall wurde der Križevac bald zu einer eigenständigen Pilgerattraktion, mit allen Konsequenzen, die dies mit sich brachte, so der Pilgerunterbringung, den Läden und Devotionalienhändlern, die allesamt bald am Fuße des Berges entstanden. Bax beschreibt den unruhigen Zustand des ökonomischen „Waffenstillstands" zwischen Medjugorje und Bijakovići, der während der 80er Jahre bestand. Jedem Versuch, in einem der Dörfer die Preise zu senken, wurde schnell im anderen zuwidergehandelt.[395]
Um die Klanfehden zu überwinden, von denen das Leben in der Umgebung immer noch geprägt war, wurde beschlossen, angeblich auf Veranlassung der „Gospa" hin, dass die alten heiligen Orte, die mit jedem Klan assoziiert waren und die dort vollzogenen Zeremonien – die *Slavas*, eine Kombination aus Ahnenverehrung und der Eucharistie – wiederhergestellt werden. Diese Praxis konzentrierte sich auf den Friedhof in Gomila, einem Weiler, der zu Bijakovići gehört, und es scheint, dass während der späten 80er Jahre solche Zeremonien fast jeden Sonntag abgehalten wurden. Offenbar hatten die Botschaften der „Gospa" und insbesondere die große Zahl der Pilger die Einheimischen dazu ermutigt, sich anständiger zu benehmen, und tatsächlich sieht es so aus, dass es von der Mitte der 80er Jahre bis zum Beginn des Jugoslawienkrieges keine Rachemorde mehr gab und dass die Kriminalitätsrate als ganze wesentlich sank.[396]

Merkwürdige Lichter und Zeichen

Angebliche Zeichen und Wunder in der Gegend von Medjugorje sind in den Büchern, die für die Visionen eintreten, weithin publik gemacht worden; so gab es beispielsweise viele Berichte über

---

[395] Bax, *Medjugorje: Religion, Politics, and Violence,* S. 76-77.

[396] Bax, *Medjugorje: Religion, Politics, and Violence*, S. 96-97, 98-99, 100, Fußnote 12, 106. Vgl. Claverie, *Les guerres de la Vierge*, S. 119, 136.

Lichter auf dem Hügel Crnica, die als übernatürlich angenommen wurden. Doch den Nachforschungen von Pater Sivrić zufolge handelte es sich dabei lediglich um Feuer, die am Hang des Hügels angezündet wurden, manche von Hirten zur Vorbeugung gegen Wölfe, und andere von jungen Leuten, die Schabernack trieben. Er stieß auch auf einen Bericht von jemandem, der auf dem Podbrdo Benzin verbrannte.
Ein anderes gewöhnliches Zeichen, dem man eine himmlische Bedeutung beimaß, betrifft das riesige Kreuz auf dem Križevac, welches einige Zeugen in Licht gehüllt oder die Form einer Frau oder gar der „Gospa“ annehmend gesehen haben wollen. Allerdings stellt sich heraus, dass solche Phänomene bereits seit vielen Jahren beobachtet werden können und auf eine Kombination aus dem Wetter und den atmosphärischen Bedingungen zurückzuführen sind. Pater Sivrić zufolge, der seine eigenen Nachforschungen anstellte, hängt dieser Effekt mit dem Regen zusammen und ist ganz einfach nachzuprüfen. Ganz ähnlich berichtet Mark Waterinckx, dass er während seiner Aufenthalte in Medjugorje einige Male gesehen habe, dass das Kreuz auf dem Križevac zu verschwinden schien, als die Sonne um etwa 10 Uhr am Vormittag aus einem bestimmten Winkel schien.
Dies alles deutet darauf hin, dass diese Wahrnehmungen nicht übernatürlich waren, sondern es sich dabei höchstwahrscheinlich um optische Phänomene oder Täuschungen handelte, welche Augenzeugen dennoch als übernatürlich interpretierten.[397]

Sonnenwunder?

Es gab jedoch offenbar vertrauenswürdige Zeugen, die behaupteten, sie hätten in Medjugorje eigenartige Phänomene im Zusammenhang mit der Sonne gesehen, doch kann man entweder eine rationale Erklärung geben oder sie ansonsten auf teuflischen Einfluss zurückführen. So war z. B. Mary Craig im September 1986

---

[397] Sivrić, *The Hidden Side of Medjugorje*, Bd. I, S. 78-79, 82-84. Mark Waterinckx teilte dem Verfasser seine Erlebnisse persönlich mit.

mit einem Fernsehteam der BBC zusammen, das einen Film über die Visionen machte. Nachdem sie etliche Personen interviewt hatten, kehrten sie eines Abends ins Dorf zurück, warteten gegen 18:15 Uhr draußen vor der Kirche, wo zwei der Seher auftreten sollten. Dann beschreibt sie, dass ein

> plötzlicher Lichtblitz und ein aufgeregtes Zittern in der Menschenmenge bewirkten, dass ich mich umdrehte und in Richtung der Sonne blickte. Fast zu meinem Erschrecken beobachtete ich das, was sehr viele als den „Sonnentanz" bezeichnet haben: die Sonne bewegte sich hin und her wie an einer Jojo-Schnur, ihre zentrale weißglühende weiße Scheibe war von sich schnell drehenden Kreisen aus gelbem, grünem und rotem Licht umgeben; für alle Welt sah sie wie ein Feuerrad aus.

Dann hörte sie einen Mitzuschauer sagen, er habe gerade gemerkt, dass er volle zehn Minuten direkt in die Mittelmeersonne geblickt habe und nicht im geringsten geblendet worden sei. Craig war darüber verblüfft und erkannte, dass auch sie für so lange Zeit in die Sonne geblickt hatte, ebenso wie ihr Begleiter. Als sie ihn befragte, erklärte auch er, dass er ebenfalls direkt in die Sonne habe blicken können, ohne dass dies nachteilige Wirkungen nach sich gezogen habe. Interessanterweise meinten sie beide, dass es eine vernünftige Erklärung für das, was sie gesehen hatten, geben müsse, und sie sagte ausdrücklich, dass sie „keinen Sinn für das Numinose habe, nur für das vorübergehend Fremde"[398].

Nehmen wir für den Augenblick einmal an, dass dieses Ereignis tatsächlich höhere Gewalt war – obgleich, wie wir sehen werden, auch eine wissenschaftliche Erklärung möglich sein könnte –, so müssen wir dennoch berücksichtigen, dass dies nicht zwangsläufig bedeutet, dass es übernatürlich war. Es gibt einen echten „Mittelgrund", das Außergewöhnliche, in das der Satan sich unter den richtigen Bedingungen einmischen kann. Angesichts der zweifelhaften Atmosphäre, die Medjugorje umgibt, und insbesondere angesichts des großen Verlangens vieler Pilger, etwas zu sehen, wäre es nicht schwierig gewesen, dass die richtigen Bedingungen

[398] Craig, *Spark from Heaven*, S. 255-256.

entstanden wären, die den Teufel dazu befähigt hätten, ein falsches Wunder zu bewirken.
Und davon abgesehen, ist es offenkundig, dass das, was Pilger wie Craig sahen (und das gleiche ließe sich auch über die anderen angeblichen Sonnenwunder in Medjugorje aussagen), aus jeder denkbaren Perspektive durch das Sonnenwunder von Fatima weit übertroffen wird, sei es die Tatsache, dass das Wunder von Fatima *wirklich* drei Monate im voraus angekündigt worden war oder, dass es über einem riesigen Gebiet zu sehen war oder, dass es Tausende von Bekehrungen und eine vollständige Erneuerung der portugiesischen Gesellschaft zur Folge hatte.

Ein gefährliches Verlangen nach dem Wundersamen

Ein gutes Beispiel für ein mögliches falsches Wunder fand während der anerkannten Erscheinungen der Gottesmutter vor den fünf Kindern in Beauraing in Belgien in den frühen 1930er Jahren statt. Eine ungewöhnlich große Volksmenge von etwa 15.000 Personen versammelte sich am Abend des 8. Dezember 1932, dem Hochfest der Unbefleckten Empfängnis, für die an jenem bestimmten Tag erwartete Erscheinung. Die Atmosphäre war spannungsgeladen, in erster Linie aufgrund der Erwartung, dass ein Wunder gewirkt werden würde, und zwar trotz der Tatsache, dass Unsere Liebe Frau nichts zu den Kindern gesagt hatte, was sie zu dieser Überzeugung ermutigt hätte. Einige der an jenem Abend Anwesenden, die an einem nahegelegenen Eisenbahndamm gestanden hatten, behaupteten, dass sie „auf dem weit gen Osten gelegenen Berg ein weißliches Licht, das eine menschliche Form annahm", gesehen hätten. Und so verbreitete sich ein Gerücht in der Stadt, dass auch andere, abgesehen von den fünf Kindern, ebenfalls etwas gesehen hätten.
Als etwa zehn dieser Personen am nächsten Tag befragt wurden, befanden sie sich in einem ängstlichen und emotional aufgewühlten Zustand, und einige sagten, sie hätten so etwas wie Unsere Liebe Frau von Lourdes gesehen; auch andere Angaben wurden gemacht. Manche „sahen einen blauen Gürtel, andere sahen blaue

Strahlen, die vom Kopf ausströmten, wieder andere sahen einen Feuerball." Es ist schwierig, die genaue Ursache dieser Visionen zu ermitteln, und obgleich eine Form einer Mehrfachhalluzination möglich ist, ist es eher wahrscheinlich, dass sie auf ein dämonisches Einwirken zurückgehen.[399]

Es besteht ein wesentlicher Unterschied zwischen diesen Ereignissen und dem Geschehen beim Sonnenwunder in Fatima. Für den 13. Oktober 1917 war ein Wunder versprochen worden, und eine riesige Volksmenge von 70.000 Menschen hatte sich dort in der Erwartung versammelt, etwas zu sehen, ohne aber zu wissen, was genau geschehen würde. In Beauraing war jedoch kein Versprechen eines Wunders im Vorfeld gegeben worden, und so können wir wohl die eigenartigen Visionen, die von gewissen Menschen in der Volksmenge gesehen wurden, als Ergebnisse einer intensiven Erwartungshaltung erklären.

Dieses Verlangen, etwas zu sehen, ist, wie der hl. Johannes vom Kreuz bemerkt, äußerst gefährlich, da der Teufel durchaus imstande ist, solche Wünsche zu erfüllen. Er schreibt:

> Der Teufel aber freut sich sehr, wenn er sieht, dass eine Seele Offenbarungen annehmen will und ihnen zugeneigt ist; denn so hat er reichlich Gelegenheit und Macht, ihr Täuschungen einzugeben und den Glauben zu schwächen, soviel er nur vermag. Die Seele, die Offenbarungen wünscht, wird … sehr vergröbert, oftmals schwer versucht und ungehörig in ihrem Verhalten.

An anderer Stelle trifft er eine ähnliche Aussage: „Wer demnach jetzt noch Gott befragen oder irgendeine Vision oder Offenbarung wünschen wollte, beginge nicht nur eine Torheit, sondern fügte Gott eine Beleidigung zu, da er die Augen nicht ganz auf Christus richtet, ohne etwas anderes oder Neues zu verlangen."[400]

Der hl. Johannes vom Kreuz (1542–1591) ist einer der größten Schriftsteller zur mystischen Theologie in der Geschichte des

---

399 Sharkey/Debergh, *Our Lady of Beauraing*, S. 74.

400 Johannes vom Kreuz, *Empor den Karmelberg*. Übertragen von Schwester Maria Cordis (Oda Schneider). Sämtliche Werke, Bd. I, Einsiedeln/Freiburg: Johannes Verlag ^{6}2009 (Lectio Spiritualis 7), S. 104, 169.

Katholizismus und wurde im Jahr 1926 zum Kirchenlehrer erklärt.

Die hl. Teresa von Avila, eine andere Kirchenlehrerin und mystische Schriftstellerin, äußerte sich ebenfalls über die Gefahren für jene, die geistliche Gnadenerweise begehren, und schrieb: „Ein solcher wird sicher betrogen oder steht zumindest in großer Gefahr der Täuschung, *denn es wird dem Teufel eine Tür offen gelassen.*" Sie wies auch auf eine andere Gefahr hin: „Wenn Menschen stark nach so etwas verlangen, bewirkt die Phantasie die *Einbildung, dass sie es sehen oder hören*, genauso wenn der Geist sich den ganzen Tag über mit etwas beschäftigt, man nachts davon träumt."[401]

Bezüglich dieser Vorstellung von einem intensiven Verlangen nach „Zeichen und Wundern", welches unter Pilgern in Medjugorje sicherlich vorhanden war, sagt Denis Nolan, dass „es töricht wäre, zu folgern, … dass Erscheinungen und übernatürliche Phänomene bloß deshalb vorkämen, weil dieser Durst existierte."[402]

Doch hier befindet sich Nolan in völligem Irrtum, wie die Lehre des hl. Johannes vom Kreuz deutlich macht – Erscheinungen und andere scheinbar übernatürliche Phänomene *können* ganz eindeutig auftreten, wenn ein hinlängliches Verlangen nach ihnen vorhanden ist.

Teuflische Macht und teuflischer Einfluss

Wir lesen im Buch der Offenbarung von dem Tier, das am Ende der Zeit einen Krieg gegen die Kirche führen wird. Dabei wird es von einem zweiten Tier unterstützt, dessen Aufgabe darin bestehen wird, alle Bewohner der Erde zu veranlassen, seinen Herrn anzubeten. Zu diesem Zweck wirkt es und „vollbringt große Zeichen, dass es sogar Feuer vom Himmel herabfallen lässt auf die

---

401 Hl. Teresa von Avila, *Die innere Burg*, Sechste Wohnung, Kapitel Ix, 13 u. 15, zitiert bei Poulain, *Revelations and Visions*, S. 125. *Hervorhebung* im ersten Zitat *ergänzt*.

402 Nolan, *Medjugorje: A Time for Truth,* S. 182.

Erde vor den Augen der Menschen. Es verführt die Bewohner der Erde durch die Zeichen, die vor dem Tier zu vollbringen ihm gegeben wurde …" (Offb 13,13-14).

Dies veranschaulicht die Weise, wie der Teufel während der „Endzeit" wird eingreifen können, um die Menschheit zu verführen. Es ist also an sich überhaupt nicht unwahrscheinlich, dass er eine solche Gewalt in geringerem Maße auch in unserer Zeit ausüben kann. Dann wird auf Erden eine nahezu weltumfassende Herrschaft des Bösen sein, die dem Satan einen großen Handlungsspielraum geben wird. Wer will aber leugnen, dass das Böse auch in unserer Zeit enorme Ausmaße erreicht hat? Man braucht nur auf die riesige Zahl der Abtreibungen weltweit, auf das Überhandnehmen der Pornographie in den Medien, auf Drogenkonsum, die weitverbreitete Säkularisierung und auf Unterdrückung und Ungerechtigkeit auf der ganzen Erde zu verweisen, die dies verdeutlichen. In Bezug auf Medjugorje kann eine Form teuflischen Einflusses als die wahrscheinlichste Erklärung für viele der angeblichen Sonnenwunder in der Gegend also nicht ausgeschlossen werden.

Wir haben uns bereits einige der Zeichen für teuflischen Einfluss auf das lokale Wetter in der Region angesehen, darunter die Gewitter, die in der Umgebung von Medjugorje getobt hatten, bevor das Kreuz auf dem Križevac errichtet worden war, und auch das große Gewitter, welches das Dorf am Vorabend der ersten Vision im Jahr 1981 heimsuchte. Und wenn dies bei Blitz und Donner der Fall ist, dann gibt es keinen Grund, warum ein solcher Einfluss sich nicht auch auf die allgemeinen atmosphärischen Bedingungen um Medjugorje und somit auch auf die Illusion der „Sonnenwunder" auswirken sollte, da das Sonnenlicht durch die Atmosphäre hindurchscheinen muss, um uns zu erreichen.

Sonnenwunder und goldene Rosenkränze

Es gibt auch den Fall der falschen Visionen in Necedah (Wisconsin), die, wie wir in einem späteren Kapitel sehen werden, stark nach dem Teuflischen riechen. Hier versammelten sich am 7.

Oktober 1950 bis zu 100.000 Menschen, um ein versprochenes Sonnenwunder zu erleben. Eine Person darunter, Eloise Vlasak, behauptete dabei Folgendes zu sehen:

> Ich sah die Volksmenge an, und jeder trug goldene Augenklappen. … [Die Sonne] schien sich sehr schnell im Urzeigersinn zu drehen; sie verwandelte sich in helles Gold, Silber und dann … Grün. Als sie grün wurde, wirkte sie immer noch wie eine leuchtende Scheibe. Es war so, als ob Gott einen riesigen Scheinwerfer hielt und dessen Strahl mit Farbblenden veränderte.

Die meisten Leute, darunter auch Zeitungsreporter, sahen jedoch nichts Ungewöhnliches. Die Tatsache aber, dass manche Leute ein „Sonnenwunder" sahen, deutet darauf hin, dass unter den richtigen Bedingungen teuflische Einflüsse sehr gut möglich sind, wenngleich in diesem Falle auch Halluzination nicht ausgeschlossen werden kann.[403]

Berichte darüber, dass metallene Rosenkränze in Medjugorje ihre Farbe gewechselt und oftmals einen goldenen Farbton angenommen hätten, sind weit verbreitet. Für viele Menschen ist dies zum „Standardwunder" von Medjugorje geworden; man kann jedoch nicht stark genug betonen, dass solche Phänomene genauso gut als etwas Außergewöhnliches erklärt werden können, als eine Folge eines intensiven Verlangens, etwas „Wunderbares" zu erleben. Bestenfalls kann solch ein „Wunder" nur als banal und der Majestät Gottes unwürdig beschrieben werden, und bedauerlicherweise ist es nicht unbekannt, dass solche Dinge in Verbindung mit falschen Sehern geschehen sind.

Ein solches Beispiel betrifft die Seherin von Necedah, Mary Ann Van Hoof, die religiöse Andachtsgegenstände und Rosenkränze „segnete"; ebenso gab es auch Berichte darüber, dass Rosenkränze in Necedah eine goldene Farbe angenommen hätten. Als die Journalistin Marlene Maloney in den späten 80er Jahren Necedah untersuchte, konnte sie einen dieser Rosenkränze sehen und bestätigte, dass die Kette tatsächlich „einen goldenen Farbton ange-

---

403 Maloney, *„Necedah Revisited"*, in: *Fidelity Magazine,* Februar 1989, S. 18.

nommen“ hätte. Sie sagt aber weiter, dass dieser Effekt „sicherlich nicht auf das Werk Gottes zurückging: die Holzperlen hatten ein mattes, widerliches Goldgrün angenommen“. Sie nahm den Rosenkranz zu einem Juwelier mit, der erklärte, dass diese Veränderung auf natürlicher Ebene hätte stattfinden können, wenn der Rosenkranz in eine spezielle Chemikalie eingetaucht und dann erwärmt worden wäre.[404]

Natürliche Erklärungen für das „Wundersame“

Es ist auch wahrscheinlich, dass einige der angeblichen Sonnenwunder in Medjugorje auf natürliche Weise erklärt werden können. Pater Sivrić beschäftigt sich mit der Weise, wie sie angeblich vor Sonnenuntergang am 2. August 1981 ein wenig getanzt habe und hebt hervor, dass natürlich jeder über die Visionen der „Gospa“ sprach, so dass eine erhöhte Erwartung von Zeichen und Wundern in der Luft lag. Er ruft in Erinnerung, dass er in Medjugorje geboren und aufgewachsen ist, und erzählt, dass er sich aus seiner Kindheit daran erinnern könne, wie er während der warmen Sommermonate spektakuläre Sonnenuntergänge gesehen habe, die aufgrund der atmosphärischen Bedingungen den Eindruck vermittelt hätten, dass zwei oder gar drei „Sonnen“ aufeinander gewesen wären. Es hat den Anschein, dass die meisten dieser ungewöhnlichen Zeichen während der ersten Monate der Visionen stattfanden, als die Aufregung auf ihrem Höhepunkt war, in einer psychologisch aufgeladenen Atmosphäre, und die Menschen somit leicht dazu geneigt waren, sie für echt zu halten.[405]
Zusätzlich weist Paolo Apolito auf Forschungen hin, die zur Untersuchung angeblicher Sonnenwunder durchgeführt wurden, die in Medjugorje und an vielen anderen Orten mit Sehern stattgefunden haben sollen. Insbesondere führt er Experimente zweier Forscher, Malanga und Pinotti, an. Sie hatten Filme studiert, die in Medjugorje und an einigen italienischen Orten aufgenommen

---

[404] Ebd., S. 18, 21, 23.
[405] Sivrić, *The Hidden Side of Medjugorje*, Vol. I, S. 79-81.

worden waren. Diese zeigen, wie die Sonne ständig pulsierte, und es gelang ihnen, die erzeugten Effekte zu wiederholen. Ihre Filme schienen u.a. zu zeigen, wie die Sonne sich drehte oder grün wurde. Malanga und Pinotti meinten, dass diese Effekte auf das Aufzeichnen von Sonnenlicht auf Videoband zurückgingen und stellten fest, dass sie nur aufträten, wenn die Kamera mit einer speziellen Aperturblende versehen war. Bei dieser Einstellung

> neigt die Videokamera, wenn zu viel Licht auf ihre elektronischen Schaltungen trifft, dazu, automatisch den elektronischen Blendenverschluss einzustellen, der im automatischen Modus geschlossen bleibt, sich aber im manuellen Modus wieder öffnet, und zu den vom Hersteller vorgenommenen Einstellungen zurückzukehren, welche die Phänomene zyklisch reproduzieren.[406]

Daher ist es durchaus möglich, auf rein natürliche Weise, durch die speziellen Einstellungen einer Videokamera, diese verschiedenen Bewegungen der Sonne und die von ihr ausgehenden Strahlen zu erklären, von denen Tausende von Menschen annahmen, dass sie wahrhaft wunderbaren Ursprungs seien. Außerdem machte Bischof Ratko Perić in einem in der Bistumszeitung *Crkva na Kamenu* („Die Kirche auf dem Felsen") publizierten Interview dazu die folgende interessante Bemerkung:

> Medjugorje war schon im letzten Jahrhundert „phänomenal". Pater Petar Bakula OFM stellte in einem Buch, das er im Jahr 1867 schrieb, fest, dass Menschen sogar damals schon behaupteten, ein sehr starkes und rötliches Licht in und um Medjugorje zu sehen. Das „Lichtphänomen" hat die Menschen 1981 also nicht zum ersten Mal fasziniert, sondern geht bereits auf das 19. Jahrhundert zurück.[407]

---

406 C. Malanga/R. Pinotti, *I fenomeni B.V.M.: Le manifestazioni mariane in una nuova luce,* Mailand: Montadori, 1990, zitiert in: Apolito, *Apparitions of the Madonna at Oliveto Citra*, S. 95-96. Beispiele für Derartiges sind zu finden auf: www.youtube.com/watch?v=YPRxNalkWIM und http://www.youtube.com/watch?v=af0soQ-uWB0. Die Begleitkommentare der Beteiligten machen deutlich, dass sie durch die Bildsucher ihrer Videokameras schauen, während andere Menschen in der Nähe nichts sehen oder gar nicht reagieren.

407 Michael J. Mazza, *The Catholic Church and Medjugorje,* S. 10.

Selbst René Laurentin akzeptiert, dass die Mehrheit dieser Wunder auf natürliche Weise erklärt werden könne:

> Wenn man die Sonne kurz vor ihrem Untergang (blendend und noch nicht rot geworden) beobachtet, hört sie am Ende einer Sekunde [sic!] zu blenden auf. Die Farbe im Zentrum wird matt, „wie eine Hostie", sagen jene, die von diesem Zeichen religiös beeindruckt sind, während die Peripherie leuchtend und strahlend bleibt. Jene Phänomene bedürfen überhaupt keiner übernatürlichen Erklärungen.[408]

Die Folgen des Starrens in die Sonne

Marco Corvaglia beschreibt das Werk von Professor Auguste Meessen von der Fakultät für Physik an der Katholischen Universität Löwen in Belgien, der einen Bericht mit dem Titel „Erscheinungen und Sonnenwunder" verfasste. Hierin schildert er einige Experimente, bei denen er unter besonderen Bedingungen in die Sonne schaute, darunter auch bei der folgenden Begebenheit:

> Im November 2002 blickte ich um etwa 16 Uhr direkt in die Sonne. Die Sonne stand verhältnismäßig niedrig über dem Horizont, und ihre Lichtintensität war abgeschwächt, obwohl der Himmel klar war. Ich konnte direkt in die Sonne blicken und war erstaunt, als ich sah, dass die Sonne sich sofort in eine graue Scheibe verwandelt hatte, umgeben von einem Brillantring. Die graue Scheibe war praktisch einförmig, während der sie umgebende Ring etwas unregelmäßig und grell war, sich aber nicht über die Sonnenscheibe hinaus ausdehnte. Er fiel mit ihrem Rand zusammen.

Er vermutet weiter, dass die Sonne aufgrund einer verringerten Empfindlichkeit seiner Augen wegen des „Bleichens der Pigmente in den farbempfindlichen Zapfen der Fovea centralis" sowie sekundärer Prozesse im Auge grau geworden sei. Er bemerkt, dass es sich dabei um eine automatische Anpassung und einen rein natürlichen Prozess handle.

Professor Meessen untersuchte auch die Erzeugung der verschiedenen Farben, von denen die Berichte einiger Zeugen in Medjugorje sprechen:

---

[408] Laurentin/Lejeune, *Messages and Teachings of Mary at Medjugorje*, S. 69.

> In einem zweiten Experiment, das ich im Dezember 2002 um 15 Uhr durchführte, blickte ich während einer viel längeren Zeit direkt in die Sonne. Nach einigen Minuten sah ich beeindruckende Farben, bis zu zwei- oder dreimal den Durchmesser der Sonne. Sie veränderten sich zwar, es waren aber hauptsächlich rosa, tiefblau, rot und grün. In weiterer Entfernung wurde der Himmel fortschreitend immer leuchtender. Da hörte ich auf, da ich begriff, dass diese Farben aus der Tatsache resultierten, dass die rot-, grün- und blauempfindlichen Pigmente [der Augen] unterschiedlich schnell geblendet und regeneriert werden.

Er folgerte, dass das Gehirn diese Veränderungen analysiere, dass aber während des Vorgangs der sinnvollen Informationsverarbeitung Täuschungen möglich seien.
Und wie Marco Corvaglia anmerkt, ist es an einem Ort wie Medjugorje, wo das Starren in die Sonne eine anerkannte Pilgerfahrtsaktivität ist, unausweichlich, dass, wenn die notwendigen Bedingungen gegeben sind, einige Pilger „etwas" sehen werden, wenn sie in die Sonne starren. Diese werden dann andere Pilger einladen, das gleiche zu tun, mit dem Ergebnis, dass manche auch ein „Sonnenwunder" sehen werden, während andere nichts sehen.[409]
Insgesamt zeigen diese Experimente, dass eine natürliche Erklärung für viele der in Medjugorje berichteten „Sonnenwunder" durchaus möglich ist, wenngleich noch weitere Forschungen in diesem Bereich erforderlich sind. Dass dies aber der Fall ist, wird aus dem Videomaterial deutlich.
Der Dokumentarfilm „Die Seher von Medjugorje, geprüft von der Wissenschaft", der in Medjugorje auf CD verkauft wird, enthält Szenen, die sich auf eines der angeblichen Sonnenwunder beziehen, die in Medjugorje geschahen. Sie zeigen Menschen, die in die Sonne blicken, während angeblich ein „Wunder" geschieht, doch die Kamera fokussiert auf diese Personen und nicht auf die Sonne selbst. Während dieser Szenen reagieren Menschen offensichtlich auf „etwas", wobei eine Frau, den Tränen nahe, ihre

---

409 http://www.marcocorvaglia.com/medjugorje-en/i-saw-it-with-my-own-eyes-then-it-is-false-miracles-of-the-sun-and-more-part-1.html;
der Bericht von Auguste Meessen ist zugänglich über:
http://www.meessen.net/AMeessen/MirSun.pdf.

Hände faltet, und ein junger Knabe tatsächlich weint. Am Ende der Szene sehen wir jedoch schließlich, dass die Sonne, wie von der Kamera aufgenommen – und ohne das „Flackern“, das geschieht, wenn eine Videokamera zur Sonne hin gerichtet wird – völlig normal aussieht. Viele andere Fälle angeblicher Sonnenwunder werden z. B. auf Youtube gezeigt, doch lassen sie sich bei näherer Untersuchung als Effekte erklären, die auf die Beschaffenheit der verwendeten Kameras oder Camcorder zurückzuführen sind.[410]

Die Gefahren des Sonnenblicks in Medjugorje

Das Starren in die Sonne in Medjugorje hat auch seine tragische Seite, nämlich bei solchen Menschen, die ihre Augen aufgrund Ihres Wunsches, etwas Wundersames zu sehen, schwer verletzt haben. E. Michael Jones erzählt von seiner eigenen Begegnung mit zwei Schwestern, die Mitpilger nach Medjugorje waren und von denen eine, als sie hörte, dass ein Freund von ihr gesehen habe, wie die Sonne sich dreht, am nächsten Tag beschloss, in die Mittagssonne zu starren, bis, wie sie berichtete, „ein Schmerz wie ein Pfeil“ ihre Augen traf und „alles orange wurde.“ Das Ergebnis war eine permanente Augenverletzung durch eine Netzhautvernarbung.[411]

Diese gefährliche Seite des Starrens in die Sonne in Medjugorje wird in der betreffenden wissenschaftlichen Literatur klar aufgezeigt. So veröffentlichte zum Beispiel das *British Journal of Ophthal-*

---

410 http://www.marcocorvaglia.com/medjugorje-en/i-saw-it-with-my-own-eyes-then-it-is-false-miracles-of-the-sun-and-more-part-1.html;
www.youtube.com/watch?v=Zr0aQw7XPcg;
„Die Seher von Medjugorje“, 2004, FilmGruppeMünchen,
http://www.filmgruppemuenchen.de/derseher.html; Marco Corvaglia hat eine Internetseite, die zeigt, wie angebliche Sonnenwunder in Medjugorje reproduziert werden können. Vgl. http://www.marcocorvaglia.com/medjugorje-en/i-saw-it-with-my-own-eyes-then-it-is-false-miracles-of-the-sun-and-more-part-2.html.

411 Jones, *Medjugorje: The Untold Story*, S. 25-26.

mology 1988 einen von drei Ärzten geschriebenen Aufsatz mit dem Titel „Solare Retinopathie infolge von religiösen Ritualen". Der Begriff „solare Retinopathie" bezieht sich auf durch die Sonne verursachte Schädigungen der Netzhaut des Auges. Der Aufsatz schilderte vier Fälle solcher Schädigungen, die darauf zurückzuführen waren, dass Pilger während „religiöser Rituale", von denen drei direkt mit Medjugorje zusammenhingen, in die Sonne starrten. In dem Aufsatz heißt es: „Alle vier Patienten erlitten einen irreversiblen Verlust der Sehkraft."
Und dies waren keine isolierten Einzelfälle: ähnliche Fälle werden im *Journal of the Louisiana State Medical Society* und im New England *Journal of Medicine* dargestellt.[412]

Wunderheilungen in Medjugorje?

Was Gerüchte über Wunderheilungen in Medjugorje betrifft, so scheinen auch diese stark übertrieben worden zu sein. Ein Dossier mit über fünfzig angeblichen Heilungen, das von Pater Ljudevit Rupčić erstellt wurde – dem Mitautor von René Laurentin beim zuvor erwähnten Erfolgsbuch über Medjugorje – wurde Dr. Mangiapan, dem Leiter des Medizinischen Büros in Lourdes, vorgelegt, doch kam er zu negativen Schlussfolgerungen. Im Heft der *Association Medicale Internationale de Lourdes* vom April 1984 stellte er fest, dass die Fälle, die ihm vorgelegt worden seien, nur kurz beschrieben seien und keine hinlänglichen, stützenden Beweise verfügbar wären:

412 http://www.marcocorvaglia.com/medjugorje-en/i-saw-it-with-my-own-eyes-then-it-is-false-miracles-of-the-sun-and-more-part-1.html;
British Journal of Ophthalmology, 1988, Bd. 72, S. 931-934,
URL: http://www.ncbi.nlm.nih.gov/pmc/articles/PMC1041624/;
Ralph R. Nix/David J. Apple, „*Solar Retinopathy From Sungazing In Medjugorje*", in: *Journal of the Louisiana State Medical Society,* August 1987, Bd. 139, 8, S. 36-40;
Randy V. Field/Jack Or. Sipperley/Gary Hall/J. Alan Rappazzo, „*Medjugorje Maculopathy*", in: *New England Journal of Medicine,* Bd. 318, 18. Mai 1988, S. 1207.

Sie werden nie … durch eine objektive medizinische Untersuchung bestätigt (…); selten wird die Dauer der Heilung erwähnt, … (ebenso wenig) sind die Behandlung, die Diagnose oder die Gründe für eine Prognose angegeben. Abschließend stellen wir fest, dass, wenn wir den Normen des Büros folgen wollen, dieses ganze Dossier ohne praktischen Wert ist und als solches keine Grundlage für Argumente zugunsten der Erscheinung liefert.[413]

Es gibt den Fall der angeblichen Heilung von Venka Bilic-Brajcic, einer Frau, die an Brustkrebs litt. Nach einer Brustamputation im Jahr 1980 und einer Strahlenbehandlung entwickelte sich Wundschorf auf einer ihrer Brüste. Ihre Schwester forderte sie dringend auf, zur Gospa zu beten, und den Patres Laurentin und Rupčić zufolge begann sie sich besser zu fühlen, kehrte nach Medjugorje zurück, um dankzusagen und reichte im September 1982 auch medizinische Dokumente ein. Leider starb sie jedoch im Juni 1984. Ein noch berühmteres angebliches Wunder betraf Diana Basile aus Mailand, die im Mai 1984 angeblich von Multipler Sklerose und damit verbundener Blindheit auf einem Auge geheilt wurde. Dieses Ereignis wurde sehr bekannt, doch als Bischof Žanić anordnete, dass die medizinischen Aufzeichnungen über den Fall an das Medizinische Büro in Lourdes gesandt würden, antwortete Dr. Mangiapan, dass es, weil Multiple Sklerose spontan abklingen könne, sehr schwierig sei, nachzuprüfen, ob wirklich eine Heilung stattgefunden habe.[414]

Interessanterweise beschreibt Pater Rupčić in den 1980er Jahren den Fall von Diana Basile nicht nur „als den einen, der am genau-

---

413 Sivrić, *The Hidden Side of Medjugorje*, Bd. I, S. 155-156, 199, Fußnote 311; Rev. Vittorio Guerrera, *Medjugorje: A Closer Look*, Meriden: Maryheart Crusaders, 1995, S. 66; vgl. Laurentin/Joyeux, *Scientific and Medical Studies*, S. 98-99. René Laurentin betont, dass Dr. Mangiapans negativer Feststellung Bezugnahmen auf neun Fälle vorausgegangen seien, „die sorgfältigere Nachforschungen verdienen würden“. Allerdings gibt es keinen Hinweis dafür, dass anschließende Nachforschungen einen Grund für den Glauben geboten hätten, dass diese angeblichen Heilungen, oder irgendwelche anderen, wahrhaft übernatürlich gewesen wären.

414 Guerrera, *Medjugorje: A Closer Look,* S. 65-66; vgl. Jones, *Medjugorje: The Untold Story,* S. 22.

esten untersucht worden ist“, sondern auch als „die bedeutendste unter den Heilungen in Medjugorje“[415].
Randall Sullivan musste bei seiner Untersuchung von Berichten über angebliche Heilungen in Medjugorje zwangsläufig feststellen, dass es bei

> vielen von ihnen entweder um MS [Multiple Sklerose] oder um eine andere Krankheit ging, die das Nervensystem angriff. Solche schwierig zu diagnostizierenden und unmöglich zu heilenden Krankheiten sind auch bemerkenswert resistent gegenüber wissenschaftlichen Studien, was den Beweis für den wunderbaren Charakter einer Heilung sehr schwierig macht.

Er schreibt jedoch weiter: „Bei vielen der Fälle in den Akten in Medjugorje ging es um Verletzungen und Krankheiten, die eher eine wissenschaftliche Beglaubigung zulassen. Mindestens zwei der Patienten, die Wunderheilungen für sich behaupteten, waren selbst Ärzte.“[416]
Das Problem bei diesem Ansatz ist, dass er etwas widersprüchlich und vage ist. In beiden Zitaten spricht Sullivan von „vielen“ Fällen, gibt uns aber keine genaue Vorstellung von den Zahlen, so dass wir beurteilen könnten, welcher Prozentanteil der angeblichen Heilungen wahrscheinlich echt sein könnte. Und dabei sehen wir noch ganz von der Tatsache ab, dass, ganz gleich, wie viele solcher „Heilungen“ vorgebracht werden, sie keine Bedeutung in den Augen der Kirche haben, da sie nicht von der legitimen geistlichen Autorität beglaubigt worden sind.
Hier sind wir also noch weit von den erstaunlichen Heilungen organischer Krankheiten entfernt, die in authentischen Marienwallfahrtsorten wie Lourdes stattgefunden haben und von der Kirche beglaubigt worden *sind*.
Der australische Enthüllungsjournalist Terry Willesee, ein Katholik, reiste 1991 nach Medjugorje und war für die Produktion eines Videos zum Thema verantwortlich, das den Titel *All I Need Is a*

---

[415] Pater Rupčić zitiert in O’Carroll, *Medjugorje: Facts, Documents, Theology*, S. 125.
[416] Sullivan, *The Miracle Detective*, S. 217.

Miracle trägt. Trotz sorgfältiger Untersuchungen konnte er keine angeblichen wunderbaren Ereignisse enthüllen, die als von wahrhaft übernatürlichem Ursprung bewiesen werden könnten.[417]
Abschließend stellen wir fest, dass alles oben dargelegte Beweismaterial darauf hindeutet, dass das, was in Medjugorje in Bezug auf einige der Aktivitäten täglich vorgekommen ist, oftmals viel mehr mit dem Geschehen in religiösen Kulten gemeinsam hat als mit einem echten und gesunden Katholizismus. Ebenso ist die Mischung aus Ahnenverehrung und katholischen Ritualen, so wie sie in den in Medjugorje vollzogenen Klanzeremonien aufgetreten ist, sicher ein Zeichen für eine ungesunde religiöse Atmosphäre. Ebenso können bezüglich der Erfahrung vieler Frauen vor Ort offenbare Anzeichen teuflischen Einflusses nicht ausgeschlossen werden: Wenn Hunderte von Frauen aus einer relativ kleinen Bevölkerung einen Exorzismus wünschen, dann muss eindeutig etwas im Argen sein.
Wie wir auch sahen, sind die Behauptungen angeblicher Zeichen und Wunder alles andere als schlüssig, und während es für viele von ihnen eine ganz natürliche Erklärung gibt, besteht wiederum die reale Möglichkeit, dass einige von ihnen auf teuflische Wirksamkeit zurückzuführen sind. Bei den angeblichen Wunderheilungen ist es ebenso eindeutig, dass keine von ihnen von einem streng medizinischen Standpunkt aus akzeptiert werden kann. Bedauerlicherweise weist dies alles noch deutlicher auf den mangelhaften Charakter entscheidend wichtiger Aspekte von Medjugorje hin, die bislang kaum der kritischen Prüfung durch eine größere Öffentlichkeit ausgesetzt waren.

---

417 Video *All I Need Is a Miracle.*

15. Die Kirche und Medjugorje

Der Heilige Stuhl und Medjugorje

Während der 1980er Jahre mussten die offensichtlich beeindruckenden Berichte über eine religiöse Erweckung, die von Medjugorje ausging, ernst genommen werden. Wie es scheint, hat der Heilige Stuhl aber im Laufe der Zeit eine realistischere Haltung angenommen und die verschiedenen negativen Elemente in Betracht gezogen, die ebenfalls zutage getreten sind. Als die Bewegung für Medjugorje an Popularität zunahm und nicht bloß Tausende, sondern seinerzeit sogar Millionen von Pilgern aus der ganzen Welt anzog, musste der Vatikan zweifellos auch bedenken, dass ein negatives Urteil mit immer größerer Wahrscheinlichkeit der Bildung und schismatischen Absplitterung einer auf Medjugorje basierenden „Kirche" Vorschub leisten konnte.[418] Diese müsste natürlich nicht unbedingt sonderlich groß sein, um dennoch beträchtliche Verwirrung zu stiften und Probleme zu schaffen. Gewiss war der Heilige Stuhl, wie in so vielen Bereichen des kirchlichen Lebens, die in der Ära nach dem Zweiten Vatikanischen Konzil umstritten waren, darauf bedacht, keinen konfrontativen Ansatz zur Lösung von Problemen, wie sie beispielsweise durch abweichende Theologen verursacht wurden, zu wählen. Denselben Ansatz scheint man auch in Bezug auf angebliche Visionen gewählt zu haben.[419]

In dem 1985 veröffentlichen Buch *Zur Lage des Glaubens: Ein Gespräch mit Vittorio Messori,* wurde Kardinal Ratzinger, der 1981 dem verstorbenen Kardinal Šeper als Präfekt der Glaubenskongregation nachfolgte, von dem italienischen Journalisten Vittorio Messori interviewt. Er stellte ihm die Frage, ob ein „klärendes Wort" der Kongregation zu Medjugorje zu erwarten sei. Veranlasst war diese Frage durch die Millionen von Menschen, die schon damals

---

[418] Vgl. Jones, *The Medjugorje Deception,* S. 54.
[419] Vgl. ebd., S. 65.

dorthin pilgerten, und durch die „bedauerlichen Konflikte" zwischen den Franziskanern und dem Ortsbischof. Der erste Teil der Antwort des Präfekten lautete wie folgt: „Auf diesem Feld ist mehr denn je die Geduld ein Grundsatz der Politik unserer Kongregation." Dann sagte er: „Im übrigen – von Medjugorje zunächst abgesehen, über das ich keinerlei Urteil abgeben kann, da sich der Fall noch in der Überprüfung befindet – ist eines der Zeichen unserer Zeit, dass sich die Meldungen über ‚Marienerscheinungen' in der ganzen Welt häufen." Direkt zuvor hatte er bemerkt: „Aber wir können Gott gewiss nicht daran hindern, in diese unsere Zeit hinein durch einfache Personen und auch durch außergewöhnliche Zeichen zu sprechen, die auf die Unzulänglichkeit der uns beherrschenden, von Rationalismus und Positivismus geprägten Kulturen hindeuten."[420]

Diese Worte lassen vermuten, dass Kardinal Ratzinger zumindest für die Möglichkeit offen war, dass diese „Meldungen über Erscheinungen" ernst genommen werden sollten. Außerdem äußerte sich der Kardinal hier, Pater Michael O'Carroll zufolge, speziell über Medjugorje. Angesichts der Unterstützung, die Medjugorje von Theologen wie Hans Urs von Balthasar und René Laurentin erfuhr, wäre es für ihn schwierig gewesen, in dieser Phase anders zu denken, insbesondere, wenn er alle Informationen berücksichtigte, die damals über die positiven Früchte von Medjugorje verbreitet wurden. Das Verhalten der Pilger, Bekehrungen, Fasten und vieles andere wirkte in der Anfangszeit offenbar echt.

Außerdem hatte Erzbischof Franić im Februar 1985 einen Bericht über Medjugorje an Kardinal Ratzinger geschickt, in dem er den Franziskanern und insbesondere Pater Vlašić seine Unterstützung verlieh. Er wies auf die großen Pilgerzahlen und die anderen Früchte hin und führte zu dem von Bischof Žanić verbreiteten Brief aus, dass dieser „bereits Ärgernis erregt" habe. Im Besonderen forderte er die Einsetzung einer „Internationalen

[420] Joseph Kardinal Ratzinger, *Zur Lage des Glaubens. Ein Gespräch mit Vittorio Messori*, München/Zürich/Wien: Verlag Neue Stadt, 1985, S. 113.

Kommission, die dem Heiligen Stuhl direkt unterstellt ist und die von Seiner Exzellenz, dem Bischof von Mostar, gemachten Schwierigkeiten beurteilen soll." Er wiederholte die gleiche Aussage und sagte, dass Maßnahmen ergriffen werden müssten, „bevor es dem Bischof gelingt, Wallfahrten nach Medjugorje endgültig zu verbieten".

Inzwischen hatte Bischof Žanić im Januar 1985 einen eigenen Brief an das Staatssekretariat des Vatikans gerichtet, in dem er sich über die von René Laurentin und Pater Rupčić veröffentlichten Bücher und zugleich über die Aktivitäten von Erzbischof Franić beklagte und schrieb, dass diese Haltung der Unterstützung „all dieser Propaganda ... sich als höchst unangemessen und peinlich erwiesen hat". Er beschrieb die erzbischöfliche Kurie des letzteren als „eine Art Medjugorje-Zentrum" und stellte fest, dass der Erzbischof Medjugorje besucht, dort gepredigt und den Franziskanern vor Ort in *Glas Koncila* Interviews gegeben habe. Er habe auch „die Häuser der Seher ohne jegliche Mitteilung an den Ortsbischof oder den Franziskanerprovinzial besucht, als ob diese nicht existierten". Zum Schluss brachte er ein Bitte zum Ausdruck: „Ich bitte den Heiligen Stuhl, so gut sein zu wollen, verständige Leitlinien zum Thema herausgeben zu wollen."[421]

Kehren wir nun zu Kardinal Ratzinger zurück. Messori fragte ihn, auf welche anderen Kriterien sich die Kongregation in ihrem Urteil über diese Fakten stütze, worauf der Kardinal antwortete: „Eines unserer Kriterien ist – sagt er –, dass wir den Gesichtspunkt der wirklichen oder vermuteten ‚Übernatürlichkeit' der Erscheinung von jenem ihrer geistlichen Früchte trennen." Anschließend sprach er über Wallfahrten der alten Christenheit, deren Traditionen womöglich nicht viel „wissenschaftliche Richtigkeit" an sich hätten, die aber „fruchtbar, segensreich, heilsam und wichtig für das Leben des christlichen Volkes waren". Schließlich sagte er: „Das Problem ist nicht so sehr jenes der modernen Hy-

---

[421] O'Carroll, *Medjugorje: Facts, Documents, Theology,* S. 149-154.

perkritik (die übrigens letztlich in einer Form neuer Gläubigkeit landet), sondern besteht in der Bewertung der Lebendigkeit und der Rechtgläubigkeit des religiösen Lebens, das sich um diese Orte herausbildet."[422]

Bedenken des Vatikans gegenüber Medjugorje

Die große Schwierigkeit für die Kirche besteht darin, dass sie nicht vorpreschen und ein übereiltes Urteil treffen kann und somit für die Möglichkeit offen sein muss, dass eine behauptete Vision echt sein könnte, zumindest anfänglich, vorausgesetzt, dass sie manche gute Aspekte aufweist. Und im Falle von Medjugorje schienen die anfänglichen Zeichen (Gebet, Fasten, Bekehrungen) gut zu sein, zumindest für den außen stehenden Beobachter. Erst allmählich wurden die negativen Aspekte offenkundig, und bis dahin hatte die ganze Medjugorje-Bewegung weltweit beachtlich an Stoßkraft gewonnen.[423]

Unterdessen war Mitte der 1980er Jahre die frühe Feindseligkeit der jugoslawischen Regierung abgeklungen, da sie eine andere Haltung gegenüber Medjugorje annahm. Angesichts steigender Pilgerzahlen erkannte man, dass es sich um eine potentiell lukrative Einkommensquelle handelte, und folglich wurden von dieser Zeit an Wallfahrten gefördert. Dies alles fand vor dem Hintergrund der schweren Wirtschaftskrise statt, die sich nach dem Tode Titos im Jahr 1980 entwickelt hatte. Die Regierung achtete sorgsam darauf, dass Unterbringungskosten direkt an sie bezahlt wurden. Allerdings gab es noch viele andere Möglichkeiten, wie die Einheimischen Profit machen konnten, wenngleich ihre Finanzgeschäfte hauptsächlich in der Landeswährung, dem Dinar, abgewickelt wurden, der außerhalb Jugoslawiens keinen Wert hatte.[424]

---

[422] Ratzinger, *Zur Lage des Glaubens*, S. 114.

[423] Vgl. Jones, *The Medjugorje Deception,* S. 66.

[424] Vgl. ebd., S. 113-114; Perića, *Balkan Idols*, S. 113.

Und wie Marco Corvaglia darlegt, liegen für die 1980er Jahre eindeutige Beweise für eine im Laufe der Zeit eingetretene Aufweichung der Haltung der Regierung Medjugorje gegenüber vor. Tatsächlich veröffentlichte im Jahr 1983 ein staatlicher Verlag, AG Matos, ein für Medjugorje eintretendes Werk von Pater Ljudevit Rupčić, *Gospina ukazanja u Medjugorju* („Die Erscheinungen Unserer Lieben Frau in Medjugorje"). Und seit 1984 begannen staatliche Reiseagenturen wie Atlas in Dubrovnik Pilgerreisen anzubieten, während Artikel, die sich für die angeblichen Erscheinungen aussprachen, in den vom kommunistischen Regime kontrollierten Zeitungen erschienen. Es gab sogar Pro-Medjugorje-Fernsehsendungen, die vom staatlichen Fernsehsender Jugoslawiens ausgestrahlt wurden, wie der Dokumentarfilm „Glaube und Mystik", der am 16. Oktober 1985 gezeigt wurde. Offenbar stiegen die Zahlen der Medjugorje-Pilger aus dem Inland nach dieser Ausstrahlung drastisch an.[425]
Mitte der 1980er Jahre zeigte sich Bischof Žanić sehr besorgt über die Weise, wie das ganze Phänomen der Visionen sich entwickelte, und deren weitere Auswirkungen, die sie in Kroatien hatten. Er schrieb am 25. Januar 1985 in diesem Sinne einen prophetischen Brief an René Laurentin, in dem er geltend machte, dass eine „wilde Aufregung sich vieler Gläubiger bemächtigt hat, die bislang normal waren; sie sind zu übereifrigen und sonderbaren Büßern geworden … Man kann hier einen Religionskrieg erwarten."[426] Der Bischof meinte hier aber wohl einen „Krieg" zwischen Anhängern und Gegnern Medjugorjes, nicht den gewaltsamen Konflikt, der später tatsächlich in der Region ausbrach.
Auch im Vatikan hegte man gewisse Besorgnis, da am 23. Mai 1985 eine Warnung vor Medjugorje in Form eines Briefes von Erzbischof Alberto Bovone, dem Sekretär der Glaubenskongregation, an die italienischen Bischöfe erging. Dieser Brief gab zu verstehen, dass keine offiziellen Wallfahrten nach Medjugorje

---

425 www.marcocorvaglia.com/medjugorje-en/medjugorje-the-communists-and-the-bishop.html.
426 Sivrić, *The Hidden Side of Medjugorje,* Bd. I, S. 135.

organisiert werden dürften und beklagte zugleich die Werbekampagne für die angeblichen Visionen und die daraus resultierende Verwirrung. Hier ist der vollständige Text des Briefes, der an den Sekretär der Italienischen Bischofskonferenz, Msgr. Egidio Caporello, gesandt wurde:

> Eure Exzellenz, von vielen Seiten, insbesondere vom zuständigen Ordinarius von Mostar (Jugoslawien), kann man erfahren und zugleich beklagen, dass die mit den so genannten Erscheinungen in Medjugorje zusammenhängenden „Ereignisse" von einer gewaltigen Propaganda begleitet sind. Hierfür sind Wallfahrten und andere Initiativen organisiert worden, die lediglich zur Verwirrung unter den Gläubigen beitragen und sich in die Arbeit der eingesetzten Kommission einmischen, welche die „Ereignisse" einer vorsichtigen und sorgfältigen Untersuchung unterzieht. Um eine Zunahme dieser erwähnten Propaganda und das Anstellen von Spekulationen in Italien, ungeachtet alles dessen, was von der Bischofskonferenz Jugoslawiens bereits zum Ausdruck gebracht und empfohlen worden ist, zu verhindern, mögen Sie als Präsident dem italienischen Episkopat bitte nahe legen, die Organisation von Pilgerfahrten zum so genannten Zentrum der Erscheinungen sowie alle anderen Formen der Werbung, insbesondere in Form von Schriften, die einer nüchternen Beurteilung der Fakten seitens der Sonderkommission, die zu diesem Zweck kanonisch errichtet worden ist, abträglich sein könnten, öffentlich zu untersagen. Ich nehme diese Gelegenheit wahr, Sie meiner vorzüglichsten Hochachtung zu versichern …[427]

Kardinal Ratzingers Kongregation war demzufolge damals eindeutig über die „gewaltige Propaganda" und „Spekulation" um Medjugorje besorgt.

Eine neue Untersuchungskommission

Die erweiterte Untersuchungskommission legte am 2. Mai 1986 Bischof Žanić ihr Urteil vor, in dem sie die angeblichen Visionen kritisierte. Im Juni übersandte er diesen Bericht an den Heiligen Stuhl. Dies wurde jedoch nicht bekannt gegeben, und stattdessen

---

[427] Perić, *Criteria for Discerning Apparitions*, S. 9-10. Aus *La Civiltà Cattolica*, 19. Oktober 1985.

wurde am 18. Januar 1987 die Bildung einer weiteren, dritten Kommission angekündigt, die diesmal ihre Arbeit auf der höheren Ebene der Jugoslawischen Bischofskonferenz verrichten sollte. Laut der gemeinsamen Stellungnahme zu dieser Kommission, die von Kardinal Kuharic und Bischof Žanić verabschiedet wurde, unternahm man diesen Schritt, weil die Ereignisse in Medjugorje in der Kirche immer weitere Kreise zogen und die Bildung jener Kommission zudem auf eine Initiative des Vatikans zurückging. Dies geht aus dem dritten Abschnitt der gemeinsamen Erklärung hervor. Hier wurde zunächst betont, dass die Glaubenskongregation von der Arbeit der jüngsten Kommission in Kenntnis gesetzt worden sei. Danach hieß es, dass sie „darauf drängte, dass diese Arbeit auf der Ebene der nationalen Bischofskonferenz fortgesetzt werden soll."[428]

Das unmittelbare Ergebnis war, dass die Medjugorje-Anhänger behaupten konnten, dass Bischof Žanić umgangen worden sei und der Heilige Stuhl die Akte Medjugorje seiner Jurisdiktion entzogen habe. Dies war auch die Botschaft, die in die Welt hinaus ging, obwohl dies eigentlich nicht der Fall war. In Wirklichkeit war die Situation insofern viel komplizierter, als die Übergabe der Akten Bischof Žanić von der Notwendigkeit befreite, ohne fremde Hilfe eine schwierige Entscheidung treffen zu müssen (insbesondere wenn man sein problematisches Verhältnis zu den Franziskanern von Medjugorje bedenkt), während sie es ihm zugleich gestattete, die Last der Verantwortung mit der Bischofskonferenz zu teilen.[429] Wie wir sehen werden, war das hier Geschehene tatsächlich mit den in den *Normae S. Congregationis* (dem 1978 von der Glaubenskongregation herausgegebenen Dokument über die Vorgehensweise bei der Beurteilung angeblicher Erschei-

---

428 Jones, *The Medjugorje Deception*, S. 124-125; Sivrić, *The Hidden Side of Medjugorje*, Bd. I, S. 53, 187, Fußnote 42;
vgl. http://medjugorjedocuments.blogspot.com/2009/09/what-did-Erzbischof-bertone-really-say.html.

429 Vgl. Sivrić, *The Hidden Side of Medjugorje*, Bd. I, S. 141.

nungen und Offenbarungen) niedergelegten Leitlinien im Einklang.

Papst Johannes Paul II. und Medjugorje

Was die Rolle Papst Johannes Pauls II. in dieser ganzen Frage betrifft, so behauptete René Laurentin 1997, dass er dem Papst ein Exemplar seines Buches über Medjugorje geschenkt habe und dass dieses den Papst beeinflusst habe. Da René Laurentin ein sehr überzeugter Anhänger Medjugorjes ist, könnte er Johannes Paul II. durchaus eine übermäßig optimistische Darstellung der dortigen Ereignisse präsentiert haben. Allerdings war auch die Sympathie des sel. Johannes Pauls II. für Bewegungen, an denen junge Menschen maßgeblich beteiligt sind, wahrscheinlich ebenfalls ein Faktor in der allgemein fehlenden Bereitschaft zu einer Verurteilung Medjugorjes, zusätzlich zu den Berichten, die damals über die guten Früchte verbreitet wurden. Außerdem betont Pater Sivrić, dass Medjugorje als ein Zeichen für die Präsenz der Gottesmutter in einem kommunistischen Land aufgefasst werden konnte. Zweifellos vermochte es dem dortigen Katholizismus Auftrieb zu verleihen, und vielleicht war dies ebenfalls ein Faktor, der den Papst in diesem Stadium beeinflusste.[430]

Außerdem liegt uns auch ein 1987 im Anschluss an den Adlimina-Besuch der venezianischen Bischöfe in Rom veröffentlichter Bericht vor. Während ihres Besuches fragten die Prälaten den Papst, was er über Medjugorje denke, worauf er eine unverbindliche Antwort gab, zugleich aber die aus Medjugorje erwachsenen geistlichen Früchte lobte.[431]

Im nächsten Jahr, 1988, stellte jedoch Erzbischof (der spätere Kardinal) Pio Laghi, der frühere Apostolische Nuntius in den Vereinigten Staaten, in einem Brief fest: „Obgleich verschiedene Bemerkungen über Medjugorje dem Heiligen Vater oder anderen

---

430 Vgl. Jones, *The Medjugorje Deception,* S. 125-127; Sivrić, *The Hidden Side of Medjugorje,* Bd. I, S. 129.

431 Vgl. Sivrić, *The Hidden Side of Medjugorje*, Bd. I, S. 142-143.

Kurienmitgliedern beim Heiligen Stuhl zugeschrieben wurden, sind keine davon als authentisch anerkannt worden."[432] Neuere Belege für die private Wertschätzung Johannes Pauls II. für Medjugorje werden in einem späteren Kapitel angeführt. Allerdings sollte man stets bedenken, dass die *Privatmeinung* eines Papstes über die eine oder andere Sache keinerlei verbindliche Autorität für die Gläubigen hat.

Ziemlich das gleiche kann man über die Unterstützung aussagen, die Persönlichkeiten wie die sel. Mutter Teresa und Pater Gabriele Amorth Medjugorje entgegenbrachten. Auch wenn wir gerne die herausragende Heiligkeit Mutter Teresas eingestehen, macht diese sie noch nicht per se zu einer Medjugorje-Expertin. Nichts deutet darauf hin, dass sie eine ausführliche Untersuchung der Fakten und Kontroversen dazu vornahm. Ebenso deutet, wenngleich wir den Sachverstand Pater Amorths als Exorzist ohne weiteres wertschätzen, wiederum nichts darauf hin, dass er Medjugorje ausführlich untersucht hätte. Tatsächlich geht aus einem Interview von 2002, das er zu dem Thema gab, sogar hervor, dass er seit 1984 einen Medjugorje-Gebetskreis leitet[433] und somit ein früher, und, wie es den Anschein hat, großteils unkritischer Anhänger der Visionen ist.

Das Buch von Pater Sivrić über Medjugorje

1988 wurde auch ein Buch von Pater Ivo Sivrić in französischer Sprache veröffentlicht, welches ein Schlaglicht auf die Probleme warf, die sich zeigen, wenn Medjugorje seriös untersucht wird. 1989 wurde es mit dem Titel *The Hidden Side of Medjugorje* ins Englische übersetzt, und wie wir sahen, enthielt es unter anderem die

---

[432] Guerrera, *Medjugorje: A Closer Look*, S. 64 (Protokollnummer 909/88/5). Ein Bericht auf der Netzpräsenz *Spirit Daily*, (www.spiritdaily.org/) vom 19. Mai 2005 zitiert schriftliche Belege dafür, dass Johannes Paul II. privat Medjugorje schätze. Dies wirkte sich jedoch eindeutig nicht auf seine in der Öffentlichkeit bezogene Stellung aus, die zurückhaltend war.

[433] http://www.medjugorje.org/framorth1.htm.

ursprünglichen Interviews zwischen Pater Zovko und den Sehern, in denen eine Menge bis dahin überwiegend unbekannten Materials über die tatsächlichen Anfänge Medjugorje ans Licht kam. Pater Sivrić war zur Abfassung eines Buches über Medjugorje überaus befähigt, da es sein Geburtsort war und er mit der örtlichen Situation gut vertraut war. Außerdem war er Franziskaner und sich von daher vollends der Probleme zwischen manchen Ordensmitgliedern und den aufeinander folgenden Ortsbischöfen bewusst. Nach der Priesterweihe in Jugoslawien im Jahr 1941 setzte er seine Studien in Rom fort und ließ sich später in den Vereinigten Staaten nieder, wo er an der Duquesne University lehrte und einige Bücher schrieb.

Als er von den Visionen hörte, kehrte er in sein Heimatland zurück und verbrachte in unterschiedlichen Zeiträumen in den Jahren 1983, 1984 und 1986 insgesamt etwa sechs Monate in Medjugorje. Er brachte also nicht nur die nötigen Qualifikationen für seine Studien mit, sondern hatte auch von seiner Zeit im Ausland profitiert, was mit sich brachte, dass er die Fähigkeit besaß, die Situation aus einem breiteren Blickwinkel zu betrachten. Aus allen diesen Gründen war er also für das Verständnis der Ereignisse in Medjugorje sehr gut qualifiziert.

René Laurentin kritisierte dieses Buch in einem seiner periodischen Rundbriefe, sah sich aber zu dem Eingeständnis gezwungen, dass seine „Quellen grundlegend sind. … Die zahlreichen aus dem Kroatischen übersetzten Dokumente leisten Spezialisten einen wichtigen Dienst. … Somit kann man ihm nur dazu gratulieren, dass er diese bohrenden Interviews so sorgfältig entschlüsselt, übersetzt und ediert hat.“[434]

Wir haben also in diesem Kapitel gesehen, dass die von der Kirche angenommene Position sich im Laufe der Zeit allmählich geklärt hat. Anfangs bestand eine Haltung der Offenheit für die Möglichkeit, dass Medjugorje echt sein könnte: die anfänglichen

---

[434] Sivrić, *The Hidden Side of Medjugorje*, Bd. I, S. 15-16, 37. Siehe *Dernières Nouvelles …* (Nr. 7), 1988.

Zeichen schienen ja gut zu sein. Was konnte an Aufrufen zum Gebet, Fasten und an einer Rückkehr zu den Sakramenten verkehrt sein? Diese Haltung machte jedoch allmählich einer größeren Vorsicht Platz, als einige der zweifelhaften Aspekte in Bezug auf Medjugorje ans Licht zu kamen. Bis dahin hatte die Medjugorje-Bewegung jedoch ein derartiges Ausmaß angenommen, dass die kirchlichen Autoritäten mit dem Dilemma konfrontiert waren, wie sie mit den pastoralen Bedürfnissen der Hunderttausenden von Pilgern umzugehen hatten, die im guten Glauben dorthin reisten. Außerdem war die politische Lage in Jugoslawien und Osteuropa allgemein immer noch Besorgnis erregend. Infolgedessen ist eine endgültige Entscheidung über Medjugorje immer wieder aufgeschoben worden; allerdings lässt sich ein derart schwieriger Balanceakt nicht endlos durchhalten.

16. Glaubwürdigkeitsprobleme mit Medjugorje

Die Glaubwürdigkeit Vickas

Abgesehen von den oben beschriebenen Problemen, ist auch die Glaubwürdigkeit der Seher im Laufe der Zeit noch stärker auf den Prüfstand gestellt worden. Bei Vicka kommt die etwas „schwierige" Seite ihres Charakters ganz klar in ihren Gesprächen mit Pater Bubalo zum Ausdruck, wie sie in seinem Buch *A Thousand Encounters with the Blessed Virgin Mary in Medjugorje* aufgezeichnet sind. Beispielsweise antwortete sie, als er sie über die Beschaffenheit des Weihwassers befragte, mit welchem sie die „Gospa" am dritten Tag besprengte, wie folgt: „O Gott [!], warum tun Sie so wie ein Engländer? Als ob Sie nicht wüssten, dass wir in jedem christlichen Haus gesegnetes Salz und auch Weihwasser haben."[435]

Noch andere Beispiele dafür sind in dem Buch zu finden, doch möge der Hinweis genügen, dass sie als ein schwieriger Mensch verstanden werden muss, dessen Verhalten nicht im Einklang mit dem steht, was man von einer echten marianischen Seherin erwarten würde. Selbst Pater Vlašić konnte folgende Bemerkung über Vicka machen: „Dieses Mädchen ist cholerisch und hat einen brüsken und manchmal aggressiven Stil."

In einem anderen Gespräch, während dessen Pater Bubalo Vicka über ihr Erlebnis vom Himmel befragte, den sie angeblich zusammen mit Jakov in einer Vision gesehen habe, sagte er, jemand habe „mir einmal erzählt (und er machte sich darüber lustig), dass du in Bezug auf den Himmel gesagt hättest, dass der Himmel eine Art Türen habe. Was antwortest du jetzt dazu?" Hierauf erwiderte Vicka: „Genau dasselbe wie damals! Wir standen dort mit der Jungfrau in einer Art Tunnel, vor einer Art Tür, und neben ihnen steht ein Mann. Die Jungfrau sagte, dass nicht jeder eintreten

---

[435] Bubalo, *Thousand Encounters,* S. 17. Siehe für andere Beispiele für die unehrerbietige Weise, wie Vicka Pater Bubalo antwortete, S. 10, 15, 17, 18, 28, 31, 39, 42, 64, 78, 93, 152, 177.

könne. Man benötigt auch dort einen Passierschein. Dort erwartet jeden ein enger Durchgang."[436]

Welchen Empfang Menschen an den Toren der Ewigkeit auch immer erwarten können, eins ist sicher: Passierscheine werden für den Eintritt in den Himmel nicht erforderlich sein! Diese Episode mit ihrer Erwähnung von „Passierscheinen" ist wahrscheinlich eher auf Vickas blühende Vorstellungskraft und ihre Lebenserfahrung unter einem kommunistischen System als auf eine übernatürliche Begegnung zurückzuführen.

Dann besprach Pater Bubalo ihre angeblichen Visionen des Fegfeuers und der Hölle mit ihr. Sie beschrieb das Fegfeuer als „eine Art finstere Kluft, einen dunklen Ort zwischen Himmel und Hölle. Er ist mit so etwas wie Asche gefüllt, und ... er sieht schrecklich aus!" Dann behauptete sie, von der „Gospa" in die Hölle mitgenommen worden zu sein. Diese beschrieb sie als einen Ort des „Feuers, ... der Teufel ... der schrecklichen Menschen! Alle sind gehörnt, mit Schwänzen ... alle sehen wie Teufel aus! Sie alle kämpfen ... Gott möge uns davor erlösen, und das ist alles!"[437]

Vicka und die Hölle

Dieser Text über die Hölle wirft einige Probleme auf, insbesondere die Aussage, dass *alle* Bewohner der Hölle „gehörnt" seien und „Schwänze hätten". Es ist unwahrscheinlich, dass Menschen in der Hölle die traditionelle Gestalt von Dämonen annehmen werden, d. h. gehörnt sein und einen Schwanz haben. Diese Beschreibung verdankt sich sicher mehr den Gemälden, die Vicka von der Hölle gesehen, oder Büchern, die sie zum Thema gelesen, oder Predigten, die sie darüber gehört haben mag, als irgendetwas Übernatürlichem.

---

436 Bubalo, *Thousand Encounters,* S. 215-216; *Hervorhebung ergänzt.* Das Zitat von Pater Vlašić stammt aus: Lucy Rooney/Robert Faricy, *Medjugorje Unfolds: Mary Speaks to the World,* Leominster: Fowler Wright Books Ltd., 1985, S. 55; Video *All I Need Is a Miracle.*

437 Bubalo, *Thousand Encounters,* S. 216–17.

Auch der Gebrauch von Auslassungszeichen [...] im obigen Zitat könnte auf zwei Gründe zurückzuführen sein: Entweder sprach Vicka so, d. h. zusammenhanglos, oder es wurde bewusst Material ausgelassen, möglicherweise wegen seines törichten/peinlichen/häretischen Charakters. Die Verwendung von Auslassungszeichen ist nämlich ansonsten für das Buch nicht typisch.
Ein gewichtigerer Einwand ist, dass aus ihrer Darstellung klar hervorgeht, dass diese angeblichen Visionen nicht kurz, wie es bei der von den drei Seherkindern in Fatima geschauten Höllenvision der Fall war, sondern ziemlich umfassend waren. Vicka behauptet, dass die „Gospa" sie durch das Dach des Hauses von Jakov auf diese Reise durch den Himmel, das Fegfeuer und die Hölle mitgenommen und sie dann bei seinem Haus wieder abgesetzt habe.
Die Seherkinder von Fatima sahen die Hölle nur für einen *Augenblick*, doch dieser Augenblick genügte, um ihr Leben vollständig zu verändern. Insbesondere Jacinta war über die Höllenvision sehr betroffen. Schwester Lucia schreibt in ihrer *Dritten Erinnerung* darüber: „Die Vision der Hölle hatte Jacinta dermaßen mit Entsetzen erfüllt, dass alle Bußübungen und Abtötungen ihr wie nichts erschienen, wenn sie nur einige Seelen vor der Hölle bewahren konnte."
Schwester Lucia erzählt auch, dass Jacinta sich „oft" auf den Boden oder auf einen Stein setzte und nachdenklich meinte: „Die Hölle! Die Hölle! Wie tun mir die Seelen leid, die in die Hölle kommen! Und die Menschen, die dort lebendig verbrennen wie Holz im Feuer!" Dann kniete sie „zitternd" nieder und sprach das Gebet, das Unsere Liebe Frau sie am Ende jedes Gesätzes des Rosenkranzes zu beten gelehrt hatte: „O mein Jesus, verzeih uns unsere Sünden, bewahre uns vor dem Feuer der Hölle; führe alle Seelen in den Himmel, besonders jene, die Deiner Barmherzigkeit am meisten bedürfen."
Schwester Lucia berichtet ferner:

> Sie blieb lange auf den Knien und wiederholte das gleiche Gebet. Hin und wieder rief sie nach mir oder nach ihrem Bruder (als ob sie aus einem Traum erwachte): Francisco, Francisco! Wollt ihr nicht mit mir

> beten? Wir müssen viel beten, um die Seelen vor der Hölle zu retten! So viele kommen dorthin! So viele![438]

Eindeutig waren auch Lucia und Francisco zutiefst über diese Vision betroffen, wenn auch nicht im gleichen Maße wie Jacinta. Stellen wir dies nun den Auswirkungen jener Schauungen auf Vicka und Jakov gegenüber. Angeblich machten sie einen ausgiebigen Ausflug durch die Regionen des Himmels und der Unterwelt. Gibt es aber irgendein Anzeichen dafür, dass sie eine Spiritualität entwickelt hätten, die auch nur entfernt jener der Seherkinder von Fatima ähnelte? Wo ist das Leben der intensiven Abtötung und Buße, das sie führen sollten, wenn sie wirklich die Hölle gesehen hatten? Die Realität ist, dass ihr Leben eher jenem von Berühmtheiten als jenem von Heiligen gleicht, und dies sagt uns alles, was wir über Vickas angebliche Visionen vom Jenseits wirklich wissen müssen.

Weitere Probleme mit Vicka

Im Anschluss an einen Vorfall, der am 14. Januar 1985 stattfand, lassen sich noch weitere Fragen über Vicka stellen. Dieses Ereignis muss im Kontext von Vickas wiederholten Behauptungen verstanden werden, dass die Seher während ihrer „Ekstasen" nichts außer der „Gospa" gesehen oder gehört hätten. Während ihrer Gespräche mit Pater Bubalo im Jahr 1983 traf sie zum Beispiel die folgenden Aussagen: „Wir sehen die Jungfrau, aber wir sehen nichts anderes und spüren nichts anderes", und: „Sobald wir zu beten beginnen, verschwindet die Wand. Alles verschwindet", und auch: „Wenn die Jungfrau erscheint, sehe oder höre ich nichts mehr außer ihr."[439] In der Theorie hätte Vicka also auf keine äußeren Reize mehr reagieren sollen.

In Wirklichkeit geschah jedoch Folgendes: Ein Pilger namens Jean-Louis Martin war anfänglich zunächst von Medjugorje be-

---

438 Kondor, *Schwester Lucia spricht über Fatima I,* S. 133-134.

439 Vgl. http://www.marcocorvaglia.com/medjugorje-en/a-practical-test.html; Bubalo, *Thousand Encounters,* S. 47, 166, 167.

geistert, hegte aber allmählich seine Zweifel und beschloss, eine der Seherinnen auf die Probe zu stellen. Diesmal waren auch Pater Tomislav Pervan, der damalige Pfarrer, Pater Slavko Barbarić, Pater Ivica Vego und Louis Bélanger, der da war, um die Seher in „Ekstase" zu filmen, zugegen. Während Vicka im Erscheinungsraum in der Kirche in scheinbarer Ekstase war, tat Martin so, als wolle er ihr seine Finger in ihre Augen stecken, und sie reagierte so, als ob sie erschreckt worden wäre und bewegte ihren Kopf von ihm *weg*. Bedenken wir, dass sie nach ihrem eigenen Zeugnis sagte: „Wir sehen die Jungfrau, *aber wir sehen nichts anderes und spüren nichts anderes.*"

Sie verließ den Raum in Begleitung von Pater Vego, während Pater Barbarić Jean-Louis Martin zu dem Vorfall befragte. Vicka kehrte nach einer Weile zurück, mit Pater Vego, und bot dann die ganz unglaubliche Erklärung an, dass sie ihren Kopf wegbewegt habe, um das Jesuskind am Fallen zu hindern, da sie unter dem Eindruck gestanden habe, dass die selige Jungfrau im Begriffe stehe, es fallen zu lassen. Dieser Erklärungsversuch ist schon rein physisch unsinnig, denn wenn das Jesuskind wirklich im Fallen begriffen wäre, dann hätte Vicka sich nach *vorne* bewegen müssen, um dies zu verhindern. Diese Erklärung wurde auch auf Video aufgezeichnet, weil Louis Bélanger seine Kamera versehentlich hatte laufen lassen; der ganze Vorfall wurde also auf Film festgehalten und weit verbreitet. Zweifelsohne ist diese Episode der Grund, weshalb der Erscheinungsraum ab dem 27. Januar 1985 für die Öffentlichkeit geschlossen wurde.[440]

---

[440] Guerrera, *Medjugorje: A Closer Look*, S. 40-41; Jones, *The Medjugorje Deception,* S. 117-118; Video *All I Need Is a Miracle.*
Vgl. http://www.youtube.com/watch?v=xXVERL0aOwA und http://www.marcocorvaglia.com/medjugorje-en/a-practical-test.html; http://www.youtube.com/watch?v=EDmW2mDfrI0.

Daria Klanac behauptet, dass Vicka bei dieser Gelegenheit eigentlich über eine frühere Vision gesprochen habe, doch wenn wir uns ein Protokoll der Aussagen Vickas gegenüber Pater Vego ansehen, dann ist dies nicht der Fall. Hier sind ihre Worte: „So, Ivica, ich war hier auf meinen Knien. Ich sah ihn (Jean-Louis) erst, als ich eintrat. … Ich war hier auf meinen Knien. Und ich betete. Hinterher sah ich nichts, weder ihn noch Pervan, niemand. Ich habe nichts gesehen.“

Zu diesem Zeitpunkt behauptete Vicka anscheinend, dass sie, sobald sie in ihre „Ekstase“ eingetreten sei, nur die „Gospa“ und nichts anderes gesehen und auch nicht wahrgenommen habe, wie Jean-Louis Martin seine Finger schnell zu ihrem Kopf hin bewegte.

Dann sagte Vicka weiter: „Einmal, als die Madonna mir ihr Leben erzählte, als die Jungfrau mir das Jesuskind in ihren Armen zeigte, neigte sich Jesus, während sie ihn hielt, so sehr, dass ich dachte, er würde herausrutschen.“

Hier bringt Vicka zunächst den Gedanken vor, dass sie in einer *vorherigen* Vision gedacht habe, das Jesuskind würde aus den Händen der Gospa herausfallen, bevor sie dann weiter sagte: „Aber ich sah *hier* [d. h. jetzt, bei diesem Anlass] niemanden. Sie hat mir nur das kleine Baby gezeigt. Ja, es ist so, *ich hatte nur befürchtet, dass das Jesuskind herausrutschen könnte*. Es war so, sie hielt ihre Hand so. Er war da, *als ob ich ihn hinnehmen sollte*.“[441]

Hier unterscheidet Vicka also eindeutig zwischen einer angeblichen früheren Vision und dem, was bei diesem Anlass geschah, als sie „befürchtete, dass das Jesuskind herausrutschen könnte“; dies war ihre Erklärung, weshalb sie sich bewegte.

---

441 http://www.marcocorvaglia.com/medjugorje-en/a-practical-test.html, *Hervorhebung ergänzt*. Marco Corvaglia bietet eine Übersetzung der auf dem Video aufgezeichneten Worte Vickas; siehe auch die Informationen bei Klanac, *Medjugorje, Réponses aux objections*, S. 77-78; http://www.youtube.com/watch?v=7FjFrEy113w.

René Laurentin sagt über diesen Vorfall Folgendes:

> Ivica, ein junger Franziskaner, wurde beauftragt, Vicka über die Fakten zu befragen. Er musste eine Erklärung liefern (auf Deutsch), die von Bellanger [sic!], einem kanadischen Parapsychologen, der die Erscheinungen studiert hat, gefordert wurde. Die mit den Fragen gequälte Vicka erklärte, dass sie während dieser Erscheinung einen emotionalen Augenblick gehabt habe, weil die Jungfrau das Jesuskind in ihren Armen gehalten und sie befürchtet habe, dass es herausfallen könne.

Und dies war die Erklärung, die Vicka später René Laurentin gab: „Ich bin sehr viel über diese Erscheinung befragt worden, weil ich diese Einzelheit erzählt habe: Das Jesuskind schien von den Armen seiner Mutter nicht sicher gehalten worden zu sein. Ich weiß, dass Jesus in seiner Herrlichkeit nichts geschehen kann. Aber ich hatte das Gefühl, dass er fallen würde."[442]

Die Ironie dieser Situation besteht darin, dass, wenn Vicka nichts gesagt hätte, Medjugorje-Apologeten ihr Wegbewegen des Kopfes wahrscheinlich als Beweis dafür hätten erklären können, dass ihre „Ekstase" vielleicht nicht so tief wie erwartet oder eine unbewusste Reaktion gewesen sei oder dass wir eigentlich das genaue Wesen der Ekstase noch viel besser erforschen müssten, bevor wir sie völlig verstehen könnten. Doch die Tatsache, dass sie sich verpflichtet fühlte, etwas zu sagen, ist ein klarer Beweis dafür, dass ihr bewusst war, dass nicht alles stimmte und dass irgendeine Erklärung notwendig war. Leider stellte die Erklärung, die sie abgab, die Sache nicht klar, sondern machte es nur noch offenkundiger, dass ihre Darstellung unglaubwürdig war.

Die echten Ekstasen der hl. Bernadette

Wenn wir dies nun einem Geschehnis mit Bernadette Soubirous, welches in Lourdes am 7. April 1858 stattfand, dem Datum der siebzehnten Erscheinung, wird dies sogar noch offensichtlicher. Bernadette sah an jenem frühen Morgen die Gottesmutter und

---

[442] René Laurentin, *Dernières Nouvelles de Medjugorje*, Nr. 3, Paris: OEIL, 1985, S. 32.

war bereits in eine Ekstase eingetreten, als Dr. Dozous, ein einheimischer Arzt und Skeptiker ankam. Er war überrascht, als er sah, dass Bernadette, auf ihren Knien, ihre Hände über die Flamme einer großen Kerze vor ihr gewölbt hatte, um sie vor dem Wind zu schützen und diese mit ihren Handgelenken festhielt. Die lodernde Flamme berührte das Innere ihrer gewölbten Handflächen, und jemand in der Menge rief: „Sie brennt!" Dr. Dozous aber, der darauf bedacht war, herauszufinden, ob die Behauptungen Bernadettes der Wahrheit entsprachen oder nicht, schrie auf: „Lasst sie in Ruhe." Nach der Ekstase untersuchte er ihre Hände und war erstaunt, als er nicht die geringste Spur von Verbrennungen auf ihnen entdeckte. Infolgedessen wurde der Arzt ein sofortiger und begeisterter Konvertit.[443]

Die meisten Menschen sind sich dessen bewusst, dass es sehr schmerzhaft ist, seine Hand in eine Flamme, und sei es auch nur eine Kerzenflamme und nur für einen kleinen Augenblick, zu halten. Doch niemand könnte es in einem normalen Wachzustand ertragen, wenn die Flammen einer großen Kerze auch nur für ein paar Sekunden seine Finger anbrennten, ohne vor Schmerzen zu schreien und schwere Verbrennungen zu erleiden. Bernadette war also in einer echten Ekstase und nahm die Welt überhaupt nicht mehr war. Das ist der Unterschied zwischen einer echten Ekstase und einer „Medjugorje-Ekstase".

Stellen wir diesen Vorfall auch dem zuvor erwähnten Algometer-Test gegenüber, mit dem die Schmerzempfindlichkeit der Seher getestet werden sollte. Wie wir sahen, war er wirklich völlig unzureichend insofern, als das Maß echter Schmerzen nicht groß und die Zeitdauer des Tests nicht ausreichend war. Ein im echten Leben vollzogener „Test" wie derjenige bei Bernadette ist eine ganz andere Sache. Eine Kerzenflamme kann eine Temperatur von über 1.000° C haben, und schon ein paar Sekunden in einer solchen Flamme sind absolut qualvoll. Die Höchsttemperatur, die das Algometer erreichen konnte, betrug lediglich 50° C. In der

---

443 René Laurentin, *Bernadette of Lourdes*, S. 84-85.

Tat würde jeder normale Mensch, außerhalb einer echten Ekstase wie derjenigen von Bernadette, sofort seine Hände aus einer Kerzenflamme herausziehen. Wenn die Seher von Medjugorje sich solch einem echten Test unterziehen und eine Kerzenflamme über ihren Händen brennen lassen, während sie in einer ihrer angeblichen „Ekstasen" sind, dann werden Skeptiker ihre Behauptungen ernster nehmen.

Und es gibt noch einen weiteren Unterschied zwischen echten Sehern wie der hl. Bernadette und den Visionären von Medjugorje: Bei einer Gelegenheit versuchte ein Besucher ihres Hauses – einer armseligen Hütte mit einem Zimmer beim alten Gefängnis in Lourdes, dem *Cachot* – eine Goldmünze in ihre Hand zu drücken; sie lehnte sie jedoch vehement ab und rief: *„Sie verbrennt mich!"* Tatsächlich wies sie alle derartigen Geldangebote zurück[444], was, wie wir sehen werden, bei den Sehern von Medjugorje ganz offenkundig nicht der Fall war, denn sie wohnen in schmucken Häusern, fahren teure Autos und führen allgemein ein ziemlich bequemes Leben.

Ivan und das „Zeichen"

Im Mai 1982 beauftragte Bischof Žanić zwei Mitglieder der Untersuchungskommission, die er im Januar des vorherigen Jahres eingerichtet hatte, mit einer Befragung der Seher über das Wunderzeichen, das versprochen worden war. Sie wurden gebeten, dieses Zeichen zu beschreiben, weigerten sich aber, womit sie den Verdacht erweckten, dass man ihnen einen Wink gegeben hatte. Mirjana war zu diesem Zeitpunkt in Sarajevo, und auch sie verweigerte die Mitwirkung, was Bischof Žanić den Verdacht schöpfen ließ, dass jemand sie telefonisch vorgewarnt habe.

Hierbei war Ivan Dragičević ebenfalls abwesend, er hielt sich am Seminar der Franziskaner in Visoko auf. Als er aber separat befragt wurde, willigte er gerne ein, Einzelheiten über das Zeichen

---

444 Ebd., S. 75.

niederzuschreiben. Dies tat er auch, und sein Text und eine Kopie davon wurden in Umschlägen versiegelt und jeweils im Seminararchiv und in der Kanzlei des Bischofs in Mostar verwahrt. Als alle Seher, darunter auch Ivan, zu einem späteren Zeitpunkt, nämlich am 3. August, nach Mostar kamen, wurden sie vom Bischof gebeten, dieses „Zeichen“ auf separaten Papierbögen niederzuschreiben, weigerten sich aber und behaupteten, sie hätten von der „Gospa“ den Befehl erhalten, dies nicht zu tun.
Bischof Žanić vergrößerte seine Kommission im Jahr 1984 von fünf auf vierzehn Mitglieder, und Ivan wurde im März 1985 von drei Mitgliedern dieser vergrößerten Bischöflichen Kommission über das „Zeichen“ befragt. Pater Puljic, eines der Kommissionsmitglieder, frage Ivan, ob er etwas über das „Zeichen“ geschrieben habe, worauf Ivan antwortete: „Nein.“ Pater Puljic fragte ihn dann, was er in Visoko in den Umschlag gesteckt habe, worauf Ivan erwiderte: „Ich steckte ein leeres Blatt Papier in den Umschlag; dann versiegelte ich ihn; dann erschien mir die Gospa, und sie lächelte.“
Solch eine Antwort ist eindeutig Besorgnis erregend, da sie impliziert, dass die Gottesmutter speziell zu dem Zweck erschienen war, diesen Betrug zu billigen.
Doch in Wirklichkeit entdeckte man, als der Briefumschlag aus der bischöflichen Kanzlei geholt und dessen Inhalt in Gegenwart aller Kommissionsmitglieder untersucht wurde, dass er kein leeres Blatt Papier enthielt, sondern eine vom 9. Mai 1982 datierende, von Ivan unterzeichnete Erklärung. Sie beinhaltete Informationen über das Zeichen, die anscheinend von der „Gospa“ diktiert worden waren. Es sollte „ein großes Heiligtum in Medjugorje zur Erinnerung an meine Erscheinungen“ werden, „und dieses Heiligtum wird meiner Person [geweiht] sein.“ Außerdem „wird“, der Erklärung zufolge, dieses Heiligtum „im sechsten Monat erscheinen“. Damit war vermutlich der Juni 1982 gemeint. Wie bekannt,

ist jedoch bis auf den heutigen Tag nichts dergleichen geschehen.[445]

Erzbischof Franić machte in seiner Stellungnahme vor der Jugoslawischen Bischofskonferenz am 17. April 1985 die folgenden Bemerkungen: „Den Fall von Ivan Dragičević halten gewisse Mitglieder der Kommission für einen eindeutigen Beweis dafür, dass alles, was in Medjugorje geschieht, pure Fantasie ist. Wir müssen allerdings den Seher Ivan von dem Menschen Ivan unterscheiden." Weiter sagte er dann, dass der Seminarist Ivan eine „große Ehrfurcht" vor seinen Oberen habe und befürchtet habe, hinausgeworfen zu werden, wenn er nichts schriebe.[446]

Die Apologeten Ivans äußern sich zu dem „Zeichen"

Randall Sullivan legt seine eigene Version dieses Ereignisses vor, wenn er behauptet, dass Ivan von dieser Begegnung mit den Kommissionsmitgliedern „überwältigt" gewesen sei und sich, nachdem er den Monat geoffenbart und über das Zeichen geschrieben habe, innerlich zu dem Schluss gelangt sei, dass er das Jahr nicht offenbaren solle.

Auch René Laurentin wartet mit seiner Version über das Geschehene auf. Er argumentiert, dass Ivan „isoliert, … missverstanden [worden sei und] sich bei seinen Studien unbehaglich gefühlt habe" – einen Monat später wurde er hinausgeworfen. Nachdem er von den Kommissionsmitgliedern „eingeschüchtert" worden sei, sei er „zusammengebrochen". Der französische Priester behauptet, dass das von Ivan Geschriebene „in seiner Erinnerung so vage war, dass er meinte, er habe ‚nichts geschrieben'." Offenbar teilte ihm Ivan dies in „aller Aufrichtigkeit" mit, und René Laurentin zufolge war das Ergebnis nach der Öffnung des Briefumschlages, dass er „das Gesicht verlor, nicht nur vor den Kommis-

---

445 Jones, *The Medjugorje Deception,* S. 101-102; Sivrić, *The Hidden Side of Medjugorje,* Vol. I, S. 53, 74-77.

446 O'Carroll, *Medjugorje: Facts, Documents, Theology,* S. 206.

sionsmitgliedern, sondern auch vor den Pfarrern und den anderen Sehern."
Dann erfahren wir, dass die Franziskaner nach einer „zermürbenden" Versammlung am 7. März 1985, an der Pater Barbarić und die Kommissionsmitglieder teilnahmen, „eine Zusammenkunft mit den sechs Sehern einberiefen, um sich der Wahrhaftigkeit Ivans als Seher zu vergewissern." Hierbei „bestätigten die anderen fünf seine Position als Seher, wenngleich sie ihn wegen seines Irrtums zurechtwiesen. Während der kommenden Tage weinte er bitterlich. Aber er lernte aus seiner Erfahrung."[447]
Diese malerische Darstellung ist aus allen möglichen Gründen interessant, doch ist die Vorstellung, dass die anderen Seher Ivan als Seher „bestätigten", sicher völlig surreal. Wenn ein Seher echt ist, dann wird er von Gott oder von Unserer Lieben Frau „bestätigt", nicht von seinesgleichen, und auf Erden erfolgt eine solche Bestätigung im Sinne der Anerkennung der fraglichen Erscheinungen oder der Selig- oder Heiligsprechung der Seher durch die Kirche. Dieser eine Vorfall für sich genommen reicht sicher völlig aus, um zu zeigen, in welche merkwürdigen Tiefen die Anhänglichkeit an die „Logik" von Medjugorje René Laurentin und bedauerlicherweise auch viele andere neben ihm geführt hat.
Mit einem Wort, der Leser wird für sich selbst entscheiden müssen, ob er Ivans „Erklärung" oder die der Mitglieder der offiziellen Kommission annimmt. Abgesehen davon wirft auch Ivans Beschreibung des Zeichens, die Sullivan wiedergibt, dass es „eine Flamme, die beständig brennt, ohne jedoch zu verzehren", sein würde, ebenfalls Probleme auf. Wie bei Vickas Beschreibung des angeblichen „Zeichens" ist auch Ivans Darstellung davon als etwas eindeutig Wundersames, als etwas, was die Notwendigkeit des Glaubens aufheben würde, schwer zu akzeptieren.

---

[447] Sullivan, *The Miracle Detective*, S. 158; Laurentin, *Medjugorje Testament*, S. 81–83.

Marija begann am 25. Januar 1987, Monatsbotschaften der „Gospa" herauszugeben. Wayne Weible zufolge „schreibt sie die Botschaft nieder und gibt sie Pater Slavko Barbarić. Dann wird sie gründlich auf ihre Übereinstimmung mit der Bibel und der Lehre der Kirche geprüft, und in weniger als 24 Stunden wird sie an Gebetskreise und an andere Gläubige in aller Welt ausgesandt."[448]
War die selige Jungfrau Maria in ihrer Kenntnis der Heiligen Schrift und in ihrem dogmatischen Wissen so mangelhaft geworden, dass ihre Botschaften nun von Pater Barbarić überprüft werden mussten? Stellt dies nicht einen weiteren Beweis dafür dar, dass diese Äußerungen nicht übernatürlich sind?
Doch bereits im Jahr 1984 gab es Hinweise dafür, dass die Seher effektiv unter der Kontrolle der Franziskaner standen. Das folgende Zitat stammt aus der Chronik der Erscheinungen und wurde dann für den vom 12. April datierenden Eintrag von Pater Vlašić ediert: „Heute sprach ich mit allen Sehern. Ich machte sie abermals auf die Notwendigkeit aufmerksam, keine Erklärungen vor irgendjemandem abzugeben, ohne uns zuvor zu informieren."[449]
Marija war auch eng an einem ziemlich eigenartigen Projekt beteiligt, welches von Pater Vlašić und Agnes Heupel begonnen wurde. Am 25. März 1988 gab Pater Vlašić einen „Appell" aus der Nähe von Parma in Italien heraus, in welchem er behauptete, dass seit 1985 „Unser Herr und Unsere himmlische Mutter" in seinem Herzen zu ihm „in besonderer Weise" gesprochen und ihm „besondere Mitteilungen" gegeben hätten, bei denen es um die Gründung einer Ordensgemeinschaft gehe. Bereits am 7. Oktober 1981, etwas über drei Monate nach dem Beginn der Visionen, hatte Pater Vlašić die folgende Bitte der „Gospa" geäußert: „Sollten wir eine Gemeinschaft wie die des hl. Franziskus von

---

[448] Weible, *The Final Harvest*, S. 98, 164.
[449] http://catholiclight.stblogs.org/archives/2009/10/context-of-the.html.

Assisi gründen?" Offensichtlich hatte er damals schon seit langer Zeit eine solche Idee im Sinn gehabt. Agnes Heupel behauptete ebenfalls, eine unterstützende Botschaft von Jesus zur Gründung dieser Gemeinschaft aus jungen Leuten beiderlei Geschlechts empfangen zu haben, und die Idee erhielt im April 1988 offenbar auch eine Billigung durch Marija, die sagte, dass sie eine Vision der „Gospa" gesehen habe und dass sie die Idee befürworte.

Auf jeden Fall wurde, als man diesem Vorschlag für eine gemischte Ordensgemeinschaft dem Vatikan vorgelegt hatte, keine Bewilligung erteilt. Marija gab daraufhin in einem Brief vom 11. Juli 1988 die folgende Erklärung ab:[450]

> Ich fühle mich moralisch verpflichtet, die folgende Stellungnahme vor Gott, Unserer Lieben Frau und der Kirche Jesu Christi abzugeben: ... Die Botschaft des Textes *Eine Einladung zum Marianischen Jahr* und der Erklärung, die meine Unterschrift trägt, ist, dass ich die Antwort Unserer Lieben Frau auf die Frage von Bruder [sic!] Tomislav Vlašić gebracht hätte. Jene Antwort lautete angeblich: ‚Dies ist Gottes Plan.' Mit anderen Worten, es folgt aus diesen Texten, die ich Bruder Tomislav Vlašić übermittelte, die Bestätigung und ausdrückliche Billigung dieses Werkes durch Unsere Liebe Frau ... Ich erkläre jetzt, dass ich Unsere Liebe Frau nie um irgendeine Bestätigung dieses Werkes von Bruder Tomislav Vlašić und Agnes Heupel gebeten habe ... Meine erste Erklärung ... entspricht nicht der Wahrheit. Bruder Tomislav Vlašić beriet mich und betonte immer wieder, dass ich als eine Seherin eine Erklärung schreiben sollte, welche die Welt erwartete.[451]

Marija sollte ihren Verlobten, Paolo Lunetti, im September 1993 heiraten, und Wayne Weible zufolge gab dies „unter den Franziskanern von Medjugorje Anlass zur Besorgnis. Würde diese Eheschließung den Fluss der Monatsbotschaften unter- oder das

---

450 Jones, *Medjugorje: The Untold Story,* S. 89-91; Guerrera, *Medjugorje: A Closer Look,* S. 68-70; Laurentin/Lejeune, *Messages and Teachings of Mary at Medjugorje,* S. 166; vgl. Video Visions on Demand.

451 Davies, *Medjugorje After Fifteen Years*, S. 32-33. Die Patres Rupcic und Nuic behaupten in ihrem Buch *Once Again The Truth about Medjugorje,* S. 32, dass Marija nicht über ihre eigenen Botschaften gesprochen habe, sondern über jene, die angeblich Agnes Heupel empfangen habe. Allerdings wird nicht deutlich, womit sie diese Idee begründen.

Muster der Erscheinungen durchbrechen, insbesondere da Marija in Monza in Italien leben würde?“ Marija versicherte ihnen, dass sie keine Veränderung in ihrer Regel täglicher Visionen erwartete, doch blieb die Besorgnis bestehen, weil „die anderen Seher, die geheiratet hatten, sich im Dorf niederließen. Marija wäre die erste, die weit entfernt von der direkten geistlichen Betreuung durch die Franziskaner leben würde.“[452]

Probleme mit Mirjana

In Bezug auf Mirjana kommentiert Pater Sivrić Gerüchte zu ihrer emotionalen Stabilität. Er zitiert ein Interview zwischen ihr und Pater Tomislav Vlašić, welches am 10. Januar 1983 aufgezeichnet wurde, und hebt hervor, dass, wenngleich der Großteil dieses Gesprächs im Buch von Pater Svetozar Kraljević zu finden sei, in dieser Quelle bedauerlicherweise „gewisse Stellen ausgelassen oder in ihrem Sinn abgeschwächt worden sind.“

Da Pater Sivrić eine Kopie des vollständigen kroatischen Textes des ursprünglichen Interviews besaß, konnte er diesen mit dem übersetzten Text vergleichen und wichtige Weglassungen einzeln aufführen. Hierzu gehören einige Gedanken Mirjanas über das Fegfeuer, den Himmel und die Hölle. Im Abschnitt über das Fegfeuer klopfen Arme Seelen aus jenem Reinigungsort angeblich ans Fenster einer Wohnung im sechsten Stock, um Gebete zu erbitten. Mirjana behauptet ausdrücklich, dass die „Gospa“ ihr dies mitgeteilt habe. Was die Hölle betrifft, so erfahren wir, dass die „Menschen sich dort wohl zu fühlen beginnen“[453].

Eine Bemerkung, die Pater Kraljević aus dem Interview aufnahm, war die Behauptung, dass die Visionen in Medjugorje „die letzte Erscheinung auf Erden“ seien. Als sie hierzu Stellung beziehen sollte, sagte Mirjana weiter: „Dies ist das letzte Mal, dass Jesus oder Maria auf Erden erscheinen werden.“[454]

---

452 Weible, *The Final Harvest*, S. 166.

453 Sivrić, *The Hidden Side of Medjugorje*, Bd. I, S. 100-101.

454 Kraljević, *The Apparitions of Our Lady at Medjugorje,* S. 133.

Sicher enthält das Interview Hinweise auf einige Probleme hinsichtlich des emotionalen Zustandes von Mirjana. An einer Stelle fragte sie Pater Vlašić, ob sie nach ihrer angeblich letzten Begegnung mit der „Gospa“ deprimiert gewesen sei. Hierauf erwiderte sie: „Ich war schrecklich traurig. In der Schule … sagte mir jeder, ich sei verrückt geworden. Sie lachten mich aus. Ich wollte mit niemandem sprechen. … Ich wollte bloß alleine für mich dasitzen. … Ich fange an zu weinen, ohne zu wissen, warum.“
Im Zusammenhang damit ist es vielleicht beachtenswert, dass Pater Jordan Aumann „Verwirrung, Besorgnis und tiefe Depression“ als unter den anerkannten „Zeichen des teuflischen Geistes“[455] aufführt. Das soll nicht heißen, dass wir einen eindeutigen Beweis dafür hätten, dass Mirjana an einer „tiefen Depression“ litt, die eindeutig mit teuflischem Wirken zusammenhing, oder auch nur einer Form einer klinischen Depression, doch sind ihre Bemerkungen ein Anzeichen für ein mögliches Problem in diesem Bereich.

Vickas physischer und psychologischer Zustand

Im Jahr 1985 behauptete Vicka, Offenbarungen über das Leben der Gottesmutter und, noch allgemeiner, über die Zukunft zu empfangen. Sie wurde auch von Kopfschmerzen und Ohnmachtsanfällen, die jahrelang andauerten, geplagt; diese könnten auf den psychologischen Druck hindeuten, unter dem sie stand. Es ist sicher ganz erstaunlich, in einem im Januar 1986 geschriebenen Artikel von Pater Janko Bubalo zu lesen, dass „Vicka ein mysteriöses Leben voller Kopfschmerzen und Ohnmachtsanfälle, die immer schwerer zu ertragen waren und immer länger währten, führt“. Diese Anfälle waren offenbar nicht medizinisch zu behandeln, nicht einmal in Zagreb. Später schreibt Pater Bubalo, dass ihre „Ohnmachtsanfälle anfingen, immer länger zu währen. Fast

---

455 Ebd., S. 136; Aumann, *Spiritual Theology*, S. 412.

jeden Tag dauerten sie fünfzehn Stunden oder länger an", und sie wachte lediglich für ihre Begegnung mit der „Gospa" auf.

Dies alles deutet darauf hin, dass Vickas physischer und psychologischer Zustand in dieser Phase alles andere als normal war. Tatsächlich wies Vicka, wie Joachim Bouflet hervorhebt, damals alle Kennzeichen einer Hysterikerin auf, die für seltsame Krankheiten anfällig war, die plötzlich auftreten und sich nicht diagnostizieren lassen. Mary Craig zufolge wurden diese Kennzeichen auch von einer Gruppe von Psychiatern bemerkt, die im Januar 1986 kamen, um die Seher zu untersuchen. Sie sahen Vicka an einem Nachmittag, „an dem sie in einem von ihrer Familie so beschriebenen ‚Koma' lag", das die Psychiater aber als eine „hysterische Benommenheit" beschrieben. Außerdem beobachtete einer der drei Psychiater, „dass sie eine Tendenz zur Effekthascherei hatte, immer im Mittelpunkt der Aufmerksamkeit stehen wollte und Beliebtheit suchte."

Auch Louis Bélanger erwähnt diesen Besuch und weist auf die allgemeinen Schlussfolgerungen hin, zu der die Gruppe gelangte:

> Die unterzeichnenden Ärzte ... empfehlen, dass die Erscheinungen nur in Gegenwart verantwortlicher Priester stattfinden, unter Ausschluss der Öffentlichkeit in jedweder Form. Dies soll nicht nur die spirituelle Atmosphäre angemessener machen, sondern auch jeglicher suggestiven Bestätigung einen Riegel vorschieben.

Die Unterzeichner der Empfehlungen waren der österreichische Professor Gottfried Roth, ein Neurologe und Pastoralpsychiater; die polnische Professorin Wanda Poltawska, eine Pastoralpsychiaterin und gute Freundin von Karol Wojtyła/Papst Johannes Paul II.; der italienische Psychiater Pietro R. Cavalleri und die italienischen Ärzte Caterina Tribbia und Pier-Giorgio Spaggiari.

Die Empfehlungen der Gruppe sind offensichtlich nicht befolgt worden. Wie Bélanger betont, hat die Tatsache, dass dies nicht geschehen ist, dazu geführt, dass das Auftreten der Seher von

Medjugorje eher dem gleicht, was man ansonsten in einer Reality Show im Fernsehen erwarten würde.[456]
Craig zufolge wurde später behauptet, dass Vicka an einem Hirntumor gelitten habe, dass sie aber „an dem ihr von Unserer Lieben Frau vorhergesagten Tag, dem 25. September 1988, geheilt worden und nun bei guter Gesundheit ist"[457]. Wenn sie aber an einem Hirntumor litt, wie erklärt man dann die Tatsache, dass dieser bei keiner der vorherigen medizinischen Untersuchungen, denen sie sich unterzogen hatte, entdeckt worden war?
Folgendes hat Pater Jordan Aumann über die Kennzeichen zu sagen, die erfüllt sein müssen, wenn wir es wahrscheinlich mit echten, göttlichen Offenbarungen zu tun haben:

> Die Person, welche die Offenbarung empfängt, sollte sorgfältig untersucht werden, insbesondere in Bezug auf ihr Temperament und ihren Charakter. Wenn die Person demütig, ausgeglichen, taktvoll, offenkundig in der Tugend fortgeschritten ist und eine gute geistige und körperliche Gesundheit genießt, dann gibt es guten Grund, fortzufahren und die Offenbarung selbst zu untersuchen. Wenn die Person aber … an einer Nervenkrankheit leidet, Phasen großer Erschöpfung oder schwerer Depression durchmacht oder eifrig bestrebt ist, die Offenbarung zu enthüllen, besteht Ursache für schwerwiegende Zweifel.[458]

Insbesondere, was Vicka und Mirjana betrifft, bestehen, wie oben angedeutet, eindeutig gute Gründe für die Annahme, dass sie an einigen Problemen in den oben genannten Bereichen litten. Die Frage ist, wie wir dies in Einklang mit der Tatsache bringen können, dass die medizinischen Tests, die an den Sehern als einer Gruppe in den frühen 1980er Jahren durchgeführt wurden, darauf hinzudeuten schienen, dass sie psychologisch gesund waren? Diese Frage ist nicht leicht zu beantworten, doch vielleicht könn-

---

456 http://en.louisbelanger.com/2011/02/28/medjugorje-%E2%80%9Creality-tele-visions%E2%80%9D-and-the-cruel-absence-of-pastoral-care/.
457 Sivrić, *The Hidden Side of Medjugorje,* Bd. I, S. 96-100; Bouflet, *Medjugorje, ou la fabrication du surnaturel,* S. 178; Craig, *Spark from Heaven,* S. 240, 299; vgl. Bubalo, *Thousand Encounters,* S. 283-287.
458 Aumann, *Spiritual Theology*, S. 430.

ten wir es hier mit den psychologischen Auswirkungen von *Schuld* an ihrer Beteiligung an dem Betrug, den sie nach dem Freitag, 3. Juli 1981, aufrechterhielten, zu tun haben. Wie wir sahen, bestand dieser in der Behauptung, dass die „Gospa" den Sehern immer noch weiter erscheine, wenngleich wir durch die Tonbandprotokolle und durch das ausdrückliche Zeugnis Vickas wissen, dass dieser Tag das Datum der letzten Vision sein sollte.
Und es ist wichtig, die Auswirkungen von Schuld ernst zu nehmen, wie der Philosoph Donald DeMarco bemerkt:

> Während der ganzen Geschichte war es sowohl in gebildeten als auch in ungebildeten Gesellschaften vorherrschender Konsens, dass Schuld eine natürliche menschliche Reaktion auf die persönliche, bewusste und freiwillige Teilnahme an moralischem Fehlverhalten ist und dass der Mensch sowohl am Leib wie in der Seele leiden wird, solange seine Schuld nicht bekannt [gebeichtet] und gesühnt worden ist.[459]

Probleme mit den Ordensgelübden

Bedauerlicherweise ist auch die Glaubwürdigkeit einiger der Franziskaner, die sich für Medjugorje engagierten, ebenfalls durch Vorfälle untergraben worden, bei denen angeblich das Keuschheitsgelübde gebrochen worden ist. Wenngleich dies keinen Primärbeweis gegen die Visionen darstellt, da angesichts der menschlichen Schwachheit jeder in Sünden dieser Art fallen kann, so kommt dadurch nichtsdestotrotz ein weiterer negativer Aspekt hinzu, der nicht ignoriert werden kann. Was über diese Anschuldigungen gesagt werden *kann*, ist, dass sie offenbar, wie wir sahen, mit einer der im Jahr 2008 gegen Pater Vlašić erhobenen Anschuldigungen zu tun haben, nämlich dass er *„contra sextum"*, d. h. gegen das Sechste Gebot, gehandelt habe und folglich sexuelle Angelegenheiten betrifft.[460]

---

459 Donald DeMarco, *„The Goodness of Guilt." National Catholic Register (21. bis 27. Januar 2001),* im Internet nachzulesen auf:
http://catholiceducation.org/articles/religion/re0420.html.
460 Siehe für kritisches Beweismaterial insbesondere Jones, *The Medjugorje Deception*, S. 46-50, 75, 77, 84, 96, 114; vgl. auch Video *Visions on Demand.* Siehe für

Ähnlich wurden schwere sexuelle Anschuldigungen gegen Pater Jozo Zovko erhoben, der zu Beginn der Visionen Pfarrer in Medjugorje und, wie wir sahen, einer der Hauptverfechter von Medjugorje war. Diese Angelegenheiten wurden dem Generalminister des Franziskanerordens, Hermann Schalück, vorgelegt, und Pater Zovko wurde im August 1989 von Bischof Žanić diszipliniert. Er wurde auch „ein zweites Mal gemaßregelt, im Juni 1994, diesmal unter Bischof Perić, wegen beharrlichen Ungehorsams." Abbé René Laurentin war in seinen *Dernières Nouvelles* gezwungen, einzugestehen, dass die Motive für die Sanktionen gegen Pater Zovko, da sie nicht öffentlich bekannt gegeben worden seien, schwerwiegend gewesen sein müssten.

Und Pater Zovko wurde noch ein drittes Mal gemaßregelt, und zwar im Jahr 2004, als er durch Bischof Perić im Lichte seines „fortwährenden Ungehorsams in dieser Ortskirche" und seines „mangelnden Respekts gegenüber den Entscheidungen der Diözesanbischöfe" von dem Vollzug jeder priesterlichen Handlung in der Diözese Mostar-Duvno suspendiert wurde. Das Dekret zur Bekanntgabe dieses Schrittes wurde im Rundbrief der Diözese veröffentlicht.

Das Zeugnis von Marija Pavlović vom 21. Oktober 1981, dass Pater Zovko der „Gospa" zufolge „ein Heiliger" sei, wirkt im Lichte alles dessen sehr suspekt.[461]

---

den gegensätzlichen Standpunkt: Nolan, *Medjugorje: A Time for Truth*, S. 183, 245-248, 320-327, und Klanac, *Medjugorje, Réponses aux objections*, S. 49-53. Vgl. http://www.marcocorvaglia.com/medjugorje-en/and-the-gospa-said-thank-tomislav-very-much-he-is-guiding-you-so-well.html.

461 Jones, *The Medjugorje Deception*, S. 147, 164-165, 370; Laurentin/Lejeune, *Messages and Teachings of Mary at Medjugorje*, S. 168; Laurentin, *Dernières Nouvelles de Medjugorje*, Nr. 15, Juni 1996, S. 34. Mark Waterinckx gibt in dem Video *Cover Up* explizit Zeugnis über die Anschuldigungen gegen Pater Zovko ab. Diese basieren auf seinen eigenen Erfahrungen aus erster Hand, da er früher über viele Jahre hin ein enger Freund von Pater Zovko gewesen war. Außerdem sind diese Details dem Verfasser persönlich von Mark Waterinckx bestätigt worden. Die Einzelheiten zu den Suspendierungen von Pater Zovko sind in den Dokumenten Nr. 622/89 und 423/94 in der Kanzlei von Mostar Chancery enthalten. Vgl. auch das Video *Cover Up*. Details zur dritten Suspendie-

Es ist auch durchgesickert, dass Pater Zovko im Jahr 1990 von der Römischen Kongregation für die Evangelisierung der Völker gebeten wurde, aus Medjugorje wegzuziehen und sich in einem fernen Kloster niederzulassen. Allerdings ging er nur bis nach Siroki Brijeg und bewies weiterhin seinen Ungehorsam, indem er Medjugorje besuchte. Während der 1990er Jahre war er am Bau eines, nach den Worten von Bischof Perić, Ordenshauses „von großen Ausmaßen" in Siroki Brijeg ohne jede kirchliche Bauerlaubnis beteiligt. Im Jahr 1997 wurde berichtet, dass bis zu 8 Millionen Deutsche Mark (ca. 4,1 Mio. €) in dieses Projekt investiert worden seien, allerdings ist unklar, woher genau dieses Geld gekommen war.[462]

Was sollen wir also insgesamt von der Glaubwürdigkeit dieser Seher und einiger ihrer wichtigsten franziskanischen Gefährten halten? Ganz gleich, ob es um Mirjanas berichtete emotionale Instabilität in der ersten Zeit, Vickas mögliche Hysterie und ihre seltsamen Krankheiten, Marijas demütigenden Widerruf oder Ivans „Verwirrung" über das angebliche Zeichen geht, aus den vorgelegten Beweisen geht wohl klar hervor, dass sie fast nichts mit echten marianischen Sehern, mit der Einfachheit oder Heiligkeit der hl. Bernadette oder der Seherkinder von Fatima gemeinsam haben. Und genauso müssten die Fakten in Bezug auf die Patres Vlašić und Zovko sowie die schwerwiegenden Anschuldigungen auf sexuellem Gebiet, die gegen sie vorgebracht worden sind, sowie die vielfältigen disziplinarischen Probleme, auf die sie gestoßen sind, nachdenkenden Anhängern von Medjugorje ein unbehagliches Gefühl bereiten.

---

rung sind zu finden auf: http://www.marcocorvaglia.com/medjugorje-en/father-jozo-a-disobedient-franciscan.html; das Dekret wurde in *Vrhbosna*, 3/2004, S. 293-298 (843/2004) publiziert.

462 Brief von Bischof Perić an Pfarrer Rudo Franken vom 7. Februar 2000, zitiert in: Michael Davies, *Medjugorje after Twenty-One Years, 1981–2002: The Definitive History*, S. 148-149. Dieser Text steht nur als Download im Internet zur Verfügung: www.mdaviesonmedj.com.

Alles oben Behandelte veranschaulicht die „verborgene“ Seite von Medjugorje, eine Seite, von der die meisten Pilger absolut nichts wissen.

17. Medjugorje, die Erklärung von Zadar und der Krieg

Der Krieg in Jugoslawien

Die kommunistischen Regime in Osteuropa begannen sich von 1989 an mit großer Geschwindigkeit aufzulösen, ein Prozess, der seinen Höhepunkt eindeutig im Fall der Berliner Mauer im November jenes Jahres fand. Im Großen und Ganzen war dieser Prozess sehr friedlich; in Jugoslawien aber war die Situation anders, potentiell sogar explosiv angesichts seiner rivalisierenden Volksgruppen von Serben, Kroaten, Slowenen und bosnischen Muslimen in einem religiös und ethnisch gespaltenen Land. Franjo Tudjman wurde Präsident einer neuen politischen Partei in Kroatien, der HDZ (Kroatischen Demokratischen Union), doch enthielt sein Programm keine Garantien für ethnische Minderheiten in Kroatien, insbesondere für die Serben. In Serbien hatte unterdessen Slobodan Milošević auf seinem Weg an die Macht eine zunehmend fremdenfeindliche Politik verfolgt. Da sich überall in Jugoslawien nationalistische Bestrebungen regten, wurde ein bewaffneter Konflikt unausweichlich, insbesondere in Bosnien-Herzegowina mit seiner sehr vielfältigen ethnischen Zusammensetzung und seiner großen muslimischen Bevölkerung.[463]

Medjugorje und die Jugoslawische Bischofskonferenz

Das Untersuchungsergebnis der Jugoslawischen Bischofskonferenz zu Medjugorje wurde in Form der Erklärung von Zadar offiziell am 10. April 1991 veröffentlicht. Hierin hieß es eindeutig, dass, nach fast zehn Jahren angeblicher Visionen, „bis jetzt nicht bestätigt werden" konnte, „dass es sich hier um übernatürliche Erscheinungen und Offenbarungen handelt". Ebenso sehr jedoch

---

[463] Lampe, *Yugoslavia as History*, S. 353-354, 360-361, 362-364; Jones, *The Medjugorje Deception*, S. 167-174; Benson, *Yugoslavia: A Concise History*, S. 157.

war es den Bischöfen ein Anliegen, dass für die geistlichen Bedürfnisse der Pilger, die, trotz der gefährlichen Lage in Jugoslawien, nach Medjugorje kamen, gesorgt würde. Der vollständige Text der Erklärung lautet wie folgt:

> Auf der Basis dieser Untersuchungen kann bis jetzt nicht bestätigt werden, dass es sich hier um übernatürliche Erscheinungen und Offenbarungen handelt. Aus welchen Motiven auch immer die zahlreichen Versammlungen der Gläubigen aus den verschiedenen Teilen der Welt in Medjugorje zustande kommen, aus religiösen oder verschiedenen anderen Motiven, beide erfordern die Aufmerksamkeit und zuerst die pastorale Sorge des Diözesanbischofs und mit ihm auch der anderen Bischöfe, damit in Medjugorje und in allem, was damit zusammenhängt, eine gesunde Verehrung der Seligen Jungfrau Maria gewährleistet wird, in Übereinstimmung mit der Lehre der Kirche. Zu diesem Zweck werden die Bischöfe besondere und brauchbare liturgische und pastorale Direktiven erlassen. Ebenso werden sie durch ihre Kommission fortfahren und Schritt halten mit ihren Untersuchungen, bis es zu einem endgültigen Ergebnis über Medjugorje kommt.[464]

Die Erklärung veranschaulichte das Dilemma, vor dem die kirchlichen Würdenträger standen: Sie konnten sich nicht für die angeblichen Visionen aussprechen, da sie feststellen mussten, nichts Übernatürliches an ihnen gefunden zu haben. Zugleich jedoch durften sie sich den geistlichen Bedürfnissen derer nicht verschließen, die guten Glaubens von der Echtheit der Erscheinungen ausgingen.

Zuvor war berichtet worden, dass der Papst mit einem der jugoslawischen Bischöfe zusammengetroffen sei und ihm versichert habe, dass endlich eine Stellungnahme des Vatikans zu Medjugorje erscheinen würde. John Thavis vom Catholic News Service zufolge fand diese Begegnung am 8. Februar 1991 statt. Kardinal Ratzinger hatte ähnliche Bemerkungen E. Michael Jones gegenüber gemacht, der ihm während eines Besuches in Dallas (Texas) am 7. Februar 1991 einige Fragen gestellt hatte: Übereinstim-

---

464 Davies, *Medjugorje after Twenty-One Years, 1981–2002*, S. 86. Deutsche Übersetzung entnommen von:
http://www.medjugorje.de/medjugorje/aussagen/erklaerung-von-zadar.html.

mend mit dem von den jugoslawischen Bischöfen bezogenen Standpunkt, deutete der Kardinal an, dass die Stellungnahme bald herauskommen würde. Im Laufe des Jahres hatte der Bürgerkrieg jedoch die Lage derart verkompliziert, dass diese Stellungnahme aufgeschoben wurde. Nach seiner eigenen Meinung zu Medjugorje befragt, antwortete Kardinal Ratzinger: „Ich kann keine andere Meinung haben als die der [jugoslawischen] Bischöfe."[465]

Ist die Erklärung von Zadar als positive Stellungnahme zu Medjugorje zu werten?

Manche Medjugorje-Anhänger suchten jedoch anschließend nach einer Möglichkeit, wie sie die Erklärung von Zadar in einem aus ihrer Perspektive betrachtet positiven Licht sehen konnten. Ein gutes Beispiel dafür stammt von Pater Robert Faricy, der die Arbeit der jugoslawischen bischöflichen Kommission so beurteilte, dass sie „im Jahr 1990 einen ergebnislosen Bericht verabschiedete, in dem … sie sich noch nicht festlegen konnte, ob die Ereignisse von Medjugorje wirklich in außergewöhnlicher Weise von Gott bewirkt worden waren"[466].

Dies ist eine verwirrende Aussage, und es ist genauso schwierig, die folgende Äußerung von Erzbischof Franc Perk von Belgrad, die er 1991 tätigte, zu verstehen:

> Es ist nicht wahr, dass das Dokument der Bischöfe … feststellen würde, dass nichts Übernatürliches an Medjugorje sei. Die Prälaten schrieben: *‚non constat de supernaturalitate'* [„es steht nicht fest, ob es sich um Übernatürliches handelt"]. Sie schrieben nicht: *‚constat de non supernaturalitate'* [„es steht fest, dass es sich um nichts Übernatürliches handelt"]. Das ist ein gewaltiger Unterschied: Ersteres kann nicht als endgültig

---

[465] Jones, *The Medjugorje Deception*, S. 184-186. Jones zufolge, waren die Einzelheiten der Erklärung von Zadar „Ende 1990" an Reporter der CNS durchgesickert. Zu diesem Zeitpunkt war sie also bereits abgeschlossen, und so wird Kardinal Ratzinger schon vor ihrer offiziellen Veröffentlichung im April 1991 um die Entscheidung der jugoslawischen Bischöfe gewusst haben.

[466] Aus der Einleitung in Janice T. Connell, *The Visions of the Children*, New York: St Martin's Press, 1992, S. xv.

interpretiert werden, da es für neue Entwicklungen offen bleibt. Dies bedeutet nicht, dass ich für Medjugorje wäre. Ich glaube, dass wie hierüber noch keine endgültige Erklärung abgeben können, dass es aber Anzeichen dafür gibt, dass Medjugorje vielleicht etwas Übernatürliches an sich hat oder hatte.[467]

Das mag die persönliche Auffassung des Erzbischofs und auch diejenige anderer Mitglieder der Kommission gewesen sein, aber ist dieser Standpunkt wirklich in sich logisch? Oberflächlich betrachtet, scheint es so, dass die Äußerung des Bischofs auf ihre Annahme des traditionellen lateinischen Begriffs *non constat de supernaturalitate* schließen lässt, d. h., dass es keine direkten Beweise für Übernatürlichkeit gibt und dass es sich somit nicht um ein ausdrückliches Abstreiten der Übernatürlichkeit handelt, wie sie ausgesprochen worden wäre, wenn man den Begriff *constat de non supernaturalitate* verwendet hätte. Kann man allerdings wirklich und allen Ernstes behaupten, dass die Kommission, obgleich es bis zu diesem Zeitpunkt bereits an die dreitausend angebliche Visionen gegeben hatte, von denen keine die Bischöfe zu der Feststellung veranlassen konnte, „dass es sich hier um übernatürliche Erscheinungen und Offenbarungen handelt", die Kommission dennoch aufrichtig die Hoffnung gehegt hätte, dass sie eventuell nach mehreren tausend weiteren Visionen zu einem positiven Ergebnis gelangen könnte? Ist das wirklich eine glaubwürdige Position?

In der Theorie könnte der Gebrauch des Terminus *non constat de supernaturalitate* weitere Entwicklungen zulassen. Ist dies in Bezug auf Medjugorje aber überhaupt wahrscheinlich? Es könnte möglich sein, wenn die Kommission es mit einer eher normalen Behauptung angeblicher, einzelner weniger Erscheinungen zu tun gehabt hätte, die in einem kurzen Zeitraum stattgefunden hätten, aber sicherlich nicht nach zehn Jahren und Tausenden angeblichen Visionen!

Dies wird offensichtlich, wenn wir zur Untersuchung dieser Situation ein lebensnahes Beispiel herausgreifen. Angenommen, je-

---

467 *30 DAYS*, March 1991, S. 55.

mand begegnet während einer Pause einem neuen Arbeitskollegen, und sie lernen einander kennen. Wenn diese Person nach einer Woche solcher Begegnungen sagen sollte, dass sie noch nicht bestätigen könne, dass irgendetwas, was ihr neuer Kollege während dieser Zeit gesagt habe, wahr sei, dann könnten wir dies als eine vernünftige Situation akzeptieren. Schließlich ist eine Woche nicht lang genug, um in Erfahrung zu bringen, wie ein anderer Mensch wirklich ist und um prüfen zu können, was er uns erzählt hat. Nehmen wir aber an, dass diese Person, nachdem sie zehn Jahre lang mit dem Kollegen zusammengearbeitet und täglich mit ihm gesprochen hat, sich abwenden und sagen sollte, dass nichts von dem, was er ihr während dieses langen Zeitraums erzählte, wahr gewesen sein, dann läge zweifelsohne eine völlig andere Situation vor. Im Grunde sagte sie damit nämlich, dass sie dem anderen Menschen einfach nicht trauen könne und nicht einmal sicher sei, dass von dem Erzählten überhaupt etwas gestimmt habe. Ein solches Beispiel lässt uns die Erklärung von Zadar aus der richtigen Perspektive und nicht durch eine unrealistische, einseitig für Medjugorje voreingenommene, rosarote Brille betrachten.
Das heißt natürlich nicht, dass der letzte Satz der Erklärung, der weitere Untersuchungen des Medjugorje-Phänomens zulässt, hier in Frage gestellt würde. Wir gehen lediglich davon aus, dass die Beschaffenheit der Visionen, ihre extreme Langlebigkeit und die Tatsache, dass die Bischöfe nicht feststellen konnten, dass sie es mit übernatürlichen Erscheinungen und Offenbarungen zu tun hatten, es in der Praxis äußerst unwahrscheinlich machen, dass weitere Untersuchungen dazu führen werden, dass die Phänomene von Medjugorje für übernatürlich erklärt werden.

Die Auflösung Jugoslawiens

Unterdessen wurde die instabile politische Lage, einer der Faktoren, die seit Mitte der 90er Jahre eine direkte Entscheidung des Vatikans zu Medjugorje verhindert hatten, immer schlimmer, als die Besorgnis über den Kommunismus durch Sorgen über einen wieder auflebenden Nationalismus ersetzt wurden. Dies fand zunehmend seinen Niederschlag in gewaltsamen Zusammenstößen zwischen den verschiedenen ethnischen Gruppen und begleitenden ethnischen Säuberungsaktionen, die sich zu einem totalen Krieg verschärften. Aus kroatischer Perspektive agierte die jugoslawische Armee ausschließlich auf Geheiß der Serben, während sich bei letzteren eine antiwestliche Belagerungsmentalität entwickelte.[468]

Etwa zu der gleichen Zeit, als die Erklärung der Jugoslawischen Bischofskonferenz erschien, erreichte die politische Krise im Land ihren Höhepunkt. Franjo Tudjman und Slobodan Milošević trafen sich im Frühjahr 1991 und beschlossen unter sich, dass sie Bosnien-Herzegowina teilen würden, wobei die Kroaten den nordwestlichen Teil, die Serben den südöstlichen Teil, mit einer muslimischen Pufferzone in der Mitte, zugesprochen bekämen. Am 25. Juni 1991, fast genau zehn Jahre nach dem Beginn der „Erscheinungen" in Medjugorje, erklärten sowohl Kroatien als auch Slowenien die Unabhängigkeit. Die Folge dieser Unabhängigkeitserklärungen war, dass die jugoslawische Armee, im Wesentlichen ein Heer unter serbischer Führung, in Slowenien einfiel und so den Krieg einleitete.

Die jugoslawischen Bischöfe hatten eigentlich geplant, ihre Leitlinien zu Medjugorje, die sich aus der Erklärung von Zadar ergaben, in einer Plenarsitzung am 27. Juni 1991 zu ratifizieren, wurden durch den Kriegsausbruch aber daran gehindert. Das Endergebnis war, dass das heikle Problem Medjugorje dann den vier Bischöfen überlassen wurde, welche die Bischofskonferenz von Bosnien-Herzegowina bildeten. Daher kann man sagen, dass die gewaltsame Auflösung Jugoslawiens einer der Faktoren waren, die Medjugorje retteten,[469] obwohl zweifellos auch sehr restriktive

---

468 Vgl. Lampe, *Yugoslavia as History*, S. 365, 369-371; Jones, *The Medjugorje Deception*, S. 188-189, 191; Jones, *Medjugorje: The Untold Story*, S. 124.

469 Jones, *The Medjugorje Deception,* S. 189-191, 192, 194; Benson, *Yugoslavia: A Concise History,* S. 162; Sells, The Bridge Betrayed, S. 72, 95.

Leitlinien die Leidenschaft vieler Enthusiasten für die Visionen nicht gedämpft hätten.

Die Europäische Gemeinschaft erkannte am 6. Januar 1992 Kroatien und Slowenien als unabhängige Staaten an, eine Woche später gefolgt vom Heiligen Stuhl, und im April erkannten sowohl die Europäische Gemeinschaft als auch die Vereinigten Staaten Bosnien-Herzegowina an, ein Schritt, der die Kämpfe in jener Region verschärfte. Dies hatte direkte Auswirkungen auf Medjugorje, und zwar dahingehend, dass die Pfarrkirche für Gottesdienste geschlossen wurde und während fast drei Monaten vom April bis Juni verschlossen blieb. E. Michael Jones zufolge bestand die Reaktion der Seher und ihrer franziskanischen Mentoren darin, eine immer verzweifelter werdende Serie von Faxen an den US-Präsidenten George Bush senior zu senden, in der sie ihn um das Eingreifen der Vereinigten Staaten baten, während jugoslawische Kampfflugzeuge über ihren Köpfen heulten.[470]

Der Krieg kommt nach Medjugorje

Es wurde behauptet, dass die „Gospa" in Medjugorje den Jugoslawienkrieg prophezeit habe, doch liegen keine unzweideutigen Botschaften in diesem Sinne vor, die als eindeutige Beweise für diese Behauptung zitiert werden könnten. Randall Sullivan sagt, dass im Jahr 1982 ein Franziskanerbruder Mirjana gefragt habe, „ob Kroatien jemals frei sein würde", worauf die Antwort kam: „Ja, nach einem kleinen Krieg."[471]

Zunächst ist über solch eine „Prophezeiung" zu sagen, dass es angesichts der von Gewalt geprägten Geschichte des Balkanraumes nicht schwer gewesen sein wird, vorauszusehen, dass das Ende des Kommunismus in Jugoslawien fast sicher zum Blutver-

---

[470] Lampe, *Yugoslavia as History*, S. 372-373; Jones, *The Medjugorje Deception*, S. 233, 235-238;

[471] Sullivan, *The Miracle Detective*, S. 191. Vgl. http://ministryvalues.com/index.php?option=com_content&task=view&id=1366&Itemid=125.

gießen und zum Krieg führen musste. Und der Untergang des Kommunismus war sogar schon vor dieser angeblichen Prophezeiung am Horizont zu sehen: Arbeiter in Polen waren bereits 1980 in den Streik getreten und gründeten 1981 die Gewerkschaft Solidarność. Viele Menschen in den Ländern des Ostblocks sehnten sich nach Freiheit vom Kommunismus, fürchteten sich aber vor den Konsequenzen der Revolution, insbesondere nach den Ereignissen in Ungarn 1956 und der Tschechoslowakei 1968. Die Tapferkeit des polnischen Volkes, das, im Anschluss an den historischen Besuch Papst Johannes Pauls II. im Jahr 1979, für seine Rechte aufstand, diente als Beschleuniger für den Fall des Kommunismus. Die Lage in Ex-Jugoslawien war zwar etwas anders, doch wurde nach dem Tode Titos im Mai 1980 deutlich, dass es schwierig werden würde, Jugoslawien angesichts eines wieder auflebenden Nationalismus in Zukunft zusammenzuhalten. Insgesamt hätte es also nicht zwangsläufig einer übernatürlichen Erkenntnis bedurft, um im Jahr 1982 den Fall des Kommunismus in Jugoslawien vorherzusagen.

Abgesehen von alledem hätte jeder, der mit der Botschaft von Fatima vertraut ist, den Fall des Kommunismus logisch vorhersagen können, ohne dass dafür eine neue Erscheinung notwendig gewesen wäre. Dies könnte also eine rein „menschliche" Prophezeiung oder alternativ eine teuflische gewesen sein, wenn man denn voraussetzt, dass der obige Dialog tatsächlich stattgefunden hat, was keineswegs sicher ist.

Der zweite Punkt ist, dass die Bezeichnung des gewaltsamen Konflikts, der in Ex-Jugoslawien stattfand, als ein „kleiner Krieg" eine Unflätigkeit ist, insbesondere angesichts seines entsetzlichen Charakters, der großen Leiden der Beteiligten und der großen Anzahl der getöteten Menschen in den schlimmsten Kampfhandlungen in Europa seit dem Zweiten Weltkrieg.

Hinsichtlich der „Prophezeiung" selbst ist zu beachten, dass kein genaues Datum angegeben noch der „Franziskanerbruder" identifiziert worden ist. Und eine Suche im *Chronologischen Korpus der Botschaften* ergibt für 1982 keine Erwähnung des Wortes „Kroatien". Der einzige Hinweis auf einen Krieg findet sich im folgenden Dialog für den 12. Juli 1982: Frage: „Wird es einen Dritten Weltkrieg geben? Antwort: „Der Dritte Weltkrieg wird nicht stattfinden.“

Die „Quelle“ dieses Zitats über einen „kleinen Krieg“ ist offenbar Pater Slavko Barbarić, der in seinem 1994 veröffentlichten Buch *Mutter, führe uns zum Frieden!*, schrieb: „Kürzlich sprach ich mit Mirjana, und sie erzählte mir, dass im Jahre 1982 ein franziskanischer Priester sie gebeten habe, die Gospa zu fragen: ‚Wird Kroatien jemals frei sein?‘ … Die Antwort lautete: ‚Kroatien und Bosnien werden frei sein, aber erst nach einem kleinen Krieg.‘ “

Mit anderen Worten, sprach er „kürzlich“ mit Mirjana, vermutlich Anfang der 1990er Jahre, und sie berichtete ihm dann von dieser früheren Prophezeiung, die erst 1994 im Druck erschien, lange nach Kriegsbeginn. Diese Merkmale machen die Äußerung offenkundig sehr suspekt.[472]

Medjugorje-Anhänger stellen häufig die Behauptung auf, dass der göttliche Ursprung der Visionen durch die Tatsache bewiesen werde, dass die Stadt selbst von den Kämpfen nicht stark betroffen war, im Gegensatz beispielsweise zu Mostar, das verwüstet wurde. Damit ignoriert man die Tatsache, dass Kriege ihrem Wesen nach chaotisch sind und dass bestimmte Orte primär deshalb durchaus vor Schäden verschont bleiben können, weil sie nicht von strategischer Bedeutung sind. Wenn wir dieses Argument logisch weiterverfolgen, dann müssten wir sagen, dass das berühmte Benediktinerkloster in Monte Cassino in Italien, das während des Zweiten Weltkriegs schwer zerbombt wurde, irgendwie ein Ort des Unglaubens gewesen wäre, der die Missgunst Gottes auf sich gezogen hätte. Tatsächlich wurde er schon zuvor zweimal durch Krieg zerstört, und auch durch ein Erdbeben im 14. Jahrhundert. Ob eine spezielle religiöse Stätte nun während eines Krieges zerstört wird, ist in Bezug auf ihre Authentizität nicht unbedingt relevant. Hier liegt also lediglich ein weiteres sehr

---

[472] www.medjugorje.eu/messages/; Pater Slavko Barbarić, *Mother, Lead us to Peace!*, Grafotisak: Grude, Herceg-Bosna, 1994, S. xii, zitiert in: Claverie, *Les guerres de la Vierge*, S. 238.

schwaches Argument vor, das man als fragwürdigen Beleg für Medjugorje anführt.
Tatsächlich jedoch *waren* Medjugorje und seine Umgebung vom Krieg betroffen, und dies manifestierte sich in den frühen 90er Jahren, denn dort stand scheinbar eine Fabrik, die Handgranaten produzierte. Außerdem waren neben den eher regulären Streitkräften des *Kroatischen Verteidigungsrates* (HVO) auch rechtsradikale *Kroatische Verteidigungskräfte* (HOS) in der Ortschaft stationiert, die Neonazis aus allen Regionen anzogen, damit diese an ihrer Seite kämpfen. Neben Rosenkränzen wurden in den Devotionalienläden von Medjugorje in jener Zeit auch Hakenkreuz-Anstecknadeln verkauft.[473]

Der „Mali Rat" von Medjugorje

Zur selben Zeit trug sich, außerhalb des Blickfeldes der abwesenden Pilger, ein regelrechter „kleiner Krieg" in Medjugorje zu. Diesen Ausdruck sollte man allerdings nicht so verstehen, als deute er auf geringere Gewalt hin; vielmehr waren die Klanfehden, die in dieser Zeit ausbrachen, von ganz grauenhaften Gräueltaten und Morden gekennzeichnet. In der Tat beschreibt Mart Bax die Region um Medjugorje als eine Gegend, in der im Laufe der Geschichte „Ausbrüche menschlicher Gewalt eher die Regel als die Ausnahme waren". Er bezeichnet sie auch, indem er die Worte eines anderen Autors mit Zustimmung zitiert, als eine Region, „wo die primitivsten Zweige der serbischen und kroatischen Volksstämme leben"[474].
Zwischen Ende 1991 bis Juli 1992, als die kroatische Armee die Region „befriedete", spricht Bax von einem *mali rat* („kleinen Krieg") in Medjugorje, einem Konflikt, von dem er behauptet, dass er zu einer beträchtlichen Anzahl von Toten, Vermissten und Flüchtlingen geführt habe. Bax drückt es so aus: „Woher

---

473 Jones, *The Medjugorje Deception,* S. 246-247, 267; Bax, *Medjugorje: Religion, Politics, and Violence,* S. 78; vgl. Lampe, Yugoslavia as History, S. 376-377.
474 Bax, *Medjugorje: Religion, Politics, and Violence,* S. xvi, xvii, xviii.

rührte diese Verrohung? Wie ist es möglich, dass nach einer zehnjährigen Herrschaft der Jungfrau Maria, die vor Ort die Königin des Friedens genannt wird, die Dorfbewohner einander umzubringen begannen?"

An der Gewalt beteiligt waren nicht Soldaten als solche, sondern zumeist rivalisierende Gruppen von Einheimischen – die Ostojici als Gegner der Jerkovici und der Sivrići –, die in heftige Meinungsverschiedenheiten über das stark dezimierte Pilgergeschäft verwickelt waren. Bax spricht von Verstümmelungen und Morden, mit „verstümmelten Körpern, die gewöhnlich von einem Baum oder einem Deckenbalken herabhingen." Weiter führt er aus: „Die Verstümmelungen folgten einem festgelegten Muster, nach dem immer mehr Körperteile entfernt wurden." Er gibt eine Zahl von achtzig Morden an, doch ist diese Zahl von Kritikern wie Randall Sullivan, die behaupten, dass die Gewalt ein viel geringeres Ausmaß gehabt habe, bestritten worden.

Selbst Sullivan gibt aufgrund seiner eigenen Recherchen aber zu, dass es einen „kleinen Krieg" in Medjugorje *gab*, wenn er schreibt: „Die Franziskaner wollten nur eingestehen, dass es während des Krieges in der Pfarrei zu ‚ein paar' Todesfällen aufgrund von Gewalt gekommen war ..." Sullivan schränkt diese Äußerung jedoch wieder ein, indem er weiter sagt: „... *und das war beinahe sicher eine Untertreibung*." Er beschreibt einige dieser Gewaltakte wie folgt:

> Unter den Getöteten waren ein älteres Ehepaar aus dem Ostojici-Klan, das von einem Maulbeerbaum in ihrem Vorgarten herabhing, mit durchgeschlitzten Kehlen und abgehackten Händen; bald darauf wurden ein Mann aus dem Sivrići-Klan und seine beiden erwachsenen Söhne mit dem Kopf nach unten von einem Rohr herabhängend gefunden, ihre Hände hinter ihrem Rücken gebunden und bis zu ihren Schultern ins Wasser eines demolierten Regenwasserbehälters eingetaucht.

Sullivan spricht auch davon, wie im August 1992 das Denkmal für die Hunderte von Serben, die während des Zweiten Weltkriegs in Šurmanci, nicht weit entfernt von Bijakovići getötet wurden, mit einer gewaltigen Explosion gesprengt wurde, wobei dessen Einzelstücke dazu verwendet wurde, „die Grube auszufüllen, in der die Leichen begraben worden waren."[475]

Ist es angesichts dessen wirklich möglich zu glauben, dass Unsere Liebe Frau im Jahre 1981 in Medjugorje erschien, wohl wissend, dass innerhalb eines Jahrzehnts eine derartige Form von Gewalt dort stattfinden würde? Wenn die Gottesmutter wirklich in Medjugorje erschienen wäre und dies weiterhin täglich der Fall wäre, dann müssten wir zumindest erwarten dürfen, dass die jahrhundertelangen Fehden in der Region aufgehört hätten und dass die an der Gewalt Beteiligten sich bekehrt hätten.

Der Krieg in der Umgebung von Medjugorje

Wenngleich zum Ausmaß der Gewalt noch einige Fragen offen sind, so kann es doch keinen Zweifel über einige andere negative Aspekte des Lebens in der Stadt in dieser Zeit geben, ebenso wenig über die Brutalität und das Blutvergießen, die sich in einigen Konzentrationslagern in der Nähe abspielten.

Der preisgekrönte Journalist Ed Vulliamy beschrieb in seinem 1994 veröffentlichten Buch *Seasons in Hell*, wie Medjugorje „für andere Besucher in den Brennpunkt rückte, da es heute ein zwielichtiges Zentrum für den Schwarzmarkt und für den Handel mit Waffen und gestohlenen Autos ist". Vulliamy bezeichnete Medjugorje und Siroki Brijeg als „Partystädte", wobei die letztere eine Basis für die damals „bevorstehende ethnische Reinigung der Region Mostar" war, während die „HVO eine mündliche Warnung ausgegeben hatte, dass jedem, der in der Heiligen Stadt [Medjugorje] Moslems Schutz bieten würde, das Haus in die Luft gejagt werde". Er stellte fest, dass unglaublicherweise sogar dann immer noch Pilger nach Medjugorje kamen, als die HVO [Trup-

---

475 Bax, *Medjugorje: Religion, Politics, and Violence*, S. 101-102, 106-107, 108-114, 118, Fußnote 19. Bax bemerkt, dass es aufgrund der kriegsbedingten Zerstörung der Akten schwierig sei, genaue Zahlen anzugeben. Siehe S. 116, Fußnote 2. Sullivan, *The Miracle Detective*, S. 268-271; *Hervorhebung ergänzt*.

pen des Kroatischen Verteidigungsrates] das muslimische Mostar in nur 25 Kilometern Entfernung mit Granaten beschoss.
Vulliamy beschreibt auch, wie Präsident Tudjman beim Abschluss der Friedensgespräche im Mai 1993 in Medjugorje sagte, dass das Erscheinen der „Gospa" das „‚Wiedererwachen der kroatischen Nation' angekündigt habe"[476].
Der Historiker Michael Sells erhebt den Vorwurf, dass ab 1992

> in Medjugorje ansässige kroatische religiöse Nationalisten, einige davon mit offenen Neo-Ustascha-Sympathien, eine ethnische Säuberung der Region von Nichtkatholiken durchführten. [Orthodoxe] Serben und Muslime wurden aus allen Gebieten unter kroatisch-nationalistischer Kontrolle vertrieben und ihre Kirchen und Moscheen vernichtet. Medjugorje war der Aufbruchsort für einige der brutalsten Angriffe, darunter ein Feldzug zum serbischen Klosterkomplex in Zitomislic. Bei jenem Feldzug ermordeten HVO-Truppen die Priester und die Mönche, vertrieben die orthodoxe Bevölkerung und sprengten und verbrannten anschließend die gesamten Gebäude, die aus dem 16. Jahrhundert datierten.[477]

Damit wiederholten sie lediglich die Taten ihrer Ustascha-Vorgänger, die im Juni 1941 Zitomislic angriffen, die Mönche folterten und töteten und ihre Leichen in eine Grube warfen, bevor sie die Gebäude plünderten und verbrannten.
Sells beschreibt auch, wie im April 1993 in „der im Süden der Herzegowina gelegenen Stadt Čapljina muslimische Zivilisten vergewaltigt und in Konzentrationslager eingepfercht wurden". Čapljina ist nur ein kleines Stück von Medjugorje entfernt. Später, im August, griff die HVO die nahegelegene Stadt Pocitelj an, zerstörten ihre islamischen Wahrzeichen und „transportierten ihre muslimische Bevölkerung in Gefangenenlager ab."
Sells führt weiter aus:

---

476 Ed Vulliamy, *Seasons in Hell: Understanding Bosnia's War*, London: Simon & Schuster, 1994, S. 60-61, 259-260.

477 Michael Sells, *„Crosses of Blood: Sacred Space, Religion, and Violence in Bosnia-Hercegovina"*, in: *Sociology of Religion*, 2003, 64:3, S. 320; www.socrel.oxfordjournals.org/cgi/reprint/64/3/309.pdf.

In demselben Monat erinnerten Bilder abgemagerter Gefangener im HVO-Konzentrationslager in Dretelj die Welt an frühere Bilder aus dem serbisch-nationalistischen Lager in Omarska. Die Gefangenen in Dertelj waren ausgehungert und gezwungen worden, ihren eigenen Urin zu trinken, zudem sexuell gefoltert worden. Wie in Omarska wurden einheimische Kriminelle eingeladen, muslimische Gefangene zu töten.[478]

Ed Vulliamy beschreibt ausführlich, wie die muslimischen Männer von Čapljina im Juni 1993 zusammengetrieben und in die Lager in Dretelj und Gabela, einer nur 20 Kilometer von Medjugorje entfernt gelegenen Stadt, verfrachtet wurden. Er war einer der ersten Journalisten, die Zugang zum Konzentrationslager in Dretelj bekamen und beschrieb die scheußlichen Bedingungen, unter denen die Gefangenen festgehalten worden waren und ihre schreckliche Behandlung durch die HVO, wozu regelmäßige Schläge, allgemeine Brutalität und direkter Mord gehörten.[479]
Bezüglich der Aktivitäten und Einstellungen der Franziskaner in der Herzegowina schreibt Michael Sells, dass Kirchenführer wie Kardinal Kuharic von Zagreb, Erzbischof Puljic von Sarajevo und der Superior der bosnischen Franziskanerprovinz, Pater Petar Andjelkovic OFM, „ausdrücklich und mutig die Verbrechen der kroatischen religiösen Nationalisten verurteilten. In der Herzegowina jedoch spielte der katholische Klerus eine andere, beunruhigendere Rolle." Er stellt weiter fest:

Als europäische Vermittler versuchten, die katholische und muslimische Bevölkerung von Mostar zu versöhnen, widersetzten sich ihnen Teile des einheimischen katholischen Klerus, darunter Tomislav Pervan, der Provinzialsuperior der 250 Franziskaner in der Region Mostar, der die Propaganda von Tudjman wiederholte, dass die bosniakischen Muslime einen islamischen Staat wollten.

---

478 Sells, *The Bridge Betrayed*, S. 102, 103, 104-105; vgl. Laura Silber/Allan Little, *The Death of Yugoslavia*, London: Penguin Books/BBC Books, 1996, S. 299-300. Andere Darstellungen bezeugen, dass die Mönche in Zitomislic lebendig verbrannt wurden, so z. B. Craig, *Spark from Heaven*, S. 46.
479 Vulliamy, *Seasons in Hell*, S. 320-330.

Pater Pervan diente in den 1980er Jahren und nochmals in der jüngeren Vergangenheit als Pfarrer in Medjugorje.
Zugleich erfahren wir von dem Historiker Vjekoslav Perića: „Inmitten des blutigen Krieges bauten die Franziskaner der Herzegowina, unterstützt vom Verteidigungsminister Kroatiens, Gojko Susak, in der kroatischen Hauptstadt Zagreb eine neue Mammutkirche und ein Pastoralzentrum im Wert von 12 Millionen D-Mark [ca. 6,14 Mio. €]." Man fragt sich, woher das Geld dafür kam und wie die Franziskaner dies im Lichte ihrer Armutsgelübde und der entsetzlichen Leiden der Menschen in der Region, die gewiss in allererster Linie ihrer finanziellen Mittel bedurft hätten, rechtfertigen konnten.[480]

Religiöse Aspekte des Krieges

Louis Bélanger weist darauf hin, wie Pater Slavko Barbarić, ein paar Monate vor seinem Tode, im April 2000 einige Kroaten besuchte, die vor dem Internationalen Strafgerichtshof in Den Haag wegen Kriegsverbrechen angeklagt waren, Männer, die er als „unsere Gefangenen" bezeichnete. Zuvor hatte er die Hoffnung zum Ausdruck gebracht, dass der Gerichtshof „Gerechtigkeit üben und würdig handeln" möge, doch als ihre Urteile, die von 8 bis 45 Jahren Gefängnis reichten, verkündet wurden, beklagte er, dass das „kroatische Volk in jenen guten und edlen Männern verurteilt worden ist". Man sollte berücksichtigen, dass es sich hier nicht um Soldaten handelte, die ihr „Heimatland" verteidigten, sondern um Männer, die der Verbrechen gegen die Menschlichkeit überführt wurden. Dieser Vorfall veranschaulicht sehr gut die verdrehte Mentalität jener Franziskaner in der Herzegowina. Geistliche wie Pater Barbarić stellten den Nationalismus vor grundlegende religiöse Prinzipien und den Schutz unschuldigen Lebens,

480 Sells, *The Bridge Betrayed*, S. 105–106; Perića, *Balkan Idols*, S. 172.

was einen schändlichen Verrat an den Idealen ihres Gründers, des hl. Franziskus, darstellt.[481]

Michael Sells argumentiert auch, dass die Visionen von Medjugorje von kroatischen Politikern „nationalisiert" worden seien und gibt als Beispiel dafür die Weise, wie die Unabhängigkeit Kroatiens am 25. Juni 1991, dem vermeintlichen 10. Jahrestag der Visionen proklamiert wurde, an, und schreibt, dass die „Franziskaner in Medjugorje für eine Verbindung zwischen der Jungfrau und dem unabhängigen kroatischen Staat eintraten und stolz darauf waren."

Vjekoslav Perića stimmt mit dieser Position überein und berichtet, dass zehn Jahre später, am 24. Juni 2001, dem 20. Jahrestag des Anfangs der Visionen, 200.000 Pilger sich in Medjugorje versammelten, als Tomislav Pervan zu ihnen sagte, dass es ohne das Wunder von Medjugorje heute keinen unabhängigen kroatischen Staat geben würde und dass es die Madonna von Medjugorje gewesen sei, die Kroatien auf die Landkarte der Nationalstaaten der Welt gebracht habe.[482]

Perića bemerkt auch: „In der historischen Perspektive des 20. Jahrhunderts, eines Jahrhunderts der Weltanschauungskriege, schürte das ‚Wunder' von Medjugorje sowohl den kroatischen Nationalismus als auch [den] antikommunistischen Kampf."

Er zeigt außerdem auf, wie der Aufstieg von Medjugorje Ressentiments unter den orthodoxen Serben auslöste, da die Visionen nur ein paar Kilometer vom Massengrab in Šurmanci stattfanden, wo viele Serben, wie wir sahen, während des Zweiten Weltkriegs ermordet wurden – einer Stätte, die nur eine solcher zahlreichen derartigen Gräber in der näheren Umgebung war.

Abschließend schreibt Sells:

---

481 http://en.louisbelanger.com/ *„Medjupedia: A pause – The construction of the ‚Lady of Medjugorje', 30. September 2010";* www.medjugorje.hr/files/html/enpb2000.html.

482 Sells, *The Bridge Betrayed*, S. 107; Perića, *Balkan Idols*, S. 114, 118-121, 122, 172, 173.

> Wenn die Madonna von Medjugorje auf dem Frieden bestand, dann fragt man sich, warum jene, die ihre Botschaft hörten, sich so wenig Gedanken über die Muslime machten, die in Konzentrationslagern in Gabela, Čapljina, Dretelj, Ljubuski und Rodoc eingepfercht waren, die alle im Umkreis von wenigen Kilometern von Medjugorje lagen. Hörten jene Busladungen voller Pilger, die mit innerem Licht und innerer Freude erfüllt waren, die Schreie, die von der anderen Seite der Hügel um Medjugorje kamen?

Perića äußert sich genauso scharf: „Die Erscheinungen von Medjugorje in den 1980er Jahren waren keine ‚Friedens- und Gebetsbewegung', … sondern ein Vorspiel zur Spaltung, zum Krieg und zum Völkermord in Bosnien-Herzegowina."[483]

Anders formuliert waren die Visionen von Medjugorje keineswegs ein förderlicher Einfluss auf die Ereignisse während des Auflösung Jugoslawiens, sondern vielmehr ein Beschleuniger für die Gewalt, wobei einige Franziskaner in der Herzegowina als makabre Einpeitscher an diesen schrecklichen Ereignissen indirekt beteiligt waren.

Wenn wir uns dann alles oben angeführte Beweismaterial für die Vorgänge in und um Medjugorje während dieses Zeitraumes ansehen, wird es sicher recht deutlich, dass die Vorstellung, dass es wirklich die Gottesmutter gewesen sei, die dort zehn Jahre zuvor zu erscheinen begonnen habe, geradezu blasphemisch absurd ist. Könnte man ehrlich von der Mutter Gottes erwarten, an einem solchen Ort zu erscheinen, obwohl sie wusste, was in der näheren Umgebung vor sich gehen würde? Sicherlich machen der *mali rat*, der Schwarzmarkthandel, der Waffenhandel, die gestohlenen Autos, die Vergewaltigungen, die Morde, die Folter, die ethnischen Säuberungen, die Manipulation der Religion für politische Zwecke es geradezu unmöglich, einer solchen Idee Glauben zu schenken.[484]

---

483 Sells, *The Bridge Betrayed*, S. 113; Perića, *Balkan Idols*, S. 114, 118-121, 122.

484 Mancher mag argumentieren, dass der Fall von Mélanie und Maximin, denen Unsere Liebe Frau im 19. Jahrhundert in La Salette erschien und deren späteres Leben weit davon entfernt war, vorbildlich zu sein, zeige, dass das, was nach einer Erscheinung geschehe, nicht unbedingt von Bedeutung sein

In den frühen 90er Jahren sah es also danach aus, als ob Medjugorje im Niedergang begriffen wäre: Jugoslawien brach im Laufe des grausamen Bürgerkrieges rasch auseinander, und die jugoslawischen Bischöfe hatten klar angegeben, dass die Visionen nichts Übernatürliches an sich hätten. Irgendwie kehrten die Pilger aber nach Kriegsende *en masse* wieder zurück, und dies ist sicher einer der unerklärlichsten Aspekte an der ganzen Angelegenheit. Über Negativfaktoren, die ausgereicht hätten, um jedes normale Unternehmen viele Male untergehen zu lassen, gingen begeisterte Medjugorje-Anhänger achselzuckend hinweg und brachten dabei nicht einmal irgendeine Besorgnis zum Ausdruck. Später werden wir in diesem Buch einige Ursachen für diesen Stand der Dinge erörtern, darunter auch den Gedanken, dass Medjugorje für manche Leute eine sektenartige Anziehungskraft entwickelt hat, die sie dem Bereich der Vernunft und dem gesunden Menschenverstand enthoben hat.

---

müsse. Allerdings sind das Ausmaß und der Charakter der „Probleme" in der Region Medjugorje während des Krieges von einem völlig anderen Kaliber als das, was mit den Seherkindern von La Salette später geschah, und außerdem gab es in La Salette nur eine Erscheinung, im Gegensatz zu den Zehntausenden von Erscheinungen, die für Medjugorje behauptet werden.

18. Die Klärung des Falles Medjugorje

Das Werk „Der Gottmensch" von Maria Valtorta und die Seher

Das Werk *Der Gottmensch - Leben und Leiden unseres Herrn Jesus Christus* von Maria Valtorta wurde 1959 auf den *Index der verbotenen Bücher* gesetzt, und dennoch wirkte es sich ab 1991 auf Medjugorje aus. Als der *Index* nach dem Zweiten Vatikanum abgeschafft wurde, lebten zuvor verbannte Werke wie *Der Gottmensch* wieder auf, und es war bei Medjugorje-Anhängern besonders beliebt. Allerdings hatte Kardinal Ratzinger im Januar 1985 einen Brief an Kardinal Siri in Bezug auf *Der Gottmensch* geschrieben, in dem es hieß:

> Nach der Abschaffung des Index, als manche Leute meinten, dass der Druck und die Verbreitung des Werkes erlaubt sei, wurden sie im *L'Osservatore Romano* (15. Juni 1966) daran erinnert, dass der Index, wie in den *Acta Apostolicae Sedis* (1966) vermerkt, trotz seiner Abschaffung seine sittliche Verpflichtung behält.

Im März 1992 trat Marija Pavlović, zusammen mit Pater Slavko Barbarić, in der aus New Orleans ausgestrahlten Fernsehsendung *Focus* mit telefonischer Publikumsbeteiligung auf. Während der Sendung fragte ein Anrufer, was Unsere Liebe Frau über *Der Gottmensch* gesagt habe. Marija antwortete auf Italienisch: *„si può leggere"*, d. h.: „Sie können es lesen." Als sie verspätet bemerkte, dass dies wohl keine gute Antwort war, suchte sie bei Pater Barbarić Hilfe, und sie bemühte sich, aus der brenzligen Situation herauszukommen, indem sie vorschlug, dass die Zuschauer am besten ihren Ortsbischof über das Werk Valtortas befragen sollten.[485]

---

[485] Jones, *The Medjugorje Deception*, S. 200-201; siehe für weitere Informationen über den Brief Kardinal Ratzingers die Netzpräsenz von EWTN auf: www.ewtn.com/expert/answers/poem_of_the_man.htm; siehe für den Bericht aus dem *Osservatore Romano* über seine Verurteilung: http://www.marcocorvaglia.com/medjugorje-en/the-medjugorje-visionaries-and-maria-valtorta.html.

Es ist klar, dass unter den anderen Sehern auch Vicka eine ähnliche Meinung zu diesem Werk hatte, welches – mit gutem Grund – als eine „vulgäre, blasphemische und betrügerische ‚Offenbarung' " bezeichnet worden ist. In einem Interview sagte sie, als sie darüber befragt wurde: „Marija fragte die Jungfrau über dieses Buch, und die Jungfrau sagte, dass sie dieses Buch lesen solle, weil es wie ein Gedicht zwischen Gott und dem Menschen sei."[486]
Dies ist gewiss ein weiteres Anzeichen dafür, dass Medjugorje nicht übernatürlich ist, das man unmöglich glauben kann, dass die Gottesmutter geäußert haben könnte, dass solch gefährlicher Unsinn wie der *Gottmensch* als geistliche Lektüre geeignet sei.

Bischof Perić, der Papst und Medjugorje

Anfang Mai 1992 wurde der Bischofspalast von Bischof Žanić in Mostar von Artillerie beschossen und zerstört. Er war gezwungen zu fliehen und erreichte schließlich Rom, wo er Papst Johannes Paul II. ersuchte, von seinen Verpflichtungen entbunden zu werden und ihn um die Ernennung von Ratko Perić zu seinem Nachfolger bat.[487]
Der Papst sollte eigentlich im September 1994 Sarajevo besuchen, doch beschossen die Serben kurz vor seiner Ankunft eine Stelle, die dem Ort, an dem er planmäßig eine Freiluftmesse zelebrieren sollte, sehr nahe lag, so dass dieser Teil der Reise abgesagt wurde. E. Michael Jones zufolge geschah dies, nachdem die Seherin Marija Pavlović am 24. August eine Botschaft der „Gospa" verkündet hatte, die besagte, dass der Papst dort wie geplant ankommen würde.[488]
Bischof Ratko Perić nahm im Oktober 1994 an der Bischofssynode in Rom teil und bat öffentlich um Hilfe bei der Lösung der

---

486 Elliot Miller/Kenneth R. Samples, *The Cult of the Virgin: Catholic Mariology and the Apparitions of Mary*, Grand Rapids: Baker Book House, 1994, S. 150, 177.
487 Jones, *The Medjugorje Deception,* S. 240.
488 Ebd., S. 295.

Medjugorje-Frage. Er stellte fest, dass viele kirchliche Probleme in Medjugorje offensichtlich durch das unerlaubte Agieren der örtlichen Franziskaner verursacht würden, darunter die unerlaubte Niederlassung religiöser Gemeinschaften in der Stadt und die Errichtung religiöser Gebäude ohne Erlaubnis – wie der riesige Pavillon hinter der örtlichen Pfarrkirche St. Jakobus – sowie andere Schwierigkeiten.

Jones berichtet, dass von Anhängern der Franziskaner Straßenproteste gegen den Bischof veranstaltet worden seien und die Lage so schlimm geworden sei, dass der Bischof „von einem aufgebrachten Pöbel in seiner Kanzlei angegriffen und sein Brustkreuz ihm abgerissen wurde. Anschließend wurde er zusammengeschlagen, in ein wartendes Auto gezwungen, zu einer von den Franziskanern von Medjugorje betriebenen, unerlaubten Kapelle gebraucht und zehn Stunden als Geisel gehalten. Erst als der Bürgermeister von Mostar mit UN-Truppen aufkreuzte, wurde der Bischof freigelassen."[489]

René Laurentin bestätigt, dass dieser Vorfall stattfand, und schreibt:

> Als Bischof Perić die franziskanischen Pfarreien um Mostar annektierte, entführten ihn die Kroaten zu Unrecht. Niemand vermochte ihnen Einhalt gebieten, außer den Franziskanern, wie man mir sagte.[490]

Was offenbart dieser weitere Vorfall über das ganze Medjugorje-Phänomen?

Die folgende Äußerung von Papst Johannes Paul II., die in der Ausgabe des *Osservatore Romano* vom 18. September 1996 wiedergegeben ist, scheint eine Kritik an der Spiritualität zu sein, die sich aus angeblichen Erscheinungen wie Medjugorje entwickelt hat, und brachte einen anderen Aspekt seines Denkens zum Thema ans Licht: „In der Gemeinschaft der Kirche sät die Vermehrung angeblicher ‚Erscheinungen' oder ‚Visionen ' Verwir-

---

[489] Jones, *The Medjugorje Deception*, S. xvii, xix, 297, 304, 309-310; vgl. Video *Visions on Demand.*

[490] Laurentin, *Medjugorje Testament*, S. 96.

rung und offenbart einen gewissen Mangel an einer soliden Basis für den Glauben und das christliche Leben unter ihren Mitgliedern."[491]

Die Verbreitung von Berichten über angebliche Visionen

Die englische Ausgabe des Osservatore Romano vom 4. Dezember 1996 brachte eine Presseerklärung der Kongregation für die Glaubenslehre zur Notifikation über Vassula Ryden, die in erster Linie auf die durch ihren Fall aufgeworfenen Fragen einging; sie enthielt aber auch einen zweiten Abschnitt mit wichtigen allgemeinen Informationen, die für die gesamte Problematik angeblicher Visionen relevant sind:

> 1) Jene Interpretation, wie sie von manchen Personen gegenüber einer von Papst Paul VI. am 14. Oktober 1966 gegebenen und am 15. November dieses Jahres promulgierten Entscheidung gegeben wurde, wonach Schriften und Botschaften aus angeblichen Offenbarungen frei in der Kirche verbreitet werden dürften, ist absolut unbegründet. Diese Entscheidung bezog sich tatsächlich auf die „Abschaffung des Index der verbotenen Bücher", und bestimmte, dass nach Aufhebung der entsprechenden Zensuren die sittliche Verpflichtung aufrecht bleibe, diese Schriften, welche den Glauben und die Sitten gefährden, weder zu verbreiten noch zu lesen.
> 2) Es sollte jedoch in Erinnerung gerufen werden, dass in Bezug auf die Verbreitung von Texten angeblicher Privatoffenbarungen Canon 823 § 1 des gegenwärtigen Gesetzbuches in Kraft bleibt: Die Hirten der Kirche „können … verlangen, dass von Gläubigen herauszugebende Schriften, die den Glauben oder die Sitten berühren, ihrem Urteil unterworfen werden".
> 3) Angebliche übernatürliche Offenbarungen und Schriften, welche diese betreffen, unterstehen in erster Instanz dem Urteil des Diözesanbischofs und in bestimmten Fällen dem Urteil der Bischofskonferenz sowie der Kongregation für die Glaubenslehre.[492]

---

491 Siehe: Davies, *Medjugorje After Fifteen Years,* S. 78.

492 Anmerkung des Übersetzers: Deutsche Textfassung entnommen aus: http://stjosef.at/dokumente/glaubenskongregation_vassula.htm.

Die von vielen Medjugorje-Anhängern vertretene Ansicht, „wonach Schriften und Botschaften aus angeblichen Offenbarungen frei in der Kirche verbreitet werden dürfen", ist gänzlich unbegründet. In Wirklichkeit sollten alle derartigen Texte den „Hirten der Kirche" vorgelegt werden, damit diese sich ihr Urteil bilden können. In diesem Falle ist damit der Ortsbischof, und wenn nötig eine noch höhere Autorität gemeint. Dies ist sicherlich bei vielen für Medjugorje eintretenden Büchern nicht geschehen, ganz zu schweigen von den regelmäßigen Botschaften, die von einigen der Seher verbreitet werden.
Bereits seit den 1950er Jahren hatte die Kirche begonnen, gewöhnliche Katholiken vor den Gefahren einer zu leichtgläubigen Herangehensweise an Berichte von angeblichen Visionen gewarnt. Kardinal Ottaviani schrieb zu diesem Thema am 2. Februar 1951 im *Osservatore Romano* Folgendes:

> Wer hätte sich vor fünfzig Jahren vorgestellt, dass die Kirche ihre Söhne und sogar manche Priester heute vor den so genannten Visionen, vor angeblichen Wundern und allen so genannten übernatürlichen Geschehnissen werde warnen müssen, die in allen Erdteilen, in allen Ländern, fast überall die Massen anlocken und erregen …? Seit einigen Jahren erleben wir ein Wiedererwachen der Volksleidenschaft für das Wunderbare auch auf religiösem Gebiet. Die Gläubigen strömen in Massen an die Orte, wo angeblich Erscheinungen stattgefunden haben oder Wunder geschehen sind, und vernachlässigen dafür die Kirche, die Sakramente, die Predigt.[493] … Die Kirche möchte sicherlich nicht die von Gott gewirkten Wunder vertuschen. Sie wünscht lediglich, dass die Gläubigen klar zwischen dem, was von Gott kommt, und dem, was nicht von Gott kommt und von unserem Widersacher kommen könnte, der auch der seinige ist, unterscheiden. Die Kirche steht falschen Wundern feindlich gegenüber.[494]

---

[493] Anmerkung des Übersetzers: Deutsche Übersetzung entnommen aus: Laurenz Volken, *Die Offenbarungen in der Kirche,* S. 114-115.
[494] Zitiert nach: Pater Réginald-Omez, *Psychical Phenomena*, Faith and Fact Books, 36, London: Burns & Oates, 1959, S. 84-85.

Der hl. Ludwig Maria Grignion von Montfort über die falsche Andacht zu Maria

Der folgende Abschnitt stammt aus dem *Goldenen Buch* des heiligen Ludwig Maria Grignion von Montfort. Wenngleich er vor der Ära der großen kirchlich approbierten Erscheinungen der Moderne lebte, die mit der Rue du Bac im Jahre 1830 begannen, und hier den Unterschied zwischen der falschen und der wahren Andacht zu Maria behandelt, können seine Worte auch auf das Problem der Beurteilung von Erscheinungen angewandt werden.

> … drängt es uns nun mehr als je, diese wahre Andacht kennen zu lernen. Gleichwohl müssen wir hier mit größter Vorsicht zu Werke gehen und alles wohl überlegen und prüfen. Denn leider gibt es jetzt mehr falsche Andachten zur Allerseligsten Jungfrau, welche man leicht für wahre Andachten halten kann. Der Teufel, ein Falschmünzer und feiner, erfahrener Betrüger, hat schon so viele Seelen durch eine falsche Andacht zur Allerseligsten Jungfrau getäuscht, geschädigt, ja selbst der Verdammung zugeführt. … Wie der Falschmünzer gewöhnlich nur Gold und Silber, selten aber die anderen Metalle nachmacht, weil es bei diesen nicht der Mühe lohnt, ebenso fälscht auch der böse Feind keine andere Andacht so oft als die Andacht zur Allerseligsten Jungfrau, weil diese mit den anderen Andachten wie Gold und Silber mit den anderen Metallen zu vergleichen sind. Darum ist es jetzt zunächst von größter Wichtigkeit, die falschen Andachten zur Allerseligsten Jungfrau kennen zu lernen, um sie zu meide, und die wahre, um sie anzunehmen.[495]

Wenn wir das Wort „Andacht“ im oben zitierten Abschnitt durch „Erscheinung“ oder „Vision“ ersetzen, gewinnen wir eine gute Vorstellung davon, wie wichtig es ist, zwischen echten und falschen Erscheinungen zu unterscheiden und können leicht einsehen, warum heutzutage viele Berichte über falsche Erscheinungen verbreitet sein müssen.

Der Teufel ändert seine Grundstrategie nicht, insbesondere dann, wenn sie in der Vergangenheit so gut funktioniert hat. In der Zeit des hl. Ludwig von Montfort bestand er darin, eine falsche Andacht zu Maria zu fördern, indem er Einzelne dazu anstiftete, in

---

[495] Von Montfort, *Das Goldene Buch*, S. 65-66.

die Falle einer falschen Andacht mit Zügen wie Überängstlichkeit, Anmaßung, Unbeständigkeit, Heuchelei und Eigennutz zu treten. Und selbstverständlich halten sich jene Züge auch heute noch in der Marienfrömmigkeit, nur dass wir jetzt, bei der Flut angeblicher Visionen, noch die zusätzliche Gefahr eines satanischen Einflusses dadurch haben, dass der Teufel unter anderem den Hochmut, die Leichtgläubigkeit und die Neugierde des Menschen ausnutzt, um falschen Erscheinungen Beliebtheit zu verschaffen.

Apokryphe Schriften und die Bibel

Und wenn wir noch weiter zurückgehen, können wir sehen, wie dieses allgemeine Prinzip, dass falsche Ideen die wahren verdrängen, auch auf die öffentliche Offenbarung angewandt werden kann. Gewiss waren die Schriften des Neuen Testaments durch falsche oder apokryphe Schriften nachgeahmt, und dies geschah Jahrhunderte bevor der neutestamentliche Kanon, die verbindliche Liste der Bücher des Neuen Bundes, in der Kirche festgelegt war.

Die vier kanonischen Evangelien, Matthäus, Markus, Lukas und Johannes, litten am meisten unter apokryphen Nachahmungen, die zahlreiche Formen annahmen und zu denen auch Evangelien mit häretischen oder erfundenen Inhalten gehörten. Kindheitsevangelien wie das *Kindheitsevangelium nach Thomas*, das Geschichten von dem wundertätigen Jesuskind enthält, waren sehr beliebt, während das *Protevangelium des Jakobus* Details über die Kindheit und Jugend Mariens beschreibt und ihre Eltern Joachim und Anna nennt. Eine unvollständige Liste der apokryphen Evangelien zeigt, wie populär diese Form der literarischen Nachahmung war: Es gab ein Ebioniter-, ein Hebräer-, ein Petrus-, ein Thomas-, ein Philippus-, ein Bartholomäus-, ein Matthias-, ein Barnabas- und sogar ein Judasevangelium! Es ist bemerkenswert, wie viele dieser falschen Evangelien es gab; sie waren zahlreich genug, um eine Gefahr für die wahre „Frohe Botschaft" darzustellen. Ebenso gab es auch eine ganze Anzahl Nachahmungen der kanonischen Apostelgeschichte, die in der Hauptsache von Häretikern zusammengestellt wurden, wenngleich einige von ihnen von rechtgläubigen Autoren überarbeitet worden sein mögen. Es gibt auch apokryphe Paulusbriefe, ebenso wie Imitationen der Johannesoffenbarung.

Es ist klar, was dies alles bedeutet: Von allen Evangelien, Briefen und Apokalypsen, die während der ersten Jahrhunderte der christlichen Zeitrechnung verfasst wurden, war nur ein kleiner Teil authentisch. Die anderen waren entweder in größerem oder geringerem Maße häretisch, oder es handelte sich um fromme Fälschungen. In manchen Fällen mögen sie Elemente der Wahrheit enthalten, allerdings vermochte die Kirche sie nicht als kanonisch anzuerkennen.

Wenn wir dies mit der Situation bezüglich der anerkannten Marienerscheinungen und ihren jüngeren, angeblichen Entsprechungen vergleichen, können wir sehen, dass es sehr gut möglich ist, dass viele der letzteren bloße Nachahmungen und nicht echt sind. Und selbstverständlich gilt dieses Argument, angesichts aller Feststellungen, die in diesem Buch bereits getroffen werden konnten, ganz besonders im Fall Medjugorje.

Wir können also einige wichtige Schlussfolgerungen aus der Geschichte der Zusammenstellung des Kanons der biblischen Bücher und dessen Zusammenhang mit der Beurteilung der Fülle der angeblichen Marienerscheinungen in der Moderne ziehen. Erstens ist darauf hinzuweisen, dass biblische Prophetie nicht kontinuierlich erfolgte, d. h. dass Propheten in der Geschichte Israels nicht ständig auftraten, sondern nur während spezieller Zeiträume. Insbesondere gab es seit ungefähr 400 v. Chr., als das Buch Malachias geschrieben wurde, bis zur Zeit Christi keine authentischen prophetischen Schriften, wenngleich viele falsche Prophetien auftauchten, die den Anspruch auf Echtheit erhoben. Gott hatte seine Botschaft durch das Gesetz und die großen prophetischen Gestalten gegeben, und es oblag dem Volk, sie anzunehmen und, in der Erwartung des Messias, danach zu leben.

Ebenso gibt es, so schwierig dies für manche Menschen zu akzeptieren sein mag, keinen Grund für die Erwartung, dass echte, kirchlich anerkannte Marienerscheinungen mit derselben Häufigkeit wie früher stattfinden sollten. Somit könnte die Ausuferung vermeintlicher Erscheinungen insbesondere seit der Mitte des 20. Jahrhunderts ein Gegenstück zu der Situation sein, die in Israel in der Zeit „zwischen den Testamenten", der Zeit zwischen Malachias und Christus, vorherrschend war, und zu derjenigen, die in den ersten Jahrhunderten der christlichen Zeitrechnung bestand, als die echten Schriften des Neuen Testaments durch zahlreiche Imitationen bedroht wurden.

Tatsächlich ist es möglich, zu argumentieren, dass Gott eigentlich in gewissem Sinne „verpflichtet" ist, aufzuhören, Prophetien, Schriften oder Offenbarungen zu geben, sobald ein gewisser Punkt erreicht ist, und zwar aufgrund der Befürchtung, dass Menschen verwirrt werden könnten. Sobald ein bestimmter prophetischer Stil oder Schreibstil hinlänglich gut bekannt ist, lässt er sich sehr leicht nachahmen, wie die außerbiblischen Schriften zeigen. Ebenso haben wir schon vor langer Zeit den Punkt erreicht, an dem die Wirkungsweise der anerkannten Marienerscheinungen leicht kopiert werden konnte.

An die Kirche ist in den anerkannten Marienerscheinungen, insbesondere in Fatima, eine mehr als ausreichende „prophetische" Botschaft ergangen, und so wäre es anmaßend, noch mehr erwarten zu wollen. Und während angebliche Erscheinungsorte wie Medjugorje weiterhin große Menschenmengen anziehen, ist die traurige Tatsache zu beklagen, dass gewöhnliche Katholiken Fatima vernachlässigen, und zwar obwohl es eine überwältigende Anerkennung seitens der Kirche gefunden hat.[496]

Ebenso bemerkenswert ist, dass der hl. Ludwig von Montfort weiter sagte: „Sodann müssen wir feststellen, welche unter den verschiedenen Übungen der wahren Andacht zur Allerseligsten Jungfrau die vollkommenste, dieser selbst wohlgefälligste, für Gott glorreichste, und für uns die segensreichste ist, um uns diese dann anzueignen."

---

[496] Siehe: Donal Anthony Foley, *„Marian Apparitions – Some Lessons from History"*, in: *Homiletic and Pastoral Review*, Juni 2001, auch auf: www.theotokos.org.uk/pages/appdisce/hprartic.html.

Ohne jede Voreingenommenheit gegenüber den anderen anerkannten Erscheinungen können wir diesen Gedanken sicher insbesondere auf die rückhaltlose Verkündigung der Botschaft von Fatima durch die Kirche anwenden. Sie ist „die vollkommenste, dieser selbst wohlgefälligste" Übung der Andacht zu Maria in der heutigen Zeit.

Einige Leitlinien für die Beurteilung

Pater Jordan Aumann OP spricht in seiner *Spiritual Theology* davon, dass es drei unterschiedliche „Typen" von Geistern gebe, die auf uns einwirken könnten, nämlich der göttliche Geist, der teuflische Geist und der menschliche Geist. Gott bewege uns immer zum Guten, der Teufel bewege uns immer zum Bösen, während unser menschlicher Geist in beide Richtungen beeinflusst werden könne.

Wenngleich der Teufel oder ein teuflischer Geist beispielsweise keine echt übernatürlichen Phänomene wie Totenauferweckungen und Vorhersagen der Zukunft bewirken können, so sind sie gleichwohl imstande, materielle oder imaginäre Visionen oder falsche Ekstasen auslösen zu können. Sie können auch auf teuflischen Einfluss zurückgehende Krankheiten heilen oder einzelne Menschen Geräusche oder Stimmen hören lassen.[497]

Aus der Bibel geht hervor, dass es Fälle gab, in denen Einzelne in der Kraft des Teufels Wunder nachahmen konnten. So konnten, wie wir in Exodus 7 bis 9 lesen, die Wahrsagepriester und Zauberer des Pharaos einige der von Moses und Aaron gewirkten Wunderzeichen nachahmen. Allerdings hatte ihre Macht eine Grenze.

Pater Aumann spricht auch von den folgenden Merkmalen, die als „allgemeine Zeichen des göttlichen Geistes" aufgefasst werden können. Unter ihnen führt er eine Neigung zur Wahrhaftigkeit und den von ihm so beschriebenen „würdigen Ernst" an, nämlich mit folgendem Hintergrund: „Gott ist niemals die Ursa-

---

497 Aumann, *Spiritual Theology*, S. 420-421.

che von Dingen, die nutzlos, eitel, frivol oder unverschämt sind. Wenn sein Geist eine Seele bewegt, geschieht dies immer zu einem ernsten und nützlichen Zwecke."

Wie wir sahen, ist es äußerst fragwürdig, ob Wahrhaftigkeit oder würdiger Ernst Worte sind, die berechtigtermaßen als Beschreibung für viele Aspekte von Medjugorje verwendet werden können.

Ebenso spricht Pater Aumann über die Eigenschaft der *Fügsamkeit,* nämlich das Prinzip, dass

> Seelen, die durch den Geist Gottes geleitet werden, freudig die Ratschläge und Überlegungen ihrer Seelenführer oder anderer, die Autorität über sie haben, annehmen. Dieser Geist des Gehorsams, der Fügsamkeit und der Unterordnung ist eines der deutlichsten Zeichen dafür, dass eine spezielle Inspiration oder Bewegung von Gott ist. Dies trifft insbesondere im Falle der Gebildeten zu, die eine größere Neigung zur Anhänglichkeit an ihre eigenen Meinungen haben.

Außerdem sagt er über die Eigenschaft der *Demut* in Bezug auf solche, die göttliche Gnadenerweise für sich in Anspruch nehmen:

> „Der Heilige Geist erfüllt die Seele stets mit Empfindungen der Demut und der Zurückhaltung. Je erhabener die Mitteilungen aus der Höhe sind, um so tiefer begibt sich die Seele in den Abgrund ihrer eigenen Nichtigkeit hinein. Maria sprach: ‚Ich bin die Magd des Herrn. Mir geschehe nach deinem Wort.'"

Wenn wir diese Kriterien sowohl auf die Seher als auch auf einige ihrer Gefährten anwenden, dann kann man von ihnen eindeutig nicht behaupten, dass sie in einem echten Geist der Fügsamkeit oder Demut gehandelt hätten.[498] Ebenso ist es schwer zu glauben, dass eine andere Eigenschaft, die er anführt, die der *Selbstverleugnung*, ein bestimmender Wesenszug der Seher, wenn man ihre starke Tendenz berücksichtigt, bekannt werden zu wollen.

Als „Zeichen des teuflischen Geistes" führt Pater Aumann als beachtenswerte Eigenschaften insbesondere einen *Geist der Falsch-*

---

[498] Ebd., S. 402-403.

heit an, denn da „der Teufel der Vater der Lüge ist", kann er geschickt „seinen Betrug durch Halbwahrheiten und pseudo-mystische Phänomene" verbergen. Er spricht auch von der *Halsstarrigkeit* als einem „der sichersten Zeichen eines teuflischen Geistes", nennt aber auch „ständige Taktlosigkeit und einen unruhigen Geist" unter seinen Gegenindikationen. Ebenso verdienen ein *Geist des Hochmuts, der Eitelkeit* und der *falschen Demut* Missbilligung. Der erstere ist offenbar charakteristisch für jene, die „sehr darauf bedacht sind, ihre Gnadengaben und mystischen Erfahrungen an die Öffentlichkeit zu bringen", wohingegen der letztere „der Deckmantel für ihren Hochmut und ihre Eigenliebe"[499] ist. Der Leser kann sich sein eigenes Urteil darüber bilden, inwieweit die obige Beschreibung auf die Aktivitäten der Seher von Medjugorje zutrifft.

Die Position der Kirche zu Visionen

Dies ist ein günstiger Moment, um einen Überblick über die Position der Kirche zu dem ganzen Bereich der Visionen und Erscheinungen zu geben. Die verschiedenen anerkannten Marienerscheinungen wie Guadalupe, Lourdes und Fatima, werden insofern als „private" Offenbarungen klassifiziert, als die öffentliche Offenbarung an und durch die Kirche während der apostolischen Zeit vollendet wurde und heute abgeschlossen ist. Seither hat die Kirche jene öffentlichen Wahrheiten nur entfaltet und geklärt, und Katholiken sind verpflichtet, an sie als Glaubenswahrheiten zu glauben. Privatoffenbarungen jedoch, die anerkannten Marienerscheinungen eingeschlossen, werden einer Einzelperson oder einer Gruppe zu ihrem eigenen Nutzen oder zu demjenigen anderer Menschen gegeben; Katholiken sind nicht verpflichtet, an sie zu glauben, und sie fügen dem Gesamtinhalt der öffentlichen

---

499 Ebd., S. 403, 412.

Offenbarung nichts hinzu,[500] wie der Katechismus der Katholischen Kirche (KKK 67) deutlich macht:

> Im Laufe der Jahrhunderte gab es sogenannte „Privatoffenbarungen“, von denen einige durch die kirchliche Autorität anerkannt wurden. Sie gehören jedoch nicht zum Glaubensgut. Sie sind nicht dazu da, die endgültige Offenbarung Christi zu „vervollkommnen“ oder zu „vervollständigen“, sondern sollen helfen, in einem bestimmten Zeitalter tiefer aus ihr zu leben. Unter der Leitung des Lehramtes der Kirche weiß der Glaubenssinn der Gläubigen zu unterscheiden und wahrzunehmen, was in solchen Offenbarungen ein echter Ruf Christi oder seiner Heiligen an die Kirche ist.

Manfred Hauke bemerkt dazu: „Das Adjektiv ‚privat‘ steht nicht für ein rein persönliches Interesse, welches die kirchliche Gemeinschaft nicht mit einschließt, sondern unterscheidet diese Botschaften lediglich von der allgemeinen Offenbarung.“[501]
Es besteht bei Visionen oder Erscheinungen immer die Gefahr der Täuschung oder des Betruges, und deshalb hat sich die Kirche, zunächst in der Person des Ortsbischofs, immer zurückhaltend gezeigt, sie ohne eine sehr genaue Prüfung zu akzeptieren. Wenn die Kirche bestimmte Privatoffenbarungen anerkennt, legt die Kirche sie nur zur Zustimmung aufgrund dessen vor, dass sie eines Aktes menschlichen Glaubens, der auf menschlichem Zeugnis basiert, würdig sind. Die klassische Auffassung zu diesem Thema wurde von Papst Benedikt XIV. (1675–1758) wie folgt zum Ausdruck gebracht:

> „Was hat man von den Offenbarungen zu halten, die der Heilige Stuhl approbiert hat […]? Ich antworte darauf, dass ein Akt göttlichen Glaubens ihnen gegenüber weder notwendig noch möglich ist, sondern nur ein Akt menschlichen Glaubens, nach den Regeln der Klugheit, die sie uns als wahrscheinlich und fromm glaubwürdig vorstellen. Da also die Kirche die Verantwortlichkeit für sie nicht übernimmt, so bleibt die Frage: Welche Autorität haben dann schließlich die Privatoffenbarun-

---

[500] Johnson, *Apparitions: Mystic Phenomena and what they mean*, S. 286-288; Rev. Michael Walsh, *The Apparition at Knock*, Tuam: St. Jarlath’s College, 1959, S. 10.
[501] Hauke, *Introduction to Mariology*, Kapitel 9, „The prophetic role of Mary in apparitions“, S. 2.

gen? Sie haben den Wert des Zeugnisses der Person, welche sie berichtet, nicht mehr und nicht weniger. Diese Person ist aber niemals unfehlbar."[502]

Beiläufig wäre zu anzumerken, dass Benedikt XIV. in der Zeit vor den wichtigen modernen Marienerscheinungen schrieb und seither eine gewisse Entwicklung stattgefunden hat. Das wird besonders deutlich, wenn wir den außergewöhnlichen Charakter der von den verschiedenen marianischen Sehern aus der jüngeren Vergangenheit empfangenen und übermittelten Botschaften erkennen. Bei ihnen scheint es sich um einen Sonderfall der Privatoffenbarung zu handeln, da sie eine Serie bilden, die von großer Bedeutung für die Stärkung der Kirche in der neuesten Zeit gewesen ist. Sie unterscheiden sich sicher von den verschiedenen Privatoffenbarungen an einzelne Heilige, in denen es beispielsweise um die Gründung eines religiösen Ordens geht. Das heißt, solche Offenbarungen betreffen nur einen Teil der Kirche, wohingegen die großen Marienerscheinungen Relevanz für die Kirche als ganze haben.

Die Beurteilung echter Offenbarungen

Pater William Most stellt hierzu fest: „Manche Privatoffenbarungen unserer Zeit, wie jene in Fatima, sind an alle Christen gerichtet, nicht nur an einen einzelnen; in der Fachsprache werden sie als privat bezeichnet, um sie von jener Offenbarung zu unterscheiden, die mit dem Tod des hl. Apostels Johannes abgeschlossen war."[503] Daher müssen wir zwischen jenen Offenbarungen unterscheiden, die an Einzelpersonen zu ihrem eigenen Nutzen ergingen, und jenen, die für die ganze Kirche gedacht sind. Fatima, Lourdes und Guadalupe fallen sicher in die letztere Kategorie, und angesichts der wunderbaren Ereignisse in ihrem Umfeld, die das Göttliche unter Beweis stellen, scheinen sie eine größere

---

502 *De Servorum Dei,* III, 53, xxii, II. Deutsche Übersetzung zitiert nach: http://members.aon.at/veitschegger/texte/privatoffenbarung.htm.
503 Most, *Mary in our Life*, S. 217.

Verbindlichkeit für die Katholiken in ihrer Gesamtheit zu haben.[504]

Manfred Hauke merkt zu diesem Punkt an:

> Da die Unterscheidung zwischen „öffentlich" und „privat" in Bezug auf Erscheinungen, die eine einschneidende Botschaft für die Gesamtkirche haben (wie Guadalupe, Lourdes, and Fatima) nicht besonders hilfreich zu sein scheint, hat man in jüngster Vergangenheit eine Unterscheidung „zwischen Grundoffenbarung und Partikularoffenbarungen, die sich entsprechend der Vielfalt der Zeit und Orte fortsetzen", vorgeschlagen.[505]

Es stellt sich auch die Frage, wie sicher wir uns sein können, dass eine Erscheinung wirklich von Gott kommt. In der Zeit des Alten Testaments traten Propheten wie Elias im Namen Gottes auf und behaupteten, in seinem Namen zu sprechen und stellten dies durch Wunderzeichen unter Beweis, die von dem Volk akzeptiert wurden. Diese Zeichen waren wegen der Präsenz falscher Propheten notwendig, so dass ein Beurteilungsprozess erforderlich war. Ebenso bewies Christus die göttliche Natur seiner Person und Sendung, indem er Wunder wirkte. Der französische geistliche Schriftsteller, Pater Poulain, äußerte sich darüber, wie viel Glaubwürdigkeit wir Offenbarungen und Visionen allgemein einräumen sollten, und im weiteren Sinne gilt dies auch für Marienerscheinungen:

> Wenn ein Wunder gewirkt wird und es feststeht, dass es mit dieser Intention gewirkt worden ist, [als ein Zeichen] oder wenn die Umstände dies beweisen, so stellt dies einen unstrittigen Beweis für den göttlichen Charakter der Offenbarung dar. Eine erfüllte Prophetie wird einem

---

[504] Joseph de Sainte-Marie OCD, *Reflections on the Act of Consecration at Fatima of Pope Johannes Paul II. on 13th May 1982*, übersetzt von W. Lawson, Devon: Augustine Publishing Company, 1983, S. 23-24; siehe auch Ranwez, *„The Value of the Episcopal Declarations concerning the events at Beauraing"*, in: *Marian Library Studies*, 96, S. 3-4.

[505] Hauke, *Introduction to Mariology*, Kapitel 9, „The prophetic role of Mary in apparitions", S. 2.

Wunder gleichkommen, wenn sie eindeutig formuliert war, kein Ergebnis des Zufalls war oder auf den Teufel zurückgehen konnte.[506]

Die Wunderheilungen in Lourdes scheinen diese Kriterien zu erfüllen, während in Fatima sowohl eine erfüllte Prophetie als auch ein Wunderzeichen vorlagen, weil das Sonnenwunder vorhergesagt wurde und tatsächlich eintrat. Dies zeigt, dass diese Marienerscheinungen tatsächlich von Gott kamen, und so können wir moralisch gewiss sein, dass sie glaubwürdig sind. Im Gegensatz dazu liegen jedoch in Bezug auf Medjugorje, wie wir sahen, keine eindeutigen Beweise für Wunderzeichen oder echte prophetische Aussprachen vor.

Die Rolle des Ortsbischofs

Die Entscheidung über die Echtheit einer Erscheinung liegt in erster Linie beim Ortsbischof, der für seine eigene Diözese der „Vater in Christus" ist. Wenn nach hinlänglicher Untersuchung stichhaltige Beweise vorliegen, welche die Erscheinung rechtfertigen, insbesondere hinsichtlich ihrer Begleitumstände und der Aktivitäten des Sehers oder der Seher, und ebenso hinsichtlich solcher Dinge wie Wunderheilungen, dann ist der Bischof bevollmächtigt, ein Dekret zu erlassen, mit dem er die Echtheit einer speziellen Erscheinung bestätigt. Wenngleich eine solche Erklärung nicht unfehlbar ist und niemand absolut verpflichtet ist, an jene spezielle Erscheinung zu glauben, bedeutet die Position des Bischofs als geistlichem Hirten der Diözese doch, dass seine Entscheidung respektiert werden sollte. Die beiden Extreme, die vermieden werden sollten, sind übertriebene Leichtgläubigkeit, die jedem Bericht über eine Erscheinung Glauben schenkt, und übertriebene Skepsis, die Erscheinungen nahezu verachtet. Die Haltung des Bischofs gilt natürlich auch in Bezug auf angebliche Visionen, die klare Zeichen dafür aufweisen, dass sie falsch sind,

---

[506] Augustin Poulain, *The Graces of Interior Prayer*, London: Kegan Paul, 1912, S. 349-350.

so auch Medjugorje. Wie wir sahen, haben die aufeinander folgenden Bischöfe von Mostar eine negative Position eingenommen, und es handelte sich bei ihren Stellungnahmen nicht um willkürliche Entscheidungen, die einfach ignoriert werden können, obgleich viele Medjugorje-Anhänger offenbar leider diese Haltung an den Tag gelegt haben.
Im Laufe der Zeit kann das Papsttum bestimmten Heiligtümern besondere Privilegien einräumen, und diese sind ein Zeichen einer weiter reichenden Approbation durch die Gesamtkirche.[507] Ein solches liturgisches Zeichen ist die Zuerkennung eines Festtages, wie zum Beispiel des Festes Unserer Lieben Frau von Lourdes am 11. Februar. In der letzten Zeit haben, wie bereits angedeutet, Päpste wie Paul VI. und der sel. Johannes Paul II. einige Marienwallfahrtsorte besucht und ihnen so die höchstmögliche Form der Anerkennung gewährt.
Manfred Hauke betont die Wichtigkeit dieses Punktes im Zusammenhang mit der Heiligkeit des Sehers oder der Seher:

> Eine marianische Prophezeiung erreicht den höchsten Grad der Glaubwürdigkeit, wenn die anerkannte Heiligkeit der Seher und die liturgische Feier der Ereignisse miteinander verbunden werden. Für den liturgischen Bereich kommt dieser Höhepunkt mit einem für die Weltkirche verbindlichen Fest. Die hl. Catherine Labouré (Rue du Bac), die hl. Bernadette (Lourdes) und der hl. Juan Diego (Guadalupe) wurden heiliggesprochen; zwei der Seher von Fatima sind seliggesprochen worden. Es gibt eine fakultative liturgische Gedächtnisfeier für die Gesamtkirche in Bezug auf Lourdes, Fatima und Guadalupe, während das Fest Unserer Lieben Frau von Guadalupe für einen ganzen Kontinent (Nord- und Südamerika) eingeführt wurde.[508]

Ingesamt hat die Kirche also konsequent eine sehr vorsichtige Haltung Marienerscheinungen gegenüber eingenommen, so dass nur eine sehr kleine Anzahl solcher berichteter Ereignisse aner-

---

[507] Vgl. Walsh, *The Apparition at Knock*, S. 13-14; Louis Lochet, *Muttergottes-Erscheinungen. Ihr Sinn und ihre Bedeutung im Leben der Kirche und unserer Zeit*, Freiburg: Herder, 1957, S. 56-57.

[508] Hauke, *Introduction to Mariology*, Kapitel 9, „The prophetic role of Mary in apparitions“, S. 19.

kannt wurde. Die bischöfliche Billigung ist der erste Schritt zu einer solchen Akzeptanz, doch auch andere Faktoren wie eine Billigung durch Gesamtkirche, die beispielsweise im Bau einer Basilika oder durch einen Papstbesuch zum Ausdruck kommt, sind ebenfalls von Bedeutung für die volle kirchliche Anerkennung einer Erscheinung.

Die Normae S. Congregationis und die Beurteilung angeblicher Privatoffenbarungen

Im Jahre 1978 wurden die *Normae S. Congregationis*, ein Dokument über die Beurteilung angeblicher Privatoffenbarungen, von der Kongregation für die Glaubenslehre herausgegeben. Dieser Text wurde von Papst Paul VI. approbiert und dann den Bischöfen und Ordensoberen weltweit zugesandt. Er wurde in einer inoffiziellen französischen Übersetzung in dem Buch von Joachim Bouflet und Philippe Boutry, *Un signe dans le ciel: Les apparitions de la Vierge*, abgedruckt.[509]

Obgleich es recht kompliziert ist, erscheint es uns notwendig, dass wir uns dieses Dokument etwas ausgiebiger ansehen, um seine Konsequenzen für die Beurteilung von Erscheinungen zu verstehen. Die *Normae S. Congregationis* beginnen mit einer Vorbemerkung, in der erklärt wird, wie das Dokument entstand, und aufgezeigt wird, dass die kirchliche Autorität, weil die Kunde von angeblichen Erscheinungen sich schneller als früher verbreite und Pilgerfahrten leichter organisiert werden könnten, es als notwen-

---

[509] Der vollständige Titel lautet: *Normae S. Congregationis pro doctrina fidei de modo procedendi in diudicandis praesumptis apparitionibus ac revelationibus.* Joachim Bouflet/Philippe Boutry, *Un signe dans le ciel: Les apparitions de la Vierge,* Paris: Grasset, 1997, S. 396-399. Der Text steht in einer inoffiziellen englischen Übersetzung aus dem lateinischen Originaltext zur Verfügung auf: http://d-rium.blogspot.com/p/normae-s-congregationis.html, und auch in einer englischen Übersetzung aus der französischen Fassung im Buch von Bouflet auf: www.theotokos.org.uk/pages/appdisce/cdftexte.html. Bouflet war bei der Kongregation für die Selig- und Heiligsprechungsprozesse in Rom als Gutachter für die Postulatoren für Seligsprechungsprozesse tätig.

dig empfunden habe, neu über das Thema nachzudenken. Im Text ist davon die Rede, dass es, aufgrund der wissenschaftlichen Fortschritte in diesem Bereich und der Notwendigkeit einer rigorosen kritischen Analyse, schwieriger sei, zu einer schnellen Entscheidung zu kommen, die entweder *constat de supernaturalitate* („es steht fest, dass es sich um Übernatürliches handelt") oder *non constat de supernaturalitate* („es steht nicht fest, ob es sich um Übernatürliches handelt") lautet.[510]

Der Text erörtert auch die Option für den Ortsbischof, die öffentliche Verehrung [*cultus*] und andere Andachtsformen der Gläubigen zu erlauben oder zu verbieten. Dann heißt es darin weiter, dass es notwendig sei, eine bestimmte Herangehensweise zu wählen, um zu gewährleisten, dass die Andacht, die aus einer Privatoffenbarung erwächst, völlig katholisch sei und dass die Kirche selbst imstande sein wird, jede angebliche Offenbarung richtig zu beurteilen. Hierzu gehört, dass das fragliche Ereignis zuerst nach Positiv- und Negativkriterien, so wie sie anschließend dargelegt werden, bewertet wird, und anschließend, während das Phänomen „mit großer Vorsicht" weiter untersucht wird, gewisse öffentliche Andachtsformen erlaubt werden. Anschließend, nach einiger Zeit und im Lichte offenkundiger geistlicher Früchte, sei es erlaubt, „wenn der Fall es erfordert, ein Urteil über dessen Echtheit und übernatürlichen Charakter vorzulegen".

Es ist also zu beachten, dass die *Normae S. Congregationis* einen dreistufigen Prozess vorsehen und dass es nicht zulässig ist, direkt zu einer Bewertung der „Früchte" angeblicher Visionen zu springen, ohne dass zuvor festgestellt wurde, ob die behaupteten Visionen glaubwürdig sind oder nicht. Bedauerlicherweise sind viele Medjugorje-Anhänger und -Autoren nicht dieser Vorgehensweise

---

510 Interessanterweise wird die traditionell dritte Möglichkeit, *constat de non supernaturalitate* („es steht fest, dass es sich nicht um Übernatürliches handelt"), in den *Normae S. Congregationis* nicht erwähnt wird. Es ist schwer zu sagen, wie bedeutsam dies ist, da es unwahrscheinlich ist, dass die Kongregation eine „Hermeneutik der Diskontinuität" in Bezug auf die frühere Lehre und Praxis der Kirche in diesem Bereich angewandt haben wird.

gefolgt. Sie handelten so, als ob die Früchte praktisch das einzig Ausschlaggebende wären.
Danach erörtert der Text die positiven und negativen Beurteilungskriterien für eine angebliche Vision. Zu den positiven Kriterien gehören eine „moralische Gewissheit“ nach „gründlicher Untersuchung“, dass die behauptete Offenbarung tatsächlich echt ist. Andere Faktoren sind die persönlichen Eigenschaften der Seher, wobei der Schwerpunkt auf „seelischem Gleichgewicht, Ehrlichkeit und Rechtschaffenheit des sittlichen Lebens, gewohnheitsmäßiger Aufrichtigkeit und Fügsamkeit gegenüber der kirchlichen Autorität“ liegt.
Die Offenbarungen selbst müssen im Einklang mit der „wahren theologischen und spirituellen Lehre“ und „frei von Irrtum“ sein. Schließlich sollte die behauptete Offenbarung eine „gesunde Frömmigkeit“ geweckt und „reiche und beständige geistliche Früchte“ hervorgebracht haben, mit besonderem Nachdruck auf „dem Geist des Gebets, Bekehrungen [und] dem Zeugnis der Nächstenliebe“. Beachten wir, dass die „geistlichen Früchte“ nur als Teil *eines* der positiven Kriterien, in Verbindung mit einer „gesunden Frömmigkeit“, gesehen werden.
Ziemlich überraschend mutet es an, dass Wunderheilungen oder übernatürliche Ereignisse, wie z. B. erfüllte Prophetien, als positive Echtheitskriterien keine Erwähnung finden. Und der Gedanke, dass die Offenbarungen im Einklang mit der „wahren theologischen und spirituellen Lehre“ stehen sollten, könnte möglicherweise in dem Sinne verstanden werden, dass sie dem Muster früherer anerkannter Erscheinungen entsprechen sollten, wenngleich dies offenkundig nicht ausdrücklich festgestellt wird.
Zu den negativen Kriterien gehören offensichtliche Irrtümer betreffs der behaupteten Offenbarung, sowie „dogmatische Irrtümer“, wobei es sogar dazu kommen kann, dass das Subjekt unbewusst Dinge zu einer echten Offenbarung hinzufügt. Andere Negativkriterien sind ein „offensichtliches Bedachtsein auf Geld“ im Zusammenhang mit dem Phänomen, sowie „schwer unsittliche Handlungen zur Zeit des Ereignisses selbst oder in Verbindung damit, die von dem Subjekt oder von den ihm nahestehen-

den Anhängern begangen werden“. Ähnlich werden, wenn die Individuen an „Geisteskrankheiten leiden oder psychopathische Tendenzen“ aufweisen oder Hinweise auf „Psychose oder kollektive Hysterie oder andere derartige Dinge“ vorliegen, auch diese als Negativkriterien gewertet.

In Bezug auf Medjugorje besteht sicher Grund zur Besorgnis hinsichtlich des „offensichtlichen Bedachtseins auf Geld“. Genauso bestehen hinsichtlich „schwer unsittlicher Handlungen“, wie wir sehen, berechtigte Bedenken bezüglich der Patres Vlašić und Zovko, zweier enger Gefährten der Seher.

An dieser Stelle betonen die *Normae S. Congregationis* jedoch, wie wichtig es ist, diese Positiv- oder Negativkriterien als Teil des ganzen Untersuchungsvorganges und nicht als in der einen oder anderen Richtung endgültig zu sehen.

Die zuständigen Autoritäten

Dann geht das Dokument auf die Autoritäten ein, die das angebliche Ereignis beurteilen können, anfangend mit dem Ortsordinarius, der verpflichtet ist, zu untersuchen, ob eine spontane Verehrung aufkommt. Der Bischof kann verschiedene Andachten autorisieren, wenn die oben erwähnten Positivkriterien gegeben sind; allerdings muss dabei deutlich gemacht werden, dass dies noch keine kirchliche Anerkennung bedeutet. Und falls das angebliche Phänomen schwere Missstände in der Frömmigkeit oder falsche Lehren oder Zeichen einer falschen Mystik hervorruft, dann ist der Ortsbischof zum Einschreiten verpflichtet.

Der Ortsordinarius kann verlangen, dass die regionale oder nationale Bischofskonferenz eingreifen, so dass das Ereignis noch umfassender studiert werden kann, und diese höheren Gremien können einschreiten, wenn das Phänomen regionale oder nationale Bedeutung annimmt. Der Vatikan kann auf die Bitte des Ortsbischofs oder einer qualifizierten Gruppe von Gläubigen eingreifen, oder aufgrund seiner eigenen, universalen Autorität.

Die Kongregation für die Glaubenslehre kann auch nach Rücksprache mit dem Ordinarius einschreiten, nachdem er seine eigene Untersuchung durchgeführt hat. In schweren Fällen kann die Kongregation eigenmächtig einschreiten, insbesondere dann, wenn das Ereignis sich auf einen großen Teil der Kirche auswirkt – jedoch immer nach Rücksprache mit dem Bischof und der Bischofskonferenz, wo dies notwendig ist.

Es ist klar, dass die Weise, wie die Frage von Medjugorje behandelt worden ist, anfänglich durch den Ortsbischof und anschließend durch die Bischofskonferenzen zunächst Ex-Jugoslawiens und dann Bosnien-Herzegowinas, im Einklang mit den obigen Bestimmungen ist und dass die wiederholt geäußerte Behauptung, dass Bischof Žanić die Medjugorje-Akten aus der Hand genommen worden seien, falsch ist. Zutreffender wäre es, wenn man sagte, dass die Glaubenskongregation, nach Rücksprache mit den aufeinander folgenden Bischöfen von Mostar, seit nunmehr vielen Jahren herauszufinden versucht hat, wie sie am besten mit Medjugorje umgehen kann. Der relevante Text aus den *Normae S. Congregationis* (IV, 1.b) macht dies deutlich: „Der heiligen Kongregation kommt es zu, in schwerwiegenderen Fällen auf eigene Initiative einzugreifen, insbesondere wenn die Angelegenheit sich auf einen größeren Teil der Kirche auswirkt; *der Ordinarius muss immer konsultiert werden*, und, sofern angemessen, auch die Bischofskonferenz."

Die Tatsache, dass dieser Text davon spricht, dass der Ordinarius konsultiert werden muss, macht deutlich, dass jede primitive Behauptung, dass der Ortsbischof, in diesem Falle Bischof Perić, bewusst brüskiert oder aus dem Verfahren ausgeschlossen worden sei, falsch ist.

Im Teil 2 dieses letzten Abschnitts des Dokuments heißt es: „Die heilige Kongregation wird imstande sein, entweder die Handlungsweise des Ordinarius zu bewerten und zu bewilligen, oder, falls möglich und angemessen, eine neue Untersuchung der Angelegenheit einzuleiten, die losgelöst von den durch den Ordinarius vorgenommenen Prüfungen erfolgt, entweder eigenständig oder durch eine Sonderkommission."

Dies kann man so lesen, als ob es eine „Missbilligung" der Handlungsweise von Bischof Perić in Bezug auf Medjugorje impliziere.

Die Untersuchung war jedoch bereits über diesen Punkt hinausgekommen und hatte die höhere Ebene der Bischofskonferenzen erreicht. Und wie wir sehen werden, hatte die Glaubenskongregation im März 2010 die Bildung einer neuen Untersuchungskommission für Medjugorje angekündigt, im Einklang mit der Bestimmung im obigen Zitat.
Man muss immer berücksichtigen, dass die *Normae S. Congregationis* als Richtlinien und nicht als eine Zwangsjacke gedacht waren und dass es vor dem Auftreten des Phänomens Medjugorje und seinem weltweiten Einfluss erschien. Im Bereich der angeblichen Visionen hatte man in der Kirche in neuerer Zeit vor 1978, dem Erscheinungsjahr des Dokuments, nichts erlebt, was mit Medjugorje vergleichbar gewesen wäre. Daher wäre es unmöglich gewesen, im Vorfeld von einem Phänomen wie Medjugorje ein Dokument über die Beurteilung von Erscheinungen zu erstellen, welches auf jede denkbare Eventualität Rücksicht genommen hätte. Also muss es im Lichte der Erfahrung und der Realität interpretiert werden, und nicht in einer unrealistischen oder übertrieben legalistischen Weise.

Bischof Perić über Medjugorje

Bischof Perić wurde von dem französischen Schriftsteller Yves Chiron in der Zeitschrift *Présent* vom 25. Januar 1997 interviewt und betonte deutlich, dass die Ergebnisse der Erklärung von Zadar von 1991 immer noch gültig seien: Es könne nicht bestätigt werden, dass es sich bei Geschehnissen in Medjugorje „um übernatürliche Erscheinungen und Offenbarungen handelt". Ebenso stellte er klar, dass dort keine Anerkennung eines *cultus* in dem in den *Normae S. Congregationis* dargelegten Sinne gestattet worden wäre, so dass eine öffentliche Verehrung der „Gospa" von Medjugorje im Vorgriff auf eine Anerkennung der angeblichen Visionen selbst rekognosziert worden wäre. Er legte auch dar, dass, im Gegensatz zu den Äußerungen gewisser Autoren, die Untersuchung der Visionen seiner Autorität nicht entzogen worden sei.

Bischof Perić kommentierte seine Pfarreibesuche in Medjugorje wie folgt:

> Dort herrscht viel Unordnung. Es sind dort Franziskanerpriester ohne kanonische Jurisdiktion aktiv; religiöse Gemeinschaften haben sich ohne Erlaubnis des Diözesanbischofs niedergelassen, kirchliche Gebäude sind ohne kirchliche Genehmigung errichtet worden, Pfarreien werden dazu ermutigt, offizielle Pilgerfahrten zu veranstalten usw. Medjugorje, das als ein angeblicher Erscheinungsort betrachtet wird, fördert nicht den Frieden und die Einheit, sondern stiftet Verwirrung und Zwietracht, und zwar nicht nur in seiner eigenen Diözese. Ich stellte dies im Oktober 1994 bei der Bischofssynode und in Gegenwart des Heiligen Vaters fest, und ich wiederhole es heute mit derselben Verantwortung.

Er bemerkte weiter, dass er nicht die Notwendigkeit für eine neue Untersuchungskommission sehe und dass die Kongregation für die Glaubenslehre überdies seine allgemeine Position in Briefen an zwei französische Bischöfe, die im Juli 1995 und März 1996 versandt wurden, vertreten habe. Den Zitaten aus der Erklärung von Zadar der Jugoslawischen Bischofskonferenz von 1991 zufolge hatte es im Text der Briefe der Glaubenskongregation wie folgt geheißen: „[O]ffizielle Pilgerfahrten nach Medjugorje, die es als einen Ort authentischer Marienerscheinungen darstellen, dürfen weder von der Pfarrei noch von der Diözese veranstaltet werden, weil dies im Widerspruch zu den Feststellungen der Bischöfe Ex-Jugoslawiens in ihrer zuvor zitierten Erklärung stünde.“[511]

Papst Johannes Paul II. konnte schließlich im April 1997 seinen aufgeschobenen Besuch in Sarajevo nachholen, erwähnte Medjugorje in seiner Predigt aber nicht. Vielmehr beschränkte er seine Bemerkungen auf das Marienheiligtum im 40 km entfernten Hrasno, das, wie wir sahen, im Jahre 1977 – vier Jahre vor Medjugorje – unter dem Titel „Königin des Friedens“ eingerichtet worden war; am 9. Mai sandte er ein Telegramm an Bischof Perić,

---

[511] Davies, *Medjugorje After Fifteen Years,* S. 85-88.

in welchem er das Heiligtum in Hrasno als ein echtes Zentrum der Marienverehrung lobte.[512]

Im Oktober 1997 stellte Bischof Perić in seiner Antwort auf einen Brief von Thierry Boutet von der französischen Organisation *Famille Chrétienne* („Christliche Familie") fest:

> Aufgrund des sorgfältigen Studiums des Falles durch 30 … [Akademiker], meiner bischöflichen Erfahrung von fünf Jahren in der Diözese, des skandalösen Ungehorsams, der das Phänomen umgibt, der Lügen, die bisweilen der „Madonna" in den Mund gelegt werden, der ungewöhnlichen Wiederholung der „Botschaften" seit über 16 Jahren, der eigenartigen Weise, wie die „Seelenführer" der so genannten „Seher" sie durch die Welt begleiten und Propaganda für sie betreiben, der Praxis, dass die „Madonna" auf das *„fiat"* (sie möge kommen!) der „Seher" hin erscheint, ist meine Überzeugung und Position bezüglich der Erscheinungen oder Offenbarungen von Medjugorje nicht nur die des *non constat de supernaturalitate* [die Übernatürlichkeit steht nicht fest], sondern auch die der anderen Formel, *constat de non supernaturalitate* [die Nicht-Übernatürlichkeit steht fest].[513]

Es ist zu beachten, dass Bischof Perić hier seinen Standpunkt von einer eher neutralen hin zu einer negativen Position veränderte. An späterer Stelle im Brief gesteht er jedoch ein, dass er nicht das letzte Wort hat: „Ich bin offen für eine Untersuchung, die der Heilige Stuhl als höchste Instanz der katholischen Kirche unternimmt, um das höchste und endgültige Urteil über den Fall zu sprechen, und zwar so bald wie möglich, zum Heil der Seelen und zur Ehre der Kirche und Unserer Lieben Frau."[514]

---

512 Jones, *The Medjugorje Deception,* S. 362.

513 Jones, *The Medjugorje Deception*, S. 368; vgl. www.catholicculture.org/culture/library/view.cfm?id=317&repos=1&subrepos=0&searchid=726078.

514 Vgl. www.medjugorjedocuments.blogspot.com/2009/09/what-did-archbishop-bertone-really-say.html; www.catholicculture.org/culture/library/view.cfm?id=317&repos=1&subrepos=0&searchid=726078.

Am 22. Juni 1997 veröffentlichte die Katholische Informationsagentur in Zagreb ein wichtiges Dokument, das von Don Ante Luburić, dem Kanzler der Diözese Mostar unterzeichnet wurde und das auf weitere Fälle franziskanischen Ungehorsams Bischof Perić gegenüber einging. Er legte einige Aspekte der Geschichte des Problems dar, bevor er spezielle Beispiele nannte, darunter Kirchen, die von den Franziskanern ohne Kenntnis des Bischofs und im Widerspruch zum Kirchenrecht erbaut und geweiht worden waren. Er erwähnte auch die Tatsache, dass mehr als vierzig Franziskaner nicht die notwendigen Befugnisse für die Pastoralarbeit in der Diözese besaßen. Insbesondere erwähnte er den Fall jener Gemeindeglieder, die mit Wissen der Franziskaner den Eingang der Kirche in Čapljina zugemauert hatten, um den Bischof daran zu hindern, Weltpriester in die Pfarrei zu schicken. Ebenso machte er detaillierte Angaben über die zahlreichen „religiösen" Gemeinschaften, darunter die charismatische „Gemeinschaft der Seligpreisungen", die ohne Erlaubnis der kirchlichen Autoritäten in Medjugorje aktiv sind.[515]

Im Laufe des Jahres, am 24. Oktober, gab Don Luburić ein weiteres Kommuniqué heraus, das bereits erwähnt worden ist. Es stellte eine Erwiderung auf einen Artikel von René Laurentin dar und warf dem französischen Priester vor, in einigen seiner Behauptungen über Medjugorje „gezielte Falschinformationen" zu verbreiten. Dazu gehörten Äußerungen über einige Franziskaner, die diszipliniert worden waren, und eine Behauptung, dass der Heilige Vater Kardinal Kuharic, und sogar den kroatischen Staatspräsidenten Tudjman gebeten habe, nach Medjugorje zu gehen.

Speziell wurde darin die Idee, dass Papst Johannes Paul II. während seiner Reise nach Sarajevo „einen Teil seines Gefolges bevollmächtigt [habe], ihn während der Reise zu verlassen, um öf-

---

[515] Davies, *Medjugorje After Fifteen Years,* S. 89-91.

fentlich auf Wallfahrt nach Medjugorje zu gehen: elf Personen, Bischöfe und Botschafter, sowie Vatikan-Korrespondenten", als „eine Erfindung" von René Laurentin beschrieben.
„In Wirklichkeit", so fuhr Don Luburić fort,

> veranstaltete der Botschafter von Kroatien beim Heilige Stuhl, Herr Ive Livljanic, eigenverantwortlich die Reise einer Gruppe von Botschaftern, indem er sie von Rom nach Medjugorje brachte. Diese Personen hatten nichts mit einer Bevollmächtigung durch den Heiligen Vater oder mit seinem Gefolge zu tun. Abgesehen von dieser Falschinformation sieht man, wie dem Heiligen Vater und seinem ‚Gefolge' alle möglichen Dinge zugeschrieben werden, die aber keine Grundlage in der Realität haben.[516]

Inzwischen hatte sich die Lage in Čapljina, der alten Pfarrei von Pater Vlašić, verschlimmert. Am 5. Oktober 1997 hielt dort ein gewisser „Bischof" Srecko Franjo Novak eine Firmungszeremonie in der Kirche ab; es stellte sich aber heraus, dass er aus dem regulären katholischen Seminar hinausgeworfen worden war, um sich hernach den „Altkatholiken" anzuschließen, wo er allenfalls Diakon war. Er sprach bei diesem Anlass offenbar Deutsch, und einer der Franziskanerpriester, die unerlaubt in der Pfarrei tätig waren, übersetzte für ihn. Es sieht nicht danach aus, dass das Sakrament hierbei gültig gespendet wurde, und es ist sicherlich äußerst irregulär, wenn ein Bischof versucht, die Firmung in einer anderen Diözese ohne die Erlaubnis des Ortsordinarius zu spenden, ganz zu schweigen von der Tatsache, dass dies in einer Kirche geschah, deren Haupteingang [siehe oben] zugemauert worden war. René Laurentin bestätigt, dass dieser Vorfall tatsächlich stattfand.[517] Am 23. März 1998 bestätigte die Kongregation für die Ordensleute in Rom Entlassungsdekrete für zwei der in

---

516 Vgl. www.medjugorjedocuments.blogspot.com/2008/04/fr-rene-laurentin-disinformations-by.html.

517 Davies, *Medjugorje After Fifteen Years*, S. 97-99, 159-163; Laurentin, *Medjugorje Testament*, S. 99.

Čapljina beteiligten Priester, die Patres Bonifatius Barbarić und Bozo Rados aus dem Franziskanerorden.[518]

Der Brief an Bischof Aubry

Im Mai 1998 antwortete Erzbischof Tarcisio Bertone, der Sekretär der Kongregation für die Glaubenslehre, auf eine Anfrage von Bischof Gilbert Aubry von Saint-Denis auf der Insel Réunion im Indischen Ozean betreffs des Standpunktes des Heiligen Stuhles zu Medjugorje. Diese Antwort ist von vielen Medjugorje-Anhängern so aufgefasst worden, als unterstütze sie ihre Position, doch zeigt sich bei näherer Untersuchung, dass dies sehr fragwürdig ist. Zuallererst ist darauf hinzuweisen, dass es sich hierbei um einen persönlichen Brief handelte, der an einen Bischof adressiert und ursprünglich nicht als eine allgemeine Antwort für die ganze Kirche gedacht war, obgleich er später weite Verbreitung fand. Jedenfalls spricht Erzbischof Bertone in diesem Brief von den „so genannten ‚Erscheinungen' von Medjugorje", womit er andeutet, dass der Heilige Stuhl die angeblichen Visionen nicht in irgendeiner Weise anerkannt hat. Außerdem sagt der Erzbischof, dass er es für unmöglich halte, auf jede einzelne der von Bischof Aubry gestellten Fragen zu solchen Themen einzugehen wie Privatpilgerfahrten und „der Seelsorge für die Gläubigen, die nach diesem Ort pilgern", weil „es nicht die Gepflogenheit des Heiligen Stuhls ist, in erster Instanz einen eigenen Standpunkt hinsichtlich der vermeintlichen übernatürlichen Phänomene einzunehmen."
Erzbischof Bertone sprach dann weiter über „die Glaubwürdigkeit der fraglichen Erscheinungen", und schrieb, dass das Dikasterium sich einfach an die Feststellung der Jugoslawischen Bischöfe in der Erklärung von Zadar vom April 1991 halte: „Auf der Basis dieser Untersuchungen kann bis jetzt nicht bestätigt werden, dass es sich hier um übernatürliche Erscheinungen und Offenbarungen handelt."

518 Davies, *Medjugorje after Twenty-One Years*, S. 111-112, (Protokollnummer 32343/97 & Protokollnummer 32344/97).

Der Erzbischof wies darauf hin, dass die oben wiedergegebene Erklärung von Bischof Perić gegenüber Thierry Boutet, dass die „Nicht-Übernatürlichkeit“ der Visionen oder Offenbarungen von Medjugorje „feststehe“, als Ausdruck der „persönlichen Überzeugung“ des Bischofs von Mostar zu betrachten sei. Dies bedeutet jedoch nicht, dass er letztere zwangsläufig verwerfen oder ihr widersprechen würde. Er stellte lediglich eine Tatsache fest, wobei er zugleich anerkannte, dass Bischof Perić, als der Ortsordinarius, „jederzeit das Recht“ habe, eine solche Meinung auszusprechen.[519]

Der Grund, weshalb Erzbischof Bertone dies sagte, war die Tatsache, dass Bischof Perić nicht mehr in der Lage war, ein endgültiges, letztes Urteil auszusprechen, da Medjugorje inzwischen einen Einfluss und eine Präsenz erreicht hatte, die weit über seine Diözese hinausragte. Und tatsächlich deutete der Erzbischof an, dass, wenn der Fall eventuell von neuem untersucht würde, dies unter der Ägide der Bischofskonferenz von Bosnien-Herzegowina geschehen müsse und dass es dann diesem Gremium zukomme, „neue Erklärungen zu erlassen“. Damit sagte er aber nicht, dass Bischof Perić nicht seine persönliche Meinung vorbringen oder betreffs Medjugorje in seiner eigenen Diözese nicht handeln solle.[520]

Schließlich wiederholte Erzbischof Bertone den Standpunkt der Glaubenskongregation zu „Privatpilgerfahrten“ nach Medjugorje, „dass sie zugelassen sind unter der Bedingung, dass sie nicht als eine kirchliche Anerkennung der andauernden Geschehnisse ver-

---

519 Eine inoffizielle deutsche Übersetzung dieses Briefes ist hier zu finden: http://www.medjugorje.de/medjugorje/aussagen/vatikan.html; der französische Orginaltext des Briefes ist hier einzusehen:
http://archive.gabrielmass.com/documents/m19980526f_bertone.html, eine weitere inoffizielle Übersetzung, nach der wir hier zitieren, bei Franken, *Eine Reise nach Medjugorje*, S. 145-146. Vgl. Kevin Orlin Johnson, *Twenty Questions About Medjugorje: What Rome Really Said*, Dallas: Pangaeus Press, 1999, S. 6-8.

520 Vgl. www.ewtn.com/library/curia/cdfaubry.htm;
http://medjugorjedocuments.blogspot.com/2009/09/what-did-archbishop-bertone-really-say.html.

standen werden, die noch eine Untersuchung durch die Kirche erfordern“[521].

Die Umsetzung von Romanis Pontificibus

Im November 1998 ergab sich eine Weiterentwicklung hinsichtlich der korrekten Umsetzung des zuvor bereits erwähnten, 1975 vom Heiligen Stuhl erlassenen Sonderdekrets *Romanis Pontificibus.* Dieses forderte den franziskanischen Gehorsam in der Aufteilung der Pfarreien zwischen den Franziskanern der Ordensprovinz Herzegowina und dem Diözesanklerus des Bistums Mostar-Duvno ein. Der Kern dieses Problems war nicht so sehr der Disput zwischen den Bischöfen und den Franziskanern, sondern vielmehr zwischen den Franziskanern und dem Vatikan. Wenngleich die meisten betroffenen Franziskaner kooperierten, widersetzten sich, wie wir oben sahen, einige in Čapljina so heftig, dass sie sich widerrechtlich die Pfarrei aneigneten. Diese Handlung führte schließlich zu ihrer Entlassung aus dem Orden.
Dann, am 20. Februar 1999, fast 24 Jahre nach dem Erlass des Dekrets, wurde *Romanis Pontificibus* endgültig von dem damaligen Generalvikar des Ordens der Minderbrüder, Pater Stephan Ottenbreit, und Bischof Perić von Mostar-Duvno umgesetzt. Der Heilige Stuhl war dabei durch den damaligen Päpstlichen Nuntius, Msgr. Mario Cassari, vertreten.
Wichtig ist hier, dass die gewöhnliche Aufgabe eines Ordens wie des Franziskanerordens, darin besteht, ein neues Gebiet zu evangelisieren und dann, nachdem dies geschehen ist, die Seelsorge dem Diözesanklerus zu überlassen. So läuft es normalerweise in der Kirche. Die Tatsache also, dass der Heilige Stuhl bereit war, den Franziskanern der Provinz Herzegowina zu gestatten, die Hälfte ihrer Pfarreien zu behalten – eine Situation, die es nirgendwo anders auf der Welt gibt – war ein bedeutsames Zugeständnis.

[521] Johnson, *Twenty Questions About Medjugorje,* S. 8-12.

Dennoch weigerten sich einige Franziskaner, die Gehorsamserklärung zu unterzeichnen, die diese Umsetzung erforderte, und infolgedessen wurden neun aus dem Orden entlassen, und weitere 23 wurden mit anderen Strafen belegt, darunter mit dem Entzug der Beichtbefugnis.[522] Außerdem mussten im Rahmen des Umsetzungsprozesses sieben Pfarreien der Diözese übergeben werden. Dies fand jedoch nicht wie geplant statt, weil manche Gemeindeglieder massiven Widerstand gegen diesen Schritt leisteten, einen Widerstand, der auch „schwere schriftliche und verbale Drohungen, [die] Besetzung von Kirchen und Pfarrhäusern und die Entfernung von Kirchenbüchern und Stempeln beinhaltete"[523].

Einmal mehr werden also die negativen Aspekte von Medjugorje deutlich, wenn man die Fakten unter die Lupe nimmt. Die weite Verbreitung der Medjugorje-Botschaften und Bücher hat viel Unruhe verursacht. Von Rechts wegen hätten all diese Schriften der rechtmäßigen kirchlichen Autorität vorgelegt werden müssen. Die sehr direkten Interviews von Bischof Perić zum Thema Medjugorje, in welchen er ausführlich auf die Probleme eingeht, die dort aufgetreten sind, machen seinen Standpunkt überaus deutlich. So sagte er in Bezug auf den oben berichteten Vorfall betreffs des Diakons aus der altkatholischen Kirche, der ein Erzbischof zu sein vortäuschte und Firmungen und Messen zelebrierte, die ungültig und sakrilegisch waren: „Das Phänomen von Medjugorje [d. h. die „Gospa"] spricht kein einziges Wort über den Missbrauch der Eucharistie und des Heiligen Geistes!"[524]

---

522 http://medjugorjedocuments.blogspot.com/2009/05/february-20-1999-decree-romanis.html; www.cbismo.com/index.php?menuID=36; englische Übersetzung auf:
www.translate.google.com/translate?hl=en&sl=hr&tl=en&u=http%3A%2F%2Fcbismo.com%2Findex.php%3FmenuID%3D36.

523 http://medjugorjedocuments.blogspot.com/2009/05/february-20-1999-decree-romanis.html; eine englische Üersetzung von *Romanis Pontificibus* kann man hier lesen: www.cbismo.com/index.php?mod=vijest&vijest=648.

524 www.cbismo.com/index.php?mod=vijest&vijest=484.

Und diese Kritik könnte fast unendlich ausgeweitet werden. So könnte man fragen, warum die „Gospa" nichts Negatives über die Aktivitäten der Patres Vlašić und Zovko zu sagen hatte, da der erstere, wie wir sehen werden, schließlich laisiert und aus dem Franziskanerorden entlassen werden sollte, während der letztere dreimal suspendiert worden ist. Und die Vorfälle, an denen diese Personen beteiligt waren, und das Ausbleiben jeder Reaktion seitens der „Gospa" sind, was die mit Medjugorje verbundenen Probleme betrifft, nur die Spitze des Eisbergs.

19. Die guten und die schlechten Früchte von Medjugorje

Gute Früchte in den ersten Jahren

Es wäre falsch zu behaupten, dass aus Medjugorje keinerlei gute Früchte erwachsen wären, zumindest in den ersten Jahren. So schildert beispielsweise P. Sivrić die Aktivitäten einer Gruppe von vier Franziskanern aus einem gut 12 km entfernten kleinen Mönchskloster, die von Anbeginn an praktisch täglich nach Medjugorje kamen, um Beichten zu hören und im Rahmen ihres dortigen Dienstes tatsächlich Zehntausenden die Gnade des Bußsakraments zukommen ließen. An den größeren Festen, an denen die Pilgermengen noch größer als sonst üblich waren, stießen andere Franziskaner aus noch weiterer Entfernung zu diesen Priestern.[525] Auf rein psychologischer Ebene kann der Anblick einer langen Schlange von Beichtenden in Medjugorje schon allein eine Selbsterforschung bei jemandem auslösen, der gar nicht speziell die Absicht hatte, zur Beichte zu gehen. Das heißt, ein solcher Anblick kann durchaus als ein Beschleuniger in seinem Bekehrungsprozess wirken. In den Kirchen der entwickelten Länder ist solch ein Anblick jedoch äußerst rar, und so ist die häufige Beichte etwas, wofür in der Katechese und in Predigten dringend mehr geworben werden sollte.

Unbestreitbar übte Medjugorje von einem sehr frühen Zeitpunkt an eine große Anziehungskraft auf Menschen, insbesondere auf Jugendliche, aus. Schwester Lucy Rooney schreibt: „Am Fest Kreuzerhöhung im Jahr 1983 (das an einem Sonntag gefeiert wurde), kamen über 100.000 Besucher, über die Hälfte von ihnen Jugendliche. Da den Pilgern die Benutzung öffentlicher Verkehrsmittel verboten war, kamen sie zumeist barfuss, gingen in das isolierte Dorf und stiegen auf den felsigen Berg, um zum großen Kreuz auf dessen Gipfel zu gelangen." Sie berichtet auch über die

---

[525] Vgl. Sivrić, *The Hidden Side of Medjugorje*, Bd. I, S. 71-72, 156.

Situation am 24. und 25 Juni 1984, dem „dritten Jahrestag“ des Anfangs der Visionen, als

> so viele Pilger aus dem Ausland kamen, dass tägliche Messen in italienischer, deutscher, französischer und englischer sowie in kroatischer Sprache gelesen wurden. Mehrheitlich kamen die Menschen aus Jugoslawien selbst. Sie kamen zu Fuß, ohne konkrete Pläne, wo sie übernachten würden, und trugen alles bei sich, was sie für bis zu zwei Nächte unter freiem Himmel benötigten.[526]

Analyse der guten Früchte

Allein die Tatsache, dass damals wie heute viele Menschen nach Medjugorje kommen, garantiert aber noch keine Authentizität. Die Ereignisse in Necedah mit Mary Ann Van Hoof, die 1949, im Alter von 40 Jahren, zu behaupten begann, dass sie Visionen der Jungfrau Maria hätte, sind ein gutes Indiz dafür. Nichts von dem, was sie sagte, war sonderlich glaubwürdig, und dennoch gelang es ihr, große Menschenmengen zu täuschen.

Ihre Visionen waren fast sicher teuflischen Ursprungs, wenn man bedenkt, dass ihre Eltern Einwanderer aus Siebenbürgen waren, wo diese Spiritismus angewandt hatten. Diese Karriere setzte ihre Mutter in den Vereinigten Staaten fort und betrieb ein „Geisterhaus“ in Kenosha (Wisconsin). Mary Ann hatte ihr assistiert und war mit den Handlungen spiritistischer Medien vertraut. Es hat auch den Anschein, dass ihre Mutter bei den späteren Visionen ihrer Tochter anwesend war. Als die Diözese La Crosse den Fall untersuchte, sickerte durch, dass weder Mary Ann noch ihr Ehemann Fred Van Hoof besonders eifrige Katholiken waren und dass sie die Sakramente erst *nach* Beginn der Visionen regelmäßig empfingen. Für eine angebliche marianische Seherin erscheint es auch fast unglaublich, dass sie „Katholiken verabscheute und abfällige Bemerkungen über sie, insbesondere über die Familie ihres Gatten machte, die sie ‚diese verdammten katholischen Bauern‘ nannte“.

---

[526] Rooney/Faricy, *Mary Queen of Peace*, S. 32, 75.

Jedenfalls kamen Pilger, als die Kunde von ihren Prophezeiungen und Offenbarungen sich verbreitete, in stetig wachsender Zahl zur Farm der Van Hoofs in Necedah, trotz der eindeutig negativen Position, die sowohl der Ortsordinarius, Bischof Treacy, als auch Kardinal Stritch bezogen. Schätzungsweise waren dort beim Fest Mariä Himmelfahrt am 15. August 1950 bis zu 100.000 Menschen anwesend.[527] Dies ist schon für sich genommen ein klarer Hinweis darauf, dass Menschenmengen, die an einen angeblichen Erscheinungsort kommen, keine Echtheitsgarantie bieten, und somit auch eine Warnung dahingehend, dass die Zahl der Pilger, die nach Medjugorje kommt, kein Indiz für dessen tatsächlichen Status ist.

P. Michael O'Carroll besuchte Medjugorje 1986 und war von dem, was er dort sah, offensichtlich sehr beeindruckt: „Die Pfarrei Medjugorje ist das erste offenkundige Wunder Unserer Lieben Frau, der Königin des Friedens. Die Gemeindeglieder sind dafür ein typisches Beispiel. Ihre einst akuten Meinungsverschiedenheiten sind verschwunden. Ihr Gebet ist von einer Art, wie man es nirgendwo sonst auf der Welt sieht." Er behauptete auch: „Die Erscheinungen haben eine geistliche Revolution in der Pfarrei Medjugorje ausgelöst. Nochmals: Nie ist eine ganze Gemeinde so sehr berührt und verwandelt und zu einem derart inbrünstigen Eifer gebracht worden."[528] René Laurentin überhäufte Medjugorje ebenfalls mit Lob und schrieb: „Weil falsche Nachrichten darüber veröffentlicht worden sind, möchten wir betonen, dass die Pfarrgemeinde Medjugorje die am normalsten betriebene in der Welt ist."[529]

Dies sind die Meinungen von Ausländern, die Medjugorje aus der Ferne angezogen hat. Die Untersuchungen von P. Sivrić ergeben jedoch ein anderes Bild. Der Leser wird sich erinnern, dass er in Medjugorje geboren wurde und aufwuchs und somit besser zu

---

527 Maloney, Necedah Revisited, in: *Fidelity Magazine,* Februar 1989, S. 21, 22-23.

528 O'Carroll, *Medjugorje: Facts, Documents, Theology,* S. x, 13.

529 Laurentin/Lejeune, *Messages and Teachings of Mary at Medjugorje*, S. 27.

einer Beurteilung der tatsächlichen Lage imstande war. Obgleich er eingesteht, dass in den frühen Tagen tatsächlich eine Verhaltensänderung bei vielen Einheimischen festzustellen war, sieht es nach seinen Recherchen so aus, dass sie im Laufe der Zeit abstumpften, vielleicht weil die im Namen der „Gospa" ausgesprochenen Drohungen zunehmend ihren Einfluss verloren hatten. Zwar gab er zu, dass sich manche Verbesserungen ergeben hätten, wies aber darauf hin, dass sich „böswilliges und unversöhnliches Gerede" hielt. Ganz ähnliche Erfahrungen machte Mark Waterinckx in den 80er Jahren, als er während seiner langen Aufenthalte in Medjugorje häufig Gemeindemitglieder miteinander streiten sah, obwohl man verbreitet hatte, dass ein neuer Geist im Dorf Einzug gehalten hätte.[530]

In der Tat war Pater Faricy gezwungen, einzugestehen, dass die religiöse Situation in Medjugorje sich bis 1986 verschlechtert hatte und nur noch wenige Menschen an der Abendmesse und dem Rosenkranzgebet teilnahmen.[531] Bezüglich der Aktivitäten jener Pilger, die in den ersten Jahren nach Medjugorje kamen, beschreibt Mary Craig, wie ein Beobachter die Situation einschätzte: „Viele von ihnen waren nicht am Beten interessiert. Am liebsten schauten sie in die Sonne und applaudierten den Sehern, sobald sie auftraten."[532]

Wayne Weible war sicherlich über die Entwicklungen in Medjugorje im Vergleich mit den frühen Tagen enttäuscht. Er spricht davon, wie in den darauffolgenden Jahren seine

> ursprüngliche Atmosphäre Anzeichen des Niedergangs aufwies: An Wallfahrten nahmen auch neugierige Suchende und solche, die ausschließlich als Touristen kamen, teil. Reiseagenturen … [waren] darauf erpicht, aus der wachsenden Popularität der Region Profit zu schlagen. … Die allabendliche Gegenwart der Jungfrau wurde für viele Dorfbe-

---

530 Sivrić, *The Hidden Side of Medjugorje*, Vol. I, S. 156-157, 158. Diese Information über die Streitigkeiten wurde dem Verfasser persönlich von Mark Waterinckx mitgeteilt.

531 Rooney/Faricy, *Medjugorje Journal*, S. 101, 107.

532 Craig, *Spark from Heaven*, S. 164.

wohner fast zu einem Gemeinplatz … Medjugorje war für viele zu einem Ort der materiellen Bereicherungsmöglichkeiten geworden. Neue Unternehmer kamen scharenweise in das Dorf. Ihr Verhalten entsprach dem von reißenden Wölfen im Pelz bekehrter Schafe, weil sie sich bemühten, rasch aus den Wünschen wundersüchtiger Besucher Kapital zu schlagen. Cafés und Souvenirläden sprossen fast über Nacht auf, ebenso wie Hotels und Mietskasernen. Ständig waren Bauarbeiten im Gange, da Dorfbewohner in ihren Häusern immer mehr zusätzliche Zimmer für die Unterbringung von Pilgern bauten. Viele Dorfbewohner, die in den ersten Monaten der Erscheinungen so inbrünstig reagiert hatten, machten nun so viel Geld, wie sie nie zuvor eingenommen hatten. Sie waren zu beschäftigt, um die Abendmesse zu besuchen oder einen Familienrosenkranz zu beten oder mittwochs und freitags zu fasten, wie die Jungfrau es erbeten hatte.[533]

Gab es einige echte gute Früchte?

Zweifellos gab es jedoch Einzelpersonen und Gruppen, die in Medjugorje zugegen und damit verbunden waren und daraus echten Nutzen gezogen haben. Ein Beispiel dafür ist Moira Noonan, die in ihrem Buch *Ransomed from Darkness* über ihre Erfahrungen als New-Age-Lehrerin, die schließlich zum katholischen Glauben zurückkehrte, berichtet. Dies scheint in gewissem Maße durch ihre Kontakte mit Medjugorje geschehen zu sein. Die negative Seite an alledem ist jedoch, dass, um mit Noonan zu sprechen, „eine gewaltige, falsche Marienbewegung" entstanden ist, hauptsächlich durch die Schriften von Sondra Ray, einer bekannten New-Age-Anhängerin. Sie propagierte die Vorstellung, dass die Gottesmutter eine Göttin sei, mit der man über spiritistische Medien Kontakt aufnehmen könne.
Jedenfalls behauptet Noonan, dass sie, während sie an einem spiritistischen Tischerücken teilnahm, eine „innere Stimme" der „Königin des Friedens" gehört habe, die ihr eingegeben habe, dass ihr Tun verkehrt sei. Allerdings schreibt sie auch, dass sie begonnen habe, eine Wundertätige Medaille zu tragen, die ihr von ihrer verstorbenen Großmutter hinterlassen worden sei. Auch

---

533 Weible, *The Final Harvest*, S. 155-156.

andere Vorfälle schienen sie auf eine Marienfrömmigkeit hinzuweisen, darunter einer, bei dem sie von einer unsichtbaren Kraft körperlich darin gehindert wurde, ihre New-Age-Kristalle zu benutzen und wiederum eine innere Stimme hörte, die ihr dieses Mal sagte, dass sie den Rosenkranz beten solle. Sie wurde auch dazu gebracht, zur Beichte zu gehen, und empfing dieses Sakrament zum ersten Mal seit 25 Jahren.

Sie fing nun an, ein frommes katholisches Leben mit der Messe, dem Gebet und der geistlichen Lesung als Schwerpunkten zu führen; der Bruch mit ihrer Vergangenheit war für sie jedoch ein langer und mühsamer Prozess. Schließlich gelang es ihr, nach Medjugorje zu reisen, wo sie bei einem mit der New-Age-Bewegung erfahrenen Priester zur Beichte ging. Ihre erste Beichte bei ihm dauerte zweieinhalb Stunden, und bei nachfolgenden Begegnungen mit ihm wurde sie allmählich dazu gebracht, all ihren spiritistischen Aktivitäten in der Vergangenheit abzusagen und so einen echten Neuanfang zu machen.[534]

Obwohl dieses Ergebnis begrüßenswert ist, muss man klar betonen, dass ihr Empfang des Beichtsakraments in Medjugorje der entscheidende Faktor für ihre geistliche Heilung war, nicht etwa die Tatsache ihres dortigen Aufenthalts. Wir müssen auch berücksichtigen, dass sie eine Wundertätige Medaille trug. Nichtsdestotrotz erscheint es möglich, dass sie echte, außergewöhnliche und übernatürliche Hilfe erfuhr, die sie wieder auf den rechten Weg brachte. Dies muss jedoch im Kontext ihrer Gesamtsituation verstanden werden. Es kann sehr gut sein, dass Gott unfehlbar vorhergesehen hatte, dass es ihr nur durch ihren Kontakt zu Katholiken, die mit Medjugorje verbunden sind, gelingen würde, sich von ihrer New-Age-Verstrickung zu befreien. Anders gesagt, könnte es in einer Extremsituation wie dieser notwendig gewesen sein, dass Gott und die Gottesmutter auf wunderbare Weise in ihr Leben eingriffen, wenn man bedenkt, dass sie so tief in okkul-

---

534 Vgl. Moira Noonan, *Ransomed from Darkness*, El Sobrante: North Bay Books, 2005, S. 55-96.

te Praktiken verstrickt war. Dies bedeutet jedoch keineswegs eine generelle Billigung alles dessen, was mit Medjugorje zu tun hat.

Bewegungen und Gemeinschaften

Ein anderes Beispiel ist die internationale Jugendbewegung Jugend 2000, deren Ursprünge mit Medjugorje verknüpft waren. Allerdings stellt sich heraus, dass Ernest Williams den anfänglichen Anstoß für die Bewegung bekam, während er 1989 in Fatima war, unmittelbar nach dem Weltjugendtag in Santiago de Compostela. Das erste Gebetsfestival der Jugend 2000 wurde gleichwohl im darauf folgenden Jahr in Medjugorje begangen. Auf jeden Fall ist es klar, dass die Jugend 2000 sich in jüngster Vergangenheit deutlich um eine Distanzierung von Medjugorje bemühte. Im Frage-und-Antwort-Abschnitt der bei CTS erschienenen Broschüre über die Bewegung steht folgende Stellungnahme: „Ernest Williams und viele andere junge Menschen, welche die ersten Exerzitien in England leiteten, haben Medjugorje besucht. Die Jugend 2000 hat jedoch keine offizielle Verbindung mit Medjugorje und wartet die definitive Entscheidung der Kirche ab.“

In der Tat hat die Spiritualität der Jugend 2000 viel mehr mit der Botschaft von Fatima gemeinsam als mit derjenigen von Medjugorje, wie ein weiteres Zitat aus der CTS-Broschüre veranschaulicht: „Das besondere Charisma der Jugend 2000 ist es, junge Menschen durch das Unbefleckte Herz Mariens zu einer tiefen und dauerhaften Vereinigung mit dem eucharistischen Herzen Jesu hinzuziehen.“ In Fatima sprach Unsere Liebe Frau von dem Wunsch Gottes, „in der Welt die Andacht zu meinem Unbefleckten Herzen [zu] begründen“. Wie wir sehen werden, erwähnen die Botschaften von Medjugorje diese Andacht praktisch nicht.[535]

Verschiedene Gemeinschaften und Organisationen haben sich in Medjugorje niedergelassen, darunter die Gemeinschaft der Selig-

---

[535] David Baldwin, *Medjugorje*, London: CTS, 2002, S. 75; vgl. Gina Hutchings, *Youth 2000*, London: CTS, 2001, S. 4, 8-10, 70.

preisungen, die Gemeinschaft Neue Horizonte, die Gemeinschaft Oase des Friedens, die Gemeinschaft Cenacolo und die Bewegung Mary's Meals. Die Gemeinschaft Cenacolo engagiert sich, indem sie Drogenabhängigen hilft, durch die Annahme einer christlichen Lebensführung von der Sucht freizuwerden, während die Bewegung Mary's Meals Projekte zur Speisung von Schülern in den Entwicklungsländern ins Leben gerufen hat. Diese Bewegungen sind eindeutig im Großen und Ganzen eine Kraft zum „Guten", doch haben sich bedauerlicherweise auch mit einigen von ihnen Probleme ergeben.

In Bezug auf die Gemeinschaft Cenacolo war Bischof Perić gezwungen, Schwester Elvira, der Gründerin schriftlich mitzuteilen, dass er keine Genehmigung für eine Kapelle für ihre Gemeinschaft in Medjugorje und keine Erlaubnis für einige der Seher erteilt habe, dort ihre angeblichen Visionen zu haben. Der Bischof musste auch der Gemeinschaft Oase des Friedens schreiben und betonen, dass die Gemeinschaft keine Erlaubnis bekommen habe, sich in Medjugorje niederzulassen oder dort eine Kapelle für die Ewige Anbetung zu errichten. Und wie bereits angedeutet, hatte der Kanzler der Diözese Mostar, Dom Ante Luburić, zuvor, im Mai 1997, eine Stellungnahme herausgegeben, in der hervorgehoben wurde, dass viele religiöse Gemeinschaften „ohne Genehmigung der kirchlichen Behörden in der Pfarrei Medjugorje leben und arbeiten." Unter ihnen listete er die Gemeinschaft der Seligpreisungen, die Gemeinschaft Cenacolo und die Gemeinschaft Oase des Friedens auf und schrieb zum Schluss: „Daher ist Medjugorje zu einem Ort der religiösen Unordnung, des Ungehorsams und der antikirchlichen Aktivität geworden."[536]

---

[536] Das Zitat von Schwester Emmanuele Maillard ist entnommen aus: James Mulligan, *Medjugorje: What's Happening?*, London: Dusty Sandals Press, 2008, S. 211. Vgl. http://te-deum.blogspot.com/2009/04/letter-from-bishop-Perić-medjugorje-to.html; http://te-deum.blogspot.com/2009/04/letter-from-bishop-Perić-medjugorje-to_03.html; Davies, *Medjugorje After Fifteen Years*, S. 89-91.

Bei diesen Gemeinschaften manifestierte sich schwerwiegender Ungehorsam also bereits seit den 1990er Jahren.

Emotionaler Enthusiasmus

Was ist dann mit jenen ausländischen Pilgern, die nach Medjugorje kamen und Bekehrungen und andere geistliche Segnungen für sich behaupteten? Zuallererst müssen wir feststellen, dass Gott jenen seine Gnaden nicht versagt, die in gutem Glauben an einen Ort angeblicher Visionen gehen, um dort zu beten, die Messe zu besuchen, den Rosenkranz zu beten und zur Beichte zu gehen. Die Menschen, die nach Medjugorje kommen, sind eindeutig für Gottes Gnade offen, ansonsten wären sie von vornherein nicht dorthin gegangen. Nichtsdestoweniger müssen wir uns vor vorübergehenden geistlichen Bekehrungen hüten, die nicht beständig sind, und auch vor dem emotionalen Gefühl der Selbstzufriedenheit, das Einzelne zu der Annahme verleiten können, dass sie zu einer geistlichen Elite gehörten und somit besser als der gewöhnliche Katholik seien. Dann stellt sich die Frage: Kehren jene, die in Medjugorje eine Bekehrung erlebt haben, nach Hause zurück und stellen die Veränderung in ihrem Leben durch ein ernsthaftes Engagement in der alltäglichen, unauffälligen Arbeit des Aufbaus der Kirche unter Beweis? Oder sind sie stärker daran interessiert, andere Leute zum Glauben an angebliche Visionen zu verleiten, die von der Kirche nicht anerkannt worden sind?
Manche Menschen, die sich vom Enthusiasmus über Medjugorje mitreißen ließen, waren sehr einflussreich:

> Zufällig hörte John Hill, ein Bostoner Millionär und nichtpraktizierender Katholik, eine Audiokassette über Medjugorje und setzte sofort sein ganzes Vermögen für die Verbreitung der Botschaften ein. Er gründete ein Friedenszentrum in Boston, er schickte ein Fernsehteam nach Medjugorje, das einen einstündigen Fernsehfilm drehen sollte, begann monatliche Charterflüge für Pilger zu organisieren und sorgte für die kostenlose Verbreitung von Broschüren, Video- und Audiokasset-

> ten in einer Vielzahl von Sprachen an Menschen auf der ganzen Welt.[537]

Sicherlich hat die große Zahl der aus Medjugorje zurückkehrenden Pilger eine explosionsartige Vermehrung der Anzahl großer, weltweiter Werbezentren für die Visionen sowie die Gründung vieler kleinerer Ortsgruppen, die oft ihre eigenen Rundbriefe und Literatur herausgeben, ausgelöst. Zudem hat die Tatsache, dass die Seher sehr gerne reisten und offenbar „Visionen auf Bestellung“ haben können, sehr zur Förderung Medjugorjes beigetragen. Aus all diesen und noch weiteren Gründen fesselte Medjugorje die Vorstellungskraft vieler Katholiken während der 1980er Jahre, als die Leute, aus unterschiedlichen Gründen, etwas Neues, etwas Aufregendes und mehr als das, was sie aus ihrem normalen Gemeindeleben ziehen konnten, wollten.[538]

Medjugorje und die Franziskanische Universität Steubenville

Um ein aussagekräftiges Beispiel hierfür herauszugreifen, brauchen wir uns nur das Verhältnis zwischen der Propagierung Medjugorjes, der Charismatischen Erneuerung und der Franziskanischen Universität Steubenville (Ohio) in den Vereinigten Staaten näher anzusehen. Der emeritierte Kanzler der Universität, Pater Michael Scanlan, ist seit langer Zeit ein Befürworter Medjugorjes und brachte eines der frühesten Bücher in englischer Sprache zum Thema heraus, das Werk von Pater Svetozar Kraljević, *The Apparitions of Our Lady at Medjugorje*, welches bereits im Jahr 1984 von Franciscan Herald Press veröffentlicht wurde.[539]
E. Michael Jones bemerkte zu diesem Zusammenhang:

> Die Universität Steubenville war ein Zentrum für die spezifisch von Kosicki geprägte Form der Charismatischen Erneuerung, in der eine ausgeprägte Marienverehrung vorherrscht. Sie entwickelte sich später

---

537 Craig, *Spark from Heaven*, S. 178-179.
538 Johnson, *Twenty Questions About Medjugorje,* S. 13-14; Davies, *Medjugorje After Fifteen Years,* S. 67-69.
539 Vgl. Jones, *The Medjugorje Deception,* S. 53.

> zu einem Zentrum für das Interesse an Medjugorje. Videobänder über den Ort wurden in der Cafeteria der Universität gezeigt, Schwester Isabel Bettwy veranstaltete Reisen dorthin, und es gibt sogar ein Bild der Seherin Marija Pavlović, auf dem sie ein Sweatshirt der Universität Steubenville trägt.[540]

Tatsächlich geht die Verbindung der Universität mit Medjugorje bereits bis in die frühen 1980er Jahre zurück, als im Jahr 1983 in ihrer Studentenzeitung, *The Troubadour*, über den Besuch einer von Pater Scanlan und Schwester Bettwy geleiteten Pilgergruppe aus Steubenville berichtet wurde. In den nachfolgenden Jahren gab es weitere Berichte über im Zusammenhang mit Medjugorje stehende Ereignisse, wie z. B. über den Besuch von Pater Tomislav Pervan, dem damaligen Pfarrer von Medjugorje, im November 1986 an der Universität. Erwähnung fand auch, dass Dr. Mark Miravalle die erste Vorlesung in einer Vorlesungsreihe über Medjugorje hielt, und ein Bericht vom März 1987 betraf eine Frühjahrswallfahrt von siebzig Studenten aus Steubenville in das Dorf im damals noch kommunistischen Jugoslawien. Im Februar 1989 brachte das Blatt eine Reportage über einen Studenten, der ein Semester in Medjugorje verbrachte, und im September 1990 berichtete es, dass Don Stefano Gobbi, der Empfänger angeblicher Einsprechungen der Gottesmutter, in der Universität aufgetreten sei. Der Medjugorje-Anhänger Wayne Weible besuchte Steubenville im Februar 1992, und dann wurde im Februar 2000 berichtet, dass Pater Petar Ljubičić, der als der „Seelenführer" der Seher bezeichnet wurde und als der Priester gilt, dem Mirjana angeblich ihre Geheimnisse auf einem pergamentähnlichen Stück Papier aushändigen werde, vor Studenten in der Christkönigskapelle gesprochen habe.[541]

---

540 Ebd., S. 53.

541 *The Troubadour*, 8. Dezember 1983, S. 1; 14. November 1986; 6. Februar 1987; 27. März 1987, S. 3; 2. Februar 1989; 27. September 1990; 20. Februar 1992, S. 3; 18. February 2000.

Diesen Berichten im *Troubadour* zufolge besteht also eindeutig eine langjährige Verbindung zwischen der Universität und Medjugorje, die viele Bereiche des Studentenlebens einbezieht.
Wenn wir uns die Netzpräsenz der Universität anschauen, können wir sehen, dass Steubenville im Jahr 2010 zwei charismatische Konferenzen veranstaltete und Pater Scanlan davon sprach, dass die Charismatische Erneuerung „vor 35 Jahren" in den Vatikan gebracht worden sei, d. h. während der 1970er Jahre. Die Universität veranstaltet auch Kurse, die Führungspersönlichkeiten für die Erneuerung heranbilden sollen.[542] Und es ist eindeutig, dass die Werbung für Medjugorje ein allgemein anerkannter Bestandteil des Studentenlebens ist. Beispielsweise wird dort eine Broschüre über das Studium in Österreich mit Informationen über Rundreisen in Europa angeboten, die eine Seite über Medjugorje enthält. Die Netzpräsenz bietet auch einen Auszug aus dem „Franciscan Way Magazine", in dem eine Pilgerfahrt nach Medjugorje erwähnt wird.[543] Außerdem befinden sich auf dem Campus der Universität ein großer Kreuzweg, der demjenigen in Medjugorje nachgebildet ist, sowie ein großes Stahlkreuz, das eine genaue Kopie des Steinkreuzes auf dem Gipfel des Berges Križevac darstellt.
Was die Lehre an der Universität betrifft, so hat Mark Miravalle, ein Theologieprofessor in Steubenville, wie bereits erwähnt, mehrere Bücher über Medjugorje verfasst, in denen er dezidiert für die Echtheit der Erscheinungen eintritt. Dies äußert sich in einigen Lehrveranstaltungen, denn man kann ein Dokument von der Netzpräsenz der Universität herunterladen, das ausführlich einen Kurs über „Maria in der modernen Welt" beschreibt. Er wirft einen näheren Blick auf die „wichtigsten Marienerscheinungen in

---

542 http://www.franciscan.edu/news/Catholic_Charismatic_Conference/; http://www.franciscan.edu/about/Default.aspx?id=5329.

543 http://www.franciscan.edu/uploadedFiles/Top_Level/Majors_and_Programs/Study_Abroad/Austria/Travel%20Book%20Austria%20Fall2009_homol%20Final.pdf; http://www.franciscan.edu/franciscanway/DonnegansWake/.

der modernen Welt, unter besonderer Berücksichtigung der Botschaften von Lourdes, Fatima und den aktuell aus Medjugorje berichteten Erscheinungen“[544].

Wie kann es aber vernünftig sein, solches Material den für Eindrücke besonders empfänglichen jungen Menschen zu präsentieren und darin Medjugorje mit Fatima und Lourdes gleichzusetzen? Wie können die Studenten der Schlussfolgerung ausweichen, dass Medjugorje glaubwürdig sei? Und dieser Einfluss wird nunmehr seit fast 30 Jahren auf große Mengen junger Leute ausgeübt, von denen viele inzwischen wichtige Positionen an anderen Universitäten und katholischen Institutionen bekleiden, von der Verbreitung einer solchen Mentalität überall in der Charismatischen Bewegung und in der Kirche allgemein noch ganz zu schweigen.

Eine Prägung durch Medjugorje

Einer der verblüffendsten Aspekte von Medjugorje ist die intensive Ergebenheit, die es bei seinen Anhängern auszulösen scheint. Sie geht so weit, dass manche Verfechter nach einem emotionalen Erlebnis dort nicht einmal bereit sind, die Möglichkeit in Betracht zu ziehen, dass das Phänomen nicht echt sein könnte. Erklären ließe sich die Intensität dieser Anhänglichkeit mit dem so genannten psychologischen Prozess der *Prägung*.

Diese Idee wurde von Konrad Lorenz, dem österreichischen Ethologen, durch sein Werk über das Verhalten von Vögeln popularisiert. Lorenz zeigte, wie in einem Brutapparat ausgebrütete Graugänse sich innerhalb einer bestimmten, entscheidenden Phase nach dem Ausbrüten von dem ersten beweglichen Gegenstand, den sie sahen, „prägen“ ließen und jenen Gegenstand als ihre „Mutter“ ansahen. Somit brachte Lorenz es fertig, die jungen Graugänse dazu zu bewegen, sich von ihm prägen zu lassen und ihm zu folgen, als ob er ihre „Mutter“ wäre. Im natürlichen Zu-

[544] www.franciscan.edu/WorkArea/DownloadAsset.aspx?id=5192

stand ist dies für die Jungvögel offensichtlich sehr vorteilhaft, weil sie dann ihren echten Eltern anhangen und ihnen folgen. Dieser Vorgang geschieht auch bei Menschenbabys in dem Sinne, dass sie ihren Eltern anhängen, obwohl dies offensichtlich ein viel komplizierterer Prozess ist als bei Tieren.
Vielleicht können wir das Prinzip der Prägung folgendermaßen geistlicherweise auf Medjugorje anwenden: Anders als der Protestantismus hat der Katholizismus traditionell der Verehrung der Gottesmutter einen sehr wichtigen Platz eingeräumt. Dafür gibt es viele ernst zu nehmende theologische Gründe, aber auch psychologisch ist es wichtig, eine „geistliche" Mutter zu haben, ebenso wie die natürliche Mutter eines Menschen für seine richtige Entwicklung eine äußerst wichtige Rolle spielt. In der Tat könnte man behaupten, dass ohne diesen mütterlichen Einfluss auf der körperlichen und geistlichen Ebene dieser Mensch stark benachteiligt sein wird. Die Verehrung Unserer Lieben Frau ist also eindeutig sehr wichtig, und deshalb hat die Kirche traditionell einen so großen Nachdruck darauf gelegt.
Wenn wir nun bedenken, was für viele Medjugorje-Pilger eingetreten ist, dann ist es so, dass viele von ihnen, angesichts der Verwirrung in der Kirche in den letzten Jahren, aus einer hinsichtlich der Marienfrömmigkeit stark verarmten Umgebung in ihrer Ortspfarrei kommen. Mit anderen Worten, sie sind, was ihr Verhältnis zur Gottesmutter betrifft, „geistliche Waisen" oder „Küken". Sie kommen in Medjugorje an und tauchen plötzlich in einer sehr machtvollen religiösen Atmosphäre unter, die sich auf Praktiken wie den Rosenkranz, die Marienverehrung, eucharistische Anbetung, den Kreuzweg, Gebetstreffen, die sakramentale Beichte usw. konzentriert.
Es wird ihnen vielleicht zum ersten Mal im Leben die lebenswichtige Bedeutung der Verehrung der Gottesmutter bewusst, und sie entwickeln eine ausgeprägte Anhänglichkeit an die „Gospa" und alles, wofür sie in Medjugorje steht. Selbstverständlich hat diese Idee einer echten Marienfrömmigkeit nichts Verkehrtes an sich, und im Grunde stellt sie eine Notwendigkeit für ein wahrhaft katholisches geistliches Leben dar; das Problem ist nur, dass die

neuen Medjugorje-Anhänger, wie die jungen Graugänse, die sich an Lorenz als „Mutter" hängten, keine Anhänglichkeit an ihre *wahre* geistliche Mutter aufweisen, sondern nach allem Beweismaterial, das wir uns bisher angesehen haben, an eine Fälschung, an die „Gospa" von Medjugorje. Gott und Unsere Liebe Frau weisen ihre Frömmigkeit natürlich nicht ab, obwohl sie deplaziert ist, und dies erklärt wohl einige der Bekehrungen, die in Medjugorje geschehen sind und genauso die intensive, fast fanatische Verehrung, die sich im Laufe der vergangenen dreißig Jahre entwickelt hat.

Diese persönliche und hingebungsvolle Devotion erschwert das Problem Medjugorje ungemein, doch scheint es so, dass die Kirche irgendwie eine Möglichkeit aufzeigen muss, wie Medjugorje-Anhänger ihre Loyalität auf eine der anderen, anerkannten Marienerscheinungen „verlagern" können, sei es Guadalupe, Lourdes, Fatima oder eine andere Andacht, die kirchliche Billigung genießt. Das wird nicht leicht sein, doch letztlich könnte alternativ durchaus ihre Entfremdung von der Kirche eintreten. Glücklicherweise geschieht diese Verlagerung der Loyalität in vielen Fällen ganz natürlich, sobald der Glaube dieser Konvertierten sich vertieft.

Es gibt aber noch eine andere Situation, in der die Person von dem, was sie in Medjugorje oder im Zusammenhang damit erlebt hat, so sehr beeindruckt ist, dass sie tatsächlich nicht durch Maria als solche, sondern durch „Medjugorje" geprägt ist. Ihre Loyalität gehört „Medjugorje" und allem, was das Wort für sie bedeutet – den Sehern, ihren geistlichen Erfahrungen während ihres Aufenthalts, der Kameradschaft mit ihren Mitpilgern, der Atmosphäre der Kleinstadt und so fort. Wenn dann jemand Medjugorje in Zweifel zieht oder es in irgendeiner Weise kritisiert, so nimmt sie es persönlich. Für solche Menschen ist „Medjugorje" also über die Verehrung Unserer Lieben Frau hinausgegangen und hat fast sektenhafte Züge angenommen. Sie identifizieren sich so sehr damit, dass ihr Ego sich darin verbissen hat, und der Umgang mit einer solchen Situation ist wesentlich schwieriger.

Wayne Weible beschreibt den Einfluss, den Medjugorje damals auf die Kirche ausübte:

> Im Monat vor der Feier des achten Jahrestages der Erscheinungen in Medjugorje fand die erste Nationalkonferenz in den Vereinigten Staaten über Medjugorje in der University of Notre Dame (Indiana) statt. Mehr als 5.000 Anhänger der Erscheinungen kamen, um dreitägige Heiligungsexerzitien zu erleben. Sie ähnelten sehr dem Geschehen bei Wallfahrten in Medjugorje. … Binnen zwei Jahren fanden ähnliche Konferenzen überall in den Vereinigten Staaten statt. Franziskanerpriester, die in der Pfarrei in Medjugorje stationiert waren, sowie mehrere Seher selbst kamen nun und sprachen bei diesen Konferenzen. Sie berichteten Tausenden, die nicht persönlich nach Medjugorje kommen konnten, von ihren Erfahrungen. Viele skeptische und vorsichtige Priester und Bischöfe, die dorthin gereist waren, drängten die Gläubigen nun, auf die Botschaften zu hören und sie zu leben.[545]

Die modernen Kommunikationsmittel, anfänglich nur das Telefon und Faxgerät und später das Internet, bringen mit sich, dass die Botschaften von Medjugorje heute in Windeseile in der ganzen Welt verbreitet werden können. Dies ist etwas Neues, und es hat vielen Menschen ein Zusammengehörigkeitsgefühl vermittelt, das ihnen in der institutionellen Kirche gefehlt hatte. Sie empfinden sich als Teile einer großen Medjugorje-Familie, und die Monatsbotschaften bestätigen dieses Gefühl in ihnen.

Diese junge technologische Revolution, insbesondere durch das Internet, aber auch durch Fernsehen, Video und Presse, brachte mit sich, dass die Seher und ihre Anhänger größtenteils die kirchlichen Autoritäten und die traditionellen Formen der Regulierung und Kontrolle umgehen konnten, von denen sie hätten geprüft werden müssen. Sie sind dadurch imstande, ihre Botschaft direkt den potentiellen Pilgern weltweit zukommen zu lassen.[546]

Zweifelsohne ist einer der Hauptgründe, weshalb Menschen sich nach Medjugorje oder zu Veranstaltungen mit den Sehern hinge-

---

[545] Weible, *The Final Harvest*, S. 125.

[546] Vgl. Apolito, *The Internet and the Madonna*, S. 3, 4.

zogen fühlten, der Glaube, dass die Gottesmutter dort täglich erscheine und dass es sogar möglich sein könne, eine persönliche Botschaft von ihr zu empfangen oder ein Zeichen zu sehen. Wie wir oben sahen, warnt der hl. Johannes vom Kreuz uns jedoch, dass das Verlangen nach Offenbarungen sehr gefährlich sei und fast zwangsläufig zu schwerwiegenden Problemen führen müsse. Dies können wir aus dem folgenden Abschnitt einer Rede von Pater Gianni Sgreva ersehen, die er 1991 auf der Nationalen Medjugorje-Konferenz an der University of Notre Dame hielt. Er berichtete vor dem Publikum:

> Am Abend des 4. Dezember 1985 legte ich in der Sakristei von Medjugorje meine liturgischen Gewänder ab. Marija Pavlović trat an mich heran und sagte: „Pater Gianni, die Madonna sprach heute Abend über Sie." Sogleich antwortete ich: „Was hat sie zu dir gesagt?" „Nein, das werde ich Ihnen nicht direkt mitteilen. Sie müssen zunächst beten und sich sammeln." Aufgrund dieser Worte Marijas war ich ein bisschen durcheinander. Ich willigte aber ein, gemeinsam mit ihr am nächsten Tag ins Gebet zu gehen. Dann gab Marija mir die Botschaft der Madonna. Unsere Liebe Frau sagte: „Teile Gianni mit, dass ich ihn persönlich sprechen möchte." Das glaubte ich aber nicht, und so sprach ich zu ihr: „Wenn du Unsere Liebe Frau heute Abend wiedersiehst, dann sage bitte zu ihr, dass Pater Gianni nur Fakten und Zeichen haben, aber wenige Worte hören möchte." Eine Sache mochte ich aber sofort. Es kam mir direkt in den Sinn, dass Unsere Liebe Frau damals meinen Namen genannt hatte.

Pater Sgreva sagt weiter, dass „Früchte und Zeichen sich sofort einstellten" und dass diese ihn veranlasst hätten, Marija zu bitten, die „Gospa" zu fragen, ob diese Zeichen echt seien. Kein Wunder, dass er zur Antwort bekam, dass sie es seien.[547]

Dies war nicht der einzige Anlass, bei dem Marija eine „persönliche", angeblich von der „Gospa" stammende Botschaft an eine bestimmte Person weitergab. Wie bereits erwähnt, machte sich auch Erzbischof Franić einer derartigen Indiskretion schuldig. Am 17. Dezember 1984 teilt er mit, er habe

547 Nolan, *Medjugorje: A Time for Truth,* S. 161.

> Marija gefragt, ob ich zu viel verlangen würde, wenn ich sie bäte, Unsere Liebe Frau zu fragen, ob es eine Botschaft für mich gäbe. Ich sagte ausdrücklich, dass ich mich freuen würde, wenn sie mir eine Ermahnung zu meiner Bekehrung erteilte, wenn sie ihren Finger auf meine Schwachpunkte legte und mir sagte, wo ich vorsichtig sein und worin ich mich bessern müsse.[548]

Der Erzbischof empfing die „Botschaft", dass er in der Zukunft „größere Leiden" zu erwarten habe.

Das Problem ist, dass wir etwas Derartiges – persönliche Botschaften für Einzelpersonen – in den Berichten über die anerkannten Erscheinungen Unserer Lieben Frau nicht finden. Sie hat zwar durch die Seher Einzelnen Anweisungen erteilt, dass sie eine bestimmte Handlung ausführen sollten, die z. B. mit der Errichtung eines Heiligtums zu tun hatte, doch ist diese Vorstellung, dass die Gottesmutter als persönlicher Guru besonderer Menschen handeln würde, dort schlichtweg nicht vorhanden.

Etwas Ähnliches geschah jedoch in Garabandal. Wir lesen, wie

> ein völlig skeptischer Priester … in Straßenkleidung ankam. Er beobachtete, wie eines der Kinder an ihn herantrat. Das Mädchen bot ihm ein Kruzifix, das er mehrmals küssen solle. „Wenn dies echt ist", dachte er bei sich selbst, „dann möge das Kind zu sich kommen". In einem Augenblick erwachte die Seherin aus ihrer Ekstase, lächelte den Priester an und ging nach Hause.

Ein weiterer Vorfall betraf einen anderen Skeptiker:

> „Während einer Vision … dachte er bei sich selbst: Damit ich dies glauben kann, muss das Kind meinen Rosenkranz aus dem Etui herausnehmen und ihn mir aushändigen." Die Seherin näherte sich ihm sofort, reichte ihm seinen Rosenkranz und sagte zum Erstaunen aller: „Vorher hast du nicht geglaubt, jetzt aber glaubst du."[549]

Solche Vorfälle waren in Garabandal keineswegs ungewöhnlich, und der Fehler, den solche Personen machten, bestand darin, dass sie nach Zeichen für die Echtheit der Seher Ausschau hiel-

---

[548] O'Carroll, *Medjugorje: Facts, Documents, Theology,* S. 145-146.

[549] Sanchez-Ventura y Pascual, *The Apparitions of Garabandal*, S. 88, 92.

ten. Das Problem ist, dass eine solche Haltung anmaßend ist und den Weg für eine teuflische Einmischung offen lässt.
Die Haltung jener Seher von Medjugorje, die Einzelpersonen angeblich von der „Gospa“ stammende Zeichen und Botschaften anboten, steht zu dem Geschehen bei anerkannten Erscheinungen in völligem Widerspruch.

Ein gefährliches Verlangen nach Wundern

Im Allgemeinen können wir sagen, dass dieses Verlangen nach dem „Wundersamen“ teilweise als Wirkung einer Art spiritueller Lethargie erklärt werden kann, die zur Folge hat, dass Menschen sich nicht die Mühe machen wollen, zu beten, um Gottes Willen zu erkennen, sondern lieber nach Abkürzungen und schnellen Antworten suchen. Gläubige sollten sich jedoch dessen bewusst sein, dass es gegen den Glauben ist, von Gott oder der Gottesmutter zu erwarten, dass sie ihnen persönlich irgendeine Botschaft mitteilen würde. Sie sind einfach nicht dazu da, unseren Anforderungen Folge zu leisten. Die ganze Kirchengeschichte macht dies überaus deutlich. Vielmehr müssen wir durch den Glauben leben und nicht durch Zeichen, Wunder oder Botschaften. Christus sagte zu diesem Thema die folgenden, sehr ernüchternden Worte: „Ein böses und ehebrecherisches Geschlecht verlangt ein Zeichen“ (Mt 16,4).
Medjugorje-Anhänger sollten sich diese entscheidende Frage stellen: Glaube ich an Medjugorje, weil mein Rosenkranz seine Farbe gewechselt hat, oder weil ich die Sonne hüpfen gesehen habe, oder aber, weil ich dort ein echtes geistliches Erlebnis von bleibender Wirkung gemacht habe? Wenn es hauptsächlich um die erstgenannten und nicht um die letztgenannten Aspekte geht, dann steht dies offensichtlich im Widerspruch zur authentischen Lebensführung aus dem Glauben heraus.
Letztlich scheint es so, dass viele Medjugorje-Anhänger zum Glauben an die irrige Position gekommen sind, dass es ihre persönliche Meinung sei, die zähle, nicht eine objektive Beurteilung der echten Fakten. Und zudem besteht gleichermaßen das

schwerwiegende, weltweite Problem aller angeblichen Seher, die im Gefolge von Medjugorje ebenfalls behauptet haben, die Gottesmutter zu sehen und von denen viele Menschen dort gewesen sind.
Paolo Apolito zählt folgende Personen als solche auf, die unter denen waren, die entweder nach einem Besuch in Medjugorje oder durch einen eher allgemeinen Kontakt damit ihre eigenen Offenbarungen empfingen: Veronica Garcia; Frater David, ein Franziskaner; Pater Jack Spaulding; Gianna Talone; Estela Ruiz; Lena Shipley; Alfredo Raimondo und Patricia Soto. Außerdem stellt er trefflich fest, dass, während vor der modernen Zeit mit ihrer explosionsartigen Zunahme angeblicher Visionen Individuen, die solche Erfahrungen für sich beanspruchten, vom Durchschnittskatholiken fast sicher gemieden worden wären, sie heutzutage erwarten könnten, wie Berühmtheiten behandelt zu werden.[550]

Die Lehre Christi über die guten Früchte

In Bezug auf diese Frage nach den aus Medjugorje erwachsenen Früchten führt man häufig die Worte Christi in den Evangelien zum Thema an und impliziert dabei, dass das dort Geschehene im Einklang mit seiner Lehre sei:

> Hütet euch vor den falschen Propheten, die in Schafskleidern zu euch kommen; inwendig sind sie reißende Wölfe. An ihren Früchten werdet ihr sie erkennen. Sammelt man denn Trauben von Dornen oder Feigen von Disteln? So bringt jeder gute Baum gute Früchte, der schlechte Baum aber bringt schlechte Früchte. Ein guter Baum kann nicht schlechte Früchte bringen, und ein schlechter Baum kann nicht gute Früchte bringen. Jeder Baum, der nicht gute Früchte bringt, wird herausgehauen und ins Feuer geworfen. An ihren Früchten also werdet ihr sie erkennen. (Mt 7,15-20; Vers 21-23 zur weiteren Lektüre.)

---

[550] Johnson, *Twenty Questions About Medjugorje,* S. 14-16; vgl. Apolito, *The Internet and the Madonna,* S. 30, 44-45, 46-47.

Eine sorgfältige Lektüre des Textes macht aber deutlich, dass Christus *nicht* ausdrücklich über die geistlichen Früchte sprach, die aus den Handlungen bestimmter Individuen erwachsen, sondern uns vielmehr dazu aufforderte, sorgsam zu beachten, wie diese Menschen selbst tatsächlich lebten. Im Text geht es um falsche Propheten, und Christus sagt, dass wir *sie* an ihren Früchten erkennen werden. Dies schließt nicht absolut die echten guten Früchte aus, die aus den Handlungen von Individuen hervorgehen mögen, die selbst nicht vertrauenswürdig sind, doch scheint es so, dass die Betonung hier auf den Taten jener Menschen selbst liegt und nicht auf Bewegungen, die sie anstoßen könnten.
Die zweite Warnung Jesu vor „falschen Propheten" ist im Matthäusevangelium überliefert. Obwohl sie sich dort speziell auf die Endzeit bezieht, lässt sie sich auf die ganze Kirchengeschichte einschließlich unserer Zeit anwenden: „Denn es werden falsche Messiasse aufstehen und falsche Propheten, und sie werden große Zeichen und Wunder tun, um, wenn möglich, *auch die Auserwählten* zu verführen" (Mt 24,24).
Der Versteil *„auch die Auserwählten"* deutet in Bezug auf Marienerscheinungen auf Menschen mit einer echten Verehrung der Gottesmutter hin; auch sie können von falschen Propheten irregeführt werden.
Wenn wir das Kriterium der „guten Früchte" so auf Medjugorje anwenden, wie es eigentlich angewandt werden sollte, nämlich auf die Seher und ihre franziskanischen Förderer, dann ist es, wie dieses Buch deutlich gezeigt hat, offensichtlich, dass sie weniger zufriedenstellend ausgefallen sind. Um nur ein paar Beispiele herauszugreifen: Ob es um Vickas Geschichte vom „blutigen Taschentuch" oder um ihre Aktivitäten beim Handauflegen oder um den Vorfall, bei dem die Gottesmutter angeblich das Jesuskind habe fallen lassen, geht: Die Früchte sind in ihrem Falle offensichtlich suspekt. Ebenso ist der mit Ivans Handschrift geschriebene Drohbrief an Bischof Žanić sehr Besorgnis erregend, wie auch der emotionale Zustand von Mirjana sowie Marijas plötzliche Rücknahme ihrer Unterstützung für Pater Vlašićs Idee von einer religiösen Gemeinschaft.

Was die Franziskaner betrifft, die sich selbst am meisten in Medjugorje engagieren, so ist ihr langwieriger Zustand des Ungehorsams sowohl gegenüber dem Ortsbischof als auch gegenüber dem Heiligen Stuhl sicherlich eine sehr schlechte Frucht. In jüngster Vergangenheit fand dieser Ungehorsam auch bei anderen Franziskanern durch die Errichtung von Kirchen ohne Genehmigung sowie durch irreguläre Firmungen seinen Ausdruck. Und wie wir bald sehen werden, ist der Lebensstil der Hauptbeteiligten am Medjugorje-Phänomen, so wie er sich im Laufe der Jahre entfaltet hat, weit von jener Armut und Einfachheit entfernt, die man von echten Sehern oder ihren Gefährten erwarten würde.
Deshalb sagt Pater Laurenz Volken hierzu:

> „[Ungehorsam] ist ein negatives Kriterium für die Unterscheidung, wie die Theologen betonen. Und einer der Gründe, die Bischöfe und andere kirchliche Instanzen für die Verurteilung der einen oder anderen Erscheinung gegeben haben, war eben der Ungehorsam der Seher oder sogar der Mitglieder der Kirche, die an diese Erscheinungen glaubten und dabei den Vorschriften nicht gehorchten, die in dieser Sache gegeben wurden.“[551]

Nach den Maßstäben der Lehre Christi zu den guten Früchten muss man also zu der Schlussfolgerung gelangen, dass man weder von den Sehern noch von ihren franziskanischen Gefährten behaupten kann, dass sie nach dem Geist oder Buchstaben dieser Worte gelebt hätten.

Falsche Propheten

In manchen katholischen Kreisen scheint man vor der Annahme zurückzuschrecken, dass solche, die angebliche Visionen oder Botschaften empfangen oder dafür geworben haben, überhaupt aus geringeren als den höchsten Motiven gehandelt haben könnten. Leider hat eine solche gut gemeinte, aber naive Unterstützung für Medjugorje viele aufrichtige Menschen in die Irre geführt. Es ist eine bedauerliche Tatsache, dass im Laufe der ganzen

---

[551] Volken, *Die Offenbarungen in der Kirche,* S. 165.

Kirchengeschichte immer wieder falsche Propheten und falsche Seher am Werk gewesen sind. Überall, wo Gruppen religiöser Enthusiasten zu finden sind, überrascht es kaum, dass Menschen sich rein aus Eigeninteresse und aus finanzieller Gewinnsucht zu ihnen hingezogen fühlen.

Ist es wirklich denkbar, dass derartige Aktivitäten nach dem Zweiten Vatikanischen Konzil plötzlich aufgehört haben sollen? Die Antwort ist offensichtlich Nein, und in der Tat deuten alle Fakten darauf hin, dass die Situation sich seit dem Zweiten Vatikanum merklich verschlechtert hat und dies nur den Zustand der säkularen Welt widerspiegelt, wo Betrugsfälle aller Arten in den letzten Jahren explosionsartig zugenommen haben.

Um ein konkretes Beispiel zu nennen: Angenommen, jemand hat einen Zehndollar-, Zehnpfund- oder Zehneuroschein in seinem Besitz. Wie weiß er, dass dieser kein Falschgeld ist? Angenommen, man glaubt, dass Fälscher in der Region aktiv gewesen sind und dass die Möglichkeit besteht, dass eine erkleckliche Summe Falschgeld im Umlauf ist. Die betreffende Person hat nun zwei Optionen: Sie kann entweder die verdächtige Banknote zur Bank bringen und sie prüfen lassen, oder sie kann sie einfach der nächsten Person weitergeben. Sie könnte argumentieren, dass wenn jener Mensch den Geldschein annehme, sie davon ausgehen werde, dass er gut sei, und wenn nicht, dass sie ihn als eine Fälschung ansehen werde. Aus moralischem Blickwinkel betrachtet, ist dies jedoch falsch. Wenn jemand guten Grund für die Annahme hat, dass eine Banknote gefälscht ist, dann ist es seine Pflicht, sie prüfen zu lassen.

Wenn wir dies auf die Frage nach echten und falschen Visionen anwenden, dann ist es offensichtlich, dass man ebenso, wie man die Banknote bei einer Bank prüfen lassen muss, herausfinden sollte, was die offiziellen Sprecher der Kirche – zuallererst die Bischöfe – über eine spezielle Vision gesagt haben. Ignorieren wir aber einfach den Status der Vision und verlassen uns auf die vermeintlichen guten Früchte, so geben wir gleichsam die Banknote beim nächsten Einkauf weiter. Dann geht es uns nur darum, ob das Geschäft den Geldschein annimmt, und nicht, ob er gefälscht oder echt ist. Zwar könnte man sagen, dass ein paar gefälschte Banknoten im Umlauf nicht viel Schaden anrichten würden, und das trifft durchaus zu. Wenn die Fälschungen aber einen bestimmten Prozentsatz des im Umlauf befindlichen Geldes erreichen, dann wird es anfangen, seinen Wert zu verlieren. Dann kommt das Prinzip, dass schlechtes Geld das Gute vertreibt, ins Spiel. Wenn dieser Prozess ungeprüft fortschreitet, wird am Ende die Volkswirtschaft des betreffenden Landes zusammenbrechen, weil sein Geld völlig wertlos geworden sein wird.

Moderne falsche Visionen und Seher

Etwas Ähnliches ist in Bezug auf Visionen geschehen. Falsche oder nicht anerkannte Visionen haben die echten ausgetrieben. Yves Chiron listet 71 Erscheinungen auf, die angeblich nach Medjugorje, nämlich zwischen 1981 und 1991, vorgekommen sein sollen. Hiervon haben lediglich Kibeho in Ruanda and San Nicolas in Argentinien eine gewisse Unterstützung durch den Ortsbischof gefunden, während zwölf negativ beurteilt wurden und keine Entscheidung über die anderen getroffen wurde, was effektiv bedeutet, dass sie nicht für authentisch erklärt wurden.[552] Es ist zu beachten, dass diese Liste alles andere als erschöpfend ist, und es in der Zwischenzeit die Zahl der angeblichen Visionen, über die berichtet wurde, nicht gesunken ist. Für viele Menschen ist jedoch die schiere Tatsache, dass all diese Berichte sich so stark vermehren konnten, ein Zeichen dafür, dass die Gottesmutter tatsächlich überall in der Welt erscheinen müsse. Dies bedeutet in der Praxis, dass viele Katholiken die Fähigkeit oder sogar den Wunsch verloren haben, zwischen echten und falschen Visionen unterscheiden zu wollen.

Sogar René Laurentin, der hervorstechendste moderne Befürworter praktisch jedes denkbaren angeblich „übernatürlichen" Ereignisses bietet in seinem Buch *Apparitions of the Blessed Virgin Mary*

---

[552] Vgl. Chiron, *Enquête sur les Apparitions de la Vierge,* S. 462-464.

Today, einen Anhang mit dem Titel: „Erscheinungen ohne Glaubwürdigkeit". Hierzu gehören Bayside in New York, wo Veronica Leuken über viele Jahre hin behauptete, himmlische Botschaften zu empfangen, darunter solche mit der absurden These, dass Papst Paul VI. durch einen Betrüger ausgetauscht worden sei, dessen Gesichtszüge durch eine Schönheitsoperation verändert worden seien. Er erwähnt auch eine angebliche Seherin in Belluno in den 1980er Jahren in Italien und Ereignisse, in die ein Priester namens Don Vincenzo und eine weitere Seherin, Maria Fioritti, involviert waren. Nach einem Besuch in Medjugorje im Jahr 1987 gaben sie vor, in Pescara Visionen zu haben. Dort wurden große Zeichen versprochen, und es wurde behauptet, dass Pescara der Abschluss Medjugorjes und der „größten Erscheinungen in der Geschichte" sein würde. Dies beschreibt René Laurentin als „Sensationalismus", der „den Botschaften von Medjugorje widerspricht".

Der französische Priester behandelt auch William Kamm, den deutsch-australischen Seher, der sich selbst „Little Pebble" nennt und seit vielen Jahren Visionen, darunter verschiedene unerfüllte Prophetien und Warnungen, für sich beansprucht. Keiner seiner Behauptungen ist von den aufeinander folgenden Ortsbischöfen irgendwelche Glaubwürdigkeit geschenkt worden. Ebenso erörtert Pater Laurentin den Fall von Marie-Paule Giguère, der Gründerin der Armee Mariens in Quebec (Kanada). Diese hatte in den 1970er Jahren ihre Blütezeit und erhielt für eine Weile sogar eine ortsbischöfliche Anerkennung, doch offenbarten sich nach einiger Zeit „schwerwiegende Irrtümer", darunter die Idee, dass die Gründerin die „mystische Reinkarnation Mariens" sei, so dass die Organisation 1987 kirchlich aufgelöst wurde.[553] Wie wir sehen werden, wurden die Anhänger dieser Frau 2007, im Anschluss an ein von der Glaubenskongregation verkündetes Urteil, exkommuniziert.

---

553 Vgl. René Laurentin, *The Apparitions of the Blessed Virgin Mary Today*, Dublin: Veritas Publications, Dublin 1991, S. 141-146.

Dies sind auch nicht die einzigen angeblichen Visionen, die auf jeden Fall als falsch betrachtet werden müssen. Es gab seit dem Zweiten Vatikanum eine Vielzahl solcher Vorfälle, insbesondere im Gefolge von Medjugorje, so dass die Geschehnisse in Bosnien-Herzegowina vor diesem Hintergrund einer großen Zahl falscher oder bestenfalls fragwürdiger Visionen gesehen werden müssen.

Schließlich müssen wir uns der verblüffenden Tatsache stellen, dass einige der Menschen, die an der Untersuchung Medjugorjes beteiligt waren, Morddrohungen erhalten haben. Pater Sivrić kehrte wegen solcher Drohungen in den späteren Jahren nicht nach Medjugorje zurück, und E. Michael Jones schreibt, dass er „einen Anruf von einem Mann in England bekam, der mich warnte, dass wenn ich nach Bosnien zurückkehrte, die Franziskaner mich töten ließen"[554]. Würde eine echte Marienerscheinung etwas Derartiges auslösen? Dies sind einige der „Früchte" Medjugorjes, von denen wir, was nicht gerade überrascht, nicht allzu viel hören.

Wir können also sagen, dass obgleich sich in der Anfangszeit Hinweise auf gute Früchte, die aus Medjugorje erwuchsen, zeigten, die insbesondere von Außenstehenden berichtet wurden, solche Forscher wie Pater Sivrić, die besser mit der Lokalkultur vertraut waren, kritischer eingestellt waren. Außerdem haben sich rechtgläubige Organisationen wie die Jugend 2000 von Medjugorje distanziert. Die Gefahr eines überzogenen emotionalen Enthusiasmus für Medjugorje ist insbesondere in der irrigen Annahme deutlich geworden, dass die Gottesmutter den Sehern täglich erschienen sei. Ebenso sind die durch ein übertriebenes Verlangen nach Offenbarungen ausgelösten Probleme, so wie sie insbesondere von Autoren wie dem hl. Johannes vom Kreuz zum Ausdruck gebracht wurden, von den Anhängern Medjugorjes nicht verstanden worden.

---

554 Jones, *The Medjugorje Deception*, S. xiv. Diese Information über Pater Sivrić wurde dem Verfasser von Mary Broome mitgeteilt, die ihn aus der Zeit, als er in St. Louis (Missouri) lebte, persönlich kannte.

Wir sahen auch, dass die Lehre Christi von den guten Früchten ganz eindeutig zeigt, dass man schwerpunktmäßig auf das Verhalten der fraglichen Personen achten sollte, und nicht so sehr der Bewegungen, die sie ins Leben gerufen haben mögen. Untersuchungen nach diesen Grundsätzen haben erwiesen, dass die von den Sehern von Medjugorje und ihren franziskanischen Gefährten erbrachten „Früchte" viel zu wünschen übrig ließen. Das merkwürdige Zurückschrecken vieler Katholiken vor dem Eingeständnis, dass sogar ein mögliches Problem in Bezug auf falsche Propheten bestehen könnte, wurde ebenfalls untersucht. Zudem ist klar erwiesen, dass die große Mehrheit der angeblichen Visionen, von denen in den letzten Jahren berichtet wurde, fast sicher falsch war.

Insgesamt deutet das Gesamtbild bezüglich der guten und schlechten Früchte, trotz einiger positiver Punkte, die dafür sprechen, sicherlich eher darauf hin, dass Medjugorje in einem negativen Licht zu beurteilen ist.

20. Medjugorje: Probleme und Gefahren

Konzentration auf negative Elemente

Neben den im letzten Kapitel dargelegten Erwägungen hat sich auch die Attraktion, sich auf eine Pilgerfahrt zu einem Heiligtum zu begeben, in dem Unsere Liebe Frau angeblich jeden Tag erscheine, für viele als unwiderstehlich erwiesen. Diese Entwicklung zog eine allgemeine Entwertung der Marienfrömmigkeit nach sich, und in ihrer Folge konnten sich einige seltsame Vorstellungen in der Kirche ungehindert entfalten. Beispielsweise wurden stärker angebliche „Zeichen und Wunder", Rosenkränze, die ihre Farbe verändert hatten und Sonnenphänomene betont, als die echte himmlische Botschaft des Gebets und der Buße, so wie sie in den Evangelien zu finden ist und in Fatima und bei anderen anerkannten Erscheinungen, wie z. B. Lourdes, gegeben wurde. In manchen Fällen, wo diese Ideen aufgegriffen wurden, sind sie extrem übertrieben worden, so dass Menschen übermäßig fasten oder viele Stunden im Gebet verbringen, was sich für die Erfüllung ihrer Standes- und Familienpflichten als nachteilig erwiesen hat. Das gesunde katholische Prinzip eines vernünftigen Mittelweges hat man dabei häufig aus dem Blick verloren.

Denis Nolan gibt effektiv zu, dass Probleme in diesem Bereich aufgetreten sind, indem er sagt:

> „Es mag stimmen, dass manche auf der Suche nach einer Art übernatürlichem Kitzel nach Medjugorje reisten. Es mag Pilger geben, die Zeichen und Wunder suchen und die enttäuscht sind, wenn sie am Ende keine goldenen Rosenkränze in den Händen und eine Privaterscheinung erlebt haben."[555]

---

[555] Nolan, *Medjugorje: A Time for Truth,* S. 181-182; vgl. http://ministryvalues.com/index.php?option=com_content&task=view&id=1366&Itemid=125. Der Vorwurf, dass Nolans Schlussfolgerungen nach dieser Stellungnahme ignoriert worden seien – so wie er im obigen Link erhoben wurde – trifft nicht zu, da die Behauptungen, die er dort aufstellt, an anderer Stelle in unserem Buch behandelt werden.

Wayne Weible schreibt zu diesem allgemeinen Punkt:

> Viele Pilger, die durch Medjugorje eine lebensverändernde Bekehrung erfahren hatten, beschäftigten sich nun damit, jedem vermeintlichen Seher und Empfänger von Einsprechungen hinterherzulaufen. Sie schienen von einem unersättlichen Durst getrieben zu sein, jede mögliche Einzelheit zu übernatürlichen Ereignissen zu erfahren. Die Monatsbotschaften, die Marija gegeben wurden, erwartete man mehr in der Neugier auf das, was an Neuem gesagt werden könnte, als vielmehr aus dem Verlangen heraus, von ihnen zu lernen und sie in den Lebensalltag zu integrieren.[556]

Man hat behauptet,[557] dass Derartiges auch an echten Erscheinungsorten wie Fatima oder Lourdes aufgetreten sei. Überwiegend jedoch bestand ein klarer Unterschied zwischen der Haltung, welche die Besucher jener Heiligtümer früher zeigten, und jener, die in jüngerer Zeit in Medjugorje zum Ausdruck kam, wo die „Wundersucht“ zu einer Art Leidenschaft geworden ist.

Ja, viele Menschen suchten in Lourdes Heilungen, doch zeigten sie dabei in aller Regel nicht das, was man mit Medjugorje verbindet: eine ungesunde Begeisterung für Zeichen und Wunder, das Verlangen, einen Farbwechsel bei Rosenkränzen zu sehen oder den Wunsch, länger direkt in die Sonne blicken zu wollen (für manche zog dies bleibende Augenschäden nach sich). Die Mehrheit der Leute, die nach Lourdes gingen, waren mit den Wundern, die an der Quelle entstanden, die Unsere Liebe Frau der hl. Bernadette offenbarte oder die während der eucharistischen Prozessionen stattfanden, mehr als zufrieden. Und das Sonnenwunder in Fatima war von Unserer Lieben Frau sogar drei Monate im voraus vorhergesagt worden, so dass die Leute in ihrer Erwartung eines Wunders nicht unangemessen handelten.

In keinem von beiden Fällen begegnet uns jedoch das in Medjugorje und an anderen angeblichen Erscheinungsorten anzutref-

---

[556] Weible, *The Final Harvest*, S. 155-156.

[557] http://ministryvalues.com/index.php?option=com_content&task=view&id=1366&Itemid=125.

fende bekannte Phänomen, dass Leute bewusst Zeichen und Wunder ausfindig machen und von Ort zu Ort herumreisen, um dieses Verlangen zu stillen.[558]

Außerdem wurde der Nachdruck zu sehr auf apokalyptische Elemente wie Warnungen, Züchtigungen und Zeichen, und insbesondere auf die Vorstellung, dass die Wiederkunft Christi ganz nahe sei, gelegt. Abgesehen von der Tatsache, dass derartige Botschaften häufig von falschen Propheten verkündet worden sind, laufen sie der echten Botschaft von Fatima völlig zuwider. Es trifft zu, dass das Geheimnis von Fatima Elemente enthält, die auf die Zukunft hinweisen, doch fehlt es ihr völlig an jeder Sensationsmache. Vielmehr liegt die Betonung auf dem, was wir tun können, um den Bitten Unserer Lieben Frau zu entsprechen und den Triumph ihres Unbefleckten Herzens herbeizuführen, und nicht auf einer Art Fatalismus, der an jeder Ecke unvermeidliche bevorstehende Katastrophen sieht. Tatsache ist, dass die Gottesmutter in Fatima nichts über die Wiederkunft ihres Sohnes sagte, sondern der Welt eine Zeit des Friedens verhieß, vorausgesetzt, dass man auf ihre Wünsche hört. Dieser Zeit des Friedens können möglicherweise durchaus größere Umwälzungen vorausgehen, doch wäre es falsch, die Botschaft von Fatima als apokalyptisch oder eschatologisch im traditionellen Sinne dieser Worte, d. h. im Zusammenhang mit dem Ende der Welt stehend, zu bezeichnen.

Die von falschen Propheten ausgehende Gefahr

Kehren wir nun zur Lehre Christi über falsche Propheten zurück. Sie liefert auch die Antwort an jene, die argumentieren könnten, dass es unfair oder ein Mangel an christlicher Nächstenliebe sei, wenn man negative Punkte an den Sehern oder den Franziskanern zur Sprache bringe. Doch wie können Menschen, wenn sie nicht über den Charakter der Aktivitäten dieser Personen infor-

558 Siehe Mark Garvey, *Searching for Mary*, New York: Penguin, 1998 für nähere Einzelheiten zu diesen Phänomenen in den Vereinigten Staaten.

miert sind, beurteilen, ob sie wahre oder falsche Propheten sind? Wenn Menschen wie Seher zu handeln beginnen oder eine enge Verbindung zu solchen Personen eingehen, dann müssen sie davon ausgehen, dass sie sich einer herzerforschenden, persönlichen Untersuchung unterziehen müssen. Wenn wir nicht eingehend ihre Früchte prüfen, die in ihren Taten und Worten bestehen, dann wird es unmöglich sein, zu ausgewogenen, objektiven Schlussfolgerungen in Bezug auf sie zu gelangen. Wenn die Personen echte Seher sind, dann wird eine solche Untersuchung dies nur umso deutlicher machen, und sie werden in der Demut wachsen, wie es bei den kleinen Kindern von Fatima oder der hl. Bernadette der Fall war.

Wenn sie aber falsche Propheten sind, wenn sie hochmütig sind oder täuschen, wenn die Heimsuchungen, Visionen und Botschaften, deren Empfang sie für sich behaupten, in Wirklichkeit nicht vom Himmel kommen, dann müssen gewöhnliche Gläubige zu ihrem eigenen Wohl vor der unbewussten Annahme von Mitteilungen, die nicht göttlichen Ursprungs sind, geschützt werden.

Der Lebensstil der Seher von Medjugorje

Joachim Bouflet druckt eine nicht erschöpfende Liste der verschiedenen Reisen ab, die von den Sehern von Medjugorje zwischen 1990 und 1998 unternommen wurden. Sie besuchten Länder in der ganzen Welt, der Reiseschwerpunkt lag jedoch in den Vereinigten Staaten und Europa. Er führt 26 „apostolische" Reisen auf, die von Vicka unternommen wurden, 23 Reisen Ivans, gefolgt von Marija mit 17, während Jakov, Mirjana und Ivanka jeweils 12 Reisen unternahmen.[559] Stellen wir dies dem Verhalten der Seher von anerkannten Erscheinungen, wie der hl. Catherine Labouré, der hl. Bernadette oder Schwester Lucia gegenüber, die ihren Konvent nach 1948 nur noch selten verließ! Selbst wenn wir an die Kinder in Beauraing und Banneux denken, die, ebenso

559 Bouflet, *Medjugorje, ou la fabrication du surnaturel,* S. 185-188.

wie die Seher von Medjugorje, nicht ins Ordensleben eintraten, ist es dennoch so, dass sie sicherlich nicht durch die ganze Welt reisten. Vielmehr stellten sie sich nicht ins Rampenlicht und führten ein stilles Leben.

Was den Lebensstil der Seher von Medjugorje betrifft, so fuhr Ivan Dragičević, E. Michael Jones zufolge, Ende der 1990er Jahre einen teuren BMW und wohnte in einer großen Villa, nicht weit von der Stelle der ersten angeblichen Vision entfernt, nachdem er Loreen Murphy, die „Miss Massachusetts", eine frühere Schönheitskönigin, geheiratet hatte. Mirjana Dragičević wohnte in einem ähnlichen Wohnhaus auf der gegenüberliegenden Straßenseite.[560]

Der folgende Ausschnitt aus einem Bericht in *The Sunday Times* (London) vom 29. Dezember 2002 bietet aktuellere Informationen zu einigen Sehern:

> Drei der sechs „Seher", als die sie bekannt sind, sind in Medjugorje geblieben, und ihr Reichtum ist so sehr gewachsen, dass er den örtlichen Madonnengoldrausch widerspiegelt. Zwei von ihnen, Jakov Čolo (31) und Mirjana Dragičević-Soldo (37), wohnen in feinen Häusern für gehobene Ansprüche mit makellosen Gärten, Doppelgaragen und Sicherheitstoren. Auf der anderen Seite des Städtchens ist der Wohnsitz von Ivanka Ivanković-Elez (36) sogar noch luxuriöser mit einem brandneuen Tennisplatz ausgestattet. Alle drei weigerten sich, über ihre Erfahrungen und den gewaltigen Reichtum, den sie erzeugt haben, zu sprechen. Ortsansässige Franziskanermönche [sic!], die den Visionen Glauben schenkten, sagten lieber nichts und verlangten, dass eventuelle Fragen ihnen per Fax zugesandt werden mögen.[561]

Unter der Überschrift „Ivan Dragičevićs Vortragsplan für 2005" bot eine bekannte Medjugorje-Internetpräsenz die folgenden Informationen:

> Unsere Liebe Frau ist Ivan seit dem 24. Juni 1981 jeden Tag erschienen und hat ihm bis heute neun Geheimnisse anvertraut. Ivan heiratete 1994 und hat zwei schöne Kinder. … Ivan und seine Familie verbrin-

---

[560] Jones, *The Medjugorje Deception*, S. xviii, 352, 359.

[561] *The Sunday Times,* 29. Dezember 2002, *„Village grows rich on Virgin visions"*, von Tom Walker, Medjugorje (Bosnien).

> gen den Zeitraum vom Mai bis September in Medjugorje und den Rest des Jahres in den Vereinigten Staaten, wo sie die Botschaften Unserer Lieben Frau in Pfarreien im ganzen Land verbreiten. Wichtiger Hinweis: Während ihrer Aufenthaltszeit in Medjugorje bietet Ivans Familie in ihrem Haus einer begrenzten Zahl von Pilgern eine persönliche Gebetserfahrung an.

Besucher der Netzpräsenz wurden eingeladen, für weitere Informationen „Hier" zu klicken. Dieser Link vermittelt einige weitere Erkenntnisse:

> Während der vergangenen zehn Jahre ist er durch die ganze Welt gereist und hat die Botschaft Unserer Lieben Frau Menschen aus allen Gesellschaftsschichten gebracht, in Hongkong, Japan, Korea, Australien, Guam, den Philippinen, in Neuseeland, in ganz Europa und den Vereinigten Staaten. Er traf mit Präsidenten, Königsfamilien, Botschaftern, Politikern, bekannten Sportlern, Filmstars und den Ärmsten der Armen zusammen und konnte so die Botschaften Unserer Lieben Frau Menschen bringen, die nie nach Medjugorje werden reisen können.

Auf der Internetpräsenz steht auch Ivans Vortragsplan für die erste Jahreshälfte 2011, in dem Besuche von Kirchen und anderen Veranstaltungsorten in den Vereinigten Staaten, in Australien und auch in Österreich verzeichnet sind.[562]

Warum ist Medjugorje so populär?

Eines der Rätsel an Medjugorje ist die Frage, warum es sich bei so vielen Katholiken als so unglaublich populär erweisen konnte, trotz all der negativen Punkte, die oben dargelegt worden sind. Eine Antwort ist, wie es scheint, dass viele Menschen an Medjugorje glauben wollen und einfach voraussetzen, dass Unsere Liebe Frau dort täglich erscheint, wie behauptet wird, ohne sich die Mühe zu machen, zu untersuchen, ob dies nun wahr ist oder nicht. Tatsache ist, dass Menschen ganz leicht versucht werden können, zu glauben, was sie glauben wollen. Kevin Orlin Johnson sagt, dass es für Personen mit dieser enthusiastischen Gemütsver-

---

562 Siehe: www.medjugorje.org/ivanse.htm.

fassung, mit einer Neigung zur Leichtgläubigkeit, nur zwei mögliche Urteile zu einer angeblichen Erscheinung gibt, nämlich entweder „Ja“, sie ist echt, oder sie ist ansonsten wahrscheinlich echt, aber „noch nicht bewiesen“. Folglich ziehen sie die sehr reale Möglichkeit nicht in Betracht, dass die fragliche Vision auch falsch sein könnte.

Johnson äußert sich auch zu der irrigen Auffassung, dass, wenn genügend Menschen an einen bestimmten Ort pilgerten, die Kirche verpflichtet sein werde, ein negatives Urteil aufzuheben und ein positives zu fällen. Wie er sagt, hält man den traditionellen Ansatz der Kirche dann fälschlicherweise für einen, bei dem „Abstimmungen über die Echtheit entscheiden“, und diese Haltung kann durchaus auf eine „schuldhafte Vernachlässigung“ der Lehre der Kirche zu diesen Fragen zurückgehen.[563] Eine solche Vernachlässigung kann auch den Widerwillen beinhalten, anzuerkennen, dass offizielle kirchliche Verlautbarungen zu einer bestimmten Vision einen echten Sinn haben und nicht missachtet werden dürfen, bloß weil sie nicht mit unserem Standpunkt übereinstimmen. Umgekehrt fehlt es bei dieser Haltung auch am Verständnis dafür, dass unabhängig davon, wie viele Priester, Bischöfe oder sogar Kardinäle an eine bestimmte angebliche Vision glauben, dies für sich genommen sie noch keineswegs echt macht. Normalerweise kommt nur dem Bischof der fraglichen Diözese die Autorität zu, ein Urteil über das, was dort geschieht, auszusprechen.[564]

Es besteht auch die Gefahr, dass Menschen nach den durch einen Besuch in Medjugorje bewirkten geistlichen Erfahrungen süchtig werden. Dies ist insbesondere dann der Fall, wenn die in Medjugorje bekehrte Person zuvor ein lauer oder nichtpraktizierender Katholik war. Wenn sie Zeichen und Wunder erlebt, z. B. dass ihr Rosenkranz goldene Farbe annimmt, kann sie es als sehr schwierig empfunden, die Echtheit der Geschehnisse in Medjugorje

---

563 Johnson, *Twenty Questions About Medjugorje,* S. 3-4.
564 Vgl. ebd., S. 4-6.

kritisch zu hinterfragen. Man hört von Menschen, deren geistliches Leben sich um die Botschaften verschiedener angeblicher Seher dreht und die von einem Ort zum anderen reisen, um ihre starke Sehnsucht nach diesen Phänomenen zu stillen.
Eine Ursache für diese besondere Sehnsucht unter vielen Gläubigen heute ist jedoch die unbestreitbare Tatsache, dass es ein spirituelles Vakuum in der Kirche gibt, ein Vakuum, das aufgrund verschiedenartiger Faktoren entstanden ist. Viele Christen verfangen sich in Visionen, weil sie einen echten Durst nach dem Übernatürlichen haben. Da sie dieses nicht ohne weiteres in ihrer örtlichen Pfarrgemeinde finden, lassen sie sich dazu treiben, anderswo danach Ausschau zu halten, so z. B. auf dem Feld angeblicher Visionen wie in Medjugorje. Dieser Punkt wird unten ausführlicher behandelt werden. Es gibt heutzutage auch viele Menschen, die ganz von einer Suche nach religiösen Neuerungen in Anspruch genommen werden. Diese ist im Grunde das katholische Gegenstück zu dem, was wir gesamtgesellschaftlich wahrnehmen, nämlich eine Ruhelosigkeit und ein Unbehagen, die nur durch neue und exotische Erfahrungen gestillt werden können. Die zeitlosen Wahrheiten von Fatima sind nicht aufregend genug – manche Leute brauchen einen unendlichen Kreis neuer Botschaften, oder sie sind anscheinend nicht glücklich.

Medjugorje aus geistlicher Perspektive

Versuchen wir nun, diese Situation aus geistlicher Perspektive zu betrachten. Wir alle haben einen freien Willen, so dass es zwar möglich, aber nicht wahrscheinlich ist, dass es ein dramatisches, übernatürliches Eingreifen geben wird, welches die Seher an der Fortsetzung ihrer Aktivitäten hindern wird. Ebenso wenig wird ein großes Wunder geschehen, das die Leute daran hindert, Wallfahrten nach Medjugorje zu unternehmen. In vielen Fällen sind Pilger, die dorthin reisen, nichtpraktizierende Katholiken oder führen sogar ein Leben in der Sünde. Angesichts des Zustandes der Kirche kann Gott, wie im Falle von Moira Noonan, durchaus vorhersehen, dass für besondere Individuen ein Besuch in Medjugorje die einzige Chance für ihre Bekehrung darstellt. Die Visionen und Botschaften sind zwar nicht anerkannt, doch die große Mehrheit der Pilger reist in aller Aufrichtigkeit dorthin, und somit können wir vermuten, dass Gott in solchen ernsthaften Fällen die zur Bekehrung notwendigen Gnaden gewähren wird. Und damit haben wir natürlich noch nichts über die Wirkungen der Gebete und Leiden ihrer Freunde und Verwandten gesagt, die mitunter schon seit Jahren für sie gebetet haben mögen.

In vielen Fällen erkennen solche Menschen jedoch einige Zeit nach ihrer Bekehrung die Mängel in einigen Aspekten der Spiritualität von Medjugorje und schreiten zu einem ordentlichen, regulären katholischen Leben voran, dessen Schwerpunkt stärker auf dem Gebet und den Sakramenten und weniger auf geistlichen Erfahrungen liegt. Das heißt, sie beginnen, aus dem Glauben zu leben und nicht durch „Zeichen und Wunder". Diese Situation können wir mit derjenigen eines Menschen vergleichen, der an einem bitterkalten Tag den unbeheizten Vorbau eines Hauses betritt. Verglichen mit der Außentemperatur fühlt sich der Vorbau warm an, doch wenn er zu lange im Vorbau bleibt, verspürt er bald wieder die Kälte und muss in das Haus selbst eintreten. Medjugorje als Gesamtphänomen lässt sich also am besten als eine Art Vorbau oder Vorraum der eigentlichen Kirche betrachten, eine Art Zwischenstation; es ist aber kein Ort, an dem man, geistlich gesehen, längere Zeit verweilen sollte.

Ein weiterer, sehr mächtiger Einfluss zugunsten Medjugorjes ging von den katholischen Druckmedien aus, die mit sehr wenigen Ausnahmen Medjugorje nur ungern in irgendeiner Form kritisieren. Wie es scheint, befürchten viele Verleger, Leser zu verlieren, falls sie etwas auch nur entfernt kritisch Anmutendes publizieren. Ebenso widerstrebt es Zeitschriftenredakteuren, Werbeeinnahmen durch Anzeigen für Wallfahrten nach Medjugorje zu verlieren. Ganz zu schweigen natürlich von jenen, die ein persönliches Interesse an Medjugorje-Werbung haben, indem sie Bücher publizieren oder Konferenzen und Wallfahrten organisieren, Aktivitäten, mit denen man hohe Einnahmen erzielt. Um dies zu überprüfen, braucht man sich nur die zahlreichen für Medjugorje ein-

tretenden, für Wallfahrten und andere Veranstaltungen werbenden Netzpräsenzen im Internet anzusehen.
Auf den ersten Blick mag es ziemlich überraschen, dass eine weitere Quelle der Unterstützung die weltlichen Medien sind. Überwiegend war ihre Herangehensweise an Medjugorje, anstelle der ansonsten allem Katholischen gegenüber gezeigten Feindseligkeit, fast schon wohlwollend. Denis Nolan zitiert Ausschnitte aus Zeitungen, Magazinen und Zeitschriften vom *Wall Street Journal* bis hin zum *Reader's Digest,* und Fernsehsendungen von der *Inside Edition* der NBC bis hin zur *Oprah Winfrey Show,* die allesamt offenbar nichts sonderlich Kritisches darüber zu sagen hatten.[565] Man könnte argumentieren, dass dies an sich ziemlich verdächtig ist, denn Christus sprach zu jenen unter seinen „Brüdern", die nicht an ihn glaubten: „Euch kann die Welt nicht hassen, mich aber hasst sie, weil ich über sie das Zeugnis gebe, dass ihre Werke schlecht sind" (Joh 7,7). Mit anderen Worten, die Kirche als der Leib Christi kann von der Welt – deren „Gewissen" die säkularen Medien sind – eigentlich nur Feindseligkeit, sogar Hass erwarten, und dennoch ist Medjugorje von den Medien geradezu mit Samthandschuhen behandelt worden.

Medjugorje und die Krise in der Kirche

In mancherlei Hinsicht ist der Wunsch, nach Medjugorje zu reisen, im Lichte der schwerwiegenden Probleme, welche die katholische Kirche im Westen in den letzten Jahren durchmachen musste, verständlich. Bis zum Zweiten Vatikanischen Konzil war die Marienverehrung in den entwickelten Ländern stark und gesund ausgeprägt. Organisationen wie das Fatima-Weltapostolat und die Legion Mariens blühten auf, und der Rosenkranz war eine im Volk tiefverwurzelte Andachtsübung. Doch nach dem Konzil gelang es verschiedenen liberalen Gruppierungen mit entsprechenden Absichten, die sich auf den vermeintlichen „Kon-

---

565 Vgl. Nolan, *Medjugorje: A Time for Truth,* S. 109-122.

zilsgeist" beriefen, ihre eigenen Ideen gewöhnlichen Katholiken in den Vereinigten Staaten und Europa aufzudrängen. Indem sie die wahre Bedeutung von Konzilsdokumenten wie *Lumen Gentium* verdrehten, gelang es ihnen, die Marienverehrung in vielen Kirchen praktisch zu beseitigen. Infolgedessen fanden sich viele Katholiken plötzlich als Fremde in ihrer eigenen Kirche wieder. Dies schuf ein spirituelles Vakuum, welches verschiedene Gruppen und Einzelpersonen, darunter angebliche Seher, schnell zu füllen bedacht waren.

Das spirituelle und liturgische Leben vieler Pfarreien ist bedauerlicherweise immer noch unzureichend, und somit werden zahlreiche Menschen nach Medjugorje gelockt, weil sie nach etwas mit einer tiefgründigeren Spiritualität suchen. Wie vorherige Kapitel dieses Werkes aber bewiesen haben, ist die Tragödie doch die, dass durch die marianische Spiritualität, der sie in Medjugorje begegnen werden, am Ende eben nicht unbedingt „eine gesunde Verehrung der seligen Jungfrau Maria gewährleistet wird, in Übereinstimmung mit der Lehre der Kirche". Dies ist so, weil „bis jetzt nicht bestätigt werden [kann], dass es sich hier um übernatürliche Erscheinungen und Offenbarungen handelt". Wie wir sahen, stammen diese beiden Zitate aus der Erklärung der Jugoslawischen Bischofskonferenz von Zadar im April 1991.[566] Der Glaube an nicht von der Kirche approbierte Visionen (bei denen alle verfügbaren Beweismaterialien darauf hindeuten, dass sie falsch sind) kann langfristig nicht gut für die persönliche geistliche Gesundheit sein. Leider geht es oft mit dem Glauben an Medjugorje einher, dass man es vernachlässigt, Nutzen aus den echten Marienerscheinungen, insbesondere Fatima, zu ziehen. Solange man keine moralische Gewissheit darüber hat, dass eine Reihe von Erscheinungen echt ist, bewegt man sich auf sehr gefährlichem Boden, wenn man an sie glaubt.

---

566 Johnson, *Twenty Questions About Medjugorje,* S. 19; Donovan, *„Bayside Unveiled",* in: *Fidelity Magazine,* März 1988, S. 34-35; Davies, *Medjugorje after Twenty-One Years, 1981–2002,* S. 86.

Wie oben angedeutet, ergibt sich, wenn wir die guten Früchte analysieren, die für Medjugorje behauptet werden, das Bild, dass diese in gewissem Maße in den ersten Jahren durchaus vorhanden waren. Doch im Laufe der Zeit machten sie sich in erster Linie durch ihr Fehlen bemerkbar. Obwohl sich viele Missverständnisse bezüglich dessen halten, was Christus mit diesem Ausdruck genau gemeint hat, ergibt eine korrekte Analyse seiner Lehre, dass wir hauptsächlich auf die Taten derer, die Visionen für sich geltend machen oder ihrer engen Gefährten achten sollen, nicht auf einen allgemeinen religiösen Enthusiasmus, der dadurch hervorgerufen wird. In diesem Sinne beweist das Beweismaterial, welches wir in den vorherigen Kapiteln dieses Werkes betrachtet haben, dass die Früchte in Medjugorje nicht als gut bezeichnet werden können.

Außerdem steht fest, dass man in katholischen Kreisen häufig nicht mehr erkennt, dass auch die Erfindung von Visionen eine echte Möglichkeit darstellt oder dass der Teufel an deren Entstehung oder Förderung beteiligt sein könnte. Der hl. Johannes vom Kreuz hat zu diesem allgemeinen Problem Folgendes zu sagen:

> Denn abgesehen davon, dass es schwierig ist, bei Ansprachen und Erscheinungen, die von Gott stammen, nicht zu irren, so sind überdies für gewöhnlich viele von ihnen vom Teufel. Dieser geht nämlich zumeist in die Seele nach der Art und Weise ein, in der Gott mit ihr umgeht, und bringt ihr etwas so täuschend ähnlich dem, was Gott ihr mitzuteilen pflegt – er schleicht sich ja verkappt ein, wie der Wolf im Schafspelz in die Herde –, so dass man seiner kaum gewahr wird. Er sagt auch viel Wahres und Vernünftiges und Dinge, die tatsächlich eintreffen. So kann man sich leicht täuschen und meinen, weil etwas wahr ist und das Angekündigte eintrifft, kann es nur von Gott sein.[567]

In der Vergangenheit wussten Katholiken um die List des Satans und um die Notwendigkeit, scheinbar wundersamen Ereignissen gegenüber misstrauisch zu sein, doch ist in den letzten Jahren die

---

[567] Johannes vom Kreuz, *Empor den Karmelberg*. Übertragen von Schwester Maria Cordis (Oda Schneider). Sämtliche Werke, Bd. I, Einsiedeln/Freiburg: Johannes Verlag [6]2009 (Lectio Spiritualis 7), S. 162-163.

traditionelle Vorsicht der Kirche in diesem Bereich leider vernachlässigt worden.

Eine teuflische Atmosphäre

Wie kann man dann, angesichts aller zuvor erörterten Beweise, den Ursprung der Visionen von Medjugorje erklären? Bedauerlicherweise legt eine unparteiische Beurteilung der Fakten eindeutig die Möglichkeit, wenn nicht gar die Wahrscheinlichkeit, eines teuflischen Eingreifens nahe. Die Bibel fordert uns auf, nüchtern und wachsam zu sein, denn unser „Widersacher, der Teufel, geht umher wie ein brüllender Löwe und sucht, wen er verschlinge" (1 Petr 5,8). Satan hält ständig Ausschau, um die Ahnungslosen oder Unvorsichtigen zu verstricken. Meistens kann er uns kaum Schaden zufügen, vorausgesetzt, dass wir im Gnadenstand sind und beabsichtigen, seinen Versuchungen zu widerstehen. Doch wenn besondere Umstände eintreten, können die Probleme ganz leicht beginnen.

Was Medjugorje betrifft, so gehören hierzu die instabilen familiären Hintergründe und Temperamente einiger Seher, die darauf hindeuten, dass solche Personen eher keine Mitteilungen aus dem Himmel empfangen. Zusätzlich wird, wie bereits erwähnt, die Tatsache, dass Ivankas Mutter erst kürzlich verstorben war, sie in einen empfindlichen emotionalen Zustand versetzt haben, der sie dafür empfänglich gemacht haben könnte, etwas zu sehen. Außerdem haben wir auch als mögliche Einflüsse die unheilvolle Atmosphäre der Rachemorde, die ein so wesentlicher Bestandteil der „Lokalkultur" waren, sowie die frühere Geisterverehrung in der Region und insbesondere den *Ort* der Visionen, der mit den Massakern aus der Kriegszeit in Šurmanci bei Medjugorje in Zusammenhang stand.

Zu diesem letzten Punkt berichtet Moira Noonan über einen aufschlussreichen Vorfall. Während sie noch in New-Age-Praktiken verstrickt war, besuchte sie ein spirituelles „Einkehrzentrum" im Nordosten der Vereinigten Staaten, zu dem ein auf dem Grundstück liegender See gehörte. Eines heißen Sommertages, während sie am Seeufer saß, berichtet sie, dass sie „die Wahrnehmung verspürte, dass etwas nicht stimmte. Ich merkte, dass dieser See etwas sehr Eigenartiges und Abstoßendes an sich hatte". Sie versuchte, dieses Gefühl abzuschütteln, indem sie sich für eine Schwimmpartie auf eine Rampe im See begab, doch als sie diese erreichte, „hatten die finsteren Emotionen, die ich verspürte, mich völlig überwältigt. ... Es war so, als ob ich buchstäblich durch Geister schwimmen würde. Es war einfach nur unheimlich und entsetzlich. Es fühlte sich so an, als schwämme ich durch Blut, das Wasser war einfach so dick. Ich konnte es nicht ertragen."

Als sie zurückkehrte, fand sie heraus, dass die weißen Siedler in der Region die Eingeborenen, die dort lebten, massakriert hatten, wobei sie Männer, Frauen und Kinder getötet, und dann ihre Leichen in den See geworfen hatten.[568] Die Parallele zum Massaker in Šurmanci ist eindeutig und erschreckend.

Wenn wir dies alles zusammenfügen, können wir sehen, dass, als Ivanka und Mirjana auf den Podbrdo hinaufgingen, um zu rauchen und Rockmusik zu hören, eine teuflische Einmischung mit hoher Wahrscheinlichkeit nicht ausgeschlossen werden kann.

Ein teuflisches Ereignis

Dass mehrere der Seher in Geschehnisse verwickelt waren, die klar darauf hindeuten, wird aus den nachfolgenden Beispielen ersichtlich. Mirjana hatte etwa ein Jahr nach den anfänglichen Visionen, Mitte 1982, ein merkwürdiges Erlebnis, von dem sie Pater Vlašić im Januar 1983 berichtete. Sie beschreibt, wie sie in ihrem Zimmer auf ihre gewöhnliche Begegnung mit der „Gospa" wartete:

> Ich kniete nieder, und ich hatte noch nicht das Kreuzzeichen gemacht, als plötzlich ein helles Licht aufleuchtete und ein Teufel erschien. Es war so, als ob etwas mir *sagte*, dass es ein Teufel war. Ich blickte ihn an und war sehr überrascht, denn ich hatte das Erscheinen der Madonna

[568] Noonan, *Ransomed from Darkness,* S. 51-53.

> erwartet. Er sah scheußlich aus und war überall schwarz. … Er war Furcht erregend, widerwärtig, und ich wusste nicht, was er wollte. Ich merkte, wie ich schwach wurde, und dann wurde ich ohnmächtig. Als ich das Bewusstsein wiederlangte, stand er immer noch da und lachte. Es schien so, als ob er mir eine eigenartige Kraft verleihen würde, so dass ich ihn fast akzeptieren konnte. Er sagte zu mir, dass ich sehr schön und sehr glücklich und so weiter werden würde. Allerdings bräuchte ich dazu nicht die Madonna, wie er meinte, und auch nicht den Glauben. „Sie hat dir nichts als Leid und Schwierigkeiten gebracht“, sagte er; er aber würde mir alles Schöne geben, was immer ich wollte. Dann sprach eine Stimme in mir – ich weiß nicht, was, ob es etwas Bewusstes oder etwas in meiner Seele war – zu mir: *Nein! Nein! Nein!* Dann begann ich zu zittern und fühlte mich einfach schrecklich. Dann verschwand er, und die Madonna erschien, und als sie erschien, kehrte meine Kraft wieder zurück – als ob sie mir diese zurückgegeben hätte. Ich fühlte mich wieder normal. Dann sprach die Madonna zu mir: „Das war eine Versuchung, aber sie wird dir nicht wieder passieren.“[569]

Dies war eindeutig ein beängstigender Vorfall, doch das größte Problem an dieser speziellen Vision ist, dass, anders als bei echten Marienerscheinungen, bei denen ein klarer Unterschied zwischen dem Göttlichen und dem Teuflischen besteht, sie hier miteinander verflochten sind. Im übergreifenden Sinne ist eine derartige Manifestation viel charakteristischer für das Teuflische.[570]
Dies wird aus einem Geschehnis deutlich, das Francisco von Fatima widerfuhr. In ihren Erinnerungen schreibt Schwester Lucia nicht, wann genau dies geschah, doch war es von den Erscheinungen der Gottesmutter ganz klar getrennt. Sie berichtet, wie eines Tages die drei Kinder an einen felsigen Ort namens Pedreira gingen. Während die Mädchen spielten und sich um die Schafe kümmerten, zog Francisco sich in eine Felsenhöhle zurück, um zu beten. Nach einer Weile hörten Lucia und Jacinta ihn aufschreien und die Gottesmutter rufen, und sie liefen schnell zu

---

[569] Kraljević, *The Apparitions of Our Lady at Medjugorje,* S. 125-126.
[570] Wenngleich solche Vorfälle im Leben von Heiligen wie Pater Pio nicht unbekannt waren, gehören solche Personen eindeutig einer anderen Kategorie als die Seher von Medjugorje an.

ihm. Sie fanden ihn „zitternd vor Schreck, auf den Knien und aus lauter Angst unfähig, aufzustehen." Sie fragten ihn, was geschehen sei, und „mit vor Schrecken halb erstickter Stimme antwortete er: Es war eines von jenen riesigen Tieren aus der Hölle, das gegen mich Feuer spie."[571]

Ein weiteres seltsames Ereignis

Marinko Ivanković äußerte sich im Februar 1983 über ein seltsames Ereignis, welches „am Fest Unserer Lieben Frau von den Engeln" am 2. August 1981 am Abend nach der Messe auf einem Feld nahe Medjugorje stattfand. Dieses war offenbar ein bekannter Treffpunkt zum Gebet. Die Seher waren anwesend und behaupteten, dass die „Gospa" ihnen erschienen sei und allen, die dies wünschten, erlaubte, sie zu berühren. Die Gläubigen kamen wie erwartet nach vorn und „berührten" die „Gospa", wobei die Seher ihnen mitteilten, dass sie ihren Schleier, ihren Kopf, ihre Hand usw. berührten. Dies ging offenbar 10 oder 15 Minuten lang so, bis Marija zu Marinko rief: „Die Madonna ist überall geschwärzt! … es gab hier Sünder, die sie berührten, und als sie sie berührten, wurde ihr Gewand immer dunkler, bis es schwarz war." Marija sagte dann zu ihm, dass sie alle so bald wie möglich zur Beichte gehen sollten.[572]
René Laurentin erwähnt diesen Vorfall,[573] kommentiert ihn aber überraschenderweise nicht. Es braucht kaum erwähnt zu werden, dass das obige Szenario, nämlich die Vorstellung, dass die Gottesmutter irgendwie durch Kontakt mit Menschen verunreinigt werden könnte, völlig absurd ist. Sie steht in krassem Gegensatz zu authentischem, vertrautem Umgang mit der seligen Jungfrau, so wie er von echten Mystikern und Heiligen, wie der hl. Catherine Labouré erlebt wurde, die, wie wir sahen, ihre Hände auf den Schoß Unserer Lieben Frau legen konnte.

---

[571] Kondor, *Schwester Lucia spricht über Fatima I,* S. 169.
[572] Kraljević, *The Apparitions of Our Lady at Medjugorje,* S. 156-157.
[573] Laurentin/Lejeune, *Messages and Teachings of Mary at Medjugorje*, S. 38, 157.

Was die ungebrochene „Kraft“ und den unverminderten Einfluss Medjugorjes betrifft, so muss man auch fragen, ob hier nicht ebenfalls ein teuflisches Element vorhanden ist. Insbesondere stellt sich die Frage, ob die Auswirkungen der langwierigen Rebellion der Franziskaner in der Provinz Herzegowina dem Teufel die Macht gegeben haben, zu gewährleisten, dass Medjugorje weiter gedeiht? Diese These wirkt zunächst unwahrscheinlich, ist aber eine nähere Untersuchung wert.

Erstens ist festzustellen, dass, wie zuvor erörtert, das 1975 vom Heiligen Stuhl erlassene Sonderdekret *Romanis Pontificibus* franziskanischen Gehorsam bezüglich der Aufteilung der Pfarreien zwischen den Franziskaner der Provinz Herzegowina und dem Diözesanklerus der Diözese Mostar-Duvno einforderte. Der entscheidende Punkt daran ist, dass es ein Dekret des *Vatikans* war und diese Auseinandersetzung somit im Grunde zwischen dem Papsttum und den aufsässigen Franziskanern geführt wurde. Die Franziskaner der Provinz Herzegowina befanden sich also in einem aktiven Zustand der Rebellion gegen die Stellvertreter Christi, sogar *bevor* die Visionen von Medjugorje begannen. Bedenken wir nur, welch eine Macht dieser Konflikt dem Teufel gegeben haben muss, um Unruhe zu stiften! Erst 1999, fast 24 Jahre nach seiner Verkündung, wurde *Romanis Pontificibus* befolgt, und selbst dann weigerten sich einige Franziskaner, die Gehorsamserklärung zu unterzeichnen, was zur Folge hatte, dass neun aus dem Orden entlassen wurden und weitere dreiundzwanzig mit anderen Disziplinarstrafen belegt wurden.

Aus dem Hochmut erwachsener Ungehorsam war natürlich das Merkmal der Urrevolte des Teufels gegen Gott. Und das *non serviam* – „Ich will nicht dienen“ – Satans hat einen sehr mächtigen Widerhall in der Haltung der Franziskaner der Herzegowina in ihrer seit so vielen Jahren fortgesetzten Rebellion gegen die offizielle kirchliche Autorität gefunden. Und außerdem wurde dieser Ungehorsam und Hochmut durch die Taten und Einstellungen jener Franziskaner verschlimmert, die im engsten Kontakt zu den

Sehern von Medjugorje standen, nämlich der Patres Vlašić, Zovko und Barbarić.
Zusätzlich zum Hochmut und Ungehorsam stellt sich auch das Problem der Unehrlichkeit. Am Anfang konnte wohl nicht von direkter Unehrlichkeit die Rede sein, denn das Material auf den Tonbändern legt nahe, dass die Seher wirklich etwas sahen. Also ist es wahrscheinlich, dass die Behauptungen der Seher, dass sie eine Gestalt sahen, welche sie für die *„Gospa"* hielten, für das meiste, was bis etwa zum zehnten Tag geschah, zutraf. Die in diesem Buch dargelegte Argumentation geht natürlich davon aus, dass es sich hierbei nicht um die echte Gospa, die Gottesmutter, sondern um einen teuflischen Betrug handelte.
Von diesem Zeitpunkt an änderten sich die Umstände offenbar großteils, so dass dieser Abschnitt aus dem Katechismus der Katholischen Kirche Anwendung findet:

> Als ein Verstoß gegen die Tugend der Wahrhaftigkeit ist die Lüge eine Art der Gewalt gegenüber dem Nächsten. Sie trifft ihn in seiner Erkenntnisfähigkeit, die Voraussetzung für jedes Urteil und jede Entscheidung ist. Sie enthält im Keim die Spaltung der Geister und alle Übel, die daraus hervorgehen. Die Lüge ist für jede Gesellschaft unheilvoll; sie untergräbt das Vertrauen zwischen den Menschen und zerreißt das Netz der gesellschaftlichen Beziehungen (KKK 2486).

Wie wir sahen, unterliegt es keinem Zweifel, dass das Ende der Visionen für Freitag, den 3. Juli 1981, vorgesehen war, das Ende der Zeitspanne von drei Tagen, die sowohl von den Sehern als auch von den beiden jungen Frauen, die während der Vision am 30. Juni zugegen waren, festgesetzt worden war. Allerdings endeten die Visionen nicht an jenem Tag, und es wird behauptet, dass sie während der letzten dreißig Jahre weitergegangen seien. Wenn das der Fall ist, dann sagt jemand eindeutig nicht die Wahrheit, und zwar in einer sehr wichtigen Angelegenheit.
Man könnte argumentieren, dass, wenn das, was die Seher während dieser früheren Zeit sahen, tatsächlich teuflischen Ursprungs war, dann die Belege aus dem Dialog um die „drei weiteren Tage" nahe legen, dass ihnen eine Chance gegeben wurde, aus ihrer Rolle als Seher auszusteigen. Vielleicht war dem Teufel nur eine bestimmte Zeit gegeben worden, um sie zu versuchen, nämlich die

Zeitpanne von zehn Tagen vom 24. Juni bis 3. Juli, doch haben sie diese Chance nicht genutzt. Welchen genauen Grund die Fortsetzung der Visionen auch immer haben mag, eine solche Täuschung stellt einen äußerst schweren Verstoß gegen die Wahrheit dar, und auch dieser spielt in die Hände Satans, der den Worten Christi zufolge „ein Lügner und der Vater von ihr [der Lüge]" ist (Joh 8,44).

Das ganze Gebäude von Medjugorje ist also auf Hochmut, Ungehorsam und, aufgrund des Dialoges von den „drei weiteren Tagen", Unehrlichkeit aufgebaut, und dies wird bis zu einem gewissen Grade die „geistliche Kraft", die davon ausgeht, erklären. Das Problem ist aber, dass diese Kraft nicht die Gnade ist, die durch Christus von Gott kommt, sondern eine Art gefälschte „Gnade", die letztlich ein Zeichen des Teufels ist. Selbstverständlich konnte und kann „echte" Gnade in Medjugorje durch das aufrichtige Gebet und die Sakramente empfangen werden, aber es wäre töricht, wenn man das Vorhandensein dieser teuflischen „Gnade" im Sinne bewusster schwerer Sünde, die eine Person der Macht des Teufels unterstellt, als eine der „Triebkräfte" für das Medjugorje-Phänomen unberücksichtigt lassen wollte. Dieser letztgenannte Punkt trifft natürlich nicht auf die Seher während der Periode bis zum 3. Juli zu, sondern vielmehr auf den Ungehorsam der örtlichen Franziskaner. Obgleich der Teufel, anders als Gott, nicht die Kraft hat, direkt auf den menschlichen Verstand und Willen einzuwirken, sondern nur auf die Fantasie und das Empfindungsvermögen, kann er dennoch einen mächtigen Einfluss über Personen ausüben, die freiwillig Sünden begehen. Christus sagte auch: „Jeder, der die Sünde tut, ist Sklave der Sünde" (Joh 8,34). Und letztlich bedeutet es, ein Sklave des Teufels zu sein, wenn man ein Sklave der Sünde ist.

An jenem schönen Nachmittag Ende Juni 1981, als Ivanka und Mirjana zum Rauchen auf den Podbrdo gingen, wartete der Teufel auf sie, ging umher „wie ein brüllender Löwe und sucht[e], wen er verschlinge" (1 Petr 5,8), ermutigt durch die Nähe von Šurmanci mit seiner unheilvollen Atmosphäre, und zweifellos gestärkt durch die langwierige Rebellion der Franziskaner in der

Herzegowina. Die Seher gingen, wie es scheint, aus welchem Grunde auch immer, dem Teufel auf den Leim, und der Rest ist Geschichte.

Dieses Kapitel zeigt also deutlich die weiteren Probleme auf, die mit dem Glauben an Medjugorje verbunden sind, darunter den „apokalyptischen“ Charakter einiger der Botschaften, der sie in Konflikt mit den echten Botschaften von Fatima und anderen approbierten Erscheinungen bringt. Auch scheint die Notwendigkeit, auf der Hut vor falschen Propheten zu sein, von vielen Medjugorje-Anhängern noch nicht klar erkannt worden zu sein, ebenso wenig die Probleme, die mit Aspekten der Spiritualität, die sich daraus entwickelt haben, verbunden sind. Insbesondere haben viele großteils die potenziell sehr gefährlichen Ergebnisse vergessen, die ein überzogener Wunsch, eine Vision zu sehen, mit sich bringen kann. In hohem Maße ist dies alles wegen der Krise geschehen, von der die Kirche seit den 1960er Jahren betroffen ist. Sie hat dazu geführt, dass viele wohlmeinende Katholiken sich für Medjugorje engagierten – tragischerweise waren sie sich einiger finsterer Aspekte des Ortes nicht bewusst.

21. Medjugorje in jüngerer Zeit

Neuere Entwicklungen

Was ist in Bezug auf die Seher von Medjugorje und die Franziskaner in den letzten Jahren geschehen? Wie es scheint, wird immer noch behauptet, dass die Visionen andauern würden und dass die Beteiligten immer noch überall, wohin sie gehen, die Massen anziehen. Laurette Elsberry besuchte vom 25. bis 27. August 2000 eine Medjugorje-Konferenz in Sacramento (Kalifornien). Sie beschrieb, dass es „sehr traurig war, mit ansehen zu müssen, wie so viele Menschen von den Reiseveranstaltern, den Hausierern mit ihren religiösen Andachtsgegenständen und einem schillernden Ensemble von Varietékünstlern, welche die Mutter Gottes so darstellen wollten, als sei sie darauf aus, im Gefolge der ‚Seher' die ganze Welt abzuklappern und mit Angeboten von ‚Pilgerfahrten' hausieren zu gehen, vereinnahmt wurden."

Besonders entsetzt war sie aber über einen Witz, der von einer der Seherinnen, Marija Pavlović, die dort mit ihrem Ehemann zugegen war, erzählt wurde. Dieser Witz wurde auf Tonband aufgezeichnet, und er ist im Anschluss als bearbeitetes Protokoll wiedergegeben:

> Jesus war im Paradies. Die Apostel langweilten sich ein bisschen, weil sie schon eine so lange Zeit im Paradies waren, … [und so] sagte Jesus: „Lasst uns einen Ausflug auf die Erde machen." … Also gingen sie [ins Heilige Land], und sie beschlossen, am Seeufer ein Grillfest mit frischem Fisch zu veranstalten. … Und da sie im Paradies gewesen waren, wo sie keinen Glauben mehr benötigten, sondern sich völlig sicher waren, was sie zu tun vermochten …, wandelten sie alle auf dem Wasser. Und so wandelte auch Jesus auf dem Wasser, fing aber an, unterzugehen, zu sinken. Also fragte er sich: „Was ist denn mit mir los? Ich bin doch Jesus. Das ist unmöglich. Ich sinke." Und dann sah ihn Petrus, näherte sich ihm und sprach: „Rabbi, du hast vergessen, dass deine Füße Löcher haben."

Laurette Elsberry beschreibt die Reaktion der fast zweitausend Konferenzbesucher: „Sie brachen in lautem, kreischenden Gelächter aus und klatschten Beifall." Dann stellt sie die Frage, wie

solche Menschen „über einen derart blasphemischen und sakrilegischen Witz lachen konnten, der die heiligen Wunden des Heilandes verspottete“[574].
Ist es wirklich möglich und denkbar, dass eine echte marianische Seherin so handelt?

Bischof Perić erhebt schwere Vorwürfe

Folgendes hatte Bischof Ratko Perić von Mostar in einer Firmpredigt, die er in der Ortschaft selbst hielt, im Juli 2000 über Medjugorje zu sagen:

> [Ein] wahrer Gläubiger kann nur erstaunt über das Gerede sein, dass hier in Medjugorje seit nunmehr fast zwanzig Jahren, Tag für Tag, Maria angeblich für fünf, zehn oder fünfzehn Minuten so genannten „Sehern“ „erscheine“; dass sie angeblich etwas übermittle, nämlich in Form so genannter „Botschaften“ oder von „zehn Geheimnissen“, wobei es nicht sicher ist, ob es genau zehn sind, wenn jeder Seher die gleiche Anzahl empfangen hat, oder ob es sechsmal so viele gibt, was bedeuten würde, dass jeder Seher eine andere Menge von Geheimnissen empfangen hätte. Bedeutet dies, dass diese „Erscheinung“ bis zum heutigen Tag 6.940 mal erschienen ist (19 Jahre multipliziert mit 365 Tagen bei sechs Sehern) und dass sie ständig, jeden Tag, spricht, dass sie aber nur einmal im Monat eine „Botschaft“ hinterlässt und den so genannten „Sehern“ dafür dankt, dass sie ihrem Ruf gefolgt sind? Und dies zieht sich nun schon fast über zwanzig Jahre hinweg und könnte noch zehn, zwanzig oder sogar noch mehr Jahre so weiter gehen. Die offiziellen Stellungnahmen der Kirche, vom Ortsbischof angefangen bis hin zur Bischofskonferenz haben in diesem Falle nicht eine einzige „Erscheinung“ als authentisch anerkannt. Die Kirche hat eindeutig erklärt, dass unmöglich bestätigt werden kann, „dass es sich hier um übernatürliche Erscheinungen und Offenbarungen handelt“.[575]

Es könnte kaum eine schwerere Anklage gegen Medjugorje erhoben werden.

---

574 *Homiletic and Pastoral Review Magazine* (Brief an den Herausgeber), S. 5-6, Juli 2002.

575 Davies, *Medjugorje after Twenty-One Years, 1981–2002*, S. 151; der vollständige Text der Predigt von Bischof Perić ist hier zu lesen: www.theotokos.org.uk/pages/unapprov/medjugor/bpPerić3.html.

Unterdessen wurde Ende November 2000 der Tod von Pater Slavko Barbarić bekannt gegeben. Offenbar starb er während der Besteigung des Križevac und war, entgegen den Wünschen von Bischof Perić, der ihm seine Beichtbefugnis im Februar des Vorjahres entzogen hatte, tatsächlich in Medjugorje. Wie leicht zu erwarten war, behaupteten einige der Seher von Medjugorje, dass die Gottesmutter ihnen erschienen sei, um sie darüber zu informieren, dass Pater Barbarić im Himmel sei. Es ist bemerkenswert, dass Bischof Perić persönlich kam und die Beerdigung hielt, trotz aller Probleme, die der Verstorbene in der Diözese verursacht hatte.[576]

Die französischen Bischöfe und Medjugorje

Im Januar 2001 antwortete Msgr. Henri Brincard, der Bischof von Puy-en-Velay, während einer Versammlung der französischen Bischöfe schriftlich auf die folgende Frage, die ihm von einem Mitglied der Konferenz gestellt wurde: „Gibt es eine autorisierte und offizielle Position der Kirche bezüglich der Ereignisse, die die Pilgerfahrten nach Medjugorje veranlassen?“ Msgr. Brincard antwortete, indem er die offizielle Position der Kirche zu diesem Thema wiedergab. Es komme dem Ortsordinarius der Diözese zu, solche Geschehnisse zu untersuchen, wie aus der Instruktion der Glaubenskongregation von 1978 hervorgehe, und Bischof Žanić habe richtig gehandelt, als er zwischen 1982 und 1986 seine eigenen Untersuchungen durchgeführt habe. Mit anderen Worten, er hatte, wie gefordert, Kommissionen eingesetzt und hatte auch den Gläubigen eine allgemeine Hilfestellung gegeben, indem er seinen eigenen Standpunkt deutlich machte. Auf den Rat der Glaubenskongregation hin hatte er darin eingewilligt, dass die Jugoslawische Bischofskonferenz die Akte studieren sollte, die über Medjugorje zusammengestellt worden war, da der

[576] Davies, *Medjugorje after Twenty-One Years, 1981–2002,* S. 152-153.

angebliche Erscheinungsort einen weit über seine eigene Diözese hinausreichenden Einfluss entfaltet hatte.
Msgr. Brincard hob dann hervor: „Der Heilige Vater greift nie direkt in Angelegenheiten dieser Art ein.“ Zudem habe die Kongregation ihre Wertschätzung „der von der diözesanen Kommission unter der Verantwortung von Bischof Žanić geleisteten Arbeit zum Ausdruck gebracht“. Nachdem er am 26. April 1986 Kardinal Ratzinger einen Entwurf des erwarteten negativen Urteils, zu dem die Kommission gelangen würde, zukommen lassen hatte, bat der Kardinal Bischof Žanić, die Publikation eines endgültigen Urteils hinauszuschieben. Am 2. Mai 1986 stimmte die Kommission gegen die Anerkennung eines übernatürlichen Charakters der Ereignisse in Medjugorje, und am 15. Mai 1986 unterrichtete Bischof Žanić die Glaubenskongregation über die negativen Ergebnisse der Kommission. Msgr. Brincard hob nachdrücklich hervor, dass es „nicht richtig ist, zu behaupten, dass die Akten Bischof Žanić weggenommen worden seien“, wie manche Medjugorje-Anhänger behauptet hatten. Die Jugoslawische Bischofskonferenz nahm dann ihre eigene Studie der Akten zu Medjugorje mittels einer neuen Kommission vor, und diese gelangte schließlich zu den in der Erklärung von Zadar am 10. April 1991 vorgestellten Ergebnissen.[577]

Die entscheidende Rolle des Ortsbischofs

Msgr. Brincard fasste all diese Entwicklungen zusammen und stellte ganz klar fest:

> Bis zum heutigen Tag haben nur die Bischöfe von Mostar – Bischof Žanić, dann Bischof Perić – und die Jugoslawische Bischofskonferenz (die de facto durch die Teilung des Landes nach dem Krieg aufgelöst wurde) ein Urteil über die Ereignisse in Medjugorje ausgesprochen. Die Kongregation für die Glaubenslehre hat andererseits nie ein offizielles Urteil veröffentlicht. Sie hat lediglich Leitlinien von pastoraler Natur herausgegeben.

[577] Ebd., S. 138-142.

Offensichtlich hat sich diese Situation inzwischen mit der Bildung der Internationalen Untersuchungskommission zu Medjugorje im Jahr 2010 verändert, und diese Entwicklung wird im weiteren Verlauf noch zu erörtern sein.
Msgr. Brincard stellte anschließend fest, dass Rom frühere Fälle, bei denen es um Erscheinungen ging, „immer … [letztlich] der Autorität und der Zuständigkeit des Ortsordinarius überlassen hat.“ Als Beispiele hierfür erwähnte er mehrere anerkannte Erscheinungen, darunter jene in La Salette, Beauraing und Banneux, wo die jeweiligen Ortsbischöfe trotz Schwierigkeiten offizielle Verlautbarungen erlassen konnten.[578]
Hinsichtlich der schwierigen Frage der Pilgerfahrten begnügte sich Msgr. Brincard damit, den oben ausgeführten Rat zu wiederholen, der von Amtsträgern des Vatikans, insbesondere den Erzbischöfen Bovone und Bertone, dahingehend erteilt wurde, dass offizielle Pilgerfahrten nach Medjugorje untersagt bleiben sollten. Bezüglich privater Pilgerfahrten machte er die folgende treffende Bemerkung: „Wie [kann man] eigentlich … eine private Pilgerfahrt veranstalten, ohne dass diese von der Überzeugung motiviert wäre, dass die Ereignisse von Medjugorje einen übernatürlichen Ursprung haben?“
Bezüglich der Frage nach den Früchten, die angeblich aus Medjugorje erwachsen sein sollen, hob Msgr. Brincard hervor, dass gemäß dem Dokument der Glaubenskongregation von 1978 die angeblich übernatürlichen Ereignisse selbst zuerst bewertet werden müssten, bevor von einer Prüfung der Früchte die Rede sein könne. Und er betonte dies, indem er sagte: „Wenn diese Reihenfolge nicht eingehalten wird, kann es zu einem irrtümlichen Urteil kommen.“ Außerdem machte er noch die folgenden Bemerkungen:

> Was beobachten wir, wenn wir die Ereignisse von Medjugorje im Lichte der Früchte untersuchen? Zuallererst ist nicht zu leugnen, dass es in Medjugorje Bekehrungen zu Gott und „geistliche“ Heilungen gibt. Nicht weniger offenkundig ist, dass das sakramentale Leben dort geregelt und das Gebet inbrünstig ist. Diese guten Früchte vor Ort kann

[578] Ebd., S. 142-143.

man nicht bestreiten. Wir sollten uns sogar darüber freuen. Können wir aber sagen, dass sie in unseren Pfarreien ihre Fortsetzung finden? Eine schwierige Frage, denn bedauerlicherweise müssen wir feststellen, dass die Empfindlichkeit oder gar Aggressivität mancher Medjugorje-Anhänger gegenüber jenen, die ihre Begeisterung nicht teilen, derart ausgeprägt ist, dass sie mancherorts heftige Spannungen auslöst, welche die Einheit des Gottesvolkes bedrohen.

Schließlich warf er einen Blick auf die Früchte im Leben der Seher und konzentrierte sich dabei besonders auf die Frage ihres Gehorsams gegenüber dem Bischof von Mostar. Er sah sich zu der Schlussfolgerung gezwungen, dass viele Probleme in diesem Bereich bestünden. Die Wichtigkeit der Antwort von Msgr. Brincard kann kaum hoch genug eingeschätzt werden, da sie auf die Bitte des Ständigen Rates der Französischen Bischofskonferenz im Januar 2001 angefertigt und in ihrem offiziellen Mitteilungsblatt veröffentlicht wurde.[579]

Warnungen prominenter Kirchenmänner

Der polarisierende Charakter der Aktivitäten einiger Franziskaner in Bosnien-Herzegowina wurde auch von Kardinal Vinko Puljic von Sarajevo bei der Bischofssynode in Rom im Oktober 2001 beklagt. Er sprach davon, dass

> gewisse Mitglieder des Ordens der Minderen Brüder und daraus Ausgestoßene versuchen, ihre eigenen Standpunkte den einzelnen Diözesen aufzunötigen, indem sie die authentischen Charismen ihres Ordensinstituts durch Pseudo-Charismen ersetzen. Dies stellt eine ernste Gefahr für die Kirche und für ihre organisatorische und lehrmäßige Einheit dar. Hier möge der Hinweis auf die betrüblichen Geschehnisse um die Protagonisten des erwähnten Ordens und einen selbsternannten Bischof im letzten Sommer genügen: ein altkatholischer Diakon, der aus seiner Gemeinschaft ausgeschlossen worden ist, oder ein systematischer Ungehorsam gegenüber denselben Kirchenoberen, die seit Jahren in der Diözese Mostar-Duvno sind [sic!].[580]

---

579 Ebd., S. 138, 143-146.

580 *L'Osservatore Romano*, Vatikan, 17. Oktober 2001. Siehe auch

Im Juli 2002 verweigerte Kardinal Pell von Sydney der inzwischen verheirateten Vicka Ivanković-Mijatovic, einer der prominentesten der sechs angeblichen Seher von Medjugorje, die Erlaubnis, während eines Besuches in seiner Diözese in einem Kirchengebäude zu sprechen.[581]

In anderen Diözesen war dies jedoch nicht der Fall, und das nachfolgende Beispiel veranschaulicht die „Manie", die sich um Medjugorje und seine Seher entwickeln kann. Im Februar 2011 reiste Vicka nach Irland, um eine „Tournee" durch das Land zu beginnen. Unter der Überschrift „Seherin von Medjugorje betreibt ihre Zauberei" wurde im *Irish Examiner* berichtet, dass sie in der Shelbourne Hall in Dublin vor 2.300 Zuschauern auftrat, die sich versammelt hatten, um ihre geplante Vision der „Gospa" zu sehen. Der Reporter beschrieb die Atmosphäre als schwankend zwischen derjenigen einer „frommen religiösen und einem Popkonzert" und sagte weiter, dass das „vorwiegend ältere Publikum nicht enttäuscht war." Bedauerlicherweise wurde Vicka von neun Priestern auf der Bühne begleitet. Am Ende ihrer „Aufführung" wurde sie von der Menschenmenge fast erdrückt, und dasselbe geschah, als sie das Gebäude nach der Messe verließ. Sie trat auch in der „Late, Late Show" des irischen Fernsehens auf und besuchte Cork und Kerry.[582]

Dass so viele Leute unbedingt Vicka sehen wollten, und zwar in einer solchen Menge, dass es am Veranstaltungsort „nur noch Stehplätze" gab, ist sicher sehr besorgniserregend. Wie viele von diesen Menschen wären bereit gewesen, Zeit in echtem Gebet vor dem Allerheiligsten zu verbringen? Wie viele von ihnen haben die Andacht der fünf Herz-Mariä-Sühnesamstage geübt oder erkannt, dass es dabei eine beständige Haltung der Sühne geht?

---

www.catholicculture.org/docs/doc_view.cfm?recnum=3977 und CWNews.com–Vatican, 10. Oktober 2001, Referenznummer 16570.

581 *The Catholic Weekly* (Australien), 14. Juli 2002: www.catholicweekly.com.au/02/jul/14/08.html.

582 www.irishexaminer.com/ireland/kfeyojgbsney/rss2/.

Ende 2002 wurde Pater Zovko die Erlaubnis verweigert, die Messe in der Basilika des Nationalheiligtums der Unbefleckten Empfängnis in Washington zu zelebrieren. Msgr. Michael J. Bransfield, der Kirchenrektor, hatte einen Brief an Bischof Perić geschrieben, in dem er ihn bat, sich über den kirchenrechtlichen Status des Franziskaners zu äußern. Der Bischof antwortete in einem Brief vom 18. November, dass Pater Zovkos Ungehorsam dazu geführt habe, dass ihm seine Befugnisse und kanonische Jurisdiktion am 23. August 1989 von Bischof Žanić entzogen worden seien und dass er als sein Nachfolger diese Entscheidung bestätigt habe.[583]

Pater Vlašić wurde, wie wir sehen werden, im Juli 2009 laisiert und aus dem Franziskanerorden entlassen, nachdem er seine Zeit in verschiedenen Ordensgemeinschaften und Häusern in Italien, Österreich und Medjugorje verbracht hatte.

Visionen und Geheimnisse – eine dauerhafte Situation

Einem anderen Medjugorje-Autor zufolge stellt sich die Situation bezüglich der Seher und ihrer Geheimnisse wie folgt dar: Nachdem sie schon seit Dezember 1982 keine täglichen Visionen mehr empfängt, behauptet Mirjana nun, am zweiten Tag jedes Monats Visionen zu haben, außerdem eine jährliche Vision an ihrem Geburtstag. Überdies behauptet sie, alle zehn Geheimnisse empfangen zu haben. Ivanka empfängt angeblich seit Mai 1985 keine täglichen Visionen mehr; auch sie hat aber eine jährliche Vision am 25. Juni und hat die volle Anzahl der Geheimnisse empfangen. Auch Jakov hat alle zehn Geheimnisse empfangen und seit 1998 keine täglichen Visionen mehr. Marija, Vicka und Ivan behaupten allesamt, weiterhin täglich Visionen zu sehen, und ebenso behaupten sie alle, je neun Geheimnisse empfangen zu haben.[584]

---

[583] *The Catholic Herald*, 29. November 2002.
[584] Baldwin, *Medjugorje*, S. 43-44.

In Bezug auf Ivankas Behauptung, sie habe eine jährliche Vision, ist bemerkenswert, dass ihr Ehemann auf der für Medjugorje eintretenden DVD „Die Seher von Medjugorje“ berichtete, dass sie während zwei oder drei Tagen vor ihrer angeblichen jährlichen Vision sehr „nervös“ sei und dass ihre Kinder dies ebenfalls bestätigt und gesagt hätten, dass ihre Mutter „anders“ sei.[585] Warum wird dies der Fall sein? Warum wird sie wohl vor dem Sehen Unserer Lieben Frau „nervös“ sein? Die hl. Bernadette sagte über ihre eigene Erfahrung beim Sehen der Gottesmutter Folgendes: „Sie ist so schön, dass wenn man sie einmal gesehen hat, am liebsten sterben würde, um sie wiederzusehen.“[586] Ivanka hingegen freut sich nicht darauf, die „Gospa“ wiederzusehen, sondern ist „nervös“. Könnte dies ein Anzeichen eines *Schuldbewusstseins* dahingehend sein, dass ihre Behauptung, eine jährliche Vision der „Gospa“ zu haben, für sie zu einer Last geworden ist?

Bischof Perić hielt am 17. Februar 2004 im Päpstlichen Institut Maynooth College in Irland einen Vortrag, in dem er die aktuelle Situation bezüglich Medjugorje skizzierte. Er spezifizierte die Gesamtzahl der angeblichen Visionen, die zwischen 770 für Ivanka bis zu über 8.000 für Vicka, Marija, und Ivan lagen, mit einer Gesamtsumme für alle Seher von über 33.000! Wie er anmerkt, hat die Kirche nicht eine einzige dieser Visionen als authentisch anerkannt. Folgendes hatte der Bischof über die verschiedenen, den Sehern angeblich anvertrauten Geheimnisse und das „Zeichen“ zu sagen:

> Diejenigen, die die täglichen „Erscheinungen“ haben, verfügen über neun Geheimnisse. Und diejenigen, die die „Erscheinung“ einmal im Jahr haben, verfügen über zehn Geheimnisse. Es ist nicht klar, ob es sich um die neun oder zehn allen „Sehern“ bekannten Geheimnisse handelt oder ob jeder „Seher“ eigene Geheimnisse hat, die sich von anderen unterscheiden. Wenn man es mit den anerkannten Erscheinungen vergleicht, kann man sehen, dass es in Lourdes keine Geheimnisse

---

585 *„Die Seher von Medjugorje“*, 2004, FilmGruppeMünchen, Filmlänge etwa 1 Stunde 8 Minuten, http://www.filmgruppemuenchen.de/derseher.html.

586 Deery, *Our Lady of Lourdes*, Dublin: Brown & Nolan, 1958, S. 25.

gegeben hat und in Fatima ein Geheimnis dreigeteilt wurde. In Medjugorje wurden bisher 9 oder 10 oder sogar mögliche 57 Geheimnisse auf drei Seher mit je 10 und auf andere drei mit je 9 aufgeteilt. Bisher wurde kein Geheimnis offenbart. In den ersten Jahren wurde über das „große Zeichen" apokalyptisch geredet. Dieses „große Zeichen" ist aber bisher nicht geschehen und seine Erwartung hat auch nachgelassen.[587]

Beurteilung einiger neuerer Bücher über Medjugorje

Wir können nun einige neuere Bücher, die für Medjugorje eintreten, näher betrachten. Eines davon ist *God-Sent: A History of the Accredited Apparitions of Mary*, von Roy Abraham Varghese. Dies ist ein unbefriedigendes Buch, nicht zuletzt aufgrund der Einbeziehung mancher angeblicher Erscheinungen, insbesondere von Medjugorje.

God-Sent erinnert an gewisse protestantische „Geschichten" des Christentums, die zwar ein Lippenbekenntnis zu Persönlichkeiten wie dem hl. Augustinus und anderen katholischen Theologen aus der Zeit vor der Reformation ablegen, deren wahres Interesse aber bei den Reformatoren Luther, Zwingli und Calvin und bei einigen ihrer weniger bekannten Nachfolger liegt. Die großen katholischen Theologen und Heiligen aus der nachreformatorischen Zeit werden kaum erwähnt. Mit dieser Herangehensweise steht Varghese nicht allein da, und einige zeitgenössische Autoren scheinen einen ähnlich verfehlten Ansatz gewählt zu haben, bei dem sie fast unkritisch jedes neue Gerücht über angebliche Visionen und Offenbarungen akzeptieren, zugleich aber die anerkannten praktisch ignorieren.

Sicherlich war dies bei dem Buch von Pater Edward O'Connor, *Marian Apparitions Today: Why so Many?*, der Fall. Dieses beschäftigt sich mit einer Mischungen aus echten, anerkannten Erschei-

587 *„Medjugorje: Geheimnisse, Botschaften, Berufungen, Gebete, Beichten, Kommissionen"*, ein Vortrag, der am 17. Februar 2004 in Maynooth bei Dublin gehalten wurde. Er steht in deutscher Übersetzung auf folgender Netzpräsenz zum Herunterladen zur Verfügung: http://www.cafarus.ch/Perić.ger.pdf. Zitat S. 2.

nungen und anderen verdächtigen wie Garabandal, San Damiano und natürlich Medjugorje, als ob sie alle miteinander gleichgestellt wären. Wie wir sehen, hat Garabandal keine offizielle kirchliche Anerkennung erhalten, und über San Damiano sprach der Ortsbischof 1980, sechzehn Jahre vor dem Erscheinen des Buches von Pater O'Connor, sogar ein negatives Urteil aus.[588]

Die Hauptthese von Varghese Buch ist, dass, wenngleich Erscheinungen wie Lourdes und Fatima alle sehr gut gewesen seien, wir jetzt im Zeitalter von Medjugorje und Amsterdam und ähnlichen angeblichen Visionen lebten, und dass diese die Fortdauer und die Erfüllung der früheren Erscheinungen darstellten. Selbstverständlich ist es jedoch möglich, dies gänzlich anders zu betrachten und einzusehen, dass die meisten dieser angeblichen Erscheinungen im Vergleich mit den wichtigsten kirchlich anerkannten Erscheinungen zumindest höchst fragwürdig sind.

Dies hat sich jüngst bei einer angeblichen Seherin, Julia Kim aus Naju in Südkorea, als wahr erwiesen. Varghese beschrieb sie als „eine der berühmtesten Seherinnen von heute: Sie ist gewürdigt worden, ein breites Spektrum übernatürlicher Phänomene mitzuerleben oder daran teilzuhaben, von blutenden Statuen und Botschaften der Jungfrau bis hin zu den Stigmata und eucharistischen Wundern. Sie ist eine Seherin, Stigmatikerin und Sühneseele."[589]

Leider stellte sich heraus, dass sie eine inzwischen exkommunizierte Betrügerin ist. Ihr Erzbischof gab 1998, zwei Jahre vor der Veröffentlichung von Vargheses Buch, eine kritische Erklärung über sie ab. Sie erhielt 2005 und 2007 weitere Verwarnungen, bevor sie und ihre Anhänger sich im Jahr 2008 die Exkommunikation *latae sententiae* zuzogen.[590]

---

588 www.theotokos.org.uk/pages/unapprov/sandamia/sandamia.html.

589 Roy Abraham Varghese, *God-Sent: A History of the Accredited Apparitions of Mary*, New York: Crossroad Publishing, 2000, S. 171.

590 Siehe für nähere Einzelheiten: www.kjcatholic.or.kr/naju/gong1998e.html; www.kjcatholic.or.kr/naju/gong2005e.html; www.kjcatholic.or.kr/naju/gong2007e.html;

Seine unkritische Tendenz, höchst suspekte Erscheinungen zu „beglaubigen", ist besonders ausgeprägt, wenn Varghese zur Behandlung von Medjugorje kommt. Dort entstandene „Botschaften" ordnet er offenbar in dieselbe Kategorie ein wie solche von anerkannten Erscheinungen; diese Vorgehensweise muss zwangsläufig verwirrend sein. Der Verfasser stellt effektiv fest, dass Medjugorje ein authentischer Erscheinungsort der Jungfrau sei und begründet dies mit der Tatsache, dass die Seher offenbar keine psychopathischen Tendenzen, Psychosen oder Hysterie aufweisen.[591] Allerdings erkennt er nicht an, dass es noch eine andere Möglichkeit, nämlich Betrug, gibt, und allgemein ist sein Ansatz im Lichte der vielen Kritikpunkte und Besorgnisse, die in Bezug auf Medjugorje vorgebracht worden sind, ziemlich anmaßend.

Der Buchabschnitt über Medjugorje enthält einige fragwürdige Aussagen, darunter die folgenden: „Abgesehen von Guadalupe, ist keine andere Marienerscheinung in der Geschichte die direkte Ursache so vieler Bekehrungen gewesen wie Medjugorje", und, „es werden Medjugorje über eintausend dokumentierte Heilungen zugeschrieben." Für die Bekehrungen gibt es keine genauen Zahlen, so dass eine solche Äußerung unmöglich zu beweisen ist. Hinsichtlich der „dokumentierten" Heilungen fragt es sich, von wem sie dokumentiert wurden? Solange sie nicht von der Kirche anerkannt wurden, haben sie keine Gültigkeit.

Varghese behauptet auch: „Bei der Beurteilung der Authentizität einer Erscheinung ist letztlich (neben dem theologischen Gehalt der Visionen) der tatsächliche Zustand des Sehers während der Erscheinung ausschlaggebend."[592] Dies ergibt schlichtweg keinen Sinn. Wie kann die Echtheit einer Erscheinung auf einer derart schmalen Wissensbasis beurteilt werden? Was soll dann einen vermeintlichen Seher daran hindern, eine Vision vorzutäuschen?

---

www.kjcatholic.or.kr/naju/gong2008e.html;
http://catholiclight.stblogs.org/archives/2008/02/korean-bishop-e.html.

[591] Varghese, *God-Sent*, S. 190.

[592] Ebd., S. 184-185, 188.

Zudem schreibt Varghese: „Bezüglich der Kritiker von Medjugorje kann man konstatieren, dass sie keine Argumente entwickeln; sie zeichnen selbst ein gewisses Bild und kreieren eine eigene Geschichte der Ereignisse von Medjugorje."[593] In Wirklichkeit entspricht das genaue Gegenteil der Wahrheit: Die Medjugorje-Propagandisten sind es, die sich des Zeichnens eines gewissen Bildes von Medjugorje schuldig gemacht haben, eines Bildes, das in markantem Widerspruch zur Realität steht.
Mark Miravalle wiederholte seine Unterstützung der Visionen in seiner *Introduction to Medjugorje*, die 2004 erschien, und verwies seine Leser auf sein Werk von 1986, *The Message of Medjugorje*, als umfangreichere Behandlung. Miravalle schreibt abermals, dass er sich auf die „Botschaft" von Medjugorje konzentrieren wolle,[594] so dass auch dieses Buch, von dem mehr als die Hälfte mit angeblichen Botschaften gefüllt ist, in die gleiche Falle tappt, dass nämlich die Botschaften untersucht werden, ohne dass zuvor bestimmt würde, ob es gute Gründe für die Annahme ihrer Echtheit gibt oder nicht. Eine derartige Haltung ließ sich vielleicht noch in den 1980er Jahren entschuldigen, aber sicherlich nicht mehr im Jahr 2004, als jeder, der ernsthaft an der Untersuchung Medjugorjes interessiert war, die Werke von Pater Sivrić und Daria Klanac mit ihren Tonbandprotokollen der ursprünglichen Interviews kennen konnte.

Denis Nolan schreibt (nochmals) über Medjugorje

Die vierte Auflage von Denis Nolans Buch *Medjugorje and the Church* erschien 2007, und sie versucht zu argumentieren, dass es echte kirchliche Unterstützung für Medjugorje gebe. Der Klappentext auf der Umschlagseite verspricht: „Schockierende neue Offenbarungen über die wahre Position der katholischen Kirche zu Medjugorje!" Erwartungsgemäß gelingt es Nolan jedoch nicht,

---

593 Ebd., S. 189.

594 Mark Miravalle, *Introduction to Medjugorje*, Goleta: Queenship Publishing, 2004, S. 5-6.

diese „Offenbarungen“ zu präsentieren. Er zitiert Papst Johannes Paul II. mit den Worten: „Medjugorje ist die Erfüllung und Fortsetzung von Fatima“, doch leider ist seine Quelle dafür der ziemlich suspekte Bischof Hnilica.[595]

Wie auch immer: Wie könnte Medjugorje überhaupt die „Erfüllung“ von Fatima sein? Die Botschaft von Fatima ist in sich geschlossen und bedarf keiner weiteren „Erfüllung“. Unsere Liebe Frau hat uns in der Botschaft von Fatima „einen Friedensplan vom Himmel“ gegeben, als den man ihn zu Recht bezeichnet hat. Es fehlt nichts an dieser Botschaft, so dass sie ergänzt oder fortgesetzt werden müsste. Es ist lediglich so, dass ihr nicht genügend Katholiken große Aufmerksamkeit geschenkt haben. Und sie wird, gerade wenn das geschieht, erfüllt werden, in erster Linie durch die Übung und Förderung der Andacht der fünf Herz-Mariä-Sühnesamstage. Insgesamt fügt nichts in den „Botschaften“ von Medjugorje der Botschaft von Fatima irgendetwas Sinnvolles hinzu.

Nolans Strategie in diesem Buch ist ganz einfach. Er versucht, so viele Zeugnisse verschiedener Parteien für Medjugorje anzuhäufen, dass der Leser sich wohl gezwungen sehen wird, einzugestehen, dass etwas dran sein muss. Warum hätten sich denn ansonsten so viele Priester, Bischöfe, Kardinäle und anscheinend sogar Papst Johannes Paul II. billigend darüber geäußert? Hierin unterliegt er jedoch dem fundamentalen Irrtum, die Meinungen von *Mitgliedern* der Kirche mit der tatsächlichen Position der Kirche selbst gleichzusetzen. Ganz gleich, wie viele Kleriker in Medjugorje gewesen sein mögen, ganz gleich, wie viele Bekehrungen oder wie hohe Pilgerzahlen dafür in Anspruch genommen worden sind – diese Faktoren machen, für sich genommen, noch keine *offizielle* Unterstützung der Kirche für Medjugorje aus. Dieser Punkt kann gar nicht deutlich genug betont werden, insbesonde-

---

595 Denis Nolan, *Medjugorje and the Church,* Goleta: Queenship Publishing, 2007), S. ix; siehe für Informationen über Bischof Hnilica: Jones, Medjugorje: *The Untold Story*, S. 133-149.

re, weil so viele Medjugorje-Anhänger seine Bedeutung nicht einzuschätzen wissen.
Nolans Buch besteht tatsächlich großteils aus Zeugnissen über Medjugorje, darunter auch solche aus verschiedenartigen Apostolaten, und insbesondere zitiert er den sel. Johannes Paul II. mit den Worten: „Wenn ich nicht der Papst wäre, dann wäre ich schon in Medjugorje gewesen.“[596] Das ist aber gerade der springende Punkt: Er *war* der Papst, und so war ihm bewusst, dass er nicht in seiner offiziellen Eigenschaft nach Medjugorje reisen konnte. Daher waren seine Bemerkungen nicht autoritativ, sondern lediglich ein Ausdruck seiner persönlichen und privaten Frömmigkeit. Und dies gilt auch für alle anderen im Buch zitierten Persönlichkeiten, ganz gleich, wie hoch sie in der Hierarchie der Kirche stehen mögen. Vielmehr ist die Tatsache, dass so viele von ihnen in Medjugorje gewesen sind und es unterstützen, ein trauriger Indikator für den gegenwärtigen Zustand der Kirche, insbesondere angesichts des weitverbreiteten Mangels an Unterstützung für Fatima.
Nolan druckt in einem Anhang Abschriften und Übersetzungen von Briefen ab, die er von Marek und Sophia Swarnicki, Freunden von Johannes Paul II., erhielt, die eindeutig begeisterte Medjugorje-Anhänger sind. Er hebt die Tatsache hervor, dass der Papst in einer seiner Antworten die folgende Aussage über Medjugorje machte: „Ich danke Sophia für alles in Bezug auf Medjugorje. Auch ich gehe in meinen Gebeten jeden Tag als Pilger dorthin.“[597] Die Bedeutung dieser Antwort lässt sich aber auch leicht übertreiben. Der Papst hatte offensichtlich einige Medjugorje-Literatur von seinen alten Freunden erhalten, so dass es offensichtlich ein Gebot der Höflichkeit war, dass er seine Wertschätzung dafür zum Ausdruck brachte, und als ein zutiefst spiritueller Mensch konnte er sich kaum anders als mit einer Bezugnahme auf das Gebet äußern.

---

596 Nolan, *Medjugorje and the Church,* S. 23.
597 Ebd., S. 153.

Im nächsten Brief schreibt der Papst: „Und jetzt kehren wir jeden Tag im Gebet nach Medjugorje zurück.“[598] Auch dies kann man jedoch als eine allgemeine Bemerkung über das Gebet verstehen, die er in die Wertschätzung seines Freundes für Medjugorje einfügte. Die Auszüge aus den anderen Briefen sind in demselben Stil gehalten, und es ist klar, dass der Papst in erster Linie privat auf die Bemerkungen seiner Freunde reagierte, die ganz unmöglich eine Auswirkung auf den offiziellen Standpunkt der Kirche zu Medjugorje haben konnte. Es ist auch beachtenswert, dass die Briefe in den frühen 90er Jahren geschrieben wurden, in der Zeit, als entweder die Kriege in Ex-Jugoslawien wüteten oder die Menschen in der Region an deren Folgen litten. In einem Brief brachte der Papst seine Sorge um die „armen kleinen Waisenkinder und alle Bewohner jenes Landes“ zum Ausdruck, während er in einem anderen von den „schrecklichen Ereignissen auf dem Balkan“ schreibt, von denen er sagt, dass sie ohne Medjugorje nicht verstanden werden könnten.[599] Das bedeutet selbstverständlich nicht, dass der Papst Medjugorje als übernatürlich anerkannt hätte; er stellte lediglich fest, dass es einer der Faktoren beim gewaltsamen Zerfall Jugoslawiens war.

Ein anderer Anhang ist den „Kritikern von Medjugorje“ gewidmet, und hierin verurteilt Nolan die englischsprachige Erstauflage des vorliegenden Buches, *Understanding Medjugorje*, wie folgt: „Foleys Buch … wendet in seiner Polemik eine Strategie wie der *Da Vinci Code* an, indem es ein Mosaik aus Halbwahrheiten und direkten Lügen schafft, welches nur dem Unwissenden oder dem Naiven plausibel erscheinen mag. Das Buch enthält keine neuen Fakten, Entdeckungen oder Erkenntnisse. Es ist eine Wiederholung früherer unaufrichtiger Angriffe.“

Es ist schwer einzusehen, wie jemand – es sei denn, es handelte sich um eine Person, die sich Medjugorje fanatisch und unkritisch verschrieben hat – eine derart überreizte Äußerung treffen konn-

598 Ebd., S. 155.
599 Ebd., S. 160, 171.

te, die keinen Realitätsbezug hat. Wichtig ist dabei, dass er keine der „Halbwahrheiten oder direkten Lügen", die er erwähnt, beim Namen nennt, sondern seine Leser vielmehr auf sein Buch *Medjugorje: A Time for Truth a Time for Action*, für „ausführliche Antworten auf diese häufig wiederholten Vorwürfe"[600] verweist. Das Problem ist, dass Nolans früheres Buch bereits im Jahre 1993 erschien und seither viel mehr über die dunkle Seite von Medjugorje bekannt geworden ist. Doch abgesehen davon sind die Hauptkritikpunkte, die in *Understanding Medjugorje* vorgebracht wurden, von Nolan oder einem der anderen bekannten Medjugorje-Autoren nicht widerlegt worden. In der Regel war es ihre Methode (und das ist sie bis heute fast ausnahmslos geblieben), die unangenehmen Fakten über Medjugorje zu ignorieren und die alte Propaganda immer wieder aufzubereiten.

Miravalle und Weible über Medjugorje

Ein weiteres neueres Buch zum Thema ist *Are the Medjugorje Apparitions Authentic?* von Mark Miravalle und Wayne Weible, das 2008 erschien. Es argumentiert, dass die Kritik an Medjugorje nicht gerechtfertigt sei.

Miravalle geht der Frage des ungeheuer langen Zeitraumes nach, in dem die Seher von Medjugorje Visionen für sich beanspruchen und legt dar, dass dieser Faktor in *Normae S. Congregationis* nicht berücksichtigt werde. Obwohl das zutrifft, bedeutet es nicht, dass das Dokument irrelevant wäre, da es das Thema angeblicher Visionen eindeutig nicht erschöpfend behandelt. Dann argumentiert er weiter, dass es in der Kirchengeschichte sogar noch längere Beispiele für „übernatürliche Mitteilungen" an heiligmäßige Persönlichkeiten wie die hl. Brigitta, die hl. Hildegard von Bingen und den hl. Pater Pio von Pietrelcina gegeben haben.[601] Wie wir

---

600 Ebd., S. 178–79.

601 Mark Miravalle/Wayne Weible, *Are the Medjugorje Apparitions Authentic?*, Hiawassee: New Hope Press, 2008, S. 21. Siehe auch den Unterabschnitt *Vergleich der Seher mit den Heiligen* in Kapitel 11.

sahen, ist es jedoch unzulässig, die „Spiritualität" der Seher von Medjugorje mit der echten Heiligkeit diese kanonisierten Heiligen zu vergleichen. Es ist einfach kein Vergleich möglich, nicht zuletzt, weil die mystischen Begegnungen, deren solche Heilige gewürdigt wurden, in einer ganz anderen Kategorie stehen als die Erfahrungen der Seher der echten Erscheinungen der Gottesmutter, geschweige denn jene, welche die Seher von Medjugorje für sich beansprucht haben.
Er erwähnt auch Benoîte Rencurel von den Erscheinungen in Laus, doch wie bereits erwähnt, dauerten ihre täglichen Erscheinungen der Gottesmutter nur vier Monate lang an, und seit jener Zeit hatte sie nur noch periodisch Erscheinungen, so dass das, was dort geschah, für unseren Fall nicht relevant ist.
Miravalle erklärt: „Wir müssen darauf achten, dass wir nicht Nebenkriterien wie den Zeitraum der Erscheinungen als einen wesentlichen Grund für die Anerkennung oder Nichtanerkennung einer berichteten Erscheinung annehmen."[602] Ist aber die Tatsache, dass bei den approbierten Marienerscheinungen in aller Regel nur relativ wenige Visionen vorgekommen sind – im Gegensatz zu den Zehntausenden, die für Medjugorje behauptet werden – etwa ein „Nebenkriterium"? Der gesunde Menschenverstand legt eindeutig nahe, dass sie alles andere als nebensächlich, sondern vielmehr ein äußerst nützlicher Anhaltspunkt zur Beurteilung der Echtheit oder Unechtheit einer angeblichen Serie von Erscheinungen ist.
Hinsichtlich der Frage, ob die Botschaften von Medjugorje falsche ökumenische Lehren beinhalten oder nicht, stellt Miravalle kategorisch fest: „Die Botschaften von Medjugorje enthalten nicht eine einzige dogmatische Lehre, die im Widerspruch zur authentischen Lehre des katholischen Lehramtes stünde."[603] Dieses Argument lässt sich jedoch kaum erhärten, da einige der Bot-

---

602 Miravalle/Weible, *Are the Medjugorje Apparitions Authentic?*, S. 20.
603 Ebd., S. 21-22.

schaften (siehe Kapitel 8), mehrdeutig sind oder gar der katholischen Lehre zuwiderlaufen.

Miravalle zitiert dann eine spezielle ökumenische Botschaft wie folgt: „Vor Gott gibt es keine Spaltungen und gibt es keine Religionen. Ihr in der Welt habt die Spaltungen vollzogen.“ Zu dieser Botschaft sind mehrere Anmerkungen zu machen; erstens steht dort jener Anfangssatz: „Vor Gott gibt es keine Spaltungen *und gibt es keine Religionen.*“ Es wird dort ausgesagt, dass es vor Gott keine Religionen geben. Bedeutet dies nun, dass der begründete katholische Glaube, so wie er von Christus begründet wurde, keine Religion ist? Außerdem verweist Miravalle für dieses Zitat auf eine „Botschaft von Medjugorje, die zwischen 1981 und 1983 aufgezeichnet wurde“. Allerdings wäre in einem Buch, das den Anspruch erhebt, „theologische Fakten und Berichte aus erster Hand“ über Medjugorje zu liefern, wohl eine etwas präzisere Quellenangabe angemessen gewesen! Und gerade da liegt das Problem mit manchen dieser frühen Botschaften von Medjugorje – man kann im Grunde nicht sicher in Erfahrung bringen, wie zuverlässig viele davon sind.

In seinem nächsten Abschnitt fragt Miravalle, ob wir es in Medjugorje mit falschen Sehern zu tun haben oder nicht. Er legt dar, dass der „überwältigende Konsens der öffentlichen Meinung bei jenen, die direkten Kontakt mit diesen sechs Sehern hatten, ein tiefer Respekt für ihre offenkundige Unbescholtenheit [und] Aufrichtigkeit“ sei und dass Theologen, „welche die Seher befragt haben, gleichermaßen zu derselben Schlussfolgerung eines offenkundigen Vorhandenseins moralischer Integrität und persönlicher Authentizität gekommen sind.“[604]

Die „öffentliche Meinung“ ist jedoch bekanntlich ein unzuverlässiger Indikator für die Wahrheit einer Sache, da sie sehr leicht von skrupellosen Menschen, durch Werbung, durch Propaganda und durch die Verbreitung falscher Berichte und Gerüchte manipuliert werden kann. Und was die „offenkundige Unbescholtenheit“

---

[604] Ebd., S. 26.

der Seher betrifft, so lässt sich diese, wie das vorliegende Buch hinlänglich bewiesen hat, schwerlich, wenn nicht gar unmöglich behaupten. Dasselbe kann über die Ideen der Theologen gesagt werden, die Miravalle erwähnt, darunter Abbé René Laurentin, Pater Robert Faricy und Pater Michael O'Carroll, deren Argumente zugunsten von Medjugorje und den Sehern oben erörtert und als mangelhaft erfunden worden sind.

Dann erklärt Miravalle: „Bemerkenswerte persönliche Opfer und nicht persönlicher Gewinn stehen im Mittelpunkt des Erlebens" der Seher.[605] Mit dieser Äußerung ignoriert er die gut dokumentierten, oben erörterten Belege für ihren üppigen Lebensstil mit teuren Autos und großen Häusern „mit makellosen Gärten, Doppelgaragen und Sicherheitstoren" und in einem Fall sogar einem Tennisplatz. Im Grunde kann jeder, der gut über sie informiert ist, am allerwenigsten davon sprechen, dass die Seher von Medjugorje „bemerkenswerte persönliche Opfer" erbrächten.

In Bezug auf die an den Sehern durchgeführten medizinischen Tests schreibt er:

> Zwei Ärztegruppen … haben die Seher während der Zeit der von ihnen berichteten Erscheinungen untersucht. Beide haben unabhängig voneinander bestätigt, dass ihr ekstatischer Zustand in einer Form echter Kommunikation außerhalb ihres gewöhnlichen Raum-Zeit-Erlebens bestand. Diese naturwissenschaftlichen Studien schlossen auch jede Möglichkeit einer „kollektiven Halluzination" und damit auch jede Form eines rein menschlichen Betruges der [sic!] Fälschung aus.[606]

Wie wir aber sahen, waren diese naturwissenschaftlichen Tests in Wirklichkeit für die Unterscheidung der Wahrheit oder Falschheit der Behauptungen der Seher höchst unzulänglich. Dies ist so, weil einige der angewandten Vorgehensweisen fehlerhaft waren und es ihnen an wissenschaftlicher Strenge mangelte. Der Hauptgrund ist jedoch die Tatsache, dass keine wissenschaftlichen Tests jemals bestimmen können, ob ein übernatürliches Ereignis statt-

---

605 Ebd., S. 26.
606 Ebd., S. 27.

gefunden hat oder nicht – dazu ist die Wissenschaft gar nicht fähig. Zudem haben wir auch festgestellt, dass die Tests keine Garantie dafür bieten, dass menschlicher Betrug ausgeschlossen bleibt.

Insgesamt gesehen, sind die obigen Argumente für Medjugorje also nicht stichhaltig.

Die von Wayne Weible verfasste zweite Hälfte des Buches wirft einen Blick auf die angeblichen guten Früchte, die aus Medjugorje entstanden sind. Sie besteht aus einer Reihe von „Wohlfühlgeschichten" über Bekehrungen und vermeintliche Wunderheilungen, in der er auch seine eigene Bekehrungsgeschichte erzählt. Er berichtet uns, dass seine Umkehr durch das Anschauen eines Videos über Medjugorje eingetreten sei:

> Schon nach Minuten, in denen ich den Film sah, wusste ich in meinem Herzen, dass Medjugorje echt war; … Während ich zuschaute, ‚fühlte' ich plötzlich, dass die selige Jungfrau Maria direkt zu meinem Herzen sprach und dass sie mich darum bat, die Verbreitung der Erscheinungen von Medjugorje zu meinem Lebenswerk zu machen.[607]

Nachdem er also ein Video über Medjugorje gesehen hat, nimmt er sich vor, seinen Lebensstil radikal zu ändern und ein eifriger Medjugorje-Missionar zu werden. Beachten wir, dass hier eine ganz ähnliche Reaktion vorliegt wie jene, von der Denis Nolan berichtete; sie ist völlig emotional, und es mangelt ihr an jeglichem Unterscheidungsvermögen. Zweifellos ist Weible in dem, was er sagt, aufrichtig, und dennoch ist seine Bericht völlig subjektiv. Er gibt auch einige Berichte über angebliche Wunderheilungen wieder, liefert aber keine Belege dafür, dass sie von einer kirchlichen Instanz untersucht wurden, so wie es in Lourdes üblich ist.

---

[607] Ebd., S. 40.

Pater James Mulligans Buch *Medjugorje: What's Happening?*, wurde ebenfalls im Jahr 2008 veröffentlicht, und ebenso wie Mark Miravalle behauptet er, dass „alles, was aus Medjugorje berichtet wurde, nicht eine einzelne Aussage enthält, die in irgendeiner Weise der Lehre des katholischen Lehramts widersprechen würde“[608]. Wie wir sagen, ist dies jedoch eine sehr fragwürdige Äußerung. Anders als die meisten Medjugorje-Bücher, nimmt der Verfasser einiges Material auf, welches einige der eher beunruhigenden historischen Aspekte zutage treten lässt. So liefert er beispielsweise Informationen über die 1941 in Šurmanci begangenen Gräueltaten, d. h. die Massenmorde an Hunderten von Serben durch die faschistischen kroatischen Ustascha-Milizen, die, wie er eingesteht, „im Bereich der Pfarrgemeinde Medjugorje in dem Weiler Šurmanci geschahen.“[609]

Dies ist das erste Eingeständnis in dem Buch, und es folgen ihm weitere, offenbar im Rahmen eines Versuchs zur „Schadensbegrenzung“. Früher konnten die übertriebensten Behauptungen über Medjugorje aufgestellt werden, doch ist in jüngerer Vergangenheit eine wachsende Anzahl von Büchern veröffentlicht worden, in denen die zahlreichen Probleme zur Sprache kommen, die der Glaube an die Phänomene mit sich bringt. Der Bericht über die erste angebliche Vision am 24. Juni 1981 enthält die folgende Äußerung über die Aktivitäten der beiden ersten Seher, Ivanka und Mirjana, bevor sie die „Gospa“ sahen:

> Einigen Berichten zufolge rauchten die Mädchen gerade Zigaretten und hörten mit einem Radio-Kassettenrekorder Rockmusik. Vielleicht war dies für manche nicht das allerfrömmste Vorspiel für eine der inzwischen beeindruckendsten behaupteten Serie von religiösen Erscheinungen in der Kirchengeschichte.

---

608 Mulligan, *Medjugorje: What's Happening?,* S. 12.
609 Ebd., S. 14.

Mit anderen Worten: Es wird akzeptiert, dass die Mädchen rauchten und Rockmusik hörten. Tatsächlich kann dies heute nicht mehr geleugnet werden, da die Medjugorje-Autoren René Laurentin und Wayne Weible es beide zugegeben haben. Pater Mulligan versucht die Bedeutung dieser Tatsache zwar herunterzuspielen, aber es macht sehr wohl etwas aus, dass die beiden Seher mit diesen nicht gerade besonders frommen Aktivitäten beschäftigt waren, unmittelbar bevor sie Maria zu sehen behaupteten. Wie könnte das unwichtig sein?

Pater Mulligans Darstellungen der verschiedenen Visionen von etwa der ersten Woche gehen dann weiter, doch ergibt sich bei ihm, wie bei anderen Medjugorje-Kommentatoren, ein großes Problem: diese Berichte lassen sich nicht leicht mit dem allerwichtigsten Beweismaterial in Einklang bringen, nämlich den Tonbandprotokollen, die über die Erlebnisse der Seher im Juni 1981 angefertigt wurden. Bevor er beschreibt, was während der Vision am 26. Juni geschah, legt er dar, dass die verschiedenen Quellen, die er für die Rekonstruktion des Dialogs zwischen den Sehern und der „Gospa" heranzieht, „Interviews mit den Sehern, von der Pfarrei St. Jakobus aufbewahrte Aufzeichnungen, *verschiedene Tonbandaufnahmen* und Augenzeugenaussagen" umfassten. Dann schreibt er weiter, dass dies es „möglich machten, sich dem Dialog anzunähern, der zwischen diesen und den nachfolgenden Erscheinungen stattfand"[610].

Zuallererst ist hier das Eingeständnis bemerkenswert, dass das Material aus den ursprünglichen Tonbandprotokollen hier fast sicher verwendet wurde. Das Problem ist jedoch, dass es mit einigen anderen, weniger zufriedenstellenden Quellen vermischt wurde. Ansonsten muss man sich bewusst machen, wie vage es ist, solche Worte wie „annähern" zu gebrauchen oder, so wie er es im nächsten Satz tut, zu sagen, dass „es *so scheint*, als habe der aufgezeichnete Dialog *in etwa* [sic!] wie folgt stattgefunden."

---

610 Ebd., S. 42, 48. *Hervorhebung ergänzt* zu diesem und dem folgenden Zitat, S. 42.

Das Interview zwischen Pater Zovko und fünf der sechs Seher am Abend des 30. Juni ist bereits behandelt worden. Hieran waren die beiden Sozialarbeiterinnen beteiligt, die sie nach Cerno bei Medjugorje gebracht hatten, wo ihre Visionen an jenem Tag stattfanden. Wie wir sahen, wurde die Vorstellung propagiert, dass die Seher von diesen Sozialarbeiterinnen im Rahmen einer kommunistischen Verschwörung „entführt" worden seien, doch wissen wir aus den Tonbandprotokollen, dass sie freiwillig mitkamen. Dennoch favorisiert Pater Mulligan die „Entführungsversion" dieser Geschichte und schreibt zudem, die Seher hätten gedroht, aus dem fahrenden Auto der Sozialarbeiterinnen zu springen, wenn es nicht anhielte.[611] Dergestalt können sich Mythen über Medjugorje immer noch halten.

Schadensbegrenzung

Im weiteren Verlauf des Buches finden sich noch mehr Versuche zur Schadendbegrenzung, diesmal im Zusammenhang mit der Tatsache, dass während dieses Interviews, wie wir auch gesehen haben, deutlich wurde, dass die „Gospa" nur noch weitere drei Tage erscheinen sollte, eine Tatsache, die in den Tonbandprotokollen durch das Zeugnis der beiden Sozialarbeiterinnen bestätigt wird, welche die Seher die Worte „drei Male" wiederholen hörten. Es existieren also unstrittige, unabhängige Bestätigungen dafür, dass es zu diesem Zeitpunkt, am 30. Juni 1981, nur noch weitere drei Visionen geben sollte, und dies geht sogar aus der Version von Klanac klar hervor. Pater Mulligan wiederholt jedoch die Darstellung, nach welcher Pater Zovko versucht habe, diese Diskrepanz zu erklären, indem er die Zahl der Erscheinungen in Lourdes anführte. Diese „Erklärung" ist jedoch, wie bereits gezeigt, völlig unzulänglich, und seine alternative Erklärung, dass die Seher dies gesagt hätten, „um von den Menschenmassen in Ruhe gelassen zu werden", ist genauso unbefriedigend.[612]

---

611 Ebd., S. 53-54.
612 Ebd., S. 58-59.

Über Fatima-Befürworter, die Medjugorje kritisiert haben, wird behauptet, dass sie Äußerungen von sich gegeben hätten, die eine „atemberaubende Schärfe“ aufwiesen, während jene, die einen kritischen Blick auf das Leben der Seher oder der Franziskaner geworfen haben – ein Vorgang, der völlig unerlässlich ist, wenn die Wahrheit ihrer Behauptungen beurteilt werden soll – als „die Zwanghaften“ bezeichnet werden. Vermutlich heißt dies, dass solche, die jede über Medjugorje aufgestellte Behauptung schlucken, ganz gleich, wie lächerlich sie sein mag, die Vernünftigen wären.[613]

Es liegen klare Anzeichen dafür vor, dass dieses Werk eine Zusammenstellung aus mehreren sehr dezidiert für Medjugorje eintretenden Quellen bietet: So wird zum Beispiel der auch in der Umgebung von Medjugorje tobende bewaffnete Konflikt zwischen 1991 und 1995 als der „Kroatische Unabhängigkeitskrieg“ bezeichnet; das ist kein neutraler Ausdruck. Leserbriefe an die katholische Presse und Medjugorje befürwortende Artikel werden ebenfalls wortwörtlich abgedruckt, genauso Interviews mit verschiedenen Personen, die mit dem „Heiligtum“ im Zusammenhang stehen. Leserbriefe hingegen, die sich kritisch über Medjugorje äußerten und die von den Pro-Medjugorje-Korrespondenten vorgebrachten Argumente widerlegten, werden ausgelassen.[614]

Es wird auch der Versuch angestellt, Medjugorje mit anerkannten Marienerscheinungen wie Guadalupe, Rue du Bac, La Salette, Lourdes, Fatima, Beauraing und Banneux gleichzustellen, doch wie wir sehen durften, haben diese wenig oder nichts mit Medjugorje gemeinsam.

Die Abbildungen, viele von ihnen sehr selten, sind ein klares Indiz für den privilegierten Zugang, den der Verfasser zu den frühen Quellen von Medjugorje genoss. Keinem Medjugorje-Kritiker wäre ein solcher Zugang gewährt worden.

---

613 Ebd., S. 107-108.

614 Ebd., S. 108, 133-140.

Das Buch enthält einen Abschnitt mit der Überschrift „bemerkenswerte Priester“, welcher den Patres Jozo Zovko und Slavko Barbarić sieben oder acht Seiten widmet; Pater Tomislav Vlašić hingegen wird, trotz seiner anfänglich herausragenden Rolle in der Medjugorje-Szene, nur äußerst kurz, gleichsam beiläufig, erwähnt. Dies geschah wohl, weil bereits absehbar war, in welche Richtung der Wind in Bezug auf Pater Vlašić wehte, als das Buch geschrieben wurde, so dass der Verfasser es für klug hielt, ihn nur sehr kurz zu erwähnen.[615]

Als jedoch im Jahr 2010 eine aktualisierte, gebundene Auflage von *Medjugorje: What's Happening?* veröffentlicht wurde, waren die Bilder von Pater Vlašić aus der vorherigen Auflage geheimnisvollerweise verschwunden. Er war aus der Geschichte von Medjugorje „ausradiert“ worden. Zweifellos geschah dies, weil Pater Vlašić damals bereits aus dem Franziskanerorden entlassen und laisiert worden war und somit eher peinlich war. Überdies wurde sogar sein Name aus einem entsprechenden Abschnitt der überarbeiteten Auflage entfernt.[616] Er war für Medjugorje-Befürworter wie Pater Mulligan zu einer „Unperson“ geworden.

Abgesehen davon fragt es sich, mit welcher Berechtigung die Patres Zovko und Barbarić als „bemerkenswert“ beschrieben werden, wenn sie doch, wie wir sahen, wegen verschiedener Vergehen diszipliniert werden mussten? Sie waren sicher „bemerkenswert“, aber nicht aus den richtigen Gründen.

Es ist kaum zu begreifen, wie ein Rezensent die Erstauflage von *Medjugorje: What's Happening?* als „ausgewogen“ und „fundiert“ bezeichnen, oder aber, noch bizarrer, behaupten konnte, dass es sich dabei „möglicherweise um die bis heute umfassendste Kritik“ handle. Wie kann ein Buch, das so offensichtlich zu dem üblichen Material über Medjugorje hin tendierte, bloß als eine „Kritik“ bezeichnet werden?

---

615 Ebd., S. 170-177.

616 Die Bilder von Pater Vlašić auf S. 31 und 72 in der Erstauflage fehlen in der überarbeiteten Auflage; siehe auch die Seiten 170 und 175 jeweils in der Erstauflage und in der überarbeiteten Fassung für die Entfernung seines Namens.

Es wären noch viele weitere kritische Anmerkungen zum Buch von Pater Mulligan zu machen, doch insgesamt wird jeder, der nach einer objektiven Untersuchung von Medjugorje sucht, von diesem fehlerhaften Buch enttäuscht sein, und dasselbe muss leider auch über die anderen oben erwähnten Bücher ausgesagt werden.

22. Der Vatikan und Medjugorje

Papst Benedikt und Bischof Perić

Im Februar 2006 stattete Bischof Perić Papst Benedikt XVI. seinen Ad-limina-Besuch ab und erörterte mit dem Papst den Stand der Dinge in seiner Diözese. Er konnte feststellen, dass sich ein gewisser Fortschritt hinsichtlich des Franziskanerproblems ergeben habe, wenngleich es immer noch einige Beispiele für Ungehorsam gebe. Er sprach mit dem Papst auch über Medjugorje; dieser gab ihm zu verstehen, dass die Kongregation für die Glaubenslehre bereits geraume Zeit skeptisch bezüglich der Behauptungen täglicher Visionen sei, die einige der Seher aufstellten. Bischof Perić bestätigte, dass in der Zwischenzeit nichts geschehen sei, was Auswirkungen auf die Ergebnisse der Bischofskonferenz des früherenJugoslawien gehabt habe, so wie sie in der 1991 herausgegebenen Erklärung von Zadar enthalten sind. Dann bekräftigte er seinen Standpunkt hinsichtlich der Nicht-Übernatürlichkeit der Visionen und fuhr fort:

> Die zahlreichen absurden Botschaften, Unaufrichtigkeiten, Lügen und der Ungehorsam, die schon seit den ersten Anfängen im Zusammenhang mit den Ereignissen und „Erscheinungen" von Medjugorje stehen, widerlegen allesamt jede Behauptung einer Echtheit. Durch Bittschriften ist in der Absicht, die Anerkennung der Echtheit dieser angeblichen Privatoffenbarungen zu erzwingen, viel Druck erzeugt worden, allerdings nicht durch überzeugende, auf der Wahrheit basierende Argumente, sondern durch das Eigenlob persönlicher Bekehrungen und solcher Äußerungen, wie dass man sich dabei „gut fühlt". Wie kann man dies bloß als einen Beweis für die Authentizität der Erscheinungen annehmen?

Zum Abschluss der Begegnung sagte Papst Benedikt, dass die Kongregation der Ansicht sei, dass Priester für die sakramentalen Bedürfnisse der Pilger zur Verfügung stehen sollten, doch dass man dabei „die Frage der Echtheit der Erscheinungen“ ausklammere.[617]

Die Glaubenskongregation und falsche Seher

Bereits zuvor, im Juli 2005, hatten sich Anzeichen dafür verdichtet, dass die Kongregation für die Glaubenslehre unter Kardinal William Levada eine rigorosere Haltung gegenüber angeblichen Sehern einnehmen würde. Es wurde angekündigt, dass verschiedene Verbote gegen Pater Luigi Burresi, besser bekannt als Bruder Gino, verhängt würden, darunter, dass es ihm untersagt würde, Beichten abzunehmen, als Seelenführer tätig zu sein, zu predigen, öffentlich die Sakramente zu zelebrieren oder in irgendeiner Form Interviews zu geben.

Bis 1992 war Pater Burresi ein Mitglied der Oblaten der Jungfrau Maria und hatte einen Ruf als Mystiker und Seelenführer, aber auch als angeblicher Stigmatiker und Seher. Das Dekret der Glaubenskongregation führt Missbräuche in der Beichte und Seelenführung als Ursachen für diese Maßnahme an, doch Sandro Magister zufolge bestätigten Quellen aus dem Vatikan zudem, dass Pater Burresi auch von Männern, die in den 1970er und 1980er Jahren seiner Bewegung angehört hatten, des sexuellen Missbrauchs beschuldigt wurde. Dies war das erste Dekret, das die Glaubenskongregation unter dem Pontifikat Papst Benedikts XVI. erließ, der es persönlich am 27. Mai 2005 approbierte.[618]

Dieser Aktion folgte im September 2007 die Veröffentlichung eines Dokuments der Kongregation zur Exkommunikation vieler Mitglieder der Gemeinschaft Unserer Lieben Frau aller Völker,

---

617 Aus dem Interview mit Msgr. Ratko Perić, dem Bischof von Mostar-Duvno, veröffentlicht in der *Crkva na kamenu* („Kirche auf dem Felsen“), der monatlichen Kirchenzeitung der Diözesen Mostar-Duvno und Trebinje-Mrkan, Nr. 4/2006, S. 22-24, nach seinem *Ad-Limina*-Besuch vom 23. bis 28. Februar 2006. Eine vollständige englische Übersetzung des Interviews findet sich hier: www.theotokos.org.uk/pages/unapprov/medjugor/adlimina.html.

618 www.chiesa.espresso.repubblica.it/artiČolo/37078?eng=y; www.nationalcatholicreporter.org/word/word072205.htm.

besser bekannt als „Armee Mariens", wegen Schisma und Häresie. Diese Sekte war 1971 von einer gewissen Marie-Paule Giguère in Kanada gegründet worden. Giguère behauptete, eine Reinkarnation der Gottesmutter zu sein, die Visionen und Botschaften in dem Sinne empfangen habe, dass Maria vollkommen göttlich und dass somit auch Giguère selbst göttlich sei.[619]

Papst Benedikt XVI. und Fatima

Am 14. Mai 2006 gedachte Papst Benedikt XVI. beim Regina Caeli des 25. Jahrestages des Attentats auf Papst Johannes Paul II. am 13. Mai 1981 und bemerkte vor den auf dem Petersplatz versammelten Tausenden von Pilgern, dass sein Vorgänger im Petrusamt „spürte, dass er auf wunderbare Weise durch das Eingreifen ‚einer mütterlichen Hand' vor dem Tod bewahrt wurde". In Gegenwart der Statue Unserer Lieben Frau, die zu diesem Anlass von Fatima nach Rom gebracht worden war, verknüpfte Papst Benedikt die Botschaft von Fatima außerdem mit derjenigen von Lourdes; sie sei „ein starker Aufruf zum Gebet und zur Bekehrung". Er sagte auch, dass Fatima „eine wahrhaft prophetische Botschaft" gewesen sei, „wenn man bedenkt, wie das 20. Jahrhundert überschattet wurde von unbeschreiblichen Zerstörungen durch Kriege und totalitäre Herrschaftssysteme, und auch von weit verbreiteten Verfolgungen der Kirche". Außerdem bemerkte er, dass „auch wenn es weiterhin Gründe zur Beunruhigung für die Zukunft der Menschheit gibt", es „doch tröstlich" sei, was die Gottesmutter in Fatima versprochen habe: „Am Ende wird mein unbeflecktes Herz triumphieren!" Kardinal Camillo Ruini stand am vorausgegangenen Samstag, dem 13. Mai, der Pilgermesse im Petersdom vor. An deren Ende verlas er eine Botschaft des Papstes, in welcher der Heilige Vater die Hoffnung zum Ausdruck brachte, dass „die Botschaft von Fatima in jeder

---

619 Siehe www.zenit.org/article-20483?l=english.

Gemeinschaft angenommen, verstanden und gelebt werden möge“[620].

Bischof Perić predigt in Medjugorje

Bald darauf, am 15. Juni 2006, sagte Bischof Perić in einer Firmpredigt in der St. Jakobus-Kirche in Medjugorje, dass die Kirche keine der von den Sehern von Medjugorje behaupteten Erscheinungen „anerkannt hat, weder als übernatürlich, noch als marianisch“. Dann rief er sie, und „jene, die hinter den ‚Botschaften‘ stehen, auf, kirchlichen Gehorsam zu beweisen und mit diesen öffentlichen Manifestationen und Botschaften in dieser Pfarrei aufzuhören“. Außerdem stellte er fest: „Sie werden ihre notwendige Anhänglichkeit an die Kirche beweisen, indem sie weder private Erscheinungen noch private Aussprüche über die offizielle Position der Kirche stellen.“

Bischof Perić sagte, dass diese Position, die auch diejenige von Bischof Žanić, seinem Vorgänger, wiedergebe, päpstliche Unterstützung genieße, und er dankte den Päpsten Benedikt XVI. und Johannes Paul II., weil sie „immer die Urteile der Bischöfe von Mostar-Duvno … bezüglich der sogenannten ‚Erscheinungen‘ und ‚Botschaften‘ von Medjugorje respektiert hätten, … [wenngleich er] das Recht des Heiligen Vaters [anerkenne], eine endgültige Entscheidung zu diesen Ereignissen zu treffen“[621].

Es ist beachtenswert, dass die Bischöfe der Toskana in Italien im Anschluss an ihre Ad-limina-Besuche beim Papst vom 16. bis 20. April 2007 ein Kommuniqué verabschiedeten. Hierin gaben sie bekannt, dass sie auch ein Treffen mit dem Sekretär der Kongre-

---

620 http://www.vatican.va/holy_father/benedict_xvi/angelus/2006/documents/hf_ben-xvi_reg_20060514_ge.html; http://www.zenit.org/article-9632?l=german; http://www.zenit.org/article-16018?l=english.

621 Siehe http://te-deum.blogspot.com/2006/07/homily-of-bishop-ratko-Perić-of.html.

gation für die Glaubenslehre, Erzbischof Angelo Amato, gehabt hätten, der sie, als er mit ihnen über Medjugorje sprach, eingeladen habe, die oben erwähnte Predigt von Bischof Perić zu veröffentlichen. Die Bischöfe betonten besonders, dass sie ihre Priester baten, „sie sorgfältig zu lesen und daraus die notwendigen Konsequenzen für eine richtige Aufklärung unserer Gläubigen zu ziehen“[622].

Kardinal Bertone über Medjugorje

Unterdessen war Kardinal Tarcisio Bertone, der Staatssekretär des Vatikans, im Februar 2005 von Radio Maria, einem italienischen Rundfunksender, interviewt worden. Dort brachte er seine Skepsis bezüglich Medjugorje zum Ausdruck. Die Reaktion vieler Zuhörer war ziemlich aggressiv, was den Kardinal später veranlasste, von den „ungeziemenden und beleidigenden Reaktionen von Gläubigen und Priester, die sich als ‚Medjugorjaner‘ bezeichnen“, zu sprechen. Der Kardinal beklagte weiter die „Exzesse des Fanatismus, wie die Ereignisse in verschiedenen Kirchen, wo sie die Möglichkeit versprechen, bei einer Erscheinung der Madonna … zu einer festgelegten Zeit zugegen zu sein“[623].
Anschließend erschien im Frühjahr 2007 die italienische Erstausgabe eines Interviews mit Kardinal Bertone in Buchlänge; dieses wurde ins Deutsche übersetzt und 2009 als *Die Seherin von Fatima* veröffentlicht. In diesem Buch beschäftigt sich ein kurzes Kapitel mit Medjugorje. Hier trifft der Kardinal die nachfolgend zitierten Äußerungen über die angeblichen Visionen. Sie sind deshalb bedeutsam, weil sie aufzeigen, wie ein sehr hochrangiger Angehöriger der Kurie heute über Medjugorje denkt. Auf die ausdrückliche

---

622 www.cafarus.ch/cet.medjugorje.html.
623 Siehe: http://medjugorjedocuments.blogspot.com/2010/09/2005-article-about-cardinal-bertone-on.html und www.corriere.it/Primo_Piano/Cronache/2005/02_Febbraio/24/medjugorje.shtml.

Frage, ob die Jungfrau dort erschienen sei oder nicht, gab er diese Antwort:

> Nach Meinung von Tarcisio Bertone ist es [Medjugorje] ein großes Problem. Es gibt gewisse Abweichungen in Hinblick auf die anderen Erscheinungen, auf die *traditio* von Erscheinungen. Von 1981 bis heute soll Maria in Medjugorje Zehntausende Male erschienen sein. Das ist ein Phänomen, das mit den anderen Marienerscheinungen nicht vergleichbar ist. In der Regel haben sie eine gewisse Linie, eine Parabel, sie beginnen und enden wie göttliche Meteore. Die Zeiten, so sagt man, sind so außergewöhnlich, dass sie eine außergewöhnliche Antwort Marias verlangen. Der Einschub ‚so sagt man' soll übrigens herausstellen, dass ich persönlich eine andere Sicht habe. Diese These haben diejenigen aufgestellt, die die Kirche in einer gewissen Linie sehen wollen.[624]

Genauso bedeutsam ist es vielleicht, dass das Buch ein Vorwort von Papst Benedikt XVI. enthält, in welchem er Kardinal Bertone den Apostolischen Segen erteilte. Dies ist sicherlich als Zeichen dafür zu werten, dass der Papst dem Inhalt des Buches zustimmte. Und obwohl Kardinal Bertone sich im nachfolgenden Zitat nicht speziell auf Medjugorje bezog, sind seine Bemerkungen dennoch für das Thema relevant:

> Die Eklipse der Vernunft hat eine Art Selbstbedienungskonzept beim Heiligen hervorgebracht, einen Supermarkt der Religionen und des Glaubens. Und leider laufen auch viele Katholiken Gefahr, die historische und fleischgewordene Dimension der religiösen Erfahrung zu verlieren. Eine weinende Madonna zählt mehr als eine Seite des Evangeliums. … Ein Christentum à la carte, wie ein Menü, das man im Restaurant bestellen kann. Christen, die unter einer spirituellen Leichtfertigkeit leiden, den Tücken der Oberflächlichkeit und Fehlinformation ausgeliefert sind.[625]

---

624 Kardinal Tarcisio Bertone/Guiseppe De Carli, *Die Seherin von Fatima. Meine Gespräche mit Schwester Lucia.* Mit einem Vorwort von Papst Benedikt XVI. Aus dem Italienischen von Brigitte Lindecke, München: Heyne Verlag, 2009, S. 138-139.

625 Ebd., S. 154.

Im Juni 2007 ergaben sich weitere Auseinandersetzungen um Medjugorje, als der Kapuziner-Pater Raniero Cantalamessa, der Prediger des päpstlichen Hauses, eine geplante Vortragsreihe in Medjugorje absagte. Dem war die Entscheidung von Bischof Perić vorausgegangen, ihm dort keine Vortragserlaubnis zu erteilen. Er sollte der Hauptredner beim zwölften internationalen Seminar für Priester vom 3. bis 5. Juli sein; auch Pater Jozo Zovko hatte dort auftreten sollen, obgleich Bischof Perić ihm 2004 seine priesterlichen Befugnisse entzogen hatte. Pater Cantalamessa, der seit 1980 päpstlicher Hausprediger ist, ist im Vatikan eine profilierte Persönlichkeit. Während der Advents- und Fastenzeit hält er einmal in der Woche einen geistlichen Vortrag vor dem Papst, den Kardinälen, Bischöfen und Ordensoberen, so dass es sich hierbei um ein bedeutsames Verbot handelte.[626] Zudem ist beachtenswert, dass er sich der Autorität des Ortsbischofs fügte, anders als viele der Hauptverfechter von Medjugorje.

Im März 2008 wurde Kardinal Vinko Puljic von *Vecernji list*, einer auflagenstarken kroatischen Tageszeitung, interviewt. Es wurde ihm diese Frage vorgelegt: „Ein unlängst veröffentlichtes Interview mit dem Staatssekretär des Heiligen Stuhles, Kardinal Tarcisio Bertone, dass der Fall Medjugorje einer Untersuchung bedürfe, hat viele Vermutungen ausgelöst. Hat sich die Bischofskonferenz von Bosnien-Herzegowina mit dieser Frage auseinandergesetzt und wird Medjugorje wirklich von neuem Gegenstand einer offiziellen Beobachtung sein?“ Kardinal Puljic antwortete wie folgt: „Unsere Bischofskonferenz hat sich damit nicht auseinandergesetzt, denn Medjugorje ist ein Phänomen, das unsere Zuständigkeit übersteigt. In dem Augenblick, in dem der Heilige

---

626 Siehe den Bericht auf kath.net: *„Medjugorje: Bischof verbietet Auftritt von Papstprediger Cantalamessa“,* 19. Juni 2007: http://www.kath.net/detail.php?id=17073.

Stuhl eine Entscheidung fällt und eine Weisung erteilt, werden wir überlegen, was wir tun müssen."[627]

Zu diesem Zeitpunkt sah es also danach aus, dass die Entscheidung für eine Untersuchung von Medjugorje auf der Ebene des Vatikans bevorstand. Dennoch gab es immer noch keine definitive Ankündigung.

Unterdessen wurde Anfang Juni 2008 berichtet, dass Bischof Andrea Gemma, ein Exorzist im Ruhestand, seine Überzeugung geäußert hatte, dass das Medjugorje-Phänomen ein „Skandal" und „das Werk des Teufels" sei. Er meinte auch, dass er nicht glaube, dass die Kongregation für die Glaubenslehre ein positives Endurteil zu den Behauptungen der Seher aussprechen werde. *Petrus*, das italienische katholische Internet-Magazin, gab seine Bemerkungen wie folgt wieder: „Der Vatikan wird in Kürze mit einer explosiven Mitteilung an die Öffentlichkeit treten, um ein für allemal jene zu entlarven, die hinter diesem Betrug stecken." Außerdem behauptete er, es sei:

> ein absolut diabolisches Phänomen, um das herum zahlreiche verborgene Interessen entstanden sind. Die Heilige Mutter Kirche, die sich als einzige durch den Mund des Bischofs von Mostar aussprechen kann, hat bereits öffentlich und offiziell gesagt, dass die Madonna nie in Medjugorje erschienen sei und dass diese ganze Inszenierung das Werk des Dämons ist.

Der Bischof machte auch geltend, dass

> in Medjugorje alles um des Geldes willen geschieht: Pilgerfahrten, Übernachtungen, Verkauf von Devotionalien. Dies geschieht in einem derartigen Maße, dass die falschen Seher, indem sie die Gutgläubigkeit jener armen Menschen ausnutzen, die in dem Gedanken, dort der Gottesmutter zu begegnen, sich finanziell abgesichert, einen Hausstand gegründet haben und seither ein Leben im Wohlstand führen. … Diese Menschen scheinen mir keine desinteressierten Personen zu sein. Somit haben sie, gemeinsam mit jenen, die ihnen bei diesem eklatanten Betrug zur Seite stehen, offenkundig großes materielles Interesse daran, Men-

[627] http://www.kath.net/detail.php?id=19485.

schen davon zu überzeugen, dass die Jungfrau Maria sähen und mit ihr sprächen.[628]

Ermittlungen gegen Pater Tomislav Vlašić

Man musste nicht lange auf die „explosive Mitteilung“ aus dem Vatikan warten, die Bischof Gemma angekündigt hatte, „um ein für allemal jene zu entlarven, die hinter diesem Betrug stecken“. Am 31. August 2008 veröffentlichte Bischof Perić – auf die ausdrückliche Bitte der Kongregation für die Glaubenslehre hin – einen Brief, den er vom Sekretär der Glaubenskongregation, Erzbischof Angelo Amato, erhalten hatte. Dieser vom 30. Mai 2008 datierende Brief setzte den Bischof von den Ermittlungsergebnissen der Kongregation über Pater Tomislav Vlašić – dem früheren Seelenführer der Seher von Medjugorje – in Kenntnis, und bat ihn, den kanonischen Status von Pater Vlašić allgemein bekannt zu machen. Seine Handlungen hatten dazu geführt, dass er der Kongregation wegen „Verbreitung zweifelhafter Lehren, Manipulation der Gewissen, verdächtiger Mystizismus, Ungehorsam gegenüber Weisungen, die ihm zu Recht auferlegt wurden, und Beschuldigungen contra sextum“, d. h. im Zusammenhang mit dem Sechsten Gebot und somit im Zusammenhang mit sexuellen Delikten, angezeigt worden war. Und gerade um deutlich zu machen, dass es hier eine eindeutige Verbindung mit Medjugorje gab – die einige von dessen Anhängern bestritten – hieß es in dem Brief auch: „Im Kontext des Phänomens Medjugorje studiert dieses Dikasterium den Fall von Pater Tomislav Vlašić OFM.“
Wie es scheint, wurde Pater Vlašić diszipliniert, nachdem er sich geweigert hatte, bei der von der Kongregation initiierten Untersuchung zu kooperieren und stattdessen versucht hatte, sich durch eine Bezugnahme auf seine religiösen Aktivitäten rundum Medjugorje zu rechtfertigen. Und es kam auch heraus, dass ein Dekret zu Pater Vlašić Anfang des Jahres gemeinsam von Kardinal William Levada, dem Präfekten der Kongregation für die Glaubens-

---

[628] Siehe http://www.papanews.it/dettaglio_interviste.asp?IdNews=7499.

lehre, und dem Generalminister des Franziskanerordens, Pater José Rodriguez Carballo, unterzeichnet worden war.
Dieses Dekret schrieb vor, dass Pater Vlašić in einem Haus des Franziskanerordens in der Lombardei wohnen müsse und keine Verbindung mit der Gemeinschaft „Königin des Friedens", die er ohne vorherige Genehmigung seines Ordensoberen gegründet hatte, aufrechterhalten dürfe. Es verbot ihm auch das öffentliche Predigen und Beichtehören und verpflichtete ihn, ein theologisch-spirituelles Bildungsprogramm mit einer abschließenden Überprüfung zu durchlaufen und dann ein feierliches Bekenntnis des katholischen Glaubens abzulegen. Für den Fall, dass er die Sanktionen nicht einhalten sollte, wurde ihm mit der Exkommunikation gedroht. Dieser Punkt unterstreicht sicherlich den äußerst schwerwiegenden Charakter der gegen ihn erhobenen Vorwürfe.
Schließlich hielt Bischof Perić fest:

> Pater Vlašić wird vorgewarnt, dass im Falle der Verstocktheit ein juristischer Strafprozess mit dem Ziel noch härterer Sanktionen beginnen wird, die Entlassung aus dem Orden nicht ausgeschlossen, und dabei der Verdacht der Häresie und des Schismas sowie skandalöse Vergehen *contra sextum* [gegen das Sechste Gebot], die durch mystische Beweggründe verschlimmert wurden, Berücksichtigung finden müssen.[629]

Hier ist darauf hinzuweisen, dass die Tatsache, dass die Kongregation Bischof Perić bat, diesen Brief über Pater Vlašić zu veröffentlichen, der ihn explizit mit Medjugorje in Verbindung brachte, die Auffassung widerlegt, dass er sich nicht mehr mit der „Akte Medjugorje" zu beschäftigen habe.

---

[629] Brief der Glaubenskongregation: Protokollnummer 144/1985-27164. Der Originaltext von Bischof Perić ist hier zu lesen:
www.cbismo.com/index.php?mod=vijest&vijest=228.
Vgl. http://www.kath.net/detail.php?id=23547.

Noch vor diesen Entwicklungen hatte jedoch René Laurentin auf die Bemerkungen Bischof Gemmas wie folgt geantwortet:[630]

> Um ehrlich zu sein, spreche ich üblicherweise nicht gerne über Medjugorje, weil ich es vorziehe, der von der Kirche gewählten, vorsichtigen Linie des Schweigens zu folgen, doch in diesem speziellen Falle kann ich wirklich nicht einer Meinung mit Monsignore Gemma sein. Gewiss, die Zahl der Erscheinungen der Madonna ist wohl übermäßig groß, aber ich glaube nicht, dass man von einem satanischen Betrug sprechen kann. Andererseits geschehen in Medjugorje jedes Jahr die meisten Bekehrungen zum katholischen Glauben: Was würde der Satan gewinnen, indem er so viele Seelen zu Gott zurückführt? Sicher, in einer derartigen Situation ist Behutsamkeit eine Pflicht, aber ich bin davon überzeugt, dass Medjugorje eine Frucht des Guten und nicht des Bösen ist.

René Laurentins Bemerkung, dass er „üblicherweise nicht gerne über Medjugorje" spreche, ist im Lichte dessen, dass er die Erscheinungen seit nunmehr über 25 Jahren aktiv propagiert, schlichtweg unglaublich! Tatsächlich veröffentlichte er siebzehn Jahre lang, noch bis 1998, einen Jahresbericht mit ständig aktualisierten Informationen über Medjugorje, seine berühmten *Dernières Nouvelles* („Letzten Nachrichten"), deren letzte Ausgabe nicht weniger als 238 Seiten umfasste. Das Erscheinen dieser Berichte wurde erst auf die ausdrückliche Bitte von Bischof Perić hin eingestellt. Und damit hätten wir noch nichts über die vielen anderen Publikationen von René Laurentin zu diesem Thema gesagt!
Allerdings sollten wir ihm zumindest für seine Ehrlichkeit mit dem Eingeständnis dankbar sein, dass die Zahl der angeblichen Visions „wohl übermäßig groß" sei. Bedeutet dies, dass die „Gospa" nicht weiß, was sie tut? Oder liegt die Schuld bei den Sehern oder den Franziskanern? Welche Erklärung auch immer es für diese Formulierung geben mochte, sie klang gewiss so, als ob René Laurentin in Bezug auf Medjugorje vorsichtiger wurde.

---

630 http://www.papanews.it/dettaglio_interviste.asp?IdNews=7504#a.

Wie steht es nun mit der Frage, was der Satan durch die Werbung für falsche Visionen gewinnen könnte, abgesehen davon, dass er Fatima und andere echte Erscheinungen angreift? Wie steht es mit der Gefahr, dass Medjugorje-Anhänger die Kirche verlassen, falls die Phänomene abschließend verurteilt werden sollten? Das wäre doch ein bedeutender Sieg für den Teufel? Wenn man manche Medjugorje-Anhänger sprechen hört, sollte man annehmen, dass der Teufel ein absoluter Neuling in spirituellen Angelegenheiten wäre, jemand, der nie davon träumen würde, eine Serie falscher Visionen zur Zerstörung der Kirche einzusetzen. Tatsache ist jedoch, dass die Intelligenz des Satans die der Menschen bei weitem übersteigt und wir nur hoffen können, seine Listen und Versuchungen zu überwinden, indem wir uns völlig auf Gottes Gnade verlassen.

Tatsächlich kann der Teufel gerade im Bereich vermeintlicher Offenbarungen am meisten Schaden anrichten. Katholische Dogmen werden von allen loyalen Katholiken als nicht verhandelbar angesehen, und somit ist es für den Teufel schwer, in diesem Bereich viel Unfrieden zu stiften. Doch der Bereich angeblicher Visionen ist, da ein Beurteilungsprozess seitens der Kirche vonnöten ist, für ihn das ideale Gebiet, auf dem er Probleme auslösen kann; es dauert einige Zeit, bis die Kirche zu einer Entscheidung kommt, so dass er genügend Zeit hat, um „Guerillakrieg" gegen sie zu führen. Und das ist sein eigentlicher Schlachtplan. Er weiß, dass er den Krieg gegen Gott verloren hat – das Urteil gegen ihn und seine rebellischen Anhänger ist verkündet worden, und sie werden die ganze Ewigkeit in der Hölle verbringen. Er hat aber immer noch die Chance, die Kirche auf ihrem Marsch hin zur Ewigkeit zu behindern und einige Schlachten zu gewinnen, sei es in Bezug auf einzelne Seelen oder auf solche Bewegungen wie diejenige, die um Medjugorje gewachsen ist.

Und wenn wir auch Fatima mit seiner definitiven Verheißung des Triumphes des Unbefleckten Herzens Mariens und einer Zeit des Friedens für die Welt berücksichtigen, dann können wir sehen, dass dies ein Kampf mit gewaltigen Konsequenzen ist. Wenn der Teufel die Akzeptanz und Umsetzung des von Unserer Lieben Frau in Fatima dargelegten Programms verhindert oder verzögert, dann ist das ein Sieg für ihn. Und wie kann er das besser erreichen, als einen rivalisierenden Marienerscheinungsort in Medjugorje zunächst zu initiieren und anschließend zu fördern? Angesichts der enormen offiziellen kirchlichen Unterstützung, die Fatima erhalten hat, kann er dies nicht durch einen Frontalangriff erzielen, sondern er muss sein Werk subtiler ausführen. Und wenn er gute Katholiken nach falschen Visionen süchtig machen kann, dann ist das ein Preis, der für ihn jede Mühe wert ist.

Dies sagte die hl. Teresa von Avila über die kaltblütige Entschlossenheit des Teufels, alles in seiner Macht Stehende zu tun, um die Menschheit auf sein Niveau herabzubringen: „Die Listen des Teufels sind schrecklich; er wird tausend Male in der Hölle herumlaufen, wenn uns dadurch glaubhaft machen kann, dass wir eine einzige Tugend hätten, die wir in Wirklichkeit nicht besitzen.“[631] Und wenn der Teufel bereit ist, das zu tun, nur um einen einzelnen Gläubigen am Fortschritt in der echten Tugend zu hindern, welche Bosheit wird er dann nicht in dem Versuch erweisen, die Rolle Unserer Lieben Frau in der Errettung der Menschheit zu untergraben? Und da Fatima eines der Hauptmittel ist, durch welches ihr Anliegen in unserer Zeit vorangebracht wird, ergibt die Werbung für einen Ort wie Medjugorje durchaus einen vernünftigen, satanischen Sinn.

Was macht es dem Satan wirklich aus, wenn einige Bekehrungen stattfinden, wenn Menschen anfangen, den Rosenkranz zu beten und so weiter, wenn die Kirche als Ganze weiter den Kampf gegen die „Kultur des Todes“ führt, wenn wir die geistlichen Mittel, die uns in Fatima geschenkt worden sind, und zwar insbesondere die Andacht der fünf Herz-Mariä-Sühnesamstage, nicht anwenden? Und wir sollten auch bedenken, dass die „guten Früchte“ von Medjugorje gegen den chronischen Ungehorsam, die Skanda-

---

[631] Hl. Teresa von Avila, *Die innere Burg*.

le und alle anderen „bösen Früchte", die daraus hervorgegangen sind, aufgewogen werden müssen.

René Laurentin rudert in Bezug auf Medjugorje zurück

Im Oktober 2008 veröffentlichte die italienische Internetpräsenz *Petrus* ein weiteres Interview mit René Laurentin, welches noch mehr Belege dafür erbrachte, dass der französische Priester offenbar in Bezug auf seine zuvor überschwängliche Unterstützung für Medjugorje zurückruderte. Vielleicht war dies aber angesichts der Enthüllungen über Pater Vlašić gar keine so unerwartete Entwicklung.

Der Interviewer beschrieb René Laurentin als einen „Verfechter der Erscheinungen von Medjugorje" und fragte ihn, warum der Vatikan nicht „von der Echtheit der Erscheinungen von Medjugorje überzeugt sei". Der Mariologe erwiderte: „Ich bin nur ein Experte, und ich habe kein Lehramt. Und ich erlaube mir nie, ein Urteil über die Erscheinungen zu fällen, die ich studiere. Ich untersuche nur die Fakten, die Gründe dafür und die Gründe dagegen. Ich unterscheide sie, ich erkläre sie so klar wie möglich, aber ich gebe kein Urteil ab."

Das war für den Interviewer etwas Neues. Er erwiderte darauf: „Abbé Laurentin, Ihre Aussagen scheinen ein Schritt rückwärts zu sein: Sie haben zahlreiche Bücher geschrieben, in denen Sie die These der Authentizität der Erscheinungen von Medjugorje vertreten …" René Laurentin hingegen beharrte wiederum darauf, dass er dies nicht getan habe – eine Äußerung, die sich äußerst schwer mit der großen Zahl von Artikeln und Büchern in Einklang bringen lässt, die er zur Unterstützung von Medjugorje geschrieben hat.[632] Dies wird, um nur ein Beispiel herauszugreifen, aus seinem 1984 erschienenen Buch *Is the Virgin Mary Appearing at Medjugorje?* deutlich, wo René Laurentin feststellte: „Wenn-

632 Siehe: www.papanews.it/dettaglio_interviste.asp?IdNews=9399, englische Übersetzung auf: http://catholiclight.stblogs.org/archives/2008/10/petrus-intervie.html.

gleich ich das Urteil der bischöflichen Autorität überlasse, die in dieser Sache zuständig ist, und mich einfach in meiner Eigenschaft als ein Experte äußere, der ich mir meiner Grenzen wohl bewusst bin, *würde ich sagen, dass meine Analyse mich zu einer positiven Bewertung der Erscheinungen führt.*"[633]

Pater Tomislav Vlašić wird laisiert

Im Juli 2009 gab es noch eine weitere Entwicklung im Falle von Pater Tomislav Vlašić, als die Kunde durchsickerte, dass er von Papst Benedikt XVI. laisiert worden war, der „ihm die Gunst der Rückversetzung in den Laienstand (*amissio status clericalis*) und der Entlassung aus dem Orden" erwies. Außerdem hatte Papst Benedikt ihm auch „motu proprio" (d. h. aus eigener Veranlassung) „die Erlassung der zugezogenen Strafen sowie die Gunst der Entbindung von den Ordensgelübden und von allen mit der heiligen Priesterweihe verbundenen Verpflichtungen, darunter dem Zölibat", gewährt.

Dies alles kam ans Licht, als ein vom 10. März datierender Brief am 24. Juli 2009 veröffentlicht wurde. In diesem Brief setzte der Generalminister der Franziskaner, Pater José Rodriguez Carballo, die franziskanischen Provinziale in Bosnien-Herzegowina, Kroatien und Italien davon in Kenntnis, dass Pater Vlašić von sich aus um die Laisierung gebeten habe. In dem Brief schrieb Pater Rodriguez, dass Pater Vlašić „sich sowohl im doktrinären als auch im disziplinären Bereich eines für die kirchliche Gemeinschaft schädlichen Verhaltens schuldig gemacht" habe.

In dem Brief hieß es weiter, dass Papst Benedikt „unter der Strafandrohung der Exkommunikation" „Herrn Tomislav Vlašić Sanktionen auferlegt habe", darunter ein „absolutes Verbot der Ausübung jeder Form des Apostolats" und ein „absolutes Ver-

---

633 Laurentin/Rupcic, *Is the Virgin Mary Appearing at Medjugorje?,* S. 138, Hervorhebung ergänzt.

bot, Erklärungen zu religiösen Sachverhalten, insbesondere zum ‚Phänomen Medjugorje', abzugeben"[634].
Manche Medjugorje-Anhänger versuchten zu behaupten, dass dies alles nicht so schwerwiegend sei, wie es den Anschein hatte, und den jetzigen Ex-Pater Vlašić auf Abstand zur Bewegung als solcher zu rücken, doch selbst wenn er auf eigenen Wunsch laisiert worden war, sah es eindeutig so aus, als sei jemand „gesprungen, bevor er geschubst wurde". Und es ist unmöglich, die entscheidende Rolle von Pater Vlašić in der Frühzeit von Medjugorje zu leugnen. Pater Bubalo hat ein Bild in seinem Buch abgedruckt, das Pater Vlašić zeigt, wie er die Seher irgendwann während dieser Phase im Gebet leitet, und in der dazugehörigen Bildlegende heißt es: „Von August 1981 bis Ende 1984 war er der Seelenführer der Seher." Und eine solche Feststellung findet sich in einigen früheren Büchern zum Thema der Erscheinungen, die von Medjugorje-Anhängern verfasst wurden. Außerdem war Pater Vlašić für die *Kronika ukazanja*, die *„Chronik der Erscheinungen"* aus diesem Zeitraum, verantwortlich.[635]
Und wie sollen wir mit den angeblichen Äußerungen der „Gospa" in den frühen 1980er Jahren umgehen, in denen Pater Vlašić unterstützt wird? Ist es, da sie ja wissen musste, dass er Ärgernis erregen würde, wahrscheinlich, dass die Gottesmutter am 28. Februar 1982 gesagt hätte: „Ihr habt Tomislav sehr viel zu verdanken, *weil er euch so gut führt*"? Oder was ist mit dieser Reaktion am 3. Juni 1983, nachdem Pater Vlašić eine Gebetsgruppe gegründet hatte und die Seher gefragt hatten: „Was erwartest du von Pater Tomislav? Hat er gut angefangen?" Hierauf erhielten sie die Antwort: „Ja, es ist gut. *Lasst ihn fortfahren.*"[636]

---

634 Siehe für eine Kopie des Originaltexts und eine englische Übersetzung: http://catholiclight.stblogs.org/archives/2009/07/medjugorje-bomb.html.
635 Bubalo, *Thousand Encounters,* S. 58; siehe auch Informationen auf: www.marcocorvaglia.com/medjugorje-en/tomislav-vlasic-his-role-at-medjugorje.html.
636 Laurentin/Lejeune, *Messages and Teachings of Mary at Medjugorje,* S. 165-166, 182, 201, Hervorhebung ergänzt.

Gewiss beweist der Inhalt dieser angeblichen Botschaften, angesichts dessen, was anschließend mit Pater Vlašić geschah, ohne jeden Zweifel, dass sie gar nicht von der wahren Gottesmutter stammen konnten!

Bischof Perić äußert sich über Irregularitäten in Medjugorje

Anfang Juni 2009 predigte Bischof Perić in einer Firmmesse in Medjugorje und erwähnte, dass er während eines Aufenthalts im Frühjahr in Rom mit „Spitzenfunktionären" im Staatssekretariat des Vatikans und bei der Kongregation für die Glaubenslehre gesprochen habe und dass diese ihm bestätigt hätten, dass sie jeden, der sie danach gefragt habe, darüber informierten, dass die Kirche die angeblichen Visionen niemals als authentisch anerkannt habe.
Während seiner Predigt forderte Bischof Perić seine Zuhörer ebenfalls auf, nicht anzunehmen, dass die in der Pfarrei berichteten, angeblichen Visionen echt seien, und nach der hl. Messe stattete er der Pfarrei einen Pastoralbesuch ab. Im Anschluss daran schickte er Pater Petar Vlašić, dem gegenwärtigen Pfarrer, und Pater Danko Perutina, einem der Pfarrvikare, die beide Franziskaner sind, Briefe.
In seinem Brief an Pater Vlašić, der unter anderem liturgische Angelegenheiten und die Einschränkung der Aktivitäten der Seher in der Pfarrei betraf, bekräftigte der Bischof abermals, dass Priester aus dem Ausland keine Konferenzen oder Exerzitien ohne seine Erlaubnis abhalten sollten und dass „weder ausländische noch einheimische Priester in jener Kirche oder in kirchlichen Gebäuden für angebliche ‚Botschaften' oder ‚Erscheinungen' werben sollten, die nicht für authentisch erklärt" worden seien. Er sagte auch, dass de „Pfarrgemeinde Medjugorje nicht als Heiligtum bezeichnet werden darf, weder privat noch öffentlich, auch nicht offiziell, weil sie auf keiner Ebene der zuständigen kirchlichen Instanzen als solches anerkannt worden" sei.
Pater Vlašić wurde außerdem gebeten, dafür zu sorgen, dass Pater Perutina keine weiteren Kommentare mehr zu den angeblichen Monatsbotschaften von Marija Pavlović abgebe; darauf kam es

auch im Brief des Bischofs an Pater Perutina selbst an. Diese Dokumente wurden am 26. September auf der Internetpräsenz der Diözese Mostar-Duvno publiziert.[637]
Im Laufe des Jahres sagte Kardinal Vinko Puljic in einem Reuters-Interview vom 7. Oktober 2009 offenbar, dass er vom Vatikan „bald“ neue Richtlinien für Katholiken über Medjugorje erwarte. Der Kardinal sagte wörtlich: „Wir erwarten jetzt neue Richtlinien zu dieser Angelegenheit. Ich glaube nicht, dass wir noch lange warten müssen. Ich denke, es wird in diesem Jahr sein, aber das ist noch nicht ganz klar … Ich reise im November nach Rom, und wir müssen dies diskutieren.“[638]

Kardinal Schönborn und Medjugorje

Eine weitere Kontroverse entstand Mitte November 2009 durch die Nachricht, dass Kardinal Christoph Schönborn beabsichtige, in der Weihnachtszeit Medjugorje zu besuchen. Pater Johannes Fürnkranz, der damalige persönliche Sekretär des Kardinals, sagte jedoch, dass die Reise völlig privat sei und nicht so aufgefasst werden dürfe, als ob der Kardinal die Wahrheit der Visionen anerkennte.
Der vielleicht interessanteste Punkt, der sich aus dieser Entwicklung ergab, war die Reaktion eines Mitarbeiters der Kongregation für die Glaubenslehre, der einem Reporter der Catholic News Agency mitteilte, dass die Kongregation weiter die Bischöfe von Bosnien-Herzegowina unterstütze. Speziell legte er dar: „Die

---

[637] Siehe den Bericht des Catholic News Service, *„Mostar bishop reiterates rules for Medjugorje parish“*, 28. September 2009, URL: www.catholicnews.com/data/stories/cns/0904306.htm; siehe auch die englische Übersetzung der beschriebenen Dokumente auf: http://catholiclight.stblogs.org/archives/2009/09/new-directives.html.
[638] Siehe *„Vatican ruling on disputed Medjugorje shrine expected soon“*, auf Reuters FaithWorld-Religion, faith and ethics, 7. Oktober 2009, URL: http://blogs.reuters.com/faithworld/2009/10/07/vatican-ruling-on-disputed-medjugorje-shrine-expected-soon/;
vgl. http://www.kath.net/detail.php?id=24171.

Ortsbischöfe haben in dieser Sache das letzte Wort. Ihre Argumente gegen die angeblichen Erscheinungen sind dogmatisch solide." Auf die Frage, ob Medjugorje nicht aufgrund der hervorgebrachten Berufungen und Bekehrungen beurteilt werden sollte, erklärte der Mitarbeiter: „Es ist nicht die Aufgabe der Kongregation, eine pastorale Beurteilung abzugeben, sondern eine dogmatische. Doch hinsichtlich des pastoralen Argumentes kann ebenso gesagt werden, dass Gott auf krummen Zeilen gerade zu schreiben vermag. Das hat sich in verschiedenen früheren Gelegenheiten bei offensichtlich falschen Erscheinungen gezeigt."[639]
Diese sehr aufschlussreiche Äußerung machte klar deutlich, wie die Kongregation Medjugorje tatsächlich einschätzte. Sie ist eine klassische Antwort an jene, die behaupten, dass Medjugorje echt sein müsse, weil es Berufungen hervorgebracht habe. Bei der gegenwärtigen Krise in der Kirche werden viele junge Leute ihre erste echte Begegnung mit einer intensiveren katholischen Atmosphäre durch eine Pilgerfahrt nach Medjugorje erlebt haben und können anschließend einer Berufung zum Priestertum oder Ordensleben gefolgt sein. Das beweist allerdings nicht die Echtheit des Phänomens Medjugorje.
Wir haben das traurige Beispiel der Legionäre Christi. Bedenken wir, wie viele Berufungen aus der Wirksamkeit des Gründers, Pater Marcial Maciel Degollado hervorgegangen sind, der inzwischen als sexueller Perversling und Betrüger enttarnt worden ist. Während Papst Johannes Paul II. ihm noch seine Unterstützung verlieh, enthob ihn Papst Benedikt XVI. seines aktiven Dienstes, sobald er Papst wurde, und ordnete an, dass er ein Leben des Gebets und der Buße führen solle. Er bezeichnete Maciel sogar als einen „falschen Propheten". Wie erklären wir all diese Berufungen und Herzensbekehrungen, wenn Maciel ein „falscher Prophet" war? Die Antwort liegt in der Lehre des hl. Apostels in

---

639 Siehe den Bericht der Catholic News Agency, „*Cardinal Schönborn's visit to Medjugorje 'not a statement,' spokesman says*", 16. November 2009, URL: www.catholicnewsagency.com/news/cardinal_schnborns_visit_to_medjugorje_not_a_statement_spokesman_says/.

Röm 5,20: „… *Wo aber die Sünde sich mehrte, da strömte über die Gnade.*" In Bezug auf Medjugorje sieht es nicht anders aus: Bekehrungen und Berufungen können stattfinden, weil Gottes Gnade immer triumphieren wird, selbst an einem Ort, an dem die fraglichen Visionen nicht übernatürlichen Ursprungs sind.[640]
Leider beweist auch die Tatsache, dass Papst Johannes Paul II. von Maciel betrogen wurde, dass sein Privaturteil über Medjugorje nicht als sakrosankt betrachtet werden kann.
Am 20. November 2009 widersprach Kardinal Vinko Puljic bei einem Besuch im Vatikan anlässlich der Vollversammlung der Kongregation für die Evangelisierung der Völker Presseberichten, die behaupteten, dass eine Sonderkommission zu den angeblichen Visionen in Medjugorje vom Heiligen Stuhl eingerichtet werde. Offenbar unter Verweis auf die Erklärung von Zadar von 1991 sagte er: „Das doktrinelle Problem des Phänomens Medjugorje ist geklärt, aber seine pastorale Bedeutung muss noch geprüft werden." Er stellte außerdem fest: „Für den Moment bleibt alles unter der Jurisdiktion der Ortsbischöfe … Dennoch könnte die Kongregation für die Glaubenslehre irgendwann eine Internatiomal Kommission einrichten, die den Fall Medjugorje studieren soll."[641]
Unterdessen brachte das neue Jahr neue Kontroversen mit sich, als die Konsequenzen des höchst medienwirksamen Besuchs von Kardinal Christoph Schönborn in Medjugorje deutlich wurden.

---

640 Vgl. den Kommentar von Diane M. Korzeniewski auf: www.catholicherald.co.uk/commentandblogs/2011/02/11/medjugorje-is-generating-what-the-devil-loves-most-disobedience/; päpstlicher Kommentar zu Maciel in: Benedikt XVI., *Licht der Welt. Der Papst, die Kirche und die Zeichen der Zeit. Ein Gespräch mit Peter Seewald*, Freiburg/Basel/Wien: Herder, 2010, S. 56-57.

641 Siehe den Bericht der Catholic News Agency, *„Bosnian Kardinal denies claims of Vatican commission for Medjugorje"*, 20. November 2009, URL: www.catholicnewsagency.com/news/bosnian_cardinal_denies_claims_of_vatican_commission_for_medjugorje/;
vgl. http://www.katholisches.info/2009/11/25/medjugorje-mogliche-%E2%80%9Equelle-von-spaltungen-innerhalb-der-kirche%E2%80%9C/.

Bischof Perić betonte, dass dieser Besuch stattgefunden habe, ohne dass er zuvor konsultiert worden sei. Und er war zweifellos auch äußerst besorgt über die sehr positiven Bemerkungen, die der Kardinal während seines Aufenthalts über Medjugorje machte, insbesondere jene in seiner Predigt in der Pfarrkirche St. Jakobus in der Vorabendmesse am 31. Dezember zum Hochfest der Gottesmutter Maria.
Nach seiner Rückkehr nach Wien legte der Kardinal seine Gründe für den Besuch in Medjugorje dar: „Man muss sich die Frage stellen, wie der Baum aussieht, der so viele gute Früchte trägt." Er sagte auch, es sei notwendig, das Phänomen Medjugorje zu „entdramatisieren" und es in die normale Pastoral der Kirche zu integrieren. Obgleich er einer Entscheidung der Weltkirche über die Visionen nicht vorgreifen wolle, behauptete er, dass die Tatsache, dass „Millionen dort jedes Jahr zum Gebet" hinkämen, Medjugorje zu einer „Schule des normalen christlichen Lebens" mache. Der Kardinal forderte Katholiken auch auf, Medjugorje „im Lichte des Zweiten Vatikanischen Konzils" zu studieren und argumentierte, dass der „ ‚sensus fidelium', der Glaubenssinn der Getauften", „in den Vorgängen um Medjugorje eine wichtige Rolle spiele" und nicht etwa, wie es scheinen mag, der schrittweise Ansatz, der in den *Normae S. Congregationis* vorgeschrieben sei.[642] Das Problem an einer übermäßigen Berücksichtigung des „sensus fidelium" ist jedoch, dass die Gläubigen in ihrer Gesamtheit zwar unfehlbar sind und somit nicht dem Irrtum verfallen können – „Die Gesamtheit der Gläubigen, welche die Salbung von dem Heiligen haben (vgl. 1 Joh 2,20.27), kann im Glauben nicht irren" (II. Vat., LG 12) –, diese Irrtumslosigkeit bezieht sich aber nicht auf die Frage der Echtheit angeblicher Privatoffenbarungen, da diese nicht zum Glaubensgut gehören.

642 http://www.erzdioezese-wien.at/content/artikel/a17911.

Bischof Perić schrieb in einer Anfang Februar 2010 auf der Internetpräsenz der Diözese Mostar-Duvno veröffentlichten Erklärung:

> Weil die Medien den Aufenthalt und öffentlichen Auftritt von Kardinal Christoph Schönborn, Erzbischof von Wien, in Medjugorje, angekündigt und begleitet haben – wodurch der falsche Eindruck entstand, der Kardinal habe mit seiner Anwesenheit die Echtheit der „Erscheinungen" von Medjugorje anerkannt – halte ich es als Diözesanbischof für meine Pflicht, den Gläubigen einige Informationen vorzulegen, die ich dem Kardinal bereits in einem persönlichen Brief mit ähnlichem Inhalt geschickt habe.

Unter anderem stellte Bischof Perić fest, dass Kardinal Schönborn am 15. September 2009 im Stephansdom in Wien zusammen mit Marija Pavlović-Lunetti aufgetreten sei, „eine tägliche Seherin von Medjugorje". Und sein Besuch in Medjugorje war alles andere als privat, sondern erfolgte vielmehr sehr öffentlich: Abgesehen von der von ihm zelebrierten Messe in der St.-Jakobus-Kirche, hatte er auch den „Erscheinungsberg" mit Pavlović-Lunetti bestiegen und „in der Pfarrkirche begleitet von den Franziskanern eine Ansprache gehalten".

Der Bischof führte dann eine ganze Liste von Problemen mit den lokalen Franziskanern an, darunter die Tatsache, dass es gegenwärtig auf dem Gebiet der Diözese neun frühere Franziskaner gebe, „die von ihren Ordensoberen entlassen wurden und deren Entlassung vom Heilige Stuhl bestätigt wurde". Obwohl diese Geistlichen suspendiert seien, d. h., sie dürften nicht mehr die Sakramente spenden, „benehmen sie sich in den usurpierten Pfarreien als legale Priester". Bischof Perić bemerkte zu diesen Franziskanern auch: „Zwei dieser Priester fuhren zu einem altkatholischen Bischof in die Schweiz mit der Bitte, zu Bischöfen geweiht zu werden, um sich sowohl von Mostar als auch von Rom zu trennen, um ein formelles Schisma einzuleiten. Der altkatholische Bischof lehnte ab."

Er beschrieb Pater Tomislav Vlašić und Pater Jozo Zovko als „Förderer und Schöpfer" des Phänomens Medjugorje und monierte insbesondere, dass Pater Zovko „seit dem Jahr 2004 von jedem priesterlichen Amt auf dem Gebiet dieser Diözese entpflichtet ist. Er wurde nach Zeitungsangaben von seinen Ordensoberen aus dem Gebiet der Herzegowina zurückgezogen. Jeder Kontakt mit Medjugorje ist ihm untersagt."[643]

Zuvor, im April 2007, hatte Bischof Perić auch berichtet, dass trotz seines Verbots, seinen priesterlichen Dienst in der Diözese auszuüben, Pater Zovko dennoch eingeladen worden sei, den Kreuzweg in Medjugorje vorzubeten und Beichten abzunehmen. Und im Februar 2009 verließ Pater Zovko Siroki Brijeg und zog in einen teilweise zerstörten Konvent auf dem unbewohnten kroatischen Inselchen Badija. Er gab eine Erklärung ab, die an seine Anhänger gefaxt wurde, in welcher behauptet wurde, dass er seine Oberen um die Erlaubnis gebeten habe, sich außerhalb der Provinz niederzulassen. Doch nach der Ausgabe der kroatischen Zeitschrift *Nacional* vom 24. Februar 2009 war er in Wirklichkeit nach fast 20 Jahren Ungehorsam aus der Franziskanerprovinz Herzegowina verbannt worden. Außerdem sollte er isoliert bleiben und es waren ihm jegliche persönliche oder briefliche Kontakte mit den Gläubigen untersagt, und er durfte keine weiteren Informationen über Medjugorje mehr verbreiten. Einer anderen Meldung zufolge wurde er durch eine Entscheidung des franziskanischen Provinzials der Herzegowina im November 2009 abermals versetzt, und zwar nach Frohnleiten in Österreich.[644]

Bischof Perić schloss seine Erklärung mit folgender Stellungnahme ab:

---

643 Siehe: www.cbismo.com/index.php?mod=vijest&vijest=484; deutsche Übersetzung nach: http://all.gloria.tv/?media=44940.

644 www.marcocorvaglia.com/medjugorje-en/father-jozo-a-disobedient-franciscan.html; die Bemerkungen von Bischof Perić wurden in *Crkva na Kamenu*, der Bistumszeitschrift, 5/2007, S. 33-35 berichtet; www.childrenofmedjugorje.com/content/explore-mainmenu-32/medjugorje-newsletters-mainmenu-114/english-mainmenu-119/119-english2009/283-december-12-2009.

> Als Diözesanbischof möchte ich die Gläubigen mit der vorliegenden Erklärung informieren, dass der Besuch von Kardinal Christoph Schönborn keine Anerkennung der Echtheit der „Erscheinungen" bedeutet, die mit Medjugorje verbunden sind. Ich bedauere es, dass der Kardinal mit seinem Besuch, seinem Auftritt und seinen Erklärungen den gegenwärtigen Leiden der Ortskirche noch weitere neue hinzugefügt hat, die nicht zum so nötigen Frieden und zur Einheit beitragen.[645]

Der Ausgang von alledem war, dass am 18. Januar berichtet wurde, dass Kardinal Schönborn im Anschluss an eine Privataudienz bei Papst Benedikt XVI. im Vatikan am 15 Januar ein handschriftliches Entschuldigungsschreiben an Bischof Perić gefaxt habe. Das Fax begann so: „Exzellenz! Lieber Mitbruder in Christo! Ihr Schreiben vom 2. Januar dieses Jahres habe ich erhalten. Es tut mir leid, wenn Sie den Eindruck haben, meine Wallfahrt nach Medjugorje habe dem Frieden geschadet. Sie können sicher sein, dass das nicht meine Absicht ist." Der Inhalt des Mittelteils des Faxes wurde nicht mitgeteilt, der Schluss lautete jedoch folgendermaßen: „Die Muttergottes und ihr göttlicher Sohn werden gewiss alles zum Guten führen. In diesem Vertrauen grüße ich Sie brüderlich vereint im Herrn und verbleibe Ihr + Christoph Kard. Schönborn O.P."[646]

Der Kardinal zog im weiteren Verlauf des Jahres, im September, weitere Kritik auf sich, als er nochmals einige der Seher von Medjugorje zu einem öffentlichen Auftritt in seiner Kathedrale in Wien einlud.[647]

---

645 Siehe: www.cbismo.com/index.php?mod=vijest&vijest=484; deutsche Übersetzung nach: http://all.gloria.tv/?media=44940.

646 Nach einem Bericht auf der italienischen Netzpräsenz *Petrus* gab es Gerüchte, dass der Papst Kardinal Schönborn in zukünftigen Erklärungen, die er abgeben könnte, um mehr Klugheit in Bezug auf Medjugorje gebeten habe. Siehe: http://catholiclight.stblogs.org/archives/2010/01/pope-benedict-t-1.html. Vgl. http://www.cbismo.com/index.php?mod=vijest&vijest=491
und das Original des Faxes auf: http://www.presseverteiler.ch/1/Kardinal-Schoenborn-entschuldigt-sich-bei_511283.html.

647 http://te-deum.blogspot.com/2010/09/another-slap-from-vienna-as-cardinal.html; vgl. http://www.kath.net/detail.php?id=28267.

Das Grundproblem bei diesem Ansatz ist, dass er eine radikale Abweichung von der früheren Vorgehensweise in der Kirche darstellt. Wenn Priester, Bischöfe und jetzt sogar Kardinäle angeblichen Sehern erlauben, in ihren Kirchen oder Kathedralen „Erscheinungen" zu haben, dann steuern wir durch unbekannte Gewässer. Vor Medjugorje taten Bischöfe dies nicht, weil es einen eindeutigen Mangel an Kollegialität offenbart hätte, d. h., es wäre eine Verletzung des Prinzips gewesen, dass die Bischöfe der Welt eine gemeinsame und kollektive Verantwortlichkeit für die Leitung und pastorale Sorge der Kirche haben. Dies schließt offensichtlich ein, dass man keine Unterstützungsbewegungen für suspekte Visionen in der eigenen Diözese, geschweige denn in der Diözese, in der die angeblichen Visionen stattfinden, fördert.
Wie es scheint mit dem besten Absichten, haben sich manche Bischöfe von der Welle der Begeisterung über Medjugorje mitreißen lassen, und zwar so sehr, dass dies inzwischen Uneinigkeit in der Kirche verursacht hat und Bischöfe unterschiedliche Ansichten zum Thema hegen. Diese Disharmonie unter den Mitgliedern der Hierarchie ist leider eine weitere der „schlechten Früchte", die aus Medjugorje erwachsen sind, und sie hat auch Zwietracht unter den Gläubigen gestiftet, die angesichts der mangelnden Eintracht unter ihren geistlichen Führern verwirrt sind.
Eine solche Handlungsweise stellt also einen Affront gegen die bischöfliche Kollegialität dar, und sie verleiht den angeblichen Visionen auch Glaubwürdigkeit oder den Anschein einer kirchlichen Anerkennung, bevor ein endgültiges Urteil der Kirche gefällt worden ist. Was Medjugorje betrifft, so ist es den Sehern nicht gestattet, in irgendeiner Diözese in Bosnien-Herzegowina oder Kroatien ihre angeblichen Visionen in kirchlichen Gebäuden zu halten. Dennoch gibt es häufige Ankündigungen, dass die „Gospa" zu einem festgelegten Zeitpunkt in Pfarreien oder Ka-

thedralen in der ganzen Welt erscheinen werde. Wie lässt sich ein solches Verhalten rechtfertigen?[648]

Außerdem haben wir, wie bereits erwähnt, Kardinal Bertones Klage bezüglich Medjugorje über die „Exzesse des Fanatismus, wie die Ereignisse in verschiedenen Kirchen, wo sie die Möglichkeit versprechen, bei einer Erscheinung der Madonna … zu einer festgelegten Zeit zugegen zu sein." Hier bringt also ein hochrangiger Kardinal seine Besorgnis über solche Aktivitäten zum Ausdruck.

Unterdessen war eine andere wichtige Persönlichkeit, der portugiesische Kardinal José Saraiva Martins von *Petrus* interviewt und gefragt worden, ob die angeblichen Visionen in Medjugorje für echt oder für falsch gehalten werden sollten. Er antwortete, dass „die Erscheinungen nicht als authentisch betrachtet werden, solange sie nicht offiziell von der Kirche in der Person des Heiligen Vaters approbiert worden sind." Außerdem stellte er fest, dass er nicht wisse,

> ob diese Erscheinungen erfunden wurden oder ob sie wirtschaftliche Interessen haben; gewiss kann der Teufel in Fällen dieser Art seine Finger im Spiel haben. Gott ist aber so groß, dass er weiß, wie er sogar den Bösen zum Guten der Menschheit dienen lässt; damit ist es möglich, die Segnungen zu erklären, die viele Menschen behaupten in Medjugorje empfangen zu haben.

Auf die Frage nach der Behauptung der Seher von Medjugorje, dass es eine Fortsetzung der Erscheinungen von Fatima sei, gab der Kardinal eine sehr direkte Antwort:

> Ich glaube nicht, dass sie es sind. Ich sehe zu viele Unterschiede. Wie ich bereits sagte, waren die Hirtenkinder von Fatima bescheiden und wählten die Stille; in Medjugorje weiß ich nicht, ob das noch geschehen wird; … Nein, ich sehe keine Gemeinsamkeiten zwischen Fatima and Medjugorje.[649]

---

648 Vgl. die Kommentare von Diane M. Korzeniewski auf: www.te-deum.blogspot.com/2011/02/medjugorje-controversy.html.

649 Siehe den Bericht vom 12. Januar 2010 auf *Petrus*:

Am 6. März 2010 wurde im italienischen Wochenmagazin *Panorama* berichtet, dass Papst Benedikt XVI. eine offizielle, von Kardinal Camillo Ruini geleitete Untersuchung der Visionen von Medjugorje autorisiert habe. Der Kardinal hat bereits bei mehreren Projekten mit dem Papst zusammengearbeitet und ist der frühere Vorsitzende der italienischen Bischofskonferenz sowie ein früherer Kardinalvikar von Rom. Allerdings gab es zu diesem Zeitpunkt noch keine Bestätigung dieses Berichts durch den Vatikan.[650]

Diese kam am 17. März, als eine Verlautbarung zur Bestätigung der Konstituierung einer Untersuchungskommission für das „Phänomen" Medjugorje vom Vatikan erlassen wurde. Diese liest sich wie folgt:

> Unter der Aufsicht der Kongregation für die Glaubenslehre ist unter Leitung von Kardinal Camillo Ruini eine internationale Untersuchungskommission für Medjugorje eingesetzt worden. Das besagte Gremium wird in diskreter Weise arbeiten und seine Ergebnisse der Autorität des Dikasteriums vorlegen.

Pater Federico Lombardi, der Pressesprecher des Vatikans, bestätigte die Rolle von Kardinal Ruini als Vorsitzendem und gab an, dass die Kommission aus etwa zwanzig Mitgliedern bestehen werde. Pater Lombardi erklärte, dass Medjugorje, obgleich es als ein diözesanes Phänomen begonnen habe, unter die Ägide der Bischofskonferenz des ehemaligen Jugoslawien, die heute nicht mehr existiere, gekommen sei, als man merkte, dass es sich weit über dessen Grenzen hinaus entfaltet hatte. Die Bischöfe von

---

www.papanews.it/dettaglio_interviste.asp?IdNews=13702 und seine englische Übersetzung: http://catholiclight.stblogs.org/archives/2010/01/from-petrus-car.html.

650 Siehe den Bericht der Catholic News Agency, *„Vatican commission reportedly formed to investigate Medjugorje apparitions"*, 6. März 2010, URL:www.catholicnewsagency.com/news/vatican_commission_to_reportedly_investigate_medjugorje_apparitions/.

Bosnien-Herzegowina hatten dann schließlich die Kongregation für die Glaubenslehre gebeten, die Untersuchung zu übernehmen, weil frühere Kommissionen hinsichtlich der Übernatürlichkeit oder des sonstigen Ursprungs der Erscheinungen von Medjugorje nicht zu einer endgültigen Schlussfolgerung gelangt seien. Pater Lombardi sagte, er erwarte, dass die Untersuchung bis zu ihrem Abschluss eine „ganze Weile" dauern werde und dass die Ergebnisse dann der Glaubenskongregation vorgelegt würden. Somit sei die Kommission ein Beratungsgremium, dessen Rolle darin bestehe, seine Ergebnisse an die Kongregation weiterzuleiten, die „Entscheidungen zu dem Fall treffen"[651] werde.
Weniger als eine Woche später schrieb der Vatikanist Andrea Tornielli in der italienischen Zeitung *Il Giornale*, dass eine neue Diözese aus dem Territorium geschaffen werden könne, das gegenwärtig in den Diözesen Dubrovnik, Mostar und Split – und somit unter Einschluss Medjugorjes – liege, angeblich, um „eine bessere Verwaltung des Pilgerzustroms zu gewährleisten." Dies hätte den Effekt gehabt, dass Medjugorje unabhängig von Bischof Ratko Perić von Mostar-Duvno geworden wäre. Außerdem behauptete Tornielli, dass die Entscheidung zur Schaffung der neuen Diözese im September des Vorjahres teilweise aufgrund des Widerstandes von Bischof Perić aufgeschoben sei. Als Pater Lombardi hierüber befragt wurde, sagte er allerdings, dass er nicht um diese Spekulation wisse und glaube, dass die Erwartung, dass ein solcher Vorschlag in die Ergebnisse der Kommission Aufnahme finden könne, „unbegründet" sei. Angesichts dessen, dass die drei von Tornielli genannten Städte, Dubrovnik, Mostar und Split, auf dem Territorium zweier unterschiedlicher Bischofskonferenzen und sogar zweier unterschiedlicher Staaten, nämlich Kroatiens und Bosnien-Herzegowinas, liegt, ist dieser Vorschlag unwahrscheinlich.

---

651 Siehe den Bericht der Catholic News Agency, *„Holy See confirms creation of Medjugorje Commission"*, 17. März 2010, URL:www.catholicnewsagency.com/news/holy_see_confirms_formation_of_medjugorje_commission/.

Der italienische Journalist schrieb auch, dass er es so verstanden habe, dass die Beratungen der Kommission sich nicht mit den „übernatürlichen" Aspekten von Medjugorje befassen, sondern sich vielmehr auf die Erklärung von Zadar konzentrieren würden, die von den Bischöfen von Ex-Jugoslawien im April 1991 verabschiedet wurde. Dies ist angesichts der Tatsache, dass es kaum einen Sinn hätte, eine Kommission auf einer solch hohen Ebene einzurichten, wenn sie kein definitives Urteil abgeben kann, und ein solches Urteil muss die Frage klären, ob das Phänomen Medjugorje übernatürlichen Ursprungs ist oder nicht.
Tornielli behauptete, dass der Vatikan nie ein Urteil über einen Fall von Erscheinungen gefällt habe, die noch nicht abgeschlossen seien,[652] doch ist dies sachlich nicht korrekt. Wie bereits erwähnt, *hat* der Heilige Stuhl in der Vergangenheit durchaus falsche Visionen verurteilt, sogar als diese angeblich noch andauerten; dies war 1951 in Heroldsbach (Oberfranken) der Fall.

Kardinal Ruini und die Kommission

Am 13. April 2010 kam eine Meldung aus dem Vatikan, dass die Untersuchungskommission für Medjugorje ihre erste Versammlung am 26. März abgehalten habe. Zugleich wurden die Namen der Kommissionsmitglieder mitgeteilt. Hierzu gehören Kardinal Camillo Ruini als Vorsitzender sowie mehrere Kardinäle und Erzbischöfe, von denen viele in Päpstlichen Räten oder in den Kongregationen des Vatikans tätig sind. Speziell waren es diese Kommissionsmitglieder: Kardinal Jozef Tomko; Kardinal Vinko Puljic; Kardinal Josip Božanić; Kardinal Julian Herranz und Erzbischof Angelo Amato.

---

652 Siehe den Bericht der Catholic News Agency, *„Possibility of new diocese for Medjugorje floated"*, 22. März 2010, URL:www.catholicnewsagency.com/news/possibility_of_new_diocese_for_medjugorje_floated/ und den Bericht des National Catholic Register, *„New Medjugorje Diocese?"*, 25. März 2010, von Edward Penten auf: www.ncregister.com/blog/new_medjugorje_diocese/.

Der Kommission gehören auch verschiedene Spezialisten an, nämlich Msgr. Tony Anatrella, französischer Psychoanalytiker; Msgr. Pierangelo Sequeri, italienischer Theologieprofessor; Pater David Maria Jäger OFM; Pater Zdzislaw Jozef Kijas OFM Conv; Pater Achim Schütz, Professor für theologische Anthropologie; und Pater Salvatore Perrella OSM, Professor für Mariologie, der zum Sekretär der Kommission bestimmt wurde. Msgr. Krzysztof Nykiel, ein Mitarbeiter der Glaubenskongregation, ist als ihr Vizesekretär tätig. Die anderen Mitglieder sind Pater Franjo Topić, Theologieprofessor aus Sarajevo; Pater Mijo Nikic SJ, Professor für Psychologie und Psychologie der Religionen in Zagreb; Pater Mihaly Szentmartoni SJ, Professor für Spiritualität, und Schwester Veronica Nela Gaspar, Theologieprofessorin in Rijeka.[653]
Die Kommissionsmitglieder wurden ausgewählt, um ein Gremium mit der notwendigen Autorität und Fachkenntnis aufzustellen. Die Kardinäle Puljic und Božanić, jeweils Erzbischöfe von Sarajevo in Bosnien-Herzegowina und Zagreb in Kroatien, beide im ehemaligen Jugoslawien, haben die notwendige Ortskenntnis und Erfahrung. Kardinal Jozef Tomko ist der emeritierte Präfekt der Kongregation für die Evangelisierung der Völker, Kardinal Julian Herranz ist emeritierter Präsident des Päpstliches Rates für die Interpretation von Gesetzestexten und Priester des Opus Dei. Erzbischof Angelo Amato war für die Unterzeichnung der kanonischen Sanktionen gegen den damaligen Pater Tomislav Vlašić verantwortlich, als er noch Sekretär der Kongregation für die Glaubenslehre war und ist folglich mit Medjugorje vertraut.
Von den anderen Kommissionsmitgliedern sind drei, Pater Franjo Topić, Pater Mijo Nikic SJ und Schwester Veronica Nela Gaspar in den Ländern des ehemaligen Jugoslawiens ansässig und verfügen somit über die notwendigen linguistischen und theologischen Fertigkeiten, während die anderen aus unterschiedlichen Ländern stammen und verschiedene Fachbereiche haben. Der

---

653 Siehe http://www.medjugorje.de/medjugorje/aussagen/kommissionen/mitglieder-der-kommission.html.

Kommission gehören zwei Franziskaner als Mitglieder an, Pater David Jäger und Pater Zdzislaw Jozef Kijas, ein Zeichen dafür, dass eine richtige Bewertung Medjugorjes mit der Haltung der ortsansässigen Franziskaner im Verhältnis zur Kirche in Bosnien-Herzegowina zusammenhängt. Pater Jäger, ein Kirchenrechtler, ist besonders auf das Verhältnis zwischen Kirche und Staat spezialisiert.

Und da es sich hierbei um eine Neuuntersuchung des Ereignisses handelt, die losgelöst von früheren bischöflichen Kommissionen erfolgt, und angesichts des höchst umstrittenen Charakters von Medjugorje ergibt es nur Sinn, dass Bischof Perić dieser Sonderkommission nicht angehört. Hätte man ihn einbezogen, so wären leicht Vorwürfe auf Seiten der Anhänger Medjugorjes erhoben worden, dass die Kommission „unausgewogen" oder „voreingenommen" sei, wenngleich die *Normae S. Congregationis*, wie wir sahen, eindeutig vorschreibt, dass der Ortsordinarius bei der Untersuchung angeblicher Offenbarungen immer konsultiert werden muss. Tatsächlich nahm der Bischof sogar im Februar 2011 Kontakt mit dem *Catholic News Service* auf, um mitzuteilen, dass er „aus Respekt vor der Kommission des Vatikans das, was in Medjugorje geschieht, nicht mehr kommentieren" würde. Und es ist auch zu betonen, dass auch keiner der ortsansässigen Franziskaner zur Teilnahme an der Kommission eingeladen wurde.

Interessant an der Rolle Kardinal Ruinis als Vorsitzender der Kommission ist, dass er bereits über Erfahrung im Umgang mit einem mit Medjugorje zusammenhängenden Vorfall verfügt. Dabei ging es um eine kleine Marienstatue aus Medjugorje in Civitavecchia, einer Stadt an der italienischen Küste etwa 70 km nordwestlich von Rom, die angeblich am 2. Februar 1995 Blut zu weinen begonnen habe. Eine diözesane Untersuchungskommission aus elf Mitgliedern traf am 19. April jenes Jahres erstmals zusammen, um Einsicht in den Fall zu nehmen, und hatte ihre Arbeit am 22. November 1996 abgeschlossen. Sieben Mitglieder der Kommission sprachen sich für den Glauben aus, dass das Weinen der Statue übernatürlichen Ursprungs gewesen sei, drei waren dagegen und einer enthielt sich. Diese Stellungnahme wurde je-

doch vom Vatikan abgelehnt, höchstwahrscheinlich aufgrund dessen, dass Tests nachgewiesen hatten, dass das Blut auf der Statue von einem Mann stammte und außerdem alle männlichen Mitglieder der beteiligten Familie sich geweigert hatten, einen Bluttest vornehmen zu lassen.
Im Jahr 2000 richtete die Kongregation für die Glaubenslehre mit dem damaligen Kardinal Joseph Ratzinger als ihrem Präfekten eine neue Kommission unter Kardinal Ruini ein, und diese kam zu der Schlussfolgerung, dass ein vorsichtigeres Urteil des *non constat de supernaturalitate* („die Übernatürlichkeit steht nicht fest") eher angemessen sei. Die Kunde von dieser Entscheidung wurde jedoch erst am 17. Februar 2005 von Kardinal Bertone, dem damaligen Sekretär der Glaubenskongregation bekannt gegeben. Er erklärte, dass die diözesane Kommission vom Bischof übereilt eingerichtet worden sei.[654]

Der Päpstliche Nuntius äußert sich über Medjugorje

Drei Tage nach der Ankündigung der Internationalen Kommission für Medjugorje wurde Erzbischof D'Errico, der Päpstliche Nuntius in Bosnien-Herzegowina, interviewt, und es wurde die Frage nach Medjugorje gestellt; der Text des daraus entstandenen Interviews wurde auf die Netzpräsenz der Bischofskonferenz von Bosnien-Herzegowina gestellt. Erzbischof D'Errico sagte:

> Wann immer ich dem Hl. Vater begegnet bin, zeigte er großes Interesse an Medjugorje. Er hat schon von Anfang an, als er noch Vorsitzender der Glaubenskongregation war, alles mitverfolgt. Es geht um eine Frage, bei der er spürt, dass er verantwortlich ist, als oberste Autorität der Kirche ein klares Wort zu sprechen. Der Hl. Vater kennt das ganze Phänomen gut, so hat er mir oft bestätigt. Es ist ihm das viele Gute bekannt, das hier durch Priester, Ordensleute, Franziskaner und Laien getan wird. Und da fragt man sich dann, woher so gegenteilige Informationen über dieses Phänomen kommen. Deshalb wollte er diese Kommission gründen, die sich auf höchster Ebene damit befasst. Er wollte

654 www.marcocorvaglia.com/medjugorje/il-caso-civitavecchia-unanalisi-critica.html; www.catholicnews.com/data/stories/cns/1100812.htm.

> eine Kommission gründen, um ein ganzheitliches Bild darüber zu erhalten – durch Personen, die besonders qualifiziert sind. Deshalb hat er aus verschiedenen Teilen der Welt Kardinäle, Bischöfe, Fachleute und Sachverständige eingeladen, Mitglieder dieser Kommission zu werden.[655]

Dieses Interview zeigte also das persönliche Interesse, das der Papst an der „Frage" Medjugorje hat, und macht deutlich, wie sehr er die Notwenigkeit sieht, „als oberste Autorität der Kirche ein klares Wort zu sprechen". Dies ist ein weiteres Indiz dafür, dass wir erwarten dürfen, dass eine endgültige Entscheidung als Ergebnis aus der Arbeit der Kommission hervorgehen wird.

Allerdings ist es einem der Kommissionsmitglieder zufolge, Pater Salvatore Perrella, der sich im Januar 2011 äußerte, wahrscheinlich, dass die Arbeit der Kommission einige Zeit in Anspruch nehmen wird, da der Papst ja möchte, dass „eine endgültige Entscheidung gefasst wird". Er stellte außerdem fest, dass der Fall Medjugorje „eine ernste Angelegenheit" sei, dass er „sehr kompliziert", aber lösungsfähig sei.

Beunruhigend war es jedoch, zu lesen, dass er auch sagte, dass die ausgedehnte Länge der angeblichen Visionen in Medjugorje nicht mehr etwas sei, was „Verdacht weckt". Hierbei wies er auf die Anerkennung von „Präzedenzfällen" wie den Erscheinungen Unserer Lieben Frau von Laus hin, die sich über einen Zeitraum von 54 Jahren erstreckten und vom Ortsbischof im Jahr 2008 anerkannt wurden. Wie bereits erwähnt, hatte die Seherin von Le Laus, Benoîte Rencurel, nur vier Monate lang tägliche Erscheinungen der Gottesmutter und hatte hernach nur noch periodische Erscheinungen bis 1718. Dies ist also eine ganz andere Situation als jene in Medjugorje, wo einige der Seher inzwischen seit dreißig Jahren tägliche Erscheinungen behaupten.

Jedenfalls stellte er, um die Wichtigkeit der Rolle des Ortsbischofs zu betonen, auch fest, dass bei jedem Schritt der Untersu-

---

655 http://www.medjugorje.de/medjugorje/aussagen/kommissionen/gruendung-kommission.html.

chung „der für alles Verantwortliche der Bischof ist“[656], was nochmals zeigt, dass der Bischof von Mostar von der Kommission nicht übergangen worden ist, sondern dass diese neue Entwicklung den Höhepunkt eines logischen Prozesses darstellt.
Der entscheidende Punkt bei alledem, der mit Sicherheit der für die Ruini-Kommission der bedeutsamste sein wird, ist, dass bis jetzt offizielle Erklärungen der Kirche über Medjugorje entweder explizit oder implizit negativ gewesen sind – explizit im Falle der Ortsbischöfe, und, wie oben dargelegt, implizit im Falle der Erklärung von Zadar. Andere Äußerungen z. B. bezüglich Pilgerfahren hatten im Wesentlichen pastoralen Charakter und zielten darauf ab, zu gewährleisten, dass für die echten Bedürfnisse der Pilger gesorgt würde. Es müssten schon einige außergewöhnlich übernatürliche Fakten über Medjugorje plötzlich ans Licht treten, wenn die Kommission die bereits etablierten kirchlichen Positionen umstürzen soll, und es sieht praktisch nicht danach aus, dass dies geschehen könnte.

---

656 www.catholicnews.com/data/stories/cns/1100252.htm.

23. Medjugorje und eine Sektenmentalität

Ist die Caritas of Birmingham eine Medjugorje-Sekte?

Wenn die Kirche ein endgültiges, negatives Urteil über Medjugorje fällt, in dem sie definitiv feststellt, dass das Phänomen nicht übernatürlichen Ursprungs ist, dann ist zu hoffen, dass die meisten Katholiken, die es unterstützen, den Standpunkt der Kirche respektieren werden. Wenn jedoch von den Millionen von Anhängern in der ganzen Welt nur ein winziger Bruchteil eine solche Entscheidung verwirft, besteht die echte Gefahr, dass sich eine Los-von-Rom-Bewegung etabliert. Was wäre, wenn Priester oder einige der lokalen Franziskaner von Medjugorje, sich in einer solchen Gruppe engagierten? Dies sind echte Gefahren, und dies ist der Preis, den zu erringen der Teufel zweifellos bereit ist, sein Äußerstes zu tun.

Und tatsächlich hat zumindest eine Gruppe eine offen „schismatische" Haltung zu Medjugorje eingenommen, nämlich die Caritas of Birmingham, die in der angelsächsischen Welt bekannte Medjugorje-Gruppe in Alabama, obgleich ihr Standpunkt von einigen der „offizielleren" Medjugorje-Organisationen abgelehnt wird. Die „Medjugorje Web Site" listet eine ganze Reihe von Personen und Gruppen auf, welche die Caritas kritisieren, und zwar unter der Überschrift: „Meiden Sie bitte vollständig alles von dieser Person, ihrer Organisation und ihren Netzpräsenzen, oder gehen Sie zumindest äußerst vorsichtig damit um." Darunter heißt es in einem Unterabschnitt: „Die Menschen, die in Medjugorje leben, insbesondere die meisten der Seher, die Fremdenführer und die Priester, ermahnen dazu, sich von der Caritas of Birmingham fernzuhalten. Im Zusammenhang mit ihr wird oft das Wort ‚Sekte' genannt."

Dann wird Pater Svetozar Kraljević aus einem Brief vom Oktober 2000 wie folgt zitiert:

> Liebe Brüder und Schwestern! Hier in Medjugorje bringe ich im Namen der Priester, die sich in der Pfarrei um die Pilger bemühen, die aus der ganzen Welt kommen, meine tiefe Besorgnis über die Organisation namens CARITAS aus Birmingham, Alabama, zum Ausdruck. Es sieht

danach aus, dass die Organisation nicht der guten Praxis der kirchlichen Disziplin folgt und auch die interne Disziplin der Mitglieder ihrer Organisation dieser nicht entspricht. Wir befürchten, dass dort Elemente eines mangelnden Respekts für familiäre Beziehungen, gegenseitigen Respekts, Respekts vor der Autorität der Kirche, Respekts vor den Familien, aus denen die Mitglieder kommen, Respekts vor dem Eigentum der Familienmitglieder, die dort sind, und jener, die dort waren und die Gemeinschaft verlassen haben, vorhanden sind.

Unterhalb davon wird der katholische Fernsehsender EWTN als eine die Caritas ablehnende Organisation angeführt, und dann sind eine ganze Reihe von Querverweisen auf Dokumente angegeben, welche die Caritas beschuldigen, ein sektenartiges Unternehmen zu sein. Es sind Zeugnisse einzelner Personen aufgeführt, außerdem ausführliche Berichte über Gerichtsverfahren, in die sie verwickelt war. Sogar ein Brief von Denis Nolan vom 25. November 2000, in dem er seine Besorgnis über die Caritas zum Ausdruck bringt, wird wiedergegeben.[657]
Ein ehemaliges Mitglied der Caritas wird mit diesen Worten zitiert:

Die Caritas of Birmingham hat, unter dem alleinigen Diktat von Terry Colafrancesco, eine Reihe von Lehren ausschließlich für sich selbst entwickelt. In vielen Fällen stehen diese „Lehren" in direktem Konflikt mit den Lehren der römisch-katholischen Kirche. Im Lichte dessen kann die Caritas als eine isolierte Sekte außerhalb des Katholizismus betrachtet werden.[658]

Die Netzpräsenz bietet auch Informationen der *International Cultic Studies Association* (ICSA), der früheren *American Family Foundation* (AFF), wo es heißt:

Bei der Konferenz der American Family Foundation im Mai 2001 in Newark (New Jersey) erzählten mehrere ehemalige Mitglieder der Caritas of Birmingham ihre Geschichten vor einem erlesenen Gremium von Psychologen und Sektenausstiegsberatern. Mehrheitlich waren die Gremienmitglieder der Ansicht, dass der Leiter der Caritas of Birming-

---

657 www.medjugorje.ws/en/articles/caritas-of-birmingham/.

658 www.medjugorje.ws/en/articles/caritas-of-birmingham-not-roman-catholic-organization/.

ham, Terry Colafrancesco (der sich selbst „Ein Freund von Medjugorje“ nennt), dem Profil eines Sektenanführers entspricht, fast genauso wie David Koresh und Jim Jones die Anführer ihrer Gruppen waren. Es gibt mehrere Faktoren, die bestimmen, ob eine Gruppe als eine echte Sekte klassifiziert werden kann.

Als Belege für diese These führt die Netzpräsenz dann verschiedene Eigenschaften an, die gegeben sein müssen, damit eine Gruppierung als eine Sekte betrachtet werden kann, darunter die bedingungslose Anhänglichkeit an den Anführer, eine übermäßige Kontrolle, die der Anführer über viele Lebensbereiche der Mitglieder ausübt, und elitäre Ansprüche, dass die Gruppe bzw. deren Anführer eine besondere Mission zur Rettung der Menschheit hätten. Diese Punkte, und einige weitere, werden dann durch verschiedene Zeugnisse ehemaliger Mitglieder der Caritas bestätigt.[659]

Dies ist also kein Problem, das sich erst in jüngster Zeit entwickelt hätte, sondern es besteht bereits seit über einem Jahrzehnt. Folglich müssen wir fragen: Wenn die Caritas von diesen Problemen geprägt ist, warum hat die „Gospa“ dann der Seherin Marija Pavlović-Lunetti – einer häufigen Besucherin der Caritas – nicht mitgeteilt, dass es sich dabei um eine sektenartige Organisation handelt oder dass sie ihre Verbindungen mit Colafrancesco abbrechen sollte?

Dies ist jedoch gar nicht der Fall. Vielmehr findet sich auf der Netzpräsenz der Caritas die ausdrückliche Behauptung, dass die Organisation ihren erneuten Schwung ihr verdanke:

> Wir als Mitglieder der Caritas erhielten direkt durch eine Botschaft Unserer Lieben Frau, die sie durch Marija, die Seherin, am 31. Mai 1995 gab, die Weisung, „… so viele Herzen wie möglich meinem Herzen nahe zu bringen und sie zu Gott, auf einen Weg des Heils, zu führen …“ Dies war eine Botschaft, die speziell für die Gemeinschaft der Caritas gegeben wurde und bei der nur Marija und der Gründer der Caritas, ein Freund von Medjugorje, zugegen waren. Es war klar, dass Unsere Liebe Frau sie speziell ihm und der Caritas-Gemeinschaft gab.

---

659 www.medjugorje.ws/en/articles/a-friend-of-medjugorje-terry-colafrancesco-cult-leader-caritas-of-birmingham/.

Colafrancesco bezeichnet im Anschluss offenbar sich selbst als eines der „Werkzeuge, die von der Königin des Himmels selbst zu solchen bestimmt worden sind“[660].

Die Caritas of Birmingham ist eine wichtige Medjugorje-Organisation

Die Caritas of Birmingham ist kein Kleinbetrieb: Sie operiert von einem 3.250 m^2 großen Gebäude, das „Tabernakel der Botschaften Unserer Lieben Frau“ heißt und das speziell für die Verbreitung von Informationen über Medjugorje errichtet wurde. Gegenwärtig wird es um weitere 1.490 m^2 Fläche erweitert. Es hat drei Stockwerke; im ersten Stockwerk befindet sich eine Druckerei, im zweiten sind eine Versandabteilung und Büroräume zu finden, und im dritten ein Exerzitienzentrum; jedes Stockwerk ist mit Kapellen eingerichtet.[661]

Colafrancescos eigener Netzpräsenz zufolge ist die Caritas „eine der größten gemeinnützigen Organisationen im Bundesstaat Alabama“. Der Zeitungsreporter Greg Garrison interviewte Colafrancesco für einen Bericht in der *Birmingham News*, in dem dargelegt wurde:

> Die Caritas hat vor kurzem über 8 Millionen Dollar [ca. 5,8 Mio. €] für eine Erweiterung ihres Hauptgebäudes investiert … Der vierstöckige [sic!] Tabernakel der Botschaften Unserer Lieben Frau enthält einen riesigen Verlagsbetrieb, der wöchentlich 500.000 Broschüren druckt, die zur Werbung für die Visionen weltweit versandt werden. „Wir bereiten uns auf eine gewaltige Evangelisierung der ganzen Welt vor“, sagte Colafrancesco, der viele der Broschüren unter seinem Pseudonym „Ein Freund von Medjugorje“ schreibt. Colafrancesco … zeigte mir eine neue, 2,2 Millionen Dollar [ca. 1,6 Mio. €] teure Buchbindemaschine, die am laufenden Band Broschüren produziert. „Wir zahlen direkt“, sagte er. „Wir leihen uns kein Geld.“ Trotz der Rezession hat sich das jährliche Spendenvolumen der Caritas gegenüber dem Stand vor ein

660 www.caritasofbirmingham.com/.
661 www.caritasofbirmingham.com/tabernacle.html.

paar Jahren verdreifacht, so dass es jetzt zwischen 3 Millionen und 4 Millionen Dollar [ca. 2,1-2,9 Mio. €] ausmacht.[662]

Neben diesem riesigen Verlagsunternehmen und ihrer Netzpräsenz „Medjugorje.com" betreibt die Caritas auch einen Internetrundfunk, „Radio WAVE", moderiert von Colafrancesco, dessen besonderer Schwerpunkt auf den angeblich Mirjana und Marija gegebenen Botschaften liegt. Offenbar ist die „die neueste Ausgabe [sic!] von Radio WAVE eine Donnerstagssendung namens *Mejanomics*, in der die aktuelle Wirtschaftslage im Lichte der Botschaften Unserer Lieben Frau erörtert wird". Caritas betreibt auch eine Reklametafel-Kampagne, „und konfrontiert damit täglich Millionen neuer Menschen mit der Gegenwart Unserer Lieben Frau in Medjugorje"; Reklametafeln werden „überall im Land"[663] aufgestellt.
Caritas organisiert auch Pilgerfahrten nach Medjugorje durch ihren Arm „BVM Pilgerfahrten". Deren Netzpräsenz behauptet: „BVM Pilgerfahrten ist eine der am längsten betriebenen Wallfahrtsorganisationen für Medjugorje aus Nord- und Südamerika und aus vielen anderen Ländern, die in den vergangenen 24 Jahren ihrer Existenz Tausende von Pilgern nach Medjugorje gebracht hat." Für die Saison 2011 lagen die Preise für neun- bis zehntägige Pilgerreisen zwischen 1.945 und 2.235 US-Dollar [1.400-1.600 €]. Abgesehen von der Juni-Pilgerfahrt, die für „den 30. Jahrestag der Erscheinungen Unserer Lieben Frau, der Königin des Friedens" terminiert ist, konzentrieren sich die anderen Pilgerfahrten alle auf Mirjanas „Erscheinung am zweiten Tag des Monats"[664].

---

662 www.terrycolafrancesco.com/; *„Spreading the word of Caritas: Headquarters grows as Seher returns to Alabama"*, URL:
http://blog.al.com/spotnews/2011/03/spreading_the_word_of_caritas.html.
663 www.caritasofbirmingham.com/other-outreaches.html.
664 www.caritasofbirmingham.com/pilgrimages.html;
www.pilgrimage.medjugorje.com/;
www.pilgrimage.medjugorje.com/2011-dates-and-pricing.html.

Caritas veranstaltet auch „Gebetsversammlungen", die Tausende von Pilgern anziehen, und in den letzten Jahren war, wie angedeutet, Marija als Seherin von Medjugorje die Hauptattraktion bei einigen dieser Versammlungen, die behauptete, dass sie „Erscheinungen" der „Gospa" auf dem „Erscheinungsfeld" und im „Erscheinungs-Schlafzimmer" habe. Diese beiden Stellen stehen bei der Caritas im besonderen Brennpunkt der Aufmerksamkeit, und auf der Netzpräsenz wird behauptet: „Unsere Liebe Frau bat in einer Erscheinung im Schlafzimmer im Jahr 1988 darum, dass eine Gemeinschaft gegründet wurde." Einer Broschüre im PDF-Format zufolge, in der für Marijas Erscheinungen im Gebäudekomplex der Caritas geworben wird, ist die „Gospa" ihr dort in den folgenden Jahren erschienen: 1988, 1989, 1994, 1998, 1999, 2001, 2003, 2004, 2005, 2008 und 2009.[665]

Für 2011 wurde den Pilgern, welche das Gebäude der Caritas besuchen, „fünf Erscheinungen der Königin des Friedens" an Marija zwischen dem 19. und 23. März versprochen; im Jahr 2011 fand auch die Feier des fünfundzwanzigjährigen Jubiläums der Caritas of Birmingham seit ihrer Gründung im Jahr 1986 statt. Marija plante entsprechend einen Auftritt für jene Daten ein, und so besteht eindeutig eine „besondere Beziehung" zwischen Marija und der Caritas of Birmingham. In der Tat erfahren wir, dass sie „seit ihrem ersten Besuch im Jahre 1988, wo sie eine Niere für ihren Bruder Andrija Pavlović im Krankenhaus der Universität von Alabama spendete, regelmäßig in Birmingham zu Gast ist" und im Haus von Colafrancesco übernachtet.[666]

---

665 www.caritasofbirmingham.com/caritas-prayer-gatherings.html; www.medjugorje.com/schedule-march-2011.html; www.medjugorje.com/download/booklets.html?task=view_item&item=304.

666 www.medjugorje.com/schedule-march-2011.html; *„Spreading the word of Caritas: Headquarters grows as visionary returns to Alabama"*, 20. März 2011, URL: http://blog.al.com/spotnews/2011/03/spreading_the_word_of_caritas.html; www.medjugorje.com/medjugorje-today/headlines/1073-the-last-days-with-our-lady-at-caritas.html.

Dem Bericht in der Zeitung *Birmingham News* zufolge ist die „Caritas auch eine Gemeinschaft von Familien mit etwa 55 Bewohnern, die dort täglich beten, eine Landwirtschaft betreuen und im Druckereibetrieb arbeiten". Doch entsprechend den Besorgnissen, die auf der *Medjugorje Website* zum Ausdruck gebracht wurden, liegen Anschuldigungen vor, dass in Wirklichkeit nicht alles so gut und friedlich aussieht: „Einige ehemalige Bewohner der Caritas haben die Gemeinschaft im Zorn verlassen, sie im Internet angegriffen und dabei behauptet, dass von ihnen gefordert werde, ihre Besitztümer aufzugeben und in Anhängern zu wohnen, während Colafrancesco luxuriös wohne, eine ungeziemende Kontrolle über ihr Leben und ihre Kinder ausübe und sie zu unbezahlter Arbeit dränge." Colafrancesco bestritt diese Behauptungen nicht etwa, sondern sagte über diese Kritik Folgendes: „Wir antworten nicht darauf, denn wir wollen keine Leute, die nicht freiwillig hier sein wollen."

Die Caritas of Birmingham und die Kirche

Der Ortsordinarius, Bischof Robert Baker, erlaubt Priestern nicht, bei der Caritas die Messe zu feiern, doch offenbar „macht" Colafrancesco „sich keine Gedanken um die kirchliche Anerkennung" und sagte sogar: „Unsere Liebe Frau hat nicht die Zeit, um für diese Botschaften und Geheimnisse durch Kommissionen zu gehen. Diese stehen darüber. Sie sind für die ganze Welt."[667]
Dies ist ein Teil der Erklärung auf der von der Caritas betriebenen Netzpräsenz Medjugorje.com, in der Colafrancescos Standpunkt in dieser Sache dargelegt wird: „Wir bei der Caritas *haben uns nie um die kirchliche Anerkennung Medjugorjes Gedanken gemacht.*

---

[667] *„Spreading the word of Caritas: Headquarters grows as Seher returns to Alabama"*, 20. März 2011, URL:
http://blog.al.com/spotnews/2011/03/spreading_the_word_of_caritas.html; siehe auch www.marcocorvaglia.com/medjugorje-en/the-american-apparition-and-the-judicial-chronicles.html für weitere Einzelheiten über gegen die Caritas Birmingham vorgebrachte Beschuldigungen.

Unser Glaube an die Erscheinungen Unserer Lieben Frau ist so stark, dass wir das feste Vertrauen haben, dass die Kirche Medjugorje anerkennen wird."

Colafrancesco erwähnt dann die Bildung der Internationalen Kommission zu Medjugorje, bevor er die Frage stellt:

> Wird die Kommission also Medjugorje bald anerkennen? Nein, das wird sie nicht. Und es ist Gottes Wille, dass sie es nicht tun wird, bis die Königin des Friedens von Medjugorje sich jedem wahrheitssuchenden Herzen auf Erden kundgetan haben wird. … *Die Kirche wird später kommen*, indem sie das tauft, was aus Gott geboren ist, und sie wird das bestätigen, was zu einem Frühling für die Kirche geworden ist.[668]

Diese Erklärung datiert vom 15. März 2010 und wurde folglich vor den Auftritten Marijas bei der Caritas im März 2011 geschrieben. Dies stellt allerdings ein ziemlich großes Problem dar. Hier haben wir eine Organisation, die auf ihrer Netzpräsenz feststellt, dass sie nicht wirklich darauf bedacht ist, ob die Kirche Medjugorje anerkenne oder nicht und vielmehr erwarte, dass die Kirche „später kommen" und dies tun werde. Was heißt dies aber für die Seherin Marija? Sie sieht angeblich jeden Tag die Gottesmutter, aber würde die wahre Gottesmutter in einem Betrieb erscheinen, dessen Geschäftsführer erklärt hat, dass er sich nicht um die kirchliche Anerkennung Medjugorjes schere?

Und diese Entwicklungen haben sogar eine noch größere Tragwiete, da sie auf eine Uneinigkeit unter den Sehern hinzudeuten scheinen. Wenn wir nochmals den Unterabschnitt auf der „Medjugorje Website" betrachten, können wir dort ein signifikantes Eingeständnis sehen: „Die Menschen, die in Medjugorje leben, insbesondere *die meisten* der Seher, die Fremdenführer und die Priester, ermahnen dazu, sich von der Caritas of Birmingham fernzuhalten. Im Zusammenhang mit ihr wird oft das Wort ‚Sekte' genannt."

---

668 www.medjugorje.com/medjugorje/scientific-studies/793-the-latest-of-what-science-reveals-released-march-2010.html; *Hervorhebung ergänzt.*

Beachten wir diese Worte „die meisten" – sie konnten nicht „alle" sagen, weil Marija eindeutig eine Unterstützerin der Caritas ist. Dies ist für das ganze Phänomen Medjugorje überaus peinlich! Ivan, Vicka und Marija behaupten tägliche Visionen, mit anderen Worten, sie sagen, dass dieselbe Allerseligste Jungfrau ihnen allen drei ständig erscheine, und dennoch sind dieselben Seher über die Caritas zutiefst gespalten. Warum ist die „Gospa" nicht eingeschritten, um ihnen deutlich zu machen, ob die Caritas nun eine akzeptable Medjugorje-Organisation ist oder nicht?

Die Gefahr einer von Rom losgelösten Kirche

Aufgrund der Aussagen Colafrancescos, dass er sich um die kirchliche Anerkennung für Medjugorje keine Gedanken mache, und der Größe und Reichweite der Organisation Caritas plus ihrer Unterstützung durch Marija ist es klar, dass die Caritas höchstwahrscheinlich keine von der Kirche gefällte, negative Entscheidung über Medjugorje akzeptieren wird. Somit ist es durchaus möglich, dass manche Unterstützer der Caritas am Ende der Kirche entfremdet werden und ihre eigene, parallele „Medjugorje-Kirche" gründen.
Dies ist, kurz gesagt, die große Tragödie von Medjugorje. Wenn nie in der Weise, wie es geschah, Propaganda dafür betrieben und Fatima richtig gefördert worden wäre, dann hätten all jene Menschen mit einer echten Marienfrömmigkeit sich zu Fatima hingezogen gefühlt, auch solche Personen wie Terry Colafrancesco, dessen Energien viel besser und innerhalb der Kirche hätten genutzt werden können. Und es wird sogar noch schlimmer, wenn wir an die Zehntausende, wenn nicht gar Millionen von Medjugorje-Anhängern denken, die hinter Fatima stehen sollten, sich stattdessen aber der Propaganda für die höchst fragwürdigen Behauptungen der Seher von Medjugorje verschrieben haben.
Pater Svetozar Kraljević, der heute von Pilgern finanzierte Sozialprojekte in Medjugorje betreut, wird in einem Bericht des *Catholic News Service* vom 28. Februar 2011 mit den Worten zitiert: „Wir alle sind eine Kommission." Hiermit bezieht er sich auf das

„Lehramt", welches „die örtlichen Franziskaner, die Stadtbewohner und die Pilger bilden, die durch ihre Gegenwart die Behauptungen über das Erscheinen Mariens in Medjugorje weiter studieren und die Echtheit der Botschaften beurteilen, von denen die jungen Leute behaupten, dass sie ihnen von ihr mitgeteilt würden." Hier werden der Bischof von Mostar, die Bischofskonferenz von Bosnien-Herzegowina, die Internationale Kommission, die Glaubenskongregation oder der Papst gar nicht erwähnt. Anscheinend sind Pater Kraljević, die örtlichen Franziskaner, die Stadtbewohner und die Pilger „für sich eine Kommission".
Diese Haltung scheint von einem Pilger gestützt zu werden, der sagte: „Ob der Vatikan sagt, dass es wahr sei oder nicht, macht eigentlich nichts. Was zählt, ist, was man im Herzen glaubt, und ich glaube, dass die Menschen dies brauchen." Diese Gedanken stehen wohl repräsentativ für diejenigen einer ansehnlichen Schar von Medjugorje-Anhängern. Ein anderer örtlicher Franziskaner, Pater Danko Perutina, hingegen sagte zu einer Pilgergruppe, dass zahlreiche Untersuchungen der Behauptungen der Seher von Medjugorje stattgefunden hätten und dass sie die Entscheidungen der Kommission des Vatikans akzeptieren müssten.[669]
Dies könnte also auf eine mögliche Spaltung unter den Franziskanern von Medjugorje selbst hindeuten, mit einigen von der alten Garde, wie Pater Kraljević, die nicht bereit sind, die Möglichkeit zu akzeptieren, dass Medjugorje nicht anerkannt wird, während einige der jüngeren Franziskaner, wie Pater Perutina, möglicherweise einen pragmatischeren Ansatz wählen.

---

669 *„Pilgrims flock to Medjugorje while Vatican studies alleged apparitions"*, auf www.catholicnews.com/data/stories/cns/1100812.htm.

24. Die Bedeutung Fatimas

Papst Johannes Paul II. und die Weihe von 1984

Die formale Assoziierung Papst Johannes Pauls II. mit Fatima rührt von dem Attentat auf sein Leben am 13. Mai 1981 her, dem Jahrestag der ersten Erscheinung in Fatima, als er auf dem Petersplatz durch eine Kugel schwer verwundet wurde. Nach Gottes Vorsehung waren die Verletzungen durch die Kugel nicht tödlich, und während er sich im Krankenhaus erholte, sah der Papst offenbar alle Dokumente zu Fatima durch. Sicher empfand er es so, dass die Fürsprache der Gottesmutter sein Leben gerettet habe, und seine Lektüre überzeugte ihn davon, dass die Weihe Russlands an das Unbefleckte Herz Mariens eine absolute Notwendigkeit darstellte, wenn die Welt vor Krieg und Atheismus gerettet werden sollte.

Folglich reiste der sel. Johannes Paul II. am 13. Mai 1982, genau ein Jahr nach dem Attentat, nach Fatima, sowohl um Unserer Lieben Frau für die Rettung seines Lebens zu danken, als auch einen öffentlichen Akt der Weihe der ganzen Welt, einschließlich Russlands, an ihr Unbeflecktes Herz durchzuführen. Nachdem diese vollzogen war, stellte sich jedoch heraus, dass viele Bischöfe der Welt nicht rechtzeitig informiert worden waren. Somit hatte diese Weihe nicht die Bedingung der Kollegialität erfüllt, die Maria in Fatima gefordert hatte, nämlich dass der Papst in Vereinigung mit den Bischöfen der Welt Russland ihrem Unbefleckten Herzen weihen sollte. Schwester Lucia, die immer noch im Karmelitinnen-Konvent in Coimbra lebte, machte dies offenbar später dem Apostolischen Nuntius von Portugal bekannt.

Interessanterweise sprach Johannes Paul II. ausdrücklich von Fatima als einem „Ort“, den die Gottesmutter „erwählt“ habe, womit er dessen Status offizielle Bestätigung verlieh und zu verstehen gab, dass es sich dabei um die wichtigste „Prophezeiung“ der neueren Zeit handelt, eine Prophezeiung, deren dringende Botschaft nicht ignoriert werden darf. In seiner Predigt machte der Papst die folgenden Bemerkungen:

Wenn die Kirche die Botschaft von Fatima angenommen hat, so geschah dies vor allem, weil jene Botschaft eine Wahrheit und einen Aufruf enthält, dessen Grundinhalt die Wahrheit und der Aufruf des Evangeliums selbst ist. „Bekehrt euch und glaubt an das Evangelium" (Mk 1,15). Dies sind die ersten Worte, die der Messias an die Menschheit richtete. Die Botschaft von Fatima ist in ihrem Grundkern ein Ruf zur Bekehrung und Buße, wie im Evangelium. Dieser Ruf erging zu Beginn des Zwanzigsten Jahrhunderts, und er richtete sich somit speziell an dieses aktuelle Jahrhundert. Die Frau der Botschaft scheint mit einer besonderen Einsicht die „Zeichen der Zeit", die Zeichen unserer Zeit, gelesen zu haben.

Johannes Paul II. äußerte sich in dieser Predigt auch mit folgenden bedeutungsvollen Worten über Fatima: „Der Aufruf der Frau der Botschaft von Fatima ist so tief im Evangelium und in der gesamten Tradition verwurzelt, dass die Kirche spürt, dass die Botschaft ihr eine Verpflichtung auferlegt."

Der Papst beschloss, die Weihe im März 1984 zu wiederholen, und zuvor wurden rechtzeitig Briefe an alle Bischöfe der Welt, einschließlich der orthodoxen gesandt, in denen sie eingeladen wurden, diesen Akt gemeinsam mit ihm zu vollziehen. Am 25. März 1984, dem Fest Mariä Verkündigung, erneuerte der sel. Johannes Paul II. ordnungsgemäß den Weiheakt im Petersdom in Rom vor der Statue Unserer Lieben Frau von der Erscheinungsstätte in Fatima, die eigens für diesen Anlass nach Rom gebracht worden war. Wenngleich der verwendete Text Russland nicht namentlich nannte, gedachte der Papst ausdrücklich der von Pius XII. 1942 und 1952 vollzogenen Weiheakte, von denen der zweite im Wesentlichen alle Völker Russlands betraf. Wie es scheint, hielt Johannes Paul II. während der Zeremonie inne, und dem damaligen Bischof von Leiria-Fatima zufolge, Alberto Cosme do Amaral, fügte er still Russland in das Weihegebet ein. Diese Handlung ist angesichts der heiklen politischen Lage verständlich, und, wie man argumentierte, vor dem Hintergrund zu sehen, dass Gott es dem Papst als dem Oberhaupt der Kirche auf Erden überließ, welche genaue Form der Weiheakt nehmen sollte.

Gewiss hatte der Papst bei dem folgenden Satz Russland im Sinn: „In besonderer Weise überantworten und weihen wir dir jene Menschen und Nationen, die dieser Überantwortung und Weihe besonders bedürfen."[670] Obwohl sich nicht alle Bischöfe der Welt mit dem Weiheakt vereinigten, sieht es danach aus, dass eine „moralische Gesamtheit" dies doch tat und somit der Wunsch der Gottesmutter erfüllt wurde. Nach dieser Weihe wurde Schwester Lucia abermals vom Apostolischen Nuntius besucht; diesmal teilte sie ihm mit, dass die Weihe Russlands tatsächlich vollzogen worden sei und dass Gott sie angenommen habe. Somit war also nach fast siebzig Jahren der kollegiale Weiheakt endlich vorgenommen worden.[671]

Offenbar stellte der sel. Johannes Paul II. am nächsten Tag, dem 26. März, eine Frage über die Weihe, und erfuhr von Pater Luis Kondor, dem Vizepostulator im Seligsprechungsverfahren für Jacinta und Francisco, dass er mit Schwester Lucia gesprochen habe, bevor er nach Rom gekommen sei, und dass sie gesagt habe, dass der Heilige Vater alles in seiner Macht Stehende tun würde. Diese Antwort stellte den Papst zufrieden. Pater Andrew Apostoli bemerkt dazu: „Der Papst war mit dieser Antwort zufrieden. Schließlich könnte die Weihe, wenn der Papst alles in seiner Macht Stehende tun würde und dies immer noch nicht ausreichend sei, niemals von ihm oder von einem anderen Papst vollzogen werden."

Schwester Lucia bestätigte später schriftlich, dass die Weihe korrekt und in der Weise erfolgt sei, wie Unsere Liebe Frau sie gewollt habe. Wenn sie von Leuten danach gefragt wurde, sagte sie: „ ‚Ja.' Seit diesem Zeitpunkt ist sie vollzogen!" Und es gibt noch weitere Belege für ihre Feststellung, dass die Weihe korrekt vollzogen worden sei.[672]

---

[670] http://www.stjosef.at/gebete/marienweihe_papst_1984.htm.

[671] Foley, *Marian Apparitions, the Bible, and the Modern World*, S. 350-351. Siehe für eine Erörterung der Gültigkeit der kollegialen Weihe ebd., S. 352-356; Fr. Andrew Apostoli, *Fatima for Today: The Urgent Marian Message of Hope*, San Francisco: Ignatius Press, 2010, S. 189-196.

[672] Apostoli, *Fatima for Today*, S. 189-199; Zitat S. 196.

Es ist nicht schwer, einen Zusammenhang zwischen der 1984 vollzogenen Weihe und dem Aufstieg zur Macht von Michael Gorbatschow in Russland im März 1985 zu sehen. Damals wurde er Generalsekretär der KPdSU. Da er die gefährliche Lage der Sowjetunion erkannte, setzte er ein Reformprogramm in Gang, das auf Offenheit und Umbau (*Glasnost* und *Perestroika*) basierte. Dies führte zu einer größeren Demokratisierung in Russland, einer toleranteren Haltung den Gläubigen der verschiedenen Religionen gegenüber und zu fruchtbaren Abrüstungsgesprächen mit den Vereinigten Staaten, aber letztlich auch zum Zusammenbruch des Kommunismus in Russland und Osteuropa.

Dieser lag jedoch zunächst noch in der Zukunft, und seit 1988 konnte Gorbatschow große politische Veränderungen herbeiführen, darunter ein demokratisch gewähltes russisches Parlament. Zugleich begann er, die Einschränkungen für die Religion abzumildern, und zwar auf der pragmatischen Grundlage, dass das Land die Energien der Gläubigen brauchte, wenn ein echter Umbau stattfinden sollte. Dies war wohl auch ein Eingeständnis der Tatsache, dass der Kommunismus nicht imstande gewesen war, das Christentum zu zerstören, trotz der Tatsache, dass er über siebzig Jahre lang totale Kontrolle darüber ausgeübt hatte. Unterdessen führten Massenunruhen in Osteuropa, im Protest gegen die kommunistische Herrschaft, das Ende des Warschauer Pakts im Jahr 1989 herbei, als Gorbatschow deutlich machte, dass Russland nicht einschreiten werde, um aufkommende demokratische Bewegungen in Ländern wie Polen zu unterdrücken. Im Dezember 1989 besuchte Präsident Gorbatschow den Papst im Vatikan, was nur wenige Jahre zuvor ein unglaubliches Szenario gewesen wäre.[673]

---

673 Foley, *Marian Apparitions, the Bible, and the Modern World,* S. 360-361.

Fatima hatte eine weitere päpstliche Unterstützung erfahren, als Papst Johannes Paul II. im Frühjahr, am 13. Mai 1989, Jacinta und Francisco zu „ehrwürdigen Dienern Gottes“ erklärt hatte, was die erste Etappe im Seligsprechungsverfahren darstellte. Im Mai 1991, ein Jahrzehnt nach dem Attentat, kehrte der Papst nach Fatima zurück, um der Gottesmutter für die wunderbaren Früchte der Weihe von 1984 und die Rettung seines Lebens zu danken. Allerdings warnte er, dass, wenngleich der Marxismus seinen Einfluss verliere, die Gefahr bestünde, dass er durch eine andere Form des Atheismus ersetzt würde, die der christlichen Moral genauso feindlich gegenüberstehe; damit meinte er den Materialismus des Westens. Im August 1991 scheiterte ein versuchter Staatsstreich gegen Präsident Gorbatschow, und die Sowjetunion als eine Krieg führende Weltmacht begann zusammenzubrechen. Angesichts der militärischen Macht Russlands ging diese Auflösung viel friedlicher vonstatten als befürchtet.

Diese massiven Veränderungen in Russland und Osteuropa stützen die Sichtweise, dass die Weihe von 1984 großteils im Einklang mit den Wünschen Unserer Lieben Frau ausgeführt wurde. Die Gottesmutter versprach die Bekehrung Russlands, wenn ihren Wünschen entsprochen würde, sagte aber nicht, dass dies quasi über Nacht geschehen würde. Siebzig Jahre der kommunistischen Missherrschaft konnten nicht in ein paar Jahren wieder gutgemacht werden. Es dauerte Jahrhunderte, bis die Bekehrung des Römischen Reiches abgeschlossen war. Dem Heidentum wurde der entscheidende Schlag mit der Schlacht an der Milvischen Brücke im Jahr 312 durch Kaiser Konstantin versetzt. Dies geschah aber erst nach dreihundert Jahren der Verfolgung für die Alte Kirche. Wenn die Bekehrung des Römischen Reiches so lange Zeit in Anspruch nahm, trotz der unermesslichen Gnaden, die infolge der Kreuzigung und Auferstehung Christi ausgegossen wurden, ganz zu schweigen von den Leiden der frühen Märtyrer, dann muss man sicher vorsichtig sein und bezüglich der Bekehrung Russlands keine zu schnellen Ergebnisse erwarten.

Man hat Vergleiche zwischen den Geschehnissen in Mexiko nach Guadalupe im Jahre 1531, als innerhalb von ein paar Jahrzehnten Massenbekehrungen zum Katholizismus stattfanden, und dem Fehlen eines ähnlichen Prozesses in Russland in den letzten zwei Jahrzehnten angestellt. Hierbei lässt man aber die Tatsache außer Acht, dass die Erscheinungen und die wunderbare *Tilma*, die ihr Ergebnis war, in dem Land Allgemeingut waren. Außerdem war die Präsenz franziskanischer Missionare bei der Evangelisierung Mexikos eine große Hilfe, die den Menschen dienen und ihnen die Sakramente spenden konnten. Auch die Erscheinungen und insbesondere das Sonnenwunder von Fatima waren in Portugal allgemein bekannt, und es ging dort im Wesentlichen darum, die katholische Gesinnung des Volkes wieder erstarken zu lassen, auf die sich eine brutale Verfolgung durch die Regierung nachteilig ausgewirkt hatte.

Im Falle Russlands ist die Situation jedoch eine völlig andere. Nicht nur gab es weder 1917 noch 1984 in Russland ein großes, öffentliches Wunder, sondern zudem ist die katholische Bevölkerung Russlands winzig. Nicht weniger wichtig ist, dass es dort nur sehr wenige Priester oder Missionare gibt, die für die Evangelisierung verfügbar wären.

Es gibt keinen Präzedenzfall in der Geschichte, dass ein großes Land entweder ohne ein wundersames Eingreifen im Lande selbst oder intensive missionarische Wirksamkeit bekehrt worden wäre, wobei letztere vorzugsweise von Wundern begleitet wäre. Keine von diesen beiden Bedingungen war oder ist in Russland gegeben, und so sieht seine Bekehrung nach einem sich lange hinziehenden Prozess aus, der entweder eine viel stärkere katholische Präsenz im Lande oder die Erneuerung/Bekehrung der Russisch-Orthodoxen Kirche erfordern wird.

Und man muss bedenken, dass der Kommunismus der Religion gewaltigen Schaden zufügte, sowohl durch die Zahl der zerstörten Kirchen, als auch, was von noch größerer Bedeutung war, durch die schrecklichen Verfolgungen, welche Gläubige erleiden mussten und die überall vorhandene atheistische Indoktrinierung, der sie fast ein dreiviertel Jahrhundert lang ausgesetzt waren. Es ist schlichtweg unmöglich, dass das zerstörerische Erbe eines solchen Regimes in einem kurzen Zeitraum zunichte gemacht werden könnte, insbesondere angesichts dessen, dass der Schaden über zwei oder drei Generationen hinweg zugefügt wurde.

Es muss zwar immer noch viel geschehen, aber es lässt sich kaum behaupten, dass in den letzten Jahren keine großen Veränderungen in Russland stattgefunden hätten. Die russische Gesellschaft ist keineswegs ruhig, es gibt dort sehr viel Korruption, und das Land wird von einer zunehmend autoritären Regierung beherrscht, doch zumindest sind die brutalen Verfolgungen der Vergangenheit vorbei, und es gibt ein paar Hoffnungszeichen für eine religiöse Erneuerung. Insbesondere hat in den letzten Jahren ein merkliches Tauwetter in den Beziehungen zwischen der katholischen und der Russisch-Orthodoxen Kirche eingesetzt, speziell seit der Papstwahl Benedikts XVI. Allerdings sieht es danach aus, dass die Bekehrung Russlands noch in weiter Ferne liegt, was nur die Notwendigkeit einer größeren Förderung und der allgemeinen Beteiligung an der Andacht der fünf Herz-Mariä-Sühnesamstage auf Seiten der Katholiken weiter unterstreicht.[674]

Gegenüberstellung von Fatima und Medjugorje

Es ist also klar, dass der Gegensatz zwischen Fatima und Medjugorje kaum größer sein könnte. Wie wir sahen, unterschied sich der Ablauf der Erscheinungen von Fatima vom Mai bis Oktober 1917 radikal von den frühen Ereignissen in Medjugorje. Portugal wurde völlig umgestaltet, da sein Volk die Botschaft von Fatima mit Leben füllte. Im Gegensatz dazu fand nach den angeblichen

---

674 Foley, *Marian Apparitions, the Bible, and the Modern World*, S. 361-362; Apostoli, *Fatima for Today*, S. 258. Vgl. James Likoudis, „*Fatima, Church Unity, and the Conversion of Russia: A Catholic Russia?*", ursprünglich veröffentlicht im katholischen Magazin *Immaculate Heart Messenger*, Ausgabe Januar-März 2000; auch auf: http://credo.stormloader.com/Ecumenic/fatima.htm.

Visionen in Medjugorje keine dauerhafte geistliche Erweckung unter den in der Umgebung lebenden Menschen statt. Tatsächlich könnte man sagen, dass jene Medjugorje-Anhänger, die in den kroatischen Nationalismus verwickelt worden sind, einen immensen Beitrag zu der Gewalt leisteten, die während der 1990er Jahre ausbrach. Insbesondere hat sich im Laufe der Zeit erwiesen, dass Teile des Fatima-Geheimnisses vom Juli 1917 erfüllt wurden, im Gegensatz zu den angeblichen „Geheimnissen" von Medjugorje. Außerdem lässt das Sonnenwunder von Fatima im Oktober 1917 alle anderen behaupteten „Wunder" in Medjugorje verblassen.
Die späteren Erscheinungen an Schwester Lucia, welche den wichtigen Zusammenhang zwischen der Weihe Russlands und der Andacht der fünf Herz-Mariä-Sühnesamstage entwickeln, machen auch deutlich, wie ausschlaggebend diese Sühneandacht ist und warum es notwendig ist, dass sie überall in der Kirche viel besser bekannt werden sollte. Leider ist eine der Ursachen, warum dies nicht geschieht, die Popularität Medjugorjes, das praktisch keinen Nachdruck auf diese wichtige Andacht legt.
Die Weihen Portugals an das Unbefleckte Herz Mariens durch die portugiesischen Bischöfe in den 1930er Jahren trugen entscheidend dazu bei, dass das Land sowohl aus dem Spanischen Bürgerkrieg als auch aus dem Zweiten Weltkrieg herausgehalten wurde, wohingegen Medjugorje nicht verhindern konnte, dass Jugoslawien in den frühen 90er Jahren zum Schauplatz der seit Jahrzehnten bittersten Kämpfe in Europa wurde.
Schließlich werden die große Macht und der Einfluss von Fatima auch durch die Tatsache bewiesen, dass die Weihe der Welt an das Unbefleckte Herz Mariens, die Pius XII. im Jahr 1942 vollzog, den Zweiten Weltkrieg zu verkürzen vermochte, während die kollegiale Weihe durch Papst Johannes Paul II. im Jahr 1984 den nahezu friedlichen Zusammenbruch des Kommunismus in Russland und Osteuropa zur Folge hatte.
Was hat Medjugorje denn im Vergleich mit dieser einzigartigen Verbindung von Fatima mit den Päpsten, die von solch tiefgreifender Bedeutung für die ganze Welt ist, überhaupt anzubieten?

Medjugorje-Anhänger müssten sich also einigen kritischen Fragen stellen:
Warum, zum Beispiel, warnte die „Gospa" in Medjugorje nicht vor der Gefahr, die der Kommunismus für die Errettung der Einheimischen darstellte, nachdem die Gottesmutter in Fatima vor den „Irrtümern Russlands" gewarnt hatte? Oder warum bedurfte es, wenn Maria wirklich in Medjugorje erschien, der Weihe an Unsere Liebe Frau von Fatima durch den Papst im Jahr 1984, um der kommunistischen Verfolgung der Kirche in Osteuropa ein Ende zu setzen? Wenn Medjugorje die Fortsetzung und Erfüllung Fatimas war – „die letzte Erscheinung auf Erden" – warum wirkte die „Gospa" dort kein großes Wunder wie das Sonnenwunder in Fatima?
Zwar gab es kein großes Wunder in Medjugorje, und doch liegen die Ergebnisse des Weiheaktes an das Unbefleckte Herz Mariens durch den Papst im Jahr 1984, nämlich der nahezu friedliche Zusammenbruch des Kommunismus in der Sowjetunion und Osteuropa, klar auf der Hand. In den Ländern Zentral- und Osteuropas ist eine Blüte der Berufungen festzustellen, denn dort studieren viele Tausende von Seminaristen mit dem Ziel der Priesterweihe. Tragischerweise leeren sich im Westen, wo den Wünschen der Gottesmutter in Fatima nur minimal entsprochen worden ist, die Klöster, und Priesterseminare werden geschlossen, weil die Berufungen immer spärlicher werden.
Wie erklärt man also die andauernde Glaubenskrise in der Kirche im Westen, wenn Maria tatsächlich seit 1981 in Medjugorje zu erscheinen begann und Medjugorje angeblich Fatima in seiner Wirksamkeit und Kraft weit übertroffen haben soll? Millionen von Menschen haben Medjugorje besucht, und riesige Mengen von Informationen sind darüber in der ganzen Kirche verbreitet worden, aber wo sind die konkreten Ergebnisse dieser ganzen Aktivitäten, die einen Vergleich mit jenen bestehen, die Portugal nach 1917 und in Osteuropa nach der Weihe durch den sel. Papst Johannes Paul II. im Jahr 1984 bewirkt wurden? Wo ist, um mit

der Erklärung von Zadar zu sprechen, der Beweis für „eine gesunde Verehrung der Seligen Jungfrau Maria", die eine echte Auswirkung bei der Lösung der Probleme von Bosnien-Herzegowina, darunter auch das religiöse Problem im Zusammenhang mit den Franziskaner, hatte?

Mit einem Wort, warum ist Medjugorje immer noch ein Gegenstand anhaltenden Zweifels, kontinuierlicher Auseinandersetzungen und Uneinigkeit in der Kirche, wohingegen Fatima, wie oben ausgeführt, eine wunderbare und harmonische geistliche Erneuerung der Kirche in ganz Portugal zuwege brachte und die Botschaft Unserer Lieben Frau in vielen Diözesen in der ganzen Welt begrüßt wird, wo sie zu authentischen geistlichen Erneuerung vieler Katholiken beiträgt? Dies sind einige der Fragen, die jeder überzeugte Medjugorje-Anhänger beantworten müsste. Unterdessen ist es jedoch eindeutig, dass die spirituellen Auswirkungen Medjugorjes im Vergleich mit den großen Segnungen, die der Kirche durch die Botschaft von Fatima gewährt worden sind, minimal ausfallen.

Fatima-Entwicklungen in neuerer Zeit

Im Jahr 1999 wurde angekündigt, dass Papst Johannes Paul II. Francisco und Jacinta am 13. Mai 2000 in Fatima seligsprechen würde. Am Abend des 12. Mai begrüßte eine Menge von 650.000 Menschen den Heiligen Vater bei seiner Ankunft in der Cova da Iria auf seiner dritten Pilgerfahrt als Papst zum Heiligtum. Am nächsten Morgen kehrte der Papst für die Seligsprechungsmesse zur Cova zurück und machte in der Basilika Zwischenstation, um sich privat mit der 93-jährigen Schwester Lucia zu treffen. Während der Messe las der Heilige Vater den Seligsprechungstext vor, der die liturgische Feier eines regionalen Fests für die beiden Kinder am 20. Februar jedes Jahres, dem Todestag Jacintas im Jahr 1920, erlaubt. Unter der Voraussetzung, dass sie schließlich heiliggesprochen werden, kann ihr Gedenktag in der gesamten Kirche gefeiert werden, und sie werden einen Heiligentitel tragen.

Gegen Ende der Messe kündigte Kardinal Sodano, der damalige Staatssekretär des Vatikans, auf Geheiß des Papstes unerwartet die in Kürze bevorstehende Veröffentlichung des dritten Teiles des Geheimnisses von Fatima an, zusammen mit einem offiziellen Kommentar. Er offenbarte auch, dass ein Teil des Textes sich mit dem Heiligen Vater befasse und beschrieb ihn als „eine prophetische Schau …, die man mit jenen der Heiligen Schrift vergleichen kann". Der „Schlüssel zum Verständnis des Textes" könne daher „nur symbolisch sein". Er führte weiter aus, dass der Inhalt „besonders den Kampf der atheistischen Systeme gegen die Kirche und die Christen" betreffe und „das schreckliche Leiden der Glaubenszeugen des letzten Jahrhunderts des zweiten Jahrtausends" beschreibe. „Es handelt sich um einen endlosen Kreuzweg, der von den Päpsten des zwanzigsten Jahrhunderts angeführt wird." Der „weiß gekleidete Bischof", den die Kinder von Schüssen getroffen sehen, sei Papst Johannes Paul II.[675] Etwas über einen Monat später wurde der vollständige Text des dritten Teiles des Geheimnisses, der von Schwester Lucia ursprünglich in den 1940er Jahren niedergeschrieben wurde, vom Heiligen Stuhl veröffentlicht, zusammen mit einem Kommentar des damaligen Kardinals Joseph Ratzinger.[676]

Die Bedeutung Fatimas im Leben der Kirche wurde noch mehr durch den marianischen Weiheakt des Heiligen Vaters am 8. Oktober 2000 bestätigt, mit dem er das dritte Jahrtausend Maria anvertraute.[677] Die Statue Unserer Lieben Frau von Fatima in der Capelinha wurde wiederum eigens zu diesem Anlass nach Rom gebracht, ein Schritt, der im Jubiläumsjahr 2000 von besonderer

---

675 http://www.vatican.va/holy_father/john_paul_ii/travels/documents/hf_jp-ii_spe_20000513_sodano-fatima_ge.html.

676 http://www.vatican.va/roman_curia/congregations/cfaith/documents/rc_con_cfaith_doc_20000626_message-fatima_ge.html.

677 http://www.vatican.va/holy_father/john_paul_ii/homilies/2000/documents/hf_jp-ii_hom_20001008_act-entrustment-mary_ge.html.

symbolischer Bedeutung war. Ebenso wie im Falle der kollegialen Weihe von 1984 wurden alle Bischöfe eingeladen, sich in diesem neuen marianischen Weiheakt mit ihm zu vereinigen. Diese Entwicklungen, nämlich die Seligsprechungen, die Veröffentlichung des dritten Teils des Geheimnisses und die Weihe des dritten Jahrtausends an Unsere Liebe Frau, zeigen also, dass Fatima eine zentrale Position im Leben der Kirche im neuen Jahrhundert angenommen hat, eine Position, die an Stärke nur noch zunehmen kann.

Es ist klar, dass die Botschaft von Fatima nicht auf einen Zeitraum beschränkt war, sondern sich vielmehr im Laufe des 20. Jahrhunderts weiterentwickelt hat und in der Tat noch nicht abgeschlossen ist. Die Konsequenzen der Botschaft von Fatima müssen im 21. Jahrhundert von der Gesamtkirche erst noch aufgegriffen und umgesetzt werden.[678]

Papst Benedikt XVI. in Fatima

Dies wurde in den neuerlichen Bemerkungen von Papst Benedikt XVI. während seiner Apostolischen Reise im Mai 2010 nach Fatima anlässlich der Feierlichkeiten zum zehnten Jahrestag der Seligsprechung von Jacinta und Francisco Marto deutlich. Sogar auf dem Flug nach Lissabon am 11. Mai 2010 betonte der Papst die entscheidende Bedeutung Fatimas für die Kirche: „Ich möchte zunächst meine Freude über die Reise nach Fatima zum Ausdruck bringen und darüber, vor der Muttergottes von Fatima zu beten, die für uns … *eine Botschaft für die ganze Welt* hat, und die die Geschichte gerade auch in ihrem Heute berührt und diese Geschichte erleuchtet."

Und zum dritten Teil des Geheimnisses von Fatima sagte er: „So … werden auch hier über die große Vision des Leidens des Papstes hinaus, die wir in erster Linie auf Papst Johannes Paul II. be-

---

[678] Foley, *Marian Apparitions, the Bible, and the Modern World,* S. 362-366.

ziehen können, Realitäten *der Zukunft der Kirche* aufgezeigt, die sich nach und nach entfalten und zeigen."[679]

Im Rahmen seiner Predigt während der Messfeier in Fatima am 13. Mai, dem 93. Jahrestag der ersten Erscheinung Unserer Lieben Frau sagte er: „Ich bin nach Fatima gekommen, weil die pilgernde Kirche, die ihr Sohn als Werkzeug der Evangelisierung und Sakrament des Heils stiften wollte, am heutigen Tag *an diesem Ort zusammenströmt.*" Im weiteren Verlauf prägte er den Satz: „Wer glaubt, dass die prophetische Mission Fatimas beendet sei, der irrt sich", bevor er mit diesen Worten schloss: „Möge in den sieben Jahren, die uns noch vom hundertsten Jahrestag der Erscheinungen trennen, der angekündigte Triumph des Unbefleckten Herzens Mariens zu Ehren der Allerheiligsten Dreifaltigkeit näherkommen."[680]

Beachten wir, dass Papst Benedikt von Fatima als einer „Botschaft für die ganze Welt" sprach, in der es um die „Zukunft der Kirche" geht. Diese überschwängliche Unterstützung möge man nun mit der zögerlichen und ratlosen Haltung der Kirche gegenüber Medjugorje im Laufe der letzten Jahre vergleichen.

Im November 2010 wurde ein Interview in Buchlänge mit Papst Benedikt XVI., das von dem Journalisten Peter Seewald geführt worden war, veröffentlicht. Hierin ging der Papst auf Fragen von Seewald ein, die z. T. sehr umstrittene Themen berührten. Das Buch enthält ein Kapitel mit der Überschrift: „Maria und die Botschaft von Fatima", und hierin legt der Papst seine Gedanken nicht nur über Fatima, sondern auch über die Bedeutung der Marienverehrung für die Kirche im Allgemeinen dar. So bemerkt er beispielsweise in Bezug auf die Mutter Gottes: „Und immer wieder hat Gott sie in der Geschichte hindurch als das Licht benutzt,

---

679 http://www.vatican.va/holy_father/benedict_xvi/speeches/2010/may/documents/hf_ben-xvi_spe_20100511_portogallo-interview_ge.html, *Hervorhebungen ergänzt.*

680 *„Heilige Messe im Heiligtum von Fatima. Predigt von Papst Benedikt XVI.";* http://www.zenit.org/article-20533?l=german.

durch das Er uns zu sich selber hinführt.“ Er führt Guadalupe in Mexiko und seine jüngsten Erfahrungen während seiner Pilgerfahrt nach Fatima im Mai 2010 an, um diese Äußerung zu veranschaulichen.[681]

Im Lichte alles dessen war es recht erbärmlich, sehen zu müssen, wie manche für Medjugorje eintretende Netzpräsenzen die Bemerkungen des Papstes während seiner Generalaudienz am 1. Dezember 2010 aufgriffen, als er inmitten von Grüßen an verschiedene Pilgergruppen kroatische Pilger und insbesondere die Gläubigen aus der Pfarrei St. Jakobus in Medjugorje ansprach.[682] Es ist allerdings klar, dass es sich hierbei lediglich um brüderliche Grüße handelte, die an sämtliche genannten Gruppen gerichtet wurden und die nicht als Anerkennung des Phänomens Medjugorje selbst gewertet werden können.

Ist Medjugorje eine Fortsetzung von Fatima?

Trotz dieses Mangels an jeglichem offiziellen kirchlichen Enthusiasmus für Medjugorje haben einige von dessen Anhängern behauptet, dass es eine Fortsetzung von Fatima sei.[683] Wenn dies aber der Fall ist, warum findet sich in den Botschaften praktisch keine Erwähnung des Unbefleckten Herzens Mariens? Zu diesem wollte Gott die Andacht in der Welt begründen, wie Unsere Liebe Frau am 13. Juli 1917 Lucia mitteilte. Die Realität ist, dass es gemäß der Lehre, den Taten und dem Vorbild des sel. Papstes Johannes Pauls II. – und heute von Papst Benedikt XVI. – nur eine Fortsetzung von Fatima geben kann, nämlich eine freiwillige Erfüllung der Bitten Unserer Lieben Frau, bis die Welt den Triumph ihres Unbefleckten Herzens erlebt, der nach ihrem Versprechen am Ende kommen wird.

---

681 Benedikt XVI., *Licht der Welt*, S. 192.
682 Vgl. http://www.vatican.va/holy_father/benedict_xvi/audiences/2010/documents/hf_ben-xvi_aud_20101201_hr.html.
683 Siehe z. B. Nolan, *Medjugorje: A Time for Truth,* passim.

Es trifft sicherlich zu, dass die Botschaften von Medjugorje beiläufig einige der wichtigeren Themen von Fatima erwähnen, darunter die Notwendigkeit des Rosenkranzgebets. Doch solche wesentlichen Dinge gehen in der schieren Überfülle an fragwürdigen, banalen und endlos wiederholenden Botschaften schlichtweg unter. Somit ist es gänzlich falsch, Medjugorje so zu betrachten, als habe es irgendeinen echten Zusammenhang mit Fatima.
Zur Veranschaulichung dessen sei erwähnt, dass eine niederländische Dame, Frau Hildegard Alles, die über Gerüchte besorgt war, dass Schwester Lucia Botschaften von Unserer Lieben Frau über das habe, was diese angeblich in Medjugorje getan habe, 1998 an den Bischof von Fatima schrieb und ihn um eine Stellungnahme bat. Dieser Brief wurde an Dr. Luciano Cristino, den Direktor der SESDI [Abteilung für Studien und Publikationen] im Heiligtum Fatima weitergegeben, der antwortete, dass eine solche Behauptung „völlig falsch" sei.
Dieser Punkt, dass Schwester Lucia keine himmlischen Offenbarungen empfing, sei es betreffs Medjugorje oder anderweitig, wurde im Dezember 2001 abermals betont. Damals wurde im Zusammenhang mit der Veröffentlichung des dritten Teils des Geheimnisses von Fatima bekannt gegeben, dass Schwester Lucia mit dem damaligen Erzbischof Bertone, dem Sekretär der Kongregation für die Glaubenslehre zusammengetroffen sei und unter anderem gesagt habe: „Wenn ich neue Offenbarungen empfangen hätte, dann hätte ich niemandem davon erzählt, sondern sie direkt dem Heiligen Vater mitgeteilt."[684]
Allerdings sieht es danach aus, dass Schwester Lucia einige Zeit nach der kollegialen Weihe von 1984 eine direkte Offenbarung vom Himmel empfing, die bestätigte, dass die Weihe korrekt vollzogen worden sei. In einem Interview sprach der damalige Erzbischof und heutige Kardinal von einer „Erscheinung, in welcher die Jungfrau Schwester Lucia zeigte, dass sie die Weihe der

[684] SESDI, 1J5.1/11.209, 1998 11 10, 5938; CWNews.com, Vatikan, 20. Dezember 2001.

Welt und Russlands an ihr Unbeflecktes Herz durch Johannes Paul II. angenommen habe und damit zufrieden sei." In der Tat stellte Schwester Lucia in der oben erwähnten Begegnung von 2001 selbst fest: „Ich habe bereits gesagt, dass die Weihe, die Unsere Liebe Frau wünscht, im Jahr 1984 vollzogen und im Himmel angenommen wurde."

Der Kardinal beteuerte abermals die von manchen angezweifelte Tatsache, dass der vollständige Text des dritten Teils des Geheimnisses von Fatima im Jahr 2000 geoffenbart worden sei und sagte: „Ich bestreite absolut, dass das vollständige Geheimnis nicht geoffenbart worden sei … Ich brachte den Text zu Schwester Lucia, … und [sie] rief aus: ‚Dies ist mein Text, dies sind meine Seiten, dies ist mein Umschlag, und dies ist meine Schrift. Es gibt nichts anderes.' "[685] Dies war auch die Position von Kardinal Ratzinger in seinem theologischen Kommentar, wo er ganz kategorisch feststellt, dass der dritte Teil des Geheimnisses „hier erstmals ungekürzt veröffentlicht"[686] werde.

Die folgende Botschaft von Medjugorje, die Fatima ausdrücklich erwähnt, datiert vom 25. August 1991: „Liebe Kinder! … Ich rufe euch zur Entsagung für neun Tage auf, so dass mit eurer Hilfe alles verwirklicht werde, was ich durch die Geheimnisse, die ich in Fatima begonnen habe, verwirklichen möchte. … Danke, dass ihr meinem Ruf gefolgt seid!"[687]

Diese Botschaft ist schon für sich genommen ein deutliches Anzeichen dafür, dass Medjugorje falsch ist. Wir finden darin einfach keine ausdrückliche Bezugnahme auf andere anerkannte, echte, historische Marienerscheinungen.

---

685 *Inside the Vatican,* Dezember 2004, S. 39; CWNews.com, Vatikan, 20. Dezember 2001; vgl. Apostoli, *Fatima for Today*, S. 263-268.

686 http://www.vatican.va/roman_curia/congregations/cfaith/documents/rc_con_cfaith_doc_20000626_message-fatima_ge.html; vgl. Benedikt XVI., *Licht der Welt*, S. 193.

687 http://www.gebetsaktion.at/botschaften/monats.php?dJahr=1991.

Wichtig ist festzuhalten, dass die Gottesmutter bereits in der Erscheinung in Fatima im Juli 1917 die Weihe Russlands an das Unbefleckte Herz Mariens und die Andacht der fünf Herz-Mariä-Sühnesamstage als jene Mittel miteinander verknüpfte, durch die mannigfaltiges Unheil verhindert und der Welt Frieden gebracht werden kann. Nachdem sie die Probleme genannt hatte, mit denen die Kirche in der Welt konfrontiert ist, sagte sie ausdrücklich: „Um das zu verhüten, werde ich kommen, um die Weihe Russlands an mein Unbeflecktes Herz und die Sühnekommunion an den ersten Samstagen zu fordern."
Wir haben uns die Erscheinung der Gottesmutter an Schwester Lucia im Dezember 1925 angesehen, bei der sie zu ihr über die Andacht der fünf Herz-Mariä-Sühnesamstage sprach und mit dieser ihr Versprechen verband,

> „all jenen in der Todesstunde mit allen Gnaden, die für das Heil dieser Seelen notwendig sind, beizustehen, die fünf Monate lang jeweils am ersten Samstag beichten, die heilige Kommunion empfangen, einen Rosenkranz beten und mir während 15 Minuten durch Betrachtung der 15 Rosenkranzgeheimnisse Gesellschaft leisten in der Absicht, mir dadurch Sühne zu leisten."

Es liegt auch noch der Brief vor, den Schwester Lucia 1930 an ihren Beichtvater schrieb und in dem es heißt:

> Der Liebe Gott verspricht, der Verfolgung in Russland ein Ende zu machen, wenn der Heilige Vater einen öffentlichen und feierlichen Akt der Wiedergutmachung und der Weihe Russlands an die Heiligsten Herzen Jesu und Mariens durchzuführen sich würdigt und ebenfalls den Bischöfen der katholischen Welt durchzuführen vorschreibt, und wenn Seine Heiligkeit verspricht, die Übung der oben angegebenen Sühneandacht aufgrund des Endes dieser Verfolgung anzuerkennen und zu empfehlen.[688]

[688] Kondor, *Schwester Lucia spricht über Fatima I,* S. 206; Gérard R. Mura/Martin A. Huber, *Fatima – Rom – Moskau. Durch die Weihe Russlands zum Triumph Mariens,* Stuttgart: Sarto Verlag, 2010, S. 439.

Es ist äußerst wichtig, den expliziten Zusammenhang zwischen der Weihe Russlands und der Andacht der fünf Herz-Mariä-Sühnesamstage zu beachten. Allerdings sieht es nicht so aus, als ob viele in der Kirche sich dessen tatsächlich bewusst wären. Die aktive Verfolgung der Christen in Russland ist nunmehr vorbei, wenngleich niemand behauptet, dass das Leben dort leicht sei oder dass keine Vergehen gegen die Menschenrechte vorkämen. Die Verfolgung als staatlich geförderte Maßnahme hat jedoch aufgehört.

Es hat also den Anschein, dass die von Maria versprochene, volle Bekehrung Russlands nicht eintreten wird, solange diese Sühneandacht der fünf Herz-Mariä-Sühnesamstage nicht weithin bekannt ist und praktiziert wird. Der sel. Johannes Paul II. gab uns ein Beispiel für die Erfüllung der Bitten Unserer Lieben Frau in einem noch nie da gewesenen Ausmaß, und jetzt sieht es so aus, dass eine Reaktion von der ganzen Kirche gefordert wäre.

Wenn die Andacht der fünf Herz-Mariä-Sühnesamstage in der ganzen Kirche richtig eingeführt und umgesetzt würde, mit voller Unterstützung durch den Papst und alle Bischöfen, so hätte sie tiefgreifende Auswirkungen. Nicht nur stellte sie eine große Ermutigung zum häufigen Empfang der Sakramente, der primären Gnadenquellen, dar, sondern würde Katholiken durch ihre Verheißung der Gnade der Beharrlichkeit bis ans Ende auch eine Vergewisserung des ewigen Heils geben. Große Gnaden, die Gott für die Kirche bereithält, würden zweifelsohne ausgegossen, wenn große Scharen von Katholiken sich diese Andacht wirklich zu Herzen nähmen. Wäre es zu viel verlangt, wenn man glaubte, dass, gleichwie die kollegiale Weihe zum Zusammenbruch des Kommunismus in Russland führte, also ach die weitverbreitete Umsetzung der Andacht der fünf Herz-Mariä-Sühnesamstage sowohl zur Bekehrung Russlands als auch zu einer großen Erweckung für die Kirche im Westen führen könnte?

Während die Andacht der fünf Herz-Mariä-Sühnesamstage insbesondere für Priester und Laien gedacht ist, richtete sich die Aufforderung zur kollegialen Weihe speziell an den Papst und die Bischöfe in Vereinigung mit ihm. Beide Aspekte laden also zusammen alle Glieder des Gottesvolkes ein, ihre jeweilige Rolle bei der Erfüllung der Bitten Unserer Lieben Frau von Fatima zu spielen.

Somit ist die Andacht der fünf Herz-Mariä-Sühnesamstage eines der „fehlenden Glieder" in der Umsetzung der Botschaft von Fatima, und ihre Annahme wäre weitaus wichtiger, als man es sich bislang bewusst gemacht hat. In der Tat ist dazu nichts Geringeres notwendig als eine weltweite Bewegung, die diese Andacht verbreitet, nach den Prinzipien der Bewegung der Göttlichen Barmherzigkeit. Doch anstatt dass dies geschehen ist, sind die Energien sehr vieler wohlmeinender Katholiken in die Propaganda für Medjugorje fehlgeleitet worden, welches somit zu einem gravierenden Hindernis für eine echte Erneuerung der ganzen Kirche geworden ist.

Während der Erscheinung im Juni 1917 teilte Unsere Liebe Frau Lucia mit, dass sie, im Unterschied zu Jacinta und Francisco, die „bald" in den Himmel kämen, „noch einige Zeit hier" bleiben müsse. Der Grund dafür war, dass Jesus „auf Erden die Verehrung" ihres „Unbefleckten Herzens begründen" wollte. Dann fuhr die Gottesmutter fort: „Wer sie annimmt, dem verspreche ich das Heil, und diese Seelen werden von Gott geliebt wie Blumen, die von mir hingestellt sind, um Seinen Thron zu schmücken."[689]

Dieses Versprechen des Heils ist für jeden ohne Ausnahme, und wie oben gezeigt, ist die Andacht der fünf Herz-Mariä-Sühnesamstage ein integraler Bestandteil der Botschaft von Fatima, den die Kirche, in erster Linie in den Personen ihrer Priester und Laien, jetzt voller Begeisterung annehmen und verbreiten sollten. Wenn dies geschieht, dann können wir ein neues marianisches Zeitalter und eine wunderbare Wiedergeburt für die Kirche erwarten. Dies alles wird schließlich den lange erwarteten Triumph des Unbefleckten Herzens Mariens herbeiführen.

---

[689] Kondor, *Schwester Lucia spricht über Fatima I,* S. 188.

25. Medjugorje: Ein Dauerproblem für die Kirche

Einige Schlussfolgerungen

Wir haben also den historischen Hintergrund zu Medjugorje betrachtet und gesehen, wie die langwierige Auseinandersetzung zwischen den Franziskanern der Herzegowina auf der einen Seite und den Ortsbischöfen und dem Vatikan auf der anderen Seite einer der Schlüssel für das Verständnis der Frage ist, warum Medjugorje zu einem solchen Problem für die Kirche geworden ist. Außerdem haben wir gesehen, wie die Verbindung zwischen der Charismatischen Bewegung und den Visionen ihre Akzeptanz bei vielen Katholiken erleichtert hat, trotz der Tatsache, dass es keine kirchliche Anerkennung für Medjugorje gibt. Ebenso haben wir die entscheidende Rolle analysiert, die Abbé René Laurentin für die Verbreitung der Visionen spielte, aber auch die Wirkung der zahlreichen für Medjugorje eintretenden Bücher. Eine Kombination aus diesen und weiteren Faktoren hat Medjugorje seine gegenwärtige Beliebtheit garantiert, trotz der schwerwiegenden Probleme, denen der Glaube an die Echtheit der „Erscheinungen" und „Botschaften" ausgesetzt ist.

Wir haben auch gesehen, dass sowohl der Inhalt der Visionen selbst als auch die Aktivitäten der Seher alles andere als zufriedenstellend waren oder sind. Die frühen Darstellungen über Medjugorje basierten zumeist auf späten Interviews, während das Primärquellenmaterial, die Protokolle der höchst aufschlussreichen Tonbänder, die während etwa der ersten Woche der Visionen erstellt wurden, größtenteils ignoriert worden ist. Diese Tonbandprotokolle zeigen, dass, was auch immer die Seher in dieser Phase sahen, es nicht die Gottesmutter war. Außerdem offenbaren sie auch, dass es keine echte Botschaft von der „Gospa" gab und dass die Visionen eigentlich sehr bald ein Ende finden sollten.

Es ist auch nachgewiesen worden, dass die häufig für die Visionen vorgebrachten Argumente ohne echte Grundlage sind und dass die wortreichen und sich wiederholenden Botschaften fast keinen Bezug zu demjenigen haben, was die Gottesmutter früher während ihrer anerkannten Erscheinungen sagte. Ebenso sind die Belege für Wunderheilungen und andere angeblich übernatürliche Ereignisse in Medjugorje beurteilt und als mangelhaft zurückgewiesen worden. Die Aktivitäten einiger der in Medjugorje engagierten Franziskaner waren leider sehr unerbaulich, während die schreckliche Gewalt, die in und um Medjugorje in den frühen Neunziger Jahren um sich griff, als kaum Pilger zugegen waren, sicherlich nicht hätte stattfinden können, wenn dort wirklich Unsere Liebe Frau erschienen wäre.

Obgleich wir zugeben müssen, dass manche guten Früchte aus Medjugorje erwachsen sind, konnten wir zeigen, dass diese nicht als das alleinige Kriterium zur Beurteilung der Echtheit der Visionen dienen können. Ebenso wenig ist die Tatsache, dass Medjugorje von so vielen Katholiken akzeptiert worden ist, für sich genommen ein Argument für die Authentizität. Wir durchleben immer noch die Unruhen, welche die Kirche seit den 60er Jahren heimsuchen, und vor diesem verwirrten und bewegten Hintergrund muss die Popularität Medjugorjes beurteilt werden.

Mary Craig schreibt, dass Pater Zovko am 30. Juni 1981, eine Woche nach dem Beginn der Visionen, den Patres Tomislav Pervan und Ivan Dugandžić gegenüber zugegeben habe, dass es „schrecklich" wäre, wenn in Zukunft „Zeitungsschlagzeilen verkünden sollten, dass zwanzig-, dreißig-, vielleicht sogar fünfzigtausend Menschen auf unserem kahlen und unfruchtbaren Bergabhang Opfer einer Täuschung geworden seien"[690].

Tatsächlich ist es so, dass Pater Zovkos Warnung sich dreißig Jahre später offenbar erhärtet hat, nur dass er die Zahlen der Betroffenen stark unterschätzte.

---

[690] Craig, *Spark from Heaven*, S. 71.

Dies ist also die Situation, mit der die Kirche und die Päpste dreißig Jahre nach dem Beginn der Visionen im Jahr 1981 konfrontiert sind. Wie wir sahen, deutet nichts in den offiziellen Verlautbarungen der Kirche auf eine Anerkennung für Medjugorje hin; es ist vielmehr als ein Dauerproblem gewertet worden.
Die Kirche im Westen hat sich immer noch nicht von den Nachwirkungen der Kulturrevolution erholt, die sie im Gefolge des Zweiten Vatikanums zu überwältigen drohte. Die Katechese ist weithin zusammengebrochen, und die Folge ist, dass sehr viele Katholiken schlecht im Glauben unterrichtet sind und zu einer leichten Beute für solche werden, die sich in der Verbreitung verdächtiger Visionen betätigen. Ebenso hat der Verlust des Gespürs für das Heilige, der sich infolge der Veränderungen in der Liturgie einstellte, viele Katholiken anderswo spirituellen Zuspruch suchen lassen. Außerdem haben einflussreiche Theologen insofern eine wichtige Rolle gespielt, als sie den fragwürdigen Visionen von Medjugorje ein gewisses Ansehen und einen Massenanreiz verliehen. Dies sind wahrscheinlich die Hauptursachen, weshalb Medjugorje einen solch tiefgreifenden Einfluss auf die Kirche ausüben konnte, und sie deuten bereits die Schwierigkeiten an, vor denen der Heilige Stuhl im praktischen Umgang damit und in der Formulierung eines Urteils steht.

Die Position Papst Johannes Pauls II.

In der Tat befand sich Papst Johannes Paul II. in einer ganz ähnlichen Situation wie derjenigen, die Christus im Gleichnis vom Unkraut unter dem Weizen (Mt 13,24-30) beschreibt:

> Ein anderes Gleichnis legte er ihnen vor und sprach: „Das Himmelreich ist gleich einem Menschen, der guten Samen auf seinen Acker säte. Als aber die Leute schliefen, kam sein Feind, säte Unkraut mitten unter den Weizen und ging davon. Als nun die Saat wuchs und Frucht ansetzte, da erschien auch das Unkraut. Da traten die Knechte des Hausherrn herzu und sagten zu ihm: Herr, hast du nicht guten Samen auf deinen Acker gesät? Woher hat er denn das Unkraut? Er sprach zu

ihnen: Ein feindseliger Mensch hat das getan. Die Knechte aber sagten zu ihm: Willst du, dass wir hingehen und es sammeln? Er sprach: Nein; damit ihr nicht etwa, wenn ihr das Unkraut sammelt, mit ihm zugleich den Weizen herausreißt. Lasst beides zusammen wachsen bis zur Ernte, und zur Zeit der Ernte will ich zu den Schnittern sagen: Sammelt zuerst das Unkraut und bindet es in Büschel zum Verbrennen, den Weizen aber sammelt in meine Scheuer."

Papst Johannes Paul II. war der Hausherr, der – ungeachtet seiner persönlichen Privatmeinung – mit dem Unkraut von Medjugorje fertig werden musste, das auf dem Acker der Kirche angesät wurde. Die Pointe des Gleichnisses ist, dass zu Beginn, wenn sowohl das Unkraut als auch der Weizen aufsprießen, diese sehr schwer zu unterscheiden sind. Und so schienen am Anfang viele der mit Medjugorje im Zusammenhang stehenden Zeichen gut zu sein. Somit musste man dem Saatgut Zeit zur Entwicklung geben. Doch nachdem ihm diese Zeit gegeben worden ist, kann man heute ganz klar feststellen, dass das Unkraut nichts anderes als Unkraut ist. Es wuchs und droht nun die gute Saat zu überwuchern, nämlich die Botschaft von Fatima sowie viele andere wichtige Aspekte im Leben und in der Mission der Kirche. Leider erweist sich Medjugorje als eine langlebige Pflanze, und es sieht nicht danach aus, als würde sie von sich aus verwelken; vielmehr wird irgendeine negative Erklärung, die von den höchsten Rängen der Kirche kommt, notwendig sein. Es naht aber die „Ernte" heran, der Zeitpunkt, da Medjugorje aus der Kirche wird herausgerissen werden müssen, ungeachtet der Schwierigkeiten, die dies mit sich bringen mag.

Michael Davies schreibt zu diesem Dilemma:

Es hat den Anschein, dass der Vatikan seine Bekanntgabe, dass nichts Übernatürliches in Medjugorje geschehen sei, aus Furcht vor der Reaktion unter dessen Anhängern hinauszögert. Je länger die Bekanntgabe aber verschoben wird, die unweigerlich kommen muss, desto größer wird die Zahl jener Anhänger und desto größer ihre Enttäuschung sein. Wenn die Bekanntgabe kommt, wird die Kirche viele Seelen verlieren, da sie die Autorität falscher Botschaften der Autorität des Lehramtes vorziehen werden.[691]

Zugleich muss auch die gute Saat geschützt und gefördert werden, d. h., die Botschaft von Fatima muss in der ganzen Kirche noch stärker verkündigt werden. Während angebliche Erscheinungsorte wie Medjugorje weiterhin große Menschenmassen anziehen, vernachlässigen gewöhnliche Katholiken Fatima, trotz der Tatsache, dass es eine beispiellose Anerkennung seitens der Kirche erfahren hat.

Die Wahrheit von Fatima und die Probleme mit Medjugorje

Wie wir oben sahen, wurde die Wahrheit und Kraft der Botschaft von Fatima im Laufe der Jahre ganz deutlich. Aber trotz alledem und dem vollständigen Fehlen einer offiziellen Unterstützung für Medjugorje erfährt letzteres bis heute geheimnisvollerweise sehr viel Unterstützung unter Katholiken.

Wenn Medjugorje nicht mehr als eine Serie von falsche Visionen war, dann ist die Kirche stabil genug, um damit fertig zu werden. In der ganzen Kirchengeschichte hat es falsche Visionen und falsche Seher gegeben, und doch werden diese früher oder später offenbar, und es werden Abhilfemaßnahmen getroffen. Es ist wahr, dass seit nunmehr dreißig Jahren Millionen von Menschen dahingehend irregeführt worden sind, dass sie Medjugorje gutgläubig annahmen, doch im pastoralen Sinne kann dieser Schaden im Laufe der Zeit wieder wettgemacht werden. Medjugorje ist aber viel mehr als eine vorübergehende Schwierigkeit, die gegen wenig Widerstand oder schlechte Nachwirkungen einfach abgeschüttelt werden kann. Tatsache ist, dass es insofern eine sehr schädliche Rolle gespielt hat, als es Katholiken von Fatima ablenkte. Der Leser könnte sich nun fragen: Ist Fatima denn wirklich so entscheidend? Und die Antwort darauf ist ein ganz klares Ja, denn es ist so lebenswichtig. Es stellt ein beispielloses Eingrei-

[691] Davies, *Medjugorje After Fifteen Years,* S. 69.

fen auf Seiten der Gottesmutter dar, mit dem sie einer Welt, die in zunehmendem Maße das Evangelium vom ewigen Heil leugnet und verwirft, wieder zu Christus führen möchte, wie sie es uns in Fatima kundtat. Die Auswirkungen von Fatima sind auch fast ein Jahrhundert nach den ersten Erscheinungen noch zu spüren, und seine Botschaft wird auch in vielen weiteren Jahrzehnten noch von großer Bedeutung sein.

Während der Erscheinung im Juli 1917 teilte Unsere Liebe Frau den Seherkindern im Rahmen des Geheimnisses mit: „Am Ende aber wird mein Unbeflecktes Herz triumphieren … und eine Zeit des Friedens wird der Welt geschenkt werden.“ Dies ist ein äußerst komplexer Gegenstand;[692] es sei lediglich darauf hingewiesen, dass die realistischste Interpretation dieser Worte in ihnen eine Prophetie eines weltweiten Triumphes für die Kirche und einer Zeit des globalen Friedens sieht. Wir brauchen uns nur umzuschauen, um zu sehen, wie viele bewaffnete Konflikte toben, Konflikte, die oftmals historisch tiefverwurzelt sind und die, menschlich gesprochen, keine Lösung zuzulassen scheinen. Die Gefahr weiterer Gewalt ist immer vorhanden, und es ist schwer nachvollziehbar, wie es einen echten Frieden in der Welt geben soll, wenn nicht eine große Veränderung in der heutigen Denkweise eintritt. Gleichwie das Wachstum der Christenheit im Mittelalter ein noch unvollkommenes Beispiel für die Weise war, wie eine auf dem Katholizismus basierende Gesellschaft gelebt werden konnte, so sollten auch wir nach einer neuen Christenheit, einer neuen „Zivilisation der Liebe“, einer weltweiten, auf der Lehre der Kirche beruhenden Zivilisation Ausschau halten, wie Papst Johannes Paul II. sie während seines Pontifikats verkündete.

---

[692] Siehe z. B. Johnston, *Fatima: The Great Sign*, passim, für nähere Einzelheiten zu diesem Thema.

Wenn der Triumph des Unbefleckten Herzens Mariens nicht mehr als ein Zusammenflicken des gegenwärtigen Systems sein wird, so dass es sich irgendwie dahinschleppen kann, dann wäre er ein sehr armseliger Triumph. Wir sprechen hier von einer radikalen Umgestaltung der Welt, denn ansonsten wäre der Gebrauch des Wortes „Triumph" völlig unangemessen. Und es dürfte auch offensichtlich sein, dass ein solcher Triumph nicht über Nacht geschehen wird. Die tiefverwurzelten Probleme, die gegenwärtig die Welt erschüttern, werden wohl kaum in einem oder zwei Jahrzehnten gelöst werden.

Dieser Gedanke, dass der Triumph des Unbefleckten Herzens Mariens von weltweiter Bedeutung sein wird, ist in den Schriften einiger bekannter marianischer Heiliger klar vorhanden.

Der hl. Ludwig Maria Grignion von Montfort, der Verfasser des berühmten *Goldenen Buches*, schrieb im frühen 18. Jahrhundert über die großen Heiligen der letzten Zeiten, welche „*die ganze Welt* durch Wort und Beispiel zur wahren Andacht zu Maria anleiten" werden. Er schrieb auch, man dürfe davon überzeugt sein, dass Gott „gegen das Ende der Zeiten … große, vom Hl. Geiste und vom Geiste Mariae erfüllte Männer erwecken wird, denen Maria die Gnade vermitteln wird, große Wunder in der Welt zu wirken, um die Sünde zu zerstören und das Reich Jesu Christi, ihres Sohnes, auf dem zertrümmerten Reich der verdorbenen Welt wiederherzustellen."[693]

Nebenbei sei erwähnt, dass diese Prophetie die oben getätigte Äußerung über die Bekehrung Russlands nur bekräftigt, d. h., dass diese nicht geschehen wird, solange nicht genügend apostolische Arbeiter auf Erden sind, die sie herbeiführen, vielleicht sogar, indem sie zu diesem Zweck Wunder wirken. Russland wird sicher nicht in einem religiösen Vakuum bekehrt werden. Der hl. Ludwig sagte tatsächlich, dass die *ganze Welt* zu Maria hingezogen

---

693 Von Montfort, *Das Goldene Buch,* S. 31, Hervorhebung ergänzt; S. 246.

werde, aber auch, dass dies nicht ohne sehr viel heroische Evangelisierungsarbeit vonstatten gehen werde.

Vor ihrem Tode im Jahr 1876 machte die hl. Catherine Labouré, die Seherin der Rue du Bac in Paris, die folgende faszinierende Voraussage, die gewiss mit dem Worten Unserer Lieben Frau in Fatima übereinzustimmen scheint: „Oh, wie wunderbar wird es sein, dann zu hören: ‚Maria ist die Königin des Universums …‘ Es wird eine Zeit des Friedens, der Freude und der Glückseligkeit sein, die lange währen wird; sie wird wie ein Banner vorangetragen, und sie wird siegreich durch die Lande ziehen.“[694]

Ebenso wirft offenbar einer der berühmtesten prophetischen Träume des hl. Don Bosco ein Licht auf den Triumph des Unbefleckten Herzens Mariens. Dieser berühmte Erzieher aus dem 19. Jahrhundert, der Gründer der Gesellschaft des hl. Franz von Sales (Salesianer Don Boscos), erzählte seinen Schülern recht häufig die Details seiner geheimnisvollen Träume, von denen einer offenbar die Zukunft des Papsttums und der Kirche betraf. Er sah die katholische Kirche als ein großes Schiff, mit einem zukünftigen Papst als ihrem Kapitän inmitten der Stürme. Er wurde immer mehr von glaubensfeindlichen Kräften angegriffen, als andere Boote, die Verfolgungen aller Art darstellten, im Begriff standen, sie zu zerstören. Doch im letzten Augenblick gelang es dem Papst, sein Schiff zwischen zwei großen Säulen hindurchzusteuern, wovon eine die Eucharistie und die andere die Gottesmutter darstellte, und dann kam für die Kirche und die Welt eine große Zeit des Friedens. Diese Prophetie knüpft sehr schön an die Botschaft von Fatima an, dass, nach Verfolgungen und der Anerkennung der zentralen Bedeutung Mariens und ihrer Verbindung mit der Eucharistie, der Welt eine Zeit des Friedens geschenkt werden wird.[695]

---

[694] Joseph Dirvin CM, *Saint Catherine Labouré of the Miraculous Medal*, Rockford: TAN Books and Publishers, 1984, S. 208.

[695] Siehe E. M. Brown (Hg.), *Dream, Visions and Prophecies of Don Bosco*, New Rochelle: Don Bosco Publications, 1986, S. 105-108, für nähere Einzelheiten zu diesem Traum.

In neuerer Zeit fasste der hl. Maximilian Kolbe, der große Märtyrer von Auschwitz, die Situation der Menschheit prägnant zusammen, als er sagte, dass sie „wahres Glück erst finden wird, wenn Maria Immaculata über die *ganze Welt* herrscht“[696].

Und diese Äußerung unterstreicht nur die Bedeutung von Fatima, denn, wie Erzbischof Fulton Sheen in seinem Buch *The World's First Love* bemerkte, das bereits 1952 erschien, ist die Tatsache, dass Unsere Liebe Frau gerade Fatima, einen Ort in Portugal mit einem solch auffallend muslimischen Namen, erwählte, gewiss von großer Bedeutung. Fatima war der Name der Lieblingstochter Mohammeds, und die Stadt erhielt ihren Namen während der Besatzungszeit Portugals unter den muslimischen Mauren. Muslime stellen ein Fünftel der Weltbevölkerung, und daher kann es eindeutig keinen Weltfrieden geben, ohne dass die Muslime daran wesentlichen Anteil hätten. Und da der Jungfrau Maria definitiv ein sehr bedeutungsvoller Platz im Koran eingeräumt wird, ist die Botschaft von Fatima von entscheidender Wichtigkeit bei der Evangelisierung der muslimischen Welt.

Auch die Tatsache, dass der Engel des Friedens, als er den Seherkindern von Fatima erschien, sie bat, in einer besonderen Weise zu beten, ist sicher bemerkenswert; er kniete nieder, verbeugte sein Haupt, bis seine Stirn den Boden berührte und nahm somit jene Gebetshaltung ein, die von vielen Muslimen favorisiert wird. Außerdem erscheinen Engel im Koran viele Male, und der Glaube an Engel ist im Islam sehr wichtig.

Erzbischof Sheen fragt: „… warum sollte sich die Gottesmutter … gerade in dem unbedeutenden kleinen Dorf Fatima geoffenbart haben, um allen künftigen Generationen als ‚Unsere Liebe Frau von Fatima‘ bekannt zu werden?“

Er beantwortet diese Frage so:

> „Da vom Himmel her nie etwas geschieht, ohne dass nicht auch alle Details einen Sinn ergeben, glaube ich, dass die Gottesmutter als „Un-

---

[696] Hl. Maximilian Kolbe, *The Crusade of Mary Immaculate,* Manchester: Crusade of Mary Immaculate Press, 2000, S. 66, *Hervorhebung ergänzt.*

sere Liebe Frau von Fatima" bekannt werden wollte, um den muslimischen Völkern ein Unterpfand und ein Hoffnungszeichen zu geben, mithin eine Zusicherung, dass auch sie, die ihr so viel Respekt erweisen, eines Tages ihren göttlichen Sohn annehmen werden.[697]

In der Tat sagte Papst Johannes Paul II. selbst in seinem Buch *Die Schwelle der Hoffnung überschreiten: „Christus wird durch ihre* [Mariens] *Mittlerschaft siegen, denn er will, dass die Siege der Kirche in der heutigen und zukünftigen Welt mit ihr verbunden werden.*"[698]

Fatima ist die Antwort

Eine echte Marienverehrung, so wie sie in der Botschaft von Fatima enthalten ist, entspricht tatsächlich in der vorhersehbaren Zukunft dem Plan Gottes für die ganze Kirche, und zwar insbesondere, wie wir sahen, hinsichtlich der Verbreitung der Andacht der fünf Herz-Mariä-Sühnesamstage. Schon allein deshalb ist sie von enormer Bedeutung.

Wenn wir aber auch das gerade Gesagte in Bezug auf die Wichtigkeit von Fatima für die Evangelisierung der muslimischen Welt berücksichtigen, zusätzlich zu unseren bisherigen Äußerungen über den engen Zusammenhang zwischen der Botschaft von Fatima und der Bekehrung Russlands und somit der vermutlichen zukünftigen Einheit zwischen der katholischen und den orthodoxen Kirchen, dann tritt die in Zukunft völlig unerlässliche Rolle von Fatima und allgemein der Marienfrömmigkeit in der Kirche sogar noch deutlicher hervor. Auch viele Anglikaner praktizieren

---

[697] Fulton Sheen, *The World's First Love*, New York: McGraw-Hill Book Company, Inc., 1952, S. 205-207, auch auf der URL: www.archive.org/details/worldsfirstlove013240mbp; vgl. Apostoli, *Fatima for Today*, S. 12, 23. [Anmerkung des Übersetzers: Vgl. vertiefend zu dieser Thematik die interessanten Studien von P. Thomas Jentzsch, *Fatima und der Halbmond. Bd. I: Eine Spurensuche*, Altötting: Sarto-Verlagsbuchhandlung, 2007; Ders., *Fatima und der Halbmond. Bd. II: Ephesus*, Stuttgart: Sarto Verlag, 2011.]

[698] Johannes Paul II., *Die Schwelle der Hoffnung überschreiten.* Aus dem Italienischen von Irene Esters, Bergisch Gladbach: Gustav Lübbe Verlag GmbH, ^{2}1996, S. 232, Hervorhebung im Original.

eine ausgeprägte Marienverehrung, und tatsächlich trägt das im Januar 2011 für jene Anglikaner in England und Wales errichtete Ordinariat, die in die volle Gemeinschaft mit der Kirche zurückkehren wollen, den offiziellen Namen „Personalordinariat Unserer Lieben Frau von Walsingham".

Und offensichtlich kann Fatima auch die Atheisten und die Ungläubigen heute genauso sehr ansprechen, wie dies zum Zeitpunkt des Sonnenwunders der Fall war.

Überdies sollte Fatima auch beim jüdischen Volk Anklang finden, da Schwester Lucia berichtete, dass sie in Fatima einen Stern am unteren Ende der Tunika Unserer Lieben Frau in Fatima gesehen habe. Dies ist mit der alttestamentlichen Geschichte der Königin Esther in Verbindung gebracht worden, deren Name „Stern" bedeutet. Sie griff am dreizehnten Tag des Monats ein, um das jüdische Volk zu retten, genauso wie Maria in Fatima am dreizehnten Tag jedes Monats zwischen dem Mai und Oktober 1917 erschien. [699] Zudem darf man nicht vergessen, dass die Gottesmutter Jüdin war und sie somit eine besondere Liebe und Fürsorge mit dem jüdischen Volk verbindet.

Außerdem war ein früheres Werk des Verfassers, *Marian Apparitions, the Bible, and the Modern World*, bemüht, einen typologischen Zusammenhang zwischen den großen anerkannten Marienerscheinungen und verschiedenen Ereignissen in der Bibel aufzuzeigen, die traditionell als Typen oder Vorbilder Mariens gesehen wurden. Somit sollte die Botschaft der approbierten Erscheinungen, insbesondere von Fatima, genauso auch jene Menschen ansprechen, welche die Bibel ernst nehmen, darunter orthodoxe Juden und evangelikale Protestanten.

Medjugorje richtet also dadurch, dass es die Botschaft von Fatima behindert, einen weitaus größeren Schaden an, als auf den ersten Blick ersichtlich ist. Es hemmt nicht nur die weltweite Verbreitung der Botschaft von Fatima unter Katholiken und unter Un-

---

699 Vgl. Thomas McGlynn, *Vision of Fatima*, London: Skeffington and Son, 1951, S. 53, und Francis Johnston, *Fatima: The Great Sign*, S. 9.

gläubigen, sondern es vereitelt indirekt auch zukünftige Bemühungen zur Evangelisierung und die Förderung der Einheit der Christen.
Dies alles soll natürlich nicht heißen, dass Fatima für sich allein ein Allheilmittel für alle Probleme in der Kirche wäre. Vielmehr sollte seine Botschaft als Bestandteil einer völligen Erneuerung des Katholizismus gesehen werden, welche die Evangelisierung, Katechese und so weiter umfasst. Bestimmte Faktoren bei dieser Erneuerung, wie die Bedeutung der Andacht der fünf Herz-Mariä-Sühnesamstage, sind aber sicher geradezu sträflich unterbewertet worden.
Zum Wohle der Kirche ist es also notwendig, dass eine echte und ordentlich geregelte Marienfrömmigkeit und deren Übung wieder feste Bestandteile des normalen katholischen Lebens werden. Genau dies wollte das Zweite Vatikanische Konzil mit seiner Lehre über Unsere Liebe Frau in Kapitel 8 von *Lumen Gentium* erreichen, das ganz klar ihren wichtigen Stellenwert in der Kirche unterstreicht. Und die beispiellosen marianischen Lehren von Papst Johannes Paul II. machen ebenfalls deutlich, dass die Kirche sich stärker auf die Rolle Mariens konzentrieren sollte, eine Rolle, die auch von Papst Benedikt XVI. betont worden ist.
Der echte Enthusiasmus und alle wirklichen Errungenschaften, die auf Medjugorje zurückzuführen sind, müssen dort, wo sie existieren, in die Hauptströmung des marianischen Katholizismus integriert werden. Dies bedeutet, dass die offenbar echten Bekehrungen und der gute geistliche Gewinn, der von Medjugorje herrührt – so zum Beispiel die vielen Menschen, die dort die Sakramente empfangen haben – irgendwie für die gewöhnlichen marianischen „Kanäle“ nutzbar gemacht werden müssen, die in der Kirche existieren, insbesondere jene, die im Zusammenhang mit Fatima stehen.
Wenn diese Form der Integration nicht geschieht, wird die Medjugorje-Bewegung die Gläubigen weiterhin von Fatima ablenken, so dass die Gefahr besteht, dass sie dem wahren Leben der Kirche sogar noch weiter entfremdet werden. Einige Anzeichen deuten darauf hin, dass dies bereits geschieht, insbesondere in Form

des Ungehorsams gegenüber der legitimen bischöflichen Autorität. Entweder die Kirche eignet sich die „guten Früchte“ von Medjugorje in der rechten Weise an, oder es besteht die Gefahr, dass sie sich in Gestalt von enthusiastischen Exzessen verflüchtigen oder schlimmstenfalls zur Bildung schismatischer oder gar häretischer Gruppen führen. In der Vergangenheit war es häufig der Fall, dass Gruppierungen, die mit den allerbesten Absichten begonnen hatten, immer mehr von der Normalität abwichen und in offener Opposition gegen die Kirche endeten, so dass dies, wie wir beim Montanismus gesehen haben, keineswegs ein weithergeholtes Szenario ist.

Bedauerlicherweise scheint heutzutage in Bezug auf Medjugorje gerade die Entwicklung einer sektiererischen oder sektenhaften Mentalität unter etlichen seiner Anhänger stattzufinden. Hierzu gehören offensichtlich *nicht* gewöhnliche Gläubige, die vielleicht ein- oder zweimal in Medjugorje gewesen sind, aber keine besonders ausgeprägte Affinität dazu haben. Vielmehr ist davon eine kleine, aber sehr lautstarke und einflussreiche Minderheit solcher Menschen betroffen, die zu glühenden Verfechtern Medjugorjes geworden sind (Bücher darüber schreiben, Pilgerfahrten dorthin organisieren oder in der einen oder anderen Weise finanziell Nutzen daraus ziehen), sowie Leute, die eine fanatische Bindung an Medjugorje entwickelt haben und keine diesbezügliche Kritik annehmen wollen, ganz gleich, wie fundiert diese sein mag.

Es gibt wohl Hunderte von Netzpräsenzen in der Welt, in vielen Sprachen, die Medjugorje gewidmet sind, gewiss zahlreiche Firmen, die Pilgerfahrten dorthin anbieten, und Hunderte von Büchern und anderen Medjugorje-Artikeln, die über Internetbuchhandlungen wie Amazon erhältlich sind. Außerdem ist in Medjugorje selbst ein ganzes Gewerbe entstanden, das sich der Bedürfnisse von Pilgern annimmt, und es werden in der Stadt Immobilien zum Verkauf angeboten. Es sind also maßgebliche Kreise in der einen oder anderen Weise von Medjugorje abhängig.

Was viele Medjugorje-Anhänger offenbar nicht erkennen, ist, dass sie mit ihrer Annahme der Visionen und der Seher letztlich allein dastehen. Anstatt dem bewährten und sicheren Weg der Botschaft von Fatima zu folgen, einer Botschaft, die seitens der Kirche eine überreiche Unterstützung erfahren hat, darunter eine Förderung durch alle Päpste seit Pius XII., und eine weitere Bestätigung durch die kollegiale Weihe im Jahr 1984 sowie die Seligsprechung von Jacinta und Francisco im Jahr 2000, folgen manche Leute lieber dem fremden Nebenweg des Glaubens an Medjugorje. An dieser Stelle lässt sich ein Vergleich anführen: Jemand muss spät nachts nach Hause zurück und hat die Wahl zwischen zwei Fußwegen. Der eine ist beleuchtet und sicher, aber recht lang, der andere ist zwar eine Abkürzung, führt aber über gefährliches Gelände, kommt ohne Straßenlampen aus und verläuft durch eine Gegend, die für ihre hohe Kriminalitätsrate berüchtigt ist. Zugegebenermaßen bedeutet die Abkürzung weniger Mühe, und sie mag sogar recht „spannend" sein, aber würde ein vernünftiger Mensch es im realen Leben wirklich riskieren, vom normalen Pfad abzuweichen und sich auf einen fremden und womöglich gefährlichen zu begeben? Es wäre töricht, ein derartiges Risiko auf sich zu nehmen, bloß um ein paar Minuten zu sparen, aber wie viel törichter wäre dies in geistlichen Dingen, die ewige Konsequenzen haben können?

Es sind Vorschläge dahingehend geäußert worden, dass selbst dann, wenn die Phänomene von Medjugorje nicht als übernatürlich anerkannt würden, es dennoch als eine Art „Gebetsstätte" eingerichtet werden sollte, die Pilger immer noch besuchen könnten. Manfred Hauke hebt jedoch in einem vor der Ankündigung der Errichtung der Internationalen Untersuchungskommission zu Medjugorje geführten Interview hervor, dass dieser Ansatz problematisch sei. Weiter bemerkte er dazu:

> Wenn eine neue Untersuchungskommission zur Erkenntnis gelangt, dass bestimmte mit dem Phänomen der Erscheinungen selbst unlösbar verbundene Merkmale gegen deren Echtheit sprechen, dann gebietet

die Liebe zur Wahrheit, dies auch mit aller Deutlichkeit kundzutun und die katholischen Christen vor der „Wallfahrt" nachdrücklich zu warnen.

Er warnte auch: „Wenn nicht endlich die Kirche selbst die Eiterbeule aufsticht, die mit Medjugorje verbunden ist, dann werden kirchenfeindliche Kreise dies besorgen, und zwar mit Wonne." Mit anderen Worten, sie und die Medien werden ihre eigenen Untersuchungen der verschiedenen Probleme und Skandale im Dunstkreis von Medjugorje durchführen und noch mehr für die Kirche unliebsame Fakten ans Licht der Öffentlichkeit zerren, so wie es im Zuge der Missbrauchskrise tatsächlich geschah.

Prof. Hauke weist auch auf die möglichen gefährlichen Folgen einer Fortdauer der kirchlichen Toleranz dem Medjugorje-Phänomen gegenüber hin. Dann nämlich „könnte die Duldsamkeit bezüglich der Medjugorje-Begeisterung zum Bumerang werden, der die Kirche von innen her angreift, dann nämlich, wenn die zuvor mit dem bosnischen ‚Wallfahrtsort' verbundenen und schließlich enttäuschten Kreise sich gegen den Glauben und die Kirche wenden sollten."[700]

Damit ist die oben erwähnte Gefahr der Bildung einer von Rom losgelösten, sektenhaften „Medjugorje-Kirche" gemeint, doch könnte diese Warnung auch auf einzelne Gläubige angewandt werden, die der Kirche ihren Rücken zukehren könnten, um eine große Gruppe desillusionierter Ex-Gläubiger zu bilden.

Papst Benedikt XVI. war sich dieser Gefahren und Probleme wohl bewusst, und sie zählen zweifelsohne zu den Gründen, weshalb er 2010 die Einrichtung einer Internationalen Untersuchungskommission zu Medjugorje bewilligte.

---

[700] *„Die Anhänger nicht ins Leere fallen lassen". Das Phänomen Medjugorje und die Unterscheidung der Geister:* Ein Gespräch mit dem Dogmatiker Manfred Hauke, in: Die Tagespost, 2. Februar 2010, S. 6-7, http://www.medjugorje.ws/de/articles/medjugorje-phenomenon-dicernment-spirits-manfred-hauke/;
Interview von Hauke abgedruckt in: Franken, *Eine Reise nach Medjugorje,* S. 204-230.

Falls Sie ein Medjugorje-Anhänger sind und dieses Buch bis hierher durchgelesen haben, könnten Sie vielleicht ziemlich aufgebracht sein, dass man Sie nicht früher über die oben beschriebenen, fragwürdigen Aktivitäten informiert hat, die schon so lange andauern und so viele Probleme für die Kirche verursacht haben. Es ist schmerzhaft, der Tatsache ins Auge sehen zu müssen, dass jemand oder etwas uns in die Irre geführt hat. Wir fühlen uns dann betrogen. Sobald jemand erkannt hat, dass Medjugorje nicht echt ist, wird er ganz leicht verbittert und verärgert, insbesondere dann, wenn er viel geistliches Kapital in die Visionen gesteckt hat. Wer dieses Gefühl hat, der sollte sich aber lieber Unserer Lieben Frau zuwenden, so wie sie sich in Fatima geoffenbart hat. Dort kann er, im Gegensatz zu der Situation im Zusammenhang mit Medjugorje, völlige moralische Gewissheit haben, dass die Botschaft von Fatima gut, wahrhaftig und lebendig machend, vor allem aber in völliger Harmonie mit der Kirche und dem Evangelium ist.

Wie Maria selbst uns im Juni 1917 mitteilte, wird ihr Unbeflecktes Herz unsere Zuflucht auf unserer Reise sein und der sichere und vertrauenswürdige Weg, der uns zu Gott führen wird.[701] Wenn wir die Botschaft von Fatima wahrhaft leben, wird sie uns vor dem Betrug und der Verführung bewahren. Angesichts dessen ist es unsere Aufgabe, alles zu tun, was wir können, um den Triumph des Unbefleckten Herzens Mariens herbeizuführen, indem wir rückhaltlos ihren Wünschen entsprechen und darin dem erhabenen Beispiel von Francisco, Jacinta und Lucia folgen.

Daher sollten alle, die der Gottesmutter treu ergeben sind, ihre Position prüfen und sich die Herangehensweise der Kirche sowohl an Fatima als auch an Medjugorje ansehen. Dem erstgenannten Erscheinungsort hat sie die vollstmögliche Unterstützung verliehen, dem zweiten hingegen überhaupt keine offizielle

---

[701] Vgl. Kondor, *Schwester Lucia spricht über Fatima I,* S. 89.

Anerkennung. Unterstützt man Medjugorje weiterhin, so bedeutet dies, dass man eine fehlgeleitete Suche nach „Zeichen und Wundern" weiter verfolgt und auf einem zweifelhaften Pfad bleibt, der wahrscheinlich in der Enttäuschung und möglicherweise sogar in der Katastrophe endet. Dieses Buch hat versucht, dem Leser ein echtes Verständnis von Medjugorje nahe zu bringen. Während wir eindeutig bekräftigen können, dass Fatima himmlischen Ursprungs ist, so ist in Bezug auf Medjugorje leider die einzige vernünftige Schlussfolgerung, die wir ziehen können, folgende: Alle Anzeichen sprechen dafür, dass wir es hier nicht mit „dreißig Jahren der Visionen" zu tun haben, sondern vielmehr mit einem religiösen Betrug gigantischen Ausmaßes.

Zusammenstellung der Dubia

Von Peter Christoph Düren

Gravierende Bedenken, die gemäß Donal Foley gegen die Echtheit der angeblichen Erscheinungen Unserer Lieben Frau in Medjugorje sprechen, hier stichwortartig aufgelistet:

1. Die „Seher”

a) familiäre und persönliche Situation (emotionale Instabilität, Hysterie, Verwaisung Ivankas, Vickas permanente Kopfschmerzen und Ohnmachtsanfälle, Marijas Schlaganfall)
b) Einfluss der charismatischen Bewegung („Geisttaufe“, „ekstatisches Laufen“, Glossolalie, Gruppendynamik)
c) seltsame Umstände bei der ersten Erscheinung (Rauchen, Rockmusik)
d) okkulte Einwirkungen
e) keine Ekstase bei Visionen („Fingertest“, zweifelhafte medizinische Tests, Experimente ohne wissenschaftliche Strenge)
f) angekündigte geistliche Berufe (Priestertum, Ordensstand) werden von keinem gewählt, stattdessen weltliches Leben („Schönheitskönigin“, „Tennisplatz“, „große Häuser“),
g) Verhalten gegenüber dem Bischof (Unwahrheit, Drohung)
h) nehmen Handauflegungen und Segnungen vor
i) Uneinigkeit untereinander („Geheimnisse“, „Caritas Birmingham“, Streit zwischen Vicka und Mirjana)
j) Spannungen mit Franziskanern wegen Deutungshoheit

2. Das soziologische Umfeld

a) abergläubische Vorstellungen und Praktiken (Neo-Manichäismus, dualistisches Mittelfeld, Eucharistie mit Ahnenverehrung, „Gromovnik“, Fluchen, weise alte Frauen, Geisterverehrung, Klanrituale)
b) Kommunismus, Brutalität, ethnische Säuberungen, Folter, Nationalismus, Konzentrationslager, Lynchjustiz, Massengrab, Waffenhandel
c) kommerzielles Interesse der Bevölkerung

3. Die „Gospa“

a) Aussehen und Verhalten in den ersten Tagen („Zittern“, fühlt sich an „wie Stahl“; graues Kleid, Schweigen, Lachen, banales Geplauder: Fußballspiel)
b) Art des Erscheinens (diffuses „Licht“, „Nebel“)
c) „Schwarzwerden“ durch Berührung von Sündern
d) spricht von „Judassen“, meint aber „Thomasse“
e) vergisst den Namen eines Sehers
f) Umstände der Erscheinungen (Zeiten u. Orte „auf Wunsch“)
g) das angekündigte definitive Ende der Erscheinungen bleibt aus („drei weitere Tage“)
h) Anzahl und Andauer der Erscheinungen (ca. 40.000 während 30 Jahren)
i) anfangs Initiativlosigkeit, Willenlosigkeit, Zögern, jetzt Wortschwall seit 30 Jahren
j) keine Botschaften zu drängenden Zeitfragen (Abtreibung, Pornographie, Homosexualität, Missbrauch, Ehebruch, Ehescheidung, Drogen, Diebstahl, Götzendienst etc.)
k) neuer Geburtstag Mariens (5. August statt 8. September)
l) betet Vaterunser („vergib uns unsere Schuld“)
m) widersetzt sich dem Bischof, befürwortet den Ungehorsam der Franziskaner und lobt tugendlose und kirchlich sanktionierte Priester

4. Die „Botschaften“

a) zu Beginn gibt es keinerlei Botschaft („Schweigen“)
b) problematische Inhalte (u.a. religiöse Indifferenz: alle Religionen seien gleich; Eschatologie: „Wohlfühlen in der Hölle“)
c) Schmeichelei (Pfarrei „auf besondere Weise auserwählt“)
d) unsinnige Botschaft („blutiges Taschentuch“ und Weltende)
e) widersprüchliche Aussagen der Seher über die „Geheimnisse“ und das „große Zeichen“
f) das angekündigte „große Zeichen“ bleibt aus

5. Die Franziskaner als Seelenführer und Protagonisten

a) jahrezehntelanger Ungehorsam gegenüber dem Bischof
b) „Fasten“ als Idee der Franziskaner
c) ungültige Firmung durch falschen „Bischof“ Novak
d) neun suspendierte Franziskaner
e) Pater Jozo Zovko (1980-1981, d. h. zu Beginn der Visionen Pfarrer von Medjugorje und Hauptverfechter der Phänomene), der „Gospa“ zufolge ein „Heiliger“, Anhänger der Charismatischen Bewegung, hat selbst „Auditionen“ der „Gospa“, ist der Manipulation der „Seher“ verdächtig, Ungehorsam, Verbannung, dreimal kirchlich sanktioniert (1989, 1994, 2004), Suspendierung, lebt in Österreich
f) Pater Ivica Vego (seit 1981 in Medjugorje): übt mit Jugendlichen ein, die „Gospa“ zu sehen und „Botschaften“ aufzuschreiben; obwohl er mit seiner Geliebten verkehrt, erklärt die „Gospa“ ihn für unschuldig; schwängert Nonne, verlässt Orden und Priestertum, wird suspendiert, wohnt mit Ex-Nonne und mittlerweile fünf Kindern in der Nähe von Medjugorje
g) Pater Tomislav Vlašić (schwängerte 1976 eine Franziskanerin, Vertreter des Pfarrers von Medjugorje, ab 1981 Seelenführer der „Seher“), Anhänger der Charismatischen Bewegung, erhält vor Beginn der Phänomene von Medjugorje im Mai 1981 von Pater Tardif die „göttliche Prophezeiung“, dass Gott ihm seine Mutter senden werde; diktiert den „Sehern“ die Botschaften der Gospa; will mit Agnes Heupel auf Geheiß der „Gospa“ eine gemischtgeschlechtliche Ordensgemeinschaft gründen; Verdacht auf spiritistische Séancen, Lob der Gospa trotz Verdachtes der Häresie und des Schismas sowie skandalöser Vergehen contra sextum, die durch mystische Beweggründe verschlimmert wurden, 2008 von der Glaubenskongregation mit Interdikt belegt, 2009 aus dem Franziskanerorden entlassen und laisiert, Exkommunikation angedroht
h) Pater Slavko Barbarić (1982-1985 und 1990-2000 Kaplan in Medjugorje): bleibt auf Geheiß der „Gospa“ im Ungehorsam gegenüber dem Bischof in Medjugorje, Beichtjurisdiktion ent-

zogen, Seelenführer der „Seher", zensiert (und korrigiert?) die Botschaften, im Jahr 2000 suspendiert wegen seines jahrelangen ungesetzlichen und unerlaubten Verbleibens in Medjugorje, im gleichen Jahr verstorben

6. Die beteiligten Theologen

a) René Laurentin (Befürwortung aufgrund distanzloser Untersuchung)
b) Hans Urs von Balthasar (subjektiv motivierte Unterstützung, Adrienne von Speyr)

7. Die „Pilger"

a) Wundersüchtigkeit (Verfärben von Rosenkränzen, Augenverletzungen durch „Sonnenwunder", optische Täuschungen)
b) keine als Wunder zu betrachtende Heilungen verifizierbar
c) „Gefühle" als Echtheitsargument
d) Leichtgläubigkeit, Wunsch nach direktem Zugang zu Maria

8. Stellungnahmen der zuständigen kirchlichen Autoritäten

a) negatives Urteil von Bischof Žanić, 1980-1993 B. von Mostar
b) negatives Urteil von Bischof Perić, seit 1993 B. von Mostar
c) Verbot seitens der Glaubenskongregation 1990
d) negatives Urteil der Jugoslawischen Bischofskonferenz 1991
e) keine offizielle positive Stellungnahme von Papst Johannes Paul II.
f) keine positive Stellungnahme von Papst Benedikt XVI.

9. Vergleich mit anerkannten Wallfahrtsorten

a) Konkurrenz zum echten Diözesanheiligtum Hrasno
b) Kopie von Lourdes 1858 (z. B. Kenntnis und „Nachahmung" des Beispiels der hl. Bernadette, Zahl der „Erscheinungen")
c) Kopie von Fatima 1917 (z. B. „Entführung")
d) Ähnlichkeiten zu anderen Pseudo-Erscheinungen
e) angebliche Erfüllung und „letzte" Erscheinung weltweit
f) Konkurrenz zu und Verdrängung von Fatima („Herz-Mariä-Sühnesamstage")

Bibliographie

Apolito, Paolo, *Apparitions of the Madonna at Oliveto Citra: Local Visions and Cosmic Drama*, übersetzt von W. Christian, Pennsylvania: Pennsylvania State University Press, 1998.

– *The Internet and the Madonna: Religious Visionary Experience on the Web*, übersetzt von A. Shugaar, Chicago: The University of Chicago Press, 2005.

Apostoli, Fr. Andrew, *Fatima for Today: The Urgent Marian Message of Hope*, San Francisco: Ignatius Press, 2010.

Aumann, Fr. Jordan, OP, *Spiritual Theology*, London: Sheed and Ward, 1995.

Bax, Mart, *Medjugorje: Religion, Politics, and Violence in Rural Bosnia*, Amsterdam: VU Uitgeverij, 1995.

Beevers, John, *The Sun Her Mantle*, Dublin: Browne and Nolan Ltd., 1954.

Benedikt XVI., *Licht der Welt. Der Papst, die Kirche und die Zeichen der Zeit. Ein Gespräch mit Peter Seewald*, Freiburg/Basel/Wien: Herder, 2010.

Benson, Leslie, *Yugoslavia: A Concise History*, Basingstoke: Palgrave Macmillan, 2004.

Bertone, Kardinal Tarcisio/Carli, Giuseppe De, *Die Seherin von Fatima. Meine Gespräche mit Schwester Lucia. Mit einem Vorwort von Papst Benedikt XVI. Aus dem Italienischen von Brigitte Lindecke*, München: Heyne Verlag, 2009.

Billet, Bernard, u.a., *Vraies et Fausses Apparitions dans L'Eglise*, Paris: P. Lethielleux, 1971.

Bouflet, Joachim, *Medjugorje, ou la fabrication du surnaturel*, Paris: Éditions Salvator, 1999.

– *Faussaires de Dieu*, Paris: Presses de la Renaissance, 2000.

Bouflet, Joachim/Philippe Boutry, *Un signe dans le ciel: Les apparitions de la Vierge*, Paris: Grasset, 1997.

Brown, E. M. (Hg.), *Dream, Visions and Prophecies of Don Bosco*, New Rochelle: Don Bosco Publications, 1986.

Chiron, Yves, *Enquête sur les Apparitions de la Vierge*, Paris: Éditions J'ai lu, 1995.

Corvaglia, Marco, *Medjugorje. È tutto falso*, Anteprima Edizioni, 2007.

Craig, Mary, *Spark from Heaven: The Mystery of the Madonna of Medjugorje*, London: Spire, 1991.

D'Alpa, Francesco, *La Scienza e Medjugorje, I Il Caso Joyeux*, Laiko.it, 2010.

Davies, Michael, *Medjugorje After Fifteen Years: The Message and the Meaning*, St. Paul: The Remnant Press, 1998.

– *Medjugorje after Twenty-One Years, 1981–2002: The Definitive History*, (zum Download im Internet verfügbar unter: www.mdaviesonmedj.com/).

Deery, Joseph, *Our Lady of Lourdes*, Dublin: Brown & Nolan, 1958.

Delaney, John, *A Woman clothed with the Sun*, New York: Doubleday, 1961.

De Marchi, Pater John, IMC, *Fatima from the beginning*, übersetzt von I. M. Kingsbury, Fatima: Missões Consolata, 1983.

Dirvin, Joseph, CM, *Saint Catherine Labouré of the Miraculous Medal*, Rockford: TAN Books and Publishers, 1984.

Farges, Msgr. Albert, *Mystical Phenomena*, übersetzt von S. P. Jacques, London: Bourns, Oates & Washbourne Ltd., 1926.

Foley, Donal Anthony, *Marian Apparitions, the Bible, and the Modern World*, Leominster: Gracewing, 2002.

Franken, Rudo, *Eine Reise nach Medjugorje. Bedenken hinsichtlich der Erscheinungen*. Mit Beiträgen von Mark Waterinckx und Manfred Hauke. Zweite, stark erweiterte und aktualisierte Auflage, Augsburg: Dominus-Verlag, 2011.

Garvey, Mark, *Searching for Mary*, New York: Plume, 1998.

Guerrera, Rev. Vittorio, *Medjugorje: A Closer Look*, Meriden: Maryheart Crusaders, 1995.

Hauke, Manfred, *Introduction to Mariology*, Kapitel 9, „The prophetic role of Mary in apparitions". Dieses Kapitel ist eine englische Übersetzung seines Werkes *Introduzione alla Mariologia (Collana di Mariologia, 2)*, Lugano: EuPress FTL, 2008.

Hoare, Marko Attila, *The History of Bosnia: From the Middle Ages to the Present Day*, London: Saqi Books, 2007.

Horvath, Agnes/Szakolczai, Arpad, *The Dissolution of Communist Power: The Case of Hungary*, London: Routledge, 1992.

Jaouen, Pater Jean, *A Grace called La Salette*, übersetzt von N. Théroux, Attleboro: La Salette Publications, 1991.

Johannes vom Kreuz, *Empor den Karmelberg*. Übertragen von Schwester Maria Cordis (Oda Schneider). Sämtliche Werke, Bd. I, Einsiedeln/Freiburg: Johannes Verlag [6]2009 (Lectio Spiritualis 7).

Johnston, Francis, *Fatima: The Great Sign*, Devon: Augustine Publishing, 1980.

Johnson, Kevin Orlin, *Twenty Questions About Medjugorje: What Rome Really Said*, Dallas: Pangaeus Press, 1999.

– *Apparitions: Mystic Phenomena And What They Mean*, Dallas: Pangaeus Press, 1995.

Jones, E. Michael, *Medjugorje: The Untold Story*, South Bend: Fidelity Press, 1993.

– *The Medjugorje Deception: Queen of Peace, Ethnic Cleansing, Ruined Lives*, South Bend: Fidelity Press, 1998.

Klanac, Daria, *Aux Sources de Medjugorje*, Montréal: Éditions Sciences et Culture, 1998.

– *Medjugorje, Réponses aux objections*, Le Sarment, 2001.

Knox, Ronald, *Enthusiasm, A Chapter in the History of Religion*, London: Collins, 1987.

Kolbe, Hl. Maximilian, *The Crusade of Mary Immaculate*, Manchester: Crusade of Mary Immaculate Press, 2000.

Kondor, P. Luis CVD, *Schwester Lucia spricht über Fatima. Erinnerungen der Schwester Lucia I*, Fatima: Secretariado dos Pastorinhos, ^{9}2007 (als pdf-Dokument: http://www.pastorinhos.com/livros/de/MemoriasI_de.pdf).

– *Schwester Lucia spricht über Fatima II. Erinnerungen der Schwester Lucia II*, Fatima: Secretariado dos Pastorinhos, 2004.

Kraljević, Svetozar OFM, *The Apparitions of Our Lady at Medjugorje*, hg. von M. Scanlan, Chicago: Franciscan Herald Press, 1984.

Lampe, John R., *Yugoslavia as History: Twice there was a country*, Cambridge: Cambridge University Press, ^{2}2000.

Laurentin, René, *Catholic Pentecostalism*, London: Darton, Longman and Todd, 1977.

– *The Life of Catherine Labouré*, übersetzt von P. Inwood, London: Collins, 1983.

– *The Apparitions of the Blessed Virgin Mary Today*, Dublin: Veritas Publications, 1991.

– *Bernadette of Lourdes*, übersetzt von J. Drury, London: Darton, Longman & Todd, 1998.

– *Medjugorje Testament: Hostility Abounds, Grace Superabounds*, Toronto: Ave Maria Press, 1999.

Laurentin, René/Lejeune, René, *Messages and Teachings of Mary at Medjugorje: Chronological Corpus of the Messages*, Milford: The Riehle Foundation, 1988.

Laurentin, René/Rupcic, Ljudevit, übersetzt von F. Martin, *Is the Virgin Mary Appearing at Medjugorje?*, Gaithersburg: The Word Among Us Press, 1988.

Lietzmann, Hans, *Geschichte der Alten Kirche,* Bd. II, Berlin/New York: De Gruyter, 41975.

Lochet, Louis, *Muttergottes-Erscheinungen. Ihr Sinn und ihre Bedeutung im Leben der Kirche und unserer Zeit*, Freiburg: Herder, 1957.

McGlynn, Thomas, *Vision of Fatima*, London: Skeffington and Son, 1951.

Miller, Elliot/Kenneth R. Samples, *The Cult of the Virgin: Catholic Mariology and the Apparitions of Mary*, Grand Rapids: Baker Book House, 1994.

Miravalle, Mark, *The Message of Medjugorje: The Marian Message to the Modern World*, Lanham: University Press of America, 1986.

– *Introduction to Medjugorje*, Goleta: Queenship Publishing, 2004.

Miravalle, Mark/Weible, Wayne, *Are the Medjugorje Apparitions Authentic?*, Hiawassee: New Hope Press, 2008.

Most, Fr. William, *Mary in Our Life*, Cork: The Mercier Press, 1955.

Mulligan, James, *Medjugorje: What's Happening?*, London: Dusty Sandals Press, 2008.

Mura, Gérard R./Huber, Martin A., *Fatima – Rom – Moskau. Durch die Weihe Russlands zum Triumph Mariens*, Stuttgart: Sarto Verlag, 2010.

Nolan, Denis, *Medjugorje: A Time for Truth and a Time for Action*, Santa Barbara: Queenship Publishing, 1993.

– *Medjugorje and the Church*, Goleta: Queenship Publishing, 2007.

Noonan, Moira, *Ransomed from Darkness*, El Sobrante: North Bay Books, 2005.

O'Carroll, Fr. Michael, CSSp, *Medjugorje: Facts, Documents, Theology*, Dublin: Veritas, 1986.

Ott, Ludwig, *Grundriss der katholischen Dogmatik*, Bonn: nova & vetera, 112005.

Pelletier, P. Joseph, *Our Lady Comes to Garabandal*, Worcester: Assumption Publications, 1971.

Perić, Msgr. Ratko, *Criteria for Discerning Apparitions: Regarding the Events of Medjugorje*, Mostar 1995.

Perića, Vjekoslav, *Balkan Idols: Religion and Nationalism in Yugoslav States*, New York: Oxford University Press, 2002.

Poulain, Augustin, SJ, *The Graces of Interior Prayer*, London: Kegan Paul, 1912.

– *Revelations and Visions*, New York: Alba House, 1998.

Rahner, Karl, SJ, *Visions and Prophecies*, London: Burns & Oates, 1963.

Ratzinger, Joseph Kardinal, *Zur Lage des Glaubens. Ein Gespräch mit Vittorio Messori*, München/Zürich/Wien: Verlag Neue Stadt, 1985.

Rooney, Lucy/Faricy, Robert, *Mary Queen of Peace: Is the Mother of God Appearing in Medjugorje?*, Leominster: Fowler Wright, 1984.

– *Medjugorje Journal: Mary Speaks to the World*, Great Wakering: McCrimmons, 1987.

Rupcic, P. Ljudevit, *The Truth about Medjugorje*, Ljubuski-Humac 1990.

Rupcic, P. Ljudevit/Nuic, Viktor, *Once Again The Truth about Medjugorje*, Zagreb: K. Kresmir, 2002.

Sanchez-Ventura y Pascual, F., *The Apparitions of Garabandal*, übersetzt von A. de Bertodano, Detroit: San Miguel Publishing Co., 1976.

Sells, Michael, *The Bridge Betrayed: Religion and Genocide in Bosnia*, Berkeley/Los Angeles: University of California Press, 1998.

Sharkey, D./Debergh, J., *Our Lady of Beauraing*, Indiana: Abbey Press, 1973.

Sheen, Fulton, *The World's First Love*, New York: McGraw-Hill Book Company, Inc., 1952.

Silber, Laura/Allan Little, *The Death of Yugoslavia*, London: Penguin Books/BBC Books, 1996.

Sivrić, Ivo, OFM, *The Hidden Side of Medjugorje*, Bd. I, hg. von L. Bélanger, übersetzt von S. Rini, Saint-François-du-Lac: Psilog Inc., 1989.

– *La face cachée de Medjugorje*, Bd. I, Saint-François-du-Lac: Éditions Psilog, 1988.

Sullivan, Randall, *The Miracle Detective: An Investigation of Holy Visions*, London: Little Brown, 2004.

Tanquerey, Adolphe, *Grundriss der aszetischen und mystischen Theologie.* Ins Deutsche übertragen von P. Johannes Sternaux SJ, Tournai: Desclée & Cie, 1935.

Tindal-Robertson, Timothy, *Message of Fatima*, London: Catholic Truth Society, 1998.

Trevett, Christine, *Montanism: Gender, Authority and the New Prophecy*, Cambridge: Cambridge University Press, 2002.

Varghese, Roy Abraham, *God-Sent: A History of the Accredited Apparitions of Mary*, New York: Crossroad Publishing, 2000.

Verdery, Katherine, *What was Socialism, and What Comes Next?*, Princeton: Princeton University Press, 1996.

Volken, Laurenz, *Die Offenbarungen in der Kirche,* Innsbruck/Wien/ München: Tyrolia-Verlag, 1965.

von Montfort, Ludwig Maria Grignion, *Das Goldene Buch. Die Wahre Andacht zu Maria, das Geheimnis Mariä und die Liebe zum Kreuz*, Feldkirch 1987.
Vulliamy, Ed, *Seasons in Hell: Understanding Bosnia's War*, London: Simon & Schuster, 1994.
Walsh, Rev. Michael, *The Apparition at Knock*, Tuam: St. Jarlath's College, 1959.
Weible, Wayne, *The Final Harvest: Medjugorje at the End of the Century*, Brewster: Paraclete Press, 1999.
Wuillaume, L., *Banneux: A message for our time*, Banneux: Banneux Shrine, 1995.

Empfohlene Internetseiten zu Medjugorje und Fatima

Diese Links sind auf **www.dominus-verlag.de** anklickbar.

Vollständige Fassungen von Rezensionen zur Originalfassung des vorliegenden Buches und weitere Materialien in englischer Sprache können hier eingesehen werden: **www.theotokos.org.uk/pages/books/medjbook/medjcomm.html**

Marco Corvaglia betreibt eine kritische Netzpräsenz zu Medjugorje unter dem Titel „Medjugorje ohne Maske" (auch in italienischer und französischer Sprache): **www.marcocorvaglia.com/medjugorje-en**

Kevin Symonds führt ein Netztagebuch u.a. zur Unterscheidung und Beurteilung von Erscheinungen und anderem: **http://d-rium.blogspot.com/**

Diane M. Korzeniewski OCDS führt ebenfalls ein Netztagebuch mit periodisch eingestelltem Material zu Medjugorje: **http://te-deum.blogspot.com/**

Sie unterhält auch ein Netztagebuch, auf dem offizielle Dokumente über Medjugorje wiedergegeben sind: **http://medjugorjedocuments.blogspot.com/**

Richard Chonak bringt in seinem Netztagebuch recht häufig im Zusammenhang mit Medjugorje stehendes Material: **http://catholiclight.stblogs.org/**

Louis Bélanger führt sein Netztagebuch *Medjupedia* (auch in französischer Sprache): **http://en.louisbelanger.com/**

Das Buch von Pater Sivrić, *The Hidden Side of Medjugorje*, kann auf der Netzpräsenz Louis Bélangers bestellt werden: **http://en.louisbelanger.com/the-hidden-side-of-medjugorje/**

Die Diözese Mostar bietet auch Materialien und Quellen in englischer Sprache auf ihrer Netzpräsenz an: **http://cbismo.com/index.php?menuID=98**

Informationen über Fatima und digitale Bücher in englischer Sprache bei Theotokos Books: **www.theotokos.org.uk/pages/fatima/fatima.html**

Offizielle Netzpräsenz des Heiligtums von Fatima: **www.santuario-fatima.pt/portal/index.php?lang=EN**

Fatima-Weltapostolat, Internationales Sekretariat: **www.worldfatima.com/**

Stichwortverzeichnis

Donal Anthony Foley

Geboren am 10. November 1956 in Cardiff (Wales), lebt der Autor seit 15 Jahren in Nottingham (England). Er besitzt Studienabschlüsse in Geisteswissenschaften (Bachelor of Arts) und Theologie (Bachelor of Divinity). Langjährige Tätigkeit als Teilzeit-Lehrer.

Seit einem Besuch in Fatima Anfang der 1980er Jahre im Rahmen der Planung für eine Fußwallfahrt von Großbritannien zu jenem Heiligtum im Jahr 1984 interessiert er sich für das Thema Marienerscheinungen. Jene Wallfahrt betrachtet er als eine der prägendsten spirituellen Erfahrungen seines Lebens.

Seit Mitte der 1990er Jahre entwickelte er ein aktiveres Interesse am gesamten Themenbereich übernatürlicher Erscheinungen, insbesondere an der Frage, wie wir zwischen echten und falschen unterscheiden können. Dies führte zur Veröffentlichung seines ersten Buches zum Thema, *Marian Apparitions, the Bible and the Modern World.* Zugleich baute er auch eine Internetpräsenz zu diesem Thema auf: www.theotokos.org.uk

Unterdessen engagiert Foley sich seit Ende der 1990er Jahre stärker in der Verbreitung der Botschaft von Fatima innerhalb Englands und führt Wallfahrten zu diesem portugiesischen Heiligtum durch. Seit 2006 ist er Verleger von Theotokos Books.

Foley betreibt auch Werbung für die *Foyers de Charité*, jene französischen Laiengemeinschaften, die Menschen zu fünftägigen Schweigeexerzitien zur Vertiefung ihres christlichen Lebens einladen, und hat zwei Bücher über sie und ihre Gründerin, die französische Mystikerin Marthe Robin (1902–1981), veröffentlicht. In seiner Freizeit geht Foley gern spazieren, liest viel und hört Musik. Er hat festgestellt, dass ihm der Verzicht auf das Fernsehen viel mehr wertvolle Zeit für andere Dinge gegeben hat.

In der Zukunft würde der Autor gerne einige Kinderbücher schreiben, da seine Erfahrung als Lehrer ihn zu der Einsicht brachte, wie schädlich ein Großteil der Literatur, die Kinder heute lesen, eigentlich ist.

Veröffentlichungen:

- *Apparitions of Mary: Their Meaning in History,* London: Catholic Truth Society, 2000.
- *Marian Apparitions, the Bible, and the Modern World,* Leominster: Gracewing, 2002. [Italienische Übersetzung: *Il libro delle Apparizioni Mariane,* Mailand: Gribaudi, 2004.]
- *Understanding Medjugorje: Heavenly Visions or Religious Illusion?*, Nottingham: Theotokos Books, 2006.
- *Christian Living: The Spirituality of the Foyers of Charity*, Nottingham: Theotokos Books, 2006.
- *Medjugorje Revisited. 30 Years of Visions or Religious Fraud?*, Nottingham: Theotokos Books, 2011.

Website: www.theotokos.org.uk
Kontakt per eMail: books@theotokos.org.uk
